LERNTIPPS

Geschichte erzählen

Wer über Ereignisse sachkundig und in einem sinnvollen Zusammenhang anschaulich, lebendig und spannend berichtet, der erzählt Geschichte. Dabei stehen einzelne Daten und Fakten nicht nebeneinander, sondern sie werden mit dem Denken, Fühlen und Handeln von Menschen verknüpft. Deutlich werden dabei positive und negative Entwicklungen – beispielsweise die Folgen von Entdeckungen und Erfindungen oder die Leistungen, das Scheitern und das Leiden von Menschen.

So kannst du beispielsweise die Lebensgeschichte einer bekannten Person nacherzählen oder aus einer anderen Sicht als bisher schildern. Du kannst auch Fakten und Fantasie zusammenführen, indem du erzählst, wie der Alltag eines unbekannten Menschen mit einem bestimmten Beruf an einem von dir ausgewählten Ort oder Land während des Dreißigjährigen Krieges oder zur Zeit der Industrialisierung ausgesehen haben könnte.

Viele Jugendbücher erzählen Geschichte, siehe dazu den Lerntipp „Jugendbücher untersuchen" hinten im Buch.

→ *Dieses Logo zeigt dir auf den Seiten dieses Buches weitere Lerntipps oder erinnert dich an die Informationen auf diesen Vorsatzblättern.*

Der Längsschnitt

Längsschnitt nennen wir ein Vorgehen, bei dem ihr für eine historische Untersuchung

1. nur ein Thema (z. B. Krieg und Frieden, Menschenrechte, Wirtschaft), einen Lebensbereich (z. B. Wohnen, Arbeiten) oder eine bestimmte Gruppe von Menschen (z. B. Kinder und Jugendliche) auswählt und
2. dieses Thema in seiner Entwicklung über eine lange Zeit hinweg anhand derselben Merkmale betrachtet und dabei die sich wandelnden Verhältnisse miteinander vergleicht.

Mit dieser Methode blickt ihr zurück durch viele Epochen, ihr schneidet sie – bildlich ausgedrückt – durch, weil ihr das Thema nicht nur zu einem Zeitpunkt betrachtet, dafür aber andere Gesichtspunkte der Geschichte außer Acht lasst. So erhaltet ihr einen Überblick über die vielen Veränderungen innerhalb des gewählten Themas von früher bis hinein in die Gegenwart. Ein Längsschnitt verdeutlicht die grundlegenden Probleme des ausgewählten Themas, die wichtigsten Gründe für den mehrfachen Wandel sowie dessen Folgen zu jeweils unterschiedlichen Zeiten. Ihr erkennt auch, was erhalten blieb und warum das so war.

Längsschnitte findest du auf den Seiten 282–293.

Max H.

Schaubilder erklären

In einem Schaubild lässt sich übersichtlich darstellen, wie ein Staat oder eine Gesellschaft aufgebaut waren und vieles mehr. Es kann gut Zusammenhänge und Beziehungen zwischen Teilen eines Ganzen darstellen.

Beispiel Verfassung: Sie legt fest, wer regiert, also die Macht im Staat hat, wie der Staat aufgebaut ist, welche Rechte und Pflichten die Bürger haben.

Jedes Schaubild kann nur ein Versuch sein, einen geschichtlichen Sachverhalt bildlich darzustellen. Mithilfe von Quellen, Lehrbuchtext oder Fachliteratur kannst du überprüfen, ob die bildliche Darstellung gelungen ist und die geschichtliche Wirklichkeit nicht verfälscht.

Überlege zunächst, an welcher Stelle des Schaubildes du am besten mit der Beschreibung beginnst. Halte auch danach eine sinnvolle Reihenfolge ein. Wichtig sind die Beziehungen zwischen den Bestandteilen eines Schaubildes. Beachte die verwendeten Zeichen. Manchmal ist die Form des Schaubildes wichtig für die Deutung. Prüfe, welche Begriffe du erklären solltest.

Mögliche Arbeitsfragen:

1. Welche Ämter und Einrichtungen werden erwähnt? Wer hat Zugang zu ihnen, wer nicht?
2. Welche Teile der Bevölkerung werden genannt, welche nicht?
3. Wer arbeitet mit wem zusammen? Wobei?
4. Wer hat welche Aufgaben, Rechte oder Pflichten?
5. Wer hat wie viel Macht? Ist jemand von der Macht ausgeschlossen?

Schreibe die Antworten jeweils auf, ordne sie auf einem Stichwortzettel und präge sie dir ein. Trage die Ergebnisse möglichst frei vor.

Im Buch findest du verschiedene Typen von Schaubildern, siehe Seite 12, 34, 102, 116, 147, 148, 158, 162, 191, 232 und 263.

LERNTIPPS

Kunst- und Bauwerke verstehen

Kunstwerke wie Bilder und Statuen, aber auch Bauwerke wie Kirchen, Schlösser oder Rathäuser können geschichtliche Quellen sein. Denn die Wahl eines Themas und die Art der Gestaltung sind nicht nur Ausdruck individueller künstlerischer Vorstellungen, sie enthalten immer auch Hinweise auf die Zeit (Epoche), in der ein Kunst- oder Bauwerk entstand.
Antworten auf folgende Fragen helfen, sie zu verstehen:

1. Welche Informationen gibt uns der Titel oder der Name des Kunst- bzw. Bauwerkes?
2. Werden Personen dargestellt? Wenn ja: Wer sind sie? Wie stehen sie zueinander?
3. Welche Gegenstände sind zu erkennen? Haben sie eine bestimmte Bedeutung?
4. Welche Materialien und Farben wurden verwendet?
5. Fallen weitere Besonderheiten auf?
6. Wer war der Künstler?
7. War das Kunst- oder Bauwerk eine Auftragsarbeit? Wer gab den Auftrag?
8. Gab es einen bestimmten Anlass zur Entstehung des Kunstwerkes? Diente es einem bestimmten Zweck?
9. Wo wurde es wann gemacht, gezeigt bzw. errichtet?

Berücksichtige bei der Untersuchung eines Kunst- oder Bauwerkes deine Kenntnisse aus dem Kunstunterricht, oder informiere dich über Kennzeichen der künstlerischen Epoche, aus der es stammt.
Oft wirst du nicht auf alle Fragen Antworten finden können. Aber auch einzelne Hinweise tragen zum besseren Verständnis dieser Quellen bei.

Siehe hier die Beispiele auf den Seiten 18, 28, 44f., 118 und 154 f.

Diagramme deuten

Formen von Diagrammen
Wir unterscheiden drei wichtige Formen von Diagrammen: Das Kreisdiagramm zeigt Anteile an einer Gesamtmenge in Prozenten und gibt den Zustand zu einer bestimmten Zeit an. Wollen wir Veränderungen erkennen, benötigen wir für jeden Zeitpunkt, den wir mit einem anderen vergleichen wollen, ein weiteres Kreisdiagramm.

Das Linien- oder Kurvendiagramm
Um längere Entwicklungen zu zeigen, brauchen wir Daten in regelmäßigen Zeitabständen. Wir tragen die Messgrößen (y-Achse) und Zeiten (x-Achse) in ein Koordinatensystem ein und verbinden die Zahlenwerte zu einer Kurve. Wir können auch mehrere Kurven in einem Diagramm abbilden, um sie miteinander zu vergleichen.

Säulen- oder Balkendiagramm
Wenn Zahlen nur in unregelmäßigen Jahresabständen vorliegen, empfiehlt sich das Säulen- oder Balkendiagramm: Wir wandeln die Zahlenwerte in entsprechend große Säulen oder Balken um.

Diagramme beschreiben und deuten
Zunächst solltest du das Diagramm beschreiben. Dabei helfen dir folgende Fragen:

1. Wie und worüber informiert das Diagramm?
2. Welche Entwicklung ist zu erkennen (hohe und niedrige Werte beachten, Trends, Zusammenhänge)?

Wenn du die Diagramme beschrieben hast, kannst du versuchen, sie auszuwerten, deine Beschreibungen zu erklären und Schlussfolgerungen aus ihnen zu ziehen. Dazu benötigst du weitere Informationen. So lassen sich Gründe für die in den Diagrammen bezifferten Zustände und Entwicklungen benennen und Zusammenhänge verdeutlichen.

Tipps zum Umgang mit Statistiken und Diagrammen findest du auf Seite 265.

Karten auswerten

Geschichtskarten behandeln in der Regel ein besonderes Thema und beziehen sich dabei auf eine bestimmte Zeit und einen ausgewählten Raum (z.B. ein Land).
Mögliche Leitfragen:

1. Worüber informiert die Karte? Was zeigt sie nicht?
2. Auf welche Zeit(en) und Region(en) bezieht sie sich? Zeigt sie einen Zustand oder eine Entwicklung?
3. Welche Bedeutung haben die Zeichen der Legende (Zeichenerklärung)?
4. Welche Bodenschätze, Industrien o.ä. waren wann wo in welchem Umfang vorhanden?

Wenn du alle Informationen verknüpft und im Zusammenhang betrachtet hast, kannst du das Ergebnis aufschreiben oder vortragen.

Karikaturen kommentieren

Karikaturen sind gezeichnete Kommentare, beispielsweise zu Ereignissen oder Entscheidungen von Politikern. Anders als Journalisten melden sich Karikaturisten in einer Zeitung nicht mit einem längeren Text, sondern mit einer Skizze zu Wort. Oft setzen sie eine erläuternde Zeile unter ihre Karikatur oder sie legen einer Figur eine Äußerung in den Mund.
Karikaturen vereinfachen oder verzerren die Wirklichkeit, um etwas hervorzuheben. Sie zeigen Schwächen von Personen, bemängeln Zustände und Entwicklungen.
Um Karikaturen als historische Quelle auswerten zu können, solltest du zunächst beschreiben, wer oder was auf welche Weise dargestellt ist. Kläre dann, in welchem politischen Zusammenhang die Zeichnung entstanden ist und woher sie kommt. Was will der Zeichner ausdrücken? Welche Darstellungsmittel wendet er an? Lässt sich sein politischer Standort bestimmen? Überlege, welche Wirkung die Karikatur erzielt haben könnte.

Das waren Zeiten

1 Vom Mittelalter bis zur Industralisierung

herausgegeben von
Dieter Brückner
und
Harald Focke

C.C. BUCHNER

Das waren Zeiten – Ausgabe Berlin

Unterrichtswerk für Geschichte, Sekundarstufe I

Band 1 für die Jahrgangsstufen 7 und 8

Herausgeber: Dieter Brückner und Harald Focke

Bearbeiter: Dieter Brückner, Harald Focke, Hannelore Lachner und Heinrich Hirschfelder

Berater: Christoph-Julius Hilpert und Regina Ultze, Berlin

Lektorat: Klaus Dieter Hein-Mooren und Stefanie Witt

Gestaltung: Peter Lowin

Dieses Werk folgt der reformierten Rechtschreibung und Zeichensetzung.
Ausnahmen bilden Texte, bei denen künstlerische, philologische und lizenzrechtliche Gründe einer Änderung entgegenstehen.

1. Auflage [321] 2008 2007 2006
Die letzte Zahl bedeutet das Jahr dieses Druckes.
Alle Drucke dieser Auflage sind, weil untereinander unverändert, nebeneinander benutzbar.

www.ccbuchner.de

Einband: Artbox Grafik & Satz GmbH, Bremen
(unter Verwendung eines Teils des Freskos *Die Folgen des guten Stadtregiments* von Ambrogio Lorenzetti, Sala della Pace, Siena, Palazzo Pubblico, um 1337-40)

Herstellung, Grafik und Karten: Artbox Grafik & Satz GmbH, Bremen

Druck- und Bindearbeiten: Pustet, Regensburg

ISBN 3-7661-**4721**-8
ISBN 978-3-7661-**4721**-9

Inhalt

Leben im Mittelalter

Herrschen und Glauben im Mittelalter

Neues Denken – neue Welt

Kampf um den Glauben?

Absolutismus und Aufklärung

Das Zeitalter der Revolutionen

Zwischen Restauration und Revolution

Industrielle Revolution und Soziale Frage

Längsschnitte

Textnachweise für die Auftaktseiten

Seite 9, 49, 77, 107 und 145:	Dieter Brückner, Kitzingen
Seite 178:	Thomas Paine, Die Rechte des Menschen. In der zeitgenössischen Übertragung von D. M. Forkel, bearb. und eingl. von Theo Stemmler, Frankfurt am Main 1973, Seite 251.
Seite 211:	Erstes Zitat: Egon Friedell. Kulturgeschichte der Neuzeit, Band 2, München 1976, Seite 957. Zweites Zitat: Karl Griewank, Der Wiener Kongress und die europäische Restauration 1814/15, Leipzig 2. Aufl. 1954, Seite 121.
Seite 239:	Erstes Zitat: Paul Göhre, Drei Monate Fabrikarbeiter und Handwerksbursche. Sozialreportage eines Pfarrers um die Jahrhundertwende, hrsg. von Joachim Brenning und Christian Gremmels, Gütersloh 1978, Seite 54. Zweites Zitat: Minna Wettstein-Adelt, 3 1/2 Monate Fabrik-Arbeiterin, Berlin 1893, Seite 8 und 11.

Das waren Zeiten oder: Wie sich die Zeiten ändern

Liebe Schülerinnen und Schüler,

erinnert ihr euch? Ihr habt in den Jahrgangsstufen 5 und 6 erfahren, wie aus Jägern und Sammlern Bauern, Handwerker und Händler wurden. Ihr habt die Hochkultur der Ägypter kennengelernt und gesehen, wie mühsam der Weg der Athener zur Demokratie war, wie die alten Griechen und Römer gelebt haben und wie sie die Grundlagen der europäischen Kultur legten. Ihr wisst, wie die Römer rund ums Mittelmeer ein Weltreich schufen, wie sie darin lebten und herrschten und warum ihr Weltreich schließlich zerfiel.
Ihr habt euch aber nicht nur Wissen angeeignet, sondern auch erste Erfahrungen im Umgang mit historischen Quellen, Bildern und Karten gesammelt.
Jetzt liegt ein neues Buch vor, das euch durch Jahrgangsstufen 7 und 8 begleiten wird. Auf eurem Weg durch die Geschichte vom Mittelalter bis zur Industrialisierung könnt ihr den darstellenden Texten folgen. In der Darstellung findet ihr gelb unterlegte Wörter: Diese Begriffe sind besonders wichtig.
Auf den am Rand gelb gefärbten Seiten haben wir Materialien zusammengestellt. Damit könnt ihr euch zu wichtigen Themen ein eigenes Bild machen.

Unsere Arbeitsvorschläge helfen euch, Methoden für den Umgang mit der Geschichte zu üben. Welche Erwartungen hinter den Arbeitsvorschlägen stecken, könnt ihr auf den inneren Umschlagseiten vorne und hinten im Buch nachlesen. Zu diesen Lerntipps gehören Anregungen für den Umgang mit Texten, Kunstwerken, Diagrammen, Karten, Schaubilder und dem Internet. Dazu findet ihr Tipps für interessante Arbeitsformen. Weitere Lerntipps auf den Seiten mit den grünen Randstreifen führen euch am Beispiel in bestimmte Arbeitsmethoden ein. Ein grüner Button kennzeichnet zusätzliche Hinweise und Übungen.

Die Projekte in jedem Kapitel stellen Themen vor, die ihr nicht nur in der Schule behandeln könnt.
Am Ende des Bandes findet ihr zwei Längsschnitte. Sie beschreiben die Entwicklung eurer Heimatstadt und der Umwelt über einen längeren Zeitraum.
Zahlreiche Exkursions-, Internet- und CD-ROM-Tipps geben euch Anregungen, eigene Wege im Umgang mit der Geschichte zu finden.
Damit ihr nicht den Überblick verliert, findet ihr nach jedem großen Kapitel zwei „Was war wichtig?"-Seiten, auf denen die gelb unterlegten Begriffe der vorhergehenden Darstellungsseiten erklärt sind und der Inhalt zusammengefasst wird. Vielfältige Anregungen runden diese Seiten ab.
Das Stichwort- und das Namensregister (siehe „Wo steht was?" und „Wer steht wo?") helfen euch bei der Suche nach Informationen. Die Lesetipps zum Schluss des Buches bieten euch eine Auswahl unterhaltsamer, spannender oder informativer Jugendbücher.

Leben im Mittelalter

Und damit Gott befohlen, blinder Ritter!", rief der alte Meier Helmbrecht ungehalten. „Verlasst auf der Stelle meinen Hof, sonst lasse ich Euch von meinem Großknecht hinausprügeln!" „Seid doch barmherzig mit mir!", flehte da der zerlumpte Blinde an der Hoftüre. „Ich bin doch euer Sohn …" „Ich habe keinen Sohn mehr", entgegnete der alte Mann bitter. „Mein Sohn wollte kein Bauer sein wie ich und meine Vorväter. Er wollte sich nicht die Hände bei ehrlicher Arbeit schmutzig machen. Sein Erbteil hat er verschleudert, um sich wie ein adliger Herr herauszuputzen. Und als alles verprasst war, hat er die armen Bauern in den Dörfern der Umgebung in Angst und Schrecken versetzt und ausgeplündert wie ein gemeiner Raubritter. Ich will mit ihm nichts mehr zu tun haben."

Der alte Helmbrecht spuckte aus und wollte schon die Tür hinter sich schließen. Doch als er den Sohn mit bittender und kleinlauter Stimme weiter sprechen hörte, zögerte er. „Aber Vater, habe ich nicht schwer für meinen Leichtsinn gebüßt? Die Gerichte haben ihr Urteil gesprochen. Mir wurden die Augen ausgestochen, eine Hand und ein Fuß zur Strafe abgeschlagen. Nun irre ich an der Hand eines Kindes umher, heimatlos, verachtet und hungrig." Dem alten Helmbrecht krampfte sich das Herz zusammen, als er seinen Sohn so flehen hörte. War das sein hochmütiger Junge? Es fiel ihm wieder ein, dass er vor wenigen Tagen schweißgebadet aufgewacht war. Er hatte geträumt, er sehe seinen Sohn an einem Baum hängen, die Füße zwei Meter über dem Boden, und über seinem Kopf einen Raben und eine Krähe. – Aber er konnte nicht anders: „Das hätte sich mein Herr Sohn früher überlegen sollen. Er hat es ja besser gewusst, als ich ihn gewarnt und auf Knien gebeten habe, doch das zu bleiben, wozu er geboren wurde, und sich nicht gegen seinen gottgewollten Stand aufzulehnen. Mein Helmbrecht war nicht nur leichtsinnig, er hat gegen Gott und die Welt gesündigt und dafür die gerechte Strafe erhalten: Hochmut kommt vor dem Fall. – Und jetzt verschwindet, sonst …"

Dieter Brückner

Ein Dorf im 11. Jh. *Rekonstruktionsgemälde von Fanny Hartmann, um 1990. Das Bild zeigt, wie ein typisches Dorf im späten 11. Jh. ausgesehen haben kann. In dem Turm (im Hintergrund) wohnte in der Regel ein Dienstmann mit seiner Familie. Er verwaltete das Land seines Grundherrn.*

Herrschaft über Land und Leute

„Finsteres Mittelalter?"
Wenn uns heute etwas veraltet vorkommt, sprechen wir oft von „Zuständen wie im Mittelalter". Und was uns besonders rückständig erscheint, bezeichnen wir sogar als „finsteres Mittelalter". Wenn wir aber das Mittelalter als geschichtliche Epoche betrachten, müssen wir zuerst feststellen, dass es *das* Mittelalter* nicht gab. Denn in den tausend Jahren von etwa 500 bis 1500 veränderten sich die Lebensumstände der Menschen und ihr Zusammenleben tiefgreifend und stetig.

Nicht alle Menschen sind gleich
Vieles aus dem Mittelalter kommt uns heute fremd vor. So war es für die Menschen jener Zeit selbstverständlich, dass sie nicht alle von Natur aus als gleich galten und gleiche Rechte hatten. Männer hatten mehr Rechte als Frauen, Geistliche hatten Vorrechte gegenüber Nichtgeistlichen. Der Adel herrschte über Nichtadlige. Vornehme und Mächtige konnten nicht nur Abgaben und Dienste von ihren Bauern verlangen, sondern auch Gehorsam. Wer seinen Besitz verlor, büßte seine Freiheit ein. Er musste sich einem Herrn unterwerfen. Der schützte ihn zwar und sorgte für ihn. Dafür konnte er aber über ihn verfügen.

**Die unterlegten Begriffe werden am Ende des Kapitels noch einmal erklärt.*

1 Christus teilt den drei Ständen ihre Aufgaben zu.
Holzschnitt (20 x 14,5 cm) von Hans Hesse, Heidelberg 1488.
Die Beschriftungen lauten übersetzt:
Du bete demütig! Du schütze! Und du arbeite!
Nenne die dargestellten Personengruppen und ihre Aufgaben. Was drückt die Haltung der Christusfigur aus?

Die Dreiständeordnung
Über allen Bewohnern eines Landes stand der König. Als von Gott eingesetzter Herrscher forderte er Gehorsam und Verehrung. Als im 10./11. Jh. ständige Streitigkeiten zwischen Adligen und Nichtadligen die königliche Macht und das Auskommen der Bauern schwächten, versuchte die Geistlichkeit zu schlichten: Sie verwies auf die von Gott geschaffene – und damit unantastbare – **Dreiständeordnung** und forderte, Geistlichkeit und Bauern sollten zusammenarbeiten. Dies hat Anfang des 11. Jh. der Bischof *Adalbero von Laon* in einem Brief an den französischen König so ausgedrückt:
Das Haus Gottes ist dreigeteilt: Die einen beten, die anderen kämpfen, die dritten endlich arbeiten. Diese drei miteinander lebenden Stände können nicht getrennt werden. Die Dienste des einen sind die Bedingung für die Werke der beiden anderen. Jeder trachtet danach, das Ganze zu unterstützen.

2 Belehnung geistlicher und weltlicher Fürsten.
Bilder aus der Heidelberger Handschrift des Sachsenspiegels, die um 1330 in Sachsen entstanden. Zum Sachsenspiegel siehe auch M 1, Seite 18.
Linke Abbildung (7,7 x 11,5 cm): Der König verleiht Lehen an einen Bischof und an eine Leiterin eines Klosters (Äbtissin) sowie an weltliche Fürsten.
Rechte Abbildung (7,0 x 11,5 cm): Zwei Fürsten bieten einem Vasallen die Belehnung an. Der Vasall legt seine Hände zwischen die seines Lehnsherrn. Dabei wird er etwa folgenden Schwur geleistet haben: „Deine Feinde sind meine Feinde, deine Freunde sind meine Freunde. Ich will dir immer treu und gegenwärtig sein, wenn du mich brauchst."
Nebenbei: Der Vasall nimmt hier das Lehen von dem Lehnsherrn entgegen, der selber ein Lehen hat (die Fahne lässt darauf schließen). Ihr könnt eine solche Szene mit verteilten Rollen spielen.

LERNTIPP

Land bringt Macht

Die wirtschaftliche Grundlage der Menschen im Mittelalter war der Landbesitz. Er war die wichtigste Bedingung für Macht. Die größten Landbesitzer waren zunächst die Könige. Sie bestimmten über den meist umfangreichen **Eigenbesitz** ihrer Familie und durften über **Kron**- oder **Reichsgut** verfügen, solange sie herrschten. Neben dem König besaßen die Herzöge, Grafen, der übrige Adel und die Kirche viel Land.

Herrscher brauchen Helfer

Wer herrschen wollte, brauchte Helfer. Diese wollten belohnt werden. Da die Geldeinnahmen der Könige und des Adels im frühen Mittelalter noch zu gering waren, blieb ihnen nur die Möglichkeit, ihren Helfern ein Stück Land zu leihen oder zu schenken, einschließlich der darauf lebenden Menschen und Tiere. Unter diesen Voraussetzungen entstand das Lehnswesen.

Land gegen Kriegsdienst

Den „verliehenen" Grundbesitz nannte man **Lehen**; der Empfänger hieß **Vasall**. Die Belehnung wurde in feierlicher Form abgeschlossen. Beide Seiten versprachen sich gegenseitig Treue und Schutz. Kam der Vasall seinen Diensten nicht nach, durfte der **Lehnsherr** das Lehen einziehen. Verletzte der Herr seine Pflichten, brauchte der Vasall ihm keine Gefolgschaft mehr zu leisten.
Im 8. Jh. setzte sich eine neue Kampfweise durch. Trainierte Reiter mit eisernen Panzerhemden waren den zu Fuß kämpfenden Bauernheeren überlegen.* Die Herrscher bemühten sich deshalb, ihr bäuerliches Aufgebot mit vielen bewaffneten Reitern zu ergänzen. Doch Reiterkrieger waren teuer: Pferd und Rüstung kosteten im 8. Jh. etwa so viel wie 45 Kühe. Da dies ein wehrpflichtiger Bauer nicht aufbringen konnte, verliehen die Herrscher Grundbesitz einschließlich der darauf lebenden Menschen und Vieh an ihre besonders wichtigen Gefolgsleute. Über die Erträge der Güter durften die Gefolgsleute frei bestimmen. Als Gegenleistung mussten sie sich verpflichten, Reiter auszurüsten oder selbst zum Kriegsdienst zu erscheinen. Deshalb erhielten Frauen anfangs keine Lehen.

Nur Bindungen zählen

Um ein schlagkräftiges Heer aufstellen zu können, waren die Mächtigen auf ein dichtes Netz von persönlichen Treueverpflichtungen angewiesen. Die Vergabe von Lehen an Adlige und unfreie Dienstmannen (**Ministeriale**) war dabei das wichtigste Mittel. Ein Lehen durfte noch an weitere Lehnsnehmer *(Untervasallen)* weitergegeben werden. Mit der Zeit durften auch Frauen Lehen erhalten und weitergeben.
Das Lehnsverhältnis erlosch bald nicht mehr nach dem Tod des Lehnsherrn oder Vasallen. Die Lehnsnehmer betrachteten das Lehen als ihr Eigentum und gaben es an ihre Erben weiter.

**Über die Ritter erfährst du auf Seite 19 ff. mehr.*

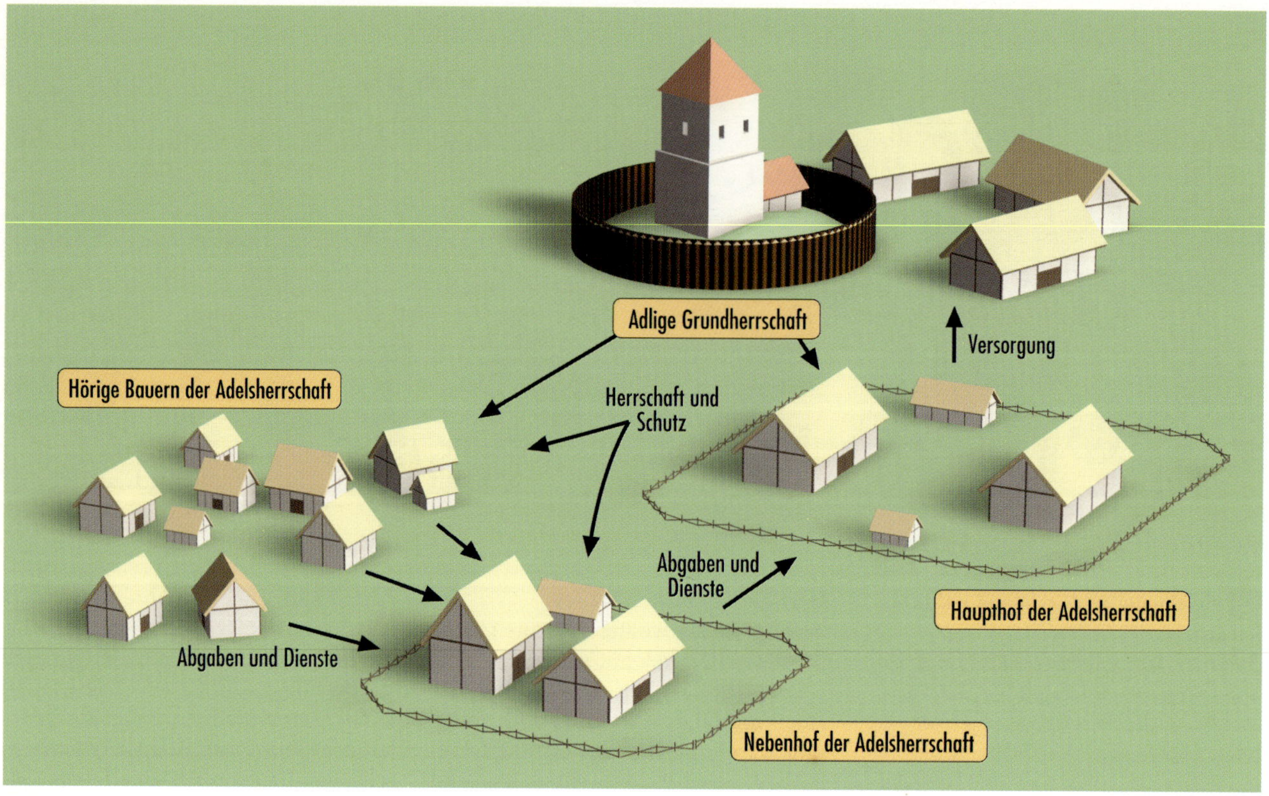

3 Die Grundherrschaft.
Die Grundherrschaft bestand normalerweise aus einem Haupthof und zahlreichen, oft verstreut liegenden Nebenhöfen. Der Haupthof diente der direkten Versorgung des Grundherrn. In der Regel war er Sitz eines Dienstmannes. Mit Unterstützung weiterer Verwalter (Meier) kümmerte sich der Dienstmann um die übrigen Hofstellen, die von hörigen (abhängigen) Bauern bewirtschaftet wurden. Im Auftrag des Grundherrn sorgten sich die Verwalter der Haupthöfe um die Abgaben und Dienste sowie den Schutz der abhängigen Bauern. Im Krieg stellten sie Reiterkrieger, Waffen und Proviant. Mächtige Grundherren konnten mehrere tausend Nebenhöfe ihr Eigen nennen.

Grundherrschaft

Immer mehr freie Bauern mussten sich seit dem 8. Jh. unter den Schutz eines Grundherren begeben. Der Landbesitz reichte nicht aus, um die Familie zu ernähren und die hohen Kosten für die Rüstung aufzubringen. Aus freien Bauern wurden **Grundholde** (*Hörige*). Vom Grundherrn wurde ihnen Land gegen **Frondienste** überlassen, d. h. sie mussten einen Teil ihrer erwirtschafteten Güter abgeben und zu bestimmten Zeiten für ihn arbeiten.

Die hörigen Bauern durften das Land nur mit Einverständnis ihrer Grundherren verlassen. Sie benötigten sogar deren Einwilligung, wenn sie heiraten wollten. Wenn das Land verkauft oder vererbt wurde, gehörten sie mit ihren Familien dem neuen Besitzer. Schließlich waren die Grundherren oft noch Richter über ihre unfreien Bauern.

Als Gegenleistung gewährten sie ihren Leuten Schutz und Hilfe. Ein wichtiger Vorteil für die unfreien Bauern war, dass sie für ihre Grundherren nicht in den Krieg ziehen mussten.

Diese Verfügungsgewalt über Land und Leute nennen wir Grundherrschaft. Davon waren mehr als 90 Prozent der Bevölkerung betroffen.

Die Zeit, in der Lehnswesen und Grundherrschaft die Grundlagen für wirtschaftliche und politische Macht bildeten, wird als Epoche des **Feudalismus** (lat. *feudum*: Lehen) bezeichnet. Sie dauerte in den europäischen Staaten bis ins 19. Jh. hinein.

**Über die Lebensbedingungen der bäuerlichen Bevölkerung siehe die Seiten 14 ff.*

LERNTIPP

Erkläre deinem Lernpartner das vorgegebene Schaubild (Abb. 3): Überprüft mithilfe des Lehrbuchtextes, ob die Grundherrschaft mit dieser Grafik ausreichend abgebildet wird.

M 1 Befehl an die Vasallen

Im folgenden Brief, der nach 804 geschrieben wurde, fordert Karl der Große den Leiter des Klosters von Altaich (Bayern) auf, seinen Vasallenpflichten nachzukommen:

Im Namen des Vaters und des Sohnes und des Heiligen Geistes [...]. Wir teilen dir mit, dass wir in diesem Jahre den großen Reichstag nach Ostsachsen zusammengerufen haben [...]. Deshalb befehlen wir dir, am 17. Juni mit allen deinen wohl bewaffneten und ausgerüsteten Leuten an dem genannten Platze dich einzustellen, also sieben Tage vor der Messe des heiligen Johannes des Täufers. Du wirst also wohl vorbereitet mit deinen Leuten an dem genannten Platze erscheinen, um von hier aus [...] eine militärische Expedition durchzuführen; das heißt mit Waffen und Gerät und aller anderen kriegerischen Ausrüstung, mit Proviant und Bekleidung.

Jeder Berittene soll Schild, Lanze, Schwert und Hirschfänger haben, dazu Bogen, Köcher mit Pfeilen, und eure Packwagen sollen Vorräte aller Art mitführen, Spitzhacken und Äxte, Bohrer, Beile, Spaten, eiserne Grabscheite und alle anderen Werkzeuge, die man bei einem Feldzug braucht. Die Lebensmittel müssen vom Reichstag an gerechnet drei Monate reichen, Waffen und Bekleidung ein halbes Jahr [...].

Die Geschenke, die du uns auf unserem Reichstag abzuliefern hast, übersende Mitte Mai dahin, wo wir uns dann aufhalten werden [...]. Lasse dir dabei keinerlei Nachlässigkeit zuschulden kommen, wenn dir an unserer Gnade gelegen ist.

Wolfgang Lautemann (Bearb.), Mittelalter. Reich und Kirche. Geschichte in Quellen, München ²1978, S. 76 f.

M 2 Ein Markgraf reitet aus.

Buchmalerei (9,5 x 16,9 cm), um 1320.

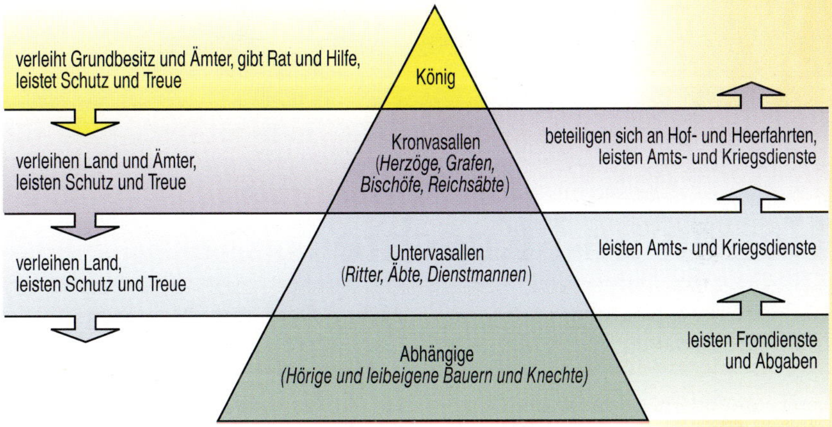

M 3 Lehnswesen und Aufbau der mittelalterlichen Gesellschaft.

Für den Gesellschaftsaufbau wurde das Bild von der Lehnspyramide benutzt. Es stellt die Verhältnisse vereinfacht dar. Lehen wurden nämlich nicht nur von oben nach unten vergeben, sondern beispielsweise auch von Kronvasallen zu Kronvasallen oder von Untervasallen an Kronvasallen.

1. *Lege eine Liste aller Gegenstände an, die König Karl von seinem Vasallen fordert, und erkläre, wozu sie verwendet werden (M 1).*
2. *Versetze dich in die Lage des Abts und beantworte den Brief (M 1).*
3. *Überlege, welche Probleme sich zwischen König und Kronvasallen durch die Weitervergabe von Lehen an Untervasallen entwickeln können (M 3).*

LERNTIPP

1 „De temporibus"
(dt. Von den Zeiten).
Kopie einer Buchmalerei (18 x 26 cm) aus dem Kloster Montecassino (Italien), die 1023 für die Bebilderung des Werkes „De rerum naturis" (dt. „Über die Natur der Dinge") von Hrabanus Maurus entstand. Der Verfasser stammte aus Mainz, war Leiter der Fuldaer Klosterschule und Abt.
Das Bild zeigt vier Figuren. Sie stehen für die Jahreszeiten.

Herren und Knechte

Geringe Lebenserwartung
Mitteleuropa war im frühen Mittelalter eine dünn besiedelte Region mit riesigen Laubwäldern, ausgedehnten Sümpfen und Mooren. In dieser Wildnis lagen einzelne Bauernhöfe, Gutshöfe, Klöster, Dörfer und wenige Städte. Holz, Lehm und Zweige dienten als Baumaterial für Hütten, Häuser und Brücken. Nur Kirchen, Klöster und Königshöfe waren zum Teil aus Stein.
Auf dem gestampften Boden der Bauernhütten lag Stroh als Unterlage zum Schlafen. Die Mehrheit der Bevölkerung starb durch Krankheit, Hunger und Krieg bereits nach durchschnittlich dreißig Jahren. Die Lebenserwartung der kleinen Oberschicht lag bei fünfzig Jahren.

Mehr Acker – mehr Menschen
Das Interesse der Grundherren an größeren Einnahmen förderte seit dem 10. Jh. den ständigen **Landesausbau**: Wälder wurden gerodet, Moore und Sümpfe trockengelegt, Deiche und Marschen an den Küsten angelegt sowie Dörfer planmäßig errichtet.
Um für diese Arbeit genügend Menschen zu finden, stellten die Grundherren ihren Hörigen dafür niedrigere Abgaben und weniger Frondienste in Aussicht, als sonst üblich. Zahlreiche abhängige Bauern erhielten mehr Freiheiten: Sie durften heiraten und mit ihren Familien in die noch unfruchtbaren Gebiete ziehen. Die Folgen des Landesausbaus: Es wurden mehr Familien gegründet und die Bevölkerung nahm zu.

2 Ein Bauer bestellt sein Feld.
Buchmalerei (4,5 x 12,5 cm) aus dem Stuttgarter Psalter, um 820/830.*
Hinter dem pflügenden Bauern steht die Saat in einem Korb bereit.

***Psalter**: *Ein Buch für den Gottesdienst, in dem die Psalmen des Alten Testaments stehen.*

Höhere Erträge durch neue Techniken
Nicht allein der Landesausbau förderte das Wachstum der Bevölkerung. Auch viele technische Neuerungen trugen dazu bei, dass die landwirtschaftlichen Erträge im 11./12. Jh. gesteigert und mehr Menschen ernährt werden konnten.

- Der hölzerne Hakenpflug wich dem Räderpflug mit eiserner Pflugschar und Streichbrett. Der Boden wurde nicht mehr nur aufgerissen, sondern gewendet.
- Die Zugkraft der Tiere wurde durch das *Kummet** auf das Drei- bis Vierfache erhöht. Es verteilte die Zuglast auf Brust und Schulter.

***Kummet**: *Ein gepolsterter Leder- oder Stoffbügel, der um den Hals eines Zugtieres gelegt wird und die Last auf Brustkorb und Schultern verteilt.*

- Anstelle von Kühen und Ochsen wurden immer häufiger Pferde vor Pflug und Wagen gespannt. Sie waren von Natur aus schnell und ausdauernd.
- Hufeisen schützten die Pferde vor Verletzungen und machten sie trittsicherer.
- Die **Dreifelderwirtschaft** aus römischer Zeit wurde weiter entwickelt: Auf einem Feld wurde in einem Jahr Wintergetreide (z.B. Roggen und Weizen), im nächsten Jahr Sommergetreide (z.B. Hafer) angebaut, anschließend lag das Feld ein Jahr zur Erholung brach. Zuvor hatten Anbau und Brache jährlich gewechselt.
- Durch das Unterpflügen der bei der Ernte stehen gebliebenen Getreidehalme, durch Mist- und Laubstreuung oder durch Mergel (ein kalkhaltiges Gestein) konnten die Bodenerträge verbessert werden.
- Dazu kam ab dem 12. Jh. der Einsatz von Eggen, Sensen und Dreschflegeln.
- Wo immer möglich, wurden Wassermühlen gebaut, wo nicht, errichtete man Windmühlen.

Durch diese Veränderungen konnten die Ernteerträge vom 8. bis zum 13. Jh. verdoppelt, später sogar verdreifacht werden.

In einer Grundherrschaft gibt es eine Wassermühle. Der Meier des Dorfes schlägt dem Grundherrn vor, eine der neuartigen Windmühlen zu errichten. Der Grundherr will die alte Mühle behalten. Formuliere einen Dialog zwischen dem Meier und dem Grundherrn über die beste Mühle für das Dorf.

3 Bockwindmühle.
Buchmalerei aus der Werkstatt des flämischen Künstlers Jean de Grise, 1338-1345.
Erst im 12. Jh. begann man in Mitteleuropa, die Windkraft zu nutzen: Die Anlage von Mühlen geht auf ältere arabische und römische Vorbilder zurück. Der kastenförmige Aufbau saß auf einem dicken Eichenstamm (Bock) und konnte mit der abstehenden Stange in den Wind gedreht werden.

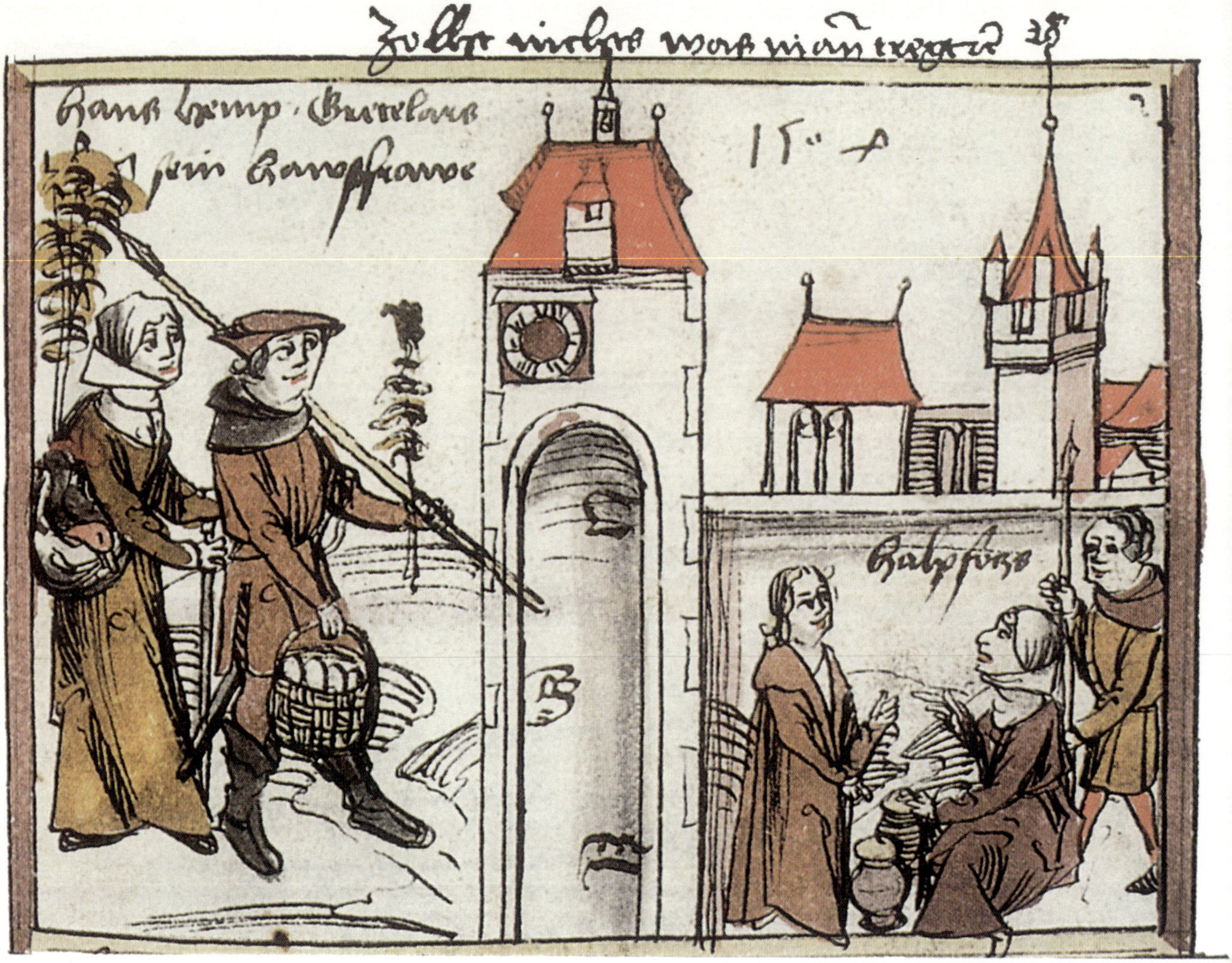

4 Bauernpaar auf dem Weg zum Markt. *Zeichnung (13 x 16 cm) aus dem Volkacher Salbuch*, um 1504.*
Welche Waren bringt das Bauernpaar in die Stadt? Woran wird deutlich, dass es gefährlich war, über Land zu ziehen?
Der Schriftzug über der Abbildung lautet: „Zollt nichts was man trägt." Erkläre!
In dem Bild oben links befindet sich der Eintrag „Hans Hemp" mit „Gretelars seine Hausfrau", rechts neben dem Stadtturm steht die Jahreszahl 1504. Unten rechts befindet sich eine Marktszene, darüber steht „Halpfotzs". Dieser Name bezieht sich wohl auf die Frau mit den Tonkrügen.
Vor ihr steht ein Kunde, hinter ihr ein Stadtknecht, der über das Geschehen auf dem Markt wacht.

***Salbuch:** *Verzeichnis über Eigentum, Einkünfte und Rechte einer Stadt.*

Wandel mit Folgen

Der Alltag der Bauern blieb mühsam und arbeitsreich, dennoch hatte sich ihr Leben grundsätzlich gewandelt:

• Bei günstiger Witterung konnten die Bauern mehr erwirtschaften, als sie selbst verbrauchten und an den Herrn abliefern mussten. Den Überschuss verkauften sie auf Märkten.

• Mit den Einnahmen gewöhnte sich die ländliche Bevölkerung an Münzgeld.

• Von den Erträgen kauften die Bauern auch Produkte der Handwerker: Geräte, Kleidung, Haushaltswaren. In den größeren Dorfgemeinschaften ließen sich neben den Müllern auch Schmiede und andere Handwerker nieder.

• Die Grundherren gestanden der Dorfgemeinschaft seit dem 12./13. Jh. eine Selbstverwaltung zu: Sie bestimmte den Zeitplan für die Bewirtschaftung der Felder, sorgte für die Wege und Brücken, achtete auf die Einhaltung des Dorffriedens, nahm Verbrecher fest und lieferte sie dem Gericht aus. Vor allem verwaltete die Dorfgemeinschaft die **Allmende** (mittelhochdeutsch: *das Allgemeine*). Das war gemeinsames Eigentum an Wald, Weide, Ackerland und Weiher. Dort durfte nach gemeinsam festgelegten Regeln das Vieh der Dorfbewohner weiden. Hier konnten sie Bau- und Brennholz schlagen, Eicheln und Bucheckern für die Schweinemast sammeln oder fischen.

• Die Grundherren begannen allmählich auch, Teile ihres Landes gegen eine jährliche Geldzahlung (*Rente*) an Bauern zu verpachten.

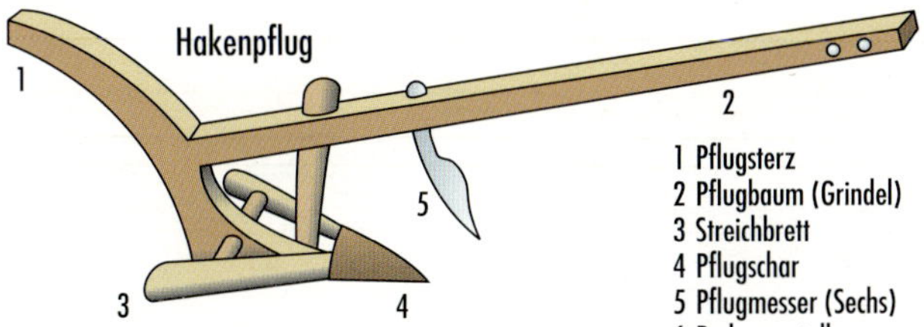

1 Pflugsterz
2 Pflugbaum (Grindel)
3 Streichbrett
4 Pflugschar
5 Pflugmesser (Sechs)
6 Radvorgestell

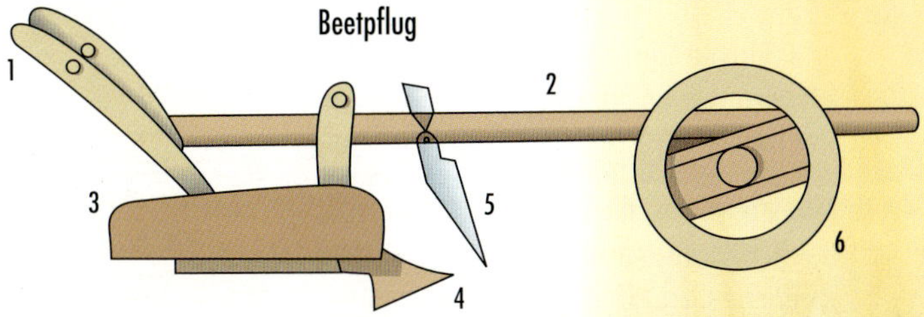

M 1 Fortschritte in der Pflugtechnik.
Anders als der frühmittelalterliche Hakenpflug mit Ochsengespann sorgt der Schollen wendende Räderpflug (Beetpflug), der seit dem 11. Jahrhundert weiter verbreitet ist, für eine bessere Lockerung und Durchlüftung der schweren Böden.

M 2 Bevölkerungsentwicklung in Europa
Die Zahlen beruhen teilweise nur auf Vermutungen.

im Jahre 300:	16,8 Mill.
im Jahre 600:	11,9 Mill.
im Jahre 1000:	23,7 Mill.
im Jahre 1340:	53,9 Mill.

Josiah C. Russel, Artikel „Bevölkerung", in: Lexikon des Mittelalters, Bd. 2, München – Zürich 1983, Sp. 14

M 3 Die Gewannflur der Dreifelderwirtschaft.
In den Gewannen (mittelhochdeutsch: Grenzen) besaß jeder Bauer einen oder mehrere Streifen. Sie lagen im „Gemenge" und konnten nur in Zusammenarbeit mit den Nachbarn bebaut werden. Daraus ergab sich ein Flurzwang: Alle Bauern eines Gewannes mussten die gleiche Frucht anbauen.

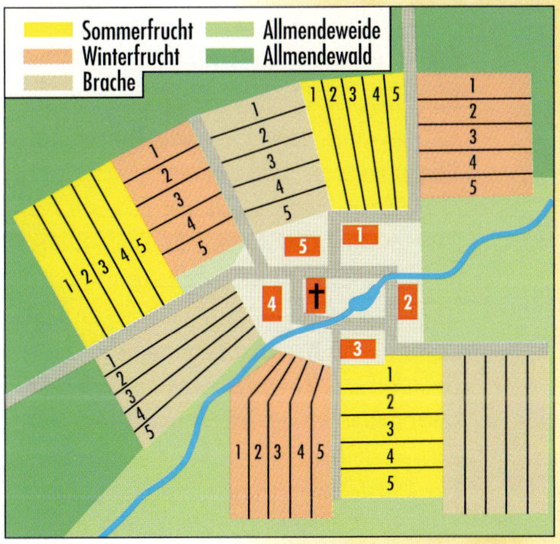

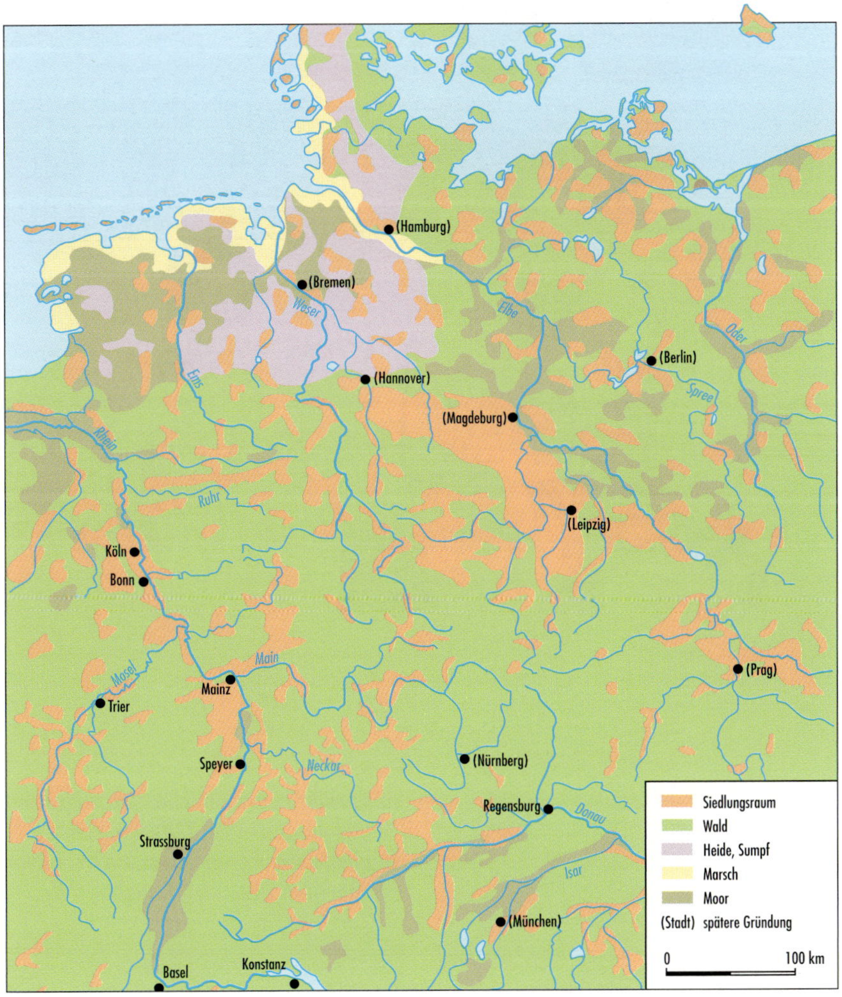

Exkursionstipp → *Über die Lebens- und Arbeitsweise vor rund 800 Jahren kannst du dich im Museumsdorf Düppel in Berlin informieren. (www.dueppel.de)*

M 4 Frühmittelalterliche Siedlungsräume.

1. *Suche Gründe für das Bevölkerungswachstum (siehe Seite 14 f. und M 2).*
2. *Zeichne mit den Angaben aus M 2 ein Säulendiagramm.* LERNTIPP
3. *Erkläre die Dreifelderwirtschaft (Seite 15 und M 3). Nenne Vor- und Nachteile.*
4. *Nenne eine Gemeinsamkeit aller in M 4 eingezeichneten Städte.*
5. *Der Landesausbau spiegelt sich in den Namen mancher Dörfer und Städte, die auf -berg und -beck oder -bek enden. Dazu kommen solche auf -au, -hagen, -feld und -Wald. Auf Rodungen verweist -rode. Suche in der Berliner und Brandenburger Umgebung nach Ortsnamen, die auf mittelalterlichen Landesausbau hinweisen.* LERNTIPP

LERNTIPP

Ein Bild gibt Auskunft

Die älteste und häufigste Form von Steuern war im Mittelalter der **Zehnt**. In der Regel handelte es sich um ein Zehntel des landwirtschaftlichen Ertrages. Die Kirche forderte seit dem 6. Jh. von ihren Gläubigen den Zehnt, aber auch weltliche Grundherren verlangten ihn.

M 1 Bäuerliche Abgaben.
Bilder aus der Heidelberger Handschrift des Sachsenspiegels, um 1330; das Format des Blattes misst 30 x 23 cm.
Der Sachsenspiegel wurde von Eike von Repgow um 1224/35 im Elbe-Saale-Raum verfasst und gehört zu den ältesten Rechtsbüchern in deutscher Sprache. Er beeinflusste die Rechtsprechung in Sachsen, Brandenburg, Thüringen und anderen deutschen Ländern zum Teil bis ins 19. Jh.
Zu den Bildern:
Die Darstellung beginnt mit dem Tag der Heiligen Walpurgis (1. Mai), an dem der Lämmerzehnt fällig ist; mit dem grünen Baum ist hier wohl ein Maibaum gemeint, der nach weit verbreiteter Sitte zu Walpurgis an Haus und Hof aufgepflanzt wurde.
Bis zu St. Urban (25. Mai) hatten die hörigen Bauern die Obst- und Weingärten ihrer Grundherren in Ordnung zu bringen; der rote Arbeitskittel symbolisiert das Ende dieser Arbeiten.
Es folgt der Termin für den Fleischzehnt, der am Johannistag (24. Juni) fällig ist und im Bild durch ein Rind, ein Kalb, eine Ziege und einen Hahn dargestellt wird.
Am St. Margaretentag (13. Juli) ist der Kornzehnt fällig; dazu zeigt das Bild, wie die Heilige Margarete den Teufel fesselt.
Die drei Gänse symbolisieren den Gänsezehnt, er ist am Himmelfahrtstag Mariens (15. August) zu leisten; am selben Tag ist zugleich Kräuterweihe, daher die Kräuter- und Wurzelbündel.
Am St. Bartholomäustag (24. August) waren verschiedene Geldabgaben und Dienste fällig; der Heilige Bartholomäus war durch Abziehen der Haut ums Leben gekommen; hier trägt er sie als Zeichen seines Martyriums an einem Stock über der Schulter.

1. *Entwirf einen Abgabenkalender für den dargestellten Zeitraum (M 1).*
2. *Die Abbildungen geben auch Auskunft über das Brauchtum der Zeit. Welche Bräuche erkennt ihr? Berichtet!*

Was macht der Adel?

Mit Pferd und Rüstung

Ritter bedeutete im 11. Jh. zunächst „bewaffneter Reiter". Zu diesem Kreis gehörten alle, die vom König oder dem hohen Adel zum Kriegsdienst mit Pferd und Rüstung herangezogen wurden. Das waren Adlige und die mit Lehen versehenen Dienstleute. Letztere konnten im Laufe der Zeit so hohes Ansehen erwerben, dass sie in den niederen Adel aufstiegen.

Ein Ideal anstreben

Im 12. Jh. erhielt „Ritter" eine zusätzliche Bedeutung, die in den Wörtern „ritterlich" und „höflich" und **Kavalier** (franz. *chevalier*: Ritter) bis heute fortlebt. Diese Entwicklung ging von den französischen Höfen aus. Ziel war es, sich wie ein „wahrer" Ritter bei Hofe zu verhalten. Darum sollte sich jeder Dienstmann und Adlige bemühen. Ritterlich war ein Mann, der ein christliches Leben führte, sich tadellos kleidete und gut benahm. Vernunft und Mäßigung sollten das Verhalten eines Ritters im Kampf, in der Liebe oder beim Essen und Trinken bestimmen.
Ein Ritter zu sein hieß also auch, ein Ideal anzustreben. Durch ihre höfischen Lebens- und Umgangsformen grenzten sich die Ritter von den Bauern und Geistlichen ab.

Vom Knappen zum Ritter

Mit zehn bis zwölf Jahren wurden die Söhne der Vasallen an den Hof des Herrn geschickt. Sie dienten als **Junker** (*Jungherr*), kümmerten sich um die Waffen und die Pferde ihres Herrn und halfen ihm beim Anlegen der Rüstung.
Mit 14 Jahren wurden sie einem Ritter als Knappen zugeteilt. Die jungen Männer lernten Reiten und Jagen, darüber hinaus Regeln, die bei Tisch und beim Tanz sowie bei anderen Gelegenheiten zu beachten waren. Sie trainierten mit Schwert, Lanze, Speer und Schild sowie mit Pfeil und Bogen; ihre „Lehrherren" brachten ihnen bei, wie eine Burg verteidigt oder belagert wurde. Nur an den Höfen der mächtigen Fürsten standen auch Lesen und Schreiben, Harfenspiel und Gesang auf dem Stundenplan.

1 Ein König zieht mit seinen Rittern in den Krieg.
Buchmalerei (etwa 9 x 19 cm) aus Bamberg, um 1170.
Das Bild zeigt die im 12. Jh. übliche Form der Ritterrüstung.

Der Ritterschlag

Mit etwa 20 Jahren folgte die feierliche Ritterweihe. Am Tag davor hatte der künftige Ritter zu fasten. Den Festtag begann der in weiße Gewänder gekleidete Knappe mit einem Gottesdienst. Ein Geistlicher segnete ihn und sein Schwert. Danach wurde ihm die Rüstung angelegt. Höhepunkt des Festes waren **Ritterschlag** und **Schwertleite**: Der Lehnsherr berührte mit der flachen Klinge die linke Schulter des neuen Ritters und legte ihm feierlich das Schwert um. Dann begann das festliche Treiben mit vielen Gästen, teuren Geschenken und Turnieren.

2 Zwei Musikanten.
Spanische Buchmalerei aus dem 13. Jh. Das Bild illustriert das Zusammenleben verschiedener Kulturen. Erläutere!

Mann gegen Mann
Seit dem 12. Jh. veranstalteten die Fürsten große Turniere. Das waren Einzel- und Gruppenwettkämpfe zu Pferde mit scharfen Waffen. Beim **Buhurt** versuchten nur mit Schilden bewaffnete Reitermannschaften, die Gegner aus dem Sattel zu werfen. **Tjoste** waren Zweikämpfe mit stumpfen Lanzen.
Die Aussicht auf den Sieg und die Belohnung (Rüstung und Pferd des besiegten Gegners plus Preisgeld) war – zumindest für die ärmeren Ritter – Anreiz genug, Gesundheit und Leben zu riskieren. Obwohl die Kirche gegen diese blutigen Veranstaltungen mit zahlreichen Verboten vorging, blieben sie beliebt. Neben den lebensbedrohlichen Kämpfen wurden aber auch unblutige Reiterparaden und Rittergesellschaften abgehalten.

Damen sind nicht dämlich
Für ein junges Mädchen aus dem niederen Adel kam der Dienst an einem fremden Hof kaum in Frage. Sie lernte Hauswirtschaft und den Umgang mit dem Spinnrad zu Hause. Aber an den großen Höfen lernten die Mädchen lesen und erhielten Einblicke in die lateinische oder französische Literatur. Einige Töchter aus vornehmen Häusern wurden im Reiten sowie in der Falkenzucht und -jagd unterrichtet. Manche dieser jungen Frauen waren gebildeter als ihre männlichen Altersgenossen und erreichten als Dichterinnen und einflussreiche Hofdamen hohes Ansehen wie die französische Schriftstellerin *Christine de Pisan*, die um 1431 starb.

„Wes Brot ich ess', des Lied ich sing'"
Künstler und Dichter zog es an die großen Höfe der Könige, Herzöge, Grafen und Bischöfe. Die **Troubadoure** in Frankreich verherrlichten in ihren Liedern das Heldentum und die ritterlichen Tugenden. Dabei musizierten sie und sangen in ihrer Volkssprache. Diese Dichter waren zuvor oft Geistliche gewesen. Meist kamen sie aus dem Adel. Viele zogen von Hof zu Hof in der Hoffnung, einen Förderer zu finden. Dabei erwiesen sich die Poeten für manchen Herrscher als nützlich: In ihren Werken priesen sie dessen Fähigkeiten und Taten und förderten damit sein Ansehen.
In **Minneliedern** (*Minne*: tugendhafter Liebes-Dienst eines Ritters) und den höfischen Romanen setzten die Minnesänger dem idealen Ritter und seinem Verhalten in der Liebe, im Kampf und im Dienst für Gott literarische Denkmäler. Aber sie schilderten auch, wie ihre „Helden" versagten, ihren Schwächen nachgaben, treulos oder unmenschlich handelten. Denn ihnen war bewusst, dass man das Ideal der Ritterlichkeit nur anstreben, aber kaum erreichen konnte.

Ritter werden überflüssig
Im späten Mittelalter, als die Städte Mittelpunkte des gesellschaftlichen und künstlerischen Lebens waren, verlor die höfische Kultur an Bedeutung. Der Ritter war als Kämpfer nicht mehr zeitgemäß. Gegen die Geschosse der Armbrüste und Handfeuerwaffen bot selbst die stärkste Rüstung keinen Schutz. Nicht einmal die Mauern der Burgen hielten den Kugeln der kanonenähnlichen Geschütze noch stand. Nach wirtschaftlichen Krisen im 14. und 15. Jh. verarmten viele Ritter. Manche machten ihre Umgebung als Raubritter unsicher.

3 Ritterdienst – Minnedienst.
Buchmalerei aus der Manessischen Handschrift, um 1314.
Das Bild gehört zu einer Sammlung von illustrierten Liederbüchern, die der reiche Züricher Bürger Rüdiger Manesse anlegen ließ. Sie wird in der Heidelberger Universitätsbibliothek aufbewahrt.

M 1 Segensgebet für ein Schwert

Text eines weit verbreiteten Segensgebetes für ein Schwert aus der 2. Hälfte des 10. Jh.:

Erhöre, so bitten wir dich, Herr, unsere Gebete und mache dieses Schwert deiner wert, womit dein Diener (es folgt der Name) sich zu umgürten wünscht, indem du es [...] segnest, damit es zur Verteidigung und zum Schutz von Kirchen, Witwen, Waisen und allen, die Gott dienen, gegen die Wildheit der Heiden gereichen kann, und damit es anderen Feinden Angst, Schrecken und Entsetzen einflößt.

Otto Borst, Alltagsleben im Mittelalter, Frankfurt a. M. 1983, S. 103 f.

M 2 Ritterliche Pflichten

In dem um 1200 entstandenen Versroman „Tristan" von Gottfried von Straßburg wird der zum Ritter geschlagene Tristan von seinem königlichen Onkel über seine Pflichten belehrt.

„Sieh, Tristan, mein Neffe", sagte er, „jetzt, da dein Schwert gesegnet ist und du Ritter geworden bist, denke nach über ritterliche Werte und über dich und wer du bist. Deine Abkunft und Würde halte dir vor Augen. Sei bescheiden und aufrichtig, wahrhaftig und wohlerzogen. Sei gütig zu den Elenden und stolz zu den Mächtigen. Pflege und verbessere deine äußere Erscheinung. Ehre und liebe alle Frauen. Sei freigebig und verlässlich, und arbeite immer daran."

Gottfried von Straßburg, Tristan, nach dem Text von Friedrich Ranke neu herausgegeben und übersetzt von Rüdiger Krohn, Stuttgart [2]1981, S. 307 f.

M 3 „Die Ritter kennen keine Treue mehr"

Von einem unbekannten Dichter stammen folgende Zeilen über die Lebensweise mancher Ritter; sie sind etwa um 1330/1340 in oder um Bamberg geschrieben worden.

Die Ritter kennen keine Treue mehr, darauf kann man sich verlassen. Was sie heute fest versprechen, das brechen sie morgen sogleich. Sie sind Richter über arme Bauern, die sie schützen und schirmen sollten.
Vor langer Zeit gab es wirklich gute Ritter. Die konnten im Kampf und Spiel so handeln, wie es gut und angemessen war. Große Tapferkeit ließen sie erkennen [...].
Sie waren tugendhaft und freimütig; Gott schenkte ihnen Ehre und Besitz, weil sie ernsthaft nach ritterlicher Tugend strebten [...].
Um ritterliche Tugend kümmern sie sich heute wenig. Sie sitzen mit ihren Weibern zusammen und verschleudern wertvollen Besitz. Sie sollten sich wirklich schämen, dass sie Wucherzinsen für ihr Geld nehmen, auf zehn Mark eine. Das alles ist unter ihnen so weit verbreitet, dass sie es niemals für Sünde halten. Die Jungen und die alten gleichermaßen so. Wenn man von Raub und Wucher absieht, könnten sie vielleicht noch gute Ritter sein.

Wolfgang Bührer, Der Kleine Renner ..., in: Historischer Verein Bamberg, 105. Bericht, Bamberg 1969, S. 171

M 4 Steigbügel aus Eisen, 9. Jh.

Im Kampf gegen die Araber hatten die Franken im 8. Jh. die Überlegenheit der Reiterheere kennengelernt. Sie ahmten die überlegenen Teile an deren Ausrüstung nach. Mit Steigbügeln und Sätteln mit Halteknöpfen konnten die Reiter in schwerer Rüstung schneller und sicherer gegen die Feinde anstürmen.

M 5 „Hundeschnauze".
Helm mit Visier, 14. Jh.

M 6 Ritterschwert, um 1300.
Die Schwerter des 13./14. Jh. hatten zum Teil Klingen von über einem Meter Länge. Nebenbei: Schwerter waren nicht nur Waffen, sondern auch Zeichen für die Personen, die herrschen und richten durften.

CD-ROM-Tipp →
Rittertum und Mittelalter. Streifzüge durch eine faszinierende Zeit, Stuttgart: Theiss

1. *Auf dieser Seite siehst du die Gegenstände, die Ritter benutzten: Schwert, Helm (Rüstung) und Steigbügel. Erkläre anhand dieser Dinge die Stellung eines Ritters gegenüber Bauern und Geistlichen.*
2. *Stelle aus M 1 und M 2 Pflichten und Tugenden der Ritter zusammen.*
3. *In M 3 erfährst du, dass sich nicht alle Ritter ritterlich verhielten. Überlege, welche Auswirkungen diese Missstände hatten.*

Auf der Burg

Fernab vom Volk

Im frühen Mittelalter lebten die Ritter auf dem Land häufig in einfachen, aus Holz oder Stein errichteten Türmen. Als im 9. und 10. Jh. Normannen, Ungarn und Slawen plündernd in die Reichsgebiete einfielen, mussten Stützpunkte geschaffen werden, von denen aus das Land verteidigt werden konnte. Auf Hügeln oder Bergen, manchmal auch auf Inseln, in Flüssen oder Seen, die natürlichen Schutz boten, entstanden Burgen.

Zunächst durften nur der König selbst oder seine Amtsträger Wehranlagen errichten. Später baute sich der Adel eigene Burgen, die dann von Ministerialen verwaltet wurden. Seit dem 13. Jh. gehörte es zum guten Ton, dass jeder Ritter eine Burg besaß. So entstanden zwischen dem 12. und dem 15. Jh. allein im Deutschen Reich etwa 19 000 Burgen.

Auf der Burg fanden Dienstleute und die Landbevölkerung Zuflucht. Von ihr aus wurde für Ruhe und Ordnung auf dem Lande gesorgt. In ihrem Innern herrschte der Burgfrieden, der keinen Streit innerhalb der Mauern erlaubte. Die Burg war auch Mittelpunkt der Wirtschaft und Verwaltung: Hierher mussten die Bauern kommen, um ihre Abgaben zu entrichten, hier wurden die Zolleinnahmen von Straßen und Brücken abgeliefert.

Ungemütlich, aber sicher

Eine Burganlage war sicher, wenn sie von wenigen Menschen zu verteidigen war. Tiefe Gräben und dicke Mauern mit Schießscharten und Pechrinnen schützten die Gebäude. Mehrere Funktionen hatte der **Burgfried** (*Bergfried*), dessen Eingang meist nur über eine einziehbare Leiter zu erreichen war. Er diente weniger als letzter Zufluchtsort für die Bewohner, sondern als Beobachtungsturm, Aufbewahrungsort für Wertgegenstände und gelegentlich auch als Gefängnis. Darüber hinaus stellte er vor allem ein weit sichtbares Zeichen adliger und herrschaftlicher Macht dar. Die Burgen der einfachen Ritter waren dunkel und feucht. Im Winter zog die Kälte durch Ritzen und Fensteröffnungen; Kachelöfen gab es erst seit der Mitte des 13. Jh., verglaste Fenster waren selten.

Im Zentrum der Burg lag das Wohnhaus, der **Palas**. Hier befanden sich Küche und **Kemenaten** (nach lat. *caminus*: Feuerstelle, Kamin), die wenigen beheizbaren Räume, sowie gelegentlich ein Festsaal. Für Gottesdienste gab es eine **Kapelle**. Im Burghof befanden sich ein Brunnen und häufig auch eine Zisterne, ein Sammelbecken für Regenwasser. Die Wohnungen der Knechte, Scheunen und Stallungen lagen um den Burghof herum.

2 Die Marksburg über Braubach am Rhein.
Die Rekonstruktionszeichnung zeigt den Zustand im 15. Jh.
Der Kern der Höhenburg geht auf das 12. Jh. zurück. Die Wehranlagen wurden später erweitert.

1 Burg und Siedlung von Groß Raden (Mecklenburg-Vorpommern).
Die Rekonstruktion veranschaulicht den Zustand um 900.
Ursprünglich umfasste die Siedlung mindestens 30 reihenförmig angeordnete Häuser. Eine 100 m lange Brücke verband die Halbinsel mit der Burg.
Einen informativen Rundgang durch das Freilichtmuseum Groß Raden kannst du unter www.gross-raden.de unternehmen.

M 1 Alltag eines Burgherrn

Was der fränkische Reichsritter Ulrich von Hutten 1518 einem Freund in Nürnberg über sein Leben auf der Burg Steckelberg bei Fulda schreibt, dürfte – sieht man von Schwefel und Schießpulver ab – 300 Jahre früher nicht anders gewesen sein.

Man lebt auf dem Feld, im Wald und in den bekannten Burgen auf dem Berg. Die uns ernähren, sind bettelarme Bauern, denen wir unsere Äcker, Weinberge, Wiesen und Wälder verpachten. Der einkommende Ertrag ist, gemessen an der aufgewandten Mühe, geringfügig [...]. [...]

Sodann müssen wir uns in den Dienst eines Fürsten stellen, von dem wir Schutz erhoffen. Wenn ich das nicht tue, glaubt jeder, er könne sich alles gegen mich erlauben. Aber auch wenn ich es tue, ist diese Hoffnung täglich mit Gefahr und Furcht verbunden. Gehe ich nämlich von zu Hause fort, so muss ich fürchten, auf Leute zu stoßen, mit denen der Fürst [...] Krieg führt und die mich seinetwegen anfallen und wegschleppen. Wenn es dann mein Unglück will, geht leicht mein halbes Vermögen als Lösegeld darauf [...]. Deswegen halten wir uns Pferde und Waffen und umgeben uns mit zahlreichem Gefolge, alles unter großen und spürbaren Kosten. [...]

Die Burg selbst, ob sie auf dem Berg oder in der Ebene liegt, ist nicht als angenehmer Aufenthalt, sondern als Festung gebaut. Sie ist von Mauern und Gräben umgeben, innen ist sie eng und durch Stallungen für Vieh und Pferde zusammengedrängt. Daneben liegen dunkle Kammern, vollgepfropft mit Geschützen, Pech, Schwefel und sonstigem Zubehör für Waffen und Kriegsgerät. Überall stinkt es nach Schießpulver; und dann die Hunde und ihr Dreck, auch das – ich muss es schon sagen – ein lieblicher Duft!

Reiter kommen und gehen, darunter Räuber, Diebe und Wegelagerer. Denn fast für alle stehen unsere Häuser offen, weil wir nicht wissen, was das für Leute sind, oder uns nicht groß danach erkundigen. Man hört das Blöken der Schafe, das Brüllen der Rinder, das Bellen der Hunde, das Rufen der auf dem Feld Arbeitenden, das Knarren und Rattern der Fuhrwerke und Karren; ja sogar das Heulen der Wölfe hört man in unserem Haus, weil es nahe am Wald liegt.

Arno Borst, Lebensformen im Mittelalter, Frankfurt a. M. 1979, S. 173 f.

M 2 Burg Eltz an der Mosel.
Foto von 1994.
Auf drei Seiten von der Eltz umflossen, ragt diese Wehranlage auf einem bis zu 70 m hohen Felsen hervor. Die Burg besitzt acht verschiedene, meist turmartige Gebäude; der älteste Turm stammt aus dem 13. Jh.

CD-ROM-Tipps →
Das Geheimnis der Burg, Hamburg: Hamburger Medien Haus
Burgen. Spurensuche in Ruinen und alten Gemäuern, Stuttgart: Theiss

Internettipps → *Einzelheiten zur Burg Eltz findest du unter www.burg-eltz.de/d_index.html, weitere Hinweise über Burgen in Deutschland siehe unter www.burgen-und-schloesser.net/*

1. *Beschreibe das von Ulrich von Hutten geschilderte Leben auf der Burg (M 1). Beurteile seine Sichtweise.*
2. *Zeichne das Schaubild eines Ritterlebens. Zeige, wovon er lebt, wem er verpflichtet ist, welche Aufgaben er hat. Als Vorbild kann dir das Schaubild auf Seite 12 dienen.*

LERNTIPP

Im Kloster

Ein Leben für Gott
Im Mittelalter lebten zahlreiche Männer und Frauen in Klöstern (lat. *claustrum*: Verschluss, abgeschlossener Bereich). Diese Mönche und Nonnen hatten sich bestimmten Regeln eines **Ordens** unterworfen und dem Leiter oder der Leiterin ihres Klosters, dem **Abt** oder der **Äbtissin**, nach einer Probezeit versprochen, arm, ehelos und gehorsam zu leben sowie dem Kloster für immer treu zu bleiben.
Mönche und Nonnen waren sehr angesehen. Sie weihten ihr Leben dem Dienst an Gott, dem Gebet und der Verehrung der Heiligen. Sie taten das nicht nur für sich, sondern auch für ihre Mitmenschen. Allen Christen, ob König oder Bettler, galten die Mitglieder der Orden als wichtige Helfer zur Erreichung des „Ewigen Lebens".
Die Klöster der Orden standen untereinander in regem Kontakt. Alle Mönche und Nonnen verband das gleiche Ziel, ein gottgeweihtes Leben zu führen. So gab es schon vor Jahrhunderten eine „europäische Gemeinschaft": die Gemeinschaft der Klöster.

2 **Kloster Lehnin.**
Foto von Constantin Beyer, um 2000.
Das ehemalige Männerkloster liegt südwestlich von Potsdam. Gegründet wurde es 1180 von Markgraf Otto I. von Brandenburg. Auf dem Foto ist die Klosterkirche (Ende 12 Jh./13. Jh.) von Südwesten mit ihrer Backsteinfassade zu sehen. Heute befindet sich auf dem Klostergelände eine gemeinnützige Einrichtung der evangelischen Kirche.
Informationen zu weiteren brandenburgischen Klöstern findest du unter www.brandenburg-info.com/bbges/kloster.htm

1 **Mönche beten.**
Buchmalerei aus Frankreich, um 1460.
Du kannst auf dem Bild erkennen, was einen Mönch neben seiner Ordenstracht kennzeichnet.

Anfänge des Klosterlebens
In Ägypten, Palästina und Syrien zogen schon im 3. Jh. einzelne Christen in die Wüste. Sie wollten allein den Versuchungen des Teufels widerstehen, um so vollkommen wie Christus zu werden. Solche Einsiedler (*Eremiten*) schlossen sich später zusammen, um Gottesdienste zu feiern und zu arbeiten. Daraus entstanden klösterliche Gemeinschaften. Ihre Mitglieder gaben sich Regeln, die den Tagesablauf und die Tätigkeiten im Kloster festlegten. Diese Lebensweise griff Ende des 4. Jh. auf Spanien, Italien, Gallien und Irland über.

Zum Vater des abendländischen Mönchtums wurde *Benedikt von Nursia*, der um 529 auf dem Monte Cassino in Süditalien ein Kloster gründete. Die von ihm zusammengestellte Regel legte Leitsätze für jedes Mitglied der klösterlichen Gemeinschaft und die Ordnung des Zusammenlebens fest. Sie wurde Anfang des 9. Jh. für alle Klöster des Abendlandes verbindlich. Neben dem *Benediktiner-Orden* entstanden im Laufe des Mittelalters zahlreiche Ordensgemeinschaften, die meist einen weiblichen und einen männlichen Zweig besaßen. Ihre Mitglieder unterwarfen sich den Regeln, kleideten sich einheitlich und übernahmen Pflichten wie Mission und Seelsorge.

Weltliche Herren reden mit

Viele Klöster wurden von Königen, Herzögen und Grafen gegründet. Ihre wirtschaftliche Grundlage beruhte auf Schenkungen, meist Ländereien, einschließlich der darauf lebenden unfreien Bevölkerung. Als Grundherren übernahmen die Äbte oder Äbtissinnen der Klöster weltliche Verpflichtungen: Sie sprachen Recht über die hörigen Bauern und mussten im Kriegsfall Krieger und Ausrüstung stellen.
Die Klosterstifter erwarben sich durch die Schenkungen einen Anspruch auf Gebete der Mönche oder Nonnen. Sie sorgten damit für das eigene Seelenheil und das ihrer lebenden und verstorbenen Familienmitglieder. Ihre Klöster betrachteten die Stifter als Eigentum und nutzten sie, um ihre Macht und ihren Einfluss zu sichern. Sie redeten daher bei der Ernennung des Abtes oder der Äbtissin mit und beanspruchten Teile aus den Erträgen des klösterlichen Besitzes. Um eine Zersplitterung ihres Erbes zu verhindern, brachten die Stifter hier auch ihre nachgeborenen Söhne oder unverheiratet gebliebenen Töchter unter. Schließlich schufen sie sich mit einem Kloster einen Platz für ihren Lebensabend und das Familiengrab.

Bewahren und Erneuern

Mönche und Nonnen waren Teil der Gesellschaft und konnten nicht so weltabgewandt leben, wie es ihr Ideal vorsah. So kam es immer wieder vor, dass die Klosterregeln missachtet wurden. Häuften sich die Probleme, bemühten sich einzelne Klöster um Reformen. Die Reformer erinnerten an die Ideale der Armut, der Keuschheit und des Gehorsams und versuchten zugleich, das klösterliche Leben an die veränderten gesellschaftlichen Verhältnisse anzupassen.

3 Eine Ordensschwester gibt ihre Erfahrungen an eine Novizin* weiter.
Foto von 1998 aus der Benediktinerabtei St. Hildegard, Eibingen (Rheinland-Pfalz).

***Novizin**: *Nonne während der Probezeit*

Die Glocke gliedert den Tag

Die Regel Benedikts schrieb vor, dass gemeinsam gebetet, gegessen und geschlafen wurde. Bereits zwei Stunden nach Mitternacht – im Winter etwas später – und dann sieben Mal am Tag riefen die Klosterglocken die Gemeinschaft zu Gebet, Psalmengesang und Andacht.
Da Müßiggang als Feind der Seele betrachtet wurde, mussten sich die Mönche und Nonnen tagsüber zwischen den Gottesdiensten der Arbeit für das Kloster und der Lesung geistlicher Schriften widmen. Im Sommer versammelten sie sich täglich bis zu dreimal zum Essen. Im Winter und während der Fastenzeiten gab es oft nur eine Mahlzeit. Während des Essens wurde aus der Bibel vorgelesen, sonst herrschte Schweigen. Wollte man um etwas bitten oder etwas Wichtiges mitteilen, benutzte man eine Zeichensprache.

Fast eine Stadt für sich

Der Lebensraum der Mönche und Nonnen war die **Klausur** (von lat. *claudere*: ab-[ver-]schließen). Sie bestand aus der Kirche, dem Schlafsaal (*Dormitorium*), dem Speisesaal (*Refektorium*) und dem Versammlungsraum (*Kapitelsaal*) und war für Fremde nicht zugänglich.
Innerhalb der Klostermauern befanden sich in der Regel alle notwendigen Einrichtungen: eine Mühle, Gärten mit Heilkräutern, Gemüse und Obst, Werkstätten, Viehstallungen und vieles mehr. Oft gehörten eine Brauerei, eine Bäckerei und ein Badehaus zur Anlage. Fischteiche versorgten das Kloster in der Fastenzeit. Außerdem verfügten die meisten Klöster über eine Bibliothek.

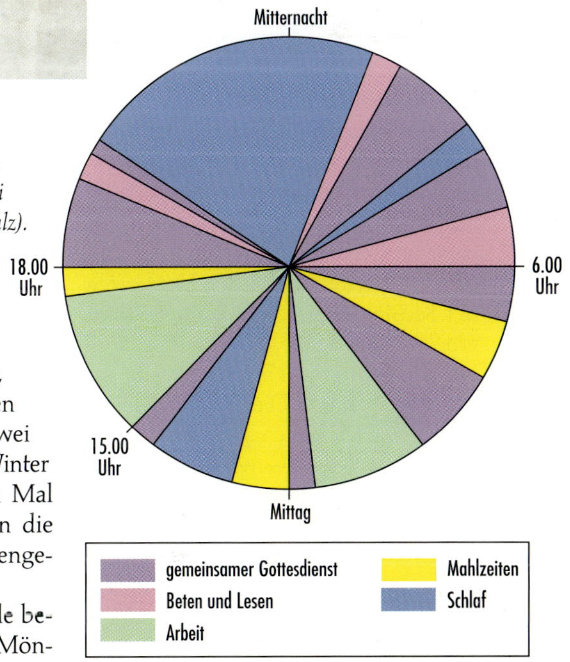

4 Tagesablauf im Kloster.
Der strenge Tagesablauf sollte Demut, Gehorsam und Disziplin fördern. Er richtete sich nach Sommer- und Winterzeit.

5 Die Klosterkirche Maulbronn wird gebaut.
Gemälde (65 x 69 cm) auf einem Flügelaltar, um 1450.
Das Kloster Maulbronn (Baden-Württemberg) wurde in der Mitte des 12. Jh. gegründet.

Für das Kloster ackern

Bei den frühen Klostergründungen lag das geschenkte Land oft in unerschlossenen Gebieten und musste erst nutzbar gemacht werden. Neben den Mönchen und Nonnen arbeiteten auf den oft weit verstreut liegenden Ländereien der Klöster zahlreiche abhängige Bauern und Leibeigene. Sie bewirtschafteten den klösterlichen Grundbesitz gegen Abgaben und Dienste. Die Klöster waren von Abgaben befreit. Dies sicherte ihnen hohe Gewinne und stetig wachsenden Reichtum.

Mönche schufen wirtschaftliche Musterbetriebe, in denen neue Anbaumethoden und -techniken erprobt wurden.

Nonnen und Mönche helfen

Mönche und Nonnen halfen aus christlicher Nächstenliebe den Alten, Schwachen und Kranken. An bestimmten Tagen bekamen Arme Essen und Kleidung. Größere Klöster hatten Armen- und Siechenhäuser. Dazu nahm man anfangs regelmäßig Pilger und Reisende auf.

Ohne Klöster keine Kultur

Fast alle Klöster besaßen *Schulen.* In den „inneren" Klosterschulen wurden die späteren Mönche bzw. Nonnen ausgebildet. In den „äußeren" Schulen lernten die Söhne und Töchter adliger Familien Lesen, Schreiben, Rechnen und die lateinische Sprache.

Mönche und Nonnen schufen zahlreiche religiöse, wissenschaftliche, literarische und historische Werke.

In den **Schreibstuben** (*Skriptorien*) fertigten sie einfache Schriftstücke und kostbare Handschriften an – für den eigenen Bedarf oder im Auftrag weltlicher Herren.

Durch die mühevolle Arbeit in den mittelalterlichen Skriptorien wurden uns zahlreiche Werke griechischer und römischer Schriftsteller überliefert.

6 Die Arbeiten der Schreiber und Maler.
Initialen (Anfangsbuchstaben) aus einer Bibel, die vermutlich um 1255 in Hamburg entstanden ist.
Im Mittelalter wurden Bücher durch Abschreiben vervielfältigt.
Die Miniaturen zeigen: Oben überprüft ein Mönch die Pergamente (enthaarte, geglättete und zum Beschreiben zubereitete Tierhaut). Darunter markiert ein Mönch die Seitenaufteilung mit Lineal und Messer; das Messer diente auch als „Radiergummi". In der Initiale „P" wird ein Schreiber mit hoher Stirn und Vollbart gezeigt, sein Gehilfe hat volles Haupthaar und ist bartlos; der Ältere überprüft das Schreibgerät, die Feder, der Jüngere bearbeitet das Pergament.*
Was geschieht auf der unteren Miniatur?

* **Miniaturen**: *Bilder, die z.B. den ersten Buchstaben eines neuen Abschnittes kennzeichnen. Weil für diese Illustrationen viel Mennige (lat. minium), eine rote Farbe, verwendet wurde, nennt man diese Bilder Miniaturen.*

M 1 Werkzeuge der guten Werke

Auszüge aus der von Benedikt von Nursia nach 529 verfassten Klosterregel:

Vor allem Gott den Herrn lieben aus ganzem Herzen, aus ganzer Seele und mit aller Kraft. Sodann den Nächsten wie sich selbst. Weiter: nicht töten, nicht ehebrechen, nicht stehlen, nicht sündhaften Begierden nachgeben, kein falsches Zeugnis geben, alle Menschen ehren. Auch keinem andern antun, was man nicht selbst erdulden möchte.

Sich selbst verleugnen, um Christus nachzufolgen. Den Leib züchtigen, der Sinneslust nicht nachgeben, das Fasten lieben.

Arme erquicken, Nackte bekleiden, Kranke besuchen, Tote begraben, in der Trübsal zu Hilfe eilen, Trauernde trösten. Mit dem Treiben der Welt brechen [...].

Böses nicht mit Bösem vergelten. Kein Unrecht tun, das zugefügte Unrecht aber mit Geduld ertragen. Die Feinde lieben [...].

Nicht stolz sein, nicht der Trunksucht ergeben sein, nicht ein Vielfresser sein, nicht schlafsüchtig sein, nicht träge sein [...].

Vor dem Tage des Gerichtes in Furcht sein. Vor der Hölle zittern. Nach dem ewigen Leben mit der ganzen Hingabe seines Herzens sich sehnen [...]. Seinen Mund vor böser und verderblicher Rede bewahren. Vieles Reden nicht lieben [...].

Den Eigenwillen hassen. Den Befehlen des Abtes in allem gehorchen [...]. Die Älteren ehren, die Jüngeren lieben [...]. Gehorsam ohne Zögern ist der vorzüglichste Grad der Demut.

Müßiggang ist ein Feind der Seele. Deshalb müssen sich die Brüder zu bestimmten Zeiten der Handarbeit und zu bestimmten Zeiten wiederum der Lesung göttlicher Dinge widmen. [...] Wenn immer möglich, soll das Kloster so angelegt sein, dass alles Notwendige, das heißt Wasser, Mühle, Garten und Werkstätten [...] innerhalb der Klostermauern sich befinden. So brauchen die Mönche nicht draußen umherzugehen, was für ihre Seelen durchaus nicht zuträglich ist.

Hans Urs von Balthasar, Die großen Ordensregeln, Einsiedeln [7]1994, S. 197 ff.

M 3 Kritik aus den eigenen Reihen

Der Mönch Lambert von Hersfeld schreibt im 11. Jh.:

Einige Mönche hatten keinen Eifer für göttliche Dinge und lebten nur für Geld und Erwerb. Um Abteien und Bistümer zu erhalten, lagen sie in unverschämtester Weise den Fürsten in den Ohren, und zu kirchlichen Ehrenstellen suchten sie nicht wie unsere Väter auf dem Wege der Tugenden, sondern auf dem abschüssigen Pfad der Schmeichelei [...] zu gelangen. Für ein armseliges Ämtlein versprachen sie täglich ganze Goldberge [...]. Die Welt wunderte sich über die Quellen solcher Geldströme und konnte es nicht fassen, wie sich die Schätze [...] bei einfachen Leuten anhäufen konnten, die [...] der Menschheit vorlogen, dass sie außer einer bescheidenen Verpflegung und Kleidung nichts besäßen.

Johannes Bühler, Klosterleben im Mittelalter, Frankfurt a. M. 1989, S. 179 f.

CD-ROM-Tipp → *Ora et labora, Klösterliches Leben im Mittelalter, Braunschweig: Westermann*

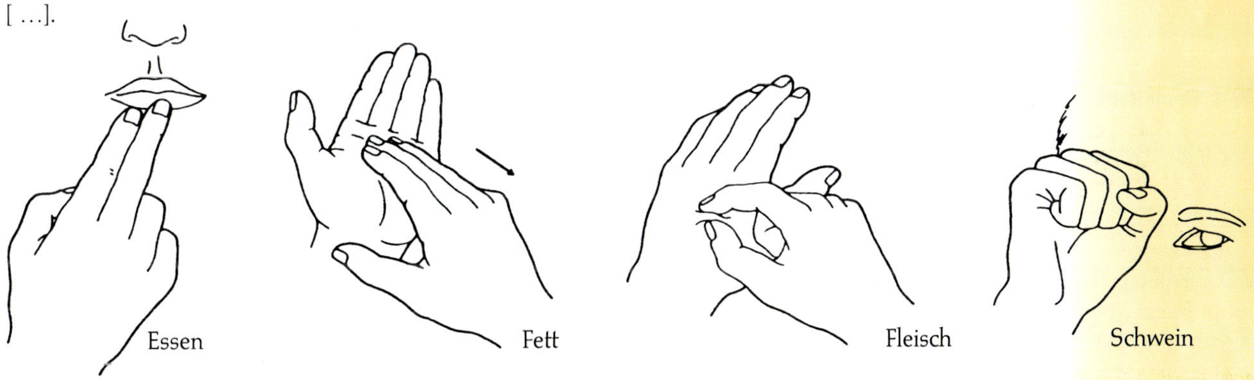

M 2 Aus der Zeichensprache der Mönche.

Die Benediktiner-Regel schrieb vor, dass in der Kirche, im Schlafraum und im Speisesaal geschwiegen wurde.
Wollte man sich dennoch verständigen, so geschah das mit Hilfe der Zeichensprache.
Bilde aus den Zeichen einen Satz. Er beginnt mit den Worten „Wir essen ...“

Internettipp →
Informationen zu Orden in Deutschland findest du unter www.orden.de

1. *Die Regel des Benedikt wurde mit dem Leitspruch „Ora et labora!“ (deutsch: Bete und arbeite!) zusammengefasst. Erkläre dies anhand M 1 und des Klosterplans (M 1, Seite 28).*
2. *In welchen Bereichen leisteten die Nonnen und Mönche Beiträge zu unserer Kultur?*
3. *Welche Regeln Benedikts (M 1) sollten nicht nur für Nonnen und Mönche gelten?*
4. *Was kritisiert Lambert (M 3)? Führt über die Regeln (M 1) ein Streitgespräch zwischen ihm und einem Benediktinermönch.*

LERNTIPP

Ein rätselhafter Bauplan

Grundrisse sind einfache, maßstabsgerechte Strichzeichnungen mit knapper Beschriftung. Sie zeigen aus der Vogelperspektive, wie Räume eines Hauses oder verschiedene Gebäude angeordnet sind. Unser Beispiel ist ein besonderer Klosterplan. Aus ihm könnt ihr entnehmen, was alles zu einem Kloster gehören sollte, wo Nonnen und Mönche lebten und worum sie sich kümmern sollten.

M 1 Plan eines Benediktiner-Klosters

Die Zeichnung ist eine stark vereinfachte und unvollständige Wiedergabe eines berühmten Klosterplans, der um 820 angefertigt wurde. Das Original ist ein aus fünf Stücken zusammengesetztes Pergament und misst 112 x 77 cm. Auf dem alten Plan sind rund 50 Gebäude mit roter Tusche eingezeichnet und etwa 350 Einträge in lateinischer Sprache verweisen auf die Funktion der einzelnen dargestellten Teile.

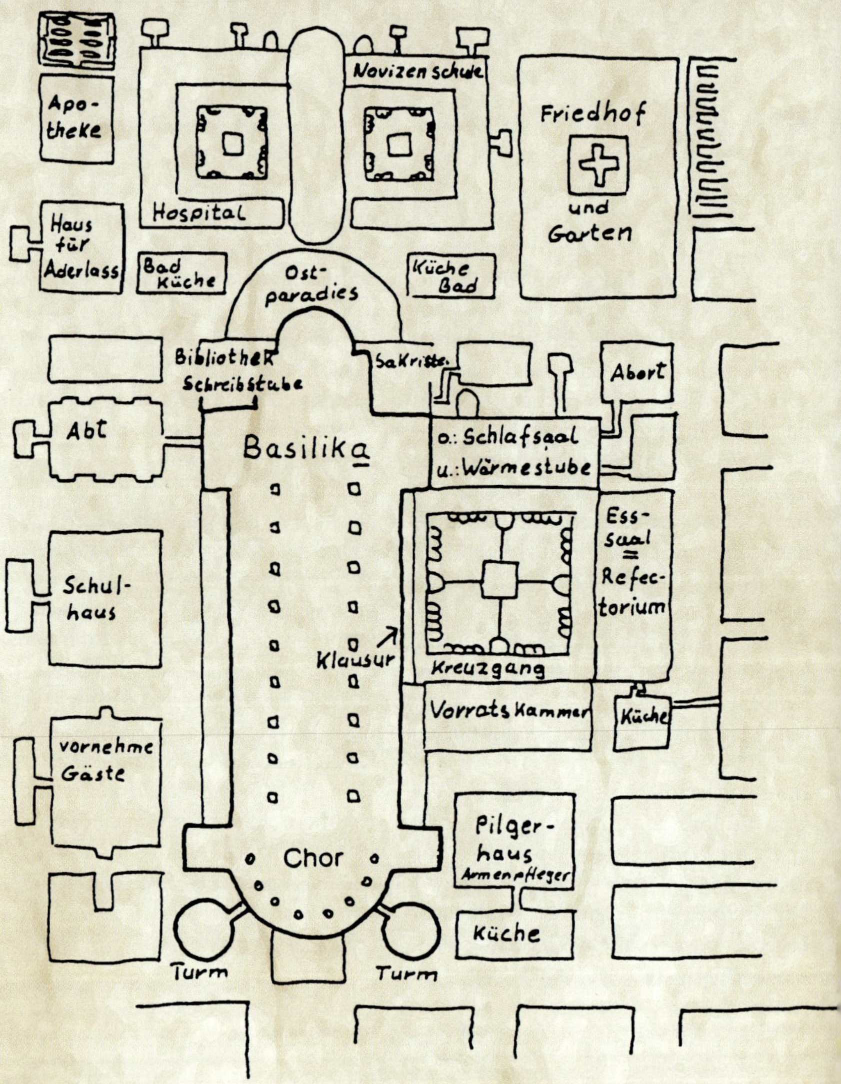

Sieh dir den Plan genau an, und übertrage die gesuchten Wörter auf ein Blatt. Die Anfangsbuchstaben der ersten fünf und die Endbuchstaben der letzten sechs Wörter verraten dir den Ort, in dem das Original dieses Planes heute aufbewahrt wird.

1. *Kein Wunder, dass sie in der Nähe der Bibliothek lag.*
2. *Diese Heilmethode wendet man im Haus neben der Apotheke an.*
3. *So nennt man Männer, die sich um Aufnahme ins Kloster bewerben. Ihre Kirche und Schule lagen zwischen Hospital und Friedhof.*
4. *Zu diesem Bereich, der den Kreuzgang umschloss, hatten nur Mönche Zutritt.*
5. *Rechts und links vom Chor stand je einer.*
6. *In diesem überwölbten Gang um einen Innenhof herum konnten die Mönche in aller Stille nachdenken. Für die werdenden Mönche gab es einen zweiten.*
7. *So nennt man auch die Klosterkirche.*
8. *Unten war die Wärmestube und oben?*
9. *Was ist ein Refektorium?*
10. *Wenn sich der Arme an den Armenpfleger wandte, fand er vielleicht für die Nacht nebenan in ihr einen Platz.*
11. *Dazu diente der Friedhof auch.*

Aus: Freya Stephan-Kühn, Viel Spaß im Mittelalter! Spiel- und Lesebuch zur mittelalterlichen Geschichte, Würzburg: Arena ²1986, S. 64

M 2 Begleitschreiben

Heito, der Abt des Benediktinerklosters Reichenau, schreibt um 820 einem anderen Klostervorsteher:

Ich habe dir, liebster Sohn Gozbert, diese Darstellung der Gebäudeanordnung gesandt, mit einigen Dingen, an denen du deine Sachkenntnis üben und meine Verehrung in jeder Weise erkennen mögest. Denn ich hoffe, nicht für lässig befunden zu werden, deinem guten Willen Genüge zu leisten. Denke aber auch nicht, ich hätte dies ausgearbeitet, weil wir dächten, ihr hättet von uns Belehrungen nötig, sondern glaube vielmehr, dass ich dies aus Liebe zu Gott allein dir zum Studium gezeichnet habe, in Achtung der freundschaftlichen Ordensbruderschaft. Lebe wohl in Christus und bleibe unser eingedenk. Amen.

Werner Vogler, Die Kultur der Abtei Sankt Gallen, St. Gallen 1998, S. 186

1. *Überlegt, welche Aufgabe der Plan erfüllen sollte (M 2).*
2. *Informiert euch über das heutige Leben „hinter Klostermauern".*

Die Stadt im Mittelalter

Die Stadt wird wieder entdeckt
Während die **Städte** in Oberitalien an die antike Tradition des städtischen Lebens anknüpfen konnten, sah es nördlich der Alpen nach der Völkerwanderungszeit anders aus. Hier waren die römischen Städte zum Teil verlassen und verfallen. Die wirtschaftliche und politische Bedeutung des Städtewesens musste neu oder wieder entdeckt werden. Dies geschah unter anderem

- in Städten wie Augsburg, Passau, Regensburg, Köln, Mainz und Trier, die auf römische Gründungen zurückgingen und Bischofssitze geworden waren,
- in Marktorten wie Paris und St. Denis an den alten römischen Heer- und Handelsstraßen sowie an Messeplätzen, wo sich Fernhandelskaufleute seit dem 10. Jh. trafen, um Waren auszutauschen, und
- in Kaufmannssiedlungen an den Fernstraßen, Flüssen und Küsten wie Haithabu bei Schleswig.

Die meisten Städte, die seit dem 10. Jh. nördlich der Alpen entstanden, gingen aus befestigten Plätzen hervor: um Kirchen, Klöster, Burgen und Pfalzen.
Das Wachsen der Bevölkerung, die verbesserte Versorgung der Menschen mit landwirtschaftlichen und handwerklichen Gütern und der zunehmende Handel trugen zur mittelalterlichen Stadtentwicklung bei.

1 Stadt und Umland.
Wandbild (ca. 305 x 198 cm) für den Monat Dezember aus dem Adlerturm zu Trient, um 1400 (Ausschnitt).
Was sagt das Bild über die Bedeutung des Umlands für die Stadt aus?

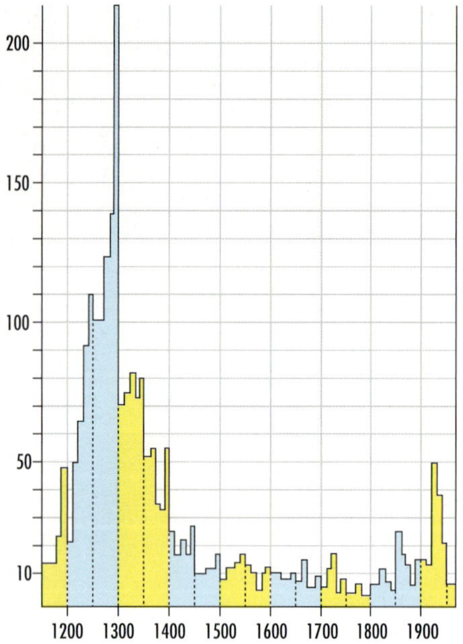

2 Phasen der Neugründung von Städten in Mitteleuropa.

Vom Markt zur Stadt

Im ostfränkischen Reich konnten nur die Könige einen Markt genehmigen. Als Marktherren schützten sie die Kaufleute bei der An- und Abreise sowie während des Marktes. Sie richteten Marktplätze ein, übten das Marktgericht aus und ließen Maße und Gewichte kontrollieren. Außerdem machten sie viele Marktorte zu Münzstätten. Für diese Leistungen erhoben sie Zölle, Marktabgaben und Standgelder. Später vergaben die Könige diese so genannten **Regalien** als Lehen an Fürsten, Grafen, Bischöfe und Klöster. Und da diese die Vorteile der Handelsplätze erkannten, begannen sie auch, auf ihrem eigenen Grund Siedlungen auszubauen und Märkte zu gründen.

Um den Handel in ihren Städten zu fördern, gingen die Stadtgründer oft auf Wünsche der Kaufleute nach **Privilegien** (*Sonderrechten*) ein, oder sie lockten sie sogar damit. Die Stadtherren befreiten sie von bestimmten Diensten oder verzichteten – anders als auf dem Lande – auf einen Anteil am Erbe.

Aus diesen Sonderrechten und Freiheiten entstand das Stadtrecht. Es regelte das Verhältnis der Stadtbewohner zu ihren Stadtherren, das Zusammenleben der Bewohner untereinander sowie die Verwaltung der Stadt. Stadt und Land entwickelten sich zu zwei unterschiedlichen Rechtsbereichen auseinander. Trennungslinie waren die Stadtmauern.

3 Marktkreuz in Trier.
Foto, um 1990.
Zeichen für Marktrecht und Marktfrieden aus dem 10. Jh.

4 „Gotisches Haus" in Lüneburg, Am Sande 52-53.
Foto von Lothar Harwege, 2005.
Ehemaliger Bierkeller des Rats der Stadt Lüneburg. Das Hauptgebäude mit dem fünfteiligen Staffelgiebel (rechts) wurde um 1450, das Nebengebäude (links) 1556-60 errichtet.

Städtelandschaften entstehen

Die überall aufblühenden Städte verteilten sich nicht gleichmäßig über das Land, sondern es entwickelten sich „Städtelandschaften". Dazu zählten die Handels- und Gewerberegionen in Oberitalien und in Flandern im heutigen Belgien.

Im Deutschen Reich gab es zu Beginn des 12. Jh. vielleicht 50 Städte, Ende des 15. Jh. waren es etwa 3000. Rund 90 Prozent dieser Städte zählten weniger als 2000 Bewohner. Über 10000 Einwohner hatten im 15. Jh. Lübeck, Hamburg, Bremen, Braunschweig, Soest, Münster, Frankfurt a. M., Regensburg, Würzburg, Augsburg und Ulm. Großstädte mit 25000 oder gar 40000 Einwohnern waren nur Köln und Nürnberg.* Dagegen lebten in Mailand, Florenz oder London bereits im 14. Jh. über 100000 Menschen. Insgesamt lag der Anteil der Stadtbewohner in Europa bei etwa zehn Prozent der Gesamtbevölkerung.

**Zur Einwohnerzahl Berlins lies den Längsschnitt auf Seite 282 f.*

Das Stadtbild
Mit ihren Mauern und Toren war die mittelalterliche Stadt eine erweiterte Burg. Deshalb nannte man ihre Bewohner Bürger. Mittelpunkt der Stadt war der Marktplatz. Hier standen das Rathaus, die Kirche und die Häuser der reichen Bürger.
Da der Raum innerhalb der Stadtmauern begrenzt war, wuchsen die Häuser angesichts der ständig zunehmenden Bevölkerung in die Höhe. Sie waren zunächst Holz- oder Fachwerkbauten, deren Dächer mit Holzschindeln oder Stroh gedeckt waren. Die Brandgefahr war somit groß. Es gab kaum eine Stadt, die nicht mehrfach durch Feuer zerstört wurde. Erst seit dem 13. Jh. ersetzten immer mehr Steingebäude die alten Holzbauten.

Der Kampf um Bürgerrechte
Mit den anfangs gewährten Rechten gaben sich die Stadtbürger bald nicht mehr zufrieden. Nach italienischem Vorbild setzten sie im Laufe des 13. und 14. Jh. ihre eigene Gerichtsbarkeit und vollständige Selbstverwaltung durch. Diese Rechte und Freiheiten erhielten die Bürger von den Stadtherren nicht immer freiwillig und ohne Gegenleistungen. In der Regel kauften die in Gemeinschaften zusammengeschlossenen Kaufleute den Fürsten die erweiterten Privilegien ab. Manchmal erkämpften sie sich die größere Unabhängigkeit auch in blutigen Auseinandersetzungen.
Im 14. Jh. war es das Ziel vieler Orte, **Freie Reichsstadt** zu werden. Diese Städte unterstanden dem direkten Rechtsschutz des Kaisers. Dafür zahlten sie ihm eine Reichssteuer. In ihren Mauern waren die Freien Reichsstädte weitgehend unabhängig.

Wer regiert in der Stadt?
Sobald sie ihre Stadt selbst verwalten durften, gaben sich die Bürger eine **Ratsverfassung**. Nur die Angehörigen der alteingesessenen und reichen Kaufmannsfamilien, die Patrizier, galten zunächst als ratsfähig: Aus ihrer Mitte bestimmten sie einen Stadtrat mit einem oder zwei Bürgermeistern an der Spitze. Rat und Bürgermeister wurden für ihre Tätigkeit nicht bezahlt.

5 Der Roland in Brandenburg an der Havel.
Foto von 1999.
Der über fünf Meter hohe Roland vor dem Altstädtischen Rathaus stammt aus dem Jahre 1474. Ursprünglich stand die Sandssteinfigur auf dem Marktplatz der Brandenburger Neustadt. Rolande wurden vor allem in Städten Nord- und Nordostdeutschlands zur Zeit des Spätmittelalters aufgestellt. Sie symbolisierten die Marktrechte und die Gerichtsbarkeit der Stadt. Suche nach weiteren Beisspielen.

6 Rathaus von Lübeck.
Foto, um 1980.
Mit dem Bau wurde um 1230 begonnen, die ältesten Teile sieht man nicht mehr.
Seit dem frühen 13. Jh. entstanden zahlreiche Rathäuser. Sie wurden zum Zeichen bürgerlichen Stolzes und waren neben den Kirchen oft die prächtigsten Bauten einer Stadt. Die Rathäuser dienten vielen Zwecken. Zunächst einmal trugen sie das Stadtwappen. Zwischen den Pfeilern oder Säulen des Erdgeschosses wurden oft Waren verkauft. Hier saßen der Steuereinnehmer und die Marktaufsicht (mit Waage, Eichmaßen und -gewichten).
Im Obergeschoss tagte der Rat, dort befanden sich meist Säle für Empfänge und Festessen. In den Gewölbekellern lagerten Wein und Bier, andere Räume dienten zur Aufbewahrung von Waffen. Rathäuser waren auch Gerichtsstätten, in ihnen gab es Gefängnisse, und davor standen zur öffentlichen Schaustellung von Straftätern oft Schandpfähle bzw. Pranger.

Städtische Selbstverwaltung
Die Stadträte übernahmen die ursprünglich allein dem Stadtherrn zustehenden Rechte: Sie setzten Steuern, Abgaben und Zölle fest, führten die Aufsicht über Maße, Gewichte und Preise, beaufsichtigten den Handel ebenso wie die Handwerksbetriebe, vereinbarten Zollfreiheiten mit anderen Städten, sorgten für Bau und Unterhalt der Stadtmauer, kümmerten sich um Schulen, Kirchen und Krankenhäuser und bestraften Verstöße gegen die Markt- und Stadtordnung.

M 1 Der König schützt die Kaufleute

König Ludwig der Fromme teilt seinen Bischöfen, Äbten, Herzögen, Grafen und allen sonstigen Amtsleuten im Jahre 828 mit:

Wir haben die Kaufleute unter unseren Schutz sehr gern aufgenommen und wünschen, so Gott will, dass sie hinfort in jedem Jahre oder nach erfülltem Ablauf zweier Jahre in der Mitte des Monats Mai zu unserer Pfalz kommen [...]. Ferner aber bestimmen und befehlen wir durch die vorliegende Anordnung, dass weder ihr noch eure Dienstleute oder Nachfolger noch unsere reisenden Boten unsere getreuen Kaufleute belästigen oder schikanieren, noch etwas von ihren Sachen gegen das Recht wegnehmen oder mindern sollen. Sondern es sei den Kaufleuten erlaubt, wie den Juden, den Interessen unseres Palastes getreulich zu dienen, und wenn sie Fahrzeuge, mit Christi Gunst, in unsere Reiche zu ihrem und unserem Nutzen Handels halber bringen wollen, so sollen sie die Erlaubnis dazu haben. Zoll aber soll – bis auf wenige Ausnahmen – nirgendwo von ihnen gefordert werden.

Ernst Pitz (Hrsg.), Leben im Mittelalter. Ein Lesebuch, München 1990, S. 101 f. (stark vereinfacht)

M 2 Konrad gründet einen Markt

Herzog Konrad von Zähringen gewährt ohne Absprache mit dem König im Jahre 1120 – die Zeitangabe ist umstritten – einer Gruppe von Kaufleuten folgende Rechte:

Aller Nachwelt und Mitwelt sei kundgemacht, dass ich, Konrad, an dem Platz, der mir als Eigengut gehört, nämlich Freiburg, einen Marktort gegründet habe, im Jahr des Herrn 1120. Nachdem angesehene Geschäftsleute von überall her zusammengerufen worden waren, habe ich angeordnet, diesen Marktort [...] auszubauen. Daher habe ich jedem Kaufmann für den Hausbau ein Grundstück zugeteilt und angeordnet, dass mir und meinen Nachkommen von jedem Grundstück ein Schilling* gängiger Währung als Zins jährlich am Fest des heiligen Martin zu zahlen ist. [...]

Ich verspreche also allen, die meinen Marktort aufsuchen, im Bereich meiner Macht und Herrschaft Frieden und sichere Reise. Wenn einer von ihnen in diesem Raum ausgeplündert wird und mir den Räuber namhaft macht, werde ich das Entwendete zurückgeben lassen oder den Schaden selbst bezahlen. [...] Alle, die Besitz am Marktort haben, sollen ohne Verbot Wiesen, Flüsse, Weiden und Wälder nutzen dürfen. – Allen Geschäftsleuten erlasse ich den Marktzoll. – Ich werde meinen Bürgern niemals ohne Wahl einen anderen Vertreter des Stadtherrn und einen anderen Priester vorsetzen, sondern wen immer sie dazu wählen, werden sie von mir bestätigt bekommen. [...] – Wenn der Mangel am Notwendigsten jemanden dazu zwingt, darf er seinen Besitz verkaufen, an wen er will. Der Käufer soll aber für die Hofstätte den festgesetzten Zins zahlen.

[...] Jede Frau soll dem Mann in der Erbfolge gleichgestellt sein und umgekehrt. – Auch darf jeder, der an diesen Ort kommt, hier frei wohnen, wenn er nicht jemandes Knecht ist und den Namen seines Herrn zugibt. Dann kann der Herr den Knecht in der Stadt belassen oder nach Wunsch wegführen. Wenn aber der Knecht den Herrn verleugnet, soll der Herr mit sieben Nächstverwandten vor dem Herzog beschwören, dass es sein Knecht ist; dann kann er ihn haben. Wenn einer aber über Jahr und Tag ohne solche Hemmung geblieben ist, soll er sich fortan sicherer Freiheit erfreuen.

Arno Borst, Lebensformen im Mittelalter, Frankfurt – Berlin 1973, S. 396 f. (vereinfacht)

***Schilling**: Währung; ein Schilling war kein hoher Betrag, sondern mehr eine symbolische Zahlung*

M 3 Das älteste Siegel* von Freiburg im Breisgau, vor 1218.

* **Siegel**: *Abdruck eines Stempels in ein zunächst weiches, dann erhärtetes Material, wie Wachs. Siegel konnten als eine Art Ausweis (Erkennungszeichen) benutzt werden, mit ihnen wurden auch Urkunden beglaubigt oder wichtige Schriftstücke zum Schutz vor unerlaubter Einsichtnahme oder Verfälschung verschlossen.*

1. *Nenne die Gründe, weshalb der König die Kaufleute beschützen will (M 1).*
2. *Konrad von Zähringen wollte Kaufleute anlocken (M 2): Zeige, welche Vorteile die Kaufleute und welchen Gewinn der Herzog hatten.*
3. *Nenne den Kalendertag, an dem der jährliche Zins zu leisten war (M 2).*
4. *Erkläre anhand von M 2 den Ausspruch „Stadtluft macht frei".*
5. *Beschreibe die Abbildung auf dem Siegel (M 3) und erkläre sie.*

Leben und Arbeiten hinter Stadtmauern

Macht Stadtluft frei?
Wohlstand und Selbstverwaltung der Städte lockten die unfreie Landbevölkerung an. Immerhin konnte ein Grundherr seine Ansprüche an einen in die Stadt gezogenen Hörigen „binnen Jahr und Tag" verlieren. Die Bürgerrechte und -freiheiten erhielten aber nur die Männer, die einen eigenen Hausstand, einen Handwerksbetrieb oder ein Geschäft nachweisen konnten und in der Lage waren, ein Bürgeraufnahmegeld zu zahlen.
Das im 19. Jh. entstandene Sprichwort *Stadtluft macht frei* fasst all dies vereinfachend zusammen. Denn die Stadtluft löste nicht jeden neuen Stadtbewohner aus seinen Abhängigkeiten. Stadtbewohner mit besonderen Rechten blieben die Adligen. Ebenso fielen die Geistlichen und Ordensmitglieder nicht unter das Stadtrecht und unterstanden weiterhin ihrem Bischof oder Abt. Eine Sonderstellung nahmen auch die Juden ein.*

** Über die Juden im Mittelalter erfährst du mehr auf den Seiten 42 f.*

CD-ROM-Tipp → *Die Stadt im Mittelalter, Rosenheim: co.Tec*

1 Blick in eine Stadt des 13. Jh.
Rekonstruktionszeichnung von Jörg Müller. Das Bild zeigt verschiedene Aufgaben, die eine Stadt erfüllte. Benenne sie! Vergleiche das Leben in der Stadt mit dem auf dem Dorf. Sieh dir die Abbildung auf Seite 8 f. an. Bestimme die Materialien, die beim Bau der Stadtbefestigung und der Häuser verwendet wurden.

2 Händlerin.
Ausschnitt aus einem Gemälde, um 1475/85.

Von Schicht zu Schicht
Die alteingesessenen Kaufleute bildeten mit den Ministerialen, die als Dienstleute der Stadtherren in die Städte gekommen waren, die Oberschicht der Städte. In Anlehnung an den römischen Adel wurden ihre Mitglieder später Patrizier genannt. Sie allein bestimmten die Politik der Stadt. In Regensburg waren das Mitte des 13. Jh. Männer aus nur etwa 60 Familien.
Nicht mehr zum Patriziat, aber noch zur Oberschicht gehörten die übrigen reichen Stadtbewohner. Die städtische Mittelschicht stellten vor allem Handwerker und Gewerbetreibende, die ihre Waren meist selbst verkauften. An dem Wachstum und Aufschwung der Städte hatten sie in einigen Gegenden großen Anteil.
Dazu kamen die Ackerbürger. Sie lebten in der Stadt, bearbeiteten aber vor den Toren der Stadt ihr Land.
Besitz und Einkommen der Bürger, die nicht zum Patriziat zählten, waren unterschiedlich. Obwohl einige es zu großem Wohlstand brachten, blieb ihnen fast immer die Mitgliedschaft im Stadtrat verwehrt. Erst als im 14./15. Jh. die alte Ratsverfassung zunehmend auf den Widerspruch der reich gewordenen Kaufleute und Handwerker stieß, die von der Stadtregierung ausgeschlossen blieben, änderte sich das – oft allerdings erst nach Bürgerkriegen.

Ohne Bürgerrechte
Zwischen 40 und 60 Prozent der Stadtbewohner besaßen keine Bürgerrechte. Dazu gehörten die Angehörigen der Unterschichten: Kleinhändler und Krämer, Handwerksgesellen, Kaufmannsgehilfen und Lehrlinge, Tagelöhner sowie Knechte, Mägde und Dienstboten. Alle Stadtbewohner, selbst die Angehörigen der Unterschicht, grenzten sich von den **Randgruppen** ab. Zu diesen gehörten die sogenannten „unehrlichen Leute", die „unehrenhaften" Tätigkeiten nachgingen: Bettler, Gaukler, Schausteller, Hausierer, Dirnen, Henker und Totengräber. Auch Frauen und Männer unehelicher Herkunft und Zigeuner wurden dazu gezählt. Sie alle besaßen einen eingeschränkten Rechtsschutz, erhielten kein christliches Begräbnis und konnten jederzeit aus der Stadt gewiesen werden.

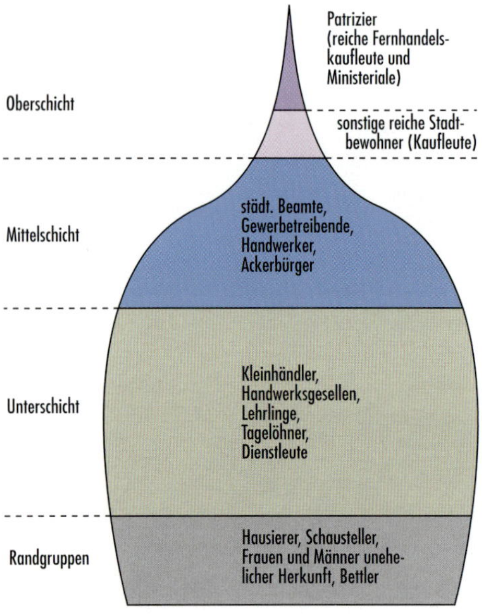

3 Zusammensetzung der städtischen Bevölkerung.
Was ein Schaubild leisten kann, zeigt dieses Beispiel. Es informiert auf einen Blick darüber, wer in der mittelalterlichen Stadt lebte und welche Anteile die jeweiligen Gruppen/Schichten an der Bevölkerung insgesamt hatten. Aber es ist ungenau. So blieben in dieser Grafik z. B. die Juden, die Geistlichen und Ordensmitglieder unberücksichtigt. In einigen Städten wie Bamberg, Hildesheim oder Worms war aber im 15. Jh. etwa jeder zehnte Bewohner Geistlicher. Zu den Lebensbedingungen der Juden siehe Seite 42 f.

LERNTIPP

Gemeinsam sind wir stark

Die Kaufleute einzelner Handelszweige schlossen sich zu **Gilden** zusammen. Diese gingen aus den Schwurgemeinschaften hervor, die die Fernkaufleute zu ihrem Schutz in der Fremde gegründet hatten. Gemeinsam vertraten die Angehörigen einer Gilde ihre Interessen gegenüber dem Rat ihrer Stadt und legten fest, wer wo was zu welchen Bedingungen verkaufen durfte. Darüber hinaus leisteten die Gildemitglieder Wehrdienst an der Stadtmauer sowie Brandschutz, feierten Gottesdienste und Feste und halfen sich in Notfällen.

Im Handwerk ging es zünftig zu

Der Handel hatte das Handwerk in die Städte gezogen. In größeren Städten vereinigten sich die Handwerker seit dem 12. Jh. ähnlich wie die Kaufleute zu Berufsgruppen, den späteren Zünften. Bald durften in einer Stadt nur noch Zunftmitglieder ihr Handwerk ausüben. Der *Zunftzwang* begrenzte die Zahl der Betriebe und verhinderte ortsfremde Konkurrenz. Außerdem kontrollierten die Zünfte Qualität und Preise der Waren, bestimmten die Arbeitszeit und sorgten für die Ausbildung der Lehrlinge. Die Lehre begann oft im Kindesalter und dauerte zwischen vier und zwölf Jahren. Die Zünfte schrieben vor, wie lange man Geselle sein musste, bevor man Meister werden durfte.

Die Zünfte waren wie die Gilden nicht nur Berufsverbände. Sie sorgten auch für den Schutz der Stadt, errichteten in der Stadtkirche ihren eigenen Altar und nahmen an feierlichen kirchlichen Prozessionen (*Umzügen*) teil. Dazu unterstützten sie erkrankte und verarmte Mitglieder, Witwen und Waisen.

5 Ein Fachwerkhaus entsteht.
Holzstich von 1546.
Die ältesten erhalten gebliebenen Fachwerkhäuser in Deutschland stammen aus dem Spätmittelalter.
Schon in vorgeschichtlicher Zeit bauten die Menschen mit den in der Natur vorkommenden Baustoffen Holz, Stroh und Lehm.

4 Das „Bäckerfenster".
Buntglasfenster im Freiburger Münster, um 1320.
Das Geld für die teuren Buntglasfenster in den Kirchen stifteten nicht nur reiche Patrizierfamilien, sondern oft auch die Gilden und Zünfte.

Internettipps ➜ *Informationen über Fachwerkbauten und die Deutsche Fachwerkstraße, die durch Niedersachsen, Sachsen-Anhalt, Thüringen, Hessen und Bayern führt, findet ihr unter www.fachwerk.de (mit zahlreichen Links) und www.deutsche-fachwerkstrasse.de*

6 Teilansicht einer Stadt des 13. Jh.
Rekonstruktionszeichnung von Jörg Müller.

7 Ehgraben und darüber ein Abtritt.
Miniatur aus dem 14. Jh.
In den Städten dienten die Ehgräben als Kloake und Grundstücksgrenze.

Schmutz, Lärm und Gestank

In den engen Gassen der dicht besiedelten Städte mussten die Menschen ihren Weg zwischen Unrat, Kot und Abwässern suchen. Nach Regenfällen blieben Wagen im Morast stecken. Auch vor den Häusern reicher Bürger lagen oft Mist- und Abfallhaufen. Dazu tummelten sich Schweine, Gänse, Enten und Hühner auf den Gassen, denn in fast allen Haushalten wurde Vieh gehalten. Für weiteren Schmutz, Gestank und Lärm sorgten zahlreiche Handwerksbetriebe. Handwerker nutzten die Straßen häufig als Arbeitsplatz und die Gewässer als Abfallgruben. Die Folgen: verschmutzte Straßen, häufige Ratten- und Mäuseplagen sowie verunreinigtes Wasser.

Die Bürger versuchten, die Verhältnisse zu ändern. In Goslar und Konstanz ließen sie erstmals im 12. Jh. zur Entsorgung der Abwässer einzelne offene oder verdeckte Abzugsrinnen und Sickergruben anlegen. Mit Hilfe von Röhren aus Holz, Blei oder Ton wurden seit dem 13. Jh. die Wasserläufe kanalisiert, erstmals in London 1236, in Lübeck ab 1294. Vom Ende des 14. Jh. an begann man in den großen Städten, die ersten Straßen mit Steinen zu pflastern. Diese kostspieligen Baumaßnahmen konnten sich die Städte erst nach und nach leisten.

Die Stadtverwaltungen bemühten sich, die Missstände durch Verordnungen zu beseitigen. Den Kölner Metzgern wurde 1336 bei Strafe verboten, ihre Schlachtabfälle auf die Straße zu werfen. Gerber und Färber siedelte man flussabwärts und außerhalb der Stadtmauern an. Die offene Schweinehaltung wurde den Bürgern der angesehenen Messe- und Handelsstadt Frankfurt am Main erst 1481 verboten.

Gegen Ende des 15. Jh. machte man die Abfallentsorgung in den Großstädten zur städtischen Angelegenheit. Bis dahin war sie Sache der Anlieger. In den Mittel- und Kleinstädten änderten sich die Verhältnisse oft erst im 18. Jh.

1. *Ein Ratsmitglied will die Umweltbelastungen ändern. Schreibe einen Antrag für den Stadtrat.*
2. *Erzähle einem Bauern vom Leben in der Stadt.*

M 1 Aus der Nürnberger Handwerkermeister-Liste von 1363

Der Rat der Stadt Nürnberg ließ seit 1363 „Meisterbücher" führen. Das hier wiedergegebene Verzeichnis ist nicht ganz vollständig, es fehlen Berufsgruppen, die sicher auch in der rund 20 000 Einwohner zählenden Stadt ansässig waren, z.B.: Brauer, Seidennäher, Pergamenthersteller, Drechsler, Leinenweber, Maurer, Verputzer und Anstreicher.

Schneider	76
Mantelschneider	30
Plattner (Harnischmacher)	12
Eisenhandschuhmacher	21
Kettenhemdmacher	4
Nadelmacher und Drahtzieher	22
Messingschmiede, Zinngießer	33
Fassmacher (Büttner, Böttcher)	34
Wagenmacher	20
Schreiner	10
Spengler (Flaschner)	15
Helmschmiede	6
Schlosser	24
Zaumzeug- und Sporenmacher	19
Verfertiger eiserner Bänder	12
Nagelschmiede	6
Pfeil- und Bolzenschmiede	17
Zirkelschmiede, Werkzeugmacher, Schleifer	9
Hufschmiede	22
Pfannenschmiede	5
Kesselschmiede	8
Schuster	81
Flickschuster	37
Goldschmiede	16
Geldwechsler, Münzmeister	17
Messermacher	17
Klingenschmiede	8
Kannengießer	14
Taschenmacher	22
Handschuhmacher	12
Müller	12
Bäcker	75
Schwertfeger (Waffenbearbeiter)	7
Kürschner	57
Glaser	11
Maler	6
Tuchwalker	28
Hut- und Putzmacher	20
Tuchweber	10
Sattelmacher	17
Fischer	20
Seildreher	10
Steinmetzen	9
Zimmerleute	16
Hafner (Steingutmacher)	11
Spiegel- und Glasmacher und Rosenkranzhersteller	23
Weißgerber	35
Ledergerber	60
Metzger	71
Färber	57

Die Chroniken der fränkischen Städte. Nürnberg 2, Leipzig 1864, S. 507 (vereinfacht)

M 4 Weber am Trittwebstuhl.
Zeichnung (29 x 20 cm) aus dem Hausbuch der Mendel'schen Zwölfbrüderstiftung, Nürnberg, um 1425.

M 2 Lehrjahre sind keine Herrenjahre

Von 1494-1496 machte Johannes Butzbach aus Miltenberg am Main eine Schneiderlehre in Aschaffenburg; in seinem „Wanderbüchlein" berichtet er:

Was ich bei dem Meister während der zwei Jahre meiner Lehrzeit ausgestanden habe, will ich berichten. Ich musste von drei oder vier Uhr morgens bis abends neun oder zehn, bisweilen auch bis elf oder zwölf Uhr in einem fort arbeiten. Ich wurde geplagt mit Wassertragen, mit Hausauskehren, Heizen, mit Besorgungen in der Stadt und außerhalb, mit Schuldeneintreiben an Festtagen und, was mir am meisten verhasst war, mit dem Sammeln, oder besser gesagt, dem Stehlen des Wachses von den Leuchtern in den Kirchen zur weiteren Verwendung im Geschäft. Ferner erhielt ich von dem Meister und der Meisterin sowie von den Dienstboten herbe Worte und mitunter auch Schläge. Dazu hatte ich Kälte und Hitze, Hunger und Durst bis zum Äußersten zu ertragen.

Wanderbüchlein des Johannes Butzbach genannt Piemontanus, hrsg. von Leonhard Hoffmann, Graz 1985, S. 143 f. (stark gerafft und vereinfacht)

M 3 Hafnerin* an der Töpferscheibe.
Bild auf einer Spielkarte, um 1425.

***Hafner**: *siehe M 1, 3. Spalte*

1. *Welche Berufe arbeiteten für den örtlichen Bedarf, welche für den Fernhandel (M 1)?*
2. *Stelle die Rohstoffe, die die Handwerker verarbeiteten, zusammen und überlege, woher sie stammten (M 1).*
3. *Schreibe einen Bericht an den Zunftmeister über die Zustände in Johanns Ausbildungsbetrieb (M 2). Mache Vorschläge für Regeln, die solche Verhältnisse verhindern könnten.*

LERNTIPP

Eine mittelalterliche Stadt erkunden

Wenn wir in eine für uns unbekannte Stadt reisen, haben wir meist einen aktuellen Stadtplan in der Tasche, um uns zu orientieren. Mit ihm finden wir den Weg zum Bahnhof oder zur Jugendherberge.

Die hier abgedruckten Pläne von Lübeck verfolgen andere Zwecke. Sie sollen auf den mittelalterlichen Ursprung aufmerksam machen. Uns geben sie auch Hinweise auf die Entwicklung der Stadt – wenn wir genau hinsehen.

1. *Warum war der Ort für eine Stadtgründung interessant (M 2)?*
2. *Beschreibe die Bebauung von Markt und Umgebung (M 3).*
3. *Stelle eine Liste von Handwerkern und Händlern auf, die auf dem Markt (M 3) vertreten sind. Nenne einige typische Waren, die sie anbieten.*
4. *Informiert euch über die Gründung eures Wohn- oder Schulortes.*
5. *Falls es in eurem Wohn- oder Schulort Bauten aus der Zeit zwischen 1000 und 1500 gibt,*
   - markiert sie in einem kopierten Stadtplan,
   - macht eine Stadtführung unter fachkundiger Leitung und
   - bereitet mit Bildern und Fotos eine kleine Ausstellung mit dem Titel „Unsere Stadt im Mittelalter" vor.
6. *Lasst euch Prospekte von den Touristenbüros verschiedener Städte schicken, die wie Brandenburg an der Havel, Tangermünde, Quedlinburg, Wismar und Hildesheim noch heute ein mittelalterliches Erscheinungsbild haben. Gestaltet aus dem Material eine Ausstellung.*

M 1 Ansicht von Lübeck. *Ausschnitt aus dem „Totentanz-Altar" der Nikolaikirche in Reval (heute: Tallinn, Estland) von Hermen Rodes, 1482.*

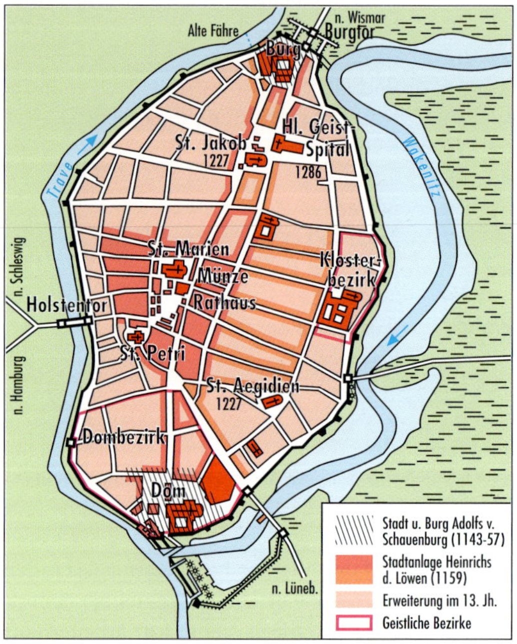

M 2 Entwicklung Lübecks zwischen dem 12. und 13. Jh. *Um 1143 gründete Graf Adolf II. von Schauenburg an der Ostseeküste in der Nähe einer zerstörten Burg die Kaufmannssiedlung und den Hafen Lübeck. Ort und Hafen fanden schon bald das Interesse des Sachsenherzogs Heinrich des Löwen. Nach einem Brand gründete dieser 1159 die „Löwenstadt" neu.*

M 3 Wappen am Lübecker Rathaus. *Vergleiche Abb. 6, Seite 31.*

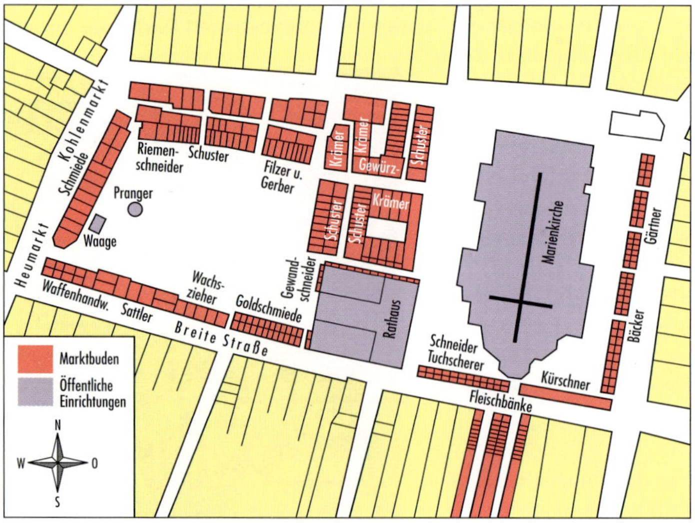

M 4 Der Markt von Lübeck, Anfang des 14. Jh.

Kontore und Koggen: die Hanse

1 Hafenszene.
Miniatur (32,5 x 24 cm) aus dem Hamburger Stadtrecht von 1497; sie entstand zwischen 1503 und 1511.
Der Originaluntertitel lautet: „Van schiprechte" (dt. „Vom Schiffsrecht"). Am Kai liegen Boote und kleine Schiffe.
Sie bringen Fracht zu den weiter draußen vor Anker liegenden Seeschiffen.
Auf der rechten Bildseite stehen Reeder, Seeleute und Kaufleute. Die drei Personen, die in dem Haus hinter dem Tisch sitzen, bilden vermutlich ein Gericht, vor dem ein Streit verhandelt wird.
Worüber unterhalten sich die vier vornehm gekleideten Personen, die im Bildvordergrund rechts zu erkennen sind? Erfinde einen kleinen Dialog.

Einträglich, aber gefährlich

Pech und Pelze aus Russland, Getreide, Wachs und Honig aus Polen und dem Baltikum, Heringe aus der Ost- und Nordsee, Wolle, Tuche und Leinen aus Flandern, England oder Frankreich waren begehrte Güter. Fernhändler sorgten dafür, dass diese und noch viele andere Waren auf den Märkten angeboten wurden. Aber der Transport mit Pferd und Wagen auf den meist unbefestigten Handelsstraßen war aufwändig und gefährlich. Mehr als 40 km am Tag legten die Fuhrwerke mit höchstens zwei Tonnen Ladung in der Regel nicht zurück. Massengüter wie Getreide, Holz und Metallwaren wurden daher hauptsächlich mit Fluss- und Seeschiffen transportiert.
Überschwemmungen, Stürme sowie Wegelagerer oder Seeräuber machten den Fernkaufleuten so manchen Strich durch die Rechnung. Dazu verlangten Stadt- und Grundherren Zölle, Wege- und Brückengelder und ließen sich die Genehmigung bezahlen, Waren zu verkaufen.

Clevere Kaufleute

Um den Gefahren des Fernhandels begegnen zu können, schlossen sich Kaufleute in der Fremde zu *Hansen* zusammen. Das Wort Hanse bedeutet *Schar* oder *Gemeinschaft*. Gemeinsam bemühten sich die Kaufleute um Schutz, Rechtssicherheit sowie Befreiung von Zöllen und um andere Handelsvorteile. Aus einer Gemeinschaft, die zunächst im Ost- und dann auch im Nordseeraum tätig war, entstand Mitte des 13. Jh. die deutsche Hanse. Ihr Aufstieg hängt zusammen mit der Gründung Lübecks und der Ostsiedlung*.

Zur Ostsiedlung lies Seite 72 f.

Internettipp → *Informationen über die Hanse findest du unter www.hanse.org*

2 Die Tuchhallen in Ypern (Flandern; heute Belgien).
Foto, um 1990.
Die Anfang des 14. Jh. erbauten Hallen wurden nicht nur als Warenlager und Umschlagplatz benutzt, sondern sollten auch Macht und Reichtum der Kaufleute zeigen.

3 Wirtschaftsraum der Hanse. *Dargestellt sind die Handelswege, nicht die Fahrtrouten der Schiffe. Unten: Eichenholzfass aus dem 14. Jh. Die meisten Güter, sogar Bücher, wurden im Mittelalter in Fässern transportiert. In dem Fass befanden sich etwa 100 l Teer.*

Handel „über See und Sand"

In Lübeck hatten sich seefahrende Händler aus Schleswig mit Kaufleuten aus Westfalen zusammengefunden. Gemeinsam fuhren sie mit ihren Schiffen, den **Koggen**, zu den Ostseehäfen. Dort kauften sie Rohstoffe und verkauften Fertigprodukte.

Die Kaufleute erhielten Unterstützung der Herrscher im Ost- und Nordseeraum. Sie vereinbarten Zollbefreiungen und gewährten der Hanse Handelsvorteile. Um bereits beim Einkauf der Rohstoffe den Absatz in den eigenen Städten einschätzen zu können, schlossen die Kaufleute mit den Abnehmern im Binnenland Handelsverträge. Dieser Handel „über See und Sand", wie Zeitgenossen ihn nannten, erwies sich als außerordentlich erfolgreich. In kurzer Zeit verdrängte die Hanse die Skandinavier aus dem Nord- und Ostseehandel und unterhielt bald Niederlassungen in allen bedeutenden Handelsstädten. Kontore, Speicher und Kaianlagen mit Kränen hatte sie in Bergen, London, Brügge und Nowgorod.

Kaufleute machen Politik

Da die Kaufleute meist Ratsmitglieder waren, setzten sie sich dafür ein, dass ihre Städte untereinander Vereinbarungen über Zoll- und Handelsfreiheiten schlossen. Seit 1356 trafen sich die durch Absprachen zusammengeschlossenen Städte auf **Hansetagen**, um über Probleme zu entscheiden. In der Regel führte Lübeck den Vorsitz. Um 1450 zählten etwa 70 Städte zum Kern der Hanse, etwa weitere 130 Orte beteiligten sich zeitweise an ihr.

Die Hanse förderte nicht nur den Ost-West-Handel. Angekurbelt vom wirtschaftlichen Aufschwung wurden aus kleinen Kaufmannssiedlungen an der Ostsee angesehene Städte, wie Rostock, Wismar und Stralsund. Gemeinsam bekämpfte man Seeräuber, wehrte Konkurrenten ab oder blockierte den Handel mit Ländern, die nicht bereit waren, Vorteile zu gewähren. Die Hanse wehrte sich gegen Fürsten, die ihre Unabhängigkeit schmälerten. Sie führte sogar Kriege, um eigene Handelsinteressen durchzusetzen. Gelegentlich griff sie in innerstädtische Unruhen ihrer Mitglieder ein. Notfalls beschloss der Hansetag den Ausschluss einer Stadt aus der Gemeinschaft.

Ende des 15. Jh. verlor die Hanse ihre beherrschende Stellung im nordeuropäischen Handel. Immer mehr Landesherren hoben die Sonderrechte der hansischen Kaufleute auf, um sie eigenen Landsleuten zu gewähren. Zugleich nahm die Konkurrenz aus England, Holland und Süddeutschland ständig zu. 1669 fand der letzte Hansetag statt.

Welche Waren aus Nord- und Osteuropa wurden über die Hanse im Deutsche Reich angeboten?

M 1 Unruhige Zünfte

In einer zeitgenössischen Aufzeichnung aus Lübeck steht:

Im Jahre 1374 war in der Stadt Braunschweig der Teufel los und hetzte das Volk gegen den Rat. Ein Teil der Ratsherren wurde totgeschlagen, ein Teil gefangen genommen und geköpft, ein Teil aus der Stadt vertrieben [...]. Das führerlose Volk lief in die Weinkeller, zerschlug die Fässer und ließ den Wein auf die Erde laufen. Sie führten den Bürgermeister Tile von dem Damme unter schmählicher Misshandlung vor die Stadt, liefen dann in sein Haus und nahmen, was sie fanden, sie legten Feuer an das Haus, dass es bis auf den Erdboden niederbrannte, dann schlugen sie Herrn Tile den Kopf ab. Zu all diesen lästerlichen Missetaten setzten sie aus allen Zünften einen neuen Rat ein, so wie es ihnen behagte. Das Allerschlimmste war, dass sie an die Zünfte aller Städte Briefe sandten, in denen sie ihr Recht dartun wollten und klagten, dass sie zu hart behandelt und besteuert worden wären, was sie nicht mehr hätten ertragen können.

Auf dem Lübecker Hansetag von 1375 beschließen die Abordnungen der Städte:

Fürsten, Herren, Städten, Rittern und Knechten, Ländern und Leuten ist wohl offenbar und kund, dass die Braunschweiger übel an den ehrbaren Leuten in ihrem Rat gehandelt haben [...]. Da sie nun immer noch in ihrer Verstocktheit beharren, an ihrer Untat festhalten und nicht die Absicht haben, Sühne zu geben, so haben die Städte der deutschen Hanse mit Einwilligung der anderen Städte, die zu ihrem Rechte gehören, einträchtig beschlossen, dass sie die Braunschweiger aus der Hanse und den Rechten und Freiheiten des Kaufmanns stoßen wollen, also dass kein Kaufmann in England, Flandern, Dänemark, Norwegen, Nowgorod oder sonst irgendeiner Stadt, die im Recht des Kaufmanns steht, Gemeinschaft oder irgendwelchen Handel mit den Braunschweigern haben soll, weder zu Lande noch zu Wasser, weder im Zuführen noch im Fortbringen bei Verlust von Ehre und Gut. Auch soll man niemandem gestatten, ihnen Waren zu bringen oder fortzuführen, wenn man es hindern kann. Ferner sollen weder die Braunschweiger noch ihre Waren in irgendeiner Stadt, die im Rechte des Kaufmanns steht, Geleit oder Sicherheit haben. In welcher solcher Stadt die Verwandten der Toten oder wen dies sonst angeht, leben, da soll man die, die mit Rat und Tat bei dem Mord geholfen haben, nach der Höchststrafe richten.

All diese geschriebenen Bestimmungen sollen so lange gelten, bis die Braunschweiger für ihre Missetaten so viel Sühne getan haben, als redlich und möglich ist.

Wolfgang Lautemann (Bearb.), Mittelalter. Reich und Kirche, München ²1978, S. 747 f.

M 2 Die „Kölner Weberschlacht" von 1371.
Nachträglich kolorierter Holzschnitt von 1499. Der Protest der Zünfte gegen die Ratsherrschaft der Patrizier löste im 13./14. Jh. auch in Augsburg, Braunschweig, Bremen, Hamburg, Lübeck und Magdeburg Bürgerkämpfe aus. Die Hanse griff nur in wenigen Fällen ein.

1. *Erzähle, was 1374 in Braunschweig und 1375 in Lübeck geschah (M 1).*
2. *Der Lübecker Chronist berichtet nicht unparteiisch (M 1). Zeige am Text, auf wessen Seite er stand.*
3. *Ihr könnt aus M 1 ein Rollenspiel erarbeiten. Folgende Themen sind möglich: Die Vertreter der Zünfte stellen ihre Forderungen und begründen sie. Die Ratsherren diskutieren sie und teilen ihre Entscheidung den Zünften mit. Die Vertreter des Lübecker Hansetages begründen ihre Entscheidung gegenüber den Ratsherren. Beachtet: 1380 wurde der alte Rat wieder ins Amt gesetzt und die Stadt erneut Mitglied der Hanse. 1386 ließ man in Braunschweig Zunftmitglieder zum Rat zu.*

LERNTIPP

1 **Gottesdienst in einer Synagoge.**
Abbildung aus dem Machsor Lipsiae, einem jüdischen Gebetsbuch für Fest- und Feiertage, um 1320.
Der Vorbeter (hebr. Chasan) steht, in einen Gebetsschal eingehüllt, vor einem Lesepult mit der Thora. Hinter ihm zwei Männer, die einen Judenhut tragen.

Juden in Europa

Christliche Herrscher rufen

Unter den römischen Kaisern verbreiteten sich jüdische Gemeinden im West- und Oströmischen Reich. Mit dem zunehmenden politischen Einfluss des Christentums büßten die Juden ihre Glaubensfreiheit ein. Nur wenige jüdische Gemeinden überstanden die Zeit der Völkerwanderung. Im frühen Mittelalter riefen Könige und Bischöfe jüdische Kaufleute ins Land, da sie den beschwerlichen Fernhandel mit dem Orient aufrechterhielten. Es kamen nicht nur jüdische Händler, sondern auch Ärzte, Gelehrte und Handwerker mit ihren Familien.

Juden und Christen

Juden und Christen lebten bis ins 11. Jh. meist ohne Probleme nebeneinander. Sie mieden in der Regel aber enge Kontakte. Religiöse Vorschriften auf beiden Seiten – wie das Verbot der Mischehen – verhinderten ein vertrautes Zusammenleben. Grund dieser Abgrenzung waren die sich gegenseitig ausschließenden religiösen Vorstellungen. Die Juden glauben, ein Teil des vom lebendigen Gott auserwählten Volkes zu sein. Sie erwarten den Messias (*Erlöser*) noch. Für die Christen ist dagegen die Erlösung der Menschheit durch Christus bereits geschehen.
Unterschiedlicher Glaube und andere Lebensweise erzeugten vor allem in Notzeiten Vorurteile – auf beiden Seiten. Während die jüdische Minderheit aber nicht mit dem Anspruch auftrat, die Christen von ihrem „falschen" Glauben befreien zu müssen, wollten die Christen – gemäß dem Missionsauftrag – die „Irrgläubigen" immer wieder von dem „wahren" christlichen Glauben überzeugen.

Tod oder Taufe

Mit der wachsenden Volksfrömmigkeit änderte sich seit dem 11. Jh. die Situation der jüdischen Bevölkerung in Europa: Es kam zu Gewalttaten der Christen gegen Juden und zu Zwangstaufen, obwohl sich die weltlichen und geistlichen Herrscher dagegen aussprachen.
Auslöser für große Ausschreitungen gegen die jüdische Bevölkerung waren die Kreuzzüge.* Religiöse Fanatiker riefen nicht nur gegen die „Feinde Christi" im Heiligen Land, sondern auch gegen die „Irrgläubigen" im eigenen Land zum Kampf auf. In Metz, Worms, Speyer, Mainz, Köln und Xanten, später auch in Frankfurt a. M., Regensburg, Prag und anderen Orten wurden Häuser der Juden angezündet und die Bewohner aufgefordert, sich taufen zu lassen. Weigerten sie sich, wurden sie vertrieben oder umgebracht. Die Zahl der jüdischen Opfer in den deutschen Gebieten wird auf 3000 geschätzt.

Menschen im Abseits

Einzelne Bischöfe und christliche Herrscher missbilligten diese Massenmorde. Die Kaiser nahmen Juden wiederholt unter ihren Schutz. Doch an deren gesellschaftlicher Lage änderte sich wenig. Die Kirche betrieb unterdessen die gezielte Ausgrenzung religiöser Minderheiten. 1179 beschloss eine große Kirchenversammlung in Rom die räumliche Trennung von Christen und Juden. Sie wurde vorerst kaum befolgt. 1215 folgte aus Rom die Anordnung, dass Juden und Muslime schon an ihrer Kleidung erkennbar sein sollten. Zuvor hatte die Kirche schon einmal die räumliche Trennung von Juden und Christen angeordnet. Es entstanden die ersten Judengassen und -viertel. Doch die Anweisung blieb vielfach unberücksichtigt. Erst im 15. Jh. entstanden dann Ghettos: abgesonderte Wohnviertel, in denen die jüdische Bevölkerung leben musste. Gilden, Zünfte, Stadtschulen und Universitäten nahmen Juden nicht auf, da sie sich als „christliche Gemeinschaften" verstanden. Landbesitz und Bürgerrechte blieben ihnen versagt.
Um überleben zu können, blieb den Juden fast nur noch der Geldverleih und das Pfandgeschäft. Auch aus diesem Bereich wurden sie zunehmend verdrängt. Nachdem die Kirche durch die Kreuzzüge selbst zum Kreditnehmer geworden war, lockerte sie das kirchliche Verbot, Geld gegen Zinsen zu verleihen. Christen stiegen in das Kreditgeschäft ein. Bald blieben den jüdischen Kreditgebern nur noch solche Kreditnehmer, denen kein anderer mehr Geld lieh. Da sie sich das Risiko, ihr Geld zu verlieren, mit hohen Zinsen bezahlen ließen, wurden sie als Wucherer beschimpft.

Bequeme Sündenböcke

Im 12. und 13. Jh. setzten fanatisierte Wanderprediger Gerüchte über angebliche Gräueltaten der jüdischen Minderheit in Umlauf. Sie lösten damit zahlreiche Verfolgungswellen aus. Ende des 13. Jh. wurden die Juden aus England vertrieben, im 14. Jh. aus Frankreich.
Einen blutigen Höhepunkt erreichte die Judenfeindschaft während der Pest um 1350.**

*Zu den Kreuzzügen lies Seite 67 ff.
**Zur Pest siehe auch Seite 78 f.

M 3 Befriedete Personen.
Aus der Heidelberger Handschrift des Sachsenspiegels, Anfang des 14. Jh. Der König (rechts) weist auf die Lilie, das Zeichen für Frieden. Vor ihm stehen ein Mönch und ein anderer Geistlicher, eine Frau (Witwe?), ein Mädchen und – etwas abseits stehend – ein Jude (mit Hut). Ihr Leben und ihr Vermögen standen unter dem besonderen Schutz des Königs.

M 1 Gipfel des Wohlwollens?

Der Bischof von Speyer schreibt am 13. September 1084:

Im Namen der heiligen und unteilbaren Dreifaltigkeit. Als ich [...] den Weiler Speyer zu einer Stadt gemacht habe, habe ich geglaubt, die Ehre unseres Ortes um ein Vielfaches zu vergrößern, wenn ich hier auch Juden ansammelte. Ich siedelte also die Versammelten außerhalb der Gemeinschaft und des Wohnbezirks der übrigen Bürger an, und damit sie nicht so leicht durch die Unverschämtheit des Pöbels beunruhigt würden, habe ich sie mit einer Mauer umgeben. [...]
Wachen, Verteidigungen und Befestigungen müssen sie nur innerhalb ihres Wohnbezirks verrichten, die Verteidigungen jedoch gemeinsam mit den Bediensteten. Ammen und gemietete Knechte können sie von den Unsrigen haben. Geschlachtetes Fleisch, das sie nach ihrem Gesetz für sich als verboten betrachten, dürfen sie an Christen verkaufen, und diesen ist es erlaubt, es zu kaufen. Kurz, ich habe ihnen als Gipfel meines Wohlwollens ein Gesetz verliehen, das besser ist, als es das jüdische Volk in irgendeiner anderen Stadt des deutschen Reiches besitzt.

Julius H. Schoeps / Hiltrud Wallenborn (Hrsg.), Juden in Europa. Ihre Geschichte in Quellen, Bd. 1, Darmstadt 2001, S. 120

M 2 Auf die Kleidung kommt es an

Auf einer großen Versammlung von Bischöfen, Äbten sowie königlichen Gesandten wird im Jahre 1215 in Rom beschlossen:

Je mehr sich die christliche Religion in der Eintreibung der Wucherzinsen Einschränkungen auferlegt, desto übermütiger wird darin der Unglaube der Juden, so dass in kurzer Zeit das Vermögen der Christen erschöpft sein wird. Da wir in dieser Hinsicht Vorsorge treffen wollen, dass die Christen nicht unermesslich von den Juden beschwert werden, so bestimmen wir [...], dass [...] ihnen die Gemeinschaft mit den Christen entzogen werden soll, bis sie wegen dieser unangemessenen Beschwerung geziemend Genugtuung geleistet haben. [...]
In einigen Provinzen unterscheidet die Kleidung Juden und Sarazenen* von den Christen. Aber in gewissen anderen ist eine solche Regellosigkeit entstanden, dass sie durch keine Unterscheidung kenntlich sind. Daher kommt es zuweilen vor, dass sich irrtümlicherweise Christen mit jüdischen oder sarazenischen und Juden oder Sarazenen sich mit christlichen Frauen vermischen. Damit also den Ausschweifungen einer so abscheulichen Vermischung in Zukunft die Ausflucht des Irrtums abgeschnitten werde, bestimmen wir, dass Juden und Sarazenen beiderlei Geschlechts in jeder christlichen Provinz und zu jeder Zeit sich durch die Art ihres Gewandes öffentlich von der übrigen Bevölkerung unterscheiden sollen, zumal man auch bei Mose liest, dass ihm eben dies auferlegt ist.

Julius H. Schoeps / Hiltrud Wallenborn (Hrsg.), Juden in Europa, a.a.O., S. 115 f.

***Sarazenen**: *Muslime*

Exkursionstipp → *Wissenswertes über die deutsch-jüdische Geschichte erfährst du im Jüdischen Museum in Berlin (www.jmberlin.de).*

1. *Beschreibe aus den Quellen wie sich das Verhältnis zwischen Juden und Christen gestaltete (M 1 bis M 3).*
2. *M 2 ist ein Beleg für das Zusammenleben zwischen Juden, Christen und Muslimen. Erkläre.*

PROJEKT

So bauten sie die Kathedralen

M1 Bauarbeiten im Mittelalter.
Nachzeichnung aus der Weltchronik des Rudolf von Ems, um 1340.

Bilder des Himmels

Großartige Zeugnisse der mittelalterlichen Baukunst sind die Kirchen. Mit ihren gewaltigen Steinmassen und großen Türmen ragten sie hoch über die Häuser und Hütten der Menschen hinaus. Sie sollten dem Volk die Größe Gottes vor Augen führen und das göttliche Reich – das *Himmlische Jerusalem* – schon auf Erden sichtbar machen. Insofern dienten die Kirchen vor allem

- zum Lob und Preis des Schöpfers,
- zur Darstellung der christlichen Botschaft sowie
- als Zeichen der Macht und des Stolzes derer, die sie errichten ließen.

M2 Dom zu Speyer.
Foto, um 1990.
Ansicht von Osten.
Baubeginn um 1030. Das 1061 geweihte Gotteshaus ist 133 Meter lang und der größte romanische Kirchenbau in Deutschland.
Der Dom diente den salischen Königen als Grablege.

Stile verschiedener Epochen

Die Bezeichnung **Romanik** stammt aus dem Anfang des 19. Jh. Sie wird heute für die gesamte europäische Kunst und Kultur etwa vom Jahre 1000 bis zum Beginn der Gotik (in Frankreich um 1140, im Deutschen Reich erst um 1230) benutzt und betont deren Nähe zur römischen Kunst.

Die Bezeichnung **Gotik** wurde im 16. Jh. in Italien geprägt. Sie ist ursprünglich abwertend von den „barbarischen" Goten hergeleitet, denen die Zerstörung des Römischen Reiches während der Völkerwanderungszeit vorgeworfen wurde.

Bis ins 14. Jh. verschmolzen bei ein- und demselben Bauwerk häufig gotische Stilelemente mit älteren romanischen Vorgaben. Beide Stile beeinflussten nicht nur Bauwerke, sondern die Kunst ihrer Epoche – vom Altargemälde bis zum Goldgeschmeide.

M3 Kölner Dom.
Foto von 1998.
Baubeginn 1248. Das 144 Meter lange fünfschiffige Gotteshaus mit den 158 Meter hohen Türmen ist eines der schönsten gotischen Bauwerke Europas. Die Einweihung des Chores fand 1322 statt. 1561 wurden die Bauarbeiten wegen Geldmangels für rund 300 Jahre eingestellt. 1880 konnte der Bau fertiggestellt werden.

Informiere dich in einem Lexikon über die unterschiedlichen Stilmerkmale romanischer und gotischer Kirchenbauten.

M 4 Achtung, Baustelle!
Modell des Freiburger Münsters von Karl-Heinz Eckardt und Werner Heeb, 1985/87.
Rechts: Blick von Südwesten auf den ersten Bauabschnitt, um 1250.
Links: Details des Glockenstuhls mit Laufrad und Kran.

M 5 Bauhütte.
Nachzeichnung aus der Weltchronik Jansen Enikels, um 1380.
Alle an einem Kirchenbau beteiligten Bauleute, besonders die Steinmetze und Maurer, schlossen sich zu einer Bruderschaft, der so genannten **Bauhütte**, *zusammen.*
Sie sollte die Einheitlichkeit der Architektur und der Kunstwerke sicherstellen.

M 6 Die Heinzelmännchen
Der Journalist Wolf Schneider beschrieb 1991 den Bau des Kölner Doms.

Und so schleppten sie und werkelten sie für ihren Dom: Hunderte von Steinmetzen, Maurern und Zimmerleuten; Dutzende von Knechten in Treträdern und an Seilwinden, um die tonnenschweren Werkstücke bis in die schwindelnde Höhe der Gewölbe zu befördern; dazu Schmiede und Glasbläser, Bleigießer und Dachdecker, Seiler, Maler und Vergolder.
Und dann im Steinbruch die Steinbrecher und wieder Steinmetzen, Zimmerleute und Schmiede; im Wald die Holzknechte, denn die Schalungen der Gewölbe, die gewaltigen Gerüste und das hölzerne Hebezeug verschlangen Baumstämme zu Tausenden; dazu Hunderte von Fuhrknechten oder Bauern und Bürgern, die Hand- und Spanndienste leisten mussten, um mit Ochsen, Pferd und Wagen den Stein heranzukarren, auch das Holz nebst Blei und Eisen […].

Wolf Schneider, Der Kölner Dom. Wie die Deutschen zu ihrem Weltwunder kamen, Hamburg 1991, S. 25

CD-Rom-Tipp → *Kölner Dom, München: Deutscher Kunstverlag*

Lesetipp → *David Macaulay, Sie bauten eine Kathedrale, München: dtv [14]1993*

1. *Beschreibe, was die Arbeiter tun. (M 4 bis M 6).*
2. *Informiert euch über gotische und romanische Kirchen in eurer Gegend. Wählt eine Kirche aus, und stellt sie in einem kleinen Führer oder auf einem Poster vor.*

LERNTIPP

Was war wichtig?

Daten

seit dem 8. Jh.	*Reiterheere sind den zu Fuß kämpfenden Bauernheeren überlegen; das Lehnswesen breitet sich aus.*
seit dem 10. Jh.	*Das Interesse der Grundherren an größeren Einnahmen fördert den Landesausbau.*
seit dem 12. Jh.	*Die Zahl der Städtegründungen nimmt ständig zu.*
14./15. Jh.	*Die Hanse entwickelte sich zu einem bedeutenden Städtebündnis.*

Begriffe

Adel (althochdeutsch *adal* = Geschlecht): eine Gruppe von Familien, die aufgrund von Geburt, Besitz oder Leistung eine besondere Stellung einnahm. Von der Bevölkerungsmehrheit grenzte der Adel sich im → *Mittelalter* durch Vorrechte, Umgangsformen und Kleidung ab. Zum niederen Adel gehörten die → *Ritter* und (ursprünglich unfreien) Dienstmannen (*Ministerialien*) der Könige. Zum Hochadel zählten Herzöge und Grafen. Die Herrscher nahmen sich das Recht, verdiente Personen in den Adelsstand zu erheben.

Bürger: alle freien Einwohner einer Stadt, die das Bürgerrecht besaßen und damit am politischen und sozialen Leben der Stadt teilnehmen durften. Das Bürgerrecht war im → *Mittelalter* erblich. Es beruhte auf städtischen Grundbesitz. Kein Bürgerrecht hatten Gesellen, Gesinde, Arme und Juden (seit dem 12./13. Jh.).

Ghetto: Bezeichnung für ein von anderen Stadtteilen abgetrenntes Wohngebiet. Judenviertel gab es bereits in der Spätantike. 1170 wurde von der Kirche die räumliche Trennung von Juden und Christen beschlossen. Sie wurde zunächst kaum befolgt. Das erste Ghetto im Deutschen Reich entstand 1462 in Frankfurt am Main. Die Bezeichnung „Ghetto“ stammt aus Venedig, wo die Juden seit 1516 in einem Stadtteil „Ghetto Nuovo“ wohnen mussten.

Grundherrschaft: Herrschaft über Land und Leute. Die Grundherren übergaben Teile ihres Landbesitzes an Bauern zur Bewirtschaftung. Diese mussten ihnen dafür einen Teil der Erträge abliefern und Dienste leisten. Die Grundherren gewährten den Bauern Schutz und Hilfe und durften über sie bei einfachen Straftaten richten. Die größten Grundherren waren bis ins 18./19. Jh. die Könige, der → *Adel* und die Kirche.

Hanse: zunächst eine Gemeinschaft (*Hanse*) von Kaufleuten im Ost- und Nordseeraum. Unter Führung Lübecks entstand um die Mitte des 13. Jh. ein Bund von freien Hansestädten, der bis zum 15. Jh. im Ostseeraum den Handel beherrschte und die stärkste politische Macht war.

Kloster (lat. *claustrum*: Verschluss, abgeschlossener Bereich): Menschen, die ein ausschließlich religiös bestimmtes Leben führen wollen, werden Mönche oder Nonnen. Sie verpflichten sich, arm, ehelos und gehorsam zu leben. Grundlage des abendländischen Mönchtums sind die im 6. Jh. von *Benedikt von Nursia* zusammengestellten Ordensregeln geworden. Ihr Ziel ist es, Gebet und Arbeit zu verbinden (lat. *Ora et labora!*: Bete und arbeite!).

Lehnswesen: Als Gegenleistung für die Unterstützung von Kriegszügen (→ *Ritter*) oder für die Übernahme von Diensten verliehen Könige und andere Adlige (→ *Adel*) an Gefolgsleute Grundbesitz, einträgliche Ämter oder Vorrechte als Lehen. Wer sie vergab, hieß Lehnsherr, wer sie erhielt Vasall (kelt. *Gwas*: Knecht; Lehnsmann). Die Lehnsherren mussten ihre Lehnsmänner beschützen, diese schuldeten ihnen dafür Dienste, Rat und Treue.

Mittelalter: in der europäischen Geschichte die Zeitspanne zwischen 500 und 1500. → *Grundherrschaft*, → *Lehnswesen*, → *Klöster* und → *Ritter* prägten die frühmittelalterliche Gesellschaft, an deren Spitze der König stand. Kennzeichen des Hochmittelalters sind die zahlreichen Stadtgründungen, die → *Hanse* und die → *Zünfte*.

Patrizier: In Anlehnung an den alten römischen → *Adel* wurden die angesehenen und wohlhabenden Familien in den mittelalterlichen Städten Patrizier genannt. Sie stellten zunächst allein die Mitglieder des Rates und besaßen die politische Führung in den Städten (→ *Stadtrecht*).

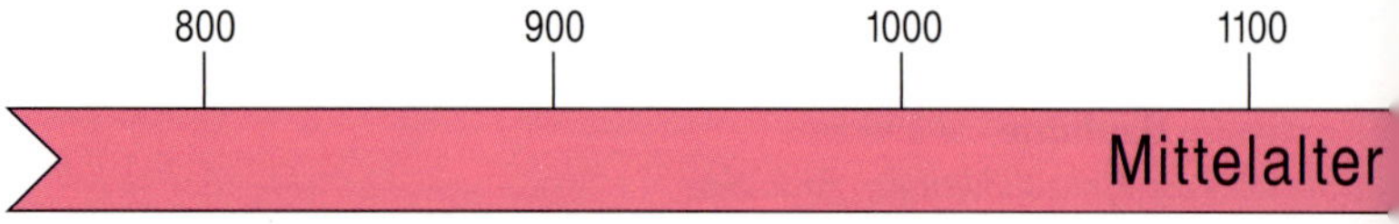

Ritter: Sie gehörten zum niederen → *Adel* und leisteten den Waffendienst auf Pferden. Zu ihren Idealen gehörten eine christliche Lebensführung, Tapferkeit, Treue und Gerechtigkeit.

Stadtrecht: Weltliche und geistliche Herren gründeten im → *Mittelalter* Städte als Mittelpunkte für Handel und Landesausbau. In den Gründungsurkunden gewährten sie ihren → *Bürgern* besondere Rechte und Freiheiten (Privilegien), um Einwohner zu gewinnen. Diese zahlten im Gegenzug Steuern und Abgaben. Die Stadtrechte räumten den Bürgern dazu ein hohes Maß an Selbstverwaltung und Rechtsprechung ein (→ *Patrizier*, → *Zunft*).

Zunft (mittelhochdeutsch *zumft*: was sich ziemt): Seit dem 11. Jh. schlossen sich städtische Handwerker eines Berufes zusammen, um ihre Interessen gemeinsam wirksamer gegenüber den → *Patriziern* durchsetzen zu können. Die Zünfte regelten die Ausbildung, kontrollierten Menge, Qualität und Preis der Waren, bekämpften unlauteren Wettbewerb und sicherten ihre Mitglieder durch Krankenkassen ab. Im 14. und 15. Jh. setzten die Zünfte gegen die Patrizier die Mitwirkung der Handwerker in den Stadträten durch.

Grundfertigkeiten

Du hast in diesem Kapitel Tipps zum Umgang mit Bildern und Bauplänen sowie Anregungen für die Erkundung mittelalterlicher Städte erhalten. Außerdem bot dir das Projekt Informationen über Kathedralen. Darüber hinaus konntest du den Umgang mit Bild- und Textquellen sowie Schaubildern vertiefen.

Zusammenfassung

Die mittelalterliche Gesellschaft gliederte sich in drei Stände: die Geistlichkeit, den Adel (Ritter) und die Bauern; später zählte man auch die Bürger der Städte zum dritten Stand. Diese Ordnung galt als gottgewollt. Grundbesitz war im Mittelalter die Voraussetzung für die Freiheit eines Menschen und die Grundlage der Macht aller Fürsten. Seit dem 8. Jh. verliehen Herrscher verstärkt Land und Leute an Vasallen, um Reiterheere aufstellen zu können.
Der Wunsch nach mehr Macht förderte den Landesausbau: die Rodung von Wäldern und die Trockenlegung von Mooren und Sümpfen.
Aus adligen und nicht adligen Kämpfern zu Pferd wurden Ritter. Ihren Besitz verwalteten sie von Burgen aus. Das Rittertum entwickelte eigenständige Lebensformen. Dichter verherrlichten ritterliche Ideale: Heldentum, christlichen Lebenswandel und das Werben um die Zuneigung einer Dame (*Minne*).
Hinter Klostermauern versuchten Mönche und Nonnen, ein gottgefälliges Leben zu führen. Sie gelobten Armut, Ehelosigkeit und Gehorsam. Ihr Leben widmeten sie dem Gebet und der Arbeit.
Im 12. Jh. leiteten Könige, Fürsten und Bischöfe eine Welle von Stadtgründungen ein. Als Stadtherren gewährten sie den Stadtbewohnern mehr Rechte als den Landbewohnern. In den Städten bestimmten Stadtherren und Patrizier die Politik. Letztere stellten Rat und Bürgermeister. Dies änderte sich im 14./15. Jh. Oft erst nach blutigen Aufständen erzwangen die Zünfte eine Beteiligung an der Stadtregierung.
Mit der Hanse errangen die vor allem im Nord- und Ostseeraum tätigen Kaufleute im 14./15. Jh. ihre größte wirtschaftliche und politische Macht. Zu den Schattenseiten dieser Zeit gehören die Verfolgung und Ausgrenzung der Juden sowie der unerbittliche Kampf der Kirche gegen alle, die ihre Lehren ablehnten.

1 **Das Märkische Museum in Berlin.**
Foto von Christina Sieber, 2005.
Das Museum wurde 1899-1908 durch Ludwig Hoffmann errichtet. Auf dem Foto ist die „Waffenhalle" im Stil der Gotik zu sehen. Eine Dauerausstellung zeigt die Entwicklung Berlins über die Jahrhunderte hinweg.

Übertrage die Zeitleiste und füge ein: wann Lübeck zum zweiten Mal gegründet wurde, die Kirche die räumliche Trennung von Christen und Juden beschloss und der erste Hansetag stattfand.

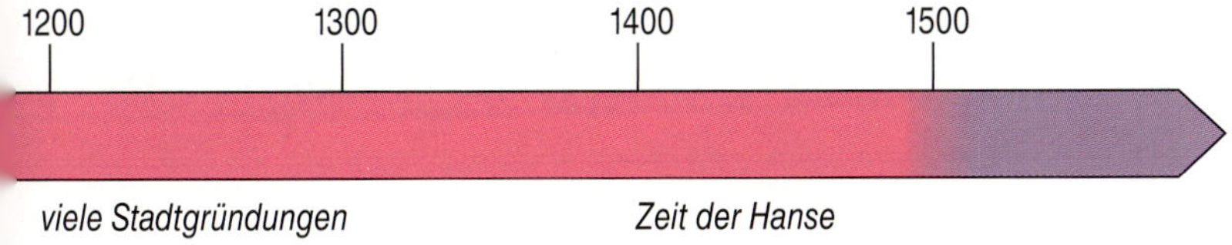

Herrschen und Glauben im Mittelalter

Was sind das für Pergamentblätter?", fragte der junge Klosterschüler, der sich auf leisen Sohlen in die Schreibstube geschlichen hatte. Dabei blickte er seinem Lehrer neugierig über die Schulter. „Die Blätter gehören zu einem Buch, das die Geschichte der Welt von ihrer Erschaffung durch Gott bis in unsere Tage erzählt", antwortete der Mönch. „Und was zeichnest du da gerade?" „Ein Ereignis, das schon mehr als zweihundert Jahre zurückliegt", erklärte der Lehrer geduldig, während er unbeirrt die Linien auf dem Pergament nachzog. „Der lateinische Text erzählt davon, und nun füge ich hier in die Lücke, die der Schreiber gelassen hat, gerade ein passendes Bild ein." „Wer sind denn die beiden Könige?", wollte der Novize wissen. „Das sind Berengar von Italien und König Otto der Große." „Und warum kniet der eine vor dem anderen?" „Berengar kniet vor unserem König Otto I." „Und was heißt das?" „952 kam er über die Alpen nach Augsburg, um sich ihm in aller Demut zu unterwerfen. Aber schon bald danach lehnte Berengar sich in Italien gegen seinen Lehnsherrn auf. Die Sache ging hin und her. Lange blieb sie unentschieden. Doch als Berengar immer größere Gebiete eroberte und sogar den Papst bedrohte, zog König Otto mit einem großen Heer nach Italien. Am Ende wurde unser Otto vom Papst zum Kaiser gekrönt und Berengar besiegt. Otto der Große verbannte Berengar nach Bamberg – damals noch ein kleiner Ort am Fuß einer Burg. Dort starb er 966."

Der Klosterschüler schwieg nachdenklich. Doch nach einer Weile, in der man nur das leise Kratzen der Feder auf dem Pergament gehört hatte, hakte er nach: „Woher weißt du eigentlich, wie Berengar und Otto ausgesehen haben?" Der Mönch lächelte. „Ich weiß es nicht. Aber das ist gar nicht so wichtig. Entscheidend ist, dass du die beiden auf dem Bild sofort als Könige erkennst und siehst, wie der eine sich dem anderen unterwirft. So, genug für heute! Doch", fügte der Mönch neckend hinzu, „damit neugierige Jungen, die von der Geschichte noch keine Ahnung haben, ihren armen Lehrern künftig keine Löcher mehr in den Bauch fragen müssen, schreibe ich jetzt noch die Namen der beiden Herrscher über ihre Köpfe: ‚Berengar und Otto I., König der Deutschen.' Kannst du mir das in lateinischer Sprache diktieren?" „Aber sicherlich", antwortete der Junge stolz und selbstbewusst. „Also das heißt …"

Dieter Brückner

Berengar unterwirft sich Otto I.

Federzeichnung (etwa 10 x 15 cm) aus der „Weltchronik" von Bischof Otto von Freising. Das Werk entstand in der Mitte des 12. Jh. und schildert die Entwicklung der Schöpfung bis zum Weltgericht. Das Bild stammt aus einer zwischen 1177 und 1185 in Südwestdeutschland kopierten Fassung der Handschrift, die heute in der Thüringer Universitäts- und Landesbibliothek in Jena aufbewahrt wird. Zur Zeichnung: König Berengar kniet vor dem thronenden Kaiser Otto I. Er und seine Anhänger strecken dem Kaiser ihre Hände entgegen. Mit dieser Geste bitten sie ihn um Gnade. Dazu fällt Berengar das Schwert aus den Händen. Dies deutet an, dass er es nicht mehr gegen Otto benutzen will. Rechts vom Kaiser stehen ein Schwertträger und fränkische Ritter.
Die Umschrift lautet übertragen: „Der Königsthron lässt die lombardischen Erben im Stich. Otto beschenkt die bekannten Teutonen mit bekanntem Namen." Die Zeilen spielen auf die Übertragung des Reichs von den Langobarden, für die Berengar steht, auf die Deutschen, „Teutonicos", an.

1 **Schwerpunkte der Regierung Ottos I.**
Karte nach Matthias Puhle (Hrsg.), Otto der Große, Magdeburg und Europa, Mainz 2001, Bd. 1, S. 194 (vereinfacht)

Herrschaft im Namen Gottes

Das Reich Karls des Großen zerfällt

Karl der Große starb 814. Sein Reich blieb nicht lange bestehen. Die Araber bedrohten es von Süden, die Wikinger (Normannen) von Norden und die Ungarn von Osten. Karls Söhne teilten das Reich 843 in drei „Zuständigkeitsbereiche". 870 wurde es nochmals geteilt und 880 legte der Vertrag von Ribemont die Grenzen fest, in denen später Frankreich, das Deutsche Reich und Italien entstanden.

Wer behält die Macht?

Im ostfränkischen Reich musste sich der König die Macht mit den Herzögen, Grafen, Bischöfen und Äbten im Reich teilen. Vor allem die Herrscher der vier sogenannten **Stammesherzogtümer** bestimmten die Politik: die Herzöge von Sachsen, Franken, Schwaben und Bayern. Kein deutscher König konnte seine Macht behaupten, wenn er nicht aus einer Herzogsfamilie stammte und durch Lehen und Heirat andere mächtige Familien an sich band. Dies gelang zwischen 936 und 1254 nur den sächsischen *Liudolfingern (Ottonen)* und *Welfen*, den fränkischen *Saliern* und den schwäbischen *Staufern*.

Die deutsche Geschichte beginnt

Anfang des 10. Jh. ging die Königswürde von den Franken auf die Sachsen über. Der ehemalige Sachsenherzog *Heinrich I.* regierte von 919 bis 936 als König. Er gewann im Westen Lothringen und führte Feldzüge gegen die Ungarn und die Slawen im Osten.
Noch während seiner Regierungszeit erreichte er von den anderen mächtigen Männern des Reiches die Zustimmung, dass sein Sohn das Königsamt von ihm übernehmen könne. Damit sicherte Heinrich seiner Familie die Macht. Zugleich setzte er die Unteilbarkeit des Reiches durch.
Heinrichs I. Herrschaft steht am Übergang von der fränkischen zur deutschen Geschichte. Quellen sprechen aber erst seit dem 11. Jh. von einem *regnum teutonicorum*, einem *Reich der Deutschen*.

Das Reich wird gestärkt

Nach Heinrichs Tod wurde sein Sohn *Otto I.* im Jahre 936 König. Otto baute sein Herrschaftsgebiet aus.
An der Ostgrenze des Reiches richtete er weitere Marken (Verteidigungs- und Verwaltungsbezirke) ein und gründete neue **Reichsbistümer** (948: Havelberg bei Brandenburg, das 968 zusammen mit Merseburg, Meißen und Zeitz dem Erzbistum Magdeburg unterstellt wurde). Sie wurden Ausgangspunkte der Christianisierung zwischen Elbe und Oder und der Missionierung Polens und Ungarns. Unter Ottos Führung besiegten die deutschen Heere im Jahre 955 die Ungarn in der **Schlacht auf dem Lechfeld** bei Augsburg. Von nun an blieb das Reich von ungarischen Reitern weitgehend verschont.

1. *Nenne das für Otto I. wichtigste Herzogtum. Begründe!*
2. *Die mittelalterlichen Könige regierten „vom Sattel aus". Erkläre, was dies für den Herrscher und die Einzugsbereiche der Königshöfe bedeutete.*
3. *Ottos weiteste Reise lässt sich auf der Karte nicht verfolgen (lies dazu Seite 51). Wohin führte sie? Welchen Zweck hatte sie? Wie weit lag der Ort von Magdeburg entfernt? Wielange wird die Reise bis dorthin gedauert haben (Tagespensum 25 bis 30 km)?*

In den Fußstapfen Karls des Großen
Schon durch die Wahl des Krönungsortes Aachen hatte Otto I. im Jahre 936 gezeigt, dass er sich als Nachfolger der fränkischen Herrscher betrachtete. Von ihnen übernahm er die Idee, die Kaiserherrschaft mit dem Papst zu erneuern. Als in Rom Kämpfe des Stadtadels die Macht des Papstes schwächten, nutzte Otto die Chance, in die Fußstapfen Karls des Großen zu treten. Er marschierte mit seinen Truppen nach Italien und stand dem Papst bei. 962 übertrug der ihm dafür die Kaiserwürde, die seit rund acht Jahrzehnten niemand mehr innegehabt hatte. Seit Otto war damit das römische Kaisertum mit dem deutschen Königtum verknüpft. Otto I. garantierte dem Papsttum den weltlichen Schutz und erhielt dafür eine wichtige Zusage: Alle künftigen Päpste würden vor ihrer Weihe dem Kaiser die Treue versprechen.

2 Ein Krönungsbild?
Buchmalerei (29,5 x 21,5 cm) aus einem Evangeliar, das um 990 auf der Insel Reichenau im Bodensee entstand.
Mittelalterliche Evangeliare sind meist prächtige Handschriften, die Könige und Fürsten ihren Kirchen stifteten. Sie enthalten den Text der vier **Evangelien** *(Heilsbotschaften) und manchmal auch Darstellungen der Auftraggeber. Während der Messe wurde aus den Evangeliaren vorgelesen.*
Zum Bild: Dargestellt ist wahrscheinlich Otto III. Er wurde 983 mit drei Jahren zum König gekrönt und übte das Amt bis 994 unter der Vormundschaft seiner Mutter Theophanu und seiner Großmutter Adelheid aus; 996 wurde er in Rom zum Kaiser gekrönt.
Diese Buchmalerei steckt voller Symbole (Sinnbilder). Erst wenn wir sie erkennen, können wir sie angemessen deuten. Bei der Interpretation solcher Bilder können uns auch Vergleiche helfen.
In der Mitte des Bildes sehen wir eine hockende Figur, die den Thron des Herrschers trägt. Es handelt sich um Gea, nach antiker Überlieferung die Erde.
Der König wurde wie Christus dargestellt – als Weltenherrscher und -richter.
Sein Bild ist umgeben von Symbolen der Evangelisten. Der Engel steht für Matthäus, der Löwe für Markus, der Stier für Lukas und der Adler für Johannes.
Etwas unterhalb von Otto sieht man links und rechts Herrscher mit Fahnen, vielleicht die Könige von Ungarn und Polen, mit denen Otto in Verbindung stand; darunter zwei adlige Krieger und zwei Erzbischöfe.

LERNTIPP

1. Der König wurde mit einer „Mandorla" versehen (Abb. 2). Kläre den Fachbegriff.
2. Erkläre mit eigenen Worten, welche Vorstellung von der Herkunft und Bedeutung der Herrscherwürde diese Buchmalerei ausdrückt.

3 Ein Herrscher als Kirchengründer.
Die Elfenbeinschnitzerei misst 12,9 x 11,3 cm und entstand um 970 in Mailand.
Zum Bild (von links nach rechts):
Ein Engel und der hl. Mauritius führen einen gekrönten Herrscher (wahrscheinlich Kaiser Otto I.) vor Christus. Der Kaiser reicht Christus ein Kirchenmodell (gemeint ist die Domkirche von Magdeburg). Von den rechts stehenden Heiligen ist nur Petrus zu erkennen.

Die Kirche dient dem Reich
Schon die Merowinger und Karolinger richteten neben den Kaiserpfalzen zahlreiche Reichsbistümer und -klöster ein. Sie hatten die Aufgaben
- den umherziehenden König samt Gefolge zu versorgen,
- bei der Verwaltung des Reiches zu helfen,
- als Zentren der Bildung zu dienen und
- „wohl bewaffnete und ausgerüstete Leute" für das königliche Heer zu stellen.

Als Gegenleistung schenkten die Könige den Bistümern und Klöstern Land oder überließen ihnen die Einkünfte aus Zöllen, Münzprägungen und Marktrechten. Ihre Interessen sicherten sich die Herrscher dadurch, dass sie Einfluss auf die Besetzung der Bischofs- und Abtsposten, die **Investitur** (von lat. *investire*: bekleiden) der hohen Geistlichen, nahmen.
Otto I. und seine Nachfolger setzten diese Politik fort. Sie statteten die Bistümer des Reiches und bedeutende Klöster mit reichem Grundbesitz und Einkünften aus, befreiten sie von der Aufsicht durch die Grafen und gewährten ihnen eigene Gerichte. Damit bauten sie im Reich ein politisches Gegengewicht zu den mächtigen Herzögen auf, denn die überlassenen Güter, Rechte und Funktionen fielen beim Tode eines Bischofs, Abts oder einer Äbtissin an den Herrscher zurück.
Da die Könige seit Otto I. dafür sorgten, dass nur noch Personen ihres Vertrauens Bischöfe, Äbte oder Äbtissinnen wurden, sprechen Historiker für diese Zeit von der Reichskirche.
Darüber hinaus beeinflussten Otto I. und seine Nachfolger die Wahl der Päpste, die damals noch vom römischen Stadtadel gewählt wurden. Von zwölf Päpsten, die zwischen 963 und 1003 und von 1046 bis 1057 amtierten, wurden elf unter Mitwirkung der deutschen Könige und Kaiser ausgewählt und eingesetzt.

M 1 Die Reichskrone.

Die Krone (Ø ca. 25 cm) wurde bei Königskrönungen in Aachen und verschiedentlich auch bei Kaiserkrönungen in Rom verwendet. Angefertigt hat man sie wohl für die Kaiserkrönung Ottos I. im Jahre 962. Das Kreuz (9,9 cm) wurde zwischen 1002 und 1024, der Bügel um 1030 (?) hinzugefügt.

Die Krone besteht aus acht durch Scharniere verbundene Goldplatten. Ihre Inschriften zeigen Christus als König der Könige und alttestamentarische Könige wie Salomon.

Zur Zahlensymbolik so viel: Die Acht gilt als Zahl Christi und der Auferstehung, denn zum einen überlebten in der Arche acht Menschen die Sintflut und zum anderen dauerte die Leidenswoche Christi acht Tage.

Zu den **Reichsinsignien** *(von lat. insigne: Ehrenzeichen) gehören neben der Reichskrone u. a. noch Reichsschwert, -kreuz, -zepter und -apfel. Sie befinden sich heute in der Wiener Hofburg. 1424 waren sie nach Nürnberg gebracht worden, wo sie in der Kirche des Heilig-Geist-Spitals aufbewahrt wurden. 1796 wurden die Reichsinsignien von Nürnberg nach Wien überführt, um sie vor den anrückenden französischen Truppen in Sicherheit zu bringen.*

Die hier zu erkennende Inschrift PER ME REGES REGNANT lautet übersetzt „Durch mich regieren die Könige". Erläutere die Bedeutung des Satzes.

M 2 Hoch lebe der neue König!

Der Mönch Widukind schildert die Königserhebung Ottos I. von 936 in seiner „Sachsengeschichte" so:

Als Ort der allgemeinen Wahl nannte und bestimmte man die Pfalz Aachen [...]. Und als man dorthin gekommen war, versammelten sich die Herzöge und obersten Grafen mit der übrigen Schar vornehmster Ritter in dem Säulenhof, der mit der Basilika Karls des Großen verbunden ist, setzten den neuen Herrscher auf einen dort aufgestellten Thron, huldigten ihm, gelobten ihm Treue, versprachen ihm Unterstützung gegen alle seine Feinde und machten ihn nach ihrem Brauch zum König.

Währenddessen erwartete der Erzbischof von Mainz mit der gesamten Priesterschaft und den mitgereisten Gefolgsleuten im Innern der Basilika den Auftritt des neuen Königs. Als dieser erschien, ging ihm der Erzbischof entgegen [...]. Er wandte sich ans Volk und sagte: „Seht, ich bringe euch den von Gott erwählten und einst von dem mächtigen König Heinrich vorgesehenen, jetzt aber von allen Fürsten zum König gemachten Otto. Wenn euch diese Wahl gefällt, zeigt dies an, indem ihr die rechte Hand zum Himmel emporhebt." Da streckte das ganze Volk die Rechte in die Höhe und wünschte unter lautem Rufen dem neuen Herrscher viel Glück. Dann schritt der Erzbischof mit dem König hinter den Altar, auf dem die königlichen Herrschaftszeichen lagen [...]. Er nahm von dort das Schwert mit dem Wehrgehänge auf, wandte sich an den König und sprach: „Nimm dieses Schwert, auf dass du alle Feinde Christi verjagst, die Heiden und schlechten Christen, da durch Gottes Willen dir alle Macht im Frankenreich übertragen ist, zum unerschütterlichen Frieden für alle Christen."

Dann nahm er die Spangen, legte ihm den Mantel um und sagte: „Durch die bis auf den Boden herabreichenden Zipfel deines Gewandes seist du daran erinnert, mit welchem Eifer du im Glauben entbrennen und bis zum Tod für die Sicherung des Friedens eintreten sollst." Darauf nahm er Zepter und Stab und sprach: „Durch diese Abzeichen bist du aufgefordert, mit väterlicher Zucht deine Untertanen zu leiten und in erster Linie den Dienern Gottes, den Witwen und Waisen die Hand des Erbarmens zu reichen; und niemals möge dein Haupt ohne das Öl der Barmherzigkeit sein, auf dass du jetzt und in Zukunft mit ewigem Lohn gekrönt werdest." Auf der Stelle wurde er mit dem heiligen Öl gesalbt und mit dem goldenen Diadem gekrönt [...]. Nachdem man dann das Lob Gottes gesungen und das Messopfer feierlich begangen hatte, ging der König hinunter zur Pfalz, trat an die marmorne, mit königlicher Pracht geschmückte Tafel und nahm mit den Bischöfen und dem ganzen Adel Platz.

Widukind von Corvey, Res gestae Saxonicae/Die Sachsengeschichte, übers. und hrsg. von Ekkehart Rotter und Bernd Schneidmüller, Stuttgart 1981, S. 105 ff.

Internettipp → *Informationen über die Reichsinsignien findest du auf der Homepage des Kunsthistorischen Museums in Wien unter www.khm.at/system2.html?/static/page71.html*

1. *Aus dem Bericht (M 2) wird deutlich, wer im Reich Einfluss hatte. Nenne die Träger der Macht.*
2. *Der Erzbischof von Mainz überreicht Otto die Herrschaftszeichen (M 2). Nenne ihre Bedeutung.*
3. *Erarbeitet die Schritte der Königserhebung und stellt sie in einem Rollenspiel dar.*
4. *Widukind war zum Zeitpunkt der Krönung etwa 12 Jahre alt und wahrscheinlich in Aachen nicht dabei. Überlege, woher er sein Wissen haben könnte.*

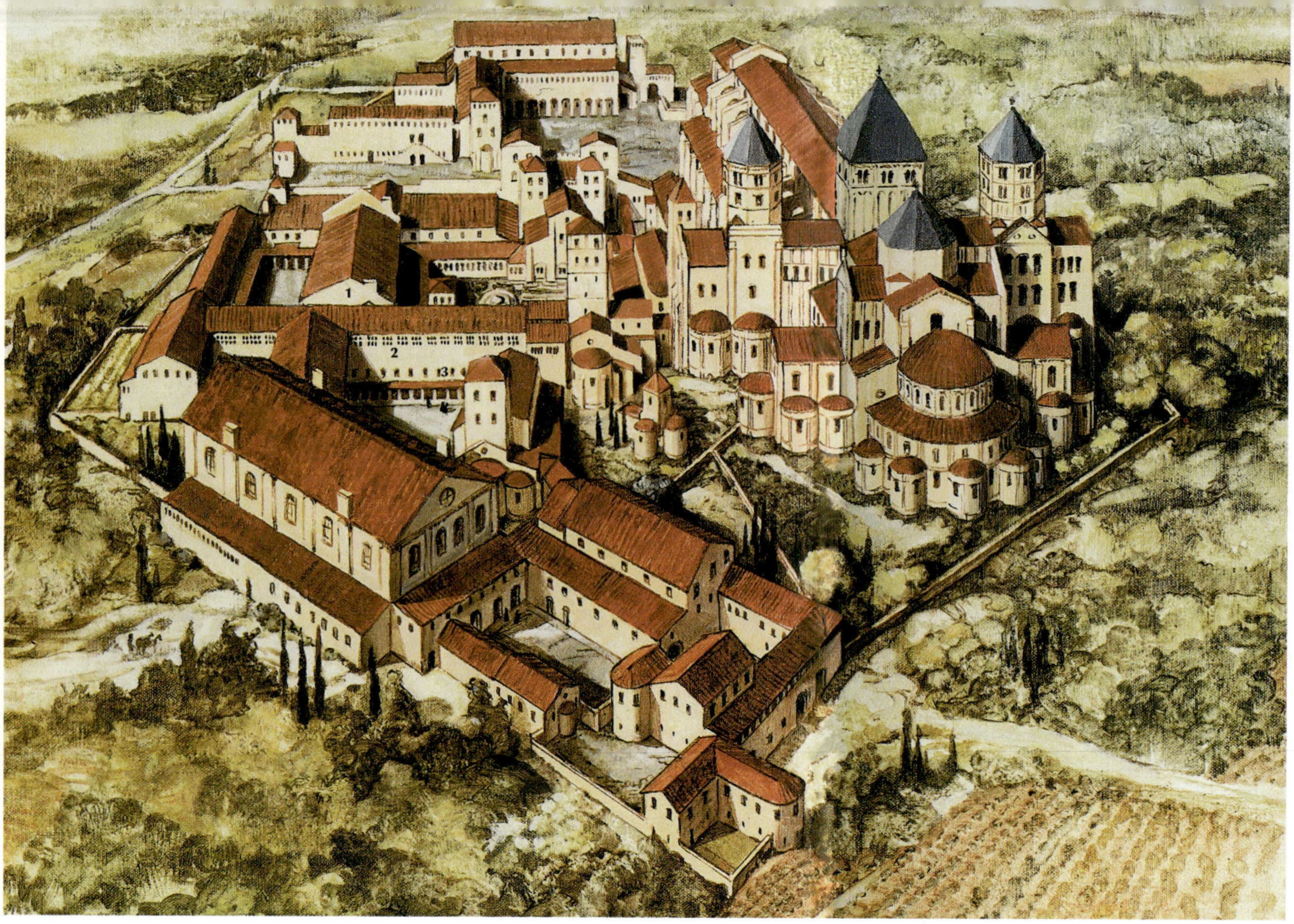

Geistliche gegen weltliche Macht

1 Die Abtei Cluny.
Zeichnung nach einer Rekonstruktion von Kenneth J. Conant. Das Bild zeigt den Zustand um 1160. Die zu dieser Zeit fertig gestellte Klosterkirche war die größte Kirche des Abendlandes; ihre Ausmaße wurden erst von dem im 16. Jh. errichteten Petersdom in Rom übertroffen.

„Freiheit für die Kirche!"
Manche Gläubige warfen Bischöfen, Äbten und Äbtissinnen, Mönchen und Nonnen sowie Priestern vor, mehr an weltlichen Vergnügungen als an den christlichen Geboten und Klosterregeln interessiert zu sein.
Die Kritik erreichte in den vierziger Jahren des 11. Jh. einen Höhepunkt. Eine Spaltung (griech. *Schisma*: Trennung) der Kirche drohte, als nach Streitigkeiten mit dem römischen Stadtadel zeitweise drei Päpste gleichzeitig amtierten. *Heinrich III.*, der von 1039 bis 1056 Kaiser war, setzte 1046 auf einer Kirchenversammlung alle drei Päpste ab und ließ einen neuen Papst ausrufen. Es gab erneut Streit. Die Kirche fürchtete, dass die Päpste von den weltlichen Herrschern abhängig würden, und forderte *Freiheit für die Kirche.* Zugleich stellten immer mehr Geistliche die Frage, ob weltliche Herrscher über geistlichen Würdenträgern stehen dürften.

Reformen aus Cluny
Schon 910 hatte ein französischer Herzog seinen Besitz in Cluny (*Burgund*) einem Abt geschenkt. Er sollte damit ein Benediktinerkloster gründen. Das Besondere daran war, dass der Herzog in der Schenkungsurkunde auf alle Rechte gegenüber dem Kloster verzichtete. Die Mönche hatten das Recht der freien Abtwahl. Um sie gegen weltliche und geistliche Eingriffe zu sichern, wurde das Kloster dem direkten Schutz der Päpste unterstellt.
Von Cluny ging eine einflussreiche Reformbewegung aus. Die Reformer forderten, das gesamte Klosterleben gottgefälliger einzurichten. Sie verlangten, dass der Kauf geistlicher Ämter *(Simonie)*, die Priesterehe und die Einsetzung von Geistlichen durch weltliche Herren *(Laieninvestitur)* verboten werden sollten. Schrittweise wurden diese Forderungen dann auch im 11. Jh. von den Päpsten durchgesetzt. Damit sollten die Bischöfe stärker an den Papst gebunden und der Einfluss der weltlichen Herrscher auf die Kirche geschwächt werden.

Das hat die Welt noch nicht gesehen
Während das Papsttum aus dem Reformprozess gestärkt hervorging, durchlief das deutsche Königtum eine Zeit der Schwäche. Auf Heinrich III., der die Kirchenreform stark unterstützt hatte, folgte 1056 sein 6-jähriger Sohn *Heinrich IV.* Im Reich versuchten nun einige Fürsten, ihre Macht gegenüber dem Königtum zu stärken. Der Papst nutzte die Gelegenheit, die Kirche von den weltlichen Mächten unabhängiger zu machen.
Eine **Synode**, eine Versammlung hoher geistlicher und weltlicher Würdenträger, beschloss 1059, dass zukünftig beim Tode eines Papstes nicht mehr der römische Stadtadel, sondern die **Kardinäle**, die nach dem Papst höchsten kirchlichen Würdenträger, den Nachfolger wählen sollten. Weiter wurde vereinbart, dass kein Geistlicher durch einen Nichtgeistlichen in sein Amt eingesetzt werden dürfe. Für die deutschen Könige war das Investiturverbot gefährlich, da die von ihnen ernannten und durch die Übergabe von Ring und Stab eingesetzten Bischöfe wichtige Stützen ihrer Macht waren.
Zum Investiturstreit kam es unter Papst *Gregor VII.* Der ehemalige Benediktinermönch namens *Hildebrand* war 1073 ohne Beteiligung der Kardinäle Papst geworden. Als Heinrich IV. zwei Jahre später einen Mann seiner Wahl in das Amt des Erzbischofs von Mailand einsetzte, machte ihm Gregor VII. Vorwürfe. Der junge Kaiser reagierte machtbewusst: Unterstützt von zahlreichen deutschen Bischöfen forderte er den Papst im Januar 1076 auf, „vom päpstlichen Stuhl herabzusteigen". Gregor antwortete drei Wochen später mit dem **Bann**. Er schloss damit den gekrönten und von Gott gesalbten Herrscher aus der Gemeinschaft der Gläubigen aus, sprach ihm die Herrschaft über das Reich ab und verbot allen Christen, ihm zu dienen. Das hatte es zuvor noch nicht gegeben.

2 Canossa.
Buchmalerei (etwa 16,5 x 14 cm) um 1115.
Der lateinische Text auf dem Bild lautet übertragen: „Der König bittet den Abt, Mathilde auch fleht er an."
In der Nikolaus-Kapelle am Fuß der Burg Canossa trafen sich 1077 Mathilde, die einflussreiche Markgräfin von Tuscien, der gebannte Heinrich IV. und dessen Taufpate, Abt Hugo von Cluny.
Beschreibe, wie die Markgräfin, der Abt und Heinrich IV. dargestellt sind. Beachte dabei ihre Haltung und Größe.

Heinrich IV. unter Druck
Zunächst konnte sich der Papst durchsetzen. Die meisten Bischöfe, darunter die Erzbischöfe von Mainz und Magdeburg, stellten den Papst höher als Heinrich IV. und verweigerten ihm die Gefolgschaft. Gleichzeitig nutzten einige mächtige deutsche Fürsten wie die Herzöge von Sachsen, Schwaben und Bayern die Gelegenheit aus, um ihre eigene Macht im Reich zu stärken. Sie stellten Heinrich im Oktober 1076 eine kaum zu erfüllende Forderung: Wenn er sich nicht bis Februar 1077 vom Kirchenbann lösen könne, müssten sie einen anderen König wählen.

Der „Gang nach Canossa"
Heinrich gab nicht auf. Unter Zeitdruck zog er mit seiner Frau, seinem 2-jährigen Sohn und einer kleinen Gefolgschaft Ende Januar 1077 über die schneebedeckten Alpen nach Italien, um dort den Papst zu treffen. Dieser war bereits auf dem Weg nach Norden. Er hatte vor, sich mit Heinrichs Gegnern zu verbünden. Als der Papst Heinrich und sein Gefolge kommen sah, suchte er Schutz auf der Burg Canossa. Doch Heinrich wollte nicht kämpfen, sondern sich vom Bann lösen.
Das Ergebnis seiner Bemühungen ging als *Gang nach Canossa* in die Geschichte ein: Heinrich IV. erschien an drei aufeinander folgenden Tagen im damals üblichen Büßergewand vor der Burg. Barfüßig und mit einfacher Kleidung aus Wolle wartete er auf die Entscheidung des Papstes. Dem blieb nach dieser Buße keine andere Wahl: Er musste Heinrich vom Kirchenbann lösen.

Der Streit geht weiter

Mit dem „Gang nach Canossa" verhinderte Heinrich, dass sich seine deutschen Gegner mit dem Papst verbündeten. Jetzt konnte er wieder politisch handeln und seine Gegner besiegen. Doch der Streit zwischen ihm und dem Papst war noch nicht zu Ende. Im weiteren Verlauf wurde Heinrich IV. 1080 erneut gebannt. Er ließ daraufhin einen Gegenpapst ausrufen. Truppen Heinrichs bedrohten Rom. 1084 floh Gregor aus Rom.

Der Streit zwischen Königsherrschaft und Papsttum verschärfte sich, als ein späterer Papst 1095 nicht nur das Investiturverbot wiederholte, sondern allen Kirchenmitgliedern den Lehnseid gegenüber weltlichen Herrschern verbot. 1106 starb Heinrich IV., ohne dass der Streit beigelegt worden war.

Die Lösung in England und Frankreich

Schneller als im Reich konnte der Investiturstreit in England und Frankreich gelöst werden, weil dort nur wenige Bischöfe weltliche Macht besaßen. Die Spannungen zwischen dem englischen Königshaus und der Kirche endeten vorläufig 1107: Der König verzichtete auf die Investitur mit Stab und Ring. Dafür erhielt er das Recht, von dem noch ungeweihten, erwählten Bischof die Lehnsverpflichtung entgegenzunehmen. Außerdem durfte er die Besetzung der Bischofsstühle durch seine persönliche Anwesenheit bei der Wahl beeinflussen.

Da die französische Krone nur auf etwa ein Drittel der Bischofssitze Zugriff hatte, kam es nach zunächst heftigen Auseinandersetzungen zu einer stillschweigenden Einigung: Die Bischöfe wurden ohne Ring und Stab vom König in ihr Amt eingeführt und erhielten von ihm die weltlichen Rechte.

Der Kompromiss im Reich

Im Reich konnte erst 1122 unter Papst *Calixtus II.* und *Heinrich V.*, dem Sohn Heinrichs IV., das Investiturproblem mit einem **Konkordat**, einem Vertrag zwischen Kirche und Staat, geregelt werden. Im **Wormser Konkordat** verzichtete der Kaiser auf die Investitur der Bischöfe mit Ring und Stab und erlaubte ihre freie Wahl durch Geistliche. Der Kaiser durfte bei der Wahl von Bischöfen anwesend sein und im Streitfall einen Vorschlag machen. In den deutschen Gebieten des Reichs konnte er den gewählten Bischöfen vor der Weihe die weltliche Gewalt mit dem Zepter verleihen. Geistliche und weltliche Aufgaben der hohen Geistlichen waren nun auch hier getrennt.

Den Kampf zwischen Papsttum und Königtum um die Vorherrschaft entschied das Wormser Konkordat nicht. Er dauerte noch mehr als zwei Jahrhunderte an.

3 Wer krönt den König?
Buchmalerei (22 x 17 cm) aus dem Benediktinerkloster Allerheiligen in Schaffhausen, Mitte des 11. Jh.
Vergleiche diese Darstellung mit Abb. 2, Seite 51.

Prüfe, ob die Investitur von Bischöfen für die Päpste wichtiger war als für die Könige.

M 1 Was will der Papst?

In 27 päpstlichen Leitsätzen (lat.: Dictatus papae) legt Gregor VII. im Jahre 1075 die Stellung des Papstes fest; die wichtigsten lauten:

1. Dass die römische Kirche vom Herrn allein gegründet worden sei.
2. Dass allein der Papst zu Recht als universal, d. h. die gesamte christliche Welt umfassend, bezeichnet werde.
3. Dass ausschließlich der Papst Bischöfe absetzen oder in den Schoß der Kirche wieder aufnehmen könne [...].
9. Dass alle Fürsten allein des Papstes Füße küssen sollen.
10. Dass allein sein Name in der Kirche verlesen werde [...].
12. Dass es dem Papst erlaubt sei, Kaiser abzusetzen. [...]
18. Dass sein Urteil von niemandem widerrufen werden dürfe und er selbst die Urteile aller widerrufen könne.
19. Dass er selbst von niemandem gerichtet werden dürfe [...].
22. Dass die römische Kirche niemals geirrt hat und nach dem Zeugnis der Heiligen Schrift auch in Zukunft niemals irren wird [...].
26. Dass derjenige nicht für christlich gehalten werde, der nicht mit der römischen Kirche übereinstimmt.
27. Dass der Papst Untergebene vom Treueeid gegenüber Sündern lösen kann.

Johannes Laudage (Hrsg.), Der Investiturstreit. Quellen und Materialien, Köln 1990, S 57 ff. (vereinfacht)

M 2 Die deutsche Lösung

Das Wormser Konkordat vom 23. September 1122 hielt folgende Regelungen fest.

Aus der Urkunde des Kaisers für den Papst:

Ich, von Gottes Gnaden erhabener Kaiser der Römer, überlasse Gott, Gottes heiligen Aposteln Petrus und Paulus und der heiligen christlichen Kirche – aus Liebe zu Gott, zur heiligen römischen Kirche und zum Papst sowie zum Heil meiner Seele – jede Investitur mit Ring und Stab, und ich gestehe zu, dass in allen Kirchen, die in meinem König- oder Kaiserreich liegen, eine der christlichen Lehre entsprechende und freie Wahl stattfindet.

Aus der Urkunde des Papstes für den Kaiser:

Ich, Knecht der Knechte Gottes, gestehe dem von Gottes Gnaden erhabenen Kaiser der Römer zu, dass die Wahlen der Bischöfe und Äbte des deutschen Reiches in deiner Gegenwart stattfinden [...], und zwar ohne Ämterkauf und irgendwelche Gewalt, damit du, wenn unter den Parteien irgendwelche Zwietracht entstehen sollte, gemäß dem Rat und Urteil der Erzbischöfe und Bischöfe der Provinzen, dem würdigeren Teil Hilfe und Beistand gewährst. Der Gewählte aber soll von dir durch das Zepter die weltlichen Güter entgegennehmen, und er soll das leisten, was er dir wegen dieser weltlichen Güter rechtmäßig schuldet.

Johannes Laudage (Hrsg.), a. a. O., S 87 ff. (vereinfacht)

M 3 Die Investitur eines Bischofs.
Relief (ca. 31 x 46 cm) an der Bronzetür des Domes von Gnesen (Polen), um 1175. Auf einem Faltthron sitzt der Kaiser mit Krone und Zepter in der linken Hand, vor ihm steht der gewählte Bischof und umfasst einen Stab, der ihm vom Kaiser übergeben wird. Beschreibe die Haltung des Bischofs.

1. *Überlege, welche Leitsätze von Papst Gregor (M 1) der König zurückweisen musste. Schreibe eine mögliche Antwort.*
2. *Ein Kompromiss ist eine Übereinkunft zwischen zwei streitenden Parteien, beide geben einen Teil ihrer Forderungen auf. Beweise, dass das Wormser Konkordat (M 2) ein Kompromiss ist.*
3. *Überprüfe, ob die in dem Relief (M 3) dargestellte Investitur den Ergebnissen des Wormser Konkordats entspricht.*

1 Kaiser Friedrich I. mit seinen Söhnen König Heinrich VI. (links) und Herzog Friedrich von Schwaben.
Miniatur (32,5 x 22 cm) aus der Welfenchronik, um 1185. Die Welfenchronik wurde am Stammsitz der Welfen in Altdorf (heute Weingarten) verfasst.
Die Italiener nannten Friedrich I. wegen seines rötlich-blonden Bartes „Barbarossa" (dt. Rotbart).

König und Vasall kämpfen um die Macht

Wenn zwei sich streiten …

Der Investiturstreit schadete dem Ansehen des deutschen Königtums und schwächte es. Denn alle Herzöge, Grafen und Bischöfe des Reiches bemühten sich während und nach dem Streit, die eigene Macht auf Kosten der königlichen zu vergrößern. Darüber hinaus hatte der Investiturstreit aus den Reichsbischöfen endgültig eigenständige geistliche Fürsten gemacht. Sie bauten nun im Wettstreit mit den weltlichen Fürsten ihre eigenen Herrschaftsbereiche aus.

König gegen König

Wie sehr die Großen des Reiches bemüht waren, keinen mächtigen König über sich zu haben, hatte Heinrich IV. erstmals erfahren. Während seiner Auseinandersetzung mit dem Papst hatten sie 1077 in Forchheim den Herzog von Schwaben, *Rudolf von Rheinfelden*, zum **Gegenkönig** gewählt. Dabei übergingen sie bewusst das sächsische Herrschergeschlecht der Welfen. Die Welfen drohten nämlich zu mächtig zu werden, da sie bereits in den beiden Herzogtümern Sachsen und Bayern regierten. Auch als sich Heinrich IV. fristgerecht aus dem Kirchenbann gelöst hatte, hielten die Großen des Reiches an Rudolf fest. Kurz darauf verlor dieser im Kampf gegen Heinrich seine rechte Hand, mit der er einst dem König seinen Lehnseid geschworen hatte, und starb. Die Fürsten deuteten das Schicksal Rudolfs als Gottesurteil und erkannten Heinrich wieder als ihren König an. Trotzdem hatten sie deutlich gemacht, wie sehr sie künftig im Reich mitbestimmen wollten. Rund 50 Jahre später wählten sie ein Mitglied des schwäbischen Herzogsgeschlechts der Staufer zum neuen König. Damit lösten sie einen erbitterten Konflikt zwischen Welfen und Staufern aus.

Den Kaiser im Rücken

Die Welfen verloren im Verlaufe des Machtkampfs mit den Staufern 1138 ihre beiden Herzogtümer. Aber bereits vier Jahre später erhielt der junge Welfenherzog *Heinrich der Löwe* das Herzogtum Sachsen zurück, da die Staufer den Streit beilegen wollten. Der Welfe baute nun zielstrebig seine Hausmacht aus. Dazu entriss er beispielsweise der Bremer Kirche 1144 das reiche Erbe der Grafen von Stade und brachte Mecklenburg und Vorpommern unter seine Hoheit. 1156 erhielt er das Herzogtum Bayern vom König zurück, nachdem er es besetzt hatte.

Zwei Jahre später führte ein Gewaltstreich zur Gründung Münchens: Bei Föhring (nördlich von München) ließ Heinrich der Löwe eine Brücke zerstören und verlegte zum Nachteil des Bischofs von Freising die für den Salzhandel wichtige Straße in seinen Herrschaftsbereich. Seine weiteren Kriegszüge führten ihn dann wieder in den Norden. Mit Unterstützung der Dänen eroberte er Holstein, und 1159 gründete er Lübeck neu.

Heinrichs gewaltige und gewalttätige Machtentfaltung war nur möglich, weil er den Rückhalt des Königs besaß. 1152 war der Staufer *Friedrich I.* zum König gewählt worden.

Dieser gewährte seinem Vetter den Machtzuwachs nicht ohne Grund: Er brauchte einen mächtigen Verbündeten für seine Italienpolitik. So stellte Heinrich der Löwe beim ersten Italienzug und der Kaiserkrönung 1154/55 das größte Ritteraufgebot; außerdem half er dem Kaiser bei der Wiederherstellung seiner Rechte in den oberitalienischen Städten. Er blieb ihm auch zunächst treu, nachdem der Papst Friedrich I. mit dem Kirchenbann belegt hatte und ein langjähriger Kampf um die Macht in Italien begann.

2 Das Löwenstandbild in Braunschweig.
Im Hintergrund ist der Dom St. Blasius zu sehen. Heinrich der Löwe ließ diese Skulptur um 1166 im Burgbezirk der Herzogspfalz Dankwarderode aufstellen. Das Löwenstandbild ist die älteste erhaltene, frei aufgestellte Figur des Mittelalters. Der Braunschweiger Löwe war Herrschafts- und Gerichtszeichen. Da es den Löwennamen des Herzogs verbildlichte (Welf = Welp = junger Löwe), stellt es zugleich ein persönliches Denkmal dar.

Ein „ungekrönter König"

Mit dem stillschweigenden Einverständnis Friedrichs I. hatte Heinrich der Löwe begonnen, seine norddeutschen Besitztümer zu einem geschlossenen Herrschaftsbereich zusammenzufassen. Gegen den Widerstand vieler Adliger zog er deren Besitz ein. Der Herzog vergab kaum noch Lehen und verwaltete seine Ländereien, Burgen und Städte zunehmend mit Hilfe abhängiger Dienstleute.

Nach dem Vorbild Goslars baute er die Burg Dankwarderode zu einer prächtigen Pfalz aus und machte Braunschweig zu seiner festen **Residenz**. Er zog also nicht mehr von Ort zu Ort, um seine Herrschaft auszuüben, sondern versuchte, von einem zentralen Punkt aus die Geschicke in seinem Machtbereich zu lenken.

Der Sturz des Löwen

Das Einverständnis zwischen Heinrich dem Löwen und Friedrich I. endete 1176. Anfang des Jahres soll der Kaiser seinen mächtigen Vasallen in einer Notlage auf Knien um militärische Unterstützung in Italien gebeten haben. Der Herzog blieb anscheinend unbeeindruckt von dieser Selbsterniedrigung des Kaisers und forderte als Vorbedingung für eine Hilfeleistung die Reichsstadt Goslar samt ihrer reichen Silbergruben. Der Kaiser lehnte ab, worauf der Herzog seine Hilfe verweigerte.

Nach diesem „untreuen" Verhalten seines Vasallen war der Kaiser bereit, Heinrich den Löwen zu entmachten. Hatte er bisher den Klagen der Fürsten und Adligen wenig Beachtung geschenkt, berief er nun ein Fürstengericht ein.

1179 begann gegen den Welfenherzog ein Verfahren, das mit der Reichsacht endete, der Ausstoßung aus der Rechtsgemeinschaft. Da Heinrich der Löwe zu keiner Sühne bereit war, schloss sich ein weiteres Fürstengericht wegen Missachtung der kaiserlichen Majestät an. In diesem Verfahren verlor er seine beiden Herzogtümer. Das Herzogtum Sachsen wurde aufgeteilt: Das Gebiet westlich der Weser (Westfalen) fiel an den Erzbischof von Köln, der östliche Teil an ein Mitglied des brandenburgischen Fürstengeschlechts der *Askanier*. Bayern erhielten die *Wittelsbacher*; allerdings wurde die Steiermark abgetrennt und zum selbstständigen Herzogtum erhoben.

Heinrich der Löwe versuchte Widerstand zu leisten, aber seine Vasallen verließen ihn. So blieb ihm kein anderer Weg, als sich dem Kaiser zu unterwerfen. Heinrich behielt zwar die welfischen Hausgüter um Braunschweig und Lüneburg, musste aber in die Verbannung gehen. Mit seiner Familie zog er zu seinem Schwiegervater, dem König von England.

3 Die Herzogspfalz Dankwarderode in Braunschweig.
Der Ausbau der Pfalz zur festen Residenz Heinrichs des Löwen begann um 1150.
Suche eine Abbildung der Goslarer Königspfalz und vergleiche sie mit der Herzogspfalz Dankwarderode.

Vom Fürsten zum Landesherrn

Heinrich der Löwe hatte angefangen, aus seinem welfischen Hausbesitz und Teilen der herzoglichen Reichslehen eine geschlossene Herrschaft zu bilden. Sein Versuch war gescheitert. Kaiser Friedrich I. hatte über seinen mächtigsten Vasallen triumphiert. Doch seinen Erfolg musste der Kaiser mit den übrigen Fürsten teilen. Er allein war nämlich nicht stark genug, um die eingezogenen Herzogtümer einfach dem Reichsgut zuzuschlagen.

Die Kräfteverhältnisse im Reich blieben in einem Schwebezustand. Den Königen konnte einerseits keine übermächtige Konkurrenz durch einen ihrer Vasallen erwachsen, andererseits waren sie aber auch nur mit anderen Großen ihres Reichs in der Lage, mächtige Rivalen in Schach zu halten. Die Folge war, dass die Könige im Reich keine straffe Zentralgewalt errichten und auch keine einheitliche Rechtsordnung durchsetzen konnten.

Dagegen gelang es den Herzögen, Grafen und Bischöfen des Reiches nach und nach, ihre Machtbereiche zu festigen. Sie behandelten ihre Lehen wie Privatbesitz und bemühten sich, durch Kauf, Tausch oder Heirat ihr Herrschaftsgebiet zu vergrößern. Manche scheuten dabei auch vor offener Gewalt nicht zurück. Sie bauten – wie die Könige – Burgen, gründeten Städte und errichteten Residenzen für sich, die sie als zentrale Verwaltungs- und Gerichtsstätten nutzten. Zur Verwaltung ihrer Länder und Städte griffen sie nicht mehr auf Vasallen zurück, sondern setzten immer häufiger gut ausgebildete Dienstleute ein. Darüber hinaus verkündeten die Herzöge für ihre **Territorien** (lat. *terra*: Land) allmählich eigene Rechtsordnungen, und Verstöße dagegen ließen sie vor ihren Gerichten verhandeln.

Die Könige förderten die Ausbildung dieser Landesherrschaft gelegentlich aus politischen Gründen. Um 1220 die Wahl seines Sohnes zum deutschen König durchzusetzen, verzichtete beispielsweise der Staufer *Friedrich II.*, der von 1211 bis 1250 herrschte, gegenüber den geistlichen Fürsten auf die königlichen Regalien (Zoll- und Münzrechte sowie das Befestigungsrecht). Für Friedrich, der im selben Jahr in Rom zum Kaiser gekrönt worden war, war die Regierung über die deutschen Reichsgebiete weniger wichtig als seine Herrschaft in Sizilien. 1232 bestätigte er daher allen deutschen **Landesherren** zahlreiche Hoheitsrechte. Die nachfolgenden Könige und Kaiser versuchten, diese Hoheitsrechte zum Teil wieder an sich zu ziehen. Dies gelang ihnen jedoch nicht mehr.

M 1 Krönungsbild aus dem Evangeliar Heinrichs des Löwen.
Buchmalerei (34 x 25,5 cm) aus dem Kloster Helmarshausen (Hessen), zwischen 1185 und 1188. Heinrich der Löwe und seine Frau Mathilde ließen das Evangeliar für den Marienaltar der Braunschweiger Stiftskirche anfertigen. Zum Bild: In der oberen Zone sieht man Christus inmitten von Engeln und Heiligen. In der unteren Bildhälfte stehen links neben dem knienden Heinrich seine Eltern, Herzog Heinrich der Stolze und Herzogin Gertrud. Die Eltern von Gertrud, Kaiser Lothar III. und seine Gemahlin Richenza, schließen sich an. Rechts von Mathilde sind ihr Vater, König Heinrich II. von England, und dessen Mutter, Königin Mathilde, sowie eine nicht zu bestimmende Frau zu sehen. Das wertvolle Evangeliar befindet sich heute in der Herzog-August-Bibliothek in Wolfenbüttel.

M 2 Gut oder böse?
Johannes Glanz schreibt in einem 1984 veröffentlichten Buch über Heinrich den Löwen:

Arroganz und Gewalttätigkeit, daneben eine gehörige Portion Skrupellosigkeit beim Umgang mit der Macht lassen den Welfen leicht zu einem negativen Gegenbild des idealisierten Barbarossa werden. Dazu kommt der Vorwurf, habgierig und selbstsüchtig den Kaiser in höchster Not im Stich gelassen und die Sache des Reiches verraten zu haben. Bei dieser Bewertung wird vergessen, dass Heinrich sich in der Tendenz nicht anders verhielt als die anderen Reichsfürsten; nur war er erfolgreicher. Außerdem hatte er zwanzig Jahre lang treu zu seinem Vetter gestanden und dessen Politik den nötigen Rückhalt gegeben.

Heinrich Pleticha (Hrsg.), Deutsche Geschichte, Bd. 3, Gütersloh 1984, S. 59

1. *Die Deutung des Bildes M 1 gibt uns ein Rätsel auf, da Herzöge nicht gekrönt wurden und nirgends überliefert ist, dass Heinrich eine Königswürde anstrebte. Die Lösung findest du, wenn du diese Fragen beantworten kannst:*
   - *Was halten die gekrönten Häupter in den Händen?*
   - *Wer von ihnen könnte damals noch gelebt haben?*
   - *In welcher Lebenssituation befand sich das Herrscherpaar, als das Bild entstand?*
2. *Diskutiert die Bewertung Heinrichs des Löwen (M 2).*

M 3 Das Reich zur Zeit der Staufer.

M 4 Rechte für die Fürsten

Aus dem „Statutum in favorem principum" (dt. „Gesetz zugunsten der Fürsten") Kaiser Friedrichs II. von 1232:

1. Keine neue Burg oder Stadt soll auf kirchlichem Grund und Boden […] durch uns oder durch irgendeinen anderen sonst unter irgendwelchem Vorwand errichtet werden.
2. Neue Märkte sollen keinesfalls die alten beeinträchtigen […].
3. Es soll niemand gezwungen werden, gegen seinen Willen einen Markt zu besuchen.
4. Es sollen die alten Straßen nicht umgeleitet werden […].
6. Es soll jeder Fürst seine Freiheiten, Gerichtsbarkeiten, Grafschaften und freien oder ihm verliehenen Zehntgerichte unangefochten nutzen nach dem anerkannten Brauch seiner Lande […].
13. Es sollen den Fürsten, Edlen, Dienstmannen und Kirchen Eigengüter und Lehen, die von unseren Städten in Besitz genommen wurden, zurückerstattet und diese künftig nicht mehr in Besitz genommen werden. […]
17. Ferner werden wir in dem Land eines Fürsten keine neue Münze schlagen lassen, wodurch die Münze dieses Fürsten geschädigt würde.
18. Es sollen unsere Städte ihre Gerichtsbarkeit nicht über den Stadtbereich ausdehnen.

Quellen zur deutschen Verfassungs-, Wirtschafts- und Sozialgeschichte bis 1250, ausgew. u. übers. von Lorenz Weinrich, Darmstadt [2]1999, S. 435 ff.

1. *Errechne die Ausdehnung des Reiches von Norden nach Süden (M 3). Überlege, welche Probleme die Größe des Reiches den Kaisern bereiten konnte.*
2. *Nenne die Vorteile für die Fürsten (M 4).*
3. *Ein Reich – aber keine Einheit! Was ist gemeint mit dieser Aussage? Lies dazu M 3, M 4 und den Lehrbuchtext.*

Wer wird König und Kaiser?

Erben oder wählen?

Die Nachfolge der Könige blieb lange Zeit nicht eindeutig geregelt. Klar war, dass nur jemand König werden konnte, der aus einem alten Adelsgeschlecht stammte. Meist folgte der älteste Sohn seinem Vater auf dem Thron. Oft bestimmte der Vater den Sohn schon als Kind zum Nachfolger, so dass er noch zu Lebzeiten des Vaters gekrönt werden konnte. Dieser **Designation** konnten mächtige Herzöge, Grafen und Bischöfe widersprechen, denn sie beanspruchten das Recht, den König zu wählen. Das Reich war also ein **Wahlkönigtum**. Den Herrscherhäusern blieb mitunter nichts anderes übrig, als die Wahl zum König dadurch zu erreichen, dass sie den weltlichen und geistlichen Herren zusätzliche Einkünfte und Vorrechte gewährten.

Im Gegensatz zum Reich entstand in Frankreich und England ein **Erbkönigtum** (*Erbmonarchie*). Hier waren die Königshäuser mit der Zeit so stark, dass sie die Krone ohne Wahl weitervererben konnten.

Die „Goldene Bulle"

Pläne der Staufer, das Reich in eine Erbmonarchie zu verwandeln, scheiterten am Widerstand der mächtigen Landesherren. Dafür wurde im Laufe der Zeit der Kreis der wahlberechtigten Fürsten immer kleiner. Im 13. Jh. waren es noch sieben **Kurfürsten** (*kür*: prüfende Wahl), die den König und künftigen Kaiser des Heiligen Römischen Reiches „küren" (wählen) durften: die **Erzbischöfe*** von Köln, Mainz und Trier, der Pfalzgraf bei Rhein, der Markgraf von Brandenburg, der Herzog von Sachsen und der König von Böhmen.

*Die Vorsilbe **Erz**- ist eine Ableitung aus dem Griechischen „archi-", die wir mit „Erst-" oder „Ober-" übersetzen können.*

1 Kaiser Karl IV. und die sieben Kurfürsten.

Kolorierter Holzschnitt (14 x 29,6 cm), gedruckt bei Bartholomäus Käppeler in Augsburg, 2. Hälfte des 16. Jh.

Von links nach rechts: Die drei geistlichen Kurfürsten halten als Zeichen ihrer Ehrenämter Urkunden mit Siegeln in den Händen. Der Erzbischof von Trier als Erzkanzler für Burgund und Gallien, der Erzbischof von Köln als Erzkanzler für Italien und der Erzbischof von Mainz als Erzkanzler für das Reich. In der Mitte sitzt der Kaiser mit den Herrschaftszeichen. Rechts von ihm stehen die weltlichen Kurfürsten mit Symbolen der vier Hofämter: der König von Böhmen als Erzmundschenk mit einem Glas, der Pfalzgraf bei Rhein als oberster Erztruchsess mit Geschirr, der Herzog von Sachsen als Erzmarschall mit Schwert und der Herzog von Brandenburg als Erzkämmerer mit Schlüssel.

Zu Füßen der Fürsten befinden sich ihre Wappen. Das Wappenbild des Kaisers zeigt einen Adler mit zwei voneinander abgewandten Köpfen. Es handelt sich um ein frühes Beispiel für die Verwendung des Doppeladlers als Wappenbild des Kaisers. Der Doppeladler blieb das Symbol des Reiches bis zu dessen Auflösung 1806.

Wie wird auf dem Bild die Bedeutung des Kaisers hervorgehoben?

Seit 1257 trafen sich die Sieben zur Königswahl in Frankfurt am Main.

Unter *Karl IV.*, der 1355 in Rom zum Kaiser gekrönt worden war, wurden 1356 die Bedingungen der Wahl in der *„Goldenen Bulle"* geregelt. Dieses Reichsgesetz schuf kein neues Recht, sondern bekräftigte das seit dem Ende des 12. Jh. gewachsene **Wahlrecht**. Es bestimmte, dass die Königswahl „binnen Jahr und Tag" nach dem Tod eines Königs stattfinden musste, und legte fest, dass derjenige König sein sollte, der bei der Wahl die meisten Stimmen erhielt. Damit sollte die Wahl von Gegenkönigen unmöglich werden. Der gewählte König durfte auch ohne Krönung durch den Papst den Titel eines Kaisers führen. Der vornehmste und mächtigste unter den geistlichen Kurfürsten, der Erzbischof von Mainz, erhielt das Recht, die offene Abstimmung zu leiten und seine Stimme als letzter abgeben zu dürfen.

Damit die Zahl der Kurfürsten gleich blieb, durften die Kurfürstentümer nicht geteilt werden. Die rheinischen Erzbischöfe gaben sie an ihre gewählten Nachfolger weiter. Die vier weltlichen Kurfürsten vererbten Besitz und Stimmrecht an ihre ältesten Söhne.

Das Königswahlrecht verlieh den Kurfürsten Macht und Ansehen. Sie galten als höchste Würdenträger nach dem König. Sie verstanden sich als die Vertreter des Reiches und seiner Rechte gegenüber dem König. Seine Wahl spiegelte die Rolle des Königs: Er war nicht der alleinige Gebieter über das Königreich, sondern dessen Verwalter. Stark war er nur, wenn er sich auf großen Familienbesitz, seine Hausmacht, stützen konnte oder die Mehrzahl der Fürsten auf seine Seite brachte.

M 2 Die „Goldene Bulle" von 1356.
Im Spätmittelalter war es ein Vorrecht der Kaiser und Päpste, besonders wichtige Bekanntmachungen mit einer Siegelkapsel, genannt **Bulle***, aus Gold zu versehen. Die Bezeichnung für die Siegelkapsel wurde auch für das gesamte Schriftstück verwendet.*
Zur Befestigung der Bullen dienten Seidenfäden. Durch Verknotung der Fäden außerhalb und innerhalb der Kapsel sollte ein Abstreifen und damit eine Übertragung der Bulle von einer echten auf eine gefälschte Urkunde verhindert werden.
Um 1400 erhielt die Stadt Frankfurt am Main diese Ausfertigung der „Goldenen Bulle". Sie befindet sich heute an einem sicheren Platz im Institut für Stadtgeschichte.

M 1 Ein König kommt ins Amt

Die in der „Goldenen Bulle" von 1356 festgelegte Form der Wahl blieb bis 1806 in Kraft.

Nachdem die Kurfürsten in die Stadt Frankfurt eingezogen sind, sollen sie sogleich bei Anbruch des folgenden Tages in vollzähliger Anwesenheit die Messe „de Sancto Spiritu" (dt. „vom Heiligen Geist") singen lassen, damit der Heilige Geist ihre Herzen erleuchte und ihren Verstand mit dem Licht seiner Kraft erfülle, auf dass es ihnen gelinge, mit seinem Beistand einen gerechten, redlichen und tüchtigen Mann zum römischen König und künftigen Kaiser zu wählen zum Heil der Christenheit.
Wenn nun diese Messe zu Ende ist, sollen alle Kurfürsten an den Altar herantreten, um folgenden Eid in der Landessprache zu leisten: „Ich schwöre auf diese hier gegenwärtig vor mir liegenden heiligen Evangelien Gottes, dass ich gemäß der Treue, zu der ich gegen Gott und das Heilige Römische Reich verpflichtet bin, nach all meinem Verstand und meiner Einsicht mit Gottes Beistand der Christenheit ein weltliches Oberhaupt wählen will, das heißt einen römischen König und künftigen Kaiser, der dazu geeignet ist, und dass ich meine Wahlentscheidung ablegen werde ohne alle Verabredung, Belohnung, Entgelt oder Versprechen – so wahr mir Gott helfe und alle Heiligen."
Wenn nun die Kurfürsten oder ihre Gesandten diesen Eid geleistet haben, sollen sie zur Wahl schreiten und fortan die Stadt Frankfurt nicht verlassen, bevor die Mehrzahl von ihnen der Christenheit ein weltliches Oberhaupt gewählt hat […]. Falls sie dies jedoch binnen dreißig Tagen noch nicht getan hätten, sollen sie von da an nur Brot und Wasser genießen und keinesfalls aus der Stadt weggehen, bevor sie oder die Mehrzahl von ihnen ein weltliches Oberhaupt der Gläubigen gewählt haben […].
Nachdem aber sie gewählt haben, muss die Wahl so geachtet werden, als wenn sie von allen ohne Gegenstimme einhellig vollzogen wäre […].
Wer so zum römischen König gewählt worden ist, soll sogleich nach vollzogener Wahl, bevor er in irgendwelchen andern Angelegenheiten oder Geschäften aus Vollmacht des Heiligen Reiches seine Tätigkeit beginnt, den geistlichen und weltlichen Kurfürsten alle ihre Privilegien, Rechte, Freiheiten und Vergünstigungen, alten Gewohnheiten und auch Würden und alles, was sie vom Reich bis zum Tag seiner Wahl empfangen und besessen haben, ohne Verzug und Widerspruch durch seine Siegel bestätigen und bekräftigen.

Die Goldene Bulle, nach König Wenzels Prachthandschrift, mit der dt. Übersetzung von Konrad Müller und einem Nachwort von Ferdinand Seibt, Dortmund ³1989, S. 108 ff. (vereinfacht)

1. *Zähle die Verpflichtungen auf, die der Eid der Kurfürsten enthält (M 1, Zeile 18-32). Erkläre ihre Bedeutung.*
2. *Nach der Wahl mussten alle Kurfürsten das Wahlergebnis anerkennen. Der gewählte König sollte die Vorrechte der Kurfürsten bestätigen. Erkläre den Zweck der Verpflichtungen.*

Von einem Ort zum andern

1 Planwagen mit eingehängtem Korb aus Weidengeflecht.
Miniatur aus der Weltchronik des Rudolf von Ems, um 1360.
Gedeckte Reisewagen kannte man schon in der Antike. In Europa wurden sie erst im Spätmittelalter wieder benutzt.
Was machte das Reisen im Planwagen angenehm, was anstrengend? Wer reiste in dem Wagen?

Ein Vergnügen?

Reisen im Mittelalter war anstrengend und gefährlich. Trotzdem machten sich zahllose Menschen Tag für Tag auf den Weg.

Herrscher reisten mit ihrem Gefolge umher, um ihr Reich zu verwalten und Recht zu sprechen. Missionare und Mönche zogen los, um Christen in ihrem Glauben zu stärken und Nichtchristen zu bekehren. Pilger wanderten zu Wallfahrtszielen (mhd. *wallen:* pilgern). Boten verbreiteten Nachrichten. Immer mehr Kaufleute besuchten Märkte und Messen. Handwerker suchten in der Fremde berühmte Meister, Studenten bekannte Lehrer auf. Soldaten zogen in den Krieg. Sklaven und Gefangene wurden verschleppt. Immer mehr Menschen verließen für immer ihre Heimat, um ihr Glück woanders zu suchen. Unter den Reisenden waren sicher auch Abenteurer, doch zum Vergnügen war fast niemand unterwegs.

Unterwegs

Manche Reisenden waren schon bald am Ziel, doch viele brachten Hunderte oder gar Tausende von Kilometern hinter sich. Nur die wenigsten reisten mit Pferd und Wagen oder auf einem Schiff oder Floß. Die meisten gingen zu Fuß. Es gab zwar viele Wege, aber sie waren unbefestigt und nach Regentagen kaum zu benutzen. Sogenannte Königsstraßen, auf denen sich zwei Wagen begegnen konnten, waren selten.

Auf Flüssen konnte man zwar reisen, aber längst nicht immer: Eis oder Hochwasser machten sie unpassierbar und bei Niedrigwasser konnten nur kleine Kähne fahren. Flüsse waren allgemein ein Hindernis, weil es nur wenige Brücken und Fähren gab.

Obendrein mussten die Reisenden ständig mit Räubern rechnen. Abgesehen davon: Nur wenige Kilometer von der Heimat entfernt waren normale Reisende bereits Fremde, ohne Schutz und Rechtsansprüche.

Reisen und die Folgen

Der Strom der Reisenden veränderte manches. Die Menschen wurden besser mit Waren versorgt als früher. Die Zahl der Gasthöfe wuchs, die Straßen wurden ausgebaut und neue Brücken errichtet. Die Landesherren bemühten sich um mehr Sicherheit auf den Straßen.

Wer weit reiste, lernte andere Kulturen kennen, verbreitete aber auch Wissen, Erfindungen, Baustile und Moden.

	Tagesleistung in km
Fußwanderer	25 - 40
Läufer	50 - 65
„Durchschnittsreisende“, wenig eilig, mit Gefolge und Gepäck (z.B. Kaufleute)	30 - 45
Rüstige normale Reiter, die es eilig haben	50 - 60
Flussschiff, talwärts, auf Rhein oder Po	100 - 150
Segelschiff	120 - 200

Nach Norbert Ohler, Reisen im Mittelalter, München – Zürich ^{2}1988, S. 141

2 Reisegeschwindigkeiten

PROJEKT

M 1 Wozu nach Santiago?

Über die Gründe, nach Santiago de Compostela zu pilgern, steht in einem „Pilgerführer“ aus dem 12. Jh.:

Im Jahr 1078 wurde mit dem Bau der Kirche in Santiago de Compostela begonnen […], und zwischen der Grundsteinlegung und dem Einfügen des Schlusssteins vergingen vier Jahre. Seit dem Tag, als sie begonnen wurde, und bis heute erstrahlte sie unaufhörlich im Lichte der Wundertaten des Apostels Jakobus. In ihren Mauern wurde den Kranken Genesung geschenkt, den Blinden das Augenlicht, den Stummen die Sprache wiedergegeben, den Tauben die Ohren geöffnet und den Gebrechlichen der lebhafte Gang, den Gefangenen die Freiheit gegeben, und was noch vielmehr ist: Dort werden die Gebete der Frommen erhört, ihre Gelübde entgegengenommen. Die Gebete erlösen von den Sünden und öffnen den Himmel für alle, die ihn anrufen. Sie bieten Trost den Leidtragenden, und alle fremden Völker aus allen Teilen der Welt eilen in Scharen dorthin, um Gott zu rühmen und zu preisen.

Zitiert nach: Jacques Aldebert u.a., Das europäische Geschichtsbuch. Von den Anfängen bis heute, Stuttgart 1998, S. 145

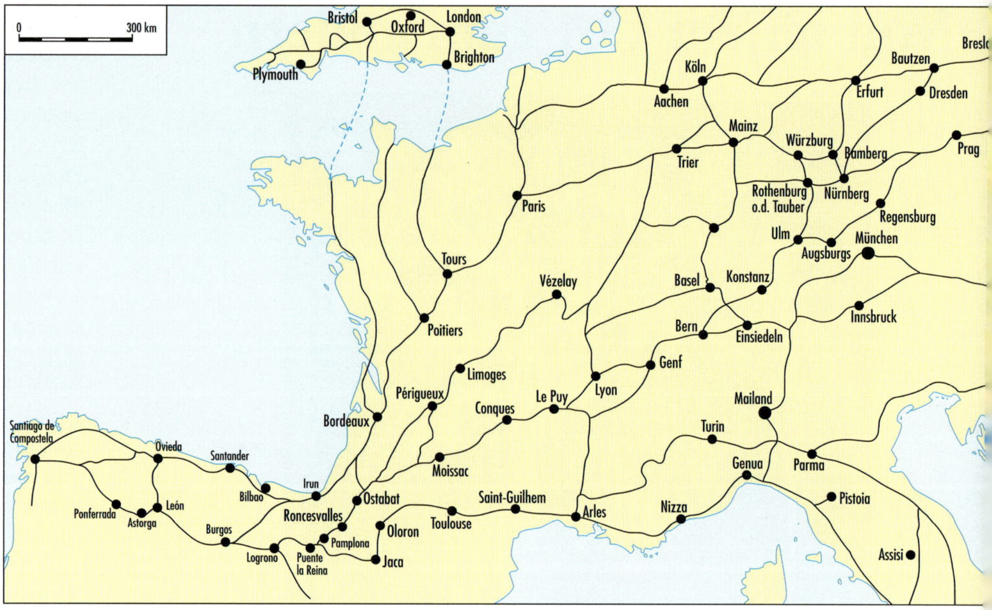

M 4 Pilgerwege nach Santiago de Compostela.

M 2 Was erwartet den Pilger?

Im „Jakobsbuch“, einem „Pilgerführer“ aus dem 12. Jh., heißt es über Spanien und einige dort lebende Völker:

Die Navarreser* sind ein barbarisches Volk, das sich von allen Völkern in Gebräuchen und Wesen unterscheidet, voller Bosheit, von schwarzer Farbe, verrucht, schurkisch, falsch, treulos, trunksüchtig, erfahren in Gewalttatigkeiten, unerschrocken und wild, unehrlich und verlogen, gottlos und von rauhen Sitten. Es ist den Sarazenen** an Bosheit ebenbürtig. […]

In Spanien erwartet den Pilger eine wald- und flussreiche Landschaft mit Wiesen, besten Gärten, guten Früchten und klaren Quellen. […] Städte, Dörfer und Felder sind selten. […] Es gibt reichlich Roggenbrot und Apfelwein, Vieh, Pferde, Milch und Honig […]. Neben sarazenischen Schätzen und Gütern birgt das Land weitere Reichtümer wie Gold und Silber, jedoch auch Tuche und Felle aus den Wäldern.

Klaus Herbers, Der Jakobsweg. Mit einem mittelalterlichen Pilgerführer unterwegs nach Santiago de Compostela, Tübingen 1998, S. 119 und 122 (gestrafft und geändert)

* **Navarreser**: *Volk südlich der Pyrenäen*

** **Sarazenen**: *Araber, gemeint ist die muslimische Bevölkerung Spaniens*

M 3 Auf den Spuren der Wallfahrer

Der Historiker Norbert Ohler schreibt:

Die Bedeutung der Wallfahrten für das Reisen im Mittelalter kann nicht überschätzt werden. […] Jeder Muslim ist verpflichtet, die heiligen Stätten in Mekka aufzusuchen; jahraus, jahrein bevölkern Millionen Menschen die Straßen nach Mekka, unterwegs und erst recht angesichts der Kaaba werden sie sich ihrer Gemeinsamkeiten bewusst. […] Wallfahrten der Christen […] setzten Massen in Bewegung und schufen ein übernationales Wir-Gefühl*, über menschenliche Hautfarbe, Muttersprache, rechtlichen und sozialen Status**, Alter, Geschlecht usf. hinweg.

Norbert Ohler, Reisen im Mittelalter, München – Zürich ²1988, S. 84

* **übernationales Wir-Gefühl**: *gemeint ist ein Zusammengehörigkeitsgefühl zwischen Menschen verschiedener Herkunft*

** **Status**: *Stellung in der Gesellschaft*

Internettipp → *Hinweise zu Pilgerwegen nach Santiago de Compostela findest du unter www.jakobus-info.de*

1. *Finde heraus, wie weit es etwa von Erfurt oder Köln nach Santiago de Compostela war. Wie lange waren Wallfahrer wohl unterwegs (M 4 und Abb. 2 auf Seite 65)?*
2. *Wer ging warum auf Wallfahrt (M 1 und M 3)?*
3. *Der Historiker Ohler behauptet, dass Wallfahrten auch „das Entstehen schwer ausrottbarer Vorurteile begünstigen“ konnten. Erkläre dabei die Rolle von M 2.*
4. *Nenne langfristige Wirkungen der Wallfahrten (M 3).*

1 Papst Urban II. ruft 1095 zum Kreuzzug auf.
Holzschnitt von 1482.
Auf dem Spruchband in der Mitte des Bildes steht „Deus [lo] volt" (dt. „Gott will es!").
An wen wendet sich der Papst? Beschreibe die Zuhörer.

Kreuzzüge – Kriege um das Grab Christi?

„Gott will es!"

Schon in der Spätantike pilgerten Christen nach Jerusalem. Dies blieb auch so, als im 7. Jh. muslimische Araber Palästina eroberten. Gegen eine Gebühr durften die unbewaffneten Pilger weiterhin die Lebens- und Leidensstätten Christi besuchen. Die Zahl der Christen, die nach Jerusalem zogen, um für ihre Sünden zu büßen und ihr Seelenheil zu finden, stieg seit dem 10. Jh. ständig. Ebenso nahm die Zahl der Wallfahrten nach Rom oder Santiago de Compostela im äußersten Nordwesten Spaniens zu. Für die rund 5000 km von Köln nach Jerusalem brauchte man bis zu sechs Monate. Die Kirche förderte die Pilgerfahrten.

Mitte des 11. Jh. eroberte das islamische Volk der *Seldschuken* Syrien, Palästina und Kleinasien und bedrohte Byzanz. Die Pilgerwege nach Jerusalem wurden unterbrochen, Wallfahrer überfallen und ausgeraubt. Zurückkehrende Pilger behaupteten, die heiligen Stätten seien von Muslimen und Juden geschändet worden. Einen Hilferuf des byzantinischen Kaisers nahm Papst *Urban II.* zum Anlass, die Befreiung des Heiligen Landes von der muslimischen Herrschaft zu fordern.

Am 27. November 1095, dem letzten Tag des **Konzils zu Clermont** (Frankreich), soll Papst Urban II. vor den Bischöfen, Äbten und Rittern aus ganz Frankreich mit den Worten *Gott will es!* zu einem Kreuzzug aufgerufen haben. Seine Aufforderung fand Gehör: Viele Konzilsteilnehmer ließen sich als Zeichen ihrer Teilnahme ein Kreuz aus Stoff auf ihre Schultern heften.

Wallfahrt in Waffen

Zahlreiche Wanderprediger verbreiteten den Kreuzzugsgedanken. Bald erfasste er Arme und Reiche im gesamten Abendland. Die neue Massenbewegung verknüpfte den Brauch der unbewaffneten Wallfahrt mit der Idee des „Heiligen Krieges" zur Abwehr heidnischer Einfälle. Die Vorstellung eines „gerechten Krieges" war im 9. Jh. aus der antiken römischen Literatur übernommen worden, als sich das christliche Abendland gegen die einfallenden heidnischen Normannen, Ungarn und Sarazenen wehren musste. Anfang des 11. Jh. waren dann französische und burgundische Ritter als *Streiter Christi* über die Pyrenäen gezogen, um die Muslime aus Spanien zu verdrängen, die hier im 7. und 8. Jh. eingedrungen waren.

2 Kreuzzugsteilnehmer. *Englische Miniatur, vermutlich Anfang des 14. Jh.*
Was sagt das Bild aus?

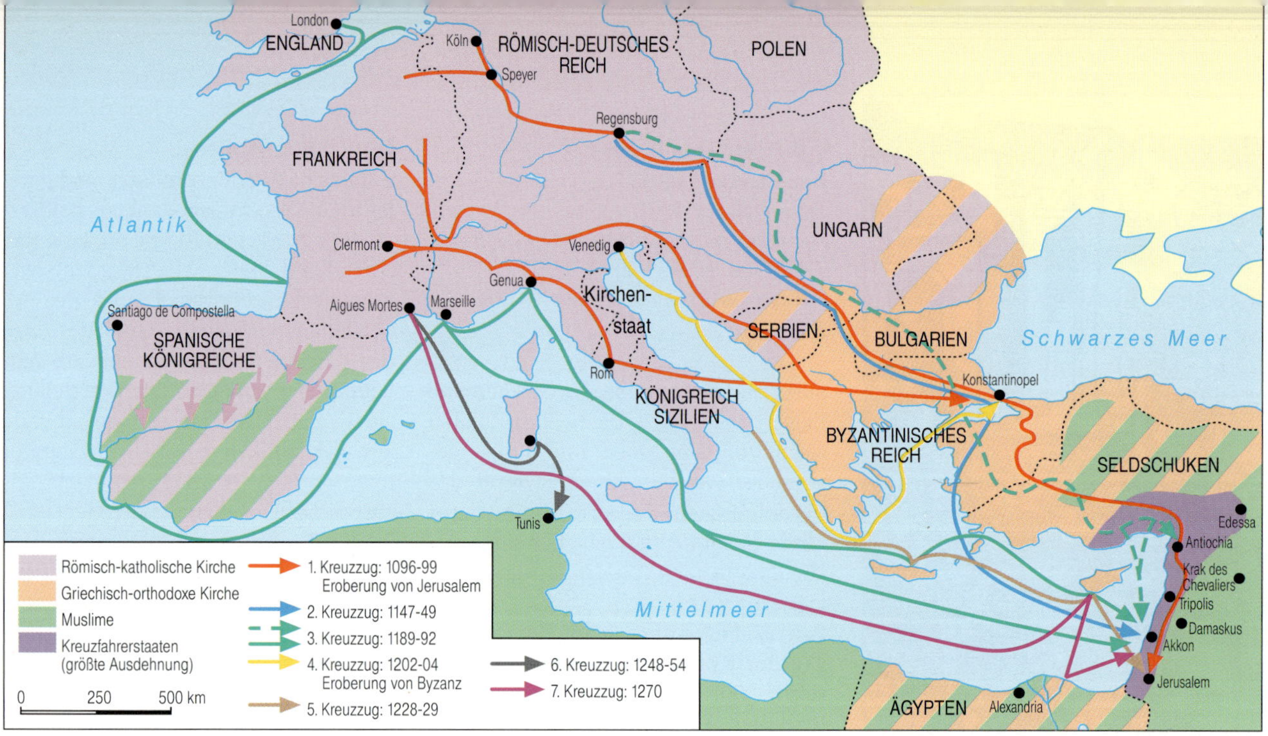

3 Die Kreuzzüge.
Wie heißen die Gebiete der Kreuzfahrerstaaten heute?

Die Eroberung Jerusalems

Religiöser Eifer und der von der Kirche versprochene Erlass aller Sündenstrafen veranlassten viele Gläubige, den Kreuzzugsaufrufen zu folgen. Auch Abenteuerlust und wirtschaftliche Gründe spielten eine Rolle: Verarmte Adlige und nachgeborene Söhne ohne Erbrecht hofften auf reiche Beute oder Land.

In mehreren Wellen zogen die Teilnehmer des ersten Kreuzzuges in den Südosten. Dabei kam es zu den ersten großen Ausschreitungen gegen die jüdische Bevölkerung.* Etwa 120 000 Männer und Frauen, unter ihnen etwa zehn Prozent Adlige und Ritter nahmen am ersten Kreuzzug teil.

Sie mussten viele Strapazen ertragen und Gefechte bestehen. Etwa 20 000 Kreuzzugsteilnehmer erreichten Jerusalem. Sie belagerten die Stadt fünf Wochen, erstürmten sie im Juli 1099 und richteten ein Blutbad an. Aus dem Kreuzzug war ein Angriffskrieg gegen Muslime und Juden geworden.

*Lies dazu Seite 42.

In den eroberten Gebieten gründeten die Kreuzfahrer das Königreich Jerusalem, dem die neu errichteten Fürstentümer und Grafschaften Edessa, Antiochia und Tripolis lehnspflichtig waren.

Rückzug nach 200 Jahren

Um die Kreuzfahrerstaaten in ihrer islamischen Umgebung zu sichern, folgten bis zum Ende des 13. Jh. sechs weitere große Kreuzzüge. Die Einigung der islamischen Herrschaften, das Ausscheren des Byzantinischen Reiches aus dem Bündnis mit den Kreuzfahrerstaaten (1185) sowie innere Konflikte im Königreich Jerusalem ermöglichten es den Muslimen, Jerusalem 1187 zurückzuerobern und die Herrschaft der Kreuzfahrer zurückzudrängen.

Nach den Misserfolgen ließ auch die religiöse Begeisterung nach – trotz zahlreicher Versprechen der Kirche. Es zeigte sich, dass die religiösen, politischen und wirtschaftlichen Interessen der beteiligten europäischen Herrscher zu unterschiedlich waren. Als 1291 das letzte christliche Bollwerk in Akkon fiel, mussten die Christen das Land als Besiegte verlassen.

Die Zahl der Todesopfer der sieben Kreuzzüge wird auf 10 bis über 22 Millionen auf beiden Seiten geschätzt.

4 Krak des Chevaliers in Syrien.
Foto von 2002.
Diese Kreuzritterburg kam 1142 in Besitz des Johanniter-Ordens. Er ließ sie nach 1170 ausbauen. 1271 eroberten muslimische Truppen diese bedeutende Festungsanlage.

M 1 Aufruf zur Befreiung Jerusalems

Am 27. November 1095 ruft Papst Urban II. in Clermont die Franken auf, Jerusalem von dem „gottfernen Volk" zu befreien. In der von Robert dem Mönch 1107 niedergeschriebenen Rede heißt es:*

Wem anders obliegt nun die Aufgabe, diese Schmach zu rächen, dieses Land zu befreien, als euch? Euch verlieh Gott mehr als den übrigen Völkern ausgezeichneten Waffenruhm, hohen Mut, körperliche Gewandtheit und die Kraft, den Scheitel eurer Widersacher zu beugen [...].
Kein Besitz, keine Haussorgen sollen euch fesseln [...] Tretet den Weg zum Heiligen Grab an, nehmt das Land dort dem gottlosen Volk, macht es euch untertan! Gott gab dieses Land in den Besitz der Söhne Israels; die Bibel sagt, dass dort Milch und Honig fließen. Jerusalem ist der Mittelpunkt der Erde, das fruchtbarste aller Länder [...]. Diese Königsstadt also, in der Erdmitte gelegen, wird jetzt von ihren Feinden gefangen gehalten und von denen, die Gott nicht kennen, dem Heidentum versklavt. Sie erbittet und ersehnt Befreiung, sie erfleht unablässig eure Hilfe [...]. Schlagt also diesen Weg ein zur Vergebung eurer Sünden; nie verwelkender Ruhm ist euch im Himmelreich gewiss.

Arno Borst, Lebensformen im Mittelalter, Frankfurt a. M. 1973, S. 318 ff. (vereinfacht)

Unter Franken werden alle nördlich der Alpen lebenden Völker verstanden.

M 2 Aus dem „Tatenbericht" eines christlichen Ritters

Ein aus Süditalien stammender Ritter, der an der Eroberung Jerusalems beteiligt war, berichtet um 1100:

Am Freitag, den 15. Juli, mitten am Vormittag begannen wir den Angriff auf die Stadt von allen Seiten, zunächst aber ohne jeden Erfolg, und wir wurden alle von Bestürzung ergriffen und von großer Furcht. Aber als sich die Stunde näherte, wo der Herr Jesus Christ in seiner großen Güte für uns die Folter am Kreuz erlitt und während unsere Ritter mit großem Eifer von dem rollenden Kastell aus kämpften [...] erkletterte einer unserer Ritter [...] die Mauer der Stadt. Kaum war er hinaufgeklettert, als alle Verteidiger der Stadt von den Mauern und durch die Stadt flohen; die Unsrigen eilten zu ihrer Verfolgung, jagten, töteten und mordeten, bis zum Tempel des Salomo, und dort gab es ein solches Blutbad, dass die Unsrigen bis zu den Knöcheln im Blut der Feinde wateten [...].
Die Heiden wurden überwältigt, und die Unsrigen ergriffen Männer und Frauen und töteten oder ließen sie am Leben, wie es ihnen gefiel. Bald liefen sie durch die ganze Stadt, rafften Gold, Silber, Pferde und Maultiere zusammen und plünderten die Häuser, die vor Reichtümern überquollen.

Guy Lobrichon, Die Eroberung Jerusalems im Jahre 1099, Sigmaringen 1998, S. 118 ff.

M 3 Aus einem arabischen Geschichtsbuch

Der arabische Geschichtsschreiber Ibn al-Athir, der 1233 starb, schreibt über den Fall Jerusalems:

Die Franken wandten sich also gegen Jerusalem [...] und hielten es [...] mehr als vierzig Tage lang eingeschlossen. Sie errichteten zwei Türme, einen davon auf der Seite Zions*. Aber die Muslime verbrannten ihn und töteten alle, die in ihm waren. Kaum hatten sie ihn verbrannt, als ein Bote mit einem Hilferuf kam: die Stadt sei von der anderen Seite her genommen. Die Franken nahmen sie tatsächlich von der Nordseite, morgens am Freitag, dem 22. Šaban (492/15. Juli 1099). Die Einwohner wurden ans Schwert geliefert, und die Franken blieben eine Woche in der Stadt, während der sie die Einwohner mordeten. [...]
Die Flüchtlinge erreichten Bagdad [...]. Am Freitag kamen sie in die Hauptmoschee und flehten um Hilfe; sie waren in Tränen und rührten zu Tränen bei der Erzählung, was die Muslime in dieser erhabenen heiligen Stadt erlitten hatten: die Männer getötet, Frauen und Kinder gefangen, alle Habe geplündert. Wegen des schweren Unglückes, das sie erduldet hatten, brachen sie sogar das Fasten.
Die verschiedenen muslimischen Fürsten lagen untereinander im Streit [...], so konnten die Franken ihr Land besetzen.

Francesco Gabrieli, Die Kreuzzüge aus arabischer Sicht, übers. von Barbara von Kaltenborn-Stachau, Zürich-München 1973, S. 49 f. (vereinfacht)

Die „Burg Zion" lag im Südosten der Stadt.

M 4 Kreuzfahrer erobern 1099 Jerusalem.
Französische Buchmalerei, um 1450 (Ausschnitt).

1. *Nimm Stellung zum Aufruf (M 1).*
2. *Wir stellen euch hier die Beschreibung und Bewertung eines Ereignisses aus zwei Perspektiven vor. Bestimmt die unterschiedlichen Blickwinkel. Untersucht die Quellen auf ihre Glaubwürdigkeit hin (M 2 und M 3). Stellt in einer Tabelle gegenüber, was die Berichte enthalten und vergleicht. Arbeitet heraus, wann und wie die Autoren das Ereignis bewerten.*

Zwischen Abendland und Morgenland

1 **Kreuzfahrer und Kaufleute.**
Buchillustration, um 1350.

Krieg und Handel

Palästina war nur ein kleiner Teil der islamischen Welt. Deshalb stellten die Kreuzzüge für die großen islamischen Reiche keine bedeutenden Ereignisse dar. Für die wirtschaftliche und kulturelle Entwicklung des Abendlandes sah das anders aus.
Die Westeuropäer hatten die hoch entwickelte Kultur der Muslime in Spanien, Sizilien und Süditalien kennen gelernt. Ihr Interesse am Vorderen Orient galt nicht nur der Befreiung der heiligen Stätten, sondern auch dem Reichtum des Landes: den farbenprächtigen Teppichen und den feinen Stoffen (Damast, Musselin, Seide), den kostbaren Schmiedearbeiten (Damaszener Klingen) und Musikinstrumenten sowie dem Porzellan und Glas. Die Europäer lernten die fremde Küche schätzen. Sie würzten nun mit Nelken, Muskat, Pfeffer, Safran und Zimt und süßten Mehlspeisen mit Rohrzucker statt Honig. Auch Messer und Gabel übernahmen sie von den Orientalen. Erfahrungen aus den Kreuzzügen haben darüber hinaus die Baukunst beeinflusst.
Besonderen Gewinn zog vor allem der aufblühende europäische Fernhandel aus dem Kontakt mit der muslimischen Welt. Die italienischen Seestädte hatten den Muslimen die alleinige Herrschaft im Mittelmeer streitig machen können und dazu am Transport der Pilger und Kreuzfahrer ins Heilige Land viel verdient. Trotz der Kriege konnten sie den Handel mit Gewürzen und Luxusartikeln wie Perlen, Edelsteinen, Duftstoffen, Seide, Baumwolle und Färbemitteln (*Indigo, Ultramarin*) ausweiten. Die Waren mussten über die weiten Karawanenwege aus dem Innern Arabiens, Asiens und Afrikas herangeschafft werden und gelangten nun vermehrt über Italien in die westeuropäischen Länder. Das förderte dort das Gewerbe: Wollgewebe, Leinenerzeugnisse, Metalle und Metallwaren wurden als begehrte Exportartikel in den Orient geliefert.

Christen lernen von Muslimen

Das Interesse der Kreuzfahrer an der arabischen Kultur war gering. Trotzdem begannen die Europäer, sich seit dem 11. Jh. mit der islamischen Welt auseinander zu setzen. Ausgangspunkte des kulturellen Einflusses waren nicht Palästina und Byzanz, sondern die seit Jahrhunderten von Muslimen bewohnten Gebiete in Spanien und Sizilien: Hier wurden die Werke islamischer Gelehrter – oft durch Vermittlung jüdischer Männer – ins Lateinische übersetzt. Das Wissen arabischer Astronomen, Ärzte, Alchimisten, Mathematiker und Philosophen wurde zum Gegenstand europäischer Lehre und Forschung.
Ein großer Teil der griechischen Naturwissenschaft und Philosophie wurde erst durch Rückübersetzungen aus dem Arabischen wieder entdeckt. Die Araber hatten zahlreiche alte griechische, persische und indische Texte in die eigene Sprache übertragen und kommentiert. So eröffneten beispielsweise die Werke des arabischen Philosophen *Averroes* aus dem 12. Jh. ein vertieftes Verständnis der Philosophie des Aristoteles.
Europäische Ärzte beschäftigten sich mit der arabischen Medizin, in der sich Wissen aus dem gesamten Orient und der Antike vereinte. Araber hatten den Kreislauf des Blutes im menschlichen Körper nachgewiesen und die Heilwirkung von Pflanzen gründlich untersucht. Bis ins 16. Jh. hinein waren die europäischen Ärzte von dem medizinischen Wissen der Araber abhängig.
Im 13. Jh. setzte sich in der Mathematik das noch heute gängige arabische Zahlensystem in Europa durch. Die Muslime hatten von den Indern das Zehnersystem mit dem Zeichen Null übernommen. Auch der Dezimalbruch und das Rechnen mit Buchstaben (*Algebra*) lernten sie von den Arabern. Die arabische Astronomie wurde grundlegend für unser Wissen über die Sterne und Planeten.

M 1 Heilmethoden

Usama ibn Muniqid, ein syrischer Literat und Höfling, der 1188 starb, schreibt über die westeuropäische Heilkunst:

Der Herr von Manaitira schrieb an meinen Onkel und bat ihn, einen Arzt zu senden, der seine kranken Gefährten heilen sollte. Mein Onkel schickte ihm einen christlichen Arzt mit Namen Tabit. Nach kaum zehn Tagen kam er wieder zurück, und wir sagten zu ihm: „Du hast die Kranken ja schnell geheilt", worauf er erzählte: „Sie führten mir einen Ritter vor, der einen Abszess am Bein hatte, und eine Frau, die an Auszehrung litt. Dem Ritter machte ich ein erweichendes Pflaster, und der Abszess öffnete und besserte sich; der Frau verschrieb ich eine Diät und führte ihrer Säftemischung Feuchtigkeit zu. Da kam ein fränkischer Arzt daher und sagte: ‚Der weiß doch überhaupt nicht, wie sie zu behandeln sind!', wandte sich an den Ritter und fragte ihn: ‚Was willst du lieber: mit einem Bein leben oder mit beiden Beinen tot sein?' Der antwortete: ‚Lieber mit einem Bein leben!' Da sagte er: ‚Holt mir einen kräftigen Ritter und ein scharfes Beil!' Ritter und Beil kamen, ich stand dabei. Er legte das Bein auf einen Holzblock und sagte zu dem Ritter: ‚Gib dem Bein einen tüchtigen Hieb, der es abtrennt.' Er schlug, unter meinen Augen, einmal zu, und da das Bein nicht abgetrennt war, ein zweites Mal: Das Mark des Beines spritzte weg, und der Ritter starb sofort. Hierauf untersuchte er die Frau und sagte: ‚Die da hat einen Dämon im Kopf, der sich in sie verliebt hat. Schert ihr die Haare.' Sie schoren sie, und sie aß wieder von ihren gewohnten Speisen, Knoblauch und Senf, wodurch die Auszehrung sich verschlimmerte. ‚Der Teufel steckt in ihrem Kopf', urteilte er, nahm ein Rasiermesser und schnitt ihr kreuzförmig über den Kopf, entfernte die Haut in der Mitte, bis der Schädelknochen frei lag, und rieb ihn mit Salz ein: Die Frau starb augenblicklich.
Da fragte ich: ‚Habt ihr mich noch nötig?' Sie verneinten, und ich ging weg, nachdem ich von ihrer Heilkunde gelernt hatte, was ich vorher nicht wusste."

Francesco Gabrieli, Die Kreuzzüge aus arabischer Sicht, a. a. O., S. 118 f.

M 2 Ein Apotheker bereitet Medikamente zu.
Buchmalerei aus einer arabischen Handschrift, 13. Jh.

M 3 Christ und Muslim spielen Schach.
Buchmalerei aus Spanien, 13. Jh.
Das Schachspiel stammt wohl aus Indien. Es war im arabischen und abendländischen Kulturraum verbreitet und galt als königliches bzw. ritterliches Strategiespiel.
Nach den ersten Kreuzzügen fanden sich in den Kreuzfahrerstaaten Muslime und Christen aller Stände zusammen, um Schach zu spielen.

M 4 Arabisches im deutschen Wortschatz

Viele Wörter in unserer Sprache stammen aus dem Arabischen oder – durch die Araber vermittelt – aus dem Persischen und Indischen; solche Worte sind z. B.:

Algebra, Alkali, Alkohol, Aprikose, Azur, Baldachin, Benzin, Chemie, Damast, Diwan, Droge, Drogerie, Gamasche, Gaze, Ingwer, Jacke, Kaffee, Kandis, Karaffe, Kattun, Konditorei, Kümmel, Lack, Laute, Limonade, Magazin, Marzipan, Matratze, Muskat, Musselin, Orange, Rose, Safran, Sandale, Satin, Schal, Sirup, Sofa, Spinat, Tabak, Taft, Zenit, Ziffer, Zimt, Zucker.

Nabil Osman, Kleines Lexikon deutscher Wörter arabischer Herkunft, München 1992

1. *Vergleiche das Vorgehen der Ärzte (M 1). Welche Krankheitsursachen werden genannt?*
2. *Ordne die Lehnwörter nach Sachgebieten (M 4). Schließe aus den Wörtern, welche Lebens- und Arbeitsbereiche von der Entwicklung betroffen waren.*

Aufbruch nach Osten

Nicht nur mit friedlichen Mitteln

Zur Zeit der Kreuzzüge begannen die weltlichen und geistlichen Fürsten an Elbe, Saale und Donau, bäuerliche Siedlungsstellen im Osten einzurichten. Der Grund: Der innere Landesausbau durch Rodung von Wäldern und Trockenlegung von Mooren schien abgeschlossen und für die wachsende Bevölkerung der Lebensraum zu eng. Gleichzeitig waren auch viele slawische Fürsten an einer Besiedlung ihrer Länder interessiert. Sie hatten erkannt, dass sie so ihre Einnahmen beträchtlich steigern konnten.
Die bäuerliche Ostsiedlung vollzog sich schrittweise in zahlreichen Einzelunternehmungen. Dazu kamen regelrechte Feldzüge wie der **Wendenkreuzzug** von 1147, bei dem unter Führung Heinrichs des Löwen sächsische Fürsten mit polnischer und dänischer Hilfe gegen die Slawenstämme an der Ostseeküste zogen.

Wer war zuständig?

Für alle mit der Kolonisation zusammenhängenden Aufgaben waren **Lokatoren** (*Siedlungsmeister*) zuständig. Sie arbeiteten im Auftrag der weltlichen und geistlichen Herren, warben die Siedler an, brachten sie zu den Siedlungsgebieten, verteilten die Grundstücke und halfen bei der Anlage von Höfen und Dörfern. Dazu übernahmen die Lokatoren in der Regel die Aufgabe des **Schulzen**, einer Art Dorfrichter und Bürgermeister.

Wer zog mit?

Vor allem ehrgeizige Bauernsöhne, die auf dem heimischen Hof kein Erbe erwarten konnten, zogen in die Fremde. Sie folgten den Angeboten der Fürsten, die den Siedlern Land, Befreiung von Abgaben und mehr Rechte versprachen. An dieser Kolonisation beteiligten sich nicht nur Bauern, sondern es zogen auch Handwerker, Bergleute, Kaufleute und Adlige nach Osten.

1 Neuland wird vergeben.
Bild aus der Heidelberger Handschrift des Sachsenspiegels, Anfang des 14. Jh.
Ein Grundherr überreicht dem Siedlungsmeister (Lokator) eine Urkunde. Das Dreieck unterhalb der Urkunde könnte ein Siegel oder ein Gegenstand zur Landvermessung sein.

Die ersten Siedler in Mecklenburg, Brandenburg und der Lausitz stammten aus Flandern, den Niederlanden und dem Rheinland. Andere zogen später weiter nach Pommern, Schlesien und Polen.

Neue Volksstämme

Die Siedler rodeten Wälder und gründeten Dörfer und Städte (z.B. Schwerin, Rostock, Wismar, Stettin und Breslau). Im Erzgebirge, in der Slowakei und in Siebenbürgen erschlossen eingewanderte Bergleute die Bodenschätze wie Gold, Silber und Kupfer.
Die Einwanderer prägten Recht, Wirtschaft, Religion und Sprache. Nur in abgelegenen Landesteilen konnten sich die ursprüngliche Sprache und Kultur erhalten, zum Beispiel bei den *Sorben-Wenden* in der Lausitz.
Langfristig vermischten sich die Siedler aus dem Westen mit der slawischen Bevölkerung, so dass neue „Volksstämme" wie *Brandenburger, Mecklenburger, Pommern* und *Schlesier* entstanden.

Der Deutsche Orden

Während der Kreuzzüge gründeten deutsche Ritter im 12. Jh. in Palästina den **Deutschen Orden**. Sie legten ein Mönchsgelübde ab, verpflichteten sich zum Kampf gegen die Heiden und zur Verteidigung des Glaubens und unterstellten sich direkt dem Papst.
Durch Schenkungen kam der Orden in ganz Europa zu Besitz. Die Möglichkeit, ein eigenes Territorium zu errichten, bot sich im Land der baltischen *Pruzzen*. 1225/26 bat der polnische Herzog *Konrad von Masowien* den Deutschen Orden, ihn bei der Unterwerfung und Missionierung des heidnischen Volkes zu unterstützen. Dafür schenkte er dem Orden das Kulmer Land. Der Hochmeister des Ordens gab sich damit nicht zufrieden. Er ließ sich zusätzlich Ansprüche auf die zu missionierenden Gebiete von Kaiser und Papst sichern. 1231 zogen die ersten Ordensritter gegen die heidnischen Pruzzen; um 1280 beendeten sie die Kriegszüge.

Aufstieg und Zerfall eines Staates

Dem Vordringen des Deutschen Ordens nach Osten folgte eine planmäßige Besiedelung des Landes durch Bauern und Handwerker aus Westfalen, Niedersachsen und Thüringen. Vom 12. bis 15. Jh. entstand östlich der Weichsel eine der wichtigsten Kornkammern Europas. In dieser Zeit wurden hier über 1400 Dörfer und 90 Städte angelegt, darunter Thorn, Kulm und Königsberg. Die Herrschaft des Deutschen Ordens erreichte um 1350 ihren Höhepunkt. Gleichzeitig verschlechterte sich aber das Verhältnis des Ordens zu Polen. Nach langen Auseinandersetzungen unterlagen 1410 die Truppen des Deutschen Ordens in der **Schlacht bei Tannenberg** dem polnisch-litauischen Heer. Mit der Niederlage setzte ein Zerfallsprozess ein: Hundert Jahre später wurde der Ordensstaat in das weltliche Herzogtum *Preußen* umgewandelt.

M 4 Die Marienburg am Ufer der Nogat.
Foto, um 1990.
Baubeginn 1280, vollendet 1400.
Die Ordensburg im heutigen Polen war von 1309 bis 1457 Sitz des Hochmeisters des Deutschen Ordens. Sie ist die größte Burganlage Europas. Benannt ist sie nach der Schutzheiligen des Ordens.

M 5 Der Staat des Deutschen Ordens.

M 1 Konrad ruft

Eine Urkunde aus dem 13. Jh. hält fest:

Ich, Konrad, von Gottes Gnaden Herzog von Masowien, will, dass bekannt sei, dass ich wegen der Verteidigung des Glaubens den Brüdern vom Deutschen Orden das ganze Kulmer Land mit allem Zubehör zu ewigem Besitz geschenkt habe, mit allem Nutzen und jeder nur möglichen Freiheit. Die Brüder selbst haben versprochen, dass sie, so viel mit Gottes Hilfe und ihrer Macht möglich ist, für Christus und gegen alle Heiden mit uns zusammen zu jeder Zeit kämpfen werden.

Hans-Ulrich Engel, Ritter, Priester, Europäer. 800 Jahre Deutscher Orden, Dachau 1990, S. 41 (vereinfacht)

M 2 Die Goldene Bulle von Rimini

In einer im März 1226 in Rimini ausgestellten Urkunde genehmigt und bestätigt Kaiser Friedrich II. dem Hochmeister des Deutschen Ordens und seinen Nachfolgern:

Dass sie das Land, das sie vom Herzog Konrad nach dessen Versprechen erhalten werden, ferner jedes Gebiet, das ihnen dieser vielleicht sonst überlässt, schließlich was sie mit Gottes Gnade im Land der Pruzzen erobern werden, in Freiheit ohne Dienstleistung und Steuerpflicht ohne irgendwelche üblichen Lasten innehaben und keinem für ihr Land Rechenschaft schuldig sind. Es soll ihnen ferner zum Vorteil ihres Hauses gestattet sein, Weg- und andere Zollstätten zu errichten, Messen und Märkte zu bestimmen, Geld zu schlagen, Steuern und andre Abgaben zu erheben [...]. Außerdem verleihen wir ihnen das Recht, Richter und Verwaltungsbeamte einzusetzen, die das ihnen untertänige Volk, die zum Glauben Bekehrten, [...] gerecht regieren und leiten.

Walther Hubatsch (Hrsg.), Quellen zur Geschichte des Deutschen Ordens, Göttingen 1954, S. 46 f. (vereinfacht)

M 3 „...wir wollen mit Wasser, nicht mit Blut getauft sein"

1398 erobert der Deutsche Orden das Gebiet der Samogiten. Ein Jahr später wenden sie sich mit folgenden Zeilen an ihre Nachbarn:

Unterdrückt und durch Qualen erschöpft, bitten wir euch, ihr geistlichen und weltlichen Fürsten, uns anzuhören. [...]
Alle Früchte unseres Landes [...] haben uns die Ritter genommen. Sie gestatten uns weder zu jagen noch zu fischen, noch mit den Nachbarn Handel zu treiben. Jedes Jahr führen sie unsere Kinder als Geiseln weg. Unsere Ältesten haben sie nach Preußen verschleppt, andere samt ihren Familien durch Feuer ausgerottet; unsere Schwestern und Töchter haben sie mit Gewalt weggeführt - und da tragen sie noch das heilige Kreuz auf ihrem Mantel!
Habt Erbarmen mit uns! [...] Von ganzem Herzen wollen wir Christen werden, aber wir wollen mit Wasser, nicht mit Blut getauft sein.

Valentin Gitermann, Geschichte Rußlands, Bd. 1, Hamburg 1949, S. 396

1. *Stellt gegenüber, was Konrad von Masowien, Kaiser Friedrich II. und der Deutsche Orden versprechen (M 1 und M 2).*
2. *Benennt die jeweiligen Motive für diese Versprechungen.*
3. *Was werfen die Samogiten dem Deutschen Orden vor (M 3)? Was erwarten sie von ihren Nachbarn?*
4. *Erkläre den letzten Satz des Briefes (M 3).*

Was war wichtig?

Daten

962	*Otto I. wird Kaiser und erneuert das abendländische Kaisertum.*
1077	*Heinrich IV. leistet dem Papst Buße vor der Burg Canossa; Höhepunkt des Investiturstreits.*
1099	*Die Kreuzfahrer erobern Jerusalem.*
1122	*Mit dem Wormser Konkordat wird der Investiturstreit im Deutschen Reich beendet.*
1180	*Der Welfenherzog Heinrich der Löwe verliert seine Macht.*
1231	*Im Zuge der Ostsiedlung gründet der Deutsche Orden einen eigenen Staat.*
1356	*In der „Goldenen Bulle" werden die Regeln der Königswahl im Reich festgeschrieben.*

Begriffe

„Goldene Bulle": Reichsgesetz von 1356, das das Verfahren für die Wahl des Königs und Kaisers des Heiligen Römischen Reiches festlegte. Es bestimmte z. B., dass die Königswahl „binnen Jahr und Tag" nach dem Tod eines Königs stattfinden musste, und legte fest, dass derjenige König sein sollte, der bei der Wahl die meisten Stimmen der → *Kurfürsten* erhielt.

Investiturstreit: Investitur (von lat. investire: bekleiden): Kaiser und Päpste stritten sich im 11./12. Jh. darüber, wer die Bischöfe, Äbte und Äbtissinnen in ihre Besitzrechte und geistlichen Aufgaben einsetzen durfte (→ *Reichskirche*). Der Investiturstreit war ein Machtkampf um die Reichskirche. Er endete im Heiligen Römischen Reich mit dem „Wormser Konkordat" (1122). Darin verzichtete der Kaiser auf die Investitur der Bischöfe, Äbte und Äbtissinnen in ihr geistliches Amt. Er behielt sich aber vor, ihnen die weltlichen Vasallenpflichten zu übertragen.

Kirchenbann: Strafe der Kirche, die den Ausschluss des Gebannten aus der Gemeinschaft der Gläubigen zur Folge hat; der Bann konnte durch Buße aufgehoben werden.

Kreuzzug: bewaffnete Pilgerfahrt, die die Kirche im Mittelalter zur Ausbreitung des Glaubens und zur Befreiung der heiligen Stätten forderte. Der erste Kreuzzug begann im Jahre 1096, um die Muslime aus Jerusalem zu vertreiben, der siebte endete 1291. Der Name wird von dem Kreuz abgeleitet, mit dem sich die Teilnehmer kennzeichneten.

Kurfürsten: die Fürsten, die nach der → *„Goldenen Bulle"* den Kaiser des Heiligen Römischen Reiches „küren" (wählen) durften. Im 13. Jh. gab es sieben Kurfürsten: die Erzbischöfe von Köln, Mainz und Trier, der Pfalzgraf bei Rhein, der Markgraf von Brandenburg, der Herzog von Sachsen und der König von Böhmen.

Landesherrschaft: Wenn ein Landesherr unabhängig vom König und Kaiser über sein Herrschaftsgebiet (*Territorium*) regieren konnte, spricht man von Landesherrschaft. Sie beruht auf der Übertragung wichtiger Königsrechte wie Zoll-, Münz-, Markt- und Befestigungsrecht sowie dem Recht, Landesgesetze zu erlassen.

Ostsiedlung: die Vergrößerung und Missionierung des deutschen Siedlungsraumes zwischen dem 11. und 14. Jh. über Elbe und Saale hinaus nach Osten. Der „Deutsche Orden" schuf dort mithilfe von Siedlern einen gut funktionierenden Ordensstaat.

Reichsacht: eine nur vom Kaiser und seinen Gerichten zu verhängende Strafe, mit der ein Missetäter für gesetzlos und vogelfrei erklärt werden konnte; das heißt, jeder durfte die geächtete Person straflos töten.

Reichskirche: Die mittelalterlichen deutschen Könige bemühten sich, die Kirche in den Dienst des Reiches zu stellen. Sie setzten dazu Bischöfe, Äbte und Äbtissinnen in ihre Ämter ein (*Investitur*) und übertrugen ihnen Land aus dem Königsgut als Lehen. Die Bischöfe, Äbte und Äbtissinen hatten damit nicht nur geistliche Aufgaben zu erfüllen, sondern auch weltliche. Sie waren wie Vasallen zu Diensten und Heeresfolge im Reich verpflichtet. Im 11./12. Jh. trug der → *Investiturstreit* zum Zerfall dieser Verhältnisse bei.

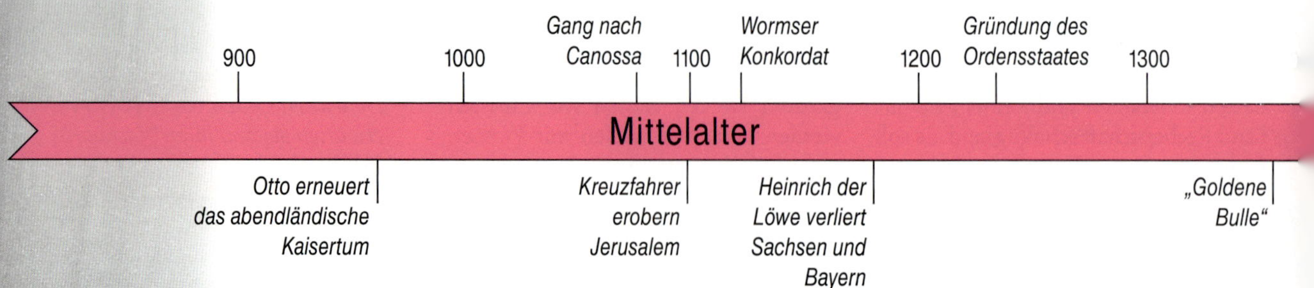

Zusammenfassung

Otto I. sicherte sich mit dem Ausbau der Reichskirche eine straffere Herrschaft über das Reich. Er wurde vom Papst zum Kaiser gekrönt und erneuerte damit das abendländische Kaisertum.
Im Investiturstreit bestritten die Päpste den weltlichen Herrschern das Recht, Bischöfe und Äbte einzusetzen. Die Könige wehrten sich dagegen, um nicht den Einfluss auf ihre Stützpunkte zu verlieren. Im Wormser Konkordat musste der deutsche König auf die Einsetzung der Bischöfe und Äbte in ihr geistliches Amt verzichten, er behielt sich aber die Übergabe der weltlichen Rechte und Freiheiten vor.
Die Bedrohung der Heiligen Stätten in Palästina durch die Muslime veranlasste die Päpste, zu Kreuzzügen aufzurufen. Nach dem ersten Kreuzzug entstanden in Palästina Kreuzfahrerstaaten, die Ende des 13. Jh. wieder aufgegeben werden mussten.
Die abendländische Kunst und Kultur erhielt durch den Kontakt mit der arabischen Welt wertvolle Anregungen.
In Norddeutschland hatte Heinrich der Löwe zu Lasten des einheimischen Adels und der Kirche eine überragende Stellung erringen können. Nachdem der Herzog dem Kaiser Friedrich I. Barbarossa die erbetene Hilfe im Kampf gegen italienische Städte versagt hatte, verlor er dessen Rückhalt. Heinrich wurden die Herzogtümer Sachsen und Bayern abgesprochen.
Friedrich II. von Hohenstaufen, der 1214 in Aachen und 1220 in Rom zum Kaiser gekrönt worden war, herrschte vor allem in Sizilien, behandelte die deutschen Gebiete als Nebenland und erkannte dort die geistlichen und weltlichen Fürsten als Landesherren an. Die deutschen Reichsfürsten konnten so ihre Herrschaftsgebiete zu selbstständigen Territorialstaaten ausbauen. Ihren Einfluss auf die Königswahl hielten die sieben Kurfürsten 1356 in der „Goldenen Bulle" fest.
Der Deutsche Orden prägte die Ostsiedlung. Er missionierte und eroberte im 13. Jh. weite Gebiete östlich der Weichsel und errichtete dort seine Herrschaft, die er jedoch nach einer Niederlage gegen ein polnisch-litauisches Heer zu Beginn des 15. Jh. schrittweise wieder verlor.

1 Bucheinband.
*Der Bildband von 2004 informiert über Geschichte und Gegenwart des Jakobsweges. Der Jakobsweg in Spanien wurde 1987 zum ersten europäischen Kulturweg ernannt; seit 1993 ist er auf der Liste der UNESCO-Welterbestätten.**

**Zu der Liste der UNESCO siehe auch die Legende zu Abb. 1 auf Seite 177.*

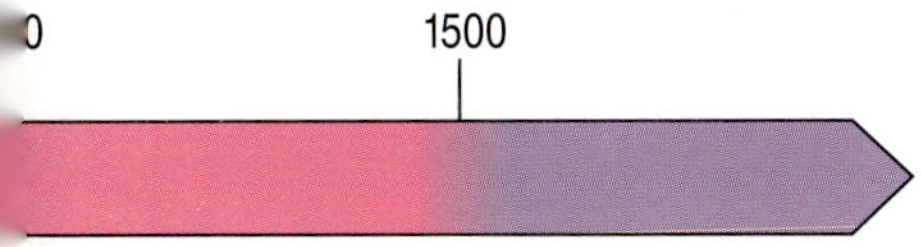

Spurensuche
Themen für interessante Referate:
- *Zur Geschichte des Jakobsweges*
- *Was haben die Johanniter-Unfallhilfe und der Malteser-Hilfsdienst mit Ritterorden und Kreuzzügen zu tun?*
- *Nicht nur Christen pilgern! Motive und Ziele muslimischer Pilger*

Internettipps:
Zum ersten Thema:
- *http://de.wikipedia.org/wiki/Jakobsweg*
- *www.kath.de/quodlibe/santiago/santia03.htm*

Zum zweiten Thema:
- *www.johanniter.de*
- *www.malteser.de*

Zum dritten Thema:
- *www.feste-der-religionen.de/pilgern/islam.html*

Übertrage die Zeitleiste und füge ein: Das Jahr, in dem Otto I. zum König gekrönt wurde, wann Friedrich I. Barbarossa regierte und gegen seinen Vetter Heinrich den Löwen vorging, in welchem Jahr Kaiser Friedrich II. die Rechte der Fürsten bestätigte und wann die Kreuzfahrer Jerusalem eroberten und die Schlacht bei Tannenberg stattfand.

Neues Denken – neue Welt

Zug der Heiligen Drei Könige nach Bethlehem.
Fresko (210 x 270 cm) an der Ostwand der Kapelle im Palazzo Medici Riccardi in Florenz von Benozzo Gozzoli, 1459/60 (Ausschnitt).

Hast du gehört, wie die Medici die neue Kapelle ihres Palastes von Benozzo Gozzoli ausmalen lassen?", rief Giovanni die Treppe hinauf. „Du wirst es mir sicher gleich sagen. Du platzt ja vor Aufregung", stichelte Fabricio. „Das Wandbild gegenüber dem Altar stellt den Zug der Heiligen Drei Könige dar." „Und was regt dich daran denn so fürchterlich auf?" „Stell dir vor, der eine König sieht aus wie der byzantinische Kaiser und der andere wie das Oberhaupt der Christen von Konstantinopel. Du erinnerst dich: Sie sind vor rund zwanzig Jahren zu einem Konzil hierher nach Florenz gekommen. Auf Einladung Cosimos von Medici, der sich in ihrem Glanz gesonnt hat. Doch damit nicht genug: Auch Cosimo und sein Sohn Piero werden auf dem Bild zu sehen sein. Das Unverschämteste aber ist: Der jüngste der Heiligen Drei Könige auf dem Wandgemälde soll angeblich in allem Cosimos Enkel Lorenzo gleichen! Benozzo malt ihn genauso, wie wir ihn alle vor wenigen Wochen bei dem bombastischen Aufzug gesehen haben, den die Medici zu Ehren des Papstes und des Herzogs von Mailand veranstaltet haben: Lorenzo reitet in einem prächtigen Kostüm auf einem Schimmel."

„Das ist in der Tat ein starkes Stück", gab Fabricio zu, „ein Medici als Heiliger. Und dabei ist Lorenzo gerade erst zehn Jahre alt." „Ja", trumpfte Giovanni auf, „in der Öffentlichkeit geben sich die Medici so bescheiden, aber da sieht man, dass es mit ihrer Bescheidenheit nicht weit her ist. Ich bin gespannt, wie weit es die Medici noch bringen werden."

Dieter Brückner

Krisen

1 Die vier apokalyptischen Reiter.
Holzschnitt (39,2 x 28 cm) von Albrecht Dürer, um 1498.
Nach der Offenbarung des Johannes aus dem Neuen Testament werden vor dem Weltuntergang vier Reiter in die Welt gesandt, sie bringen Pest (Kennzeichen: Pfeil und Bogen), Krieg (Schwert), Hunger (Waage) und Tod (abgemagerter Mann mit Mistgabel).
Wer sind laut Dürer die Opfer der Reiter und ihrer Schrecken?

Eine Katastrophe folgt auf die andere
Seit Anfang des 14. Jh. wurden die meisten europäischen Länder nicht nur von Kriegen, sondern auch von Erdbeben, Heuschreckenplagen, Missernten und Hungersnöten heimgesucht.
Eine der größten Katastrophen der europäischen Geschichte war die Pest. Sie wütete besonders grausam zwischen 1347 und 1351. Seit dem 17. Jh. wird sie auch *Schwarzer Tod* genannt. Die Krankheitserreger der Pest wurden entweder wie Schnupfen und Grippe durch eine Tröpfcheninfektion oder durch den Biss des Rattenflohs verbreitet. Eingeschleppt hatte man sie aus Asien.
Rund ein Drittel der europäischen Bevölkerung starb daran. Die Zahl der Toten in den einzelnen Ländern und Städten war unterschiedlich. In Florenz sank die Einwohnerzahl von über 90 000 auf 50 000; Prag und Nürnberg blieben dagegen von der Pestwelle verschont.
Wo die Seuche auftrat, waren alle gesellschaftlichen Schichten betroffen. Besonders hoch waren die Verluste der ärmeren Bevölkerung, die in den Städten und Dörfern unter unsauberen Wohnverhältnissen lebte.

Gewalt gegen sich und Minderheiten
Da die Menschen die Ursache für die Katastrophen nicht kannten, verstanden viele sie als Strafe Gottes. Zahlreiche Gläubige schlossen sich daher zusammen und zogen singend und sich selbst schlagend (*geißelnd*) durch die Städte. Sie wollten sich damit von den Sünden befreien und Gott gnädig stimmen.
Die fürchterlichste Begleiterscheinung der Pest war die Verfolgung und Ermordung von Juden. Da sie scheinbar weniger oft erkrankten als andere, beschuldigte man an vielen Orten Juden, die Pest durch Vergiftung von Brunnen und Quellen verursacht zu haben.
In ganz Europa wurden zigtausende Juden ermordet und ganze Gemeinden ausgelöscht. Nur in Italien, wo in fast allen Städten Judengemeinden bestanden, fanden keine größeren Ausschreitungen statt.

Weitreichende Veränderungen
Naturkatastrophen, Kriege, Pest und Hungerkrisen trugen nicht nur zum allgemeinen Rückgang der Bevölkerung bei, sondern hatten noch andere Folgen. Immer mehr Menschen verließen ihre Dörfer und zogen hinter schützende Stadtmauern. In den Städten waren sie willkommen, denn nach der Pest war man dort auf den Zuzug von Arbeitskräften angewiesen. Diese Wanderungsbewegung (*Migration*) wurde beschleunigt durch eine Agrarkrise. Während die Getreidepreise wegen Überproduktion fielen, wurden die Gewerbeprodukte teurer, weil die Arbeitskräfte infolge der Menschenverluste knapp geworden und die Löhne gestiegen waren. Angesichts der anhaltenden Einkommensverluste gaben immer mehr Grundherren und Bauern ihre Höfe auf. Ganze Dörfer und Landstriche verfielen. Bis zum Ende des 15. Jh. lag der Anteil der *Wüstungen*, so die Bezeichnung für die aufgegebenen Siedlungen und landwirtschaftlich nicht mehr genutzten Flächen, in den deutschen Ländern bei durchschnittlich 25 %, in einigen Regionen sogar bei 50 %.
Aber es gab nicht nur Verlierer in dieser krisenreichen Zeit. So hatte die Pest zwar Menschen, aber nicht deren Besitz vernichtet, und einigen Überlebenden war ein reiches Erbe in den Schoß gefallen.
Die Krisen des 14. Jh. veränderten die sozialen und wirtschaftlichen Verhältnisse weitreichend, sie wirkten auch – wie die folgenden Kapitel zeigen werden – auf Kunst, Literatur, Religion und Politik.

M 1 Katastrophenmeldungen

Kaiser Karl IV. erzählt aus dem Jahre 1338:

Bei Sonnenaufgang weckte uns ein Ritter aus dem Schlaf mit den Worten: „Herr, steht auf, der Jüngste Tag bricht an, denn alle Welt ist voll Heuschrecken."* Wir erhoben uns und stiegen zu Pferd und ritten eilends, um ihr Ende zu sehen, bis nach Pulkau sieben Meilen weit.** Erst dort war das Ende ihres Zuges. Seine Breite konnten wir nicht überschauen. Ihr Surren glich einem lärmenden Geräusch. [...] Sie schwirrten so dicht gedrängt wie Schneeflocken. Heftiger Gestank strömte von ihnen aus. Sie verteilten sich: Die einen zogen nach Bayern, andere nach Franken, andere in die Lombardei, andere hierhin und dorthin über die ganze Erde.***

Am 25. Januar 1348 bebt die Erde. Das Zentrum des Erdbebens ist Villach in Kärnten, der Durchmesser des erschütterten Gebietes beträgt über 600 Kilometer. Etwa 10 000 Menschen sterben. Ein Augenzeuge berichtet:

Die Stadt Villach, die Burgmauer, das Kloster, die Kirchen und alle Mauern und Türme bis auf elf Zinnen fielen zu Boden. [...] Mitten in der Stadt zerspaltete sich das Erdreich und es lief Wasser heraus, ganz wie Schwefel, und floss wieder in die Löcher im Erdreich.

Erster Text: Kaiser Karl IV. Selbstbiographie, übers. und eingel. von Ottokar Menzel, Berlin 1943, S. 62 f.
Zweiter Text: A. Borst, Das Erdbeben von 1348, in: Historische Zeitschrift, Bd. 233 (1981), S. 534 f.

**Siehe dazu M 4.*
***etwa 50 Kilometer; Historiker haben nachgerechnet, dass er an dem Tag höchstens 25 Kilometer weit geritten sein kann.*
****Andere Quellen bestätigen die Heuschreckeneinfälle. Sie führten zu großen Schäden an den Früchten; erst ein früher Schneeeinbruch Mitte Oktober 1338 stoppte sie.*

M 2 Die Pest breitet sich aus

Gabriele de Mussis, ein junger Notar aus Piacenza, der 1346 in Caffa am Schwarzen Meer lebte, berichtet:

So gelangte man aus [...] Caffa mit einigen Schiffen, welche von zwar noch lebenden, aber bereits mit der Seuche infizierten* Seeleuten gesteuert wurde, nach Genua, mit anderen nach Venedig, mit wieder anderen in weitere Regionen der Christenheit. Es klingt unglaublich: Kaum gingen die Matrosen irgendwo an Land – die krankmachenden Ausdünstungen begleiteten sie ja – und kamen dort mit den Menschen in Berührung, starben diese. Auf Grund des pestbringenden Ansteckungsstoffs ereilte in jeder Stadt, jedem Ort und jedem Land die Bewohner beiderlei Geschlechts ein rascher Tod. Wenn jemand erkrankte, brach er bald darauf zusammen und starb.

Klaus Bergdolt, Der Schwarze Tod in Europa. Die Große Pest und das Ende des Mittelalters, München 1994, S. 39 (vereinfacht)

***infizieren**: *Krankheitserreger übertragen*

M 3 Auswirkungen der Pest

Der Schriftsteller Giovanni Boccaccio erlebt die Pest in Florenz. Über die Folgen schreibt er 1350:

Und fast alle hatten nur ein grausames Ziel vor Augen: die Kranken und ihre Sachen zu meiden und zu fliehen. [...] Bei einer so schrecklichen und elenden Verfassung unserer Stadt war das ehrwürdige Ansehen der Gesetze, der göttlichen und menschlichen, fast völlig gesunken und vernichtet [...]. Durch diese Heimsuchung hatte die Herzen der Männer und Frauen eine solche Angst befallen, dass ein Bruder den anderen verließ, der Onkel den Neffen, die Schwester den Bruder und [...] die Frau ihren Mann, und was [...] fast unglaublich ist, Väter und Mütter scheuten sich, zu ihren Kindern zu gehen und sie zu pflegen, als ob sie nicht die ihren gewesen wären. [...]

Klaus Bergdolt (Hrsg.), Die Pest 1348 in Italien, Heidelberg 1989, S. 43 f.

M 4 Was die Bibel vorhersagt...

In der Offenbarung des Johannes, dem letzten Buch des Neuen Testaments, wird das Ende der Welt verkündet; dort steht:

Denn es ist gekommen der große Tag seines [Gottes] Zorns, und wer kann bestehen? [...]
Und er [der fünfte Engel] tat den Brunnen des Abgrunds auf; und es ging auf ein Rauch aus dem Brunnen wie ein Rauch eines großen Ofens, und es ward verfinstert die Sonne und die Luft von dem Rauch des Brunnens. Und aus dem Rauch kamen Heuschrecken auf die Erde; und ihnen ward Macht gegeben, wie die Skorpione auf Erden Macht haben.

Offenbarung 6.17 und 9.2-3

	1340	1440
in Millionen		
Iberische Halbinsel	9	7
Frankreich	19	12
Italien	9,3	7,5
Britische Inseln	5	3
Deutsches Reich und Skandinavien	11,6	7,5
Insgesamt	53,9	37,0

M 5 Bevölkerung in Europa.
Schätzungen.
Nach: Josiah C. Russel, Artikel „Bevölkerung", in: Lexikon des Mittelalters, Bd. 2, München – Zürich 1983, Sp. 14

1. *Überlege, welche Stimmung aufgrund der Katastrophen in weiten Teilen Europas herrschte (M 1 und M 4).*
2. *Beschreibe, wie sich das Verhalten der Menschen in den Pestzeiten veränderte (M 2 und M 3). Finde für dieses Verhalten ein charakteristisches Wort.*
3. *Boccaccio nennt das Verhalten der Menschen „unglaublich" (M 3). Lies M 2 und erkläre, weshalb sie sich so verhielten.*
4. *Nenne die Gründe für die Bevölkerungsentwicklung (M 5).*

Ein neues Menschenbild

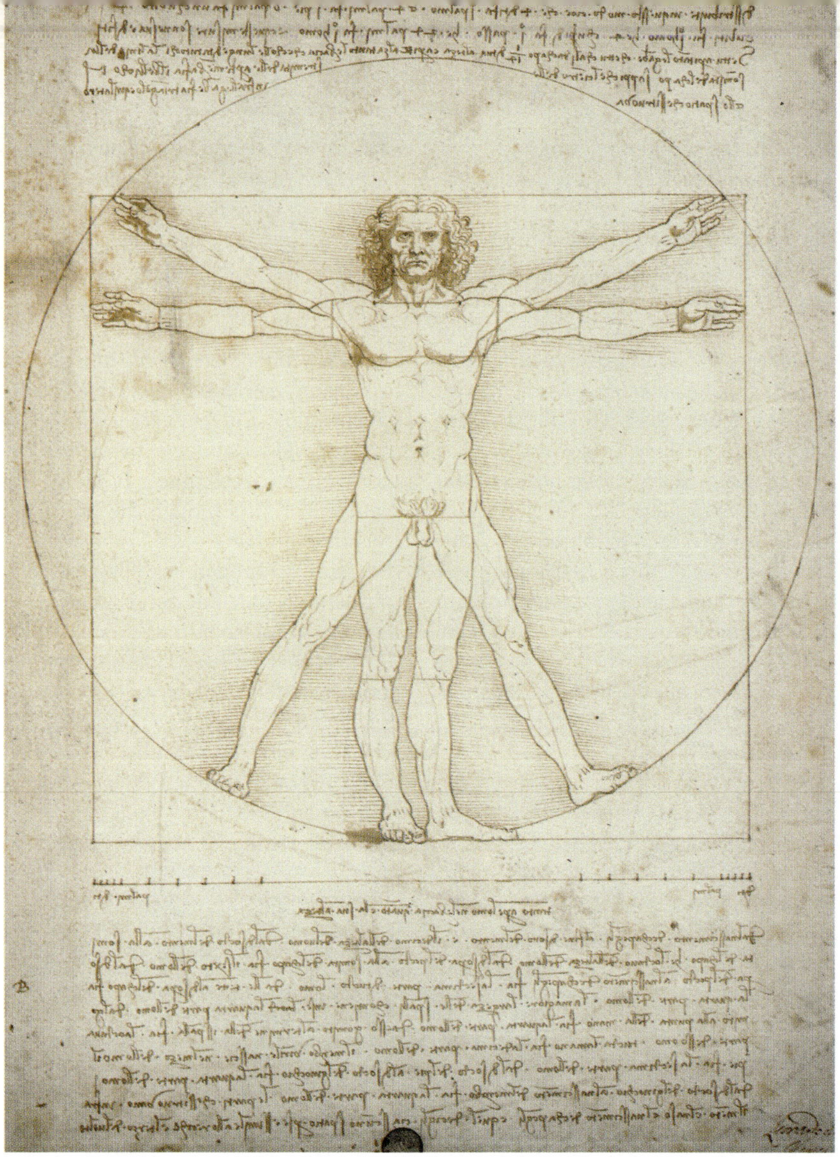

1 Der menschliche Körper als Ausdruck der Harmonie.
Skizze (34,4 x 24,5 cm) von Leonardo da Vinci, um 1485-90.
Kreis und Quadrat sind Grundformen der Harmonie, sie bestimmen auch die Größenverhältnisse (Proportionen) des menschlichen Körpers. Auf diesen Zusammenhang hatte schon der römische Baumeister und Schriftsteller Vitruv, der um Christi Geburt lebte, hingewiesen. Sein Werk war Anfang des 15. Jh. wieder entdeckt worden und beeinflusste danach zahlreiche Baumeister und Künstler.
Übrigens: Den Text auf dem Blatt schrieb der Linkshänder Leonardo in Spiegelschrift.

Die Einstellung ändert sich
Im Mittelalter galt das Leben auf Erden nur als eine Etappe auf dem Weg zum ewigen Leben. Nach den Pestjahren sorgten sich die Menschen besonders um ihr Seelenheil, denn sie fürchteten die Hölle. Indem sie Gott und den Vertretern Gottes auf Erden gehorchten, hofften sie nach dem Tod auf ein Leben im Paradies.
Die Einteilung in die drei Stände (Geistlichkeit, Adel sowie Bauern und Bürger) galt als gottgewollt. Sich dagegen aufzulehnen, bedeutete zu sündigen. Ein solches Weltverständnis ließ nur wenig Platz für die freie Entfaltung einer einzelnen Person.
Trotzdem entwickelte sich seit dem Ende des 13. Jh. in den italienischen Städten ein neues Bild vom Menschen. Künstler und Gelehrte machten den Einzelnen, das *Individuum,* zum Mittelpunkt der von Gott geschaffenen Welt. Sie erklärten ihn für selbst verantwortlich für sein persönliches Glück und Leid. Für sie war jeder Mensch ein besonderes Geschöpf und mit allen Fähigkeiten begabt. Dieses neue Verständnis des Menschen gipfelte in der Feststellung eines Gelehrten des 15. Jh.: *Sobald die Menschen wollen, können sie von sich aus alles.*

Neue Leitbilder
Zum Leitbild der kleinen Oberschicht wurde im 15. Jh. der allseits gebildete Mensch: der *uomo universale.* Er sollte klug und weltoffen sein, sich als Krieger, Gelehrter und Künstler betätigen, in Gesellschaft sicher und höflich auftreten. Er sollte ein angenehmer und wortgewandter Gesprächspartner und ein ebenso guter Tänzer wie Fechter sein.

Von einer Dame wurden neben den mütterlichen Tugenden und hausfraulichen Fähigkeiten noch Bildung und Bescheidenheit gefordert. Geburt und Standesgrenzen spielten in diesen Vorstellungen eine geringe Rolle. Letztlich unterschied man nur noch zwischen Gebildeten und Ungebildeten. Die Gebildeten blickten dabei oft hochmütig auf die Ungebildeten herab.

1. *Stellt in einer Tabelle Kennzeichen des mittelalterlichen und des „neuen" Menschenbildes gegenüber.*
2. *Vergleicht die Eigenschaften eines Ritters mit denen des „uomo universale".*
3. *Erkläre, warum war es für die meisten Menschen schwierig war, diesem Ideal des „uomo universale" zu entsprechen.*

Warum ändert sich das Denken?

Das neue Denken über den Menschen und die Politik hatte zahlreiche Ursachen. In den italienischen Staaten lebten viele gebildete Menschen, und es wurde frei und offen über Politik, Religion und Kunst nachgedacht; wohl auch deshalb, weil die Führungsschichten durch Kriege und Handel mit fremden Kulturen in Berührung gekommen waren, etwa mit dem griechisch-orthodoxen Byzantinischen Reich und dem muslimischen Orient. Hinzu kam die Erinnerung an die zahllosen Opfer der Pest. Sie hatte gezeigt, wie vergänglich das Leben sein konnte, und bei den Reichen und Gebildeten einen grenzenlosen Lebenshunger geweckt.

Die Antike wird wieder entdeckt

Die lateinischen und griechischen Schriftsteller der Antike waren in Westeuropa fast vergessen. Das änderte sich seit dem Ende des 13. Jh. Die italienischen Dichter und Gelehrten, die die Machtlosigkeit und Zerrissenheit ihrer Heimat beklagten, erinnerten sich an die Macht des Römischen Reiches und interessierten sich für die antike Kultur. Nach über 1000 Jahren waren nur noch Bruchstücke erhalten. Die römischen Ruinen hatte man Jahrhunderte lang als Steinbrüche benutzt; die antiken Schriften waren zwar gesammelt worden, aber die Kirchengelehrten hatten nur die Teile abgeschrieben und überliefert, die mit der kirchlichen Lehre übereinstimmten. Die antike Kunst galt als heidnisch.

Jetzt wurden die antiken Schriftsteller und Philosophen wieder gelesen. Das Interesse steigerte sich, als zahlreiche Gelehrte aus Byzanz nach Westeuropa zogen. Sie hatten antike Schriften im Gepäck, denn Byzanz war 1453 durch die Osmanen erobert worden.*

*Lies dazu Seite 91 f.

2 David.
Bronzestatue von Donatello, um 1430; Höhe 158 cm.
Der Florentiner Bildhauer Donatello gab in der Statue die Körperhaltung so wieder, wie sie bereits der griechische Künstler Polyklet im 5. Jh. v. Chr. dargestellt hatte. Diese 1,58 m hohe Statue gilt als die erste freistehende Aktfigur seit der Antike.
Nebenbei: Die biblische Figur des David diente mehreren Renaissance-Künstlern als Motiv. Mit dem Hirtenjungen David erinnerte man an die Stärke und Kampfbereitschaft der kleinen städtischen Führungsschicht.

Humanismus und Renaissance

Begeisterte Liebhaber der antiken Kultur lernten Latein und Griechisch, um die alten Werke verstehen und übersetzen zu können. Sie suchten in Klosterbibliotheken nach Handschriften, erwarben sie, schrieben sie ab oder ließen sie abschreiben. Wer es sich leisten konnte, sammelte Bücher antiker Autoren. Erstmals konnten zahlreiche römische und griechische Autoren vollständig gelesen werden.

In den Schriften des römischen Schriftstellers und Politikers *Cicero* aus dem 1. Jh. v. Chr. fand man den Begriff *studia humanitatis*. Er bedeutet so viel wie „Fähigkeiten, die jeder erwerben muss, um sich zum wirklichen Menschen auszubilden". Dazu gehörten Kenntnisse der Grammatik, der Redelehre (*Rhetorik*), der Geschichte, der Dichtkunst und der Morallehre (*Philosophie*). Alle, die sich mit diesen Wissenschaften beschäftigten und sich dabei an antiken Vorbildern orientierten, nannte man bald *Humanisten*. Die Bezeichnung *Humanismus* wurde im 19. Jh. für diese Epoche geprägt.

Das gilt auch für den Begriff Renaissance. Er ist die französische Übersetzung des italienischen Wortes *rinascitá*, zu deutsch: „Wiedergeburt". Anders ausgedrückt: Die Befürworter der „neuen Zeit" waren stolz darauf, das Erbe der Antike nach einer 1000-jährigen Epoche der „Finsternis" wieder ans Licht geholt zu haben.

Für einige Historiker beginnt daher mit der Renaissance eine neue Phase der Weltgeschichte: die Neuzeit.

Manche Humanisten sprachen abschätzig vom „Finsteren Mittelalter". Stimmt ihr ihnen zu?

M 1 Die Erschaffung Adams.
Ausschnitt aus dem Deckenfresko der Sixtinischen Kapelle in Rom von Michelangelo, 1508-12. Vor Michelangelo hatte kein Maler gewagt, diesen Augenblick der Vollendung der biblischen Schöpfungsgeschichte so zu gestalten.

M 2 Was wäre die Welt ohne sie?
Der Gesandte und Geschichtsschreiber Gianozzo Manetti schrieb 1452:

Die Welt ist wohl von Gott geschaffen, aber der Mensch hat sie verwandelt und verbessert. Denn alles, was uns umgibt, ist unser eigenes Werk, das Werk des Menschen; alle Wohnstätten, alle Schlösser, alle Gebäude auf der ganzen Welt [...]. Von uns sind die Gemälde, die Skulpturen; von uns kommen der Handel, die Wissenschaften und philosophischen Systeme. Von uns kommen alle Erfindungen und alle Arten von Sprachen und Literaturen.

John R. Hale, Fürsten, Künstler, Humanisten, Reinbek 1973, S. 26

M 3 Ein einzigartiges Geschöpf
Der italienische Gelehrte Giovanni Pico della Mirandola verfasst im Jahre 1486 eine Rede „Über die Würde des Menschen", die er nie gehalten hat und die erst nach seinem Tod veröffentlicht wurde. Pico lässt darin Gott zu Adam sagen:

Keinen bestimmten Platz habe ich dir zugewiesen, auch keine bestimmte äußere Erscheinung und auch nicht irgendeine besondere Gabe habe ich dir verliehen, Adam, damit du den Platz, das Aussehen und alle die Gaben, die du dir selber wünschst, nach deinem eigenen Willen und Entschluss erhalten und besitzen kannst. Die fest umrissene Natur der übrigen Geschöpfe entfaltet sich nur innerhalb der von mir vorgeschriebenen Gesetze. Du wirst von allen Einschränkungen frei nach deinem eigenen freien Willen, dem ich dich überlassen habe, dir selbst deine Natur bestimmen. In die Mitte der Welt habe ich dich gestellt, damit du von da aus bequemer alles ringsum betrachten kannst, was es auf der Welt gibt.

Giovanni Pico della Mirandola, Oratio de hominis dignitate/Rede über die Würde des Menschen, hrsg. und übers. von Gerd von der Gönna, Stuttgart 1997, S. 9

1. *Beschreibe, wie Michelangelo die Schöpfungsgeschichte darstellt (M 1). Vergleiche mit der Bibel.*
2. *Stelle zusammen, welche Leistungen Manetti und Pico della Mirandola dem Menschen zuschreiben (M 2 und M 3).*
3. *Überlege, welche Chancen und Gefahren darin liegen, dass der Mensch die Welt nach seinem „eigenen freien Willen" verändern kann (M 3).*

Die Kunst der Renaissance

Anregungen aus der Antike

Das Interesse an der Antike erfasste auch Maler, Bildhauer und Baumeister. Sie arbeiteten bald überall „nach der Art der Alten". Die Kunst des Mittelalters lehnten sie ab, vor allem die Gotik, die sich in Italien ohnehin nie hatte durchsetzen können.

Die Künstler der Renaissance studierten die antiken Ruinen und Kunstwerke ebenso wie die Äußerungen antiker Schriftsteller über die Kunst und Architektur. Sie ahmten sie nicht nach, sondern ließen sich von ihnen anregen.

Aufschwung für die Künste

Vom 4. bis zum 17. Jh. war die Kirche der wichtigste Auftraggeber für die Künstler. Was den Umfang der Aufträge betraf, nahmen Kaiser, Könige und Fürsten erst den zweiten Rang ein. Seit dem 12. Jh. erweiterte sich der Kreis der Auftraggeber um Stadtregierungen, Zünfte, Gilden und reiche Privatleute. In Florenz war es beispielsweise die Zunft der Tuchmacher, die den Auftrag für den Dom gab. Päpste, Fürsten und Bankiers wetteiferten miteinander, Auftraggeber und Förderer der Künste (*Mäzene*) zu werden. Sie hofften, sich durch die Kunstwerke ein Denkmal zu setzen. Sie alle bestimmten Inhalt und Form der Kunstwerke.

2 **Die ideale Stadt.**
Gemälde eines unbekannten Florentiner Künstlers des späten 15. Jh.
Das Bild zeigt in zentralperspektivischer Malweise eine Stadtarchitektur, die so nie verwirklicht wurde.*

***Zentralperspektive**: *Beim räumlichen Sehen bezieht sich das Auge auf einen zentralen Punkt, zu dem alle wichtigen Linien eines Bildes führen. Künstler nutzen die Zentralperspektive, um einen dreidimensionalen Raum oder Gegenstand auf eine Ebene abzubilden.*

1 **Santa Maria del Fiore.**
Foto, um 1990.
Der Dom von Florenz, errichtet zwischen 1296 und 1436. Architekt der Kuppel, die zwischen 1420 und 1436 entstand, war Filippo Brunelleschi. Der Chor mit der Kuppel ist ein Zentralbau. Bei ihm sind – im Gegensatz zum Langbau der sonstigen Kirchen – mehrere Räume um einen runden oder ovalen Grundriss gruppiert. Als Vorbild diente der Anfang des 2. Jh. n. Chr. in Rom errichtete Pantheon-Tempel.

3 **Palazzo Rucellai, Florenz.**
Foto, um 1990.
Architekt des um 1456 begonnenen Baues ist Leon Battista Alberti.

4 Selbstbildnis.
Zeichnung (33,2 x 21,2 cm) von Leonardo da Vinci, um 1512-15.

5 „La Gioconda", genannt Mona Lisa.
Ölgemälde (77 x 53 cm) von Leonardo da Vinci, um 1503-05.

Vom Handwerker zum Künstler
Wer als Künstler das Glück hatte, von einem reichen Bürger oder Fürst gefördert zu werden, kam in der Renaissance zu hohem Ansehen. Maler, Bildhauer und Baumeister galten nicht mehr als einfache Handwerker, sondern als schöpferisch tätige, ja geniale Menschen. Kunstfreunde pilgerten zu den Wohn- und Geburtshäusern der berühmtesten Künstler. Lobende Schriften und Beschreibungen ihres Lebens machten die Runde, und viele erhielten nach ihrem Tod Ehrengräber.

Leonardo da Vinci
Besonders bewundert wurden Künstler, die in mehreren Bereichen Hervorragendes leisteten. *Leonardo da Vinci*, der von 1452 bis 1519 lebte, war vielseitiger als seine Zeitgenossen. Er dichtete und musizierte, malte Ölbilder und Fresken, entwarf Standbilder, Gebäude und Befestigungsanlagen. Seinen Lebensunterhalt verdiente er mit Dekorationen von Wohnräumen hoch gestellter Persönlichkeiten, Ausstattungen für glänzende Feste, Bühnenbildern und Kostümentwürfen für Maskeraden. Zugleich forschte und experimentierte Leonardo: Er untersuchte den menschlichen Körper und die Naturerscheinungen, er entwarf Flugmaschinen, gepanzerte Fahrzeuge, Unterseeboote und anderes. Vieles war damals allerdings nicht zu verwirklichen.

Die Renaissance bei uns

Die Kunst der Renaissance breitete sich von Italien in ganz Europa aus. In den deutschen Gebieten setzte sie sich am Ende des 15. Jh. durch, vor allem in der Freien Reichsstadt Nürnberg, die durch den Handel mit Metallwaren (Rüstungen, Waffen) mit ganz Europa in Verbindung stand. Dort arbeiteten im 15. und 16. Jh. viele berühmte Künstler. Der bedeutendste war *Albrecht Dürer*, der von 1471 bis 1528 lebte. Er hatte sich wie andere europäische Künstler Anregungen auf Reisen aus Italien geholt.

Den italienischen Einfluss auf die Architektur kann man heute an vielen öffentlichen und privaten Bauten erkennen. Zum Beispiel am Hamelner Hochzeitshaus, am Bremer und Kölner Rathaus oder am Heidelberger Schloss.

6 „Selbstbildnis im Pelzrock."
Ölgemälde (67 x 49 cm) von Albrecht Dürer, 1500.
Die lateinische Inschrift auf der rechten Seite des Bildes – hier kaum lesbar – lautet übertragen: „So malte ich, Albrecht Dürer aus Nürnberg, mich selbst mit meinen eigenen Farben im Alter von 28 Jahren."

7 Das kurfürstliche Residenzschloss zu Berlin.
Anonyme Kopie des 19. Jh. nach einem Ölgemälde (154 x 179 cm) von Abraham Begeyn, um 1690.
Der Renaissancebau ist vor allem ab 1538 durch Caspar Theiß errichtet worden. Kurfürst Joachim II. von Brandenburg (1505-1571) gab ihn in Auftrag.

1. Informiert euch über bedeutende Werke Dürers.
2. Das Selbstbildnis (Abb. 6) gilt aus Ausdruck eines „Renaissance-Menschen". Erkläre!
3. Bereitet in der Klasse eine Ausstellung mit Abbildungen deutscher Renaissance-Kunstwerke vor. Berücksichtigt dabei euren Heimatraum.

LERNTIPP

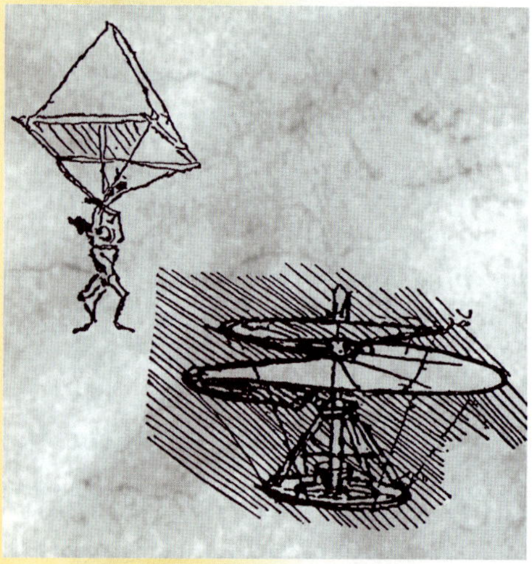

M 1 Technische Zeichnungen von Leonardo da Vinci.
Aus den Skizzenbüchern. Oben: Fallschirm. Rechts: Luftschraube oder Luftkreisel – eine Art Hubschrauber.
Beschreibt, wie die Erfindungen funktionierten. Wieso wurden sie damals nicht verwirklicht?

M 2 Leonardo – mehr als ein Künstler

Leonardo stellt etwa um das Jahr 1482 dem Herzog von Mailand in einem Schreiben seine Fähigkeiten vor.

1. Ich habe Pläne für sehr leichte, aber dabei starke Brücken, die sich ganz leicht befördern lassen, und mit denen man den Feind verfolgen und manchmal auch fliehen kann, und solche für andere, feste Brücken, die weder durch Feuer noch im Kampf zerstört und leicht und bequem abgebrochen und errichtet werden können, und auch Pläne, um die des Feindes zu verbrennen und zu zerstören.
2. Ich kann bei der Belagerung eines Platzes das Wasser aus den Gräben ableiten und zahlreiche Brücken, Rammböcke, Sturmleitern und andere zu einem solchen Unternehmen gehörende Geräte machen [...].
4. Ferner habe ich Pläne für Bombarden*, die sich sehr bequem und leicht befördern lassen, mit denen man kleine Steine schleudern kann, fast so, als ob es hagle, und deren Rauch dem Feind gewaltigen Schrecken einjagt [...].
6. Ferner werde ich sichere und unangreifbare gedeckte Wagen bauen, die mit ihren Geschützen durch die Reihen des Feindes fahren und jeden noch so großen Haufen von Bewaffneten zersprengen werden [...].
10. In Friedenszeiten kann ich mich wohl mit jedem anderen in der Baukunst messen, sei es bei der Errichtung öffentlicher und privater Gebäude oder bei der Leitung des Wassers von einem Ort zum anderen.

Ferner werde ich bei der Bearbeitung von Marmor, Erz und Ton sowie in der Malerei wohl etwas leisten, was sich vor jedem anderen, wer immer es sei, sehen lassen kann.

Leonardo da Vinci, Tagebücher und Aufzeichnungen, hrsg. v. Theodor Lücke, München [2]1952, S. 889 f.

***Bombarden**: große Kanonen*

M 3 Natur, Kunst und Wissenschaft

Der Sekretär des Herzogs von Aragón berichtet über einen Besuch bei Leonardo am 10. Oktober 1517:

Dieser Herr hat eine besondere Abhandlung über den Körperbau zusammengestellt, mit Illustrationen nicht nur der Glieder, sondern auch der Muskeln, Nerven, Adern, Gelenke, Eingeweide und allem, was an den Körpern der Männer wie auch der Frauen studiert werden kann, so wie noch kein anderer Mensch es jemals getan hat. All das haben wir mit unseren eigenen Augen gesehen; und er sagte, er hätte bereits mehr als dreißig Leichen zerlegt, Männer wie Frauen jeden Alters. Er hat auch über die Natur des Wassers geschrieben, und über verschiedene Maschinen und andere Dinge, die er in einer endlosen Zahl von Bänden niedergeschrieben hat, und all das in Umgangssprache.

Kenneth Clark, Leonardo da Vinci, Reinbek 1989, S. 167 f.

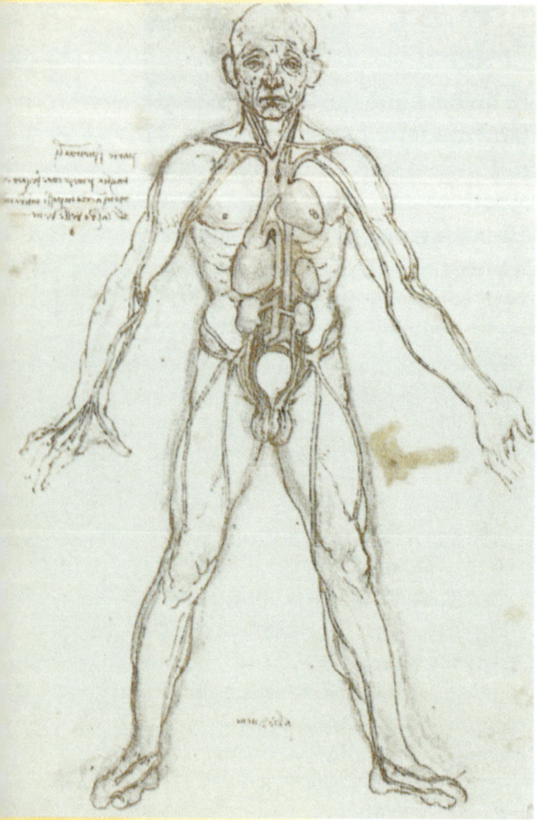

M 4 Figur mit Herz, Lunge und Hauptschlagadern.
Zeichnung von Leonardo da Vinci, um 1490. Vergleiche mit Abb. 1 auf Seite 80.

1. *Stelle zusammen, für welche Arbeiten sich Leonardo in dem Brief anbietet (M 2).*
2. *Der Sekretär des Herzogs von Aragon betont, dass Leonardo die Ergebnisse seiner wissenschaftlichen Arbeiten in der „Umgangssprache" schrieb. Nenne einen Grund für diesen Hinweis.*
3. *Welche Kenntnisse sind Voraussetzung für die Skizze (M 4)? Berücksichtige M 3.*

Die Schwarze Kunst

1 Buchdruckerwerkstatt.
Nachträglich kolorierter Kupferstich von Matthäus Merian d. Ä., 1632.
Zur Arbeit des Kupferstechers siehe S. 105.

Bücher sind gefragt
Bis ins 15. Jh. hinein wurden in Europa Bücher noch handschriftlich kopiert. Den wachsenden Bedarf konnten die Mönche und Nonnen, die bis dahin fast ausschließlich die Schreibarbeiten leisteten, nicht mehr befriedigen. Handschriftenhändler beteiligten sich daher seit dem 14. Jh. an der Buchherstellung. Sie beschäftigten Lohnschreiber und -schreiberinnen und verkauften die Bücher.
Zwei chinesische Erfindungen, die über den Orient nach Europa gekommen waren, beeinflussten die weitere Entwicklung der Buchherstellung: die Papierherstellung und die Technik, von einer Holzplatte mit einem spiegelverkehrten Relief Schriftzeichen-Blöcke herzustellen. Papier machte Bücher billiger. Denn im 15. Jh. kostete es ein Viertel so viel wie Pergament.

Gutenberg hat eine Idee
Der große Bedarf an Geschriebenem mag den um 1400 geborenen *Johannes Gutenberg* angetrieben haben, nach neuen Wegen zu suchen, um Bücher herzustellen. Um 1450 erfand er in Mainz das Drucken mit beweglichen Metallbuchstaben. Der erste wichtige Schritt war, eine Metallmischung für haltbare **Lettern** (*Druckbuchstaben*) zu finden. Der zweite war die Herstellung eines Gießgerätes, mit dem Gutenberg beliebig viele solcher Lettern mit demselben Schriftbild und gleichen Maßen herstellen konnte. Diese Erfindungen allein reichten nicht aus, um den Buchdruck voranzubringen. Also verbesserte Gutenberg weitere Arbeitsschritte wie das Zusammensetzen der Lettern, das Einfärben der Druckvorlage mit der richtigen Druckerschwärze aus Leinöl und Ruß sowie das Pressen der Vorlagen. Dazu führte er diese Arbeiten in einem bestimmten Herstellungsablauf zusammen. Gutenberg griff dabei auf die Erfahrungen von Gold- und Waffenschmieden und Tischlern zurück. Für die Druckerpresse mögen ihm Weinpressen Anregungen gegeben haben.
Das erste mit dieser Technik gedruckte Buch war 1456 eine Bibel. Etwa drei Jahre hatte man daran gearbeitet. Die Kosten waren hoch: Gutenberg musste sich dafür 800 Gulden leihen. Mit dem Betrag hätte er damals in Mainz mehrere Häuser kaufen können!
Gewinn brachten die ersten gedruckten Bibeln nicht, dafür aber der Druck von Schulbüchern, Kalendern und Einblattdrucken.
Gutenberg zog aus seiner Erfindung kaum Vorteile. 1457 musste er seine Druckerei aufgeben, um seine Schulden bezahlen zu können. 1468 starb er in Mainz.

Das Medienzeitalter beginnt
Die Erfindung Gutenbergs setzte sich nicht sofort durch. Bis ins 17. Jh. hinein wurden Bücher durch Abschreiben vervielfältigt. Trotzdem waren Gutenbergs Neuerungen ein riesiger Erfolg. Sein Druckverfahren wurde in ganz Europa bekannt. In Bamberg erschien 1461 erstmals ein in deutscher Sprache und mit Holzschnittillustrationen gedrucktes Buch. In Straßburg, Köln, Speyer und Nürnberg wurden die ersten Druckereien des Reiches eingerichtet. Das erste in Italien gedruckte Buch erschien 1464. Die erste Druckerei in Frankreich gründeten 1470 zwei Deutsche in der Pariser Universität.
Bis 1500 wurden etwa 30 000 Titel gedruckt. Bei einer Auflagenhöhe zwischen 100 und 2 000 Exemplaren kann von etwa zehn Millionen gedruckten Büchern ausgegangen werden. Dazu kam eine ständig wachsende Zahl von Einblattdrucken, die mit und ohne Bilder als sogenannte **Flugblätter** zu bestimmten Themen Stellung nahmen.
Eine breite Wirkung erlangte der Buchdruck erst, als mehr Menschen lesen lernten. Während um die Mitte des 16. Jh. in den großen Handelsstädten wie Nürnberg, Augsburg, Straßburg und Köln wohl 25 bis 30 Prozent der Bevölkerung lesen konnten, waren es auf dem Lande nur wenige. Das gedruckte Wort erreichte die Menschen durch lautes Vorlesen. Trotzdem: Es schuf eine verbesserte Möglichkeit der Wissensvermittlung und eine neue Öffentlichkeit. Das Medienzeitalter begann. Es veränderte das kulturelle und politische Leben tiefgreifend.

1. *Nenne Gründe, weshalb Bücher während der Renaissance eine neue Bedeutung bekamen.*
2. *Arbeitet heraus, worin das Besondere der Erfindung Gutenbergs lag.*

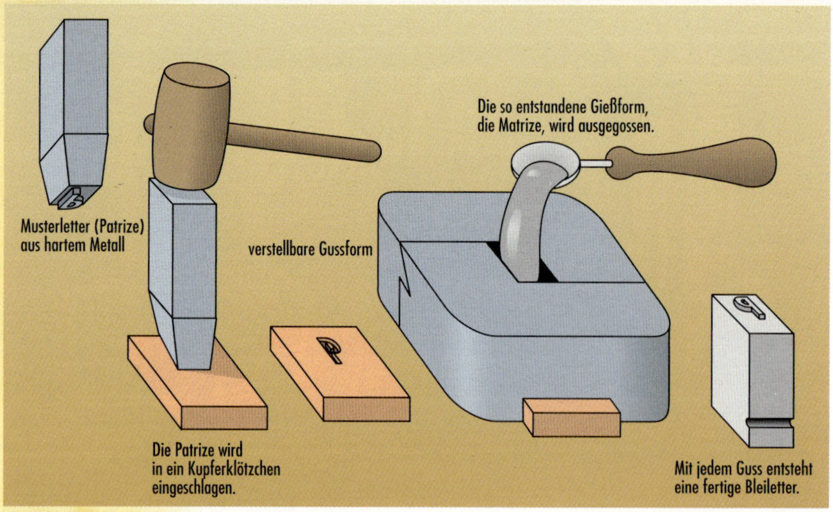

M 1 Die Herstellung von beweglichen Lettern.

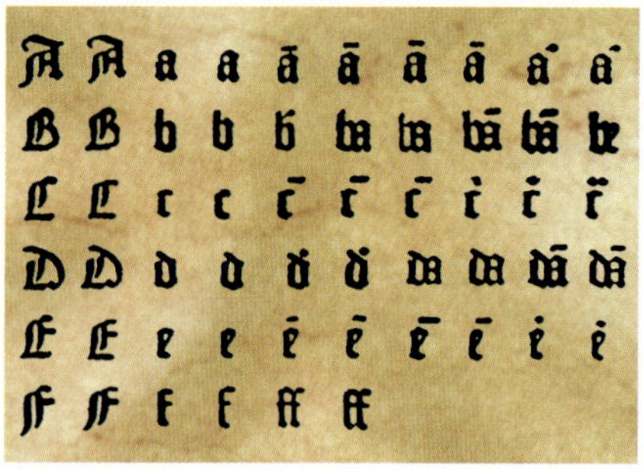

M 2 Buchstabenentwürfe.
Gutenberg entwarf für die großen und kleinen Buchstaben des Alphabets nicht nur je eine Type, sondern mehrere verschiedene sowie Buchstabenverbindungen.

M 3 „Wie bekommt man das so hin?"
In einem Jugendbuch lässt Wiebke von Thadden einen Gesellen beschreiben, wie Buchstaben hergestellt wurden:

„Wenn man solche Lettern herstellen will, die beim Drucken Buchstaben ergeben sollen", begann der Geselle, „dann schreibt man als erstes den Buchstaben – oder besser das ganze Alphabet – in der Schriftart, in der man es haben möchte, sauber auf ein Blatt Pergament. Dann paust man jeden Buchstaben einzeln seitenverkehrt auf eine Platte aus hartem Metall und schneidet die Buchstaben als kleine Stempel aus ihr heraus. Diese Stempel nennt man Patrizen. Die seitenverkehrte Patrize eines Buchstabens schlägt man in eine Form aus weicherem Metall und erhält so eine Vertiefung, eine seitenrichtige Matrize. Und diese Matrize legt man als Verschluss unten in eine Handgießform und gießt sie mit einer Legierung aus Blei und anderen Metallen aus. Damit erhält man eine seitenverkehrte Letter [...] und die druckt dir dann einen seitenrichtigen Buchstaben aus. Du musst dir einmal vorstellen, dass man aus einer einzigen Patrize unzählig viele gleiche Matrizen und aus einer einzigen Matrize unzählig viele gleiche Lettern herstellen kann. Mit einer Letter lassen sich dann wieder unzählig viele Buchstaben drucken. Das ist das Geheimnis unserer Druckerkunst, die man auch die Schwarze Kunst nennt – und nicht nur wegen der Druckerschwärze, mit der wir die Lettern einfärben."

Wiebke von Thadden, Thomas und die schwarze Kunst. Ein Roman aus der Frühzeit des Buchdrucks, Hamburg [2]1997, S. 49 f.

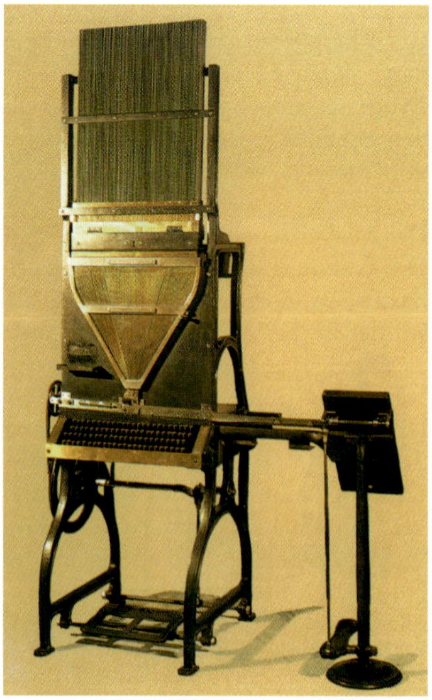

M 4 Typensetzmaschine von Charles Kastenbein, 1871.
Erst nach rund 400 Jahren wurde der Handsatz durch Setzmaschinen abgelöst. Zur Funktion: Drückt man eine Taste, gelangt die entsprechende Type aus einem der senkrecht stehenden Vorratsrohre durch einen Kanal der dreieckigen Leitplatte senkrecht in die Leitrinne zu den bereits gesetzten Typen. Nebenbei: Die Technik der Setzmaschinen wurde ständig verbessert. Aber bereits nach rund 100 Jahren war sie veraltet. Was löste diese Technik ab?

Internettipps → *Unter www.gutenberg.de und www.gutenbergdigital.de findest du weitere Informationen über Gutenberg und den Buchdruck.*

Exkursionstipp → *Im Deutschen Technikmuseum in Berlin befindet sich eine Abteilung mit alten Druckpressen. Alternative: Besuch einer beliebigen Zeitungsredaktion und Druckerei.*

Lesetipps → *Stephan Füssel, Johannes Gutenberg, Reinbek [3]2003; Wiebke von Thadden, Thomas und die schwarze Kunst. Ein Roman aus der Frühzeit des Buchdrucks, Hamburg [2]1997*

1. *Beschreibt die in M 1 zu sehenden Arbeitsschritte. Findet heraus, welche wichtige Arbeit hier nicht dargestellt ist.*
2. *Inzwischen gibt es eine große Anzahl von Schriftarten. Druckt Beispiele mit dem PC aus (Groß- und Kleinbuchstaben). Macht Vergrößerungen von den Typen und beschreibt die Unterschiede. Vielleicht könnt ihr eine kleine Ausstellung zum Thema „Schriften" zusammenstellen.*
3. *Entwerft selbst Buchstaben.*
4. *Erkläre den Ausdruck „Schwarze Kunst" für das Druckhandwerk.*
5. *Erkläre die besondere Bedeutung der Buchdruckerkunst und überlege, wie sie Gesellschaft und Politik veränderte.*

LERNTIPP

Und sie bewegt sich doch!

Die Erde steht nicht still

Der Erdmittelpunkt ist nicht der Mittelpunkt der Welt [...]. Die Erde dreht sich mit den ihr anliegenden Elementen in täglicher Bewegung einmal ganz um ihre unveränderlichen Pole.
Diese Sätze stehen in einem Buch, das 1543 in Nürnberg gedruckt wurde und folgenden Titel trägt: *Sechs Bücher über den Umschwung der himmlischen Kugelschalen.* Der Verfasser war *Nikolaus Kopernikus* (1473-1543). Er verwarf das allgemein anerkannte **geozentrische Weltbild** (griech. *gē*: Erde), wonach die Erde der Mittelpunkt des Weltalls sei, und trug mit seinem Werk zu einem neuen Bild der Erde bei.
Die Ansicht, dass die Erde eine Scheibe sei, hatten die Gelehrten längst verworfen. Sie gingen davon aus, dass die Erde eine Kugel sei.

Wendezeit

Kopernikus hatte an den Universitäten von Krakau, Bologna, Padua und Ferrara humanistische, mathematische, juristische und medizinische Studien betrieben. Danach lebte er in Frauenburg, wo er als Domherr, eine Art leitender Angestellter einer Kirche, den Besitz des ostpreußischen Bistums Ermland im heutigen Polen verwaltete. Nebenbei studierte Kopernikus antike Schriften, beobachtete den Himmel und fand durch Berechnungen heraus, dass die Sonne im Mittelpunkt der Welt steht. Das erst kurz vor seinem Tode veröffentlichte Werk bestätigte seine Überzeugung, dass die Erde sich wie die anderen Planeten um die Sonne dreht. Kopernikus war es ursprünglich nicht um die Widerlegung des geozentrischen Weltbildes gegangen. Er wollte lediglich die Dauer des Jahres genauer bestimmen.

1 Kopernikus.
Nachträglich kolorierter Stich aus einem Astronomiebuch des 17. Jh.

Das **heliozentrische Weltbild** (gr. *helios*: Sonne) wurde von dem italienischen Gelehrten *Galileo Galilei* (1564-1642) bestätigt. Galilei war wohl der erste, der im Jahr 1609 mit einem Fernrohr in die Tiefen des Universums blickte.

Glaube gegen Wissenschaft?

Die katholische Kirche verwarf das heliozentrische Weltbild. Es stand für sie im Widerspruch zur Bibel. In der Heiligen Schrift bildete die Erde den Mittelpunkt der Schöpfung und damit des Universums. Die Beweise schienen der Kirche nicht schlüssig. Sie reagierte nicht sofort mit dem Verbot der Lehre. Erst 1616 setzte der Papst das Buch von Kopernikus auf den **Index**, das Verzeichnis der von der katholischen Kirche verbotenen Bücher.* Forscher wie Galilei ließen sich nicht abhalten, weiter nach Beweisen für die kopernikanischen Überlegungen zu suchen. Zum Ärgernis für die Kirche wurde Galilei, als er den Erkenntnissen der Natur eine größere Bedeutung zumaß als der Heiligen Schrift. Nachdem er den Papst in einer seiner Schriften lächerlich gemacht hatte, stellte die Kirche Galilei 1633 vor ein Inquisitionsgericht. Es wollte öffentlich festhalten, dass der Glaube an die göttliche Schöpfung nicht durch das menschliche Wissen in Frage gestellt werden dürfe. Die Richter brachten den inzwischen 70-jährigen Forscher dazu, gegen seine Überzeugung sein Bekenntnis zum heliozentrischen Weltbild zu widerrufen und verurteilten ihn zu einer lebenslänglichen Gefängnisstrafe.
Seinen Lebensabend verbrachte Galilei nicht hinter Gittern, sondern unter kirchlicher Aufsicht im eigenen Landhaus. In Abgeschiedenheit verfasste er ein für die weitere Entwicklung der Physik wichtiges Werk, die *Unterredungen und mathematischen Demonstrationen über zwei neue Wissenszweige, die Mechanik und die Fallgesetze betreffend.* Vier Jahre nach dieser Veröffentlichung, die von den Gelehrten in ganz Europa gelesen wurde, starb Galilei.
Erst 1992, 350 Jahre nach seinem Tod, gestand die katholische Kirche öffentlich ein, dass sie Galilei unrechtmäßig verurteilt hatte.

**In welchem Zusammenhang der „Index" von der katholischen Kirche eingeführt wurde, erfährst du auf Seite 127.*

2 Das heliozentrische Planetensystem des Kopernikus.
Kupferstich aus dem „Himmelsatlas" von Cellarius, 1660.
Drei Bewegungen kennzeichnen das kopernikanische Planetensystem:
1. Die Erde dreht sich täglich einmal um ihre Achse. 2. Sie bewegt sich einmal im Jahr um die Sonne.
3. Die Planeten bewegen sich auf Kreisen um die Sonne.

M 2 Galileo Galilei.
Kopie eines Gemäldes von Justus Sustermans, 1640.

M 3 Fernrohre.
Mit diesen beiden von ihm selbst angefertigten Fernrohren führte Galilei seine Beobachtungen durch.
Galilei hat die Fernrohre nicht erfunden. Die Idee, durch Kombination von zwei Linsen entfernte Gegenstände größer erscheinen zu lassen, scheint zuerst in Italien um 1590 entwickelt worden zu sein. Gebaut wurde das erste Fernrohr wahrscheinlich 1608 von einem Brillenmacher in Holland.

M 1 Ein Experiment
In Galileis „Dialog über die beiden hauptsächlichen Weltsysteme" von 1632 wird folgender Versuch beschrieben:

Auf einem Lineale, oder sagen wir auf einem Holzbrett von 12 Ellen Länge, bei einer halben Elle Breite und drei Zoll Dicke, war auf dieser letzten schmalen Seite eine Rinne von etwas mehr als einem Zoll Breite eingegraben. Dieselbe war sehr gerade gezogen, und um die Fläche recht glatt zu haben, war inwendig ein sehr glattes und reines Pergament aufgeklebt; in dieser Rinne ließ man eine sehr harte, völlig runde und glattpolierte Messingkugel laufen. Nach Aufstellung des Brettes wurde dasselbe einerseits gehoben, bald eine, bald zwei Ellen hoch; dann ließ man die Kugel durch den Kanal fallen und verzeichnete in sogleich zu beschreibender Weise die Fallzeit für die ganze Strecke; häufig wiederholten wir den einzelnen Versuch, zur genaueren Ermittlung der Zeit, und fanden gar keine Unterschiede, auch nicht einmal von einem Zehntel eines Pulsschlages. Darauf ließen wir die Kugel nur durch ein Viertel der Strecke laufen, und fanden stets genau die halbe Fallzeit gegen früher. Dann wählten wir andere Strecken und verglichen die gemessene Fallzeit mit der zuletzt erhaltenen und mit denen von zwei Drittel oder drei Viertel oder irgend anderen Bruchteilen; bei wohl hundertfacher Wiederholung fanden wir stets, dass die Strecken sich verhielten wie die Quadrate der Zeiten […]. Hierbei fanden wir außerdem, dass auch die bei verschiedenen Neigungen beobachteten Fallzeiten sich genauso zueinander verhielten, wie weiter unten unser Autor dasselbe andeutet und beweist. Zur Ausmessung der Zeit stellten wir einen Eimer voll Wasser auf, in dessen Boden ein enger Kanal angebracht war, durch den ein feiner Wasserstrahl sich ergoß, der mit einem kleinen Becher aufgefangen wurde, während einer jeden beobachteten Fallzeit; das dieser Art aufgesammelte Wasser wurde auf einer sehr genauen Waage gewogen; aus den Differenzen der Wägungen erhielten wir die Verhältnisse der Gewichte und die Verhältnisse der Zeiten, und zwar mit solcher Genauigkeit, dass die zahlreichen Beobachtungen niemals merklich voneinander abwichen.

Michael Heidelberger und Sigrun Thiessen, Natur und Erfahrung, Reinbek 1981, S. 157

Internettipp → *Zum Thema Astronomie siehe die Homepage des Berliner Planetariums (www.wfs.be.schule.de).*

1. *Anfang des 17. Jh. setzte sich eine neue Auffassung von Wissenschaft durch. Beschreibe sie mit dem Lehrbuchtext und M 1.*
2. *Weder Kopernikus noch Galilei haben die Umlaufbahnen der Planeten um die Sonne genau berechnen können. Dazu waren weitere Forschungen notwendig. Informiert euch, wer die Umlaufbahnen der Planeten um die Sonne genauer erklärt hat und wie sie aussehen.*

M 4 Der Versuch mit der schiefen Ebene.
Fresko von Giuseppe Bezzuoli, um 1839.
Erläutere das Experiment.

Ist das Abendland in Gefahr?

1 Rudolf I. belehnt auf dem Reichstag zu Augsburg 1282 seine Söhne Albrecht und Rudolf mit den Herzogtümern Österreich und Steiermark.
Buchmalerei aus dem „Ehrenspiegel" der Fugger, um 1555 (Ausschnitt).

Aufstieg der Habsburger
Im Südwesten des deutschen Reiches gehörten die Habsburger zu den wichtigsten Herrscherfamilien. Dies bewies die Wahl des Grafen *Rudolf IV. von Habsburg* zum römisch-deutschen König im Jahr 1273. Als *Rudolf I.* regierte er bis 1291. Durch Heiraten, Erbschaften und Kriege bauten die Habsburger ihre Macht aus. 1440 wurde *Friedrich III.* zum römisch-deutschen König gewählt und 1452 zum Kaiser gekrönt. Er sicherte durch Gesetze seiner Familie eine Führungsrolle im Reich. Seitdem führten die Habsburger den Titel **Erzherzog**.

Osmanen erobern Konstantinopel
Friedrich regierte in einer unruhigen Zeit. Die Osmanen beherrschten das Mittelmeer und eroberten im 15. Jh. Teile Südosteuropas. Im Mai 1453 nahmen die Truppen des osmanischen Herrschers *Mehmed II.* Konstantinopel, die Hauptstadt des Byzantinischen Reiches, ein. Der siegreiche Herrscher sah sich als Nachfolger des byzantinischen Kaisers und wählte die alte Kaiserstadt zum neuen Zentrum seines Reiches. Aus Konstantinopel wurde Istanbul, das bis 1923 die Hauptstadt des Osmanischen Reiches blieb.

Die Reaktion des christlichen Europa
Auf den Untergang des christlichen Byzanz reagierten die römisch-katholische Kirche und die westlichen Staaten unterschiedlich.
Das katholische Spanien begann, die Muslime zu vertreiben, die seit Anfang des 8. Jh. auf der iberischen Halbinsel lebten. 1492 wurden auch alle Juden, die sich nicht zum Christentum bekehren lassen wollten, des Landes verwiesen.
Der Papst und andere führende Staatsmänner forderten den Zusammenschluss des christlichen Europa gegen die muslimische Gefahr. Ohne Erfolg, Europa blieb uneins. Vor allem die italienischen Stadtrepubliken suchten ihr Auskommen mit dem Osmanischen Reich, da sie ihren Handel mit dem Orient sichern wollten. Die französischen Könige unterstützten die Feldzüge der Osmanen auf dem Balkan, um die Habsburger zu schwächen.

2 Sultan Mehmed II.
Osmanische Miniatur, 15. Jh.

Begegnungen und Konflikte
Sie konnten trotz der Osmanen ihr Herrschaftsgebiet weiter vergrößern. Friedrich III. hatte mit wichtigen Nachbarn im Westen und Osten seines Reiches Erbabmachungen getroffen. Sie verhalfen den Habsburgern in Burgund, Spanien und Südosteuropa zu bedeutenden Erbschaften. Die 1515 geschlossenen Ehen zwischen Habsburgern und den ungarisch-böhmischen Thronanwärtern sicherten der Familie die Erbansprüche auf Böhmen und Ungarn.
Das Habsburger Reich wurde Opfer weiterer osmanischer Feldzüge: 1526 eroberten die Osmanen große Teile Ungarns, 1529 belagerten sie erstmals Wien, und 1541 verloren die Habsburger große Teile Ungarns für Jahrzehnte an sie. Die so genannten „Türkenkriege" flackerten bis zum Beginn des 18. Jh. immer wieder auf.

M 1 Das belagerte Konstantinopel im Jahre 1453.
Französische Buchmalerei von 1455.
Die Hauptstadt des Byzantinischen Reiches lag schon vor der Eroberung in dem von Osmanen beherrschten Gebiet.

M 2 Europa ist in Gefahr

Die Gefahr, die man mit der Eroberung Konstantinopels verband, stellt der im Dienste des habsburgischen Kaisers stehende Enea Silvio Piccolomini 1454 in einer Rede auf dem Frankfurter Reichstag eindringlich dar; er ruft zum „Kreuzzug" gegen die Osmanen auf.

Der Verlust Konstantinopels, erlauchteste Väter, ruhmvollste Fürsten und ihr übrigen Männer, die ihr nach Herkunft und Gelehrsamkeit ausgezeichnet seid, der einen großen Sieg der Türken, den endgültigen Untergang der Griechen, die größte Schande für die Lateiner bedeutet, ängstigt und schmerzt einen jeden von euch umso mehr, wie ich meine, je vornehmer und je edler er ist […]. Wenn wir die Wahrheit gestehen wollen, hat die Christenheit seit vielen Jahrhunderten keine größere Schmach erlebt als jetzt. Denn in früheren Zeiten sind wir nur in Asien und Afrika, also in fremden Ländern, geschlagen worden, jetzt aber wurden wir in Europa, also in unserem Vaterland, in unserem eigenen Haus, an unserem eigenen Wohnsitz, aufs Schwerste getroffen.

Rolf Hellmut Foerster (Hrsg.), Die Idee Europa 1300-1946. Quellen zur Geschichte der politischen Einigung, München 1963, S. 40

M 3 Der Mittelmeerraum im 16. Jh.

M 4 Das Ende naht

In einem Brief aus derselben Zeit wie der Aufruf M 2 schreibt Enea:

Abgeschnitten ist der Fluss allen Wissens […]. Jetzt ist die Dichtung, jetzt die Philosophie gewissermaßen zu Grabe getragen worden. Ich will nicht leugnen, dass es im lateinischen Westen vielerorts blühende Universitäten gibt: in Rom, Paris, Bologna, Padua, Siena, Perugia, Köln, Wien, Salamanca, Oxford, Pavia, Leipzig oder Erfurt. Sie alle sind jedoch aus griechischen Quellen abgeleitete Bächlein. Trenne den Bach von seiner Quelle – er trocknet sofort aus.

Manfred Fuhrmann, Europa. Zur Geschichte einer kulturellen und politischen Idee, Konstanz 1981, S. 17

1. *Stelle die Argumente zusammen, mit denen Enea die Mitglieder des Reichstags für einen „Kreuzzug" zu gewinnen versucht (M 2).*
2. *Erklärt, warum das Osmanische Reich im 16. Jh. die europäische Politik beeinflussen konnte.*

Die Europäer entdecken die Welt

1 Venezianische Kaufleute.
Französische Buchmalerei, um 1410. Das Bild stammt aus einer Ausgabe des Reiseberichts „Il Milione. Die Wunder der Welt" von Marco Polo, dem bekanntesten Asienreisenden des 13./14. Jh.

Der reiche Osten
Indien und allgemein Asien bedeuteten im 14./15. Jh. für die Europäer Reichtum: Italienische Kaufleute brachten kostbare Stoffe wie Seide, Edelsteine wie Diamanten, Smaragde und Rubine und vor allem Gewürze wie Pfeffer, Zimt und Nelken sowie Zucker, Wachse, Duft- und Farbstoffe aus dem Orient und Asien nach Europa. Die Genuesen und Venezianer übernahmen die Waren von arabischen Zwischenhändlern. Da der Transport lang und gefährlich und teuer war, mussten die Kunden für die Ware viel bezahlen. Europäische Kaufleute versuchten daher, die begehrten Güter in Afrika billiger zu bekommen. Außerdem suchten wagemutige Seefahrer einen direkten Seeweg nach Asien.
Die Anstrengungen wurden verstärkt, nachdem die Osmanen 1453 Konstantinopel erobert hatten und damit den Mittelmeerhandel sowie die alten Handelsstraßen nach Asien kontrollierten. Zu den wirtschaftlichen Motiven kamen religiöse: Der Kreuzzugsgedanke gegen Andersgläubige war nach dem Untergang von Byzanz wieder belebt worden. Der Einfluss der „Heiden" sollte zurückgedrängt und der christliche Glaube verbreitet werden.
Die beiden „christlichen" Seefahrernationen Portugal und Spanien übernahmen die Führung, als es darum ging, diese Ziele zu verwirklichen. Ihre am Atlantik gelegenen Häfen wurden mit Unterstützung italienischer und deutscher Handels- und Bankhäuser zum Ausgangspunkt der europäischen Entdeckungen und Eroberungen.

Im Westen den Osten suchen
Am Ende des 15. Jh. war zwischen Portugal und Spanien eine Art „Wettlauf" auf der Suche nach dem neuen Seeweg nach Indien entstanden. Dem Portugiesen *Bartolomeu Dias* gelang es 1488, entlang der Westküste die Südspitze Afrikas zu erreichen. Der Weg zum Indischen Ozean war offen. Um bei dem „Wettlauf" nicht leer auszugehen, unterstützten die Könige Spaniens, *Ferdinand II. von Aragón* und *Isabella von Kastilien*, in den folgenden Jahren *Christoph Kolumbus*.
Kolumbus war 1447 oder 1451 in Genua geboren worden und hatte sich 1477 in Lissabon niedergelassen. Er rühmte sich großer seemännischer Erfahrung und versuchte, bei mehreren Höfen Interesse und Unterstützung für seine Idee zu gewinnen, Indien im Westen zu suchen. Seiner Meinung nach musste es möglich sein, nach dem östlich von Europa gelegenen Asien zu gelangen, indem man auf dem Atlantik nach Westen segelte. Kolumbus setzte voraus, dass die Erde eine Kugel sei. Den Umfang der Erde, und damit die Entfernung von Europa nach Asien, kannte bis dahin niemand genau. Die Berechnungen von Kolumbus galten als unsicher. Portugiesische Experten hatten daher seine Pläne als „Geschwätz" abgelehnt. Auch in Spanien stießen seine Ideen zunächst auf Widerstand.

2 Christoph Kolumbus.
Ölgemälde von Sebastiano del Piombo, etwa 1519.
Es gibt keine zeitgenössischen Porträts von Kolumbus. Das hier ausgesuchte Gemälde gilt als verlässliches Bild des Seefahrers.

M 1 Sanduhr, um 1500.
Die Sanduhr war das einzige Instrument, mit dem die Seefahrer seit dem 13. Jh. die Zeit messen konnten. Etwa jede halbe Stunde, sobald der Sand durchgelaufen war, musste das so genannte Stundenglas umgedreht und die Zeit ausgerufen werden. Nur so konnte die Länge der Schiffswachen genau eingeteilt werden.

M 2 Rekonstruktion der Weltkarte des Florentiners Toscanelli von 1474.
Vereinfachte Nachzeichnung.
Toscanelli schätzte die Entfernung zwischen den Kanarischen Inseln und Japan (Zippangu) auf 3 000 Seemeilen (1 Seemeile = 1,852 km) und die von Japan bis China (Catai) auf nochmal 2 000 Seemeilen. Kolumbus ging von einer geringeren Entfernung aus.

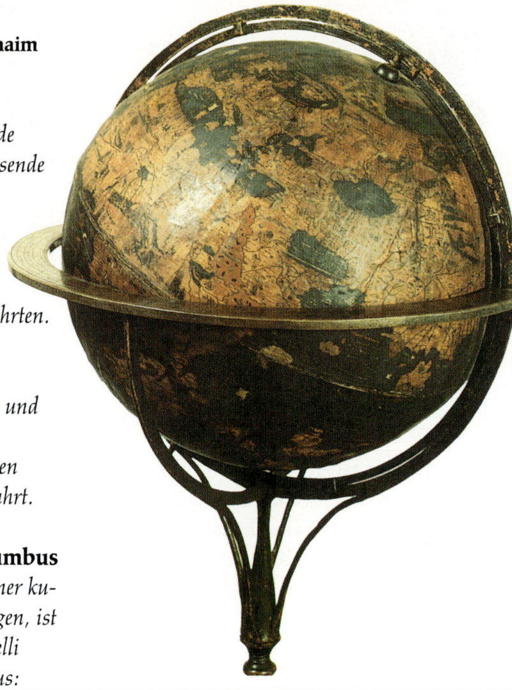

M 3 Der „Erdapfel" des Martin Behaim von 1492.
Durchmesser der Kugel: 51 cm.
Der in portugiesischen Diensten stehende Nürnberger Geograf und Forschungsreisende Martin Behaim (1459 -1507) ließ 1492 diese Erdkugel aus Pappe und Gips in seiner Heimatstadt anfertigen. Die Oberfläche zeigt das europäische Weltbild am Vorabend der Kolumbusfahrten. Für das Kartenbild wurden auch die Vorstellungen und Berechnungen von Toscanelli über die Lage der Kontinente und Inseln benutzt (siehe M 2).
Der Globus wird heute im Germanischen Nationalmuseum in Nürnberg aufbewahrt.

M 4 Toscanelli schreibt an Kolumbus
Einer der ersten Kartografen, die von einer kugelförmigen Oberfläche der Erde ausgingen, ist der italienische Humanist Paolo Toscanelli (1397-1482); 1480 schreibt er Kolumbus:

Ich lobe Eure Absicht, nach Westen zu fahren, und ich bin überzeugt, wie Ihr auf meiner Karte bereits gesehen habt, dass der Weg, den Ihr nehmen wollt, nicht so schwierig ist, wie man denkt. Im Gegenteil, der Weg nach jenen Gegenden, die ich eingezeichnet habe, ist ganz sicher. Ihr würdet keine Bedenken haben, wenn Ihr, wie ich, mit vielen Personen verkehrt hättet, die in jenen Ländern gewesen sind. Und seid gewiss, mächtige Könige anzutreffen, viele volkreiche wohlhabende Städte und Provinzen zu finden, die an jeder Art von Edelsteinen Überfluss haben. Und es wird die Könige und Fürsten, die in jenen entfernten Ländern herrschen, hoch erfreuen, wenn man ihnen einen Weg bahnt, um mit den Christen in Verbindung zu treten und sich von ihnen in der katholischen Religion und in allen Wissenschaften, die wir besitzen, unterrichten zu lassen.

Fritz Dickmann (Bearb.), Renaissance, Glaubenskämpfe, Absolutismus. Geschichte in Quellen, München [2]1976, S. 40

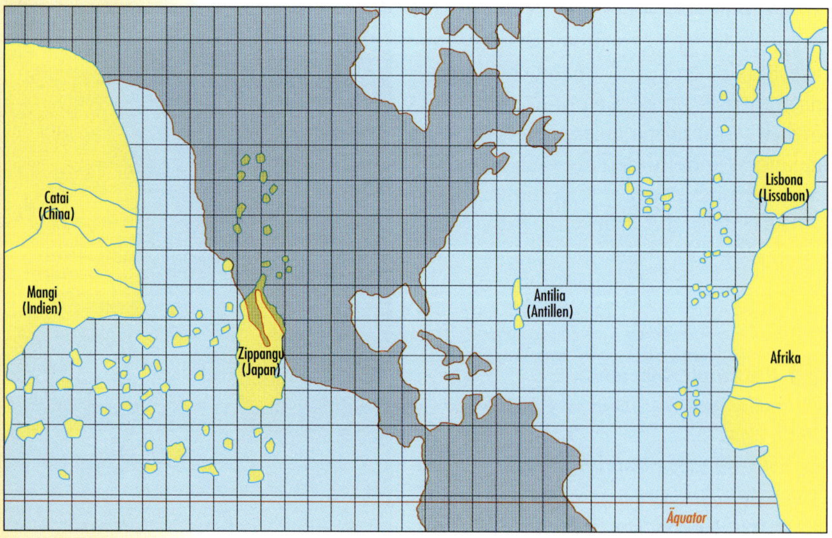

1. *Fasse die Gründe zusammen, die die Europäer zu den Entdeckungsreisen veranlassten.*
2. *Bestimme die Rolle der Kartografie für die Entdeckungsreisen (M 2 bis M 4)?*
3. *Verfasse eine Antwort von Kolumbus auf den Brief Toscanellis (M 4).*
4. *Überlege, warum es für Kolumbus wichtig war, vor einer Reise die Entfernung zwischen Europa und Asien zu kennen.*
5. *Stelle mit einer Weltkarte die Entfernung von den Kanarischen Inseln bis Japan fest. Vergleiche mit den Angaben Toscanellis (M 2).*

1 Die Schiffe Nina, Piñta und Santa Maria.
Originalgetreue Nachbauten. Foto von 1990.
Am 3. August 1492 stach Christoph Kolumbus mit einer Mannschaft von 87 Männern und drei Schiffen von der spanischen Hafenstadt Palos aus in See. Die erste Etappe führte zu den Kanarischen Inseln. Von dort segelte man am 6. September weiter. Am 12. Oktober erreichte man eine Insel der Bahamagruppe. Der gläubige Entdecker gab der Insel den Namen „San Salvador", was mit „Heiliger Erlöser" übersetzt werden kann.

Auf zu neuen Ufern!

Ein genialer Irrtum

Kolumbus und seine Mannschaft hatten Glück, dass sie 1492 einen neuen Kontinent entdeckten. Sie wären nämlich unterwegs verhungert oder verdurstet, wenn sie den Weg von Europa bis nach Indien westwärts ohne Aufenthalt hätten zurücklegen müssen. Aber das wusste 1492 noch keiner. Im Frühjahr 1493 kehrte Kolumbus mit zwei voll beladenen Schiffen nach Spanien zurück. Das spanische Königspaar bereitete ihm in Barcelona einen prunkvollen Empfang und machte ihn – wie vor der Reise vereinbart – zum Generalgouverneur und Vizekönig der entdeckten Gebiete.
Kolumbus unternahm drei weitere Fahrten über den Atlantik. Dabei fand er weitere Inseln. Das Festland von Mittel- und Südamerika betrat er aber nicht. Nach wie vor glaubte er, den westlichen Seeweg nach Indien gefunden zu haben. Die Bewohner des Landes wurden von ihm deshalb **Indios** genannt. Als Generalgouverneur und Vizekönig der neuen Gebiete konnte der Entdecker sich nicht durchsetzen. Er fiel bei seinen Förderern in Ungnade und wurde sogar zeitweise gefangen gehalten. Verbittert soll er 1506 in Spanien gestorben sein.

Die „Neue Welt"

Die „Neue Welt", die Kolumbus entdeckt hatte, wurde nicht nach ihm, sondern nach dem Italiener *Amerigo Vespucci* benannt. Dieser hatte im Auftrag des Florentiner Bankhauses der Medici und des portugiesischen Königs zwei Forschungsreisen nach Mittel- und Südamerika unternommen und erkannt, dass Kolumbus nicht in Indien gelandet war, sondern einen neuen Erdteil entdeckt hatte. Seine 1502 gedruckte Beschreibung der „Neuen Welt" fand eine größere Verbreitung als die Berichte des Kolumbus.
So ist es zu erklären, dass der elsässische Humanist *Matthias Ringmann* 1507 dem aus Freiburg im Breisgau stammenden Kartografen *Martin Waldseemüller* vorschlug, auf einer neuen Weltkarte der „Neuen Welt" nach *Amerigo Vespucci* die Bezeichnung **Amerika** zu geben. Dieser Name setzte sich durch.
Auch Kolumbus hatte den neuen Kontinent nicht entdeckt. Schon um das Jahr 1000 waren Wikinger an der nordöstlichen Küste Amerikas gelandet, doch ihre Fahrten hatten im Gegensatz zu der des Jahres 1492 keine bleibenden Erinnerungen und Spuren hinterlassen. Deshalb wird die Entdeckung Amerikas Kolumbus zugeschrieben.

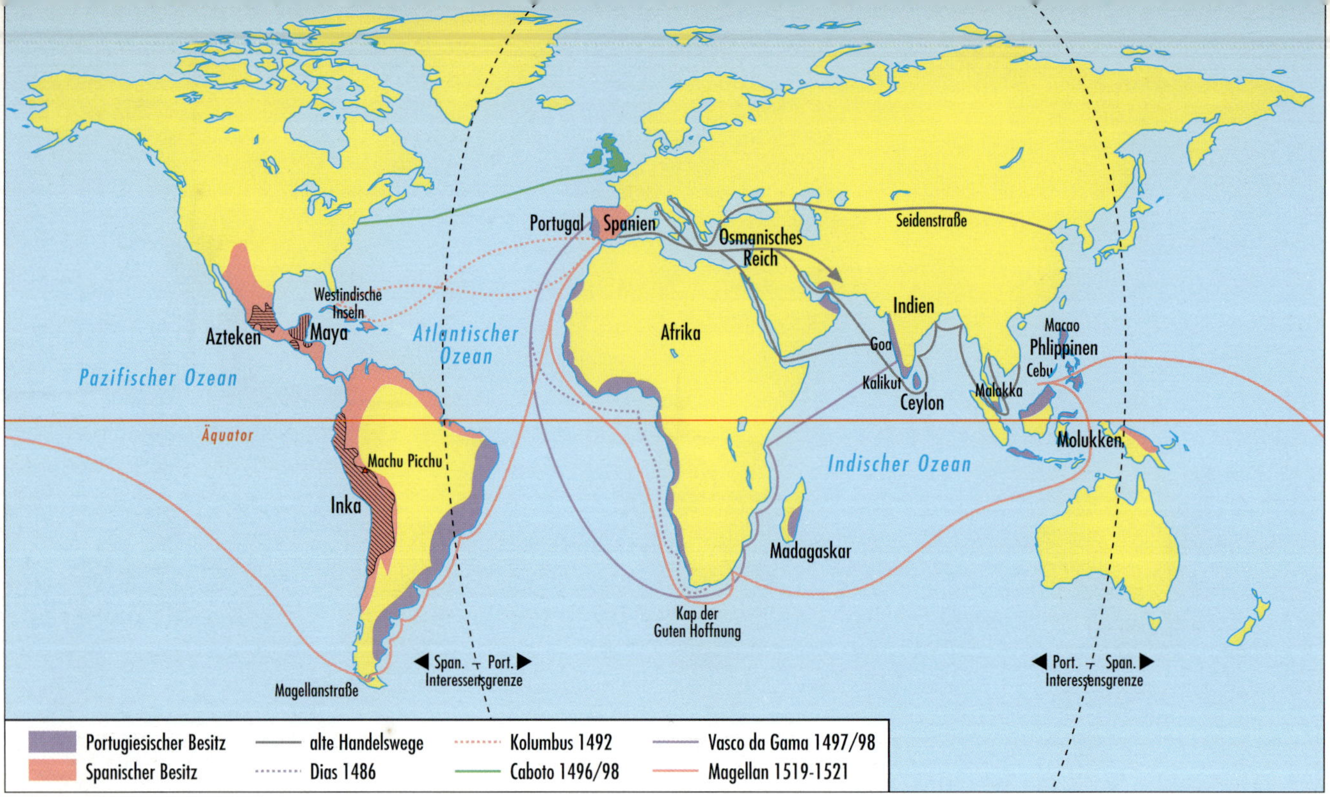

2 Wichtige Entdeckungsfahrten bis 1522.

Immer weiter

1498 umsegelte der Portugiese *Vasco da Gama* Afrika und erreichte mithilfe eines arabischen Lotsen Indien auf dem kürzesten Seeweg. Ein weiterer Portugiese, *Ferdinand Magellan*, versuchte 1519 im Auftrag der spanischen Krone erneut, auf dem westlichen Seeweg nach Indien zu kommen. Magellan überlebte die Reise nicht. Er starb 1521 im Kampf gegen die Bewohner der Philippinen-Insel Mactan (bei Cebu). Von den 265 Männern, mit denen er die Reise angetreten hatte, kehrten nach drei Jahren nur etwa 30 zurück. Sie hatten erstmals die Welt umsegelt.

Nicht nur Portugal und Spanien beteiligten sich an den Entdeckungsreisen. Der unter britischer Flagge segelnde Italiener *Giovanni Caboto* entdeckte 1497 die Küste Nordamerikas. Doch die Engländer zeigten an den Gebieten kein Interesse, da sie dort weder Gold noch Silber fanden.

3 Vasco da Gama am Hofe des Herrschers von Calicut in Südindien.
Holzstich nach einem Gemälde von José Vellosa-Salgado von 1898.
Vasco de Gama überreicht dem Radscha Samurin von Calicut ein Schreiben seines Königs und lässt Geschenke verteilen.*

***Radscha**: *König oder Fürst*

„Für Gott die Seelen, das Land dem König"

Zwischen Spanien und Portugal begann ein Streit um die entdeckten Gebiete. Erst ein Schiedsspruch des Papstes legte ihn vorübergehend bei. Nachdem der Papst den Grundsatz *Für Gott die Seelen, das Land dem König* durchgesetzt hatte, einigte man sich 1494 im **Vertrag von Tordesillas**, den westlichen Ozean und die entdeckten Länder in einen spanischen und einen portugiesischen Interessenbereich zu teilen.

Die übrigen europäischen Seefahrerstaaten erkannten diese Aufteilung der Erde zwischen Spaniern und Portugiesen nicht an. Sie wollten sich von dem einsetzenden Atlantikhandel und den Reichtümern der entdeckten Gebiete nicht ausschließen lassen. Diese Gegensätze führten im 16./17. Jh. zu zahlreichen Seekriegen.

1. *Lege eine Tabelle der wichtigsten Entdeckungsfahrten an (Abb. 2). Begründe, warum um 1500 ein „Wettlauf nach Indien" stattfand.*
2. *Erkläre das Motto „Für Gott die Seelen, das Land dem König".*

M 1 „Kolumbus, als er in India erstlich angekommen, wird von den Einwohnern aufgenommen und mit großem Geschenk verehrt und begabet."

Nachträglich kolorierter Kupferstich (16,4 x 19,3 cm) aus dem 4. Band der „Sammlung von Reisen in das westliche Indien (America)" von 1594. Herausgeber dieses umfangreichen Werkes, dessen erster Band in vier Sprachen (französisch, deutsch, englisch und lateinisch) und dessen weitere 13 Bände in deutscher und lateinischer Sprache erschienen, war der Frankfurter Verleger, Kunsthändler und Kupferstecher Theodor de Bry (1528-1598).

Zum Bild: Da es keine zeitgenössischen Bildvorlagen des Ereignisses gibt, ist diese Illustration nur das Fantasiebild eines Europäers, der sich von den veröffentlichten Briefen und Berichten der Entdecker anregen ließ.

M 2 Die Ankunft

Das Bordbuch des Kolumbus enthält die täglichen Eindrücke des Entdeckers. Die Eintragungen sind nur durch Überlieferung eines Zeitgenossen bekannt. Das Original ist verloren gegangen.

Freitag, den 12. Oktober 1492

Der Admiral rief die beiden Kapitäne und die anderen, die an Land gegangen waren, zu sich [...] und sagte, sie sollten bestätigen und rechtlich bezeugen, dass er vor aller Augen von der Insel Besitz ergriff, wie er es dann auch im Namen des Königs und der Königin, seiner Herren, tat [...]. Das Folgende sind wörtliche Äußerungen des Admirals in seinem Buch über die erste Fahrt und die Entdeckung [...].

„Da ich ihre Freundschaft gewinnen wollte und bemerkte, dass es Leute waren, die sich eher durch Liebe für unseren heiligen Glauben gewinnen und zu ihm bekehren ließen, gab ich einigen von ihnen ein paar bunte Mützen und einige Ketten aus Glasperlen und andere Dinge von geringem Wert, an denen sie großes Vergnügen fanden. Sie waren uns derart zugetan, dass es ein wahres Wunder war. Hernach kamen sie zu den Booten geschwommen, in denen wir uns befanden, und brachten uns Papageien und Knäuel von Baumwollfäden, Wurfspieße und viele andere Dinge und tauschten sie gegen Dinge ein, die wir ihnen gaben, wie kleine Glasperlen und Glöckchen. Kurz gesagt, sie nahmen einfach alles und gaben bereitwillig von allem, was sie besaßen. Aber mir schien es, als seien sie in jeder Hinsicht außerordentlich arme Leute. Sie gehen allesamt nackt herum, wie sie ihre Mutter zur Welt gebracht hat, auch die Frauen [...]. Sie tragen keine Waffen [...]. Sie sind sicher hervorragende Arbeitskräfte; sie haben einen aufgeweckten Verstand, denn ich sehe, dass sie sehr schnell alles nachsagen können, was man ihnen vorspricht. Außerdem glaube ich, dass man sie leicht zum Christentum bekehren könne, denn es scheint mir, dass sie noch keine Religion haben."

Eberhard Schmitt (Hrsg.), Dokumente zur Geschichte der europäischen Expansion, Bd. 2, München 1984, S. 112 ff. (vereinfacht)

M 3 Über das Gold der Indios

Einen Monat nach seiner Ankunft notiert Kolumbus in seinem Schiffstagebuch:

Montag, den 12. November

Die Indios sind fest davon überzeugt, dass [...] wir vom Himmel gekommen sind [...]. Zweifellos gibt es in diesen Gebieten riesige Mengen Gold, und nicht ohne Grund sagen die Indios, die ich mitführe, dass es auf diesen Inseln Orte gibt, wo man das Gold aus der Erde gräbt und die Leute es als dicke Ringe am Hals, an den Ohren, den Armen und Beinen tragen. Außerdem gibt es Edelsteine und Perlen und unendlich viele Gewürze.

Eberhard Schmitt (Hrsg.), Dokumente zur Geschichte der europäischen Expansion, Bd. 2, a.a.O., S. 119 f.

1. *Überprüfe, wo Bild (M 1) und Quelle (M 2) übereinstimmen und wo nicht.*
2. *Untersuche, was Kolumbus an den Menschen interessierte (M 2 und M 3).*

1 Der Huayna Picchu über der Ruinenstadt Machu Picchu.
Foto, um 1970.
Die um 1450 errichtete Inkastadt blieb den Spaniern unbekannt. 1911 wurde die verfallene und vom Urwald überwucherte Stadt wieder entdeckt und ausgegraben. Heute zählt Machu Picchu zu den wichtigsten Kulturdenkmälern der Welt.

Die indianischen Kulturen werden zerstört

Spanier erobern die „Neue Welt"
Der Entdeckung der „Neuen Welt" folgte die Eroberung. Die in Europa veröffentlichten Berichte schilderten die Einwohner als ungebildet und erzählten vom Gold- und Silberreichtum der Inseln und Länder. Fürsten, Handelsherren und rücksichtslose Abenteurer sahen hier eine Chance, schnell zu Reichtum zu kommen. Die Kirche meinte, die Eingeborenen zum christlichen Glauben bekehren zu müssen.

Die indianischen Hochkulturen
Kolumbus hatte kleine Völker kennen gelernt, deren Leben in der Natur ihn an das Paradies denken ließen. Aber die „Neue Welt" war auch die Heimat der mächtigen Hochkulturen der *Inka, Maya und Azteken**. An deren Spitze standen Herrscher, die wie Götter verehrt wurden und die große Macht über das Land und die Menschen hatten.
Diese Völker kannten weder Pferde noch Wagen. Auch Eisen war ihnen fremd. Doch ihre Städte mit gepflasterten Straßen, gewaltigen Tempeln und Palästen, ihr spezialisiertes Handwerk sowie zahlreiche Kunstwerke aus Keramik, Textilien, Gold und Silber zeugten von einer bedeutenden Kultur.

Das Verhängnis der Indios
Die Eroberer** hatten keinen Sinn für die Kultur der Völker Alt-Amerikas. Sie interessierten sich fast ausschließlich für Gold, Silber und Perlen. Nichts hielt die Eindringlinge ab, weder die Unkenntnis der riesigen Länder noch Urwald und Hochgebirge, Kälte und Hitze, Hunger und andere Entbehrungen. Über den Atlantik kamen keine großen Armeen. Trotzdem gelang es den wenigen Europäern, in nicht einmal 15 Jahren die mittel- und südamerikanischen Reiche zu erobern und die Hochkulturen der einheimischen Völker weitgehend zu zerstören.

Die Eroberer siegten, weil sie mit ihren Pferden, Bluthunden, modernen Waffen und Rüstungen den Einheimischen militärisch überlegen waren. Sie waren aber auch erfolgreich, weil sie sich mit List und Gewalt in die bestehenden inneren Machtkämpfe und Streitigkeiten einmischten.
Dazu kamen Besonderheiten der indianischen Religionen: Die Azteken erwarteten, dass der Gott *Quetzalcoatl* in einer strahlenden Rüstung aus dem Osten zurückkommen würde, um die Herrschaft in seinem Reiche zu übernehmen. Ihr Verhängnis war, dass diese Vorstellung genau auf die weißen Eindringlinge passte. Außerdem verlangte der Glaube der Indios, sich einem von den Göttern verhängten Schicksal zu fügen. Daher wehrten sie sich fast nie mit voller Kraft gegen die Eroberer.

2 Goldschmuck aus Südamerika, vor 1500.
Da die Eroberer fast alle Goldfunde einschmelzen ließen, ist von den Schmuckarbeiten der früheren amerikanischen Kulturen kaum etwas erhalten geblieben.

* *Wo die Reiche der Inka, Maya und Azteken lagen, kannst du auf Abb. 2, Seite 96 sehen.*

** *Die spanischen und portugiesischen Anführer der Expeditionen zur Entdeckung, Eroberung und Inbesitznahme der Länder werden auch* **Konquistadoren** *(dt. Eroberer) genannt.*

3 Pater Bartolomé de Las Casas vor einem zerstörten Aztekentempel.
Ölgemälde von Felix Parras, 1875.
Las Casas, der Kolumbus kannte, kam 1502 in die „Neue Welt".
Als Soldat und Militärkaplan nahm der damals 28-jährige an einem Feldzug gegen aufständische Indios teil. Für seine Verdienste erhielt er eine **Encomienda**, *d.h. ihm wurden Ländereien überlassen und Indios als Arbeitskräfte zugeteilt. Seine Erfahrungen veränderten seine Einstellung gegenüber der Kolonisationspraxis. Unermüdlich berichtete er der spanischen Krone über die Gräueltaten der Kolonisten und forderte, dass alle Menschen gleich behandelt werden müssten. Die Indianer könnten seiner Meinung nach allenfalls durch Überredung und gutes Beispiel dazu gebracht werden, das Christentum und die europäische Lebensweise aufzunehmen, auf keinen Fall durch Gewalt. 1523 trat Las Casas dem Dominikanerorden bei und wurde 1543 Bischof von Chiapas in Mexico. Bis zu seinem Tod im Jahre 1566 bemühte er sich, das Leben der Indios zu verbessern.*

Aus Stützpunkten werden Kolonien
Zuerst errichteten die Spanier Handelsstationen an der Küste. Dann bauten sie Befestigungsanlagen und Städte, um von dort aus das eroberte Land zu verwalten, die Natur- und Bodenschätze auszubeuten und Plantagen anzulegen. So entstanden die ersten Kolonien in der „Neuen Welt" und die **Europäisierung der Welt** begann.

Wie es den Indios erging
Die spanischen Kolonien wurden von Sevilla aus geleitet. Gouverneure und Vizekönige regierten in den neuen Gebieten mit immer mehr Beamten. So versuchte die spanische Regierung, ihre Einkünfte zu sichern und die Rücksichtslosigkeit der selbstherrlichen Eroberer einzuschränken.
Die Kolonisten sahen sich als Herren der Indios. Sie zwangen die Indios, in den Gold- und Silberbergwerken oder auf neu eingerichteten Plantagen zu arbeiten. Dabei wurden Familien auseinander gerissen. Kinderarbeit war selbstverständlich. Viele Indios vertrugen die ungewohnte Arbeit nicht und starben.

Außerdem wirkten sich die von den Europäern ins Land gebrachten ansteckenden Krankheiten verheerend aus: Pocken, Masern, Scharlach, Typhus und Grippe entvölkerten ganze Landstriche. Nach Schätzungen sank allein die Bevölkerung Innermexikos von 1 500 000 (1519) auf 325 000 (1570) und dann auf 70 000 (1644). Erst im 18. Jh. wuchs die Bevölkerung wieder.

„Sind Indios keine Menschen?"
Einer der wenigen Europäer, die sich diese Frage stellten, war der Spanier *Bartolomé de Las Casas.* Er prangerte die Unterdrückung, Ausbeutung und Ausrottung der Indios an. Mehrfach reiste er an den spanischen Hof, um sich für die Indios einzusetzen. Dies führte 1542 zu einem Gesetz zum Schutz der Indios. Doch wenige Jahre später wurde es zurückgenommen, da die spanischen Unternehmer dagegen protestierten und erklärten, auf die Indios angewiesen zu sein. Auch die mächtigen europäischen Handelshäuser wollten auf ihre Gewinne aus dem Handel mit der „Neuen Welt" ebenso wenig verzichten wie die Fürsten auf ihre neuen Einnahmen.

Die Europäer breiten sich aus
Vom 15. bis zum Ende des 18. Jh. kamen über sechs Millionen Europäer nach Nord- und Südamerika. Die Einwanderer brachten ihre Kultur, Lebens- und Arbeitsweise, ihre Sprache und Religion mit, die sie den Indios aufzwangen.
Die Europäer lernten Kartoffeln, Mais, Erdnüsse, Kakao, Tomaten, Paprika, Vanille und Tabak kennen und machten sie in Europa heimisch. In die „Neue Welt" brachten sie Zuckerrohr, Weizen, Gerste, Hafer, Hopfen, Baumwolle und Kaffee sowie Rinder, Schafe, Schweine und Pferde.

LERNTIPP

Perspektiven wechseln: Spanier oder Indios

Wie könnt ihr mit Quellen und Darstellungen umgehen, die voneinander abweichen oder sich sogar widersprechen?
Zunächst müsst ihr überhaupt erkennen, dass ein Geschehen oder eine Entwicklung aus einer bestimmten Perspektive (Sicht) beschrieben wird, dass der Verfasser des Textes einen eigenen Standpunkt einnimmt. Achtet dazu auf die Sprache, besonders auf wertende Substantive, Verben und Adjektive.
Prüft beim Vergleich von Texten, was der eine erwähnt, der andere aber vielleicht weglässt.
Um die Quelle auf ihre Glaubwürdigkeit hin zu überprüfen, ist es auch wichtig zu wissen, wer der Autor des Textes ist, wann, wo und in wessen Auftrag er den Text verfasst hat.
Was ihr außerdem berücksichtigen solltet, erfahrt ihr im Lerntipp „Meinungen vergleichen“ *(siehe Vorsatzblatt vorne)*.

M 2 Maya-Zeichnung, Anfang des 16. Jh.
Beschreibe, wie die Personen dargestellt sind. Wodurch wird sichtbar, dass ein Maya die Zeichnung angefertigt hat?

M 1 Die Spanier kommen!
Wie die Inkas auf die spanischen Seefahrer reagierten, schildert folgender Bericht, den ein Geistlicher Anfang des 17. Jh. überliefert hat:

Huayna Capac* erholte sich gerade in seinen Palästen […], da erfuhr er von der Ankunft der Spanier an den Küsten und in der Stadt von Tumbes […]. Die Boten brachten diese Nachricht vor den Inka […]; sie erzählten, am Strande von Tumbes seien sonderbare Fremdlinge, wie man sie nie vorher gesehen habe, gelandet; sie hätten neue Lehren und Gesetze gepredigt; sie seien so tapfere Männer, dass sie keine Gefahr fürchteten; sie gingen in Kleider gehüllt von Kopf bis Fuß, seien weiß, hätten Bärte und ein wildes Aussehen. Sie sprachen noch von vielen anderen Dingen, die den Inka erstaunten, und als er sie fragte, von welchem Teile der Welt die Männer gekommen seien, antworteten sie, sie wüssten nicht mehr, als dass jene in großen hölzernen Häusern übers Meer führen, diese lenken und wenden und damit hin und her fahren könnten und kommen und verschwinden, wohin sie wollten; bei Nacht begäben sie sich aufs Meer und schliefen in ihren Häusern, und bei Tag gingen sie wieder an Land […].
Der Inka war sprachlos über das Gehörte, und ihn überkam eine solche Bestürzung und Wehmut, dass er sich allein in sein Gemach zurückzog und nicht mehr herauskam bis zum Anbruch der Nacht.
Da kamen weitere Boten von der Küste und ließen ihn wissen, jene Leute seien in ihre Häuser und königlichen Paläste eingedrungen, hätten sie geplündert und alle Schätze mitgenommen.

Eberhard Schmitt (Hrsg.), Dokumente zur Geschichte der europäischen Expansion, 2. Bd., a. a. O., S. 387 f. (vereinfacht)

***Huayna Capac**: Name des Inka-Herrschers*

M 3 Gier nach Gold
Ein Dokument altmexikanischer Kultur ist uns durch den Franziskaner Fray Bernardino de Sahagún überliefert worden, der aztekische Erzählungen, Traditionen und Berichte gesammelt und um 1558 aufgeschrieben hat. Er überliefert folgenden aztekischen Augenzeugenbericht aus dem Jahre 1518:

Sie [die Azteken] schenkten den Göttern [den Spaniern] goldene Banner und Fahnen aus Quetzalfedern* und goldene Halsketten. Als sie das Gold in ihren Händen hatten, brach Lachen aus den Gesichtern der Spanier hervor, ihre Augen funkelten vor Vergnügen, sie waren entzückt. Wie Affen griffen sie nach dem Gold und befingerten es, sie waren hingerissen vor Freude, auch ihre Herzen waren angesteckt von den Strahlen des Goldes.
Nur nach Gold hungerten und dürsteten sie, es ist wahr! Sie schwollen an vor Gier und Verlangen nach Gold. Gefräßig wurden sie in ihrem Hunger nach Gold, sie wühlten wie hungrige Schweine nach Gold. Sie rissen die goldenen Banner an sich, prüften sie Zoll für Zoll, schwenkten sie hin und her, und auf das unverständliche fremde Rauschen im Wind antworteten sie mit ihren wilden, barbarischen Reden.

Miguel León-Portilla und Renate Heuer (Hrsg.), Rückkehr der Götter. Die Aufzeichnungen der Azteken über den Untergang ihres Reiches, Frankfurt am Main 1986, S. 43

***Quetzalfedern**: die Schwanzfedern des Vogels Quetzal; sie waren bei den Azteken als Schmuck sehr geschätzt und in erster Linie den Fürsten vorbehalten.*

M 6 „Wie die Indianer das Gold aus den Bergen graben."
Kupferstich aus dem 9. Band der „Sammlung von Reisen in das westliche Indien (America)" von 1601 (siehe dazu auch die Informationen in M 1, Seite 97). Die Darstellung des Bergwerkes ist frei erfunden.
Die Gold- und Silberminen von Potosi (im heutigen Bolivien) wurden 1545 entdeckt.
Der im selben Jahr gegründete Ort entwickelte sich zu einer der größten Städte der damaligen Welt. 1585 lebten dort auf rund 4 000 m Höhe etwa 120 000 Menschen.

LERNTIPP

M 4 Die Spanier auf Kuba

1511 kommen die Spanier auf die Insel Kuba. Bartolomé de Las Casas berichtet:

Ein königlicher Beamter, der […] dreihundert Indios zugeteilt bekam, hatte nach drei Monaten durch die Arbeiten in den Gruben zweihundertsiebzig davon zu Tode gebracht, so dass ihm von allen nur dreißig blieben; das ist nur der zehnte Teil. Danach gab man ihm wiederum dieselbe Zahl und noch mehr; doch er brachte sie wiederum um, und je mehr man ihm gab, desto mehr mordete er, bis er selbst starb und der Teufel seine Seele nahm.
In drei oder vier Monaten starben in meinem Beisein mehr als siebentausend Kinder, weil ihre Väter und Mütter sie in die Gruben schickten. Und ich sah noch weitere gräuliche Dinge. Daraufhin beschlossen die Spanier, auf die Jagd nach den Indios zu gehen, die sich in den Bergen aufhielten. Dort richteten sie absonderliche Verheerungen an, und so verwüsteten und entvölkerten sie die ganze Insel.

Christoph Strosetzki (Hrsg.), Der Griff nach der Neuen Welt. Der Untergang der indianischen Kulturen im Spiegel zeitgenössischer Texte, Frankfurt a. M. 1990, S. 274

M 7 Amerika und Europa.
Karikatur aus Südamerika von 1992.
Der Text auf dem Schild heißt übersetzt: „1492: Die amerikanischen Ureinwohner entdecken die Neue Welt …" Der Zeichner legt dem Indianer folgende Worte in den Mund: „Hey! Das wird ein großartiger Ort sein, sobald wir diese Leute beseitigt, sie um ihr Land beraubt und ihre Kultur zerstört haben werden!"

M 5 „Denn das ist die natürliche Ordnung"

Der spanische Theologe und königliche Geschichtsschreiber Juan Ginés de Sepúlveda begründet um 1545 das Vorgehen der Spanier gegen die Indios:

Da die Indianer ihrer Natur nach Sklaven, Barbaren, rohe und grausame Gestalten sind, lehnen sie die Herrschaft der Klugen, Mächtigen und Vortrefflichen ab, anstatt sie zu ihrem eigenen Besten zuzulassen, wie es einer natürlichen Gerechtigkeit entspricht.
Denn der Körper muss der Seele, die Begierde der Vernunft, die rohen Tiere dem Menschen, das heißt also das Unvollkommene dem Vollkommenen, das Schlechte dem Besseren unterworfen sein. Denn das ist die natürliche Ordnung.

Richard Konetzke, Lateinamerika seit 1492, Stuttgart 1970, S. 8

1. *Wie nehmen sich Indios und Spanier wahr? Nenne Textstellen, wo verschiedene Sichtweisen erkennbar sind (M 1 bis M 6 sowie M 1 und M 2 von Seite 97). Erkläre!*
2. *Worin besteht der Perspektivenwechsel in der Karikatur (M 7)? Führt ein Streitgespräch über das Bild. Berücksichtigt dabei Materialien und Darstellung.*
3. *„Entdeckungsfahrten – Fluch oder Segen?" Diskutiert aus der heutigen Sicht der Europäer und der Südamerikaner über das Thema.*

Geld und Macht

1 In der Schalterhalle einer italienischen Bank.
Wandgemälde, um 1500.
In den italienischen Städten wurden bereits im 14./15. Jh. die Gehälter der Angestellten und Arbeiter auf Bankkonten überwiesen.
Übrigens: Der Begriff **Bank** *stammt wie zahlreiche andere Ausdrücke der Handelssprache (Konto, Giro, bankrott) aus dem Italienischen.*

Gewinn geht über alles

Während der Renaissance begann sich eine neue Auffassung von Arbeit und Einkommen durchzusetzen: Ziel einzelner Unternehmer war nicht mehr ein zum Leben ausreichendes Auskommen innerhalb der Zunft- und Gildeordnungen, sondern ein hoher Gewinn.
Clevere Unternehmer verarbeiteten Rohstoffe nicht mehr selbst, sondern wurden zu Verlegern: Sie „legten" Handwerkern und Heimarbeitern ihre Rohmaterialien zur Bearbeitung „vor". Oft verteilten sie die Arbeit auf mehrere Betriebe, da zur Herstellung bestimmter Tuche mehr als zwanzig Arbeitsgänge notwendig waren. Dadurch förderten die Verleger die Arbeitsteilung. Häufig verliehen sie die zur Verarbeitung erforderlichen Arbeitsmittel wie die Webstühle. Die vor allem auf dem Lande lebenden Heimarbeiter und Handwerker erhielten von den Verlegern für ihre Arbeit nur einen kargen Lohn.
Die Verleger konnten Waren billiger und schneller auf den Markt bringen als das „zünftige" Handwerk. Zugleich versuchten sie, zum einzigen Anbieter eines bestimmten Produktes oder Rohstoffes zu werden. Hatten die Unternehmer das erreicht, konnten sie Preise und Löhne frei bestimmen.

Fernhändler und Bankiers

Der Überseehandel brachte große Gewinne. Allein die Ladung, die die Überlebenden der Weltumsegelung Magellans auf dem einzigen geretteten Schiff mit sich führten, soll ausgereicht haben, die Kosten für die dreijährige Expedition zu decken, bei der vier Schiffe untergegangen waren.

Die Fernhändler gingen ein erhebliches Risiko ein, wenn sie ihre Einnahmen als Münzen bei sich trugen. In den italienischen Handelsstädten wurden deshalb im 13. Jh. aus Geldwechslern erste Bankiers, die Zahlungen ohne Bargeld ermöglichten: Sie übernahmen Geld, stellten Wechsel* aus und gaben Geld für Schecks. Dazu vergaben sie Kredite, für die sie Zinsen verlangten. Die Bankiers finanzierten nicht nur Handelsgeschäfte, sondern auch risikoreiche Entdeckungsreisen, aufwändige Hofhaltungen und teure Kriege. Päpste, Kaiser und Landesherren waren auf die Kredite der Banken angewiesen. Sie überließen dafür den Kreditgebern oft neben Steuern und Zöllen die Rechte, Bodenschätze zu heben.

***Wechsel**: *schriftliche Verpflichtung zur Zahlung in einem bestimmten Zeitraum*

Schätze aus dem Boden

Der Abbau von Silber, Kupfer und Blei zählte zu den Geschäften mit den höchsten Gewinnen. Da immer mehr Metall gebraucht wurde, stiegen die Preise ständig. Um Bergleute anzuwerben und die komplizierten Förderanlagen zu errichten, benötigte der Unternehmer besonders viel Geld im voraus. Bergwerke warfen nämlich nur Gewinne ab, wenn sie die neu erfundene, aber sehr teure Technik nutzten: die Grubenentwässerung, die erst den Erzabbau in großen Tiefen ermöglichte, und Schmelzverfahren, die noch mehr Metall aus dem geförderten Gestein lösten.

Frühkapitalistische Unternehmer

Um das erforderliche Kapital zusammenzubekommen, wurden Gesellschaften gegründet, in denen mehrere Eigentümer Geld, Produktions- und Transportmittel zusammenlegten. Die erfolgreichsten Unternehmer wie die *Fugger* begnügten sich nicht mit einer Geschäftssparte. Sie betrieben gleichzeitig Verlagswesen, Fernhandel, Bankgeschäfte und Bergbau. Beispiele sind die Familienunternehmen der *Medici*, *Welser* und *Fugger*. Die von ihnen betriebene Wirtschaftsform wird als **Frühkapitalismus** bezeichnet.

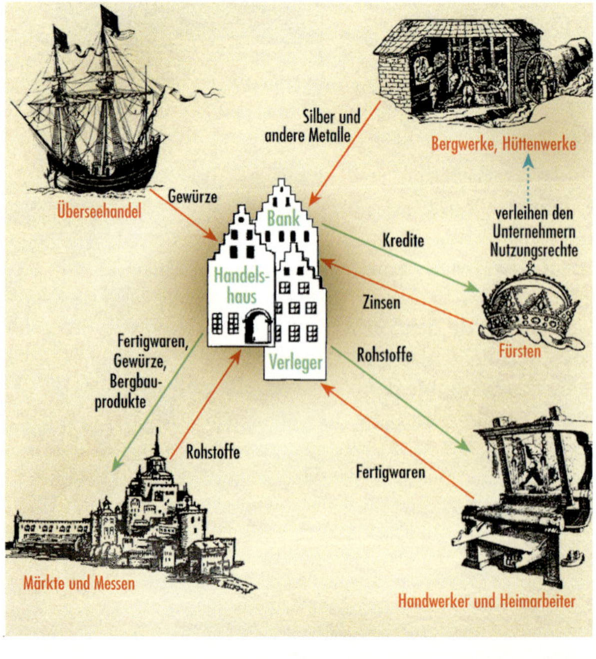

2 Eine Handelsgesellschaft um 1500.

M 1 Im Fuggerkontor.
Miniatur (etwa 16 x 10 cm) aus dem Trachtenbuch des Matthäus Schwarz, nach 1520. Das Bild zeigt Jakob Fugger (rechts) und Matthäus Schwarz. Schwarz arbeitete seit 1516 für die Fugger und war Chefbuchhalter der Firma. Das Buch auf dem Tisch zeigt – hier nicht lesbar – die Seitenüberschriften „uns soll" (links) und „wir sollen" (rechts). Dahinter verbirgt sich das System der doppelten Buchführung, mit dessen Hilfe genau bekannt war, welche Waren gekauft und bezahlt oder welche verkauft und bezahlt worden waren. Schwarz hatte vor 1516 diese Buchführung in Venedig kennengelernt.

M 3 Der Aufstieg der Fugger

1367	Der Weber Hans Fugger lässt sich in Augsburg nieder.
1370	Hans Fugger wird durch Heirat einer Zunftmeistertochter Augsburger Bürger.
vor 1450	Die Fugger betätigen sich neben der Weberei zunehmend im Handel und erwerben Grundbesitz in Augsburg und im Umland.
1454	Jakob I., Stammvater der erfolgreichsten Linie der Fuggerfamilie, wird Mitglied im Großen Rat Augsburgs.
1467	Jakob I. nimmt Platz 7 unter den reichsten Bürgern Augsburgs ein.
um 1470	Erste Kontakte zum päpstlichen Hof: Übernahme des Verkaufs von kirchlichen Ämtern, Rechten und Ablässen* gegen Gebühren.
ab 1480	Die Fugger investieren in Bergwerke: Abbau von Gold, Silber, Kupfer in Salzburg und Tirol; der Textilhandel wird erweitert um den Metallhandel und das Prägen von Münzen.
nach 1490	Jakob II. errichtet ein Kupfermonopol in Europa, indem er zahlreiche Kupferbergwerke erwirbt; die Kaiser und Landesherren unterstützen die Fugger dabei, sie erhalten für die Schürfrechte umfangreiche Kredite.
um 1500	Die Fugger sind Bankiers der Kaiser, Päpste und zahlreicher Landesherren.
1510	Jakob II. leitet die Geschäfte der Familie Fugger allein; für ihn bürgert sich der Beiname „der Reiche" ein.
um 1510	Der Bau der „Fuggerei", einer Siedlung für unverschuldet in Not geratene Bürger, wird in Augsburg begonnen.
nach 1511	Die Fugger kontrollieren die europäische Blei-, Silber- und Kupferproduktion und erwerben auch noch das Quecksilbermonopol**.
1514	Jakob II. wird von Kaiser Maximilian I. in den Reichsgrafenstand erhoben.
1519	Jakob II. finanziert mehr als die Hälfte der Kosten für die Wahl des Habsburgers Karl I. von Spanien zum Kaiser (Karl V.)***.
1525	Jakob II. stirbt; der Kaiser schuldet der Firma Fugger über 1 Mill. Gulden****.

* *Über den Ablasshandel erfährst du mehr auf S. 109.*
** *Quecksilber war für die Silberaufbereitung unersetzlich.*
*** *Über Karl V. erfährst du auf Seite 124 ff. mehr.*
**** *Das Jahreseinkommen eines Tagelöhners lag Anfang des 16. Jh. bei etwa 20, das eines hohen städtischen Beamten zwischen 150 und 250 Gulden.*

M 2 Die Fugger zu Beginn des 16. Jh. in Europa.
Die Fugger beteiligten sich auch an der Finanzierung von Entdeckungsfahrten. Sie waren auch in Südamerika aktiv und machten beim Sklavenhandel mit.

1. *Im Hintergrund der Abbildung M 1 sind die Aktenfächer einzelner Kontore zu sehen. Kannst du die Namen der Städte entziffern (Ofen = Budapest und Antorff = Antwerpen)? Worüber mögen die beiden gerade sprechen? Verfasse dazu einen Dialog.*
2. *In welchen heutigen Staaten befanden sich Niederlassungen der Fugger (M 2)?*
3. *Welche Unternehmungen der Fugger gehen aus der Karte M 2 nicht hervor (M 3)?*

LERNTIPP

Was war wichtig?

Daten

1300-1600	*Das Zeitalter der Renaissance: Die Antike wird wieder entdeckt und Mäzene fördern die Kunst.*
1347-1351	*Die Pest wütet in Europa.*
um 1450	*Gutenberg erfindet das Drucken mit beweglichen Metallbuchstaben.*
1453	*Die Osmanen erobern Konstantinopel.*
1492	*Kolumbus entdeckt Amerika; das Zeitalter der Entdeckungen beginnt.*

1 Gutenberg-Briefmarke.
Deutsche Briefmarke von 2000.

2 Christoph Kolumbus.
Briefmarke aus Laos von 1983.

Begriffe

Arbeitsteilung: Aufgliederung der Herstellung eines Produkts in mehrere Arbeitsgänge, dabei werden die Teilschritte nacheinander von mehreren Arbeitnehmern, oft auch in verschiedenen Betrieben durchgeführt.

Humanismus (lat. *humanum*: das Menschliche): Geisteshaltung, die ab dem 14. Jh. dazu beitrug, dass sich das Wissen über Grammatik, Rhetorik, Geschichte, Dichtkunst und Morallehre grundlegend änderte. Die antike Wissenschaft und Kunst war für Humanisten Ausgangspunkt ihrer Vorstellungen und Lehren.

Kapital: Geld, Rohstoffe, Produktions- und Transportmittel sowie Marktkenntnisse, die von Unternehmern (*Kapitalisten*) Gewinn bringend eingesetzt werden.

Neues Bild der Erde: Die biblische Vorstellung, dass die Erde der Mittelpunkt der Welt sei (*geozentrisches Weltbild*), wurde im 16. Jh. von der naturwissenschaftlichen Erkenntnis abgelöst, dass die Erde sich um die Sonne dreht (*heliozentrisches Weltbild*). Zu dem neuen Bild der Erde trugen Forscher wie Kopernikus und Galilei bei.

Neuzeit: in der europäischen Geschichte die Zeit, die das Mittelalter ablöst. Die → *Renaissance* und der → *Humanismus*, der Buchdruck, die Entdeckung Amerikas sowie Veränderungen in der Wirtschaft und im Glauben werden als Gründe für den Beginn der Neuzeit genannt.

Renaissance: moderner Begriff für die „Wiedergeburt" der antiken Kunst und Kultur, die seit 1300 von Italien ausging, bis etwa 1600 anhielt und die Kultur aller europäischen Staaten beeinflusste. In dieser Zeit machte sich der Mensch zum Mittelpunkt jeder Erfahrung. Zahllose Dinge wurden entdeckt und erfunden (→ *Neuzeit*).

Verleger: Unternehmer, die Handwerkern und Heimarbeitern Rohstoffe „vorlegen", um sie von ihnen gegen Lohn bearbeiten zu lassen und schließlich selbst zu verkaufen (→ *Arbeitsteilung*).

Grundfertigkeiten

Du hast in diesem Kapitel den Umgang mit umfangreicheren Quellentexten, zahlreichen Kunstwerken und einigen Karten üben können. Darüber hinaus haben wir dir einen Lerntipp zum Thema „Perspektivenwechsel" vorgelegt, der mit Texten und Bildern deutlich macht, wie unterschiedlich Ereignisse oder Entwicklungen gesehen werden können.

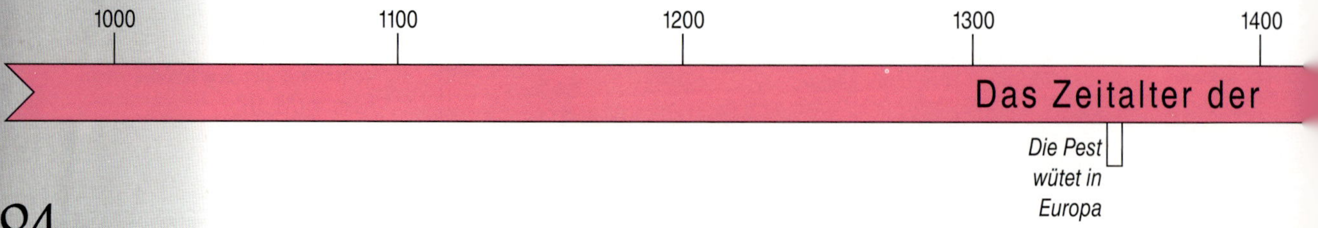

Zusammenfassung

Naturkatastrophen, Kriege und die Pest veränderten im 14. Jh. nicht nur die sozialen und wirtschaftlichen Verhältnisse, sondern auch den Glauben. Die Künstler und Humanisten der Renaissance ließen sich von antiken Vorbildern beeinflussen. Sie sahen im Menschen den Mittelpunkt der von Gott geschaffenen Welt. Nicht mehr allein die Zugehörigkeit zu einem bestimmten Stand zählte. Jeder Mensch sollte für sein Leben verantwortlich sein.

Der von *Gutenberg* erfundene Buchdruck mit beweglichen Lettern steigerte die Buchherstellung. Er trug dazu bei, dass immer mehr Menschen wissenschaftliche, politische und religiöse Vorstellungen kennenlernten.

Der Astronom *Kopernikus* war zu der Überzeugung gekommen, dass die Erde sich wie die anderen Planeten um die Sonne drehe. Aber erst *Galilei* konnte die neue heliozentrische Lehre beweisen. Das brachte ihn in einen Konflikt mit der katholischen Kirche. Für sie sollte die von Gott geschaffene Erde Mittelpunkt aller Vorstellungen bleiben.

1453 eroberten Truppen des osmanischen Herrschers Mehmed II. Konstantinopel. Muslime übernahmen die Macht im christlichen Byzantinischen Reich. Aus Konstantinopel wurde Istanbul.

Weil Waren aus dem Orient und Asien in Europa sehr begehrt, ihr Transport auf dem Land aber unsicher, langwierig und teuer war, suchten die am Mittelmeer gelegenen europäischen Staaten einen Seeweg nach Indien. Mit diesem Ziel segelte *Kolumbus* auf dem Atlantik nach Westen. Er landete 1492 in Amerika.

Auf der Fahrt um das südliche Afrika erreichte *da Gama* 1498 tatsächlich Indien. Magellan versuchte 1519 erneut, den westlichen Weg nach Indien zu finden. Er selbst überlebte die Reise nicht, aber einigen Mitgliedern seiner Expedition gelang die erste Weltumsegelung.

Aus Entdeckern wurden Eroberer. Die Europäer zerstörten die Kulturen der Inka, Maya und Azteken und zwangen den Indios ihre Lebensweise und Religion auf. Die wirtschaftliche Nutzung der Natur- und Bodenschätze veränderte die Umwelt der eroberten Länder grundlegend.

Etwa zur selben Zeit entwickelte sich in Europa die frühkapitalistische Wirtschaftsweise. Unternehmer nutzten das Verlagssystem, die Arbeitsteilung in der gewerblichen Warenherstellung, den Bergbau und das Bankwesen, um möglichst hohe Gewinne zu erzielen.

3 Blick in eine Stecher- und Druckerwerkstatt.
Kupferstich des Augsburger Kupferstechers Georg Kilian (1581-1662). Die Umschrift oben lautet übertragen: „Angestrengte Arbeit besiegt alles."
Zu sehen ist die Arbeit des Kupferstechers: Eingravieren des Motivs mit einem Grabstichel in eine Kupferplatte; Entfernen der aufgetragenen Druckerschwärze mit einem weichen Tuch, so dass die Farbe nur noch in den eingravierten Vertiefungen bleibt; Abdruck auf angefeuchtetes Papier in der Presse. Diese Tiefdrucktechnik entsteht im 16. Jh. Mit ihr können bis zu 3 000 Blätter von einer Platte gedruckt werden. Sie löst die weniger leistungsfähige Hochdrucktechnik der Holzschnitte ab. Dabei wird auf eine Holzplatte (Druckstock) ein Bild seitenverkehrt aufgezeichnet. Anschließend schneidet man die Stellen aus, die nicht gedruckt werden sollen. Die bearbeitete Platte wird mit Druckerschwärze versehen und auf feuchtem Papier abgezogen.

Übertrage die Zeitleiste und füge ein: wann Galilei, Kopernikus, Leonardo da Vinci und Dürer lebten, wann der erste Fugger in den Reichsgrafenstand erhoben wurde und in welchem Jahr die Welt zum ersten Mal umsegelt und Las Casas Bischof von Chiapas wurde.

Spurensuche
Thema für ein interessantes Referat:
- *„Am Anfang war Kolumbus": Die Entdeckung Amerikas und ihre Folgen*

Lektüretipp
- *Frauke Gewecke, Christoph Kolumbus, Frankfurt am Main 2006*

CD-ROM-Tipp → *Erlebnis Geschichte, Renaissance – Eroberung des Raums, Grünwald 2003*

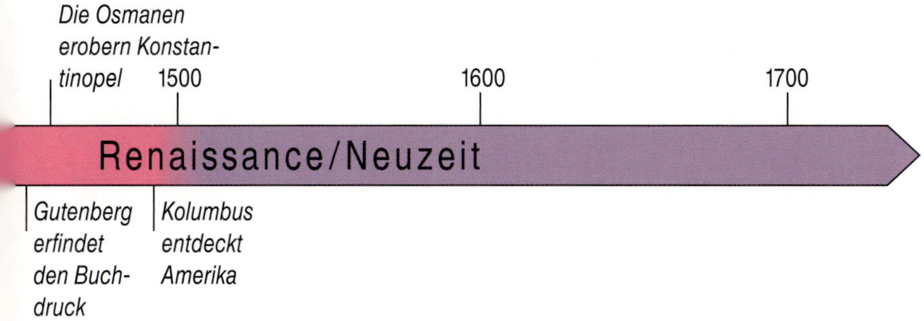

Kampf um den Glauben?

„Nun mach doch schon!", rief er seinem Gehilfen ungeduldig zu. Doch der ließ sich nicht aus der Ruhe bringen. Gleichmütig nahm er Schaufel um Schaufel von dem Haufen vor sich und streute die Erde in den Rhein. Alles, was er entgegnete, war: „Du wirst schon noch früh genug nach Hause kommen. Und du weißt ja, dass wir sorgfältig arbeiten müssen. Nicht die geringste Spur von der Asche dieses Ketzers darf übrig bleiben, damit seine Anhänger keine Reliquien daraus machen können." „Ich weiß schon", beruhigte ihn der Henker und fügte unvermittelt hinzu: „Seine Richter haben anscheinend sogar noch vor dem toten Johannes Hus Angst. Sonst hätten sie uns nicht so eindringlich befohlen, seinen Leichnam auch wirklich vollständig zu Asche zu verbrennen." „Richtig. Sogar die Erde unter dem Scheiterhaufen mussten wir abtragen." „Ich verstehe nicht viel von Theologie. Aber wenn stimmt, was ich gehört habe, dann weiß ich schon warum: Dieser Hus aus Böhmen soll verkündet haben, dass die Kirche, auch der Papst, irren kann. Klar, dass eine solche Behauptung die Mächtigen das Fürchten lehrt und dass sie alles daran setzen, ihre Verbreitung zu verhindern." „Das hätte dieser Hus aber doch wissen müssen. Wieso ist er dann überhaupt hierher nach Konstanz gekommen?" „Angeblich hat ihm der König freies Geleit zugesichert, ihm seinen Schutz aber dann doch verweigert, als Hus obendrein noch behauptete, ein König, der eine Todsünde begangen hat, könne kein König mehr sein." „Aber dann hat der König ja sein Wort gebrochen und ist ein Lüg…!" Weiter kam der Gehilfe nicht. Der Henker hatte ihn mit einer hastigen Armbewegung unterbrochen. Denn hinter ihnen erschien zu Pferd Pfalzgraf Ludwig mit großem Gefolge, um nach dem Rechten zu sehen. Er war ein Onkel des Königs und hatte die Verbrennung des Johannes Hus geleitet.

Dieter Brückner

Die Hinrichtung des Johannes Hus.
Siehe dazu Abb. 1, Seite 108.

Die Unzufriedenheit wächst

1 Die Hinrichtung des Johannes Hus.
Holzschnitt (ca. 30 x 20 cm) aus der „Chronik des Konstanzer Konzils" von Ulrich von Richental, 1483.
Auf dem **Konzil** *von Konstanz (1414-18) verdammten die Vertreter der Kirche und der weltlichen Mächte die Lehre des böhmischen Kirchenkritikers Johannes Hus. Er hatte den Reichtum der Klöster und geistlichen Würdenträger offen kritisiert. Darüber hinaus hatte er verkündet, dass nicht Priester und Mönche den Gläubigen den Weg zu Gott öffneten, sondern in erster Linie die Heilige Schrift. Am 6. Juli 1415 wurde er vor der Stadt Konstanz verbrannt.*
Zur Abbildung: Hus trägt hier eine Bischofsmütze mit der Aufschrift „Heresiarcha", d. h. so viel wie „Erzketzer". Im Hintergrund ist der Kurfürst Ludwig III. von der Pfalz (auf dem Pferd) zu sehen, der als weltlicher Fürst die Hinrichtung überwachen musste.
Überlege, warum Hus wohl auf dem oberen Bild mit einer Bischofsmütze dargestellt wurde.
Erkläre, was auf dem unteren Bild geschieht.

Die Kirche wird kritisiert
Der tschechische Kirchenkritiker Johannes Hus wurde als Ketzer verbrannt. Er hatte gelehrt, dass nicht Priester und Mönche den Christen den Weg zu Gott öffneten, sondern allein die „Heilige Schrift". Außerdem hatte er den Reichtum der Klöster und der geistlichen Würdenträger kritisiert.
Solche Vorwürfe verstummten während des ganzen 15. Jh. nicht. Päpsten, Bischöfen, Mönchen und Nonnen wurde ein Leben in Luxus, Geldverschwendung und Machtmissbrauch vorgeworfen. Und tatsächlich waren oft höchste kirchliche Stellen mit Personen besetzt, die versuchten, ihr Vermögen durch möglichst viele Ämter zu vergrößern.

Seelsorge und Predigt
Ihre geistlichen Aufgaben übertrugen viele hohe kirchliche Würdenträger meist einfachen Priestern. Diese wurden schlecht bezahlt und waren auf Nebenerwerb angewiesen. Manche Geistliche unterhielten sogar Gasthäuser. Oft hatten sie Lebensgefährtinnen und Kinder. Auch die unzureichende Bildung der Priester wurde von den Zeitgenossen beanstandet. Rund zwei Drittel besaßen keine höhere Bildung. Ein Teil der Priester konnte nicht einmal die lateinische Bibel richtig lesen.
Immer wieder wurde der Ruf laut nach einer umfassenden **Reform** der Kirche „an Haupt und Gliedern", d. h. vom Papst bis hinunter zum Dorfgeistlichen.

Der „ungeheure Hunger nach Gott"
Trotzdem waren die Gläubigen erfüllt von einem ungeheuren Hunger nach Gott. Sie suchten vor allem Antwort auf eine Frage: Wie rechtfertige ich mein sündhaftes Leben vor Gott, um das ewige Leben zu erlangen?
Gott stellten sich die Menschen nach der kirchlichen Lehre als einen strengen Richter vor. Das Bild vom Jüngsten Gericht, von den fürchterlichen Qualen des Sünders im Fegefeuer und seiner ewigen Pein in der Hölle war damals jedem Christen vertraut. Und da das „runde" Jahr 1500 nahte, fürchteten viele den Weltuntergang und das Ende aller Zeiten.
Die Gläubigen meinten, neben Gebet und Besuch der Heiligen Messe zusätzlich Leistungen erbringen zu müssen, um Gott gnädig zu stimmen. Deshalb begaben sie sich auf Wallfahrten, um die verehrten Heiligen als Fürsprecher vor Gott zu gewinnen. Wer es sich leisten konnte, stiftete in der örtlichen Kirche einen Altar. Manch einer stellte einen Geistlichen an, der regelmäßig für das Seelenheil der eigenen Familie die Messe las.

Der Ablass lockt

Seit dem 11. Jh. gab die Kirche den Gläubigen die Möglichkeit, einen Ablass (*Nachlass*) der zeitlichen Sündenstrafen im Fegefeuer zu bekommen. Dafür hatten die Christen bestimmte Leistungen wie Stiftungen, Teilnahme an Wallfahrten oder Kreuzzügen, Beiträge zum Bau einer Kirche aufzubringen. Zuvor mussten die Sünder aber bereut und gebeichtet haben sowie von einem Priester freigesprochen worden sein.

Ab dem 15. Jh. wurde der Ablass durch Geld immer häufiger. Das lag im Interesse von Papst, Bischöfen und weltlichen Landesherren. Sie alle konnten damit ihre Einkünfte steigern. Denn die Landesherren erhielten bis zur Hälfte der Einnahmen, wenn sie Ablassverkäufe genehmigten. Als der Papst 1476 den Verkauf von Ablässen für die Seelen bereits Verstorbener zuließ, bemängelten dies sogar kirchentreue Gläubige.

Hoffen und Bangen

Zu Beginn des 16. Jh. änderte sich das Leben der Menschen: Die Bevölkerung wuchs rasch, die Kluft zwischen Arm und Reich nahm zu. Die Landesherrschaft wurde ausgebaut, und die vom Humanismus geprägte Bildungsbewegung veränderte das Denken. Alle Neuerungen wirkten sich auf die Menschen in den Fürstentümern, Reichsstädten und sonstigen Herrschaftsgebieten des **Heiligen Römischen Reiches Deutscher Nation** – so die Bezeichnung für die deutschen Teile der von den habsburgischen Kaisern regierten Gebiete seit Ende des 15. Jh. – unterschiedlich aus. Der Frühkapitalismus trug einerseits zur Blüte der Städte und zum Aufstieg des Bürgertums bei, andererseits konnte er die wirtschaftliche und soziale Not der Menschen nicht beseitigen. Mit der Einführung einheitlicher Rechts- und Verwaltungsordnungen in den Territorialstaaten stieg zwar allmählich die Rechtssicherheit, doch zugleich wurden alte Selbstverwaltungsrechte auf dem Lande gegen den Willen der Betroffenen aufgehoben, wie die Verfügung über die Allmende sowie die Wahl bestimmter Dorfämter.

Der Humanismus schuf eine neue Weltsicht, die im religiösen Bereich im Gegensatz zu alten Vorstellungen stand. Auf alle diese Veränderungen reagierten die Menschen je nach Herkunft, Stand, Bildung und Auskommen unterschiedlich. Immer häufiger wurden soziale und politische Wünsche mit der Forderung nach einer Reform der Kirche verknüpft.

2 Höllenqualen und Erlösung.
Teil eines Altarbildes (113,2 x 64,7 cm), um 1480.
Erkläre einige Szenen.

Analysiere den Lehrbuchtext und arbeite heraus, warum die Gläubigen unzufrieden waren und was sie sich wünschten.

M 2 Johannes von Capestrano predigt auf dem Bamberger Domplatz.
Ölgemälde (152 x 73 cm) eines unbekannten Meisters, Ende 15./Anfang 16. Jh.
Der Franziskaner Johannes von Capestrano (1386-1456) zog als Wanderprediger durch ganz Europa. Im Jahre 1452 war er auch in Nürnberg und Bamberg. Er predigte gegen Luxus, ausschweifendes Leben und die Juden. Auf dem Gemälde hält der Mönch in der linken Hand eine Strahlenscheibe mit dem Monogramm (Namenszeichen) Jesu.

M 1 Über die Frömmigkeit der Deutschen

Der Italiener Antonio de Beatis reist im April 1517 durch deutsche Länder. In seinem Reisetagebuch beschreibt er, was ihm an dem religiösen Leben der Deutschen auffällt.

Sowohl Frauen als Männer besuchen fleißig die Kirchen, in denen jede Familie ihren eigenen Kirchenstuhl hat; die Kirchen sind alle gedielt und die Bänke mit etwas Zwischenraum in der Mitte in zwei Reihen geordnet, wie in einer Schule; nur für die Priester bleibt der Chor frei. Da spricht man nicht von Geschäften und unterhält sich nicht wie in Italien; man richtet seine Aufmerksamkeit nur auf Messe und Gottesdienst, und beim Gebet knien alle nieder [...].
Von Trient an pflegt man an allen Straßen in der Nähe der Dörfer und Städte unter freiem Himmel sehr hohe und große Kruzifixe aufzustellen, meist mit den Schächern* zur Seite, was zugleich Schrecken und Andacht erweckt. Und in geringen Entfernungen voneinander sind überall hölzerne oder steinerne Säulen aufgerichtet mit einem ausgehöhlten Fensterchen, in welchem sich ein Bild des Gekreuzigten mit den zwei Marien oder andere Geheimnisse der heiligsten Passion** des Herrn dargestellt befinden. Man findet auch selten auf deutschen Gemälden Heilige dargestellt, ohne dass etwas aus der Passion damit verbunden wäre [...].
Die Kirchtürme sind hoch und spitz. Sie haben sehr schöne Glocken; und es gibt kein noch so kleines Dorf, das nicht wenigstens eine schöne Kirche hätte mit so großen, schönen und kunstreichen Glasfenstern, als man sich nur denken kann. Innerhalb der Kirchen werden nur große und reiche Persönlichkeiten bestattet, alle andern außerhalb der Kirche auf den unbedeckten, aber mit Mauern umschlossenen Friedhöfen; hier stehen viele Kreuze, auf manchen Gräbern auch steinerne Denkmäler mit Inschriften und Wappen aus Messing, auch Weihwasserkesselchen, an Holzpflöcken befestigt. Dem Gottesdienst und den Kirchen wenden sie viel Aufmerksamkeit zu, und so viele Kirchen werden neu gebaut, dass ich, wenn ich damit die Pflege des Gottesdienstes in Italien vergleiche und daran denke, wie viele arme Kirchen hier ganz in Verfall geraten, diese Länder nicht wenig beneide und im innersten Herzen Schmerz empfinde über das geringe Maß von Religion, das man bei uns Italienern findet.

Karl Heinz Neubig (Hrsg.), Renaissance und Reformation 1350 - 1648, Ebenhausen bei München 1962, S. 37 ff.

* **Schächer**: *Verbrecher*
** **Passion**: *Leidensweg Christi*

1. *Wie beschreibt und bewertet de Beatis die Frömmigkeit der Deutschen (M 1)? Woran lässt sich erkennen, dass Glaubensfragen eine große Bedeutung in den besuchten Gebieten hatten?*
2. *Vergleicht einen heutigen Friedhof mit der Beschreibung des Italieners (M 1).*
3. *Betrachte M 2 und bestimme, was die Frau in die Flammen wirft. Erkläre, was dies ausdrücken soll.*
4. *Der Künstler hat den Prediger mit „Nimbus" gemalt (M 2). Erkläre!*

Bruder Martin fordert die Kirche heraus

Luthers Leben

Ein Mann gab den Anstoß für einen tiefgreifenden Wandel der Christenheit. Dieser Mann war der Mönch *Martin Luther*. Er wurde am 10. November 1483 in Eisleben (Thüringen) geboren. Seine Großeltern waren Bauern, sein Vater hatte es zu einer kleinen Kupfermine gebracht. Martin war der Erste in seiner Familie, der studieren durfte. Mit 17 Jahren begann er an der Universität Erfurt ein Studium und beendete es nach drei Jahren mit der Magisterprüfung. Auf Wunsch des Vaters studierte er ab 1505 Rechtswissenschaft.

Als Martin sich nach einem halben Jahr entschloss, in das Kloster eines Bettelordens in Erfurt einzutreten, konnte sein Vater dies nicht verstehen. Als Grund soll Martin ein Unwetter angeführt haben, das ihn in Todesangst versetzt und zu dem Versprechen veranlasst habe, Mönch zu werden.

Bruder Martin lebte streng nach den Regeln seines Ordens und begann das Studium der Theologie. 1507 wurde er in Erfurt zum Priester geweiht. Ein Jahr später lehrte Luther bereits Philosophie in Wittenberg im damaligen Kurfürstentum Sachsen. 1510/11 reiste er für seinen Orden nach Rom. 1512 wurde Luther Doktor der Theologie und Professor für Bibelauslegung in Wittenberg. Außerdem hatte er verschiedene Ämter in seinem Orden inne und war zeitweise auch Prediger an der Wittenberger Stiftskirche, der heutigen Schlosskirche.

„Sobald das Geld im Kasten klingt …"

Der Ablasshandel war in den deutschen Ländern nach 1514 in die Kritik geraten. Das lag vor allem an *Albrecht von Brandenburg*. Mit 23 Jahren war er Erzbischof von Magdeburg und Bischof von Halberstadt geworden, ein Jahr später auch Erzbischof von Mainz. Seine Ämterhäufung widersprach dem Kirchenrecht. Doch Albrecht hatte für viel Geld die Zustimmung des Papstes erkauft. Das hatte ihm das Augsburger Bankhaus Fugger geliehen. Damit er die Kredite zurückzahlen konnte, gewährte der Papst Albrecht das Recht des Ablasshandels. Die eine Hälfte der Einnahmen war für den Erzbischof bestimmt, die andere für den Bau der *Peterskirche* in Rom.

In dem Leipziger Dominikanermönch *Johannes Tetzel* fand Albrecht einen bewährten Ablassprediger, dem die Menschen „wie Verrückte" zuliefen, so Martin Luther. Tetzel wurde vorgeworfen, beim Ablass mehr aufs Geld als auf Beichte und Reue zu setzen und die Gläubigen mit dem Versprechen „sobald das Geld im Kasten klingt, die Seele aus dem Feuer springt" zu verführen. Immer häufiger kamen Männer und Frauen mit dem Ablassbrief in der Hand zu Luther in den Beichtstuhl und forderten ohne Buße ihre Lossprechung von den Sünden. Dafür hatte Luther aus seelsorgerlichen und theologischen Gründen immer weniger Verständnis.

1 Martin Luther als Augustinermönch.
Gemälde (43,4 x 29,5 cm) von Lucas Cranach dem Älteren, um 1522. Zu Lucas Cranach d. Ä. siehe auch S. 112 und 116.

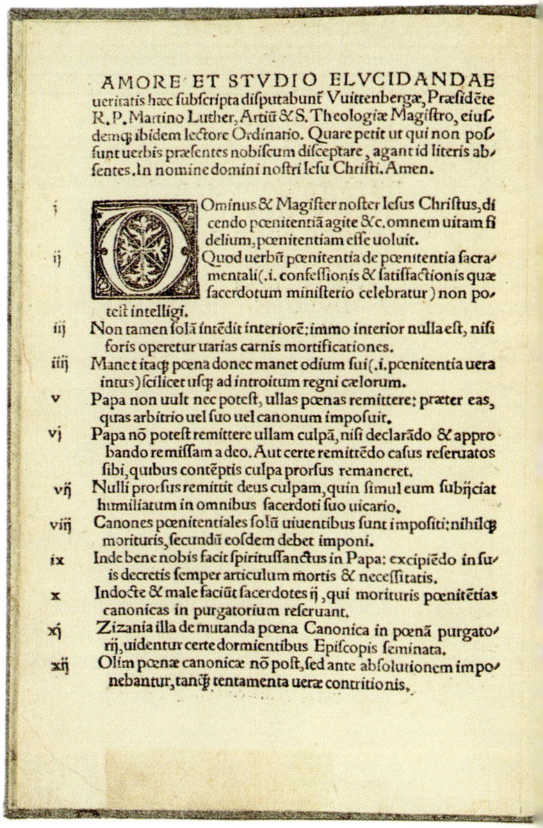

AMORE ET STVDIO ELVCIDANDAE ueritatis hæc ſubſcripta diſputabunt Vuittenbergæ, Præſidēte R. P. Martino Luther, Artiū & S. Theologiæ Magiſtro, eiuſdemq; ibidem lectore Ordinario. Quare petit ut qui non poſſunt uerbis præſentes nobiſcum diſceptare, agant id literis abſentes. In nomine domini noſtri Ieſu Chriſti. Amen.

i Dominus & Magiſter noſter Ieſus Chriſtus, dicendo pœnitentiā agite &c. omnem uitam fidelium, pœnitentiam eſſe uoluit.

ij Quod uerbū pœnitentia de pœnitentia ſacramentali (.i. confeſſionis & ſatiſfactionis quæ ſacerdotum miniſterio celebratur) non poteſt intelligi.

iij Non tamen ſolā intēdit interiorē: immo interior nulla eſt, niſi foris operetur uarias carnis mortificationes.

iiij Manet itaq; pœna donec manet odium ſui (.i. pœnitentia uera intus) ſcilicet uſq; ad introitum regni cælorum.

v Papa non uult nec poteſt, ullas pœnas remittere: præter eas, quas arbitrio uel ſuo uel canonum impoſuit.

vj Papa nō poteſt remittere ullam culpā, niſi declarādo & approbando remiſſam a deo. Aut certe remittēdo caſus reſeruatos ſibi, quibus contēptis culpa prorſus remaneret.

vij Nulli prorſus remittit deus culpam, quin ſimul eum ſubijciat humiliatum in omnibus ſacerdoti ſuo uicario.

viij Canones pœnitentiales ſolū uiuentibus ſunt impoſiti: nihilq; morituris, ſecundū eoſdem debet imponi.

ix Inde bene nobis facit ſpirituſſanctus in Papa: excipiēdo in ſuis decretis ſemper articulum mortis & neceſſitatis.

x Indocte & male faciūt ſacerdotes ij, qui morituris pœnitētias canonicas in purgatorium reſeruant.

xj Zizania illa de mutanda pœna Canonica in pœnā purgatorij, uidentur certe dormientibus Epiſcopis ſeminata.

xij Olim pœnæ canonicæ nō poſt, ſed ante abſolutionem imponebantur, tanq; tentamenta ueræ contritionis.

2 Lateinischer Druck von Luthers 95 Thesen, Basel 1517.
Die ersten Drucke erschienen Ende 1517 in Nürnberg, Leipzig und Basel.
Die evangelischen Christen feiern in Erinnerung an die Veröffentlichung der Thesen am 31. Oktober das Reformationsfest.

Luther protestiert

Am 31. Oktober 1517, dem Vorabend des Allerheiligen-Festes, schrieb Luther einen Brief an seine Vorgesetzten, in dem er die Ablasspraxis kritisierte. Seinen Zeilen legte er nach Art der Gelehrten ein in lateinischer Sprache geschriebenes Papier mit **95 Thesen*** bei. Diese Schrift schickte Luther auch Fachkollegen. Er forderte sie zu einer Diskussion auf. Obwohl nur für die Kirchenoberen und Professoren bestimmt, wurden seine Thesen bald in deutscher Übersetzung gedruckt und auf Flugblättern im ganzen Reich verbreitet.

* **Thesen**: *Behauptungen, die noch bewiesen werden müssen.*

3 Gesetz und Gnade:
Die Rechtfertigung des Sünders.
Ölgemälde auf zwei Holzplatten (71,9 x 59,6 cm und 72,6 x 60,1 cm) aus der Werkstatt von Lucas Cranach dem Älteren. Seit 1529 hat Cranach in enger Anlehnung an Luthers Lehre mehrere Bilder zu diesem Thema angefertigt. Dieses Gemälde stammt von 1535. Es stellt die evangelische Lehre bildhaft dar. Im Mittelpunkt der linken Bildhälfte wird der Mensch vom Teufel (dem „alten Drachen") und dem Tod, dessen Spieß die Sünde ist, den Verdammten im ewigen Feuer zugetrieben. Auf der rechten Bildhälfte weist Johannes der Täufer auf den gekreuzigten Christus hin, das Lamm Gottes, das die Sünde der Welt trägt.
Welchen Teilen der Bibel entsprechen die rechte und die linke Seite des Bildes? Die beiden Bildteile werden in der Mitte durch einen Lebensbaum geteilt. Beschreibe sein Aussehen. Was versuchte der Künstler damit zu verdeutlichen?

Was Luther glaubte
Der Mönch, Hochschullehrer und Seelsorger Martin Luther hatte seit etwa 1514 sein neues Religionsverständnis entwickelt. Mit dem 1517 vorgelegten Brief gegen den Ablass wollte er die Menschen warnen. Denn „diese falsche Sicherheit" durch den Ablass, so Luther zu seinen Studenten, „führt zu Lauheit und bedenkenlosem Sündigen". Luther fragte sich, wie der Mensch seine Sünden überwinden und sich vor Gott rechtfertigen könne. Er fand die Antwort.

Luthers **Rechtfertigungslehre** lässt sich in vier Grundsätzen zusammenfassen:
- Gott verlangt vom Menschen, dass er seine Gebote befolgt, also nicht sündigt. Er verspricht aber auch dem sündigen Menschen seine Gnade.
- Zum Beweis seiner Gnade hat Gott seinen Sohn Jesus Christus geopfert.
- Um die Gnade zu erlangen, muss der Mensch nur bereit sein, an Gottes Versprechen zu glauben.
- Damit der Mensch Gottes Willen erkennen kann und im Glauben fest bleibt, hat Gott ihm sein Wort in der „Heiligen Schrift" übermittelt. Vor allem im *Evangelium*, der frohen Botschaft von Jesus, kann Gottes Wille erkannt werden.

Die Kirche wehrt sich
Der von den Thesen betroffene Erzbischof Albrecht verurteilte Luthers Vorstellungen als ketzerisch und meldete sie sofort dem Papst. Im Frühjahr 1518 erhob der Dominikanerorden, dem Tetzel angehörte, Anklage gegen Luther wegen Ketzerei. Luther wurde zum Verhör und Widerruf nach Rom gerufen. Daher wandte er sich an seinen Landesherrn, Kurfürst *Friedrich III. (den Weisen) von Sachsen*, der seit 1486 regierte. Dieser erreichte beim Papst, dass das Verhör ins Reich verlegt wurde. 1518 wurde Luther am Rande des Augsburger Reichstags von einem der besten Theologen der Kirche, Kardinal *Thomas Cajetan de Vio*, vernommen und aufgefordert, seine Lehre zu widerrufen. Luther ging darauf nicht ein.

CD-ROM-Tipp → *Martin Luther (1483-1546), Neuhausen: Hänssler*

Internettipps → *www.luther.de und www.martinluther.de*

Nur die „Heilige Schrift" zählt

Der Prozess gegen Luther verzögerte sich. Ende 1518 kündigte sich der Tod Kaiser *Maximilians I.* an. Da der Papst gern Luthers Landesherrn als neuen Kaiser gesehen hätte, hielt er sich zunächst gegenüber dem Kirchenkritiker zurück. Luther konnte weiterhin ungehindert lehren und seine Ideen verbreiten.

Ein Höhepunkt war ein Streitgespräch mit dem Ingolstädter Theologen *Johannes Eck* im Sommer 1519 auf der Pleißenburg in Leipzig. Dabei ließ sich Luther zu der Behauptung hinreißen, nicht nur der Papst, sondern auch die Konzilien könnten irren. Er meinte, Christen sollten sich nur an die Worte der Bibel halten. Um von vielen Menschen verstanden zu werden, schrieb er Deutsch statt Latein. Zwischen 1517 und 1521 verfasste er 81 Schriften, die in mehr als 500 000 Exemplaren gedruckt und verkauft wurden – eine beachtliche Zahl, denn nur genauso viele Deutsche konnten zu jener Zeit lesen!

Ein neuer Glaube

In seinen Schriften wies Luther schließlich so gut wie alles zurück, worauf die damalige, d. h. alle Christen umfassende katholische Kirche seit Jahrhunderten aufbaute:

- das Papsttum, das beanspruchte, die Kirche zu leiten und allein entscheiden zu können, welche Glaubenslehre richtig sei;
- die Stellung des Priestertums als alleiniger Mittler zwischen Gott und den Gläubigen;
- die guten Werke, einschließlich Wallfahrten, Ablasszahlungen, Stiftungen, ohne die eine Rechtfertigung vor Gott unmöglich sein sollte;
- nur zwei von sieben Sakramenten, Taufe und Abendmahl, ließ Luther gelten; Firmung, Buße, Letzte Ölung, Priesterweihe und Ehe verwarf er, da sie nicht in der Bibel vorkommen.

Nach Luther brauchte ein getaufter Christ niemanden, der zwischen ihm und Gott vermittelte, keinen Priester, Bischof oder Papst, auch keine Heiligen oder Reliquien. Jeder Christ war für sein Tun gegenüber Gott verantwortlich. Für Luther lag in dieser Verantwortung für die Beziehung zwischen dem Einzelnen und Gott die neue „Freiheit eines Christenmenschen".

Der Bruch

Der Prozess gegen Luther wurde im Februar 1520 wieder aufgenommen. Die päpstlichen Ankläger beurteilten 41 Sätze aus Luthers Schriften als ketzerisch. Sie forderten ihren Widerruf und drohten mit dem Kirchenbann. Am 10. Dezember 1520, dem Tage, an dem Luthers Widerrufsfrist ablief, brach er öffentlich mit der Kirche: Nachdem seine Bücher in Flandern und im Rheinland auf Scheiterhaufen gelandet waren, verbrannte er vor der Stadtmauer von Wittenberg die Androhung des Kirchenbanns, einige kirchliche Rechtsbücher sowie ein Beichthandbuch. Am 5. Januar 1521 verhängte der Papst den Bann über den Mönch aus Wittenberg. Die Reformation nahm ihren Lauf.

1. *Die Kritik an der Kirche hatte Ende 1520 bereits weiter reichende Folgen, als Luther im Herbst 1517 beabsichtigt hatte. Erkläre! Berücksichtige, was du auf der Seite 87 über die Schwarze Kunst erfahren hast.*
2. *Wovon leiten die evangelischen Christen ihren Namen ab?*

M 3 „Eyn Frag an eynen Müntzer…".
Holzschnitt (18,9 x 27,3 cm) von Jörg Breu dem Älteren, um 1530. Der Holzschnitt ist Teil eines Flugblattes. Über und unter dem Holzschnitt befinden sich auf dem Flugblatt Textzeilen, die obere beginnt so:
„Eyn Frag an eynen Müntzer/ wahin doch sovil Geltz kumme das man alltag müntzet…"
Ein Kardinal betrachtet von seinem Pferd aus das Treiben. Am Kreuz hängt ein übergroßer Ablassbrief. In der Mitte des Bildes prägt ein Münzer Siegel für die Ablasszettel, links sitzt ein Geldverleiher.

M 1 Gnädiger Gott gesucht

Martin Luther sucht eine neue Antwort auf die Frage: Wie finde ich einen gnädigen Gott? Er findet 1520 folgende Lösung:

Also hilft es der Seele nichts, ob der Leib heilige Kleider anlegt, wie die Priester und Geistlichen tun, auch nicht, ob er in den Kirchen und heiligen Stätten sei. Auch nicht, ob er mit heiligen Dingen umgeben ist. Auch nicht, ob er bete, faste, wallfahre und viele gute Werke tue […]. Es muss noch etwas anderes sein, das die Seele fromm und frei macht. Denn alle guten Werke und Verhaltensweisen kann auch ein an sich böser Mensch ausüben […].
Sicher ist nur, dass die Seele auf das Wort Gottes nicht verzichten kann […]. Gott spricht: „[…] glaube an Christus, und ich gebe dir alle Gnade, Gerechtigkeit, Friede und Freiheit; glaubst du, so hast du; glaubst du nicht, so hast du nicht. Denn was dir unmöglich ist mit allen Werken, das wird dir leicht und kurz durch den Glauben […]."
Hieraus ist leicht zu erkennen, warum der Glaube so viel vermag und dass keine guten Werke ihm gleich sein mögen. Denn kein gutes Werk hängt an dem göttlichen Wort wie der Glaube […]. Gute, fromme Werke machen nimmermehr einen guten, frommen Mann, sondern ein guter Mann macht gute fromme Werke.

Martin Luther, Werke, Bd. 7, Weimar 1897, S. 21 f., 24 und 32 (stark vereinfacht)

M 2 Allgemeines Priestertum

In seiner Schrift „An den christlichen Adel deutscher Nation" erklärt Luther 1520:

Papst, Bischöfe, Priester und Klostervolk wird der geistliche Stand genannt, Fürsten, Herren, Handwerks- und Ackerleute der weltliche Stand […]. Niemand soll darüber schüchtern werden und das von Herzensgrund. Denn alle Christen sind in Wahrheit geistlichen Standes, unter ihnen ist kein Unterschied, es sei denn des Amtes halben allein […]. Das rührt alles daher, dass wir eine Taufe, ein Evangelium, einen Glauben haben und gleiche Christen sind […]. Demnach werden wir also allesamt durch die Taufe zu Priestern geweiht […].
Denn was aus der Taufe gekrochen ist, das kann sich rühmen, dass es schon zum Priester, Bischof und Papst geweihet sei, obwohl nicht einem jeglichen ziemt, solches Amt zu üben […]. Ein Schuster, ein Schmied, ein Bauer, ein jeglicher hat seines Handwerks Amt und Werk, und dennoch sind sie alle gleich geweihte Priester und Bischöfe, und ein jeglicher soll mit seinem Amt oder Werk den anderen nützlich und dienstlich sein […].
Wird ein Priester erschlagen, so liegt ein Land im Interdikt*; warum nicht auch, wenn ein Bauer erschlagen wird? Wo kommt solch großer Unterschied unter den gleichen Christen her? Allein aus menschlichen Gesetzen und Erdichtungen.

Martin Luther, An den christlichen Adel deutscher Nation …, hrsg. v. Ernst Kähler, Stuttgart 1962, S. 14-19 (stark gekürzt und vereinfacht)

***Interdikt**: Kirchenstrafe; vom Papst oder Bischof angeordnetes Verbot, an kirchlichen Feierlichkeiten (Gottesdienst, Wallfahrt) oder Handlungen (Abendmahl) teilzunehmen*

1. *Erkläre, wodurch nach Luther der Mensch Gottes Gnade erreichen kann (M 1).*
2. *Versetze dich in die Lage eines Bauern oder Handwerkers, der seinem Grundherrn oder Stadtrat mitteilt, wie er Luthers Schrift versteht (M 2).*
3. *Bestimme den im Flugblatt (M 3) vertretenen Standpunkt.*

LERNTIPP

Die neue Lehre setzt sich durch

1 Luther spricht vor Kaiser Karl V. am 18. April 1521 in Worms.
Historiengemälde von Anton von Werner, um 1877.
Das Bild misst 66 x 125 cm und ist die Nachbildung (Replik) eines 3,50 x 7,00 m großen Wandbildes, das Anton von Werner 1870 für die Aula der Kieler Gelehrtenschule gemalt hat.
Die Originalunterschrift lautet: „Hier stehe ich, ich kann nicht anders, Gott helfe mir, Amen."
Das Bild vermittelt eine bestimmte Deutung der Person und Lehre Luthers. Beschreibe sie.
Erkläre, auf wessen Seite der Maler steht.

Vor dem Kaiser

Mit dem Kirchenbann wurde Luthers Lehre zum Fall für die Fürsten. Denn auf den Bann musste die **Reichsacht** folgen. Wer geächtet war, war vogelfrei, ausgeschlossen aus der Rechtsgemeinschaft. Jeder durfte ihn verfolgen. Doch Luthers Landesherr, Kurfürst *Friedrich der Weise*, hatte sich geweigert, den Bann gegen Luther in Sachsen zu veröffentlichen. Er erreichte stattdessen, dass ein Schiedsgericht beim Reichstag in Worms über den Kirchenkritiker urteilen sollte. Luther erhielt einen Schutzbrief und konnte unbesorgt nach Worms fahren. Seine Reise glich einem Triumphzug.

Kaiser *Karl V.** wollte die Einheit der katholischen Kirche bewahren. Aber Luther verweigerte am 18. April den geforderten Widerruf. Im Streit verließ er Worms. Zu seinem Schutz ließ Friedrich der Weise ihn zum Schein überfallen und auf die Wartburg bringen. Der Kaiser verhängten daraufhin über Luther und seine Anhänger mit dem **Wormser Edikt** die Reichsacht.

Aber nicht alle Teilnehmer des Reichstags hatten für die Reichsacht gestimmt, sondern Kirche und Kaiser kritisiert und sich für Luther eingesetzt. Deshalb musste der Kaiser einen Bürgerkrieg befürchten.

Folgen in Stadt und Land

Unmittelbar vor und nach dem Wormser Reichstag begannen Anhänger Luthers in einigen Dörfern und Städten mit einer Reformation „von unten": Gemeinden wählten ihre Geistlichen, änderten die Gottesdienstordnung, stellten die Predigt des Evangeliums ins Zentrum des Gottesdienstes und lehnten außer Taufe und Abendmahl alle Sakramente ab.

Die Anhänger des *evangelisch-lutherischen* Glaubens lösten Klöster auf. Geistliche, die am katholischen Glauben festhielten, wurden vertrieben. Einige radikale Anhänger der reformatorischen Vorstellungen, die so genannten „Bilderstürmer", zerstörten Kircheneinrichtungen und -kunstwerke. In den alten Heiligendarstellungen sahen sie nur „Götzenbilder".

Viele Priester, Mönche und Nonnen gründeten nun Familien. Auch der 41-jährige Luther heiratete: Am 13. Juni 1525 nahm er die 26-jährige ehemalige Nonne *Katharina von Bora* zur Frau. Sie hatte bereits seit 1523 in seinem Haushalt gelebt.

**Über die Regierungszeit Karls V. erfährst du auf den Seiten 124-126 mehr.*

2 Kurfürst Johann Friedrich I. von Sachsen und seine Mitarbeiter an der Reformation.
Ölgemälde (72,8 x 39,7 cm) von Lucas Cranach dem Älteren und Werkstatt, um 1532/39 (Ausschnitt).
Links: Martin Luther. Mitte: Kurfürst Johann Friedrich I. (der Großmütige), der seit 1532 Sachsen regierte. Rechts (mit dem erhobenen Zeigefinger): Philipp Melanchthon; Melanchthon war 1518, mit 21 Jahren, als Professor des Griechischen nach Wittenberg berufen worden und übernahm während der Reformation Organisationsaufgaben im Unterrichtswesen.

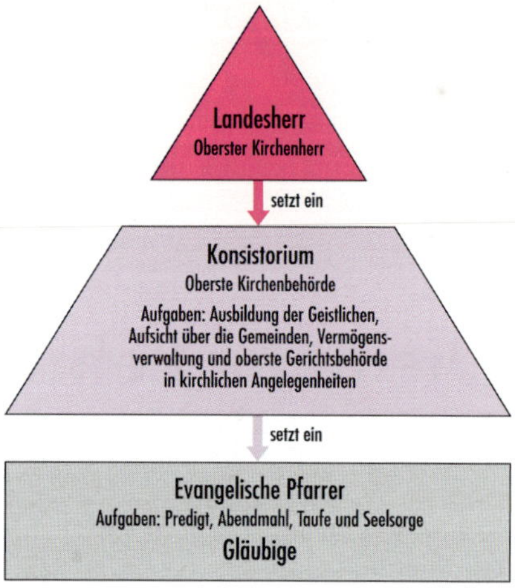

3 Aufbau einer evangelisch-lutherischen Landeskirche.

Wo bleibt das Gewissen?
Einige Landesherren und Vertreter der Reichsstädte nutzten nach 1525 die Uneinigkeit im Reich, um ihre Eigenständigkeit gegenüber Kaiser und Reich auszubauen. In den Kurfürstentümern Sachsen und Brandenburg, in der Landgrafschaft Hessen, in den Herzogtümern Württemberg und Braunschweig-Lüneburg sowie in zahlreichen Reichsstädten (z. B. Goslar, Magdeburg, Memmingen und Nürnberg) wurde zum Teil über die Köpfe der Einwohner hinweg der neue Glauben eingeführt.
Das Vorgehen widersprach Luthers ursprünglicher Auffassung: Er hatte auf das Gewissen des einzelnen Christen vertraut und gemeint, jede Gemeinde sollte alles, was sie angehe, selbst entscheiden. Mit dem Bauernkrieg* hatte er seine Einstellung geändert: Um die „rechte Zucht" zu gewährleisten, billigte er den wachsenden Einfluss der Obrigkeiten auf die reformatorische Bewegung. Die Landesherren regierten nun in alle Bereiche der neuen Konfession (Glaubenbekenntnis, -gemeinschaft; von lat. *confessio*: ich bekenne) hinein. Sie bestimmten die Kirchen- und Gemeindeordnung für ihr Territorium, sorgten für die Ausbildung und Anstellung „ihrer" Geistlichen und Lehrer, beaufsichtigten Kirchen, Schulen, Universitäten, Kranken- und Armenhäuser sowie andere öffentliche Einrichtungen und bezahlten diese aus dem eingezogenen Kirchenvermögen oder aus der Landes- oder Stadtkasse.
Luther unterstützte diese Veränderungen. Um seine Lehre zu festigen, schrieb er zahlreiche Abhandlungen für Pfarrer und Prediger, verfasste Kirchenlieder und Lehrbücher.

*Lies dazu Seite 120 ff.

Informiert euch über die Reformation in Berlin.
Wann und von wem wurde die Reformation eingeführt?
Was geschah mit den Klöstern?
Gab es Widerstände?
Befragt dazu einen Experten.

LERNTIPP

M 1 Luther und Karl V. in Worms

Als Luther am 18. April 1521 auf dem Reichstag aufgefordert wird, seine Lehren zu widerrufen, begründet er seine Ablehnung angeblich so:

Wenn ich aber nicht mit Zeugnissen der Schrift oder mit offenbaren Vernunftgründen besiegt werde, so bleibe ich von den Schriftstellen besiegt, die ich angeführt habe, und mein Gewissen bleibt gefangen in Gottes Wort. Denn ich glaube weder dem Papst noch den Konzilien, allein, weil es offenkundig ist, dass sie öfters geirrt und sich selbst widersprochen haben. Widerrufen kann und will ich nicht, weil es weder sicher noch geraten ist, etwas gegen sein Gewissen zu tun.
Gott helfe mir. Amen.

Auf Luther antwortete Kaiser Karl V.:
Ihr wisst, dass ich von den allerchristlichsten Kaisern der edlen deutschen Nation, den katholischen Königen von Spanien, den Erzherzögen von Österreich und den Herzögen von Burgund abstamme, die alle bis zu ihrem Tod treue Söhne der katholischen Kirche gewesen sind […]. Deshalb bin ich entschlossen, alles zu halten, was meine Vorgänger und ich bis zum gegenwärtigen Augenblick gehalten haben […]. Denn es ist sicher, dass ein einzelner Bruder in seiner Meinung irrt, wenn diese gegen die der ganzen Christenheit, wie sie seit mehr als tausend Jahren und heute gelehrt wird, steht, denn sonst hätte ja die ganze Christenheit heute und immer geirrt.

Erster Text: Martin Luther, Werke, Bd. 7, Weimar 1897, S. 837 f. (vereinfacht). Zweiter Text: Fritz Dickmann (Bearb.), Renaissance, Glaubenskämpfe, Absolutismus, München ²1976, S. 126

M 2 Die Reformation „von unten"

In Wittenberg beginnen die Anhänger Luthers 1521 die neuen Vorstellungen umzusetzen.

Der Propst* zu Wittenberg hat Erich Saltes Tochter zu Ehe genommen. Ein Barfüßermönch ist ein Schuster geworden und hat eines Bürgers Tochter genommen. Ein anderer Barfüßer ist ein Bäcker geworden und hat eine Frau genommen. Ein Augustiner ist ein Schreiner geworden und hat eine Frau genommen. Dr. Feldkirch hat seine Köchin genommen. Der Rat zu Wittenberg hat den Barfüßern und Augustinern gesagt, sie sollen ihre Klöster räumen, und haben alle Wertsachen in den Klöstern aufgezeichnet. Der Rat hat 14 Männer eingesetzt und verordnet, dass alle armen Leute erfasst werden sollen. Sie seien von den eingezogenen geistlichen Gütern zu versorgen. Die Pfarrkirche steht alle Tage zu; nur am Sonntag hält man eine deutsche Messe darin und predigt, und das Volk geht eifrig zum hochwürdigen Sakrament und nimmt es selbst auf dem Altar. Allenthalben lassen die Mönche und Pfaffen ihre Kopfhaare wachsen und nehmen sich Eheweiber.

Karl Kaulfuß-Diesch (Hrsg.), Das Buch der Reformation, Leipzig ²1917, S. 287 f. (vereinfacht)

* **Propst**: *Vorsteher, Aufseher einer kirchlichen Einrichtung*

M 3 Die Reformation „von oben"

Der Landgraf Philipp von Hessen notiert sich im Januar 1527 auf einem „Merkzettel", worauf er im Zusammenhang mit der Einführung der Reformation achten will.

Ferner ist in Marburg eine Ordnung zu erstellen, die Messe und Zeremonien betreffend.
Ferner ist zu berücksichtigen, dass man der Armen gedenke und zu diesem Zweck die Bruderschaften, Spitäler und Stiftungen heranziehe.
Ferner ist es nötig, mit dem Rat der Richter Aufsichtsbeamte einzusetzen, die überall gute Prediger einsetzen und die schlechten absetzen.
Ferner ist an die Spitäler zu gedenken.
Ferner ist hier in Marburg eine Universität zu errichten.
Ferner haben die Aufsichtsbeamten überall Schulen einzurichten und sie mit frommen und gelehrten Lehrern auszustatten und für deren Versorgung zu sorgen.
Ferner soll man das Silbergeschirr aus den Klöstern holen, das ich noch nicht eingezogen habe.

Zit. nach: Margret Suchier, Das landesherrliche Kirchenregiment Philipp von Hessen, in: Praxis Geschichte H. 3/1990, S. 48

M 4 Bildersturm. *Holzschnitt von Erhard Schön, um 1530.*
Überschrift des Bildes: „Klagerede der armen verfolgten Götzen vnd Tempelpilder über so vngleich vrtayl vnd straffe."
Zum Bild oben rechts: Einem gut gekleideten Mann ragt ein gewaltiger Balken aus dem Auge, entsprechend dem Wort des Evangelisten Matthäus: „Was siehst du aber den Splitter in deines Bruders Auge und wirst nicht gewahr des Balkens in deinem Auge?"

1. *Vergleiche Luthers Standpunkt mit dem des Kaisers (M 1).*
2. *Zähle auf, wer von der Reformation betroffen war und was sich durch sie änderte (M 2 und M 3).*
3. *Übertrage die Bildüberschrift in heutiges Deutsch und erkläre die dargestellten Handlungen (M 4). Was sagt das Bild aus?*

LERNTIPP

Bild als Waffe

M 1 „Ich bin der Papst."
Holzschnitt, um 1500.
Flugblatt gegen Papst Alexander VI., der von 1492 bis 1503 die Kirche führte.

Kurz vor und dann vor allem während der Reformation erschienen erstmals im Reich zahlreiche Spottbilder. Sie wandten sich an eine oft noch leseunkundige Öffentlichkeit. Wie giftige Pfeile wurden die Bilder zwischen den Lagern der Reformwilligen und ihren Gegnern hin und her geschossen. Zentrale Gestalten des Bilderkampfes waren Luther und die Päpste.
Die meisten Spottbilder erschienen als Flugblätter, oft ohne den Zeichner zu nennen. Es ist bekannt, dass auch namhafte Künstler solche Bilder zeichneten, allen voran *Lucas Cranach der Ältere.* Er arbeitete mit Luther zusammen. Nach Luthers Tod endete der erste „Bilderkampf" der deutschen Geschichte.

M 2 Wendekopf.
Holzschnitt (26,5 x 16,0 cm) um 1520/22 (Ausschnitt).
Die einführenden lateinischen Verse auf diesem Flugblatt lauten übersetzt:
Wenn Du, Leser, fragst,
was für ein ungeheuerliches Bild hier vorliegt/
Aus ihm kannst Du
die Lehre Luthers erfahren/
Denn wie Dir beim ersten Anblick der verehrte Prediger erscheint/
Erscheint umgewendet in Wahrheit
nichts anderes als ein Narr/
Aufs Beste verkünden so
die Prediger glänzende Worte/
die doch nichts als Narrheiten enthalten.

1. *Beschreibe die Gestalt auf dem Holzschnitt M 1 und schreibe einen Begleittext.*
2. *Erkläre, wie der Holzschnitt M 2 benutzt werden muss, und fasse seine Aussage in einem Satz zusammen: „Luther ist..."*
3. *Überlege, aus welchen religiösen Lagern die beiden Holzschnitte stammten.*
4. *Bis heute nutzen Zeichner die Möglichkeit, mit Bildern ihre Meinung zu aktuellen Themen auszudrücken. Welche Abbildungen sind gemeint? Ihr findet sie vor allem in überregionalen Zeitungen. Sammelt Beispiele und ordnet sie nach Themen und Personen. Sprecht über die mit den Zeichnungen verbundenen Absichten.*

Legenden um Luther

M 1 Luther (Joseph Fiennes) schlägt die 95 Thesen am Tor der Schlosskirche in Wittenberg an.
Szenenbild aus dem Film „Luther", 2003.

M 2 „Es ist ein Spielfilm …"
Auf den Hinweis, dass der Film-Reformator nur teilweise dem historischen Luther entspräche, sagt Mandy Müller von der Thüringen-Tourismus:

Der echte Luther war eher beleibt. Im Film aber ist er rank, schlank, mit braunen Mandelaugen. Das Kino mag nun mal schöne Menschen. Auch ist nicht jede Filmszene historisch belegt: etwa jene, in der Luther Friedrich dem Weisen die übersetzte Bibel überreicht – sehr ergreifend, aber frei erfunden. Es ist ein Spielfilm, keine Dokumentation. Doch die wesentlichen Ereignisse stimmen.

Die Zeit 45/2003

M 3 „Goldener Kompass"
Der Film „Luther" wurde im Mai 2004 mit dem „Goldenen Kompass" des Christlichen Medienverbundes ausgezeichnet. Der Ministerpräsident von Sachsen-Anhalt, Wolfgang Böhmer, begründet die Entscheidung so:

Mit dem Luther-Film ist es gelungen, eine ansprechende und spannende Produktion zu erstellen, die nicht auf fiktiven Ideen fußt, sondern Geschichte und Religion durch ein Filmerlebnis vermittelt. […]
Es gilt mehr denn je, Menschen Mut zu machen und aus der Verwurzelung in Geschichte und Glaube die Gegenwart und Zukunft zu gestalten.

www.welt.de/data/2004/05/04/273254.html

M 4 „Hier stehe ich …"
Der evangelische Theologe Friedrich Schorlemmer aus Wittenberg schreibt:

Was ist eine berühmte Person ohne ihre Legenden? Die drei populärsten Worte Luthers sind ebenso wenig belegbar wie die dramatischen Hammerschläge am Vortag von Allerheiligen 1517 an die Tür der Schlosskirche. Oder das Tintenfass, mit dem er in der winzigen Wartburg-Kemenate im Wutausbruch nach dem Teufel geworfen habe. Diese Erdichtungen bezeichnen in der Sache durchaus Zutreffendes. Ein spektakulärer Hammerschlag fand nicht statt, doch die Thesen wurden in der Tat in Windeseile in ganz Deutschland verbreitet und fanden einen überraschenden Widerhall. Und mit Tinte, mit geschriebenen, gedruckten und von den Menschen aufgenommenen Worten hat dieser Mann die Welt verändert und dem Teufel und all seinem Wesen das Handwerk gelegt. (Er-)Dichtung wird hier zur Wahrheit, denn sie bündelt Grundhaltungen.
„Hier stehe ich. Ich kann nicht anders." Das wollen die damaligen Beobachter in Worms am Ende seiner Verteidigungsrede gehört haben. Diese Worte hat Luther nie gesprochen! Doch sie stimmen völlig überein mit dem, was er dort als ein Abgehärmter mit demonstrativ geschorener Tonsur vor Kaiser und Reich vortrug. Ungebrochen seinem Gewissen folgend, seiner Erkenntnis getreu, hat er dem massiven öffentlichen und „staatsoffiziellen" Druck widerstanden, der ihm ein Revoco! (ich widerrufe) abnötigen wollte. Er konnte wirklich nicht anders. Aber: Das hat er so nicht gesagt, sondern praktisch getan. Aufrecht. Mutig. Gewiss.

Friedrich Schorlemmer, Hier stehe ich – Martin Luther, Berlin [2]2003, S. 12 f.

1. *Überlege, was die Produzenten des Luther-Filmes bewogen haben mag, das Leben des Reformators zu verfilmen.*
2. *Findet heraus, was in den Medien an dem Luther-Film gelobt und was bemängelt worden ist. Bildet euch ein eigenes Urteil.*
3. *Nehmt euch andere Personen aus der Reformationszeit wie Katharina von Bora oder Philipp Melanchthon vor und überlegt, ob ihr Leben ebenfalls verfilmt werden sollte.*
4. *Klärt den Begriff „Legende" und überlegt, welche Bedeutung den in M 4 erwähnten Luther-Legenden für unser Bild von Luther bis heute zukommt.*

1 „Ein neuer Spruch / Wie die Geystlicheit vnd etlich Handtwercker vber den Luther clagen."
Nachträglich kolorierter Holzschnitt (15 x 26,4 cm) von Sebald Beham auf einem Flugblatt, um 1524.
Auf der rechten Seite steht Luther mit seinen Anhängern, links seine Gegner.
Beschreibe das Aussehen der beiden Gruppen. Worüber mögen sie sich streiten? Beachte dabei den Bildtitel. Überlege, wen die über beide Gruppen thronende Figur darstellen mag und welche Aufgabe ihr zukommen soll.

Nicht nur die Bauern erheben sich

Aufstand gegen die Obrigkeit

Was im Frühjahr 1525 gemeldet wurde, war für die Zeitgenossen ungeheuerlich: „In stetten und uf dem Land" lehnte sich der „gemeine Mann" gegen die Obrigkeit auf. Den Anfang hatten Bauern aus Stühlingen im Südschwarzwald gemacht.

In vielen Gebieten waren Bauern, Angehörige der ländlichen und städtischen Unterschichten sowie Arbeiter der Bergwerke (*Bergknappen*) nicht zufrieden mit den bestehenden Zuständen. Sie verweigerten ihre Dienste und Abgaben, verfassten oft mithilfe von Geistlichen Beschwerden und schlossen sich in „Haufen" zusammen, um mit Gewalt Veränderungen zu erzwingen, wenn ihre Forderungen unerfüllt geblieben waren. Da die Erhebungen von den Bauern ausgingen, sprachen schon die Zeitgenossen vom **Bauernkrieg**.

Die Unruhen breiteten sich in kurzer Zeit in dem dicht besiedelten Gebiet vom Oberrhein über Südwestdeutschland bis weit nach Tirol, Thüringen und darüber hinaus aus. Die Aufständischen stürmten Klöster, Schlösser und Burgen, plünderten sie oder steckten sie in Brand. Das heutige Niedersachsen blieb bis auf die städtischen Aufstände in Goslar und Osnabrück von den Unruhen unberührt.

Warum kam es zum Aufstand?

Die Ursachen der Aufstände waren vielfältig und oft von Ort zu Ort verschieden: Die Landwirtschaft steckte in einer Krise. Die Preise für landwirtschaftliche Erzeugnisse waren stetig gesunken. Einige Grundherren hatten versucht, ihre Einkommensverluste durch Ausweitung der Dienste und Abgaben auszugleichen. Dagegen erhoben sich die Bauern an einigen Orten. Am heftigsten wehrten sie sich gegen die Einschränkungen der „alten" Selbstverwaltungsrechte wie der gemeinsamen Nutzung von Wäldern, Wiesen und Seen (*Allmende*). Der „gemeine Mann" lehnte sich auch gegen die Fürsten auf, weil sie neue Steuern erhoben, von denen Adel, Klerus und Beamte meist befreit waren. Hinzu kamen die Klagen über die Kirche. Den Geistlichen wurde vorgeworfen, Kirchengelder zu verprassen und die Seelsorge zu vernachlässigen.

Das „göttliche Recht"

In manchen Gegenden waren diese Klagen über hundert Jahre alt. Die Zahl der Bauernunruhen war seit dem Ende des 14. Jh. im Reich ständig gestiegen: Im letzten Viertel des 15. Jh. waren es acht, zwischen 1500 und 1525 bereits 18. Diese Unruhen blieben aber zeitlich und räumlich begrenzt.

Das ungewöhnliche Ausmaß der Aufstände zwischen 1524 bis 1526 ist mit der Reformation zu erklären. Luther hatte den Menschen scheinbar eine Rechtfertigung für ihre Beschwerden und Klagen geliefert: das „göttliche Recht". Unter Berufung auf die „Heilige Schrift", auf Gottes Wort, erklärte der „gemeine Mann" wie Luther zuvor in Worms das Evangelium zur Grundlage seiner Forderungen. Die reformatorischen Predigten schienen das Streben nach religiöser und politischer Selbstständigkeit zu rechtfertigen. Die Aufständischen stützten ihre Forderungen damit nicht mehr nur auf das „alte Recht", sondern auch auf das aus dem Evangelium abgeleitete „göttliche Recht". Einige Historiker beurteilen diese große soziale Bewegung als **Revolution**, als einen Versuch zahlreicher Menschen, die sozialen, politischen und religiösen Verhältnisse schnell und gründlich zu ändern.

2 „Der Bundtschu…"
Nachträglich koloriertes Titelblatt einer Schrift von 1514.
Der mit Riemen gebundene Bundschuh ist seit dem 13. Jh. das volkstümliche Symbol der Bauern und steht im Gegensatz zum Stiefel der adligen Ritter.

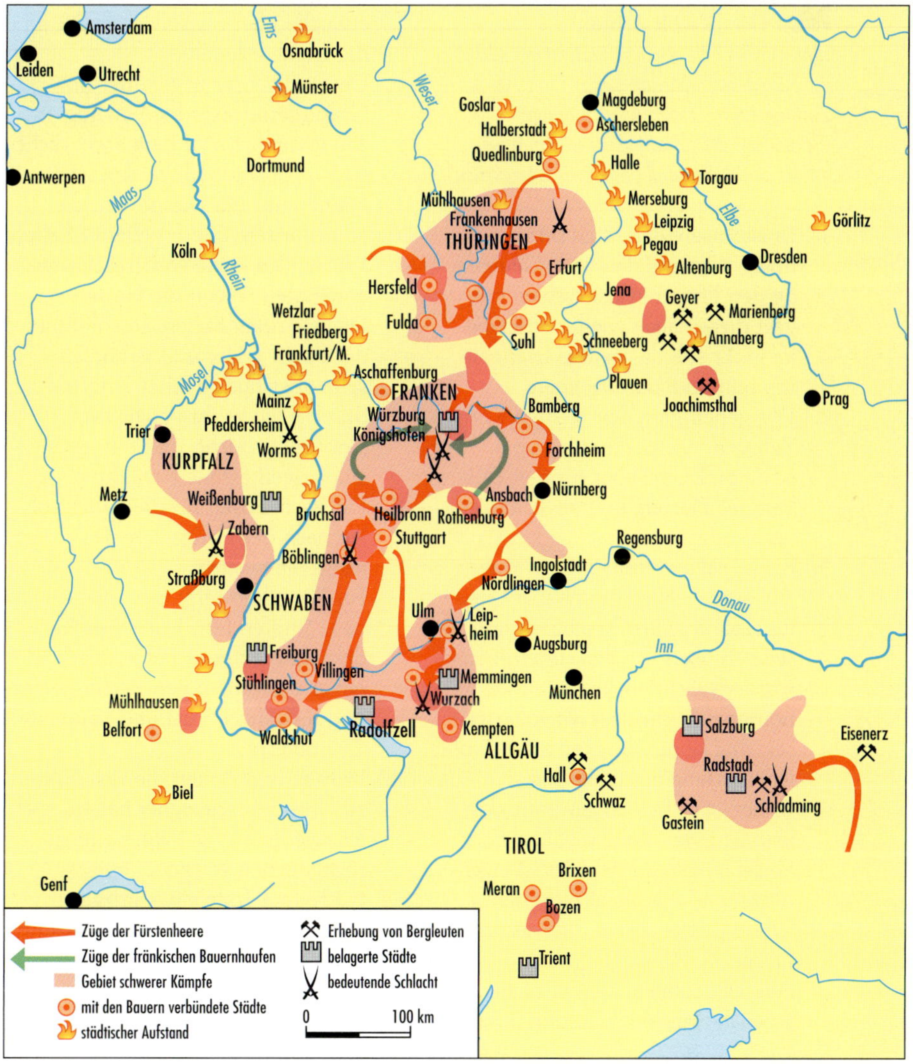

3 Aufstandsgebiete im Bauernkrieg.
Die verwendeten Symbole erklären die Karte. Erläutere die Aussagen. LERNTIPP

Die Ziele des „gemeinen Mannes"

Die Erhebung des „gemeinen Mannes" bestand aus mehreren Einzelaufständen. So wie es keine gemeinsame Leitung gab, verfolgten die verschiedenen „Haufen" auch keine einheitlichen Ziele. Die einen wollten nur ihre früher besseren Lebens- und Rechtsverhältnisse wiederherstellen. Andere forderten, die Leibeigenschaft aufzuheben sowie die Klöster zu enteignen; manche lehnten die Herrschaft von Adel und Kirche ab und wollten selbst in ihren Dörfern und Städten entscheiden.

Wer glaubte, in dem Reformator Luther einen Verbündeten zu finden, wurde enttäuscht. Luther tadelte zwar die Willkür der Herren und redete ihnen ins Gewissen, aber noch schärfer verurteilte er den „Aufruhr" gegen die von Gott gewollte „Obrigkeit".

Anders verhielt sich *Thomas Müntzer*, ein Pfarrer im kursächsischen Allstedt. Er widersprach Luther und wollte das Reich Gottes schon auf Erden verwirklichen. Er beabsichtigte die Verhältnisse zu beseitigen, die die Menschen daran hinderten, ein gottgefälliges Leben zu führen. Die Fürsten wollten ihm dabei nicht helfen, deshalb wandte Müntzer sich an den „gemeinen Mann". Er rief zum Kampf zwischen Gottlosen und Auserwählten auf. Wer nicht bereit sei, seine „widergöttliche Aufsässigkeit" (*Müntzer*) aufzugeben, werde vernichtet.

Das blutige Ende

Die Obrigkeit war angesichts der vielen Aufstände für kurze Zeit wie gelähmt. Doch bald schlugen große Söldnerheere im Auftrag der Fürsten und Herren die Erhebungen nieder. Der letzte Aufstand fand 1526 in Tirol statt.

Etwa 70 000 Opfer blieben auf den Schlachtfeldern. Die Anführer wurden hingerichtet. Die Überlebenden mussten Schadensersatz an die siegreichen Herren zahlen.

Aber die „Bilanz" des Bauernkrieges weist nicht nur Opfer und Strafen auf. In etwa einem Drittel der Aufstandsgebiete kamen Reformen in Gang. Sie schränkten die Willkür der Herren ein.

M 1 Die „Zwölf Artikel"

Unter dem Einfluss eines Stadtpfarrers schrieb der Kürschner Sebastian Lotzer Ende Februar/Anfang März 1525 in Memmingen (Schwaben) die „Zwölf Artikel" der Bauern an die „weltlichen und geistlichen Obrigkeiten".

1. Es ist unsere demütige Bitte und unser Wunsch, dass jede Gemeinde den Pfarrer selbst wählen soll und diesen auch wieder absetzen kann. Er soll das heilige Evangelium rein und klar predigen.
2. Wir geben gern den rechten Korn-Zehnten, wie es die Bibel vorschreibt. Er soll aber für den Unterhalt des Pfarrers und als Almosen verwendet werden.
3. Bisher hat man behauptet, wir seien Abhängige. Nun hat uns aber Christus alle mit seinem kostbaren vergossenen Blut erlöst – den Hirten ebenso wie den Höchsten, keinen ausgenommen. Nicht, dass wir völlig frei sein und keine Obrigkeit haben wollen: Das lehrt uns Gott nicht.
4. Bisher ist es Brauch gewesen, dass kein Untertan Wild, Geflügel oder Fische fangen durfte. Dies ist eigennützig und entspricht nicht dem Worte Gottes und der brüderlichen Liebe.
5. Alle Waldungen, die geistliche und weltliche Herren nicht durch Kauf erworben haben, sollen wieder an die Gemeinde fallen.
6. Unsere Dienste gegenüber den Grundherren werden von Tag zu Tag vermehrt. Wir begehren, nicht so hart belastet zu werden und erkennen nur die Dienste an, die schon unsere Eltern geleistet haben.
7. Wir wollen keine weiteren Lasten annehmen. Wenn die Herren Dienste nötig haben, so soll ihnen der Bauer willig und gehorsam sein; aber nur zu einer Zeit und Stunde, wo es ihm nicht zum Nachteil gereicht, und nur gegen eine angemessene Bezahlung.
8. Die Pachtzinsen für die Güter sollen nach der Ertragslage des Hofes festgesetzt werden.
9. Für Vergehen setzt man immer neue Strafen fest. Wir wünschen, dass man aufgrund alter geschriebener Strafsatzungen Recht spricht und nicht nach Lust und Laune des Grundherrn.
10. Wiesen und Äcker, die sich Herren zu Unrecht angeeignet haben, sollen wieder an die Gemeinde zurückgegeben werden.
11. Nach dem Tode eines Erbbauern soll der Besitz nicht an den Grundherrn zurückgehen, damit den Witwen und Waisen nichts genommen wird.
12. Wenn einer oder mehrere der aufgestellten Artikel nicht dem Worte Gottes entspricht, so wollen wir ihn fallen lassen, wenn man uns dies anhand der Heiligen Schrift beweist.

Günther Franz (Hrsg.), *Quellen zur Geschichte des Bauernkrieges*, München 1963, S. 174 ff. (zusammengefasst und in heutiges Deutsch übertragen)

M 2 Die „Zwölf Artikel" der Bauern. *Titelblatt eines Druckes aus Zwickau von 1525.*
Die Artikel wurden erstmals um den 20. März 1525 in Augsburg gedruckt. Weitere Drucke in anderen Städten folgten, sodass die Forderungen bald von Tirol bis Thüringen, vom Elsass bis zum Erzgebirge bekannt waren.

M 3 Kampfszene aus dem Bauernkrieg. *Ausschnitt aus einem großen Panoramabild, das der Maler Werner Tübke zwischen 1979 und 1981 für die Bauernkriegsgedenkstätte in Frankenhausen (Thüringen) gemalt hat.*

1. *Zähle die Verpflichtungen auf, welche die Bauern als bedrückend empfanden (M 1).*
2. *In welchen Artikeln berufen sich die Bauern auf die Heilige Schrift, in welchen auf ein „altes Recht" (M 1)?*
3. *Diskutiert, ob und warum in Gedenkstätten an den Bauernkrieg erinnert werden sollte.*

M 4 Wer war Thomas Müntzer?

1486 oder 1489	Müntzer wird in Stolberg im Harz geboren.
1514-25	Müntzer ist als Geistlicher an verschiedenen Orten tätig.
1518	Müntzer schließt sich der Reformation an.
1524	Müntzer gründet in Allstedt einen „Bund getreulichen und göttlichen Willens", um mit Bürgern und Bergleuten eine neue Gesellschaft gegen die „Gottlosen" aufzubauen; er wird aus Allstedt vertrieben.
1524/25, Winter	Müntzer nimmt Kontakt zu den aufständischen Bauern auf.
1525	Müntzer setzt in der Stadt Mühlhausen eine neue politische Ordnung durch und wird Führer der aufständischen Bauern in Thüringen. Nach der Niederlage der Bauern in der Schlacht bei Frankenhausen wird er gefangen und am 27. Mai enthauptet.

M 5 „Dieser Prophet sihet dem Thomas Müntzer gleich".
Holzschnitt aus Wittenberg, 1527.
Holzschnitt (22 x 25 cm) aus: Johannes Lichtenberger, Profeceien und Weissagungen, Wittenberg 1527.

M 6 Über die Ursache des Aufruhrs

Im Spätherbst 1524 schreibt Thomas Müntzer:

Es ist der allergrößte Gräuel auf Erden, dass niemand der Bedürftigen Not sich will annehmen […].
Sieh zu, die Grundsuppe des Wuchers, der Dieberei und Räuberei sind unsere Herren und Fürsten; sie nehmen alle Kreaturen als Eigentum: Die Fische im Wasser, die Vögel in der Luft, das Gewächs auf Erden muss alles ihr sein. Darüber lassen sie dann Gottes Gebot ausgehen unter die Armen und sprechen: Gott hat geboten, du sollst nicht stehlen. Es hilft ihnen aber nicht. So sie nun alle Menschen nötigen, den armen Ackersmann, Handwerksmann und alles, was da lebt, schinden und schaben, und wenn einer sich dann am allergeringsten vergreift, so muss er hängen. Da sagt dann der Doktor Lügner* auch noch: Amen. Dabei machen die Herren das selber, dass ihnen der arme Mann feind wird. Die Ursache des Aufruhrs wollen sie nicht wegtun, wie kann es auf die Dauer gut werden? Wenn ich das sage, muss ich aufrührerisch sein, wohlan!

Thomas Müntzer, Schriften und Briefe, hrsg. von Gerhard Wehr, Zürich 1989, S. 113 (leicht vereinfacht)

* **Doktor Lügner**: *gemeint ist Martin Luther*

M 7 Aufruf an die Mansfelder Bergleute

Um eine Unterstützung der aufständischen Bauern zu erreichen, wendet sich Thomas Müntzer am 26./27. April 1525 mit folgendem Aufruf an die Mansfelder Bergleute:

Dran, dran, solange das Feuer heiß ist! Lasset euer Schwert nicht kalt werden, erlahmt nicht! Schmiedet pinkepanke auf den Ambossen Nimrods*, werfet ihnen den Turm** zu Boden! Es ist nicht möglich, solange sie leben, dass ihr der menschlichen Furcht leer werden solltet. Man kann euch von Gott nichts sagen, solange sie über euch regieren. Dran, dran, solange ihr Tag habt; Gott geht euch voran, folget, folget!

Thomas Müntzer, Schriften und Briefe, a.a.O., S. 161

* **Nimrod**: *Nachkomme Noahs, gilt nach dem Alten Testament als der erste Machthaber unter den Menschen*
** **Turm**: *Symbol der Gewalt der Herrscher*

M 8 Luthers Meinung

Luther verfasste drei Schriften gegen Müntzer und die Aufständischen. In einer, die er kurz vor Müntzers Hinrichtung schrieb, heißt es:

Ein Aufrührerischer ist nicht wert, dass man ihm mit Vernunft antworte, denn er nimmts nicht an; mit der Faust muss man solchen Mäulern antworten, dass der Schweiß zur Nasen ausgehe […]. Wer Gottes Wort nicht hören will mit Güte, der muss den Henker hören mit der Schärfe. Sagt man, ich sei gar ungütig und unbarmherzig hierin, antworte ich: Barmherzig hin, barmherzig her, wir reden jetzt von Gottes Wort, der will den König geehrt und den Aufrührerischen verderbt haben.

Thomas Müntzer, Schriften und Briefe, a.a.O., S. 172

M 9 Müntzers letzter Brief

Vor seiner Hinrichtung schreibt Müntzer am 17. Mai 1525 an die Mühlhauser:

Darum sollt ihr euch meines Todes nicht ärgern, welcher zur Förderung der Guten und Warnung der Unverständigen geschehen wird […]. Liebe Brüder, es ist ganz wichtig, euch davor zu warnen, dass ihr solche Schlappen wie die von Frankenhausen nicht auch erleidet, denn die Niederlage ist ohne Zweifel daraus entstanden, dass ein jeder seinen eigenen Nutzen mehr gesucht hat als die Rechtfertigung der Christenheit.

Thomas Müntzer, Schriften und Briefe, a.a.O., S. 166

1. *Beschreibe, wie die neue Gesellschaft aussehen und mit welchen Maßnahmen sie errichtet werden sollte (M 6 und M 7).*
2. *Führt als Luther und Müntzer ein Streitgespräch: Dürfen sich die Bauern gegen die Obrigkeit wehren?*
3. *Müntzer gibt den Grund für seine Niederlage an (M 9). Nenne weitere Gründe für das Scheitern des Bauernkrieges.*

1 Karl V.
Ölgemälde (332 x 279 cm) von Tizian, 1548. Das Bild wurde von Tizian in Augsburg gemalt. Es stellt den Kaiser auf dem Schlachtfeld bei Mühlberg an der Elbe im Jahre 1547 dar.

Uneinig im Reich und im Glauben

Die Einheit des Glaubens zerbricht

Die Grenzen seiner Macht im Reich wurden *Karl V.*, der 1519 in Frankfurt am Main von den Kurfürsten zum Kaiser gewählt worden war, bei der Bekämpfung der Reformation deutlich. Auf den Reichstagen nach 1521 konnten deren Anhänger ihre Stellung sogar verbessern. Nach dem Bauernkrieg erlaubte Karls Bruder *Ferdinand*, der den Kaiser im Reich vertrat, 1526 den Reichsständen* auf dem Reichstag von Speyer, in Glaubensfragen vorläufig ihrem Gewissen zu folgen.

Die Luther wohlwollenden Reichsstände nutzten diese Gelegenheit, um in ihren Gebieten ihr „landesherrliches Kirchenregiment" auszubauen. Drei Jahre später wollten Karl V. und die meisten der katholischen Fürsten auf dem Reichstag zu Speyer das Ruder herumreißen. Dagegen protestierten die evangelisch-lutherischen Reichsstände mit der Begründung, in Glaubensangelegenheiten zähle nur das Gewissen. Die Minderheit müsse sich hier nicht der Mehrheit beugen. Seitdem hießen die Evangelischen auch **Protestanten**.
Ein Jahr später, auf dem Augsburger Reichstag von 1530, legten die evangelischen Fürsten und Reichsstädte ihre Vorstellungen vor: das **Augsburger Bekenntnis**. Sie wollten damit belegen, dass ihr Glaube grundsätzlich mit der katholischen Lehre übereinstimme. Diese Schrift wies der Kaiser aber zurück.

Karl V. muss nachgeben

Der Kaiser erklärte nach dem Augsburger Reichstag jeden weiteren Widerstand gegen das Wormser Edikt von 1521 zum Landfriedensbruch und stellte ihn unter Strafe. Daher schlossen sich evangelische Reichsstände 1531 in Schmalkalden (Thüringen) zu einem Verteidigungsbündnis unter Führung Hessens und Kursachsens zusammen: dem *Schmalkaldischen Bund*.
Die Bedrohung Wiens durch die Osmanen, die 1529 erstmals bis Wien vorgedrungen waren, zwang Karl V. zu Zugeständnissen gegenüber den evangelischen Reichsständen, da er ihre militärische Unterstützung brauchte. Karl V. billigte ihnen bis auf weiteres zu, die Religion frei wählen zu können.

Der Schmalkaldische Krieg

Ein von allen Seiten lange gefordertes, immer wieder verschobenes Konzil konnte erst Ende 1545 in Trient eröffnet werden. Als die Protestanten die Versammlung ablehnten, versuchte Karl V. die Glaubenseinheit mit Gewalt wiederherzustellen: Nach einem Sieg über Frankreich und einem Waffenstillstand mit den Osmanen begann der Kaiser einen Krieg gegen den Schmalkaldischen Bund. In der entscheidenden **Schlacht bei Mühlberg** an der Elbe (24. April 1547) verloren die Protestanten. Der Bund wurde aufgelöst. Seine Führer wurden gedemütigt und bestraft.

***Reichsstände**: Im Heiligen Römischen Reich zählten dazu alle Fürsten, Grafen, Städte und Ritter, die zusammen mit dem Kaiser das Reich vertraten. Die Reichsstände hatten Sitz und Stimme im Reichstag. Sie mussten die vom Reichstag bewilligten Steuern aufbringen und im Kriegsfall das Reichsheer stellen.*

2 Kurfürst Johann der Beständige von Sachsen überreicht Kaiser Karl V. auf dem Reichstag zu Augsburg 1530 das Augsburger Bekenntnis.
Ölgemälde (159,5 x 235 cm) aus der Evang. Luth. Pfarrkirche St. Nikolaus und Ulrich in Nürnberg-Mögeldorf von Andreas Herneisen, 1601 (Ausschnitt).

Der Kaiser zieht sich zurück

Karl V. wollte nach dem Sieg die kaiserliche Stellung im Reich stärken. Seine Absicht stieß aber auf den Widerstand der Reichsstände – auch der streng katholischen Fürsten. Die Lage ermutigte 1552 einige Gegner der habsburgischen Politik zu einem **Fürstenaufstand**. Sie verbündeten sich mit Frankreich, um gegen Karl V. militärisch vorzugehen. Der Kaiser konnte sich in letzter Minute durch eine Flucht aus Innsbruck über die Alpen in Sicherheit bringen. Karl V. zog sich nach dieser Demütigung nach Spanien in ein Kloster zurück. Enttäuscht hatte er seinem Bruder *Ferdinand I.* die Kaiserwürde 1556 übertragen. Seinem Sohn *Philipp* überließ er 1555/56 Spanien und die Niederlande. Zwei Jahre später starb er. Das Habsburgerreich war nun geteilt.

„Wessen das Land, dessen die Religion"

Ferdinand I., der 1531 zum römisch-deutschen König gewählt worden war, wollte den Glaubensstreit beilegen. Das Ergebnis seiner Bemühungen wurde im **Augsburger Religionsfrieden** von 1555 festgehalten:

- Die Protestanten – soweit sie das „Augsburger Bekenntnis" von 1530 billigten – wurden im Reich rechtlich anerkannt. Die Katholiken erklärten sich bereit, mit ihnen in einem „beharrlichen, unbedingten, für und für ewig währenden Frieden" zu leben.
- Die Reichsstände erhielten das Recht, ihren Glauben frei zu wählen. Ihre Untertanen mussten sich der Entscheidung anschließen. Der Rechtsgrundsatz lautete: *cuius regio, eius religio*: wessen das Land, dessen die Religion. Wer sich dem nicht anschließen wollte, musste das Land verlassen und auf sein Eigentum verzichten.
- In konfessionell gemischten Reichsstädten sollten beide Bekenntnisse gleichberechtigt sein.
- Die protestantischen Reichsstände durften alle bis 1552 eingezogenen Kirchengüter behalten.

Das Ende der Religionseinheit

Der Augsburger Religionsfrieden besiegelte die Glaubensspaltung bzw. das Ende der Religionseinheit im Reich. Der Versuch, die nach Sprache, Sitte und Gebräuchen unterschiedlichen Gebiete des Reiches durch den Glauben zusammenzuhalten, war gescheitert.
Erst 444 Jahre später, am 31. August 1999, unterschrieben Vertreter der römisch-katholischen Kirche und des Lutherischen Weltbundes in Augsburg eine Erklärung zur Rechtfertigungslehre. Sie gilt als entscheidender Schritt zur Überwindung der Kirchenspaltung.

1. *Nenne die Folgen des Augsburger Religionsfriedens für den einzelnen Christen und die Länder im Reich.*
2. *Für wen gab es Religionsfreiheit?*

M 1 Das kaiserliche Amt

Der Rechtsgelehrte und spanische Kanzler Mercurino de Gattinara, einer der wichtigsten Berater Karls V., legt dem Kaiser am 12. Juli 1519 seine Vorstellungen über das kaiserliche Amt in einer Denkschrift vor:

Herr! Da Gott, der Schöpfer, Euch die Gnade erwiesen hat, Eure Würde über alle christlichen Könige und Fürsten zu erhöhen, indem Er Euch zum größten Kaiser und König seit der Teilung des Reiches Karls des Großen, Eures Vorgängers, machte und Euch auf den Weg der rechtmäßigen Weltherrschaft [...] verwies, um den ganzen Erdkreis unter einem Hirten zu vereinigen, ist es recht und billig, dass Eure Kaiserliche Majestät sich vor der Sünde des Undanks hüte und den Schöpfer, den wahren Geber aller Güter, erkenne [...].
Bittet Gott ohne Unterlass [...], dass Er Euch mit seiner Gnade erfüllen und solcher Art erleuchten und lenken möge, dass Ihr das Euch verliehene Amt wohl verwalten und darüber Rechenschaft geben könnt, zum Dienst Seiner Göttlichen Majestät, zur Erhöhung Seines heiligen katholischen Glaubens und zur Förderung der gesamten Christenheit [...], auf dass Ihr mit Hilfe und Beistand des Heiligen Stuhles das Gut des allgemeinen Friedens [...] erlangen möget, der nicht anders als durch die Kaiserliche Herrschaft [...] erreicht werden kann.

Fritz Dickmann (Bearb.), Renaissance, Glaubenskämpfe, Absolutismus, a. a. O., S. 212 f.

M 2 Rückblick auf die Regierungszeit

Nach dem Bericht einer unbekannten Person gibt Karl V. am 25. Oktober 1555 in Brüssel in Gegenwart seines Sohnes Philipp folgenden Rückblick auf seine Regierungszeit ab:

In meinem neunzehnten Jahre wagte ich es, beim Tode des Kaisers um die kaiserliche Krone mich zu bewerben, nicht um meine Besitzungen auszudehnen, sondern um nachdrücklich für das Wohl Deutschlands und meiner anderen Königreiche [...] wirksam sein zu können und in der Hoffnung, unter den christlichen Völkern den Frieden zu erhalten und ihre Streitkräfte zu vereinigen zur Verteidigung des katholischen Glaubens gegen die Türken.
Ich bin teils durch den Ausbruch der deutschen Ketzerei, teils durch die Eifersucht nebenbuhlerischer Mächte behindert worden, das Ziel dieser Bestrebungen zu erreichen; aber ich habe mit Gottes Hilfe nie aufgehört, meinen Feinden zu widerstehen und mich zu bemühen, die mir übertragenen Pflichten zu erfüllen [...].
Ich habe gegen meine Feinde getan, was ich vermochte, aber der Erfolg eines Krieges liegt in der Hand Gottes, der Siege gibt oder hinwegnimmt, wie es ihm beliebt. Danken wir der Vorsehung, dass wir keinen jener großen Wechsel der Dinge zu beklagen haben, die unverlöschliche Spuren zurücklassen, sondern im Gegenteil manche Siege gewonnen haben, deren Angedenken unsere Kinder sich freuen mögen. Mich zurückziehend, bitt ich Euch inständig, Eurem Fürsten getreu zu sein und unter Euch selber auf gutes Einverständnis zu halten. Vor allem hütet Euch vor jenen neuen Sekten, von welchen die angrenzenden Länder heimgesucht sind, und wenn die Ketzerei auch über Euere Grenzen eindringen sollte, dann zögert nicht, sie zu vertilgen, oder es wird Euch übel ergehen. Ich für meinen Teil muss bekennen, dass ich mich zu mannigfachen Irrtümern habe verleiten lassen, sei es durch jugendliche Unerfahrenheit, oder durch den Stolz des reiferen Alters, oder durch eine andere Schwäche der menschlichen Natur; aber ich erkläre, dass ich niemals wissentlich und freiwillig Unrecht oder Gewalt geübt oder andere dazu veranlasst oder ermächtigt habe.

Alfred Kohler (Hrsg.), Quellen zur Geschichte Karls V., Darmstadt 1990, S. 466 f. (vereinfacht)

M 3 Das Wappen Karls V.

Das Wappen kennzeichnet Karl V. als Kaiser. Erkläre!

1. *Erläutere die Ziele, die Gattinara vortrug und die Karl V. verfolgte (M 1 und M 2).*
2. *Prüfe die „Lebensbilanz" Karls V. (M 2). Wo kannst du dem Kaiser zustimmen, was siehst du anders? Begründe.*

Konfessionen spalten Europa

Gegen den neuen Glauben

Der Augsburger Religionsfrieden löste nicht alle Fragen des Zusammenlebens der Konfessionen. Unter Druck und Zwang mussten evangelisch-lutherische Gebiete zum katholischen Glauben zurückkehren. Umgekehrt wurden katholische Einflussbereiche evangelisch-lutherisch gemacht. Der Papst ergriff einerseits Maßnahmen, um die Macht der katholischen Kirche zurückzugewinnen. Dies nennt man Gegenreformation. Andererseits bemühte er sich um eine innerkirchliche katholische Reform. 1542 gründete der Papst das „Heilige Offizium", eine neue Inquisitionsbehörde, die mit den katholischen Fürsten zusammenarbeitete und z. B. bei vielen Hexenprozessen* mitwirkte. 1559 wurde das erste Verzeichnis der für Katholiken verbotenen Bücher veröffentlicht, der **Index** (lat. *Index librorum prohibitorum*). So versuchte der Papst die Gläubigen vom Lesen kritischer, angeblich schädlicher Werke abzuhalten. Erst 1966 wurde der Index, der ständig erneuert worden war, aufgehoben.

Was sollen Katholiken glauben?

Wichtig für die Reform der römisch-katholischen Kirche war das **Konzil von Trient**. Es wurde im Dezember 1545 eröffnet und dauerte 18 Jahre.

Das Konzil legte *Dogmen* fest, verbindliche Glaubensaussagen, um die katholische von der reformatorischen Lehre abzugrenzen.

Ein Beispiel: Das Konzil entschied, dass die Bibel und die kirchliche Überlieferung, also die Schriften der Kirchenväter und Konzilsentscheidungen, gleichwertige Quellen des Glaubens seien. Nur die *Vulgata*, die aus dem 7. Jh. stammende lateinische Bibelausgabe, sollte für die Auslegung der „Heiligen Schrift" maßgeblich sein, nicht der hebräische oder griechische Urtext des Alten und Neuen Testaments.

**Lies dazu Seite 132 f.*

1 Sitzung des Konzils zu Trient.
Ölgemälde (70,5 x 96,5 cm), nach 1562.

Weitere Reformen

In jedem Bezirk eines Bischofs wurden künftig Priester ausgebildet. Beschlossen wurden Regeln gegen Ämterhäufung und -verkauf sowie Ablassmissbrauch. Außerdem wurde die Kirchen- und Klosteraufsicht strenger. Neue Anweisungen über Predigt und Unterricht vervollständigten die innere Reform.

Indem das Konzil diese Beschlüsse vom Papst bestätigen ließ, erkannte es dessen Vorrangstellung feierlich an. Aber es dauerte Jahrzehnte, bis die Reformen verwirklicht waren.

Der Jesuitenorden

Die 1534 von dem baskischen Adligen *Ignatius von Loyola* gegründete *Gesellschaft Jesu* (lat. *Societas Jesus*, Abk. S.J.) entwickelte sich zu einer „päpstlichen Kampftruppe".

Zu den Aufgaben des Jesuitenordens, der nach 20 Jahren etwa 1 000 und um 1700 rund 20 000 Mitglieder hatte, gehörte die Festigung des katholischen Glaubens, die „Rück"-Gewinnung evangelischer Christen und die Heidenmission in Übersee.

Die Päpste und die katholischen Landesfürsten förderten ihn. Die „Kampfmittel" der Jesuiten waren Predigt, Seelsorge und Erziehung der Jugend. Sie gründeten neue Schulen und Universitäten und kümmerten sich um die Ausbildung künftiger Priester und Staatsdiener. Darüber hinaus übten sie als Erzieher von Fürstensöhnen und als Beichtväter vieler Herrscher großen Einfluss aus.

Um den katholischen Glauben zu stärken, schrieben die Jesuiten „lehrreiche" Theaterstücke und befürworteten den Bau prachtvoll ausgeschmückter Kirchen, in denen sie wie auf einer Bühne predigten. Sie belebten das Prozessions- und das Wallfahrtswesen. Insgesamt prägten die Jesuiten die barocke Kultur.

Zwingli in Zürich

Angeregt von Martin Luther, brachte der Schweizer Priester *Huldrych (Ulrich) Zwingli* 1523 den Rat der Stadt Zürich dazu, seine Vorstellungen umzusetzen. Schrittweise wurden alle nicht aus der Bibel ableitbaren Teile des kirchlichen Lebens abgeschafft: Messe, Heiligenbilder, Reliquien, Gemeindegesang, Prozessionen und Klöster. Der reformierte Gottesdienst beschränkte sich auf Gebet und Predigt.

Ein Ziel Zwinglis war es, das öffentliche Leben stärker christlich zu prägen. Ihm ging es um die Einheit von Bürger- und Kirchengemeinde. Nach Zwingli durfte die weltliche Obrigkeit den Kirchenbesuch und die Teilnahme am Abendmahl befehlen, den Lebenswandel der Gemeindemitglieder überwachen und Unwürdige vom Abendmahl ausschließen.

2 **Huldrych Zwingli.**
Gemälde von Hans Asper, 1531/32.

Seine Vorstellungen setzten sich in den Städten, aber nicht auf dem Lande durch. 1531 fiel Zwingli im Kampf gegen die katholisch gebliebenen Kantone.

Calvin in Genf

Der zweite einflussreiche Schweizer Reformator heißt *Johannes Calvin*. Er führte die Reformation in der Stadt Genf ein. Der Gottesdienst fand in Kirchen ohne Altäre, Bilder, Kerzen und Orgelspiel statt. Im Mittelpunkt stand die Predigt, dazu kamen Gebet, Sündenbekenntnis und Psalmengesang. Jeder war zur Teilnahme am Abendmahl verpflichtet. Das ganze Leben wurde durch die Kirche kontrolliert. Luxus in Bezug auf Kleidung, Frisuren, Essen und Trinken war verboten, auch weltliche Vergnügungen wie Tanz, Theater, Gasthausbesuche und Glücksspiele waren nicht erlaubt. Der Lebenswandel der Bürger wurde überwacht, Verfehlungen untersucht, gerügt oder bestraft. Dabei schreckte Calvin nicht vor Hinrichtungen (von 1542 bis 1546 allein 58), Verstümmelungen, Folterungen und Verbannungen zurück.

Andererseits war es Calvin, der sich um einen Ausgleich der verschiedenen Standpunkte bemühte und dem es zu verdanken ist, dass Genf zum Zufluchtsort vieler religiös Verfolgter wurde. Auch hat Calvin den wichtigen politischen Grundsatz aufgestellt, dass Widerstand gegen die Obrigkeit geboten sei, wenn diese ihre Pflichten grob verletze.

Auserwählt?

In der Theologie Calvins hieß es, jeder Mensch sei bereits vor seiner Geburt entweder zum ewigen Leben oder zur Verdammnis **prädestiniert** (*vorausbestimmt*). Und es gebe im Leben der Erwählten äußerlich sichtbare Zeichen dieser „Auswahl". Da kein calvinistischer Gläubiger sicher sein konnte, zu den „Auserwählten" zu gehören, bemühte sich jeder, die göttliche Gnade durch ein besonders frommes sowie ein äußerst pflichtbewusstes und sparsames Leben nachzuweisen. Arbeit war für die Calvinisten göttliches Gebot. Sie lebten sparsam und legten ihre Einkünfte in Grund- und Hausbesitz oder ihre Gewinne in neue Geschäfte an. Wirtschaftlichen Erfolg verstanden sie als ein Zeichen von Gottes Wohlgefallen.

3 **Johannes Calvin.**
Gemälde eines unbekannten Malers, 16. Jh.

Erstelle eine Übersicht über die Konfessionen in Europa am Ende des 16. Jahrhunderts.

4 Der Massenmord an den Hugenotten in Paris in der Bartholomäusnacht. *Ölgemälde (105 x 155 cm) von François Dubois d'Amiens, um 1570. Katharina von Medici, die Mutter des seit 1560 regierenden katholischen Königs Karl IX. von Frankreich, hatte während der Hochzeit ihrer Tochter Margarete von Valois mit dem Hugenotten Heinrich von Navarra am 24. August (Tag des Heiligen Bartholomäus) 1572 versucht, einen Führer der Hugenotten töten zu lassen. Das Attentat scheiterte. Die Hugenotten empörten sich öffentlich. Daraufhin gab das Königshaus das Zeichen zur Ermordung führender Hugenotten in Paris. Die Aktion weitete sich aus. Allein in Paris wurden etwa 3 000, im ganzen Land etwa 10 000 Hugenotten umgebracht.*

Vielfalt oder Chaos?

Luthers Lehre übernahmen Dänen, Schweden, Norweger und Finnen. Nach der Einigung der Zwinglianer mit den Calvinisten (1549) verbreiteten sich die calvinistisch-reformierten Glaubensanhänger vor allem in den Niederlanden, Frankreich und England. Sogar im Reich fanden sie Anhänger: in der Pfalz, in Hessen, Brandenburg und Ostfriesland.

In Frankreich lösten die Gegensätze zwischen Anhängern der reformatorischen Lehre, die sich hier *Hugenotten* nannten, und den Katholiken seit den 60er-Jahren des 16. Jh. Religions- und Bürgerkriege aus. Die Konflikte endeten erst, nachdem 1598 im **Edikt von Nantes** die katholische Religion als die herrschende bestätigt und den Hugenotten Glaubensfreiheit gewährt wurde.

In England brach *Heinrich VIII.* mit dem Papst, weil dieser sich weigerte, seine Ehe für ungültig zu erklären. Heinrich unterstellte nach 1532 die englische Kirche seiner Obergewalt (*Suprematie*). Damit legte er den Grundstein für die **anglikanische Staatskirche**. Sie prägte eine Mischung aus katholischer Tradition und calvinistisch-reformierten Auffassungen. Um 1567 lösten sich die ersten *Puritaner* (lat. *purus*: rein), die Anhänger der „reinen" calvinistisch-reformierten Lehre, aus der anglikanischen Staatskirche und gingen teilweise unter Zwang in die Niederlande. Von dort wanderten später viele von ihnen nach Nordamerika aus.

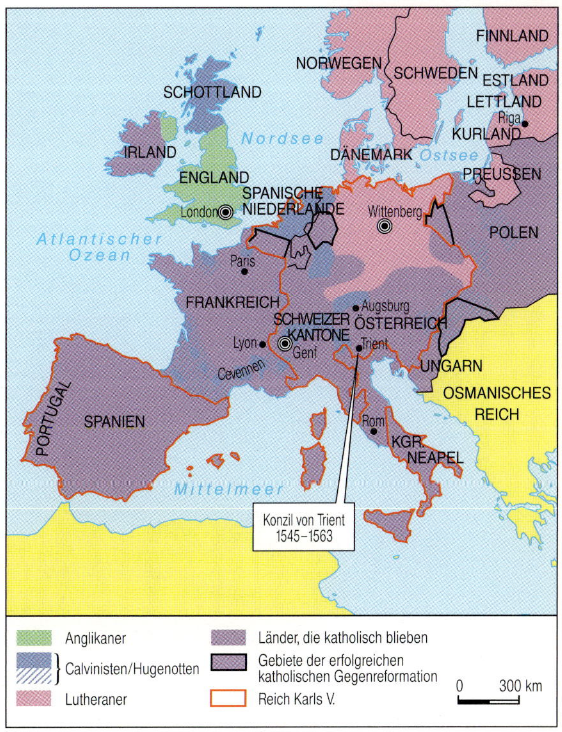

5 Die Bekenntnisse in Europa Ende des 16. Jh.

M 1 Irrtum ausgeschlossen

Ignatius von Loyola lebte seit 1539 in Rom. Von dort aus versuchte er, mittels Briefen den wachsenden Orden zu leiten. In einem Brief aus seinen letzten Lebensjahren legte er seine Vorstellungen über die Kirche und den Gehorsam dar:

Die katholische und apostolische* Kirche hat sich in Fragen des Glaubens niemals geirrt. Sie hat auch niemals irren können. Diese Wahrheit ist hell leuchtend und felsenfest im Zeugnis der heiligen Schriften enthalten und wird von der Autorität der rechtgläubigen Kirchenväter gestützt [...].
Es gibt drei Arten zu gehorchen: die eine, wenn man [mir] im Namen Gottes feierlich befiehlt, und die ist gut. Die zweite, wenn man mir einfach vorschreibt, das zu tun, und die ist besser. Die dritte, wenn ich auf ein bloßes Zeichen des Oberen hin handle, obschon er mir weder befiehlt noch vorschreibt, und die ist die vollkommenste.

Ernst Walter Zeeden, Das Zeitalter der Gegenreformation, Freiburg i. Br. 1967, S. 129 u. 139

* **apostolisch**: *von den Aposteln ausgehende Kirche*

M 2 Die Ausbildung der Jesuiten

Ein Schweizer, der zwischen 1586 und 1588 an der Jesuitenuniversität Dillingen (Schwaben) studierte, schreibt:

Dort ist nicht zu fürchten, dass die Jünglinge vom Pesthauche des Lasters angesteckt und verdorben werden, denn scharfe, strenge Zucht hält sie alle im Zaum; keinem wird Geld in den Händen gelassen, keiner darf aus dem Kollegium hinausgehen, keinem wird unnützen und unnötigen Aufwand zu treiben gestattet. Köstliche Kleider zu tragen ist verboten, damit nicht durch dieses Beispiel auch andere zur Eitelkeit gereizt und die Eltern durch die Verschwendung der Söhne auf unbillige Art sich einzuschränken genötigt werden. Die Lehrart, die Emsigkeit und den Fleiß dieser Männer muss ich loben und billigen; ich würde aber dennoch keinem Reformierten raten, seine Kinder zu ihrer Ausbildung dorthin zu senden, denn stets arbeitet man mit allen Kräften dahin, den Jünglingen papistischen Aberglauben und Irrtümer einzupflanzen, welche bei tiefer geschlagenen Wurzeln nur schwer ausgerottet und vertilgt werden können.

Bernhard Duhr, Geschichte der Jesuiten in den Ländern deutscher Zunge, Bd. 1, Freiburg i. Br. 1907, S. 29

M 3 Vignette (Zierbild) aus einer Jesuitenschrift des 16. Jh.
Die Abkürzung IHS steht für den Namen Jesus nach dem griechischen Alphabet sowie für die lateinische Formel „In Hoc Signo (vinces)", zu deutsch: In diesem Zeichen (wirst du siegen).

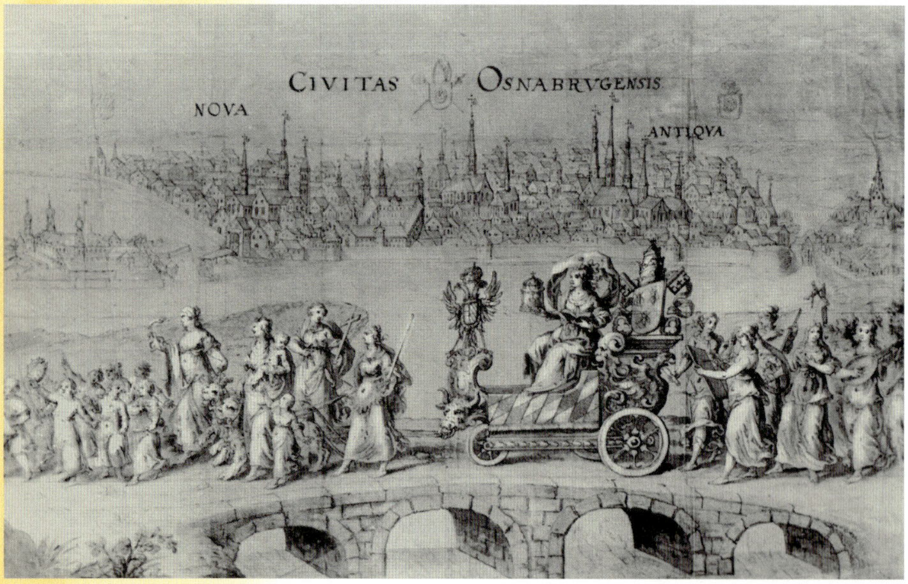

M 4 Triumphzug zur Eröffnung der „Jesuitenuniversität" in Osnabrück im Jahr 1630.
Radierung nach einer Zeichnung von 1630. Zum Bild: Der Festzug wird angeführt von Kindern, gefolgt von vier Frauen, die die vier Fakultäten (Medizin, Philosophie, Theologie und Recht) darstellen, der Triumphwagen zeigt das päpstliche und das kaiserliche Wappen, den Schluss bilden sieben Frauen, die für die „sieben freien Künste" (Grammatik, Rhetorik, Dialektik, Arithmetik, Geometrie, Musik und Astronomie) stehen.

1. *Vergleiche die Vorstellung des Ignatius zum Glaubensgehorsam (M 1) mit Luthers Aussage auf dem Reichstag zu Worms (M 1, Seite 117).*
2. *Suche in dem Bericht M 2 Hinweise für die Konfession des Verfassers.*

M 5 Taufgottesdienst in der zweiten Hugenottenkirche von Lyon (Frankreich).
Anonymes Gemälde, um 1570. In der Mitte des Chores steht die Kanzel. Die Männer behielten ihre Hüte während des Gottesdienstes auf; sie wurden nur abgesetzt, während aus der Bibel gelesen oder wenn der Name Gottes ausgesprochen wurde.

M 6 Zwinglis Regeln
In Zürich werden 1530 folgende Regeln Zwinglis erlassen:

Wir gebieten, dass jedermann ohne Ausnahme, der sich nicht durch Krankheit oder andere redliche Gründe bei der Gemeinde oder beim Pfarrer entschuldigen kann, alle Sonntage bei guter Zeit zur Kirche gehe und bis zu Ende verbleibe.
Kein Wirt darf Einheimischen an Sonn- und Feiertagen vor der Kirche Speise und Trank geben. Kein Einheimischer soll sich nachts nach 9 Uhr mehr im Wirtshause finden lassen, auch dürfen nach dieser Zeit keine Schlaftrünke außer dem Hause verabreicht werden, Kranke vorbehalten […]. Weil das Spiel, wie unsere biederen Landleute klagen, die meiste Ursache aller Winkelwirtschaften, Frevel und anderer Unfuge ist, so haben wir auf das Ansuchen unserer Landleute alle Spiele verboten, es sei mit Karten, Würfeln, Brettspiel, Kegeln, Wetten usw.

Hermann Schuster (Hrsg.), Quellenbuch zur Kirchengeschichte, Bd. I/II, Frankfurt a. M. 91976, S. 120 f.

M 7 Calvinistische Vorschriften
In seinem Buch „Unterricht in der christlichen Religion" von 1536 schreibt Calvin:

Die erste Grundlage der Zucht besteht nun darin, dass persönliche Ermahnungen stattfinden. Das bedeutet, dass der, der aus eigenem Antrieb heraus nicht seine Pflicht tut, oder der sich frech aufführt, oder dessen Lebenswandel an Ehrbarkeit zu wünschen übrig lässt, oder der etwas Tadelnswertes begangen hat, sich ermahnen lässt, und dass ein jeder seinen Eifer daran wendet, seinem Bruder, wenn es die Sache erfordert, solche Ermahnung zukommen zu lassen. Vor allem aber sollen die Pastoren und Ältesten* hierüber wachen. Denn ihre Aufgabe ist es nicht allein, dem Volke zu predigen, sondern auch hin und her in den einzelnen Häusern Ermahnung und Ermunterung auszuteilen, wenn man irgendwo durch die allgemein geschehene Unterweisung nicht weit genug vorangekommen ist.

Hermann Schuster (Hrsg.), Quellenbuch zur Kirchengeschichte, Bd. I/II, a. a. O., S. 120 f. (vereinfacht)

***Älteste**: *zwölf ausgewählte Männer „von ehrbarem Lebenswandel"*

Internettipp → *Informationen über Zwingli findest du unter www.zwingli.ch*

1. *Erkläre, weshalb der Lebenswandel überwacht und die Sittenlosigkeit bestraft wurden (M 6).*
2. *Wie beurteilst du die Kirchenzucht und das Vorgehen der Kirchenältesten (M 7)?*

1 Hexen brauen ein Unwetter.
Holzschnitt von 1489/90.

Hexenwahn

Kommt der Teufel?

Der Glaube an Zauberei und dämonische (unheimliche und unerklärbare) Mächte scheint seit langem unter den Menschen verbreitet zu sein. Mittelalterliche Schriften nennen Heilszauber, Liebeszauber und Wachstumszauber. Im Mittelalter sahen Kirche und weltliche Rechtsordnungen darin nur einen unsinnigen und verabscheuungswürdigen Aberglauben. Diese Auffassung wandelte sich Ende des 15. Jh. Die Zeit der blutigen Hexenverfolgungen begann. Was war geschehen?
Viele Christen litten unter der Auflösung des bisher gültigen Weltbildes, der Glaubensspaltung und den Kriegen. Das Leben schien ihnen unsicherer und schwerer als zuvor. Die Furcht vor dem leibhaftigen Teufel war gewachsen. Auch der Reformator Martin Luther glaubte, in seinem Studierzimmer auf der Wartburg, den Teufel getroffen zu haben.

Der „Hexenhammer"

Die katholische Kirche forderte 1484 in der so genannten Hexenbulle, Hexen „beiderlei Geschlechts" zu bekämpfen. Drei Jahre später veröffentlichte ein für die deutschen Staaten ernannter päpstlicher Inquisitor*, der Dominikanermönch *Heinrich Institoris*, dazu einen Kommentar. Der lateinische Titel des Werkes lautet *„Malleus maleficarum"*, also *„Hammer der Schadensstifterinnen"*. Mit dem „Hammer" sollte das Unrecht zerschmettert werden. Der „Hexenhammer" wurde bis 1669 in 29 Auflagen gedruckt. Das Werk beschreibt alle gängigen Anschauungen über Schadenszauber und erklärt die Frauen zu Hauptverdächtigen, weil sie von Natur aus schlecht seien.
Neu war, dass der Schadenszauber nicht nur als Verstoß gegen die kirchlichen Lehren verstanden wurde, sondern als ein weltliches Verbrechen wie Mord und Brandstiftung. **Hexerei** umfasste danach vier „Straftaten":

- Teufelspakt, bei dem Gott geleugnet wird,
- Teufelsbuhlschaft, eine Art Hochzeit mit dem Satan,
- Schadenszauber, die Schädigung und Vernichtung von Menschen und Tieren,
- Hexensabbat, auf dem Hexen und Teufel ausschweifende Feste feiern.

Der „Hexenhammer", der auch Hinweise zur Führung von Prozessen gegen die „Schadensstifterinnen" enthält, beeinflusste lange Zeit die Hexenprozesse im Reich.

Inquisitor: Untersuchungsrichter*

Hexen vor Gericht

Die Hexenprozesse fanden in katholischen und protestantischen Gebieten statt. Sie wurden von Gerichten durchgeführt. Gerichtsherren konnten entscheiden, ob sie einen Prozess eröffnen wollten. Häufig taten sie es auf Druck der Bevölkerung. Bei den Verhören hatten mindestens ein Richter, zwei Schöffen und ein Gerichtsschreiber anwesend zu sein.

2 Die „Wasserprobe".
Holzschnitt aus dem 16. Jh.
Die Angeklagte wurde gefesselt ins Wasser geworfen. Ging sie nicht unter, war sie schuldig; ertrank sie, war sie unschuldig, weil das Wasser keine Hexe aufnehmen würde. Nebenbei: Wasser galt als Sinnbild der Reinheit.

3 „Von einer grauenvollen Tat, wie eine Mutter ihre Tochter dem Sathan verheiratete."
Kolorierter Holzschnitt von 1568 aus der Nachrichtensammlung von Johann Jakob Wick aus Zürich.
Beschreibe und deute das dargestellte Geschehen.

Haben Hexen rote Haare?

Für einen Prozess reichte bereits die üble Nachrede: In Notzeiten kam es häufig vor, dass für ein unerklärliches Unglück ein unbequemer Nachbar beschuldigt wurde. Außenseiter der Gesellschaft wie Witwen, Bettler, Kräuterfrauen, Hebammen und Andersgläubige wurden oft angezeigt. Manchmal reichten schon rote Haare, um beschuldigt zu werden. Auch Neid konnte zum Vorwurf der „Hexerei" führen.
Gründe für die Verfolgung von Frauen waren zum einen frauenfeindliche Vorstellungen der Theologen und Rechtsgelehrten, zum anderen der verbreitete Glaube an magische Fähigkeiten der Frauen.
Die Zahl der Prozesse stieg durch so genannte „Besagungen". Alle Angeklagten wurden dabei gezwungen, weitere Personen zu nennen, die angeblich an den Hexenversammlungen teilgenommen hatten. Ein Hexereiverdacht konnte also jeden treffen.

4 Stachelstuhl.
Folterinstrument aus der Zeit der Hexenverfolgungen.

Auf den Scheiterhaufen!

Hexenprozesse wurden in ganz Europa geführt. Überall brannten Scheiterhaufen. Höhepunkt der Hexenverfolgung waren die Jahre 1560 bis 1690. Zentren im Reich waren das Rheinland mit Trier und Köln, Westfalen, Sachsen und die Bistümer Minden, Paderborn, Fulda, Bamberg, Würzburg, Eichstätt und Augsburg. Historiker schätzen, dass dabei im Reich mindestens 30 000 Menschen hingerichtet wurden. Etwa 80 Prozent aller Verurteilten waren Frauen aus ländlichen Unterschichten. Während der Prozesswellen verurteilten die Gerichte auch reiche Frauen und Männer. Sie verschonten nicht einmal Kinder.

Widerstand gegen die Hexenprozesse

Bereits in der zweiten Hälfte des 15. Jh. traten Gegner der Hexenlehre auf. Im 16. Jh. versuchte der Arzt *Johannes Weyer* aus Kleve den Hexenglauben als Wahnvorstellung zu entlarven. Wichtiger für das Ende der Prozesse wurde der Jesuit *Friedrich Spee von Langenfeld,* der von 1591 bis 1635 lebte. Er hielt zwar am Hexenglauben fest, lehnte aber die grausame Folter ab.
Als Straftatbestand wurden Zauberei und Hexerei Ende des 17. Jh. aufgehoben. Aber noch im 18. Jh. fanden einzelne Hexenprozesse statt.

Internettipp → *Unter www.sfn.uni-muenchen.de/hexenverfolgung/startlexikon.htm findest du ein Lexikon zur Geschichte der Hexenverfolgung.*

1. *Zähle die Gründe auf, weshalb Menschen in einen Hexenprozess verwickelt werden konnten.*
2. *Ein Meinungsforschungsinstitut fragte 1956: „In früheren Jahrhunderten hat man an Hexen geglaubt. Denken Sie, dass vielleicht doch etwas dran ist, dass es vielleicht Hexen gibt?" Damals sagte 1 Prozent: „Ja, bestimmt gibt es Hexen." 7 Prozent sagten: „Vielleicht". 92 Prozent waren davon überzeugt, dass der Hexenglauben Unsinn ist. Vor einigen Jahren wurde die Umfrage wiederholt. Nun antworteten insgesamt 16 Prozent, dass am Hexenglauben „bestimmt" oder „vielleicht" etwas dran sei. Wie erklärt ihr diese Veränderung? Führt in eurer Klasse (oder Schule) eine Umfrage durch, und unterscheidet als Antworten: „Bestimmt", „Vielleicht" und „Glaube ich nicht".*

LERNTIPP

M 1 Beinschraube.
Sie wurde auch „Spanischer Stiefel“ genannt.

M 2 Die „Hexenbulle“

Am 5. Dezember 1484 erlässt Papst Innozenz VIII. eine Verlautbarung, für die sich im 19. Jh. die Bezeichnung „Hexenbulle“ eingebürgert hat.

Uns ist neuerdings zu unserem nicht geringen Leidwesen zu Ohren gekommen, dass […] eine große Anzahl von Personen beiderlei Geschlechts, des eigenen Heiles vergessend und vom katholischen Glauben abfallend, mit […] Teufeln Unzucht treiben und mit ihren Zaubersprüchen, Beschwörungen und Verschwörungen sowie anderen abscheulichen abergläubischen Handlungen, zauberischen Übertretungen, Verbrechen und Vergehen bewirken, dass sie Geburten der Frauen, die Jungen der Tiere, die Feldfrüchte, die Weintrauben und die Früchte der Bäume sowie auch Männer, Frauen, Zugtiere, Kleinvieh, Schafe und […] die Weinberge auch, die Obstgärten, Wiesen, Weiden und das Korn sowie andere Erzeugnisse des Bodens verderben, ersticken und umbringen. Und sie belegen die Männer, die Frauen, das Groß- und Kleinvieh und die Lebewesen mit grausamen inneren und äußeren Schmerzen und Qualen und peinigen sie; gleichzeitig verhindern sie, dass die Männer zu zeugen, die Frauen zu empfangen, Verheiratete sich die ehelichen Pflichten zu leisten vermögen.

Peter Segl, Als die Ketzer fliegen lernten. Über den Hexen-„wahn“ im Mittelalter, Abensberg 1991, S. 8

M 3 Das Protokoll der Rebekka

Rebekka L., eine angesehene Frau aus Nördlingen (und insofern eine Ausnahme bei den Hexenprozessen), wird am 1. Juni 1590 in Abwesenheit ihres Ehemannes verhaftet. Das folgende Protokoll zeichnet den Verlauf ihrer Gefangenschaft nach:

2. Juni Erstes Verhör durch die Ratsherren […]. Verlesen der Anklage; Reaktion: Anrufung Gottes, „so wahr Christus am Kreuz für sie gelitten, sie sei unschuldig […].“

6. Juli Gegenüberstellung mit Apollonia A. und der Ratsherrnwitwe Maria Sch., die auch als Hexen angeklagt sind. Beide belasten Rebekka L. und behaupten, sie auf dem Weinmarkt und bei anderen Hexenzusammenkünften gesehen zu haben.

10. Juli Apollonia A., Maria Sch. und eine andere Angeklagte werden verbrannt, ohne ihr falsches Zeugnis widerrufen zu haben. Dies versetzt Rebekka L. in Aufregung; Brief an ihren Ehemann.

29. Juli Nach zweimonatiger Haft beschließt der Rat, Rebekka L. nochmals „gütlich“ anzusprechen, dann aber mit ihr so zu verfahren wie mit allen anderen. Am selben Tag erfolgen Verhör und erste Folterungen mit Daumenschrauben und spanischen Stiefeln. Rebekka bestreitet alle Vorwürfe.

30. Juli Abermals Folter mit Daumenschrauben und spanischen Stiefeln. Rebekka L. leugnet jede Schuld. Am Nachmittag erneut Folter, diesmal wird sie mit auf den Rücken gebundenen Händen aufgezogen. Erstes Bekenntnis Rebekkas: Teufelsbuhlschaft und -pakt.

Juli/Aug. Bei weiteren Verhören gesteht Rebekka L. den Hexenritt, den Schadenszauber und nennt Namen ihrer „teuflischen Gespielinnen“; ausschließlich Frauen aus ihrem näheren Bekanntenkreis […].

2. Aug. Nach dem Verhör verfällt Rebekka L. in tiefe Verzweiflung. Ihr Geständnis bedeutet für sie den qualvollen Tod, ein Widerruf neue Folterqualen […].

3. Aug. Erneutes Verhör. Rebekka L. bekennt, dass sie ihren Mann um Gift gebeten habe, „Gott wolle es ihr verzeihen. Sie habe es nur getan, um ihren Kindern die Schande ihres schimpflichen Todes zu ersparen […].“

10. Aug. Sie widerruft alles und erhebt schwerste Anklagen gegen den Rat. Der Hohe Rat erreicht den Widerruf des Widerrufs […].

20. Aug. Erneute Folterung. Rebekka L. gesteht, tote Kinder gegessen zu haben.

21. Aug. Sie gesteht einige Morde, die bereits eine andere Frau gestanden hatte.

2. Sept. Verkündung des Todesurteils.

9. Sept. Verbrennung von Rebekka L. und vier anderen Frauen.

Eva Maria und Wilhelm Lienert, Die geschändete Ehre der Rebekka L. oder: Ein ganz normaler Hexenprozeß …, in: Praxis Geschichte 4/1991, S. 33 (gekürzt und vereinfacht)

M 4 „So sind wir schließlich alle Zauberer“

Der Jesuit Friedrich Spee von Langenfeld veröffentlicht seine Kritik an den Hexenprozessen 1631 noch ohne seinen Namen zu nennen, um nicht selbst verfolgt zu werden. Gegen die Prozesse wendet er unter anderem ein:

Man kann nicht alles Ärgernis aus der Welt schaffen, man muss vieles geschehen lassen, was sich nicht gut ändern lässt. Es ist besser, dreißig und noch mehr Schuldige laufen zu lassen, als auch nur einen Unschuldigen zu bestrafen […].
Was suchen wir so mühsam nach Zauberern? Hört auf mich, ihr Richter, ich will euch gleich zeigen, wo sie stecken. Auf, greift Kapuziner, Jesuiten, alle Ordenspersonen und foltert sie, sie werden gestehen. Leugnen welche, so foltert sie drei-, viermal, sie werden schon bekennen.

Wolfgang Behringer (Hrsg.), Hexen und Hexenprozesse in Deutschland, München 1988, S. 377 ff.

1. *Liste auf, welche „Verbrechen“ die „Hexenbulle“ nennt (M 2). Welche sind beweisbar?*
2. *Stelle die Straftaten zusammen, die Rebekka L. vorgeworfen werden und die sie bekennt (M 3).*
3. *Entwerft Briefe, die Rebekka L. an ihren Mann, an ihre Kinder und an ihre Richter geschrieben haben könnte.*
4. *Für welchen Rechtsgrundsatz spricht sich Spee aus (M 4)?*

30 Jahre Mord und Totschlag?

Vor dem „Großen Krieg"
Zu Beginn des 17. Jh. verschärften sich im Reich die Gegensätze. Entgegen dem Augsburger Religionsfrieden waren in einigen Reichsstädten konfessionelle Minderheiten unterdrückt worden. Einige Bischöfe hatten den neuen Glauben angenommen, ohne ihr Amt aufzugeben. Bis 1566 waren fast alle norddeutschen Bistümer protestantisch geworden. Dagegen gingen die katholischen Fürsten vor, da nach dem Augsburger Religionsfrieden von 1555 die geistlichen Territorien und das gesamte reichsunmittelbare Kirchengut der katholischen Kirche vorbehalten bleiben sollte.
Den Einrichtungen des Reiches wie dem Reichstag in Regensburg und dem Reichskammergericht in Speyer fehlte die Macht, den Streit zu beenden. Ein Familienstreit im Hause Habsburg ermutigte die protestantischen Stände in Böhmen, die katholische Herrschaft der Habsburger abzuschütteln. Die Schwäche der Habsburger wollte auch das französische Herrscherhaus nutzen, um die Vormacht in Europa zu übernehmen.

Union gegen Liga
Auf dem Reichstag von 1608 spitzte sich die Lage zu. Auf Anregung des calvinistischen Kurfürsten *Friedrich V. von der Pfalz* schlossen sich 1608 acht reformierte Fürsten mit 17 Städten zu einem militärischen Schutzbündnis zusammen: der **Union**. Im Gegenzug verbündeten sich unter Führung des katholischen Herzogs *Maximilian I. von Bayern* die meisten katholischen Reichsstände 1609 in der **Liga**. Beide Bündnisse bemühten sich um Unterstützung durch ausländische Mächte: die Union in Frankreich, England und den Niederlanden, die Liga in Spanien und Polen.

Aufstand in Böhmen
1617 wurde der Habsburger *Ferdinand* König von Böhmen. Sofort leitete er gegenreformatorische Maßnahmen ein. Den reformierten Ständen gewährte Rechte wie die Steuerverwaltung und das Kirchenregiment erkannte er nicht mehr an. Die Spannung wuchs, als protestantische Geistliche durch katholische ersetzt werden sollten. Als dann noch zwei Kirchen der Protestanten geschlossen oder abgebrochen werden sollten, weil sie auf katholischem Grundbesitz errichtet worden waren, protestierten die böhmischen Stände: Eine radikale Gruppe der reformierten Ständevertreter warf am 23. Mai 1618 drei kaiserliche Beamte aus dem Fenster der Prager Burg.
Dabei blieb es nicht. Die Aufständischen bildeten eine vorläufige Regierung, stellten ein Heer auf und begannen, die Herrschaftsordnung neu zu gestalten. Mit den anderen zu Österreich gehörenden reformierten Ständen erklärten die aufständischen Böhmen König Ferdinand für abgesetzt. Am 26. August 1619 wählten sie den Führer der protestantischen Union, den Kurfürsten Friedrich V. von der Pfalz, zum neuen böhmischen König.

1 Der „Prager Fenstersturz".
Titelholzschnitt aus einer Zeitung des Jahres 1618.
Unter Führung eines Calvinisten und eines Lutheraners warfen aufgebrachte Abgesandte der böhmischen Ständeversammlung am 23. Mai 1618 zwei kaiserliche Statthalter und ihren Sekretär aus einem Fenster der Prager Burg (Hradschin). Dieser protestantische Anschlag auf die katholischen Beamten wurde später zum Anlass für den Dreißigjährigen Krieg erklärt.
Übrigens: Die drei kaiserlichen Beamten überlebten den Sturz aus 17 m Höhe in den Burggraben, weil sie auf einen Misthaufen fielen. In einem Bericht eines Betroffenen wurde das so umschrieben: „Die Gnade und Barmherzigkeit Gottes bewahrte uns vor dem sicheren Tod."
Bestimme die Einstellung des Zeichners zu dem Ereignis.

CD-ROM-Tipp → *Das Zeitalter des Dreißigjährigen Krieges. Alltagsleben, Wandel und Fortschritt in den Jahren des Umbruchs, Köln: MicroMedia-Arts*

2 **Auf dem Höhepunkt des Krieges (1630-1634).**
Nach unterschiedlichen Schätzungen gab es von 1618 bis 1648 zwischen 30 und 80 große Schlachten und Belagerungen.

Krieg gegen den „Winterkönig"

Zwei Tage nach dieser Wahl, wurde der in Böhmen abgesetzte Ferdinand in Frankfurt am Main zum Kaiser des Reiches gewählt. *Ferdinand II.* sicherte sich die Hilfe Bayerns, Sachsens und Spaniens, erreichte, dass sich die Union nicht einmischte und ging militärisch gegen die aufständischen Böhmen vor. Die unter Friedrich von der Pfalz kämpfenden Truppen verloren in der **Schlacht am Weißen Berg** bei Prag (3. November 1620).

Ferdinand II. setzte den „Winterkönig", wie Friedrich V. von der Pfalz spöttisch bezeichnet wurde, ab und ließ ein Strafgericht folgen. Die Führer des Aufstandes wurden in Prag öffentlich hingerichtet. Die protestantische Bevölkerung Böhmens musste zum katholischen Glauben zurückkehren. Daraufhin flohen etwa 150 000 Menschen aus ihrer Heimat.

Ein Nutznießer des böhmisch-pfälzischen Krieges war Maximilian I. von Bayern. Für die militärische Unterstützung des Kaisers durch das bayerische Heer bekam er – wie zuvor vereinbart – 1623 die pfälzische Kurwürde und 1628 die Oberpfalz. Ihre Einwohner mussten wieder katholisch werden.

Tilly und Wallenstein ziehen nach Norden

Von Böhmen zog das Heer der Liga unter Führung des in bayerischen Diensten stehenden Feldherrn *Johann Tserclaes Graf von Tilly* in die Pfalz und in die protestantischen Gebiete im Norden des Reiches. Daraufhin griff der dänische König *Christian IV.*, der als Herzog von Holstein deutscher Reichsfürst war, ein. England, Frankreich und die Niederlande unterstützten ihn mit Geld. Doch die von Tilly und dem kaiserlichen Feldherrn *Albrecht von Wallenstein* geführten Truppen konnten die norddeutschen Gebiete außer Stralsund unterwerfen. Der Dänenkönig musste im **Frieden von Lübeck** (1629) versprechen, sich nie wieder in die inneren Angelegenheiten des Reiches einzumischen.

Wird der Kaiser zu mächtig?

Ein Ziel des Kaisers schien nun erreichbar: die Wiederherstellung (lat. *restitutio*) der seit 1552 in protestantischen Besitz übergegangenen Kirchengüter. Ohne Befragung des Reichstages und nur mit Zustimmung der katholischen Reichsfürsten erließ Ferdinand 1629 das **Restitutionsedikt**. Betroffen waren davon unter anderem die Erzbistümer Magdeburg und Bremen, zwölf weitere Bistümer und über 500 Klöster. Der damit verbundene Machtzuwachs des Kaisers rief drei Gegner auf den Plan:

- Sowohl die katholischen als auch die protestantischen Reichsfürsten sahen ihre ständische Freiheit bedroht.
- Das katholische Frankreich bemühte sich weiter, die habsburgische Umklammerung durch das Reich, Spanien und die spanischen Niederlande zu sprengen.
- Die protestantischen Schweden sahen ihre Stellung als Großmacht im Ostseeraum gefährdet.

3 Die Landung Gustav Adolfs von Schweden.
Flugblatt von 1632 (Ausschnitt).
Bei seinen Untertanen galt Gustav Adolf, der 1611 als 16-jähriger auf den schwedischen Thron gekommen war, als gläubiger Mann. Aber nicht nur seine protestantische Überzeugung ließ ihn in den Dreißigjährigen Krieg eingreifen. Auch machtpolitische Interessen spielten eine Rolle. Er fürchtete um die schwedische Vormachtstellung im Ostseeraum, die bei einem Sieg der Habsburger gefährdet worden wäre. Insofern hatte Gustav Adolf auch keine Skrupel, seine Kriegsführung vom katholischen Frankreich mit Waffen und Geldern unterstützen zu lassen. Nach einem Siegeszug durch das Reich fiel er Ende des Jahre 1632 in der für die Schweden siegreichen Schlacht bei Lützen. Gustav Adolf soll aufgrund seiner Kurzsichtigkeit versehentlich zwischen die feindliche Kavallerie geraten sein. Dieses Flugblatt trug dazu bei, dass Gustav Adolf für die Protestanten als „Retter" in die Geschichte einging.

Die Schweden kommen bis München

1629 griff der protestantische König *Gustav II. Adolf* von Schweden in den Krieg gegen den Kaiser ein. Diplomatischer „Drahtzieher" war das katholische Frankreich: Um die Habsburger zu schwächen, versprach es den Schweden für den Krieg gegen den Kaiser hohe Hilfsgelder. 1630 eroberten schwedische Truppen Pommern, Mecklenburg und Brandenburg.

Die protestantischen Fürsten im Norden des Reichs standen den von den Schweden geführten Truppen zunächst misstrauisch gegenüber. Erst als Tillys Truppen 1631 Magdeburg niedergebrannt hatten, traten die Kurfürsten von Brandenburg und Sachsen auf die Seite Schwedens. Die vereinigten Heere konnten die kaiserlichen Truppen in mehreren Schlachten besiegen. Die Schweden zogen bis München.

In seiner Bedrängnis wandte sich der Kaiser an Wallenstein. Doch dieser ließ sich nur durch außerordentliche Vollmachten zu einem weiteren Kriegszug überreden. Erste Erfolge für die Kaiserlichen stellten sich ein: In der **Schlacht bei Lützen** (in der Nähe von Leipzig) verloren sie zwar, doch auf dem Schlachtfeld starb der Schwedenkönig (16. November 1632). Als Wallenstein danach angeblich nicht mit allen Mitteln versuchte, die Schweden aus dem Reich zu drängen, wurde er des Verrats beschuldigt und 1634 ermordet.

Kaiserliche Truppen konnten in der **Schlacht von Nördlingen** im August 1634 die Vorherrschaft der Schweden im Süden des Reiches brechen. Sie wurden nach Norden abgedrängt.

Keine Ruhe

Im Mai 1635 wurde der **Frieden von Prag** zwischen Sachsen und dem Kaiser vereinbart. Ihm schlossen sich die meisten protestantischen und calvinistischen Fürsten an. Der Kaiser verzichtete darauf, das Restitutionsedikt durchzusetzen und verbot Sonderbündnisse. Trotzdem gab es keine Ruhe. Frankreich fürchtete einen Friedensschluss zwischen dem Kaiser und Schweden und entschloss sich, in den Krieg einzugreifen. Die folgenden Kämpfe fanden vor allem im Reich statt. Trotz zahlreicher Schlachten kam es zu keiner Entscheidung. Der Krieg zog sich noch dreizehn Jahre hin. Die letzten Kriegsjahre waren nur noch ein Rauben, Plündern und Morden.

Fasst in einer Tabelle Abschnitte des Krieges, jeweilige Gegner und deren Ziele zusammen.

4 Die Plünderung eines Dorfes.
Ölgemälde (51 x 85 cm) von dem flämischen Maler Sebastiaen Vrancx (Ausschnitt), um 1620.
Zu den Söldnerheeren so viel: Im Februar 1645 bestand beispielsweise eine Truppeneinheit in Bayern aus: 534 Deutschen, 218 Italienern, 15 Franzosen, 24 Lothringern, 43 Burgundern, 26 Griechen, 54 Polen, 5 Ungarn, 51 Tessinern, 2 Kroaten, 1 Iren, 11 Spaniern, 1 Sizilianer, 15 Türken und 18 Dalmatiern.
Was sagt diese Zusammensetzung der Truppe über die Motive der Soldaten sowie der Kriegsherren aus?

Um Glauben oder Macht?

Der Dreißigjährige Krieg war ein gesamteuropäisches Ereignis. Er bestand aus mehreren Kriegen, die von 1618 bis 1648 nacheinander ausgetragen wurden. Der Begriff *Dreißigjähriger Krieg* ist seit 1648 nachweisbar.

Zu den Konfessionsgegensätzen war der Kampf der großen Staaten um die Vormachtstellung in Europa gekommen. Je nach politischer und militärischer Zweckmäßigkeit gingen die großen und kleinen Fürsten Bündnisse über die Konfessionen hinweg ein. Dies wurde spätestens deutlich, als das katholische Frankreich das protestantische Schweden gegen den katholischen Kaiser unterstützte.

Auch Not bringt Tod

Der Dreißigjährige Krieg war eine Katastrophe. Eine ganze Generation wurde von den Kriegszeiten geprägt und weitere Generationen von den Kriegsfolgen. Das macht ihn zum entsetzlichsten Ereignis der deutschen Geschichte vor dem *Zweiten Weltkrieg* (1939-45).

Während der 30 Kriegsjahre starben die Menschen nicht nur durch Waffen. Auch Not brachte den Tod. Die Kontributionen* und Plünderungen nahmen der Bevölkerung oft das Lebensnotwendige. Missernten vergrößerten den Hunger und förderten mit den herumziehenden Söldnern die Verbreitung von Seuchen. Die Bevölkerung des Reiches sank von etwa 16 auf 10 Millionen Menschen.

In manchen Orten war es einfacher, die Namen der Überlebenden anzugeben als die der Toten. Etwa 40 Prozent der ländlichen und rund ein Drittel der städtischen Bevölkerung kamen ums Leben. Erst um 1720 erreichte das Reich wieder annähernd die Bevölkerungszahl wie vor dem Ausbruch des Krieges.

Verwüstet und zerstört

Nach dem Krieg waren weite Teile des Landes verwüstet, viele Felder lagen brach. Es fehlten Menschen und Geld, um die zerstörten Bauernhöfe wieder aufzurichten und die verwüsteten Felder wieder fruchtbar zu machen. Nur wenige Landstriche blieben verschont.

Die vom Krieg betroffenen Städte waren verarmt. Die Kontributionen hatten sie ausgezehrt. Die Einwohnerverluste ließen die Steuereinnahmen sinken. Handwerk und Handel verloren ihre Kunden.

Der Dreißigjährige Krieg belastete das Reich noch lange. In fast jeder Hinsicht geriet es in Rückstand zu den anderen europäischen Großmächten.

* **Kontributionen**: *besondere Kriegssteuern oder vom Feind erzwungene Warenlieferungen und Zahlungen*

M 1 Der Brand Magdeburgs.
Kolorierter Kupferstich von 1631.
Um das Restitutionsedikt durchzusetzen, ließ Tilly das mit Schweden verbündete Magdeburg am 20. Mai 1631 stürmen. Dabei entstand ein Brand, der die Stadt einäscherte. Etwa 20 000 Menschen fanden den Tod.

M 2 Kriegsleiden und -folgen

Ein Pfarrer aus Großbieberau (Hessen) erinnert an die Jahre 1634 und 1635:

1634: Bald fielen die Schweden über den Rhein herüber und jagten die Kaiserlichen aus ihrem Quartier, bald jagten diese wieder jene hinaus. Die Folge war, dass das ganze Land zwischen Main und Rhein ausgepresst wurde. Kein Mensch durfte sich auf dem Land blicken lassen, sonst wurde ihm nachgejagt wie einem Wild. Ergriff man einen, dann wurde er schlimmer als auf türkische Weise unbarmherzig geschlagen bis er verriet, wo er sein Geld oder sein Vieh oder sein Pferd hatte. Gefangene wurden nackend an heiße Öfen angebunden oder aufgehängt und mit Rauch gedämpft. Zuberweise schüttete man auch Wasser und Jauche in den Hals der Leute und sprang anschließend mit den Füßen auf die geschwollenen Bäuche. Diese barbarische Tränkung wurde „der schwedische Trunk" genannt …

Wegen dieser Tyrannei – und weil es keine Lebensmittel mehr auf dem Lande gab – verließen alle Einwohner die Dörfer …

1635: Nachdem nun – wie oben berichtet – das ganze Land ausgeplündert und kein Vieh noch Pferd mehr vorhanden war, wurde auch keine Sommerfrucht (außer etwas weniges zu Rüsselsheim, Darmstadt und Lichtenberg) angebaut …

Inzwischen hat Gott uns neben dem Kriegsleid noch die Pest hinterher geschickt … Die Leute sterben schnell und haufenweis dahin, so dass man sie gar nicht alle begraben konnte …

Durch diesen Krieg nun, durch Pest, Teuerung und Hungersnot sind der Leute so wenig im Land geworden, dass unsere Nachkommen es schwerlich glauben werden.

Günther Franz (Hrsg.), Quellen zur Geschichte des deutschen Bauernstandes in der Neuzeit, Darmstadt 1963, S. 117 ff. (stark vereinfacht)

M 3 Aus dem Tagebuch eines Söldners

Aufzeichnungen aus dem Tagebuch eines Unbekannten, der 1625 aus Geldnot Söldner geworden war, ab 1627 im Heer der katholischen Liga diente und 1631 an der Erstürmung Magdeburgs teilnahm.

Den 20. Mai haben wir mit Ernst angesetzt und gestürmt und auch erobert. Da bin ich mit stürmender Hand ohne allen Schaden in die Stadt gekommen. Aber in der Stadt, am Neustädter Tor, bin ich 2mal durch den Leib geschossen worden, das ist meine Beute gewesen …

Ist mir doch von Herzen leid gewesen, dass die Stadt so schrecklich gebrannt hat, wegen der schönen Stadt und weil es meines Vaterlandes ist.

Wie ich nun verbunden bin, ist mein Weib in die Stadt gegangen, obwohl sie überall gebrannt hat, und hat wollen ein Kissen holen und Tücher zum Verbinden und worauf ich liegen könnte. So habe ich auch das kranke Kind bei mir liegen gehabt. Ist nun das Geschrei ins Lager gekommen, die Häuser fallen alle übereinander, so dass viele Soldaten und Weiber, welche mausen* wollen, darin müssen bleiben … Sie [die Frau des Söldners] kommt nach anderthalb Stunden gezogen mit einer alten Frau aus der Stadt. Die hat sie mit sich hinausgeführt, ist eines Seglers Weib gewesen und hat ihr helfen tragen Bettgewand. So hat sie mir auch gebracht eine große Kanne von 4 Maß mit Wein und hat außerdem auch 2 silberne Gürtel gefunden und Kleider, so dass ich dafür 12 Taler eingelöst habe zu Halberstadt.

Jan Peters (Hrsg.): Ein Söldnerleben im Dreißigjährigen Krieg. Eine Quelle zur Sozialgeschichte, Berlin 1993, S. 138 f

***mausen**: plündern*

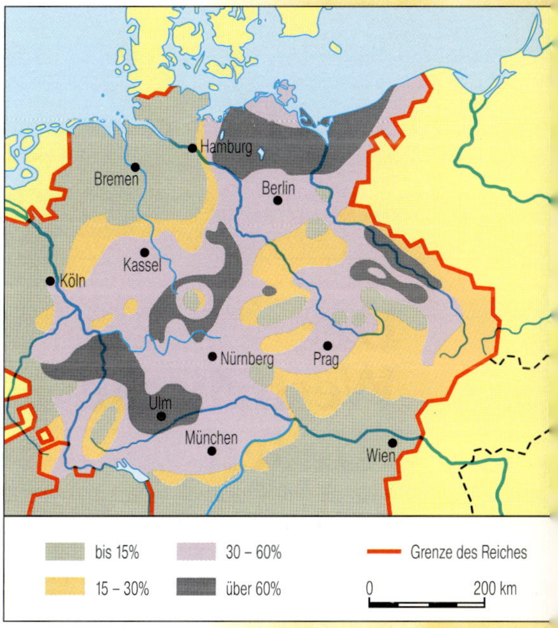

M 4 Bevölkerungsverluste 1618 - 48.

1. *„Der Krieg ernährt den Krieg." Erkläre diese Aussage anhand von M 2 und M 3.*
2. *Erläutere die Folgen des Krieges (M 1 bis M 4).*
3. *Informiert euch, wie stark Berlin-Cölln und Brandenburg vom Dreißigjährigen Krieg betroffen waren. Berichtet über eure Nachforschungen.*

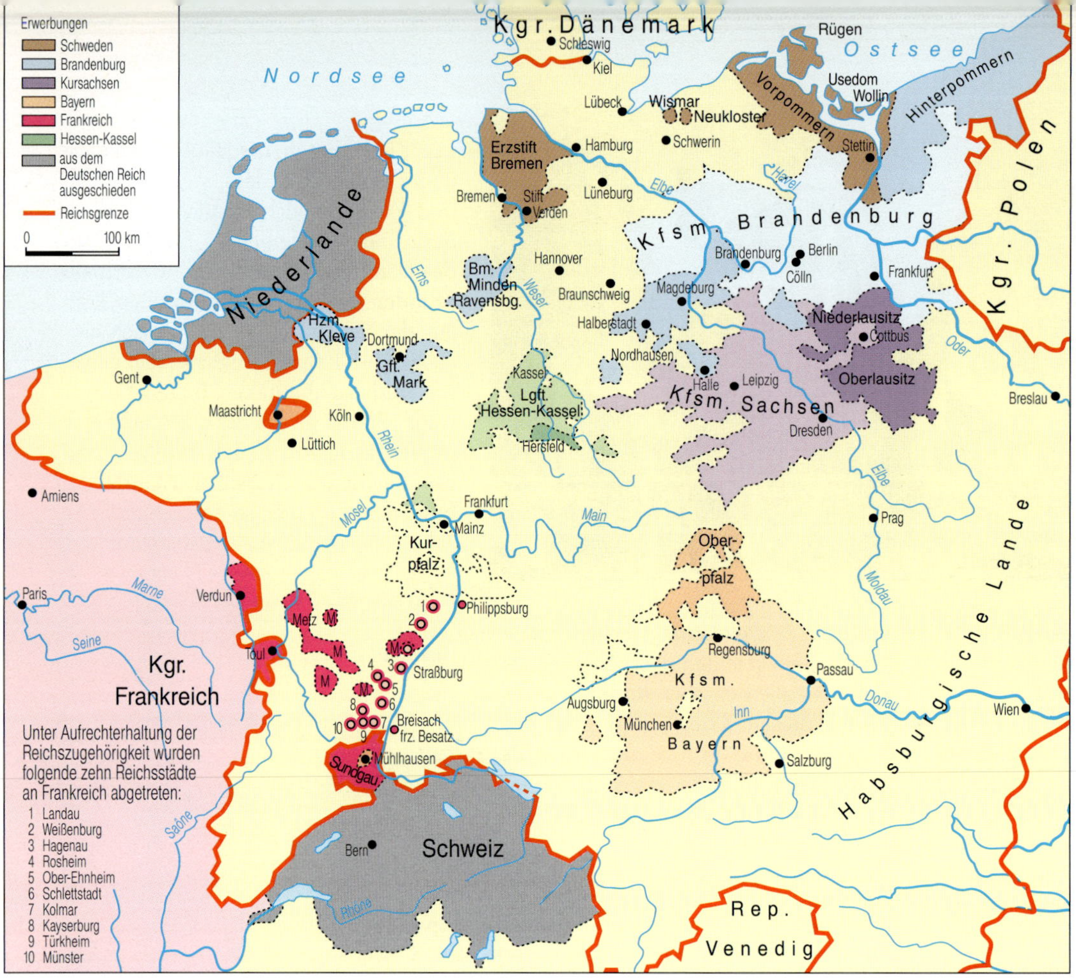

1 Gebietsveränderungen nach dem 30-jährigen Krieg 1648.
Genau 1 789 reichsunmittelbare Gewalten, darunter fast 300 unabhängige Reichsstände, gehörten nach dem Westfälischen Frieden zum Heiligen Römischen Reich Deutscher Nation.

Der Westfälische Frieden

Kongresse in Münster und Osnabrück

Noch während des Krieges versammelten sich 1643 in Münster und Osnabrück Gesandte aller am Krieg beteiligten Mächte zum ersten Friedenskongress der europäischen Geschichte. Die Verträge von Osnabrück zwischen Kaiser, Reichsfürsten und Schweden sowie von Münster zwischen Kaiser, Reichsfürsten und Franzosen verkündeten die Grundlagen eines Neuanfangs. Sie schufen eine europäische Friedensordnung, regelten die Gebietsansprüche, änderten die Verfassung des Reiches und bestimmten den konfessionellen Ausgleich.

Nur ein lockerer Bund

Der Friede im Reich wurde durch Gebietsabtretungen an die Sieger und die Garantiemächte des Friedens (Frankreich und Schweden) erkauft.

Die deutschen Reichsstände erhielten die volle Landeshoheit einschließlich des Rechts, Kriege zu erklären und Frieden zu vereinbaren. Sie waren nun frei, Bündnisse miteinander und mit fremden Staaten zu schließen, sofern sie nicht gegen Kaiser und Reich gerichtet waren. Dagegen war der Kaiser bei Reichsangelegenheiten wie Kriegssteuern sowie Kriegserklärungen, Friedensschlüssen und Bündnissen weiterhin an die Zustimmung der Reichsstände gebunden.

Das Heilige Römische Reich Deutscher Nation blieb ein lockerer Bund zahlreicher Staaten. Zusammengehalten wurde es durch einige Gesetze und wenige gemeinsame Einrichtungen wie den *Reichstag* und das *Reichskammergericht*. Diese Ordnung hatte bis 1803/06 Bestand.

Der konfessionelle Ausgleich

Im Westfälischen Frieden wurden die Bestimmungen des Augsburger Religionsfriedens bekräftigt und auf die Calvinisten ausgedehnt. Die konfessionellen Besitzstände des Jahres 1624 waren wieder herzustellen. Alle religiösen Fragen sollten von nun an im Reichstag zwischen den getrennt beratenden katholischen und protestantischen sowie calvinistischen Reichsständen entschieden werden.

Bestimme die Bedeutung des Westfälischen Friedens
- *für Rechte und Besitzstand der Konfessionen,*
- *für das Verhältnis der Territorialstaaten zum Reich und*
- *für die Machtverhältnisse in Europa.*

M 1 „Neuer Auß Münster vom 25. deß Weinmonats im Jahr 1648 abgefertigter Freud= und Friedens-bringender Postreuter.“
Nachträglich kolorierter Holzschnitt (etwa 15 x 32 cm) von einem Flugblatt (34,6 x 32,9 cm), das der Augsburger Verleger und Stecher Marc Anton Hannas 1648 vertrieb. Am oberen Bildrand (links) verkündet eine „Fama“ die Botschaft, der Götterbote Merkur (rechts) übergibt dem Reiter die Nachricht. Im Hintergrund des Blattes sind die Ziele des Reiters erkennbar. Deute die einzelnen Bildelemente.

M 2 Aus dem Osnabrücker Friedensvertrag

In Artikel II des am 25. Oktober 1648 verkündeten Friedensvertrages zwischen dem Kaiser (und seinen Verbündeten) sowie der Königin Christina von Schweden (und ihren Verbündeten) heißt es:

Beiderseits sei immer währendes Vergessen und Amnestie* alles dessen, was seit Anbeginn dieser Unruhen an irgendeinem Ort und auf irgendeine Weise vom einen oder andern Teil, hüben und drüben, feindlich begangen worden ist […]; vielmehr sollen alle und jede hin und her, sowohl vor dem Kriege als auch im Kriege, mit Worten, Schriften oder Taten zugefügten Beleidigungen, Gewalttaten, Feindseligkeiten, Schäden und Unkosten ohne alles Ansehen der Personen oder Sachen dergestalt gänzlich abgetan sein, dass alles, was deshalb der eine vom andern fordern könnte, in immer währendem Vergessen begraben sein soll.

Armin Reese, Pax sit Christiana. Die Westfälischen Friedensverhandlungen als europäisches Ereignis, Düsseldorf 1988, S. 131

* **Amnestie**: *Erlass von Strafen*

M 3 Über die Bedeutung des Friedenswerks

Der Historiker Michael Salewski urteilt 1993:

Gewiss beschleunigte das Friedenswerk die Aufsplitterung des Reiches in eine Unzahl von kleinen und kleinsten souveränen Territorialstaaten, darin konnte man auf der einen Seite ein Zeichen der Ohnmacht sehen. Auf der anderen war diese „Atomisierung“ […] Voraussetzung zur Ausbildung einer schier unendlichen Fülle von individuellen, originellen Staats- und Gesellschaftsformen. Die in der Folgezeit entstehenden zahlreichen kleinen Residenzen prägen noch heute das Bild unserer Landschaften und Städte; die kulturelle Vielfalt, wie sie den Deutschen seither selbstverständlich geworden ist, geht auf diese politische Entwicklung wesentlich zurück.

Michael Salewski, Deutschland. Eine politische Geschichte. Von den Anfängen bis zur Gegenwart, Bd. 1, München 1993, S. 149

M 4 Osnabrücker Friedensreiter.
Foto von 1995.
Jedes Jahr reiten am 25. Oktober, dem Tag der Verkündung des Westfälischen Friedens, in Osnabrück Kinder mit Steckenpferden zum Rathaus. Vorbild für diesen Brauch ist das Nürnberger Friedensfest von 1650.

1. *Beurteile die Bedeutung des Artikels II für die damalige Zeit und überlege, ob er noch heute als Grundlage eines Friedensvertrages dienen könnte (M 2).*
2. *Erkläre Michael Salewskis Haltung mit eigenen Worten (M 3). Formuliere eine Gegenposition.*

Was war wichtig?

Daten

1517	*Martin Luther stellt seine Thesen gegen den Missbrauch des Ablasses zur Diskussion.*
1524/25	*Der große Bauernkrieg: Ländliche und städtische Unterschichten erheben sich.*
1555	*Der Augsburger Religionsfrieden bestätigt die Glaubenspaltung.*
1648	*Der Westfälische Frieden beendet den Dreißigjährigen Krieg.*

Begriffe

Ablass: Nachlass zeitlicher, d.h. befristeter Strafen für Sünden gegen bestimmte Leistungen (Spende, Teilnahme an einer Wallfahrt u.a.m.). Voraussetzung des Ablasses waren aber Reue, Beichte und Freisprechung von den Sünden (*Absolution*) durch einen Priester. *Martin Luther* ging gegen den Ablasshandel vor, da der Papst und viele Bischöfe ihn als zusätzliche Einkommensquelle missbrauchten.

Gegenreformation: im Gegensatz zur → *katholischen Reform* die gewaltsamen Versuche der katholischen Kirche, ihren während der → *Reformation* an die Protestanten verlorenen Einfluss zurückzugewinnen.

Glaubensspaltung: die Aufteilung der mittelalterlichen katholischen Einheitskultur nach der → *Reformation* und dem „Augsburger Religionsfrieden" in eine Vielzahl von → *Konfessionen* und Kirchen (Katholiken, Lutheraner, Zwinglianer, Anglikaner, Calvinisten und Hugenotten), die auch eigene Formen des Alltagslebens, der Kunst und Kultur hervorbrachten.
Zu den Folgen der Glaubensspaltung zählen die Glaubenskriege: Je stärker die Konfessionen und ihre Abgrenzung alle Lebensbereiche bestimmten, um so mehr wurden aus zunächst religiös motivierten Konflikten politische Auseinandersetzungen. Ein Beispiel dafür ist der Dreißigjährige Krieg. Er beendete das Zeitalter der Glaubenskriege, aber nicht die Glaubensspaltung.

Katholische Reform: Im Gegensatz zur → *Gegenreformation* die geistige Erneuerung und klare Abgrenzung der katholischen von der reformatorischen Lehre.

Konfession: Bekenntnis zum Glauben; mit der → *Reformation* entstand neben dem katholischen unter anderem das evangelisch-lutherische Glaubensbekenntnis.

Reformation (lat. *reformatio*: Wiederherstellung, Zurückformung): von *Martin Luther* ausgehende Bewegung, die eine Glaubensreform zum Ziel hatte und in einer Spaltung der katholischen Kirche in verschiedene Glaubensbekenntnisse (→ *Konfessionen*) endete (→ *Glaubensspaltung*).

Grundfertigkeiten

Du hast in diesem Kapitel gesehen, wie Bilder für bestimmte Adressaten und bestimmte Ziele hergestellt und eingesetzt wurden.
Darüber hinaus konntest du die Arbeit mit verschiedenen Kartentypen und neuen Quellengattungen wie Reiseberichten und Protokollen vertiefen.
Außerdem hast du am Beispiel Luthers gesehen, wie Legenden ein Geschichtsbild prägen.

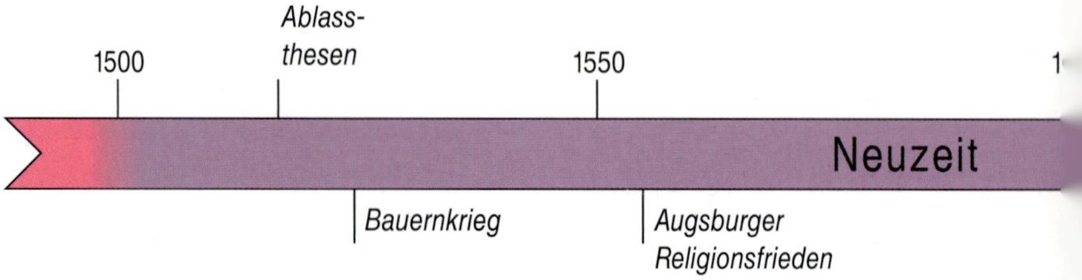

Zusammenfassung

Im 15. Jh. häuften sich Vorwürfe gegen Papst, Bischöfe, Priester und Äbte, sie missbrauchten ihre Macht und lebten in Luxus, statt sich um ihre geistlichen Aufgaben zu kümmern. Immer häufiger erließ die Kirche den Gläubigen ihre Sündenstrafen gegen Geld. Daran entzündete sich 1517 die Kritik *Luthers*. Seine Thesen gegen die Ablasspraxis machten ihn für die Kirche zum Ketzer und leiteten die Reformation ein. Der Streit spitzte sich zu, als Luther vor dem Kaiser erklärte, der Papst und die Konzilien könnten irren. Für ihn sei allein die Bibel und darin das Evangelium Maßstab des Glaubens. 1521 schloss zunächst der Papst Luther aus der Kirche aus, danach erklärte der Kaiser ihn und seine Anhänger für „vogelfrei".
Nachdem es bereits im 14. und 15. Jh. wegen schlechter Lebens- und Arbeitsbedingungen der ländlichen und städtischen Unterschichten hier und da zu Aufständen gegen Grund- und Stadtherren gekommen war, brachen 1524 größere Unruhen aus. Die reformatorische Lehre trug dazu bei, dass die Konflikte sich zum großen Bauernkrieg ausweiteten. Mit Söldnerheeren schlugen die Fürsten die regionalen Aufstände nieder.
Der Papst versuchte mit dem Kaiser sowie anderen katholischen Herrschern die Einheit der Christenheit gewaltsam wiederherzustellen. Ohne Erfolg. Im Augsburger Religionsfrieden wurde die Spaltung der Christenheit bestätigt. Die Landesfürsten bestimmten von nun an die Religion ihrer Untertanen.
Die von Luther ins Leben gerufene Bewegung spaltete sich. In der Schweiz setzten die Reformatoren *Zwingli* und *Calvin* strenge Maßstäbe für den Glauben sowie für das private und öffentliche Leben. Die verschiedenen Konfessionen verhielten sich untereinander intolerant.
Herausgefordert durch die Reformation veränderte sich die katholische Kirche. Das Konzil von Trient legte Glaubensaussagen neu fest.
Vorurteile gegen Frauen, der feste Glaube an einen Teufel sowie frauenfeindliche Theologie und Rechtsprechung machten vor allem ärmere Frauen zu Opfern von Hexenverfolgung.
Aus einem regionalen Konflikt in Böhmen entstand der Dreißigjährige Krieg. In ihm ging es um konfessionelle Gegensätze und politische Macht. Für die Menschen war der Krieg eine Katastrophe. Vor allem die Bewohner des Heiligen Römischen Reiches Deutscher Nation litten unter ihm. Durch den Westfälischen Frieden festigten sich die Positionen Frankreichs und Schwedens; der Einfluss der Habsburger schwand. Das Reich blieb ein lockerer Verbund von vielen Einzelstaaten.

Spurensuche
Themen für interessante Referate:
- *Die Frau an Luthers Seite: Katharina von Bora*
- *Was erinnert in unserer Stadt an Martin Luther?*

Lektüre- und Internettipps
Zum ersten Thema:
- *Karin Jäckel, Die Frau des Reformators: das Leben der Katharina von Bora, Reinbek bei Hamburg 2006*
- *www.luther.de*

Tipp zum zweiten Thema:
- *Hinweise findest du z. B. im Stadtplan.*

1 Luther-Denkmal auf dem Marktplatz von Wittenberg.
Foto, um 2004.
Das von Johann Gottfried Schadow entworfene Standbild wurde zum Reformationsfest 1821 enthüllt. Es ist das erste öffentliche Denkmal für eine bürgerliche Persönlichkeit in Deutschland und wurde zum Vorbild für zahlreiche andere Luther-Denkmale.

Exkursionstipp → *Einen umfassenden Einblick in das Leben und Wirken Martin Luthers erhältst du im Lutherhaus in Wittenberg. Seit 1508 lebte und arbeitete der Reformator in dem Anwesen.*

Übertrage die Zeitleiste und füge ein: die Geburts- und Sterbejahre von Luther, Karl V. und Wallenstein, wann der Prager Fenstersturz, das Konstanzer Konzil, die Bartholomäusnacht in Paris und die Schlachten bei Mühlberg, Frankenhausen und Lutter stattfanden, wann der Papst den Jesuitenorden anerkannte und die meisten Hexenverfolgungen stattfanden.

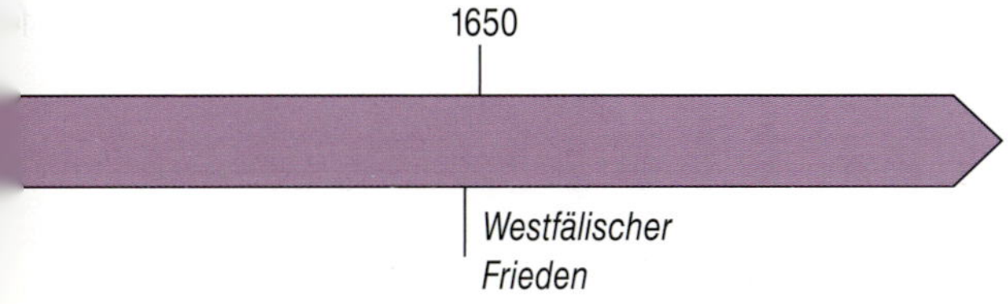

Absolutismus und Aufklärung

Die Hofgesellschaft war wie vom Donner gerührt. Nie hätte man erwartet, das hören zu müssen. War das der König, wie man ihn seit Jahren kannte? War er nicht immer wie Wachs in den Händen seines Ersten Ministers, des Kardinals Mazarin, gewesen? War er nicht gestern, als die Nachricht von dessen Tod gekommen war, in Tränen ausgebrochen und hatte geschluchzt: „Ab heute werde ich alleine sein!" – Ein König, der öffentlich weint, ist schwach. Alles werde also so weitergehen wie bisher – so hatten die Herren des Hochadels gedacht. Unklar war ihnen nur gewesen, wen der 23-jährige Monarch zum Ersten Minister machen würde. Und heute: Ludwig hatte den Hochadel bereits einen Tag nach dem Tod Mazarins um 7 Uhr früh zu sich gebeten und der Hofgesellschaft nach einer kurzen, beinahe kalten Begrüßung eröffnet, dass er von nun an alle Staatsgeschäfte alleine leiten wolle!

„Was die Personen betrifft, die mir bei meiner Arbeit helfen sollen, so habe ich mich vor allem entschlossen, keinen Ersten Minister mehr in meinen Dienst zu nehmen", fügte er hinzu. „Denn nichts ist in meinen Augen unwürdiger für einen König, als wenn andere die Entscheidungen treffen und für ihn nur der leere Titel bleibt. In Zukunft haben die Männer, die ich zu Ministern berufen werde, meine Befehle entgegenzunehmen und zu meiner Zufriedenheit auszuführen. Sie werden nichts tun, wozu ich sie nicht beauftragt habe. Sie werden sich bereithalten, mir zu jeder Stunde über ihr Handeln Rechenschaft zu geben."

Als der König eine kurze Pause machte, meinten die Adligen, die Audienz sei beendet. Sie verbeugten sich tief vor ihm und wollten den Raum verlassen. Ludwig aber schien ihre Verbeugung gar nicht zu bemerken, jedenfalls gab er ihnen kein Zeichen, das es ihnen erlaubt hätte, sich zu erheben. So blieb ihnen nichts übrig, als die weiteren königlichen Worte mit gebeugtem Rücken anzuhören. „Sofern Ihnen an meiner Gnade liegt, werden Sie von heute an in meiner von Gott geheiligten Person die höchste Autorität unseres Königreiches anerkennen. Anderenfalls ist für Sie kein Platz in meinem Dienst mehr. – Meine Herren …!"

Mit einer fast nachlässigen Handbewegung gab Ludwig das Zeichen, das den Adligen erlaubte, sich rückwärts aus dem Zimmer zurückzuziehen. Dabei murmelte der junge Spross einer alten Adelsfamilie: „Das werden wir ja sehen …"

Dieter Brückner

Ludwig XIV.
Porträtbüste des italienischen Baumeisters, Bildhauers und Malers Giovanni Lorenzo Bernini, 1665.

Der „Sonnenkönig“

1 Das Zeichen des Königs.
Foto von 1990.
Teil des Schlosstors von Versailles.*
Ludwig XIV. ging als „Sonnenkönig“ in die Geschichte ein. Für ihn stellte die Sonne „das lebendigste und schönste Sinnbild eines großen Herrschers“ dar. Nenne mögliche Gründe dafür.

** Zum Schloss Versailles siehe Seite 150 ff.*

„Der Staat bin ich“
Nach dem Tode seines Vaters war *Ludwig XIV.* 1643 mit vier Jahren zum König von Frankreich gekrönt worden. Im Auftrag seiner Mutter hatte Kardinal *Mazarin* als „Erster Minister“ die Staatsgeschäfte für den minderjährigen Herrscher geführt. Nach dem Tode Mazarins teilte Ludwig der obersten Verwaltungsspitze seines Königreiches am 10. März 1661 mit, dass er den Staat künftig allein führen werde.
Seinen Herrschaftsanspruch leitete Ludwig XIV. von Gott ab (*Gottesgnadentum*). Sein Hofprediger, Bischof *Bossuet*, unterstützte ihn dabei. Für ihn und die meisten Zeitgenossen war jeder rechtmäßige König von Gott eingesetzt worden.
Ludwig verbot seinen Ministern, Entscheidungen ohne sein Wissen zu treffen. Damit setzte er eine neue Regierungsweise durch: den Absolutismus.
Das bedeutete, dass der Monarch ohne Ständevertretung regierte. Er allein konnte Gesetze verändern, abschaffen oder einführen.
Auch wenn der Ausspruch Ludwigs XIV. *Der Staat bin ich!* (franz. *L'Etat, c'est moi!*) nicht sicher überliefert ist, so kennzeichnet er doch treffend, wie der König herrschen wollte.

Selbst, aber nicht allein
Der König regierte von nun an zwar selbst, aber nicht allein. Ein Kanzler war für das Justizwesen verantwortlich, hohe Beamte oder Minister leiteten das Heer, die Außenpolitik und die Marine, ein Fachmann beaufsichtigte das Finanzwesen. Sie gehörten zum *Staatsrat*, der alle zwei Tage unter dem Vorsitz des Königs zusammentrat. Nicht um zu regieren, sondern um den Monarchen zu beraten.

Der König braucht die Stände nicht
Schon die Vorgänger Ludwigs XIV. hatten die Macht des „Königs von Gottes Gnaden“ gegenüber Geistlichkeit (*Erster Stand*) und Adel (*Zweiter Stand*) betont. Diese beiden Stände verloren ihr durch Geburt oder Amt begründetes Vorrecht (*Privileg*), den König zu beraten. An ihre Stelle wurden oft fähige Männer berufen, die aus dem Bürgertum (*Dritter Stand*) stammten. Diese Männer waren den Herrschern als „Aufsteiger“ meist ergeben. Zum Dank für ihre Dienste erhielten manche den Adelstitel. Außerdem konnten sich reiche Bürger Staatsämter in den Provinzen kaufen. Sie stiegen damit in den neuen **Amtsadel** auf. Das brachte dem König nicht nur Geld, sondern führte dazu, dass der alte **Geburtsadel** Konkurrenz bekam.
Die absolutistische Regierungsweise schloss die beiden ersten Stände weitgehend von der politischen Mitwirkung aus. Auch die **Generalstände**, die Versammlung von Klerus, Adel und Bürgertum, waren seit 1614 von den Königen nicht mehr einberufen worden.

Wie war das möglich?
Die absolutistische Regierungsweise war möglich, weil
- viele der mächtigsten Adligen sich als Führer an den langen Religions- und Bürgerkriegen des 16. Jh. beteiligt hatten und dadurch geschwächt oder sogar ruiniert worden waren;
- ein großer Teil des Adels und der Geistlichkeit ein Ende dieser Kriege wünschte und dafür einen mächtigen König in Kauf nahm;
- das Bürgertum in den Jahrzehnten seit der Reformation mithilfe königlicher Unterstützung wirtschaftlich aufgestiegen war. Es stellte sich dem König zur Verfügung und half ihm, Adel und hohe Geistlichkeit politisch zu entmachten.

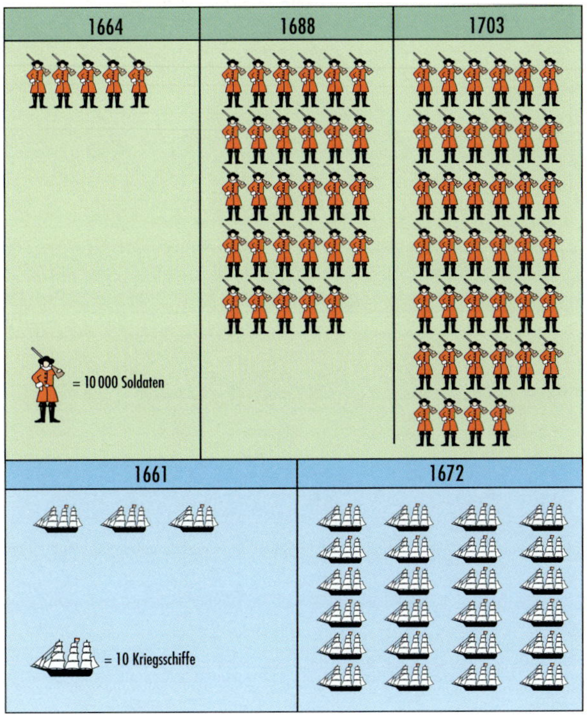

2 **Die Entwicklung der Heeres- und Flottenstärke.**

Wenn zwei sich streiten …
Die absolutistischen Herrscher wussten, dass sie ihre Macht nur erhalten und stärken konnten, wenn sie verhinderten, dass sich die Führer der drei Stände gegen sie verbündeten. Daher
- drängten sie die hohe Geistlichkeit und den hohen Adel zwar aus der Staatsführung, gewährten ihnen aber weiterhin Privilegien wie Steuerfreiheit und hohe Offiziersstellen;
- ließen sie Bürgerliche an die Macht gelangen, ohne ihnen sofort die besonderen Rechte der beiden ersten Stände zuzubilligen;
- förderten sie bürgerliche Händler, Bankiers und Unternehmer, verboten aber dem Adel, sich an Handel, Geldgeschäften und Warenproduktion zu beteiligen;
- zogen sie vom Dritten Stand immer höhere Steuern ein, von denen riesige Summen als Geschenke und Offiziersgehälter in die Taschen der Adligen und hohen Geistlichen flossen.

Verwalten und richten
Für die Ausführung der königlichen Erlasse und Gesetze sorgten zentrale Behörden und immer mehr Beamte. Besondere Bedeutung erlangten die **Intendanten**, die Leiter der Verwaltung in den neu gebildeten Bezirken. Sie überwachten die Steuereinziehung und kümmerten sich um die öffentliche Ordnung, den Straßenbau und die Lebensmittelversorgung. Die zunächst etwa 30 Intendanten wurden vom König ernannt und konnten jederzeit abberufen werden.
Der König war höchster Richter des Landes. Er setzte durch, dass seine Gesetze ohne Widerspruch der hohen Gerichte in Kraft traten.
Darüber hinaus wurden das Zivil- und das Strafrecht neu geordnet. Trotz zahlreicher Veränderungen gelangen die Zusammenfassung der Verwaltung und Vereinheitlichung des Rechtswesens nicht vollständig. Viele Ausnahmen blieben bestehen.

„Ein König, ein Gesetz, ein Glaube"
Nach dem Grundsatz *Ein König, ein Gesetz, ein Glaube* duldete Ludwig XIV. in seinem Volk nur den katholischen Glauben. Er versuchte daher, die Hugenotten (etwa fünf Prozent der Bevölkerung) zur Rückkehr zum Katholizismus zu zwingen. Als dies nicht gelang, hob der König 1685 das **Edikt von Nantes** auf.
Trotz Verbots flohen etwa 300 000 **Hugenotten** ins protestantische Ausland. Wohlhabende und beruflich tüchtige Flüchtlinge fanden Aufnahme in England, den Niederlanden, der Schweiz und in den Territorien des Reichs, hier vor allem in Brandenburg, Hessen-Kassel, Württemberg, Ansbach, Bayreuth sowie in den Städten Bremen, Hamburg, Hameln, Hannover und Braunschweig.

Die Armee stützt den König
Auch die Armee wurde umgestaltet. Bisher waren meist erst im Kriegsfall Söldner angeworben und die Truppen von reichen Adligen aufgestellt worden. Nun erhielt Frankreich eine allein vom Monarchen besoldete, ständig einsatzfähige Armee: ein stehendes Heer. Die Soldaten bekamen einheitliche Uniformen und lebten in Kasernen. Dort hielt man sie mit Drill und Übungen (*Manövern*) kriegsbereit. Eine Wehrpflicht gab es nicht. Offiziersstellen konnte man kaufen, die höheren Ränge (*General, Marschall*) blieben dem Adel vorbehalten. Neu war, dass der König die wichtigsten Offiziere selbst ernannte.
Nicht nur die Armee wurde erneuert und vergrößert. Ludwig XIV. ließ auch zahlreiche Festungen bauen, um Frankreichs Nord- und Ostgrenzen zu sichern.* Frankreich stieg unter Ludwig XIV. zur stärksten Macht Europas auf.

*Siehe dazu die Karte auf Seite 156.

1. *Erkläre den Begriff „Absolutismus".*
2. *Formuliere aus dem letzten Satz des Adligen in der Erzählung auf Seite 145 eine Forderung. Prüfe, ob der junge Adlige sich unter Ludwig XIV. durchsetzen konnte.*
3. *Erkläre, inwiefern die Flucht der Hugenotten für die französische Wirtschaft ein Verlust war.*

M 1 Die absolutistische Herrschaft unter Ludwig XIV.

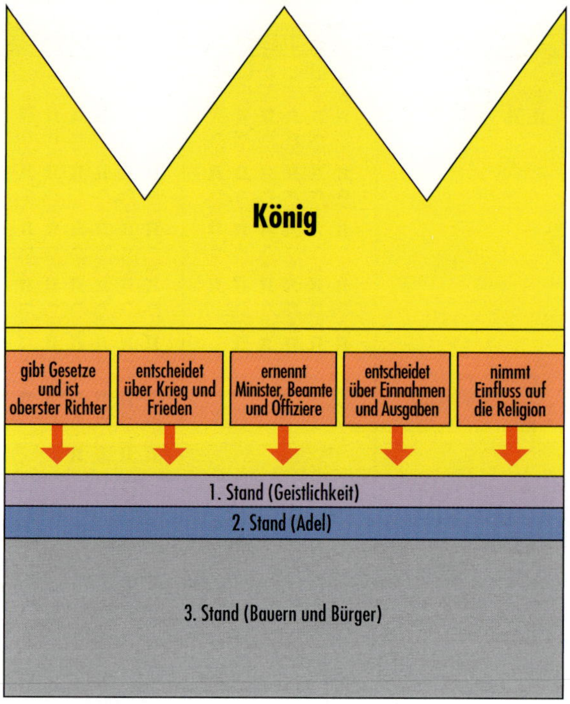

M 2 Die Stellung des Königs

Die Religionskriege des 16. Jh. in Frankreich wurden von einer Diskussion über die Stellung des Monarchen im Staat begleitet. Einige calvinistische Denker wollten die fürstliche Gewalt durch die Stände einschränken. Dagegen entwickelte der französische Rechtsgelehrte Jean Bodin eine Lehre, die die besondere Stellung der Könige betont. In dem 1576 veröffentlichten Werk „Sechs Bücher über den Staat" schreibt er:

Da es auf Erden nächst Gott nichts Höheres gibt als die souveränen Fürsten und weil sie von Gott als seine Stellvertreter dazu berufen sind, den übrigen Menschen zu gebieten, muss man sich ihres Ranges bewusst sein […]. Wer nämlich seinen souveränen Fürsten schmäht, der schmäht Gott, dessen Ebenbild auf Erden er ist […].

Das Hauptmerkmal des souveränen Fürsten besteht darin, der Gesamtheit und den Einzelnen das Gesetz vorschreiben zu können, und zwar […] ohne auf die Zustimmung eines Höheren oder Gleichberechtigten oder gar Niedrigeren angewiesen zu sein. Denn wenn der Fürst kein Gesetz ohne die Zustimmung eines über ihm Stehenden erlassen darf, dann ist er in Wirklichkeit Untertan. Braucht er hingegen die Zustimmung eines ihm Gleichgestellten, so ist er bloßer Teilhaber, und wenn seine Untertanen, sei es als Senat oder als Volk, zustimmen müssen, dann ist er nicht souverän.

Paul Hartig, Auf der Suche nach dem besten Staat, Stuttgart 1985, S. 25 f.

M 3 Die königliche Macht

In dem 1682 veröffentlichten Werk über „Die Politik nach den Worten der Heiligen Schrift" schrieb Bischof Bossuet:

Alle Macht kommt von Gott. Die Fürsten regieren also als seine Stellvertreter auf Erden. Gott also regiert alle Völker und gibt ihnen allen ihre Könige.

Daraus folgt, dass die Person des Königs heilig ist. Die königliche Autorität ist absolut.

1. Der Fürst hat niemandem Rechenschaft abzulegen über das, was er befiehlt. Seine Macht muss so groß sein, dass niemand hoffen kann, sich ihr zu entziehen.

2. Wenn der Fürst geurteilt hat, gibt es kein anderes Urteil mehr. Die Urteile der Herrscher gehen auf Gott zurück.

3. Es gibt keinerlei Zwangsgewalt gegen den Fürsten.

4. Deshalb sind die Könige aber nicht von den Gesetzen befreit. Sie sind wie alle anderen der Rechtlichkeit des Gesetzes unterworfen, sowohl weil sie selbst gerecht sein sollen, als auch weil sie dem Volk Beispiel als Hüter des Gesetzes sein sollen, aber sie sind nicht den Strafen des Gesetzes unterworfen.

Paul Hartig, Auf der Suche nach dem besten Staat, a. a. O., S. 27 f. (zusammengefasst und vereinfacht)

M 4 Kritik am Absolutismus

Der französische Erzbischof Fénelon, Erzieher der Enkel Ludwigs XIV., kritisierte in einem um 1695/96 geschriebenen Roman die absolutistische Regierungsweise. Das Buch wurde verboten, und Fénelon musste den Hof verlassen.

Wenn sich die Könige daran gewöhnen, kein anderes Gesetz mehr anzuerkennen als ihren unumschränkten Willen […], dann vermögen sie alles. Aber gerade da sie alles tun können, was sie wollen, untergraben sie selber die Grundpfeiler ihrer Macht; sie richten sich in ihrer Regierung nicht mehr nach bestimmten Regeln und Grundsätzen. Alle Leute schmeicheln ihnen um die Wette; sie haben keine Untertanen mehr; es bleiben ihnen nur noch Sklaven […]. Wer wird ihnen die Wahrheit sagen? […] Nur eine plötzliche, gewaltsame Revolution kann diese ausufernde Macht in ihre natürliche Bahn zurückführen.

Paul Hartig, Auf der Suche nach dem besten Staat, a. a. O., S. 30

1. *Nenne die wichtigsten Argumente Bodins und Bossuets für die absolute Königsherrschaft (M 2 und M 3) und nimm dazu Stellung.*
2. *Erläutere, was Bossuet in M 3, Zeile 16 - 28 schreibt. Überzeugt dich seine Argumentation? Begründe dein Urteil.*
3. *Schlage in einem Lexikon den Begriff „Souveränität" nach. Vergleiche die Erklärung dort mit Bodins Bestimmung (M 2).*
4. *Welche Gefahren der absolutistischen Herrschaft sieht Fénelon (M 4)?*
5. *Erkläre mit der Grafik M 1, wie Ludwig XIV. den Staat verstand.*

LERNTIPP

M 5 Das Ende der religiösen Toleranz

Höhepunkt der Kirchenpolitik Ludwig XIV. war die Aufhebung des Ediktes von Nantes von 1598. Das Gesetz vom 18. Oktober 1685 schrieb unter anderem vor:

1. Wir tun kund zu wissen, dass alle Kirchen der vorgeblich reformierten Religion unverzüglich zerstört werden [...].
2. Wir verbieten Unseren besagten Untertanen von der vorgeblich reformierten Religion, sich weiterhin zu versammeln, um den Gottesdienst nach der besagten Religion an irgendeinem Orte oder in einem Privathause, unter welchem Vorwande es auch sein könnte, zu halten.
3. Wir befehlen ernstlich allen Predigern der besagten reformierten Religion, die sich nicht bekehren und die katholische Religion annehmen wollen, Unser Königreich zu verlassen [...].
6. Wir verbieten die besonderen Schulen der reformierten Religion zum Unterricht der Kinder [...].
7. In Betreff der Kinder, die denen von der besagten Religion geboren werden, wollen Wir, dass sie fortan durch die Seelsorger der Pfarreien getauft werden [...].
9. Wir verbieten ganz ausdrücklich und wiederholt allen Unseren Untertanen von der genannten vorgeblich reformierten Religion, aus Unserem Königreich auszuwandern, bei Strafe der Galeeren für die Männer und Einziehung von Leib und Gut für die Frauen.

Fritz Dickmann (Bearb.), Renaissance, Glaubenskämpfe, Absolutismus, München ²1976, S. 454 f. (gestrafft und vereinfacht)

M 6 Flüchtlinge zeigen dem Kurfürsten von Brandenburg Erzeugnisse ihrer Werkstätten.
Radierung des Zeichners Daniel Chodowiecki, 1782.

M 7 Brandenburg-Preußen: eine „sichere und freie Zufluchtstätte"

Bereits im November 1685 erließ Kurfürst Friedrich Wilhelm von Brandenburg ein Aufnahme-Gesetz für protestantische Flüchtlinge. In dem „Edikt von Potsdam" heißt es:

Nachdem die harten Verfolgungen und rigorosen Maßnahmen, mit denen man bisher in dem Königreich Frankreich wider Unsere der evangelisch-reformierten Religion zugetanen Glaubensgenossen vorgegangen ist, viele Familien veranlasst hat, [...] aus demselben Königreich hinweg in andere Lande sich zu begeben, [...] halten Wir es aus gerechtem Mitleiden, welches Wir mit den [...] bedrängten Glaubensgenossen billig haben müssen, für richtig, [...] denselben eine sichere und freie Zufluchtstätte in allen Unseren Ländern und Provinzen in Gnaden anzubieten [...], um dadurch die große Not und Trübsal [...] auf einige Weise zu erleichtern und erträglicher zu machen.

Hagen Schulze und Ina Ulrike Paul (Hrsg.), Europäische Geschichte. Quellen und Materialien, München 1994, S. 847 (gestrafft und vereinfacht)

M 8 „Woche des ausländischen Mitbürgers".

Karikatur von Marie Marcks, um 1987.

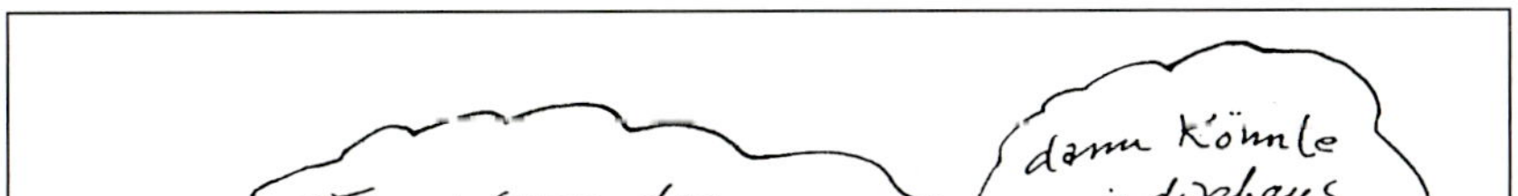

Internettipp → *Allgemeine Informationen über die Hugenotten in Deutschland findest du unter www.hugenotten.de.*

1. *Welches Ziel hatte das Gesetz (M 5)? Wieso behandelt es Prediger und „normale Gläubige" unterschiedlich? Weshalb ist dort von der „vorgeblich reformierten Religion" die Rede?*
2. *Warum gewährte der Kurfürst von Brandenburg den Hugenotten Zuflucht (M 6 und M 7)? Nennt er alle seine Motive?*
3. *Nach dem Vorbild des preußischen Kurfürsten (M 7) erließen 1686 mehrere Landesfürsten Verordnungen zur Aufnahme französischer Glaubensflüchtlinge. Informiert euch über die Hugenotten in Berlin und Brandenburg.* LERNTIPP
4. *Welches Thema greift die Karikatur (M 8) auf? Bestimme die Einstellung der Zeichnerin zu dem Problem.*

Herrschen mit Hof und Etikette

1 Das Schloss von Versailles und der Waffenplatz.
Ölgemälde (139 x 150 cm) von Pierre-Denis Martin, 1722 (Ausschnitt).
Im Vordergrund mündet die Straße von Paris auf den „Waffenplatz" ein. Durch das erste Tor erreicht der Besucher den „Hof der Minister" (links und rechts befinden sich die sogenannten „Ministerflügel"). Hat er ihn durchschritten, steht er im „Königshof". Danach gelangt der Gast in den „Marmorhof" vor das Hauptgebäude des Schlosses. Der Spiegelsaal (siehe Abb. 4, Seite 151) und das Gemach des Königs (M 3, Seite 152) befinden sich im ersten Stock in der Mitte des Hauptgebäudes.

Zeichen der neuen Macht
1661 gab Ludwig XIV. den Auftrag, das Jagdschloss seines Vaters in Versailles umzubauen. Vor den Toren von Paris wollte er ein Schloss, das größer, schöner und eindrucksvoller sein sollte als alle Residenzen zuvor. Allen Menschen im In- und Ausland sollte dieser Palast den Abstand zwischen dem Monarchen von Frankreich und dem Rest der Welt verdeutlichen. Mehrfach ließ Ludwig XIV. das Schloss erweitern.
In seiner heutigen Form besteht die Anlage mit dem großen Park seit 1710. Damit sie gebaut werden konnte, mussten Sümpfe trockengelegt, Flüsse umgeleitet sowie Gräben und Kanäle ausgehoben werden. Bis zu 36 000 Menschen arbeiteten daran. Die Ausstattung der rund 2 000 Räume schuf ein Heer von Malern, Stuckateuren, Bildhauern und anderen Handwerkern. Sie schmückten die zahlreichen Prunksäle mit kostbaren Möbeln, wertvollen Gemälden und edlen Wandteppichen.
Ludwig XIV., der sich selbst um den Bau kümmerte, wartete rund zwanzig Jahre lang, bis er ab 1682 auf Dauer nach Versailles übersiedelte. Versailles wurde zum Zentrum der Macht und „Mittelpunkt der Welt".
Das Schloss wurde von 1000 Adligen und 4 000 Dienern bewohnt und bot etwa weiteren 15 000 zum Hofstaat gehörenden Personen einen Arbeitsplatz.

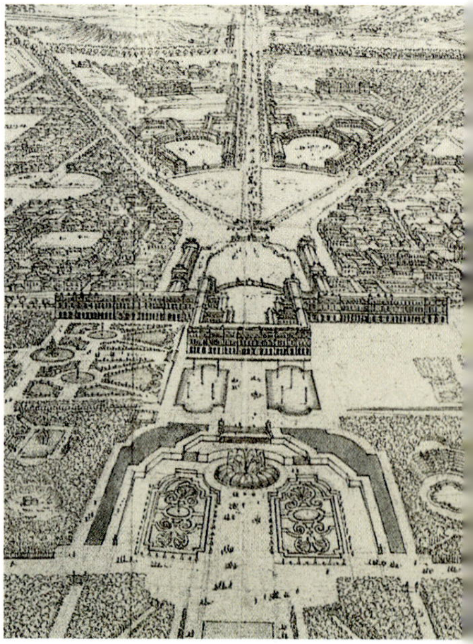

2 Versailles: Gesamtanlage.
Stich nach einem Plan vom Ende des 17. Jh.

Pomp, Puder und Parfüm

Der König machte das Schloss zum kulturellen Mittelpunkt des Landes: Hier gab es Theater, Ballett, Oper und Hoforchester: Einrichtungen, die ein Adliger allein gar nicht bezahlen konnte. Sie vermittelten das Gefühl, nur „bei Hofe" könne man wie ein wirklicher Adliger leben.
Vieles in Versailles war nur schöner Schein. So lag die Hofküche so weit von den Speisesälen entfernt, dass die Diener Mühe hatten, die Mahlzeiten warm auf den Tisch zu bringen. Außerdem ließen sich die Zimmer kaum heizen. Toiletten und Badewannen fehlten. Im ganzen Palast soll es nur 283 „Nachtstühle" gegeben haben. Während der großen Feste verrichteten daher die hohen Damen nicht selten ihre Notdurft, durch die Doppelröcke geschützt, im Stehen. Die vornehmen Adligen erleichterten sich in den Nischen hinter Vorhängen und in Kaminen. In dieser Atmosphäre von Pomp und Schmutz hüllten sich Männer und Frauen in Wolken von Parfüm und Puder.

3 Dame und Kavalier.
Französische Mode des 18. Jh.

Die Macht der Etikette

Am Hofe Ludwigs XIV. herrschten **Etikette** (*Vorschriften für bestimmte Umgangsformen*) und **Hofzeremoniell** (*Ordnung für Handlungen*), denn für das Hofleben hatte der König eine Ordnung festgelegt: Ganz gleich, ob es sich um den Morgenempfang oder das Zubettgehen, um Freudenfeste, Vergnügungen oder Trauerfeiern handelte – jeder am Hofe erhielt einen seinem Ansehen entsprechenden Rang im Hofzeremoniell zugewiesen. Das Recht, sich in der nächsten Nähe Ludwigs XIV. aufzuhalten oder ihn in seiner Kutsche zu begleiten, stand nur Personen zu, die ihre adlige Herkunft bis in das 14. Jh. nachweisen konnten. Der König konnte einen Adligen, über den er sich geärgert hatte, jederzeit durch einen anderen ersetzen. So benutzte der Monarch die Etikette, um den alten Adel zu zähmen. Gleichzeitig verlieh er dem an seinem Hof lebenden Adel eine Sonderstellung.

4 Spiegelgalerie im Schloss Versailles.
Foto von 1990.
Mit den Arbeiten an diesem 75 m langen Saal wurde 1679 begonnen. Mit seinen 17 wandhohen Spiegeln, die gegenüber von ebenso vielen Außenfenstern lagen, bildete er den Gipfel von Pracht und Luxus. Bei großen Empfängen tauchten 42 prachtvolle Kronleuchter den Raum in ein Lichtermeer.

Die Kunst der Kavaliere

Wie in einer Theateraufführung spielte jeder Teilnehmer am Hofe eine festgelegte Rolle. Und nur wer sie richtig zu spielen verstand, galt etwas in der Gesellschaft. Selbst der vornehmste Adlige musste fürchten, sich lächerlich zu machen, wenn er nicht die Regeln der Höflichkeit beherrschte.
Der König selbst war Vorbild für gute Sitten und Manieren: Vor jeder Dame, der er begegnete, zog er den Hut und gab damit dem Grüßen eine neue Note.

M 1 Morgenempfang beim König

Der französische Historiker Hippolyte Taine (1828-1893) beschreibt den alltäglichen Morgenempfang (franz. lever: aufstehen) so:

Der König ist gehalten, eine ganze Aristokratie zu beschäftigen; daher muss er sich fortwährend zeigen und seine Person zur Schau tragen. Des Morgens weckt ihn der erste Kammerdiener zu der von ihm bestimmten Stunde, und der Reihe nach treten fünf Gruppen von Leuten ein, um ihre Aufwartung zu machen. Zuerst kommt die „vertrauliche Gruppe", bestehend aus den königlichen Kindern, den Prinzen und Prinzessinnen von Geblüt, dem ersten Arzt, dem ersten Chirurgen und anderen nützlichen Personen.

Dann folgt die „große Gruppe"; dabei befinden sich der Großkämmerer, der Großmeister der Garderobe, die Ehren- und Kammerdamen der Königin und Prinzessinnen sowie Barbiere, Schneider und verschiedene Diener. Man gießt dem König aus einer vergoldeten Schale Franzbranntwein auf die Hände und reicht ihm den Weihkessel; er bekreuzt sich und betet. Dann erhebt er sich vor der ganzen Gesellschaft aus dem Bette, zieht die Pantoffeln und den ihm vom Großkämmerer und vom ersten Kammer-Edelmann gereichten Schlafrock an und setzt sich auf den Ankleide-Sessel.

In diesem Augenblick wird die dritte Gruppe hereingelassen, die teils aus Günstlingen, teils aus einer Menge von Dienstleuten [...] zusammengesetzt ist.

Im Moment, da man den König anzukleiden beginnt, nähert sich diesem der von einem Ordner benachrichtigte erste Kammer-Edelmann und nennt ihm die Namen der vor der Türe wartenden Edlen. Diese treten als vierte Gruppe ein. Die umfasst die meisten hohen Beamten, den Kaplan, den Prediger, den Hauptmann und Major der Leibgarden und einen Teil der übrigen hervorragenden Adligen und Geistlichkeit.

In dem feierlichen Augenblick, wenn der König ein frisches Hemd anzieht, dem Gipfelpunkt der Handlung, wird die fünfte Gruppe eingelassen, die alles umfasst, was bisher fehlte.

Zitiert nach: Wilhelm Weigand (Hrsg.), Der Hof Ludwigs XIV. Nach den Denkwürdigkeiten des Herzogs von Saint-Simon, Leipzig ³1925, S. 466 ff. (stark vereinfacht)

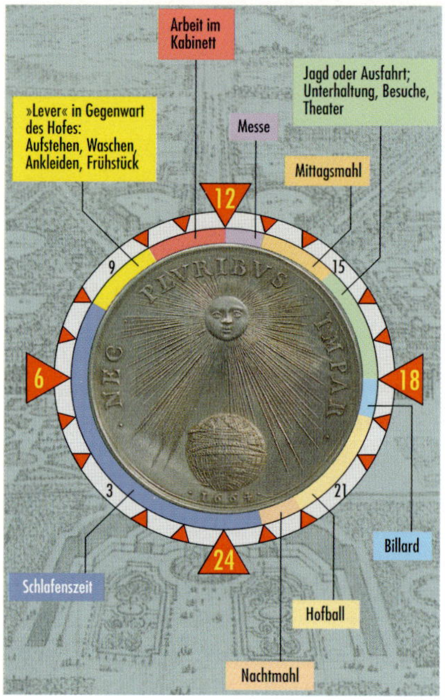

M 2 Der Tagesablauf des Königs.
In der Mitte der Grafik ist die Rückseite einer Schaumünze (Medaille) von 1664 zu sehen. Sie trägt die Umschrift „Nec pluribus impar" (dt. „Keiner kommt ihm gleich").

M 3 Schlafzimmer Ludwigs XIV. im Schloss von Versailles.
Foto von 1990.
Im Zentrum des Schlosses und des Hofgeschehens liegt im ersten Stock das Schlafgemach des Königs.

1. *Stellt eine Liste der Personen auf, die am Morgenempfang des Königs teilnahmen (M 1). Welchen Ständen gehörten sie an? Spielt die Szene nach.*
2. *Ein neu eingestellter Kammerdiener berichtet seiner Familie in einem Brief über den Morgenempfang (M 1). Verfasse den Text.*
3. *Vergleiche den Tagesablauf des Königs (M 2) mit dem deiner Mutter oder deines Vaters.*
4. *Nennt heutige Anlässe für Zeremonien.*

M 4 Theateraufführung im Marmorhof zu Versailles.
Stich von Le Pautre, 1676.
Da das Schloss zunächst kein Theater besaß, wurden die Opern entweder auf einer beweglichen Bühne oder im Marmorhof aufgeführt. Das Orchester spielte links und rechts von der Bühne. Der König und seine nächsten Angehörigen saßen abgesondert vor den übrigen Zuschauern. Besonders aufwändig war die Beleuchtung. Hunderte von Lichtern erhellten die Szene.

M 5 Ein Hofball.
Stich von Abraham Bosse, um 1635.
Wichtigster Hof- und Gesellschaftstanz war im 18. Jh. das Menuett (zu dt. etwa „Kleinschritttanz").

M 6 Musik- und Theaterleben
Liselotte von der Pfalz (1652-1722) war seit 1671 die Frau des Herzogs von Orléans, des Bruders Ludwigs XIV. Sie lebte 51 Jahre am französischen Hof. Über das Musikleben schreibt sie:

Wie ich nach Frankreich gekommen, habe ich Leute dort gefunden, die man in vielen Siecles* nicht wieder finden wird. Lully für die Musik, Beauchamp für die Ballets, Corneille und Racine für die Tragödie, Moliére für die Komödie. [...] Alle diese Leute haben in ihrer Art excelliert**.

Sigrun Paas (Hrsg.), Liselotte von der Pfalz. Madame am Hofe des Sonnenkönigs, Heidelberg 1996, S. 174

* **Siecles**: *Jahrhunderte*
** **excelliert**: *Außerordentliches geleistet*

M 7 Der König als Tänzer.
Ludwig als Apoll, anonymer Kostümentwurf, 1654.
Zwischen 1651 und 1659 trat Ludwig XIV. z. B. in der Rolle der aufgehenden Sonne auf. Nebenbei: Es war gar nicht so ungewöhnlich, dass ein Herrscher im Hofballett tanzte. Schon Ludwigs Vater hatte dies regelmäßig getan.

LERNTIPP

1. *Sucht Bilder, Lebensdaten und einige wichtige Werke der Künstler heraus, die in M 6 genannt werden.*
2. *Informiert euch über das Menuett (M 5).*
3. *Der ganze europäische Adel nahm die französische Kultur – von der Baukunst bis zu den Umgangsformen – zum Vorbild. Daher sind auch viele französische Wörter in den deutschen Wortschatz eingegangen, zum Beispiel adrett, Amüsement, brillant, Brosche, charmant, kokett, Kompliment und Rendezvous. Erkläre die Wörter, wenn nötig mit einem Fremdwörterbuch.*

Herrscher-bild

M 1 König Ludwig XIV. von Frankreich.
Ölgemälde (279 x 190 cm) von Hyacinthe Rigaud, 1701.

M 2 „Halt, sieh mich an"
Ein Zeitgenosse des Malers Rigaud schreibt 1708 über Porträts:

Es muss scheinen, als wenn die Bildnisse uns selbst anredeten, und zu uns sprächen: […] Halt, sieh mich an, ich bin der unüberwindliche, mit Majestät umhüllte König; ich bin dieser tapfere Feldherr, der an alle Orte Schrecken hinbringt; oder auch, der durch sein gutes Betragen so viel wichtige Unternehmungen glücklich ausgeführt hat […].

Zitiert nach: Rainer Schoch, Das Herrscherbild in der Malerei des 19. Jahrhunderts, München 1975, S. 20 (sprachlich leicht verändert)

Nichts ist zufällig

Wollen wir herausfinden, welche Wirkung Herrscherbilder hatten, dann müssen wir zunächst das Gemälde als Ganzes genau betrachten, dann seine Einzelheiten.
Der Aufbau des Bildes und alle Details sind nicht zufällig. Sie sollen etwas Bestimmtes aussagen. Wenn wir ein Herrscherbild untersuchen, sollten wir uns auch über den Porträtierten, den Maler und die Vorstellungen der Zeit über die Aufgaben der Porträtkunst informieren.

Wie er gesehen werden wollte

Ludwig XIV. maß etwa 1,60 Meter. Er hatte 1659 aufgrund einer Krankheit die meisten seiner Haare verloren und trug seitdem eine Perücke. Sein Krönungsmantel ist aus Hermelinfell und mit Lilien bestickt, sein Schwert soll von Karl dem Großen stammen. Neben der Krone liegt die *main de justice*, die Schwurhand aus Gold. Das Gemälde (M 1) zeigt den König, wie er sich selbst sah und wie er gesehen werden wollte. Es ist daher ein „offizielles" Porträt. Dieses Herrscherbild wurde zum Vorbild zahlreicher Porträts absolutistischer Monarchen.

Für wen war das Bild bestimmt?

Ludwig XIV. hatte den Maler beauftragt. Das Gemälde sollte ein Geschenk für seinen Neffen, *Philipp V.* von Spanien, werden. Weil der König aber das Bild ganz besonders gelungen fand, ließ er davon eine Kopie machen und behielt das Original für den Thronsaal von Versailles. Dort hing das Gemälde so hoch, dass die Füße des Königs in Augenhöhe der Betrachter waren. Heute befindet es sich im Museum Louvre in Paris.

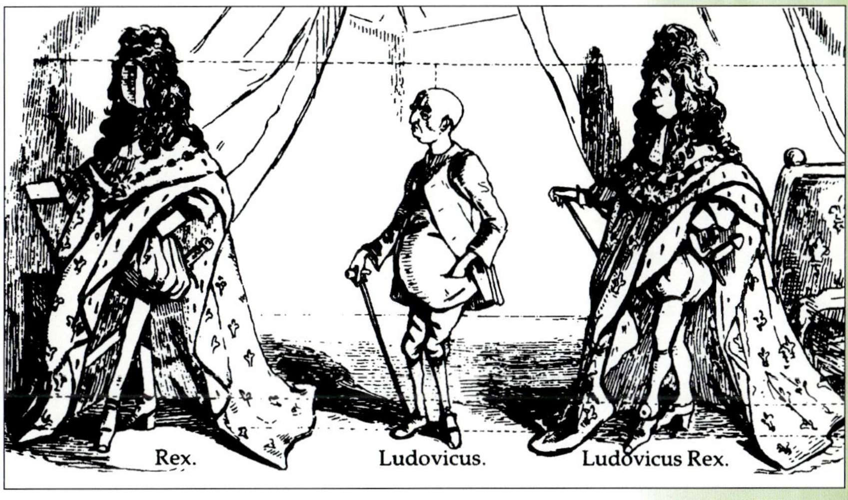

M 4 „Eine historische Studie."
Frontispiz (das ist eine Verzierung eines Buchtitelblattes) zu Titmarsh (dies ist W. M. Thackeray), The Paris Sketchbock, 1840.

M 3 Karl I. von England.
Ölgemälde (272 x 212 cm) von Anthonis van Dyck, um 1635 (Ausschnitt).

1. *Beschreibe, wie der Maler es geschafft hat, Ludwig als König von Frankreich darzustellen (M 1). Beachte Größe, Haltung (Pose), Kopf, Haare (Perücke), Blick (Miene), Arme, Hände, Beine, Füße, Kleidung. Wie wollte Ludwig wirken? Wie wirkt der König auf euch? Versucht, die Körperhaltung nachzustellen.*
2. *Finde heraus, wie alt der König war, als Rigaud ihn malte. Stimmt der gemalte Gesichtsausdruck mit dem Alter des Herrschers überein?*
3. *Nenne die Zeichen der Macht (Insignien), mit denen Ludwig XIV. dargestellt ist (M 1).*
4. *Wer hat das Bild zu Lebzeiten des Königs gesehen? Bestimme die Haltung, die ein Betrachter des Bildes einnehmen musste. Tipp: Kopiert das Bild auf eine Overhead-Folie und projiziert es ungefähr in der Originalgröße an die Wand. Welche Wirkung geht von dem Bild jetzt aus?*
5. *M 3 gilt als Vorbild für M 1, Seite 154. Vergleiche die Bilder. Arbeite Gemeinsamkeiten und Unterschiede heraus.*
6. *Der englische Schriftsteller W. M. Thackeray schreibt 1840: „Man sieht sofort, dass die Majestät aus der Perücke gemacht ist, den hochhackigen Schuhen und dem Mantel. So stellen Barbiere und Flickschuster die Götter her, die wir anbeten." Was will er damit ausdrücken? Welche Absichten liegen seiner Zeichnung zugrunde (M 4)?*
7. *Vergleiche M 1 mit anderen Bildern von Königen in diesem Buch sowie mit Herrscherbildern der Gegenwart. Fasse die Ergebnisse in einem Kurzvortrag zusammen.*

Die Außen- und Wirtschaftspolitik Ludwigs XIV.

1 Veränderungen der Nordostgrenze Frankreichs.

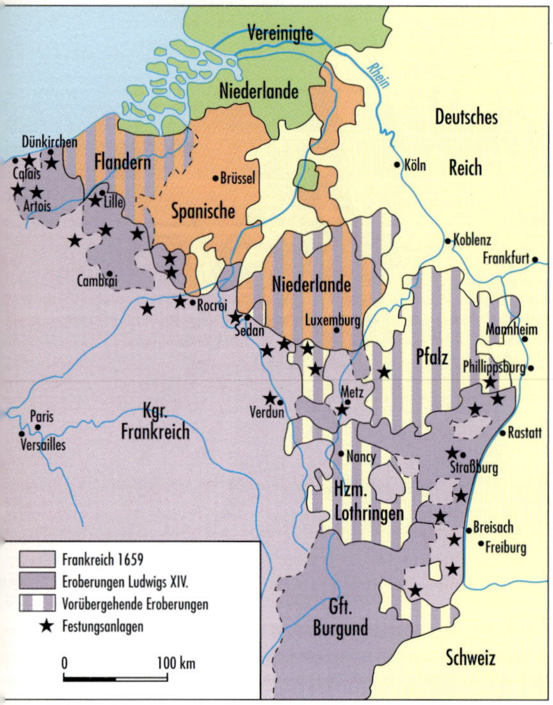

Ziel: Vormachtstellung

Ludwig XIV. strebte eine Vormachtstellung (*Hegemonie*) Frankreichs an. Seine Außenpolitik gegenüber den europäischen Staaten hatte folgende Ziele:

- das Herrscherhaus Habsburg in seinen beiden Linien schwächen, der spanischen und der österreichischen;
- die Grenze Frankreichs nach Norden und Osten verschieben;
- aufgrund seiner Ehe mit einer spanischen Habsburgerin am spanischen Erbe teilhaben;
- wirtschaftliche Konkurrenten ausschalten.

Diplomatie und Kriege

Um dieses Ziel zu erreichen, führte der König gegen alle Nachbarn Frankreichs Kriege, in die andere europäische Staaten hineingezogen wurden. Unentwegt bemühte er sich um neue Bündnisse. Frankreich wurde so durch zahlreiche Kriege und ständige Verhandlungen mit auswärtigen Mächten (*Diplomatie*) in den 1680er-Jahren tatsächlich zur bedeutendsten Macht in Europa.

Vor allem England widersetzte sich der französischen Hegemonie. Es schloss Bündnisse mit Frankreichs Nachbarn. So musste Ludwig XIV. schon nach 1688 seinen Führungsanspruch aufgeben und Englands Grundsatz vom Gleichgewicht der Mächte (engl. *Balance of powers*) in Europa akzeptieren.

Wer zahlt?

Das Streben nach der Vormachtstellung verlangte der Bevölkerung enorme Opfer ab. Steuererhöhungen und Teuerungen waren die Folge. Die französische Wirtschaft litt darunter. Die Kluft zwischen Arm und Reich wuchs.

Seinem Nachfolger soll Ludwig XIV. kurz vor seinem Tode daher den Rat gegeben haben: *Versuchen Sie, den Frieden mit Ihren Nachbarn zu halten. Ich habe den Krieg zu sehr geliebt, folgen Sie mir darin nicht […]. Schaffen Sie dem Volke Erleichterung, wo Sie können […].*

2 Kriege Frankreichs unter Ludwig XIV.

Kriege	Kriegsgründe	Kriegsgegner	Ergebnisse
1667-68: Krieg gegen die Niederlande	Erbansprüche Ludwigs	Frankreich gegen die Niederlande, England und Schweden	Frankreich erhält Grenzgebiete der Niederlande
1672-78: Krieg gegen die Niederlande	Ausschaltung der Handelskonkurrenz	Frankreich und Schweden gegen die Niederlande, Spanien und das Reich (außer Bayern und Hannover)	Die Niederlande werden wiederhergestellt, Spanien verliert u. a. Teile Westflanderns an Frankreich; der Kaiser überlässt Frankreich Freiburg i. Br.; dafür verzichtet Ludwig auf Philippsburg
1679-97: Reunionskriege gegen das Deutsche Reich	angebliche Ansprüche Frankreichs auf Reichsgebiete	Frankreich gegen deutsche Fürsten	Frankreich erobert Gebiete im Elsass und in Lothringen; 1681 wird Straßburg besetzt
1688-97: Pfälzischer Erbfolgekrieg	Erbansprüche Ludwigs	Frankreich gegen Österreich, deutsche Fürsten, Spanien, Schweden, England, Niederlande	Frankreich verliert einige Eroberungen; Burgund, Elsass und Straßburg bleiben französisch
1701-14: Spanischer Erbfolgekrieg	Erbansprüche Ludwigs	Frankreich gegen Österreich, England, Niederlande, deutsche Fürsten (u. a. Preußen) und Savoyen	Ein Enkel Ludwigs XIV. bleibt spanischer König unter der Bedingung, dass Spanien niemals mit Frankreich vereinigt würde. Spanien behält alle Kolonien, Österreich erhält die spanischen Besitzungen in Italien und in den Niederlanden. Sizilien wird an Savoyen übertragen. England behält Gibraltar und Menorca; von Frankreich bekommt es Gebiete in Nordamerika.

3 Spielkartenmanufaktur in Paris.
Ölgemälde, um 1680 (Ausschnitt).
In den großen Werkstätten wurden gleichzeitig viele Menschen an unterschiedlichen Arbeitsplätzen beschäftigt. Die Arbeit wurde noch vorwiegend mit der Hand gemacht, daher der Name **Manufaktur** *(von lat. manu facere: mit der Hand machen). Die größere Anzahl von Mitarbeitern erlaubte es, die Fertigung eines Produktes in Einzeltätigkeiten zu zerlegen. Durch die Arbeitsteilung unter einem Dach ließen sich mehr Waren kostengünstiger herstellen, weil für die einfachen Arbeitsgänge billige ungelernte Arbeiter, Frauen und Kinder eingestellt werden konnten und die Zwischentransporte der Halbfertigwaren von Werkstatt zu Werkstatt entfielen.*

Der Staat braucht Geld

Der absolutistische Staat brauchte Geld für den Unterhalt des stehenden Heeres und die vielen Kriege, für die Gehälter der Beamten, die kostspieligen Bauten sowie für die aufwändige Hofhaltung. Daher war es das Ziel, die Einnahmen des Staates zu erhöhen.
Mit der Finanz- und Wirtschaftspolitik wurde *Jean Baptiste Colbert* 1661 vom König beauftragt. Colbert, dessen Eltern aus dem Bürgertum stammten, schaffte es, die Staatseinnahmen durch eine neue Wirtschaftspolitik zu steigern. Dabei ging er von folgenden Überlegungen aus:
Der Reichtum eines Landes beruht allein auf Geld und Edelmetallen. Um ausländisches Geld ins Land zu holen, müssen viele Waren ins Ausland verkauft (*exportiert*) und möglichst wenige eingeführt (*importiert*) werden.
Der Aufbau einer staatlich gelenkten Wirtschaft war die Folge. Da sie vom Handel ausging, wurde sie später Merkantilismus (von lat. *mercari*: Handel treiben, engl. *mercantile*) genannt.
Zu den von Colbert eingeleiteten Maßnahmen gehörten:

- ein einheitlicher Wirtschaftsraum – innerhalb der Landesgrenzen wurden Zölle möglichst abgeschafft;
- Ausbau von Land- und Wasserstraßen;
- geringe Zölle auf notwendige Einfuhren von Rohstoffen, hohe Abgaben bei der Einfuhr von Luxusgütern wie Zucker und Tabak sowie Fertigwaren;
- Erwerb von Ländern in anderen Kontinenten (Kolonien), um von dort Rohstoffe zu beziehen;
- Ausbau der Manufakturen und Errichtung neuer Gewerbezweige mit staatlicher Unterstützung durch Steuerbefreiung; Förderung von Betrieben, die Waren für die Ausfuhr ins Ausland herstellen wie Gobelins, Uhren und Parfüm;
- Anwerbung ausländischer Fachkräfte für neue Gewerbe und Auswanderungsverbot für einheimische Fachleute.

Nicht nur der Staat zog Gewinn aus diesen Maßnahmen. Auch Bürger wurden durch Handel und Gewerbe reich. Dagegen hatte der Adel das Nachsehen. Ihm blieben weiterhin Handels-, Waren- oder Bankgeschäfte verboten. Da die Landbevölkerung weitgehend vom Adel abhängig war, beseitigte die neue Wirtschaftsordnung ihre Not nicht.

1. *Bestimme die „natürlichen Grenzen", die Ludwig XIV. mit seinen Kriegszügen anstrebte (Abb. 1, Seite 156).*
2. *Ludwig XIV. regierte 54 Jahre lang. Wie viele Jahre führte er Krieg (Abb. 2, Seite 156)?*
3. *Man hat den Spanischen Erbfolgekrieg als ersten Weltkrieg der Neuzeit bezeichnet. Prüfe diese Aussage.*
4. *Beurteilt den Erfolg der Außenpolitik Ludwigs.*
5. *Auf Abb. 3 sind folgende Arbeitsgänge zu sehen: Färben, Drucken, Trocknen, Schneiden, Glätten und Sortieren. Ordne sie den Bildteilen zu.*
6. *Nenne die Vor- und Nachteile der Manufaktur gegenüber der Werkstatt eines Handwerkers.*

M 1 Einnahmen und Ausgaben des französischen Staates.
Angaben in Millionen Livre.

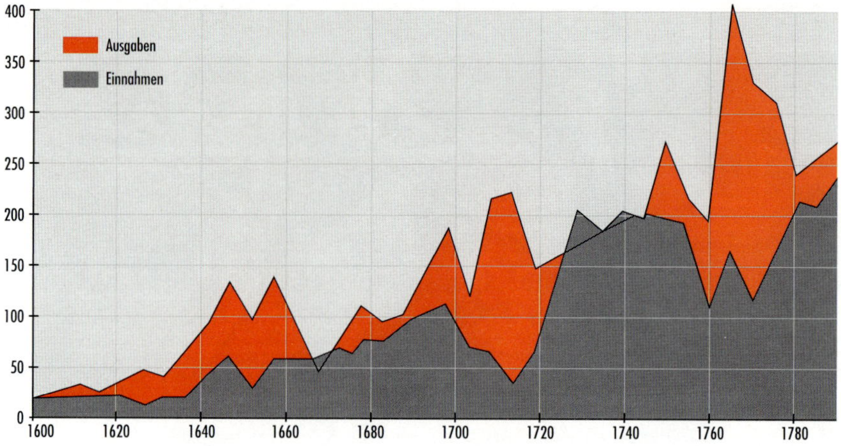

M 2 Der schlechte Zustand der Finanzen
Colbert legt Ludwig XIV. 1664 in einer Denkschrift folgende Überlegungen vor:

Die Gründe für den schlechten Zustand des Binnenhandels sind: Die Schulden der Städte und Gemeinden, die den freien Verkehr von Provinz zu Provinz und von Stadt zu Stadt hindern; der schlechte Zustand der Landstraßen, die übertriebene Vermehrung der Beamtenstellen, die enorm hohe Besteuerung aller Produkte, das Seeräuberunwesen und – um es mit einem Wort zu sagen – die Gleichgültigkeit des Königs und seines Rates.

Fritz Dickmann (Bearb.), Renaissance, Glaubenskämpfe, Absolutismus, a.a.O., S. 447

M 3 Wie die merkantilistische Wirtschaft funktionierte.

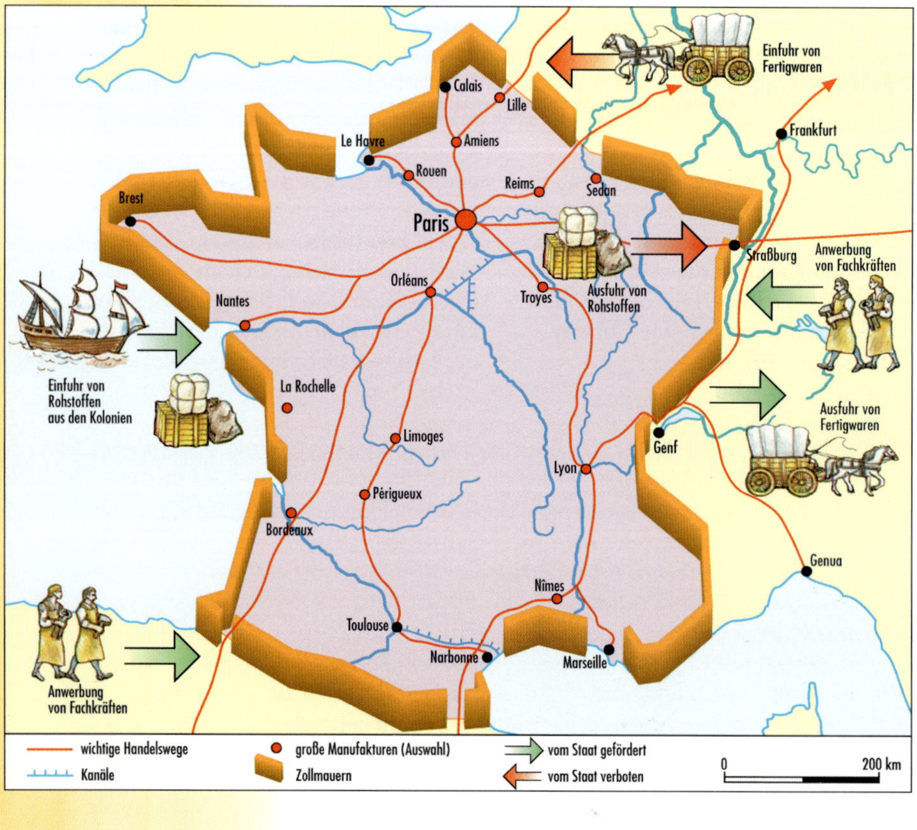

M 4 Die neue Wirtschaftspolitik
Ein Botschafter der Republik Venedig berichtet in den 60er-Jahren des 17. Jh. über die neue französische Wirtschaftspolitik:

Herr Colbert möchte das ganze Land allen anderen an Wohlstand, Handelsgütern, Kunstfertigkeiten und allen möglichen Gütern überlegen machen, sodass es nichts von anderen bedarf, sondern alles an die anderen Länder liefern kann [...]. Er versäumt nichts, um Gewerbe anderer Länder in Frankreich heimisch zu machen. Was an Besonderem in England hergestellt wird, was die Natur dort an Seltenem liefert, bemüht er sich, ins Königreich einzuführen [...]. Aus Holland hat man Techniken der Tuchproduktion übernommen, ebenso auch die Herstellung von Käse, Butter und anderen Spezialitäten. Aus deutschen Ländern hat man die Produktion von Gütern, Weißblech und vieler anderer Gewerbeerzeugnisse geholt, von unserem Land die Spitzenklöppelei und die Spiegelherstellung. Was es an besten Waren in aller Welt gibt, das wird zurzeit in Frankreich hergestellt, und so groß ist das Ansehen dieser Waren, dass von überall Bestellungen kommen.

L'histoire de France, Bd. 4, hrsg. von E. Larisse, Paris 1906, S. 229 f. Übersetzung: Geschichtsbuch 2, Frankfurt a. M. 1987, S. 159 f.

LERNTIPP

1. *Erkläre die Grafik M 1 unter Berücksichtigung von Abb. 2, Seite 156.*
2. *Erläutere die Vorwürfe Colberts (M 2).*
3. *Das Schaubild M 3 zeigt, wie die merkantilistische Wirtschaftspolitik funktionieren sollte. Nimm diese Grafik zur Grundlage für eine eigene Beschreibung, die du durch das ergänzen solltest, was du aus dem Bericht des Venezianischen Botschafters (M 4) erfährst.*

Wie wird in England regiert?

1 Eröffnung des Parlaments im Oberhaus.
Zeichnung aus dem Jahre 1523.
Der König sitzt auf dem Thron, rechts von ihm zwei Erzbischöfe und ein Kardinal, links von ihm der Lordkanzler und ein weiteres Mitglied der Regierung. Der königliche Rat und die obersten Richter sitzen in der Mitte des Raumes. Auf der linken Seite sitzen die Bischöfe, dahinter die Äbte, auf der rechten Seite hat sich der Hochadel versammelt. Am unteren Bildrand hinter einer Schranke, hier kaum noch zu erkennen, stehen Mitglieder des Unterhauses, angeführt von ihrem „Speaker" (Mitte).

Krone und Parlament
Die englischen Könige konnten schon seit dem 13. Jh. kaum noch ohne das Parlament regieren. Dieses bestand seit dem 14. Jh. aus zwei Häusern:
- Im Oberhaus (engl. *House of Lords*) saßen die Angehörigen des Hochadels einschließlich der Bischöfe und Äbte. Hier sprach jedes Mitglied nur für sich selbst.
- Im **Unterhaus** (engl. *House of Commons*) versammelten sich die in den Grafschaften und Städten gewählten Vertreter (*Repräsentanten*) des niederen Adels, der Gentry. Sie hatten die Interessen ihrer Wähler zu vertreten.

Der König hatte zwar das Recht, das Parlament einzuberufen, doch Steuern konnte er fast nur noch mit Billigung der Mehrheit von Ober- und Unterhaus erhöhen.

Ein Machtkampf bricht los
Im 17. Jh. stürzten die Könige aus dem Haus *Stuart* England in eine schwere Krise, als sie Steuererhebungen ohne Anhörung des Parlaments durchsetzten und politische Gegner willkürlich verhaften ließen. Das Parlament wehrte sich gegen diese absolutistische Politik und zwang die Krone 1628, die *Petition of Right* (dt. *Eingabe über das, was Recht ist*) anzuerkennen.
Der Konflikt um die politische Macht blieb trotzdem bestehen. Er verknüpfte sich in den folgenden Jahren mit den Religionsstreitigkeiten zwischen anglikanischer Staatskirche, Katholiken, Puritanern und Calvinisten sowie mit den Bestrebungen Schottlands und Irlands, sich von der englischen Herrschaft zu befreien.
Die Fronten wechselten dabei immer wieder, meistens unterstützten aber der alte Landadel und die anglikanische Staatskirche den König, während niederer Adel, städtisches Bürgertum, Calvinisten und Puritaner auf Seiten des Parlaments standen. Schließlich entlud sich die explosive Situation unter Karl I. in einem Bürgerkrieg, den das Parlamentsheer unter Führung von *Oliver Cromwell* gewann. England wurde daraufhin im Jahr 1649 in ein republikanisches **Commonwealth** (dt. *Gemeinwohl*) umgewandelt und das Oberhaus aufgelöst. Dem unterlegenen König machte das Parlament den Prozess und ließ ihn 1649 hinrichten.

2 Oliver Cromwell.
Porträt von Sir Peter Lely, 1654.
Der 1599 geborene Cromwell stammte aus dem Landadel, war Puritaner und wurde 1628 ins Unterhaus gewählt. Nach dem Ausbruch des Bürgerkrieges organisierte er das Parlamentsheer. Seine Außenpolitik war brutal, vor allem gegenüber Irland. Cromwell glaubte an die göttliche Auserwähltheit Englands. 1658 starb er.

Die Monarchie wird wieder eingeführt
Die Republik überlebte ihren Begründer Oliver Cromwell nicht lange. Schon 1660 rief das Parlament den Sohn des hingerichteten Königs nach England zurück.
Karl II. sollte allerdings nicht König von Gottes Gnaden, sondern ein König der im Parlament versammelten Vertreter des Volkes sein. Mit ihm kehrte die Monarchie zurück. Das Heer wurde aufgelöst, die Gesetze der königslosen Zeit wurden aufgehoben. Das Parlament erhielt wieder zwei Häuser, und der König versprach, den Abgeordneten mindestens alle drei Jahre Rede und Antwort zu stehen.

3 Wilhelm und Maria von Oranien werden am 13. Februar 1689 zu Herrschern in England eingesetzt.
Kupferstich von James Parker, nach einem Gemälde von James Northcole, 1790 (Ausschnitt).

Whigs und Tories

Auch mit der Monarchie kam das Land nicht zur Ruhe. Weiterhin prallten die Interessen von Anglikanern und Puritanern, von Landadligen und den städtischen Abgeordneten aufeinander. Der Streit schwächte das Parlament und stärkte die Krone. Als sich der König immer häufiger mit willkürlichen Gefängnisstrafen in den Streit einmischte, beschloss das Parlament 1679 die *Habeas-Corpus-Akte* (nach dem lat. Anfang mittelalterlicher Haftbefehle: *Du sollst den Körper haben, um ihn dem Gericht zuzuführen …*). Dieses Gesetz schützt seitdem jeden englischen Bürger vor willkürlicher Verhaftung.

Weniger Erfolg hatte das Unterhaus mit dem Versuch, den in Frankreich lebenden Bruder des Königs wegen seines katholischen Glaubens von der Thronfolge auszuschließen. Das Parlament spaltete sich in *Whigs* und *Tories*. Die Whigs setzten sich für die Oberherrschaft des Parlaments ein und waren bereit, notfalls auch vom Widerstandsrecht gegen einen König Gebrauch zu machen. Dagegen verteidigten die Tories die Erbmonarchie, die königlichen Vorrechte und die führende Stellung der anglikanischen Staatskirche. Sie lehnten jedes Widerstandsrecht gegen die Krone ab.

Karl II. ging als Sieger aus dem Streit um die Thronfolge hervor: Er regierte bis zu seinem Tode ohne Parlament.

Eine unblutige Revolution

Nach der Thronbesteigung von Karls Bruder *Jakob II.* im Jahre 1685 zeigte sich, dass der neue Monarch die katholischen Kräfte im Lande stärken wollte. Er hatte enge Beziehungen zum katholischen Frankreich, bildete ein stehendes Heer von etwa 20 000 Mann und vergab zahlreiche Offiziersstellen an Katholiken. Als sich das Unterhaus dagegen sperrte, löste der König es 1687 auf.

Gleichzeitig wechselte Jakob die Führungsschicht des Landes aus: Er besetzte Ämter mit Katholiken. Als im Juni 1688 ein männlicher Thronfolger geboren wurde und damit die Fortsetzung des katholischen Herrscherhauses sicher schien, einigten sich die Tories mit den Whigs. Gemeinsam riefen sie Jakobs älteste Tochter *Maria*, die 1677 mit dem Protestanten *Wilhelm von Oranien*, einem Enkel Karls I., aus den Niederlanden verheiratet worden war, nach England. Sie sollten die Herrschaft übernehmen. Die beiden kamen mit Truppen. Jakob floh nach Frankreich. Ein neu gewähltes Parlament stellte fest, dass der König mit seiner Flucht auf den Thron verzichtet habe. Es konnte so ohne Rechtsbruch Wilhelm und seiner Frau die Krone anbieten. Erst nachdem sich Maria und Wilhelm verpflichtet hatten wichtige Gesetze und Vorschriften, die *Bill of Rights* (dt. *Gesetz der Rechte*), anzuerkennen, übertrug das Parlament 1689 die Krone an das Paar. Damit hatte sich die konstitutionelle Monarchie in England durchgesetzt, eine Staatsform, in der die Rechte des Königs in einer Verfassung schriftlich festgelegt sind.

Die Revolution sicherte der gesellschaftlichen Oberschicht des Landes die politische Macht. Da sie unblutig verlaufen war, nannte man sie *Glorious revolution* (dt. *Glorreiche Revolution*).

Zeitraum	Regierungsweise	Wer regiert?	Wichtige Ges
1603-1625	Versuch, die absolute Monarchie einzuführen	Jacob I.	
1625-1649	Der König regiert elf Jahre lang ohne Parlament.	Karl I.	Petition of Right 1628
1642-1648	Bürgerkriege		
1649-1660	Republik (*Commonwealth*); Militärherrschaft	Cromwell (1649-58) und das Militär	
1660-1685	zerstrittenes Parlament; allmähliche Rückkehr zur Monarchie	Karl II.	Habeas-Corpu Akte 1679
1685-1688	absolutistische Regierung; Versuch, alte (protestantische) Führungsschichten gegen katholische auszuwechseln; Gefahr der Fortsetzung eines katholischen Herrscherhauses	Jacob II.	
1688	Das Parlament ruft Wilhelm von Oranien aus den Niederlanden; Flucht Jacobs II.		
1689	Das Parlament beschränkt die Monarchie; Wilhelm von Oranien hat vor der Übernahme der Krone die „Bill of Rights" anzunehmen: *konstitutionelle Monarchie.*	Wilhelm III.	Bill of Rights 1689

4 Auf dem Weg zur konstitutionellen Monarchie.
Die Entwicklung kann in drei Phasen aufgeteilt werden. Nenne und bezeichne sie.

M 1 Über das, was Recht ist

In der Auseinandersetzung zwischen Krone und Parlament wird Karl I. im Jahre 1628 die „Petition of Rights" vorgelegt. Er gibt dem Druck des Parlaments nach und akzeptiert sie.

So legen wir hiermit Eurer Durchlauchtigsten Majestät untertänig die Bitte vor, dass niemand in Zukunft gezwungen werden soll, eine Gabe, ein Darlehn, eine Spende, eine Steuer oder eine ähnliche Abgabe herzugeben oder darzubringen ohne die gemeinschaftliche Zustimmung durch einen Parlamentsbeschluss, und dass niemand wegen einer derartigen Forderung oder der Verweigerung derselben aufgefordert werden soll, sich darüber zu rechtfertigen oder sich persönlich zu stellen, und dass niemand deshalb verhaftet oder auf andere Weise belästigt und beunruhigt werden soll. Und dass kein freier Mann in irgendsolcher Weise, als vorher erwähnt ist, verhaftet und ins Gefängnis gesetzt werden soll.

Ivor W. Jennings und Gerhard A. Ritter, Das britische Regierungssystem. Leitfaden und Quellenbuch, Köln und Opladen [2]1970, S. 124 f. (vereinfacht)

M 2 Alle Gewalt geht vom Volk aus

Um den politischen Prozess gegen den König zu rechtfertigen, schaffen die Abgeordneten des Rumpfparlaments neues Recht, da sie nicht wie in England sonst üblich auf alte Fälle zurückgreifen konnten. Am 4. Januar 1649 verabschieden sie diese Erklärung:

Dass das Volk […] der Ursprung aller gerechten Gewalt ist […]. Dass die Commons of England, im Unterhaus versammelt, vom Volk gewählt und es repräsentierend, die oberste Gewalt in dieser Nation besitzen […]. Dass, was immer von den im Parlament versammelten Commons als Gesetz verabschiedet oder erklärt wird, Gesetzeskraft hat und dass das ganze Volk darin eingeschlossen ist, auch wenn die Zustimmung und Billigung des Königs oder die des Oberhauses dazu nicht gegeben worden sind.

Hans-Christoph Schröder, Die Revolutionen Englands im 17. Jh., Frankfurt a. M. 1986, S. 148 (vereinfacht)

M 3 Die Hinrichtung Karls I.

Gemälde eines unbekannten Künstlers, um 1649 (Ausschnitt).
Der englische König war von einem politischen Sondergericht wegen tyrannischen Verhaltens gegen sein Volk verurteilt worden. Die Enthauptung fand am 30. Januar 1649 in London vor dem Banqueting House statt, das zu Karls Palast von Whitehall gehörte. Der Quellenwert des Bildes ist problematisch. Es ist überliefert, dass Soldaten und eine schwarze Tuchbespannung eines Geländers den Schauplatz weitgehend abschirmten. Auch der Richtblock sah anders aus. Es wurde ein flaches Holz verwendet, sodass der König sich fast auf den Boden legen musste. Trotzdem ist das Bild für den Historiker aufschlussreich, denn der schottische (?) Maler hat den Vorgang mit seiner Darstellung bewertet. Inwiefern? Betrachte dazu das Verhalten der Menschen.

1. *Schreibe die „Petition of Rights" (M 1) in eigenen Worten: „Der König darf (nicht)…"*
2. *Die Erklärung des Rumpfparlaments (M 2) wurde von den Anhängern des Absolutismus kritisiert. Verfasse eine Gegenerklärung.*
3. *Vorschlag für ein Rollenspiel: Sucht aus der Darstellung und aus M 1 bis M 3 Argumente der Anklage gegen Karl I. heraus sowie Aussagen der Verteidigung. Spielt den möglichen Prozessverlauf in einem Streitgespräch zwischen Anklage und Verteidigung nach.*

M 4 „Du sollst …"

1679 konnte das englische Parlament die „Habeas-Corpus-Akte" durchsetzen; darin heißt es:

Um all den Personen, die wegen wirklicher oder vermeintlicher krimineller Handlungen inhaftiert wurden, eine schnelle Rechtshilfe zu gewähren, sei hiermit gesetzlich festgesetzt, dass – wenn immer eine oder mehrere Personen einen Habeas-Corpus-Erlass bringen – innerhalb dreier Tage nach der Verhaftung die Vorführung des Inhaftierten vor ein Gericht veranlasst werden soll.

Ivor W. Jennings und Gerhard A. Ritter, Das britische Regierungssystem, a.a.O., S. 126 (vereinfacht)

M 5 Aus dem englischen „Staatsgrundgesetz"

Die „Bill of Rights" von 1689 kann als das englische „Grundgesetz" der Neuzeit bezeichnet werden.

Dass die angemaßte Gewalt, durch königliche Autorität Gesetze oder die Ausführung der Gesetze ohne Zustimmung des Parlaments aufzuheben, ungesetzlich ist […].
Dass die Erhebung von Geld für und zum Gebrauch der Krone ohne Bewilligung des Parlaments ungesetzlich ist […].
Dass die Errichtung oder Erhaltung eines stehenden Heeres im Königreiche in Friedenszeiten ungesetzlich ist, sofern es nicht mit Zustimmung des Parlaments geschieht […].
Dass die Wahl zu Mitgliedern des Parlaments frei sein muss […].
Dass die Freiheit der Rede und der Debatten oder Verhandlungen im Parlament nicht angefochten oder zum Gegenstand von Untersuchungen gemacht werden darf […].
Und dass zur Abstellung aller Beschwerden und zur Verbesserung, Stärkung und Aufrechterhaltung der Gesetze häufig Parlamente abgehalten werden sollen.

Ivor W. Jennings und Gerhard A. Ritter, Das britische Regierungssystem, a.a.O., S. 130 f. (vereinfacht)

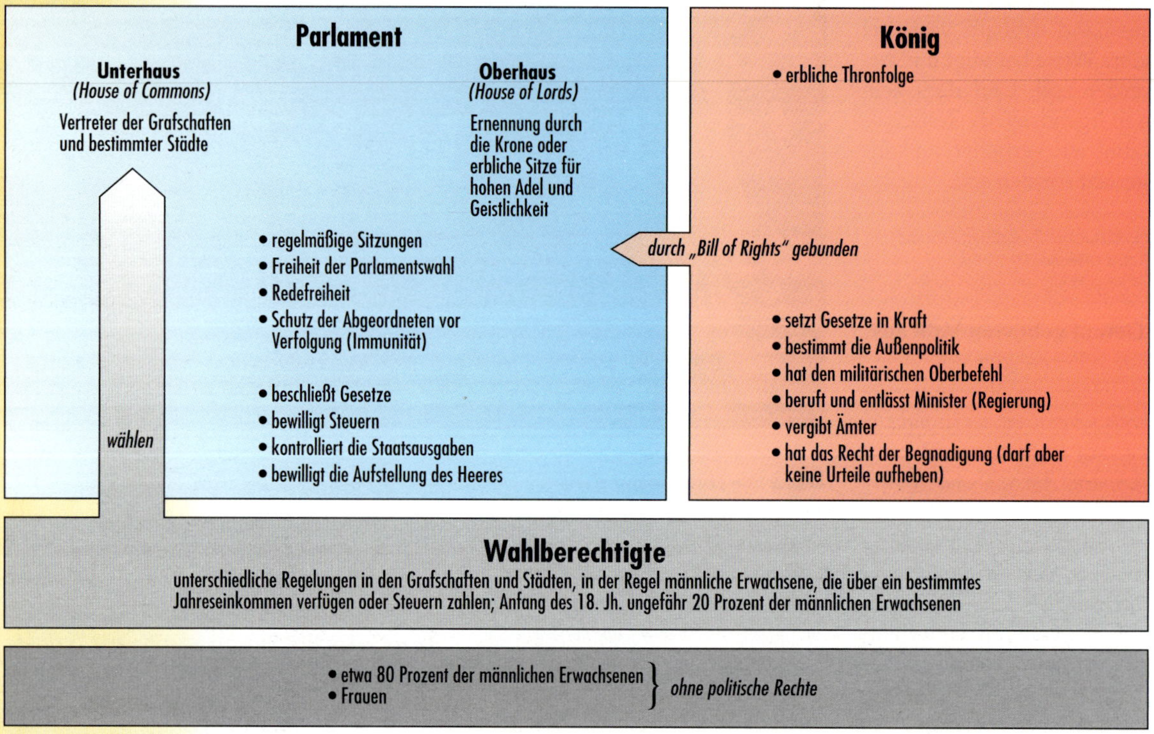

M 6 Die Monarchie in England nach der „Glorreichen Revolution".

1. *Du bist ein Franzose, der England besucht hat. Die Habeas-Corpus-Akte (M 4) hat dich sehr beeindruckt. Du erklärst deinen französischen Freunden in einem Brief oder einem Gespräch, welche Bedeutung sie hat und vergleichst dabei die Macht des englischen Königs mit der des französischen. Verwende für diesen Vergleich die Informationen auf den Seiten 159 f.*
2. *Informiere dich, welche Voraussetzungen in unserem Staat erfüllt sein müssen, um eine Person festnehmen und inhaftieren zu dürfen. Vergleiche die heutige Praxis mit der Bestimmung von 1679 (M 4).*
3. *Welche Staatsform wird durch die „Bill of Rights" in England eingeführt? Beachte dabei, wie der neue König zu seinem Amt gelangte und wozu er verpflichtet wurde (M 5 und M 6).*

Aufklärung: die Herrschaft der Vernunft

1 Immanuel Kant.
Das Porträt wurde im August 1768 für eine Buchhandlung gemalt.
Kant wurde am 22. April 1724 in Königsberg als Sohn eines Sattlermeisters geboren. Seine wichtigsten Werke schrieb er, als er das sechzigste Lebensjahr bereits überschritten hatte. Am 12. Februar 1804 starb er.

Internettipp → *Informationen über Kant siehe www.uni-marburg.de/kant/welcome.html*

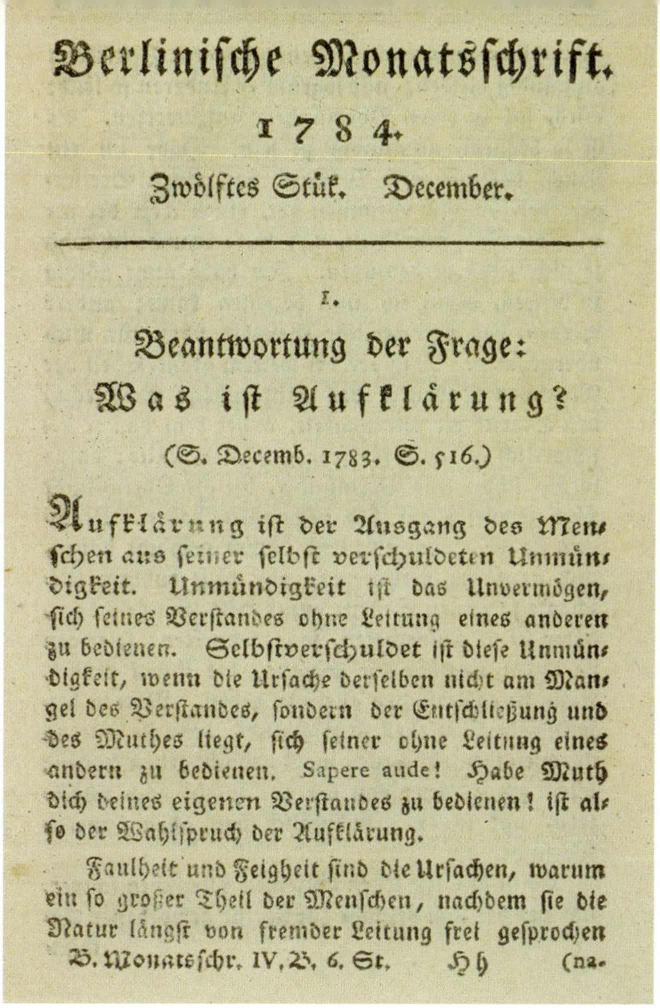

Berlinische Monatsschrift.

1784.

Zwölftes Stük. December.

1.

Beantwortung der Frage: Was ist Aufklärung?

(S. Decemb. 1783. S. 516.)

Aufklärung ist der Ausgang des Menschen aus seiner selbst verschuldeten Unmündigkeit. Unmündigkeit ist das Unvermögen, sich seines Verstandes ohne Leitung eines anderen zu bedienen. Selbstverschuldet ist diese Unmündigkeit, wenn die Ursache derselben nicht am Mangel des Verstandes, sondern der Entschließung und des Muthes liegt, sich seiner ohne Leitung eines andern zu bedienen. Sapere aude! Habe Muth dich deines eigenen Verstandes zu bedienen! ist also der Wahlspruch der Aufklärung.

Faulheit und Feigheit sind die Ursachen, warum ein so großer Theil der Menschen, nachdem sie die Natur längst von fremder Leitung frei gesprochen

B. Monatsschr. IV. B. 6. St. Hh (na-

2 Was ist Aufklärung?
Erste Seite des berühmten Aufsatzes von Kant.
Wie beschreibt Kant die „Unmündigkeit“?
Wodurch kann sich der Mensch aus ihr befreien?

Licht in einer dunklen Welt

In seiner Antwort auf die Frage *Was ist Aufklärung?* fasst der Philosoph *Immanuel Kant* die Kennzeichen der Aufklärung zusammen. Diese Geisteshaltung war Anfang des 17. Jh. in England und den Niederlanden entstanden und hatte fast alle Bereiche des Denkens, Glaubens und Lebens beeinflusst: die Naturwissenschaften, die Medizin und die Mathematik, die Theologie und Philosophie, die Rechtswissenschaft und Staatslehre, Literatur und Künste sowie die Wirtschaft und die Erziehung.
Die Anhänger dieser Bewegung sahen es als ihre Aufgabe an, in eine dunkle Welt voller Unkenntnis und Vorurteile die Erleuchtung der vernünftigen Erkenntnis zu bringen.

Die Vernunft als Maßstab

Die Gelehrten gingen seit dem 16. Jh.
- von dem aus, was sie in der Natur sehen und messen konnten. Sie beobachteten genau und ohne auf vorgefertigte Meinungen zurückzugreifen.
- Sie ließen nur gelten, was einer Überprüfung standhielt oder sich in Regeln fassen ließ.

Ihr Glaube an die Vernunft gab der Bewegung den Namen **Rationalismus** (lat. *ratio*: Vernunft). Die Überlegungen und Berechnungen der Gelehrten führten zur Erfindung technischer Hilfsmittel, zu neuen Forschungsmethoden und neuen Erkenntnissen.
Am Anfang stand der italienische Forscher *Galileo Galilei* (1564-1642). Er begründete die moderne Physik. Galilei fand z. B. die Gesetze des freien Falls heraus. *Johannes Kepler* (1571-1630) stellte die Gesetzmäßigkeit der Planetenbewegungen fest. Sie wurde 1666 von dem Engländer *Isaac Newton* (1643-1727) mathematisch exakt erklärt.

Das neue Denken setzt sich durch

Anfangs lehnten vor allem die Theologen die neuen Methoden und Erkenntnisse ab. Sie schätzten die Aussagen der Bibel höher ein.
Doch die Wissenschaftler fanden seit Ende des 17. Jh. entschlossene Förderer: die Landesherren. Um die Fortschritte der Wissenschaft für technische und wirtschaftliche Neuerungen zu nutzen, gründeten sie unabhängig von den bestehenden Universitäten neue Bildungseinrichtungen: die **Akademien der Wissenschaften**. Die ersten in Europa waren die *Académie française* in Paris (1635), die *Royal Society* in London (1660) und die *Preußische Akademie der Wissenschaften* in Berlin (1700). Wissenschaftler konnten dort in den Laboratorien, Sternwarten und Bibliotheken unabhängig von Lehrverpflichtungen forschen.
Nur wenige Aufklärer spürten die Grenzen des Fortschritts.

3 Der Salon von Madame Geoffrin.
Historiengemälde (63 x 96 cm) von Gabriel Lemonnier, nach 1804.
In dem Gesellschaftszimmer (Salon) der Madame Geoffrin versammelten sich regelmäßig Männer und Frauen der adligen und bürgerlichen Gesellschaft, um sich aus neuen Schriften vorlesen zu lassen und darüber zu diskutieren. Sie trafen sich unter der Büste des Philosophen, Geschichtsschreibers und Dichters Voltaire (1694-1778), der als der bedeutendste französische Aufklärer gilt.

Ein neues Menschenbild

Das Ziel der Aufklärer bestand darin, die Menschen zu vernunftgemäßem Handeln zu erziehen. Sie waren überzeugt,

- dass der Wert eines Menschen nicht auf Herkunft und Stand beruhe, sondern auf seiner angeborenen Würde als Mensch sowie auf seiner Leistung, also darauf, wie er seine natürlichen Fähigkeiten ausbilde, und
- dass der Mensch sich nur in Freiheit entfalten könne.

Es sei Sache der Herrscher, die Aufklärung in der Gesellschaft zu fördern. Tatsächlich reformierten manche Fürsten mit aufgeklärten Beamten Verwaltung, Recht und Schule.

Eine „öffentliche Meinung" entsteht

Große **Lexika** fassten das Wissen der Zeit zusammen. Ein herausragendes Beispiel ist die 34-bändige französische *Enzyklopädie*. Sie hat 60 200 Stichwörter, enthielt ungewöhnlich viele Abbildungen und erschien zwischen 1751 und 1781.

Die Aufklärer nutzten jede Möglichkeit, ihr Wissen in Zeitungen und Büchern zu veröffentlichen. Ihre Ideen eroberten die Literatur und das Theater. Sie wurden in Salons, Cafés oder neugegründeten Lesegesellschaften vorgetragen und besprochen.

Die Aufklärung beschäftigte Gelehrte, Schriftsteller und hohe Beamte – also von etwa einem Prozent der Bevölkerung. Trotzdem entstand etwas grundsätzlich Neues: eine vom Bürgertum geprägte **öffentliche Meinung**.

M 1 Bildung für alle!

Der Geistliche Johann Amos Comenius war einer der Ersten, der die Meinung vertrat, dass man das Bildungswesen gründlich verändern müsse. In seiner „Großen Didaktik" von 1633/38 schrieb er:

Nicht bloß die Kinder der Reichen oder Vornehmen, sondern alle in gleicher Weise, Adlige und Nichtadlige, Reiche und Arme, Knaben und Mädchen, müssen in allen Städten und Flecken, Dörfern und Häusern zur Schule herangezogen werden.

Helmut Hoffacker (Hrsg.), Materialien zum historisch-politischen Unterricht 4, Stuttgart 1982, S. 197

M 2 Reform des Schulwesens

Aus einem Schreiben des preußischen Königs Friedrich II. an seinen Minister Joseph Christian Freiherr von Zedlitz von 1779:

Bei den kleinen Schulen muss erst angefangen werden, denn da wird der Grund gelegt. Die jungen Leute mögen hiernächst auf einen Juristen, Professor, Sekretär oder was es ist studieren, so müssten sie das alles, auch lateinisch wissen. Eine gute deutsche Grammatik, die die Beste ist, muss auch bei den Schulen gebraucht werden […]. Von großem Nutzen würde es sein, wenn die jungen Leute, so in einem Schulhause, beständig beisammen wären, wofür die Eltern was Gewisses bezahlen, so würden sie weit mehr lernen, als wenn sie zu Hause sind, wo sie die Eltern doch nur herumlaufen lassen. […] Die Rhetorik und Logik ist für alle Stände, alle Menschen haben sie gleich nötig, nur muss die Methode des Unterrichts ein bisschen reformiert werden, damit die jungen Leute besser lernen. […]
Gegenwärtig geschieht der Unterricht nur schlecht; und es wird nicht genug Attention* auf die Erziehung in den Schulen gewandt, drum lernen die Kinder auch nicht viel […].

Jürgen Bona Meyer, Friedrich's des Großen Pädagogische Schriften und Äußerungen, Nachdruck der Ausgabe Langensalza 1885, Königstein/Ts. 1978, S. 168 ff. (vereinfacht)

***Attention**: Aufmerksamkeit*

M 3 Ein Erziehungsversuch.
Illustration aus dem „Noth- und Hülfs-Büchlein für Bauersleute" von Rudolf Zacharias Becker, Gotha 1788.
Die Kapitel des Buches wurden fast alle mit einem Bild und einem gereimten Vers eingeleitet.
Rudolf Zacharias Becker (1752-1822) war Lehrer und Schriftsteller. Er gab von 1782-86 in Dessau die „Dessauische Zeitung für die Jugend und ihre Freunde" und 1784-87 in Gotha die „Deutsche Zeitung für die Jugend und ihre Freunde" heraus.
Diese Wochenzeitschriften zählen zu den ersten deutschen Jugendzeitschriften.

1. *Comenius forderte 1638 „Bildung für alle" (M 6). Lies auf Seite 146 f. nach, wie die Gesellschaft in einem absolutistischen Staat aufgebaut war, und überlege, wie „Bildung für alle" einen solchen Staat verändern könnte.*
2. *Auch der preußische König wollte die Bildung verbessern (M 2). Untersuche, welche Bereiche er anspricht und welche konkreten Vorstellungen er hat. Überlege, ob Friedrich II. das gleiche Ziel hat wie Comenius.*
3. *Beschreibe die Illustration (M 3) und finde für sie eine passende Überschrift. Beachte dabei den Bildtext.*

Auf der Suche nach dem besten Staat

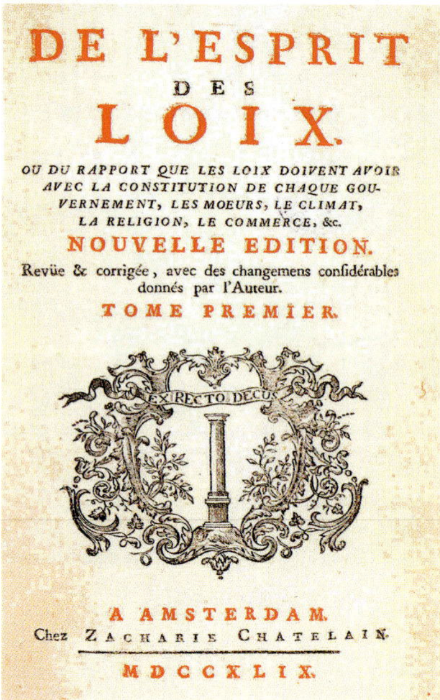
DE L'ESPRIT
DES
LOIX.
OU DU RAPPORT QUE LES LOIX DOIVENT AVOIR AVEC LA CONSTITUTION DE CHAQUE GOUVERNEMENT, LES MOEURS, LE CLIMAT, LA RELIGION, LE COMMERCE, &c.
NOUVELLE EDITION.
Revüe & corrigée, avec des changemens considérables donnés par l'Auteur.
TOME PREMIER.

A AMSTERDAM.
Chez ZACHARIE CHATELAIN.
MDCCXLIX.

1 „De l'esprit des loix …"
Titelbild von Montesquieus Hauptwerk, Ausgabe von 1749.
Übersetzt lautet der Titel: „Vom Geist der Gesetze oder über den Bezug, den die Gesetze zum Aufbau jeder Regierung, zu den Sitten, dem Klima, der Religion, dem Handel etc. haben müssen." Das Werk zählt zu den wichtigsten staatstheoretischen Schriften seiner Zeit.

2 Charles de Montesquieu.
Zeitgenössischer Kupferstich.
Der französische Rechtsgelehrte und Schriftsteller wurde 1689 geboren. Nach juristischen Studien übernahm Montesquieu zunächst mehrere öffentliche Ämter, danach bereiste er fast alle europäischen Länder, um sich über Politik und Rechtsprechung zu informieren. Von 1729 bis 1731 hielt Montesquieu sich in England auf. 1755 starb er fast blind in Paris.

3 Jean-Jacques Rousseau.
Zeitgenössischer Kupferstich.
Der Schriftsteller und Philosoph Rousseau wurde 1712 als Sohn eines Uhrmachers geboren. 1742 ging Rousseau nach Paris, dort lernte er einige führende Aufklärer kennen und lebte – zunächst unverheiratet – mit einer Frau zusammen. Die aus der Verbindung stammenden fünf Kinder ließ er im Findelhaus aufziehen. Rousseau starb 1778.

Wie sollen Menschen in einem Staat miteinander leben?

Nach den Religions- und Bürgerkriegen des 16. und 17. Jh. suchten gelehrte Köpfe mehr denn je Antwort auf die Frage nach dem besten Staat. Die Begründer der modernen **Staatslehre** führten den Staat und die Ordnung der Gesellschaft nicht mehr auf Gott zurück. Sie gingen davon aus, dass alle Menschen von Natur aus, von Geburt an ein Recht auf Leben, Freiheit und Eigentum besitzen. Um diese **Naturrechte** zu sichern, schließen sie einen sogenannten **Gesellschaftsvertrag** ab. In ihm ist festgelegt, wer in der Gemeinschaft die erforderlichen Gesetze zum Schutz von Leben und Eigentum erlässt und wer über die Einhaltung dieser Gesetze wacht.

Aufklärung gegen Absolutismus

Der Engländer *John Locke* entwickelte eine andere Staatslehre. Er befürchtete nicht den Kampf aller gegen alle. Wenn sich freie Menschen zu einer Gesellschaft mit einem König an der Spitze vereinigten, sei es notwendig, die Macht des Herrschers zu begrenzen. Die oberste Gewalt im Staat solle nicht mehr ein Herrscher, sondern die **Legislative** (*gesetzgebende Gewalt*) haben. Das Volk müsse die Möglichkeit bekommen, sie einzuberufen oder zu ändern. Der jeweilige Herrscher, die **Exekutive** (*vollziehende Gewalt*), sei an die Gesetze gebunden. Handele er dagegen, könne die Gemeinschaft ihn absetzen.

Der Franzose *Montesquieu* entwickelte die Lehre von der Gewaltenteilung weiter. Um den Missbrauch jeder Macht im Staate zu verhindern, war es für ihn wichtig, dass neben der Legislative und der Exekutive eine **Judikative** (*richterliche Gewalt*) steht. Alle drei Gewalten sollten so verteilt werden, dass ihre Inhaber unabhängig voneinander handeln könnten und sich gegenseitig kontrollierten.*

Der aus Genf stammende *Rousseau* ging noch weiter. Er forderte nach dem Vorbild der antiken demokratischen Polis, alle staatliche Gewalt müsse uneingeschränkt beim Volk liegen. Gemäß seinem Grundsatz der Volkssouveränität sei Herrschaft nur mit Zustimmung der Bürger rechtmäßig.

Lockes, Montesquieus und Rousseaus politische Theorien beeinflussten die politische Entwicklung in Europa und Nordamerika und trugen wesentlich zur Entstehung von Verfassungen seit dem 18. Jh. bei.

** Wie die Gewaltenteilung funktioniert, zeigt das Schaubild zur amerikanischen Bundesverfassung, siehe M 1, Seite 183.*

Prüfe, ob sich in der englischen Monarchie Teile von Lockes Ideen finden (siehe dazu M 6, Seite 162).

M 1 John Locke.
Zeitgenössischer Kupferstich.
Der Engländer Locke lehrte in Oxford und verfasste naturwissenschaftliche (vor allem medizinische), philosophische und politische Schriften. Er hatte Regierungsämter inne und lebte zwischen 1682 und 1689 in Holland. Locke starb 1704 im Alter von 72 Jahren.

M 2 Die Grenzen der Macht

John Locke beruft sich auf den „gesunden Menschenverstand“ und schreibt in seinem Werk „Über die Regierung“ (geschrieben 1679-81, gedruckt erst 1689):

Das große Ziel, mit welchem die Menschen in eine Gesellschaft eintreten, ist der Genuss ihres Eigentums in Frieden und Sicherheit, und das große Werkzeug und Mittel dazu sind die Gesetze [...].

Zum Ersten muss die gesetzgebende Gewalt nach öffentlich bekannt gemachten festen Gesetzen regieren, die nicht für besondere Fälle geändert werden dürfen, sondern nur ein Maß anlegen für Reich und Arm, für den Günstling bei Hof wie für den Landmann am Pflug.

Zum Zweiten sollten diese Gesetze auf kein anderes letztes Ziel als das Wohl des Volkes ausgerichtet sein.

Zum Dritten darf die gesetzgebende Gewalt keine Steuern auf das Eigentum des Volkes erheben ohne Zustimmung des Volkes [...].

Zum Vierten darf und kann die Legislative die Gewalt, Gesetze zu geben, nicht auf irgendjemand anderes übertragen, und sie kann sie nirgendwo anders hinlegen als dort, wohin sie das Volk gelegt hat [...].

Bei der Schwäche der menschlichen Natur, die stets bereit ist, nach der Macht zu greifen, dürfte es jedoch eine zu große Versuchung darstellen, wenn dieselben Personen, die die Macht haben, Gesetze zu geben, auch die Macht in der Hand hätten, sie zu vollstrecken [...].

In wohlgeordneten Staatswesen wird deshalb die legislative Gewalt in die Hände mehrerer Personen gelegt, welche nach ordnungsgemäßer Versammlung selbst oder mit anderen gemeinsam die Macht haben, Gesetze zu geben, sobald dies aber geschehen ist, wieder auseinander gehen und selbst jenen Gesetzen unterworfen sind, die sie geschaffen haben.

John Locke, Über die Regierung, hrsg. von Cornelius Mayer-Tasch, Stuttgart 1974, S. 101 und 110 ff. (vereinfacht und stark gekürzt)

M 3 Das Recht auf Widerstand

Locke beschäftigte sich auch mit der unrechten Herrschaft, der Tyrannei:

Wo immer das Gesetz endet, beginnt Tyrannei [...]. Und wer immer in Ausübung von Amtsgewalt seine gesetzlichen Zuständigkeiten überschreitet und von der unter seinem Befehl stehenden Gewalt Gebrauch macht, um den Untertanen etwas aufzuzwingen, was das Gesetz nicht erlaubt, hört damit auf, Obrigkeit zu sein. Er handelt ohne Autorität, und man darf sich ihm widersetzen wie jedem anderen Menschen, der gewaltsam in die Rechte anderer eingreift.

John Locke, Über die Regierung, a.a.O., S. 153 (vereinfacht)

M 4 Die Gewaltenteilung

17 Jahre nach seinem Englandaufenthalt legt Montesquieu 1748 sein politisches Hauptwerk „Vom Geist der Gesetze“ vor.

Es gibt in jedem Staat drei Arten von Vollmacht: die gesetzgebende Gewalt, die vollziehende Gewalt in Sachen, die vom Völkerrecht abhängen, und die vollziehende Gewalt in Sachen, die vom bürgerlichen Recht (Zivilrecht) abhängen.

Aufgrund der ersteren schafft der Herrscher oder Magistrat Gesetze auf Zeit oder für die Dauer, ändert geltende Gesetze oder schafft sie ab.

Aufgrund der zweiten stiftet er Frieden oder Krieg, sendet oder empfängt Botschaften, stellt die Sicherheit her, sorgt gegen Einfälle vor.

Aufgrund der dritten bestraft er Verbrechen oder sitzt zu Gericht über die Streitfälle der Einzelpersonen [...].

Sobald in ein und derselben Person oder derselben Beamtenschaft die legislative Befugnis mit der exekutiven verbunden ist, gibt es keine Freiheit. Es wäre nämlich zu befürchten, dass derselbe Monarch oder derselbe Senat tyrannische Gesetze erließe und dann tyrannisch durchführte.

Freiheit gibt es auch nicht, wenn die richterliche Befugnis nicht von der legislativen und von der exekutiven Befugnis geschieden wird [...].

Alles wäre verloren, wenn ein und derselbe Mann beziehungsweise die gleiche Körperschaft entweder der Mächtigsten oder der Adligen oder des Volkes folgende drei Machtvollkommenheiten ausübte: Gesetze erlassen, öffentliche Beschlüsse in die Tat umsetzen, Verbrechen und private Streitfälle aburteilen.

Montesquieu, Vom Geist der Gesetze, eingel., ausgew. und übers. von Kurt Weigand, Stuttgart 1994, S. 216 f. (vereinfacht)

Bildet drei Gruppen und schreibt aus den Materialien M 2, M 3 und M 4 heraus, a) welchem Zweck ein Staat dient, b) wer in welchem Maße im Staat entscheidet, c) wie die Macht beschränkt werden soll und d) worin die Rechte der Bürger bestehen. Bestimmt anschließend gemeinsam die Aufgaben eines Königs.

LERNTIPP

Preußen wird Großmacht

Die Herrschaft der Hohenzollern

Anfang des 15. Jh. erhielten die Nürnberger Burggrafen von *Hohenzollern* vom Kaiser die Kurfürstenwürde und die Mark Brandenburg als Reichslehen. Im Laufe der Zeit weiteten die Hohenzollern ihr Herrschaftsgebiet durch Heirats- und Erbverträge, Kauf und Tausch sowie durch Eroberungen aus. 1618 erwarben sie das Herzogtum Preußen. Kurfürst *Friedrich Wilhelm von Brandenburg*, der von 1640 bis 1688 regierte und den Ehrentitel *Großer Kurfürst* erhielt, konnte nach dem Dreißigjährigen Krieg seinen Herrschaftsbereich nochmals erweitern. Er herrschte nun über Gebiete vom Niederrhein bis zur Ostsee, die aber nicht miteinander verbunden waren.

Vom Kurfürstentum zum Königreich

Der Sohn des Großen Kurfürsten, Kurfürst *Friedrich III.*, bemühte sich um die Aufwertung seiner Herrschaft. Er erklärte das nicht zum Reich gehörende Herzogtum Preußen zum Königreich und krönte sich selbst am 18. Januar 1701 zum König *Friedrich I. in Preußen.* Als Zeitgenosse des französischen Sonnenkönigs ahmte er diesen nach und lebte entsprechend verschwenderisch. Er ließ beispielsweise das Berliner Schloss ausbauen und gründete 1694 die Universität Halle.

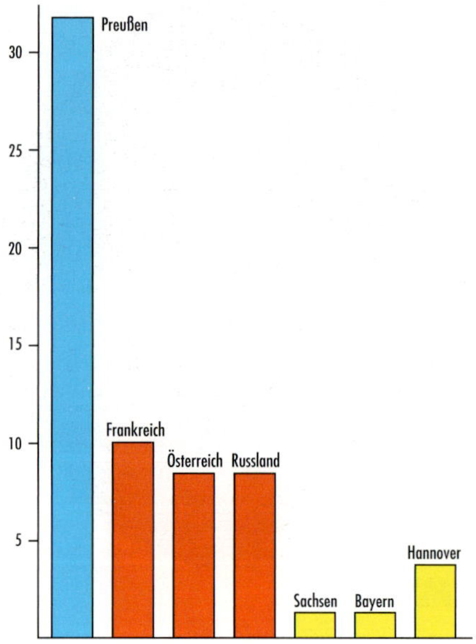

3 Rüstungslasten.
Zahl der Soldaten auf 1000 Einwohner um 1740.

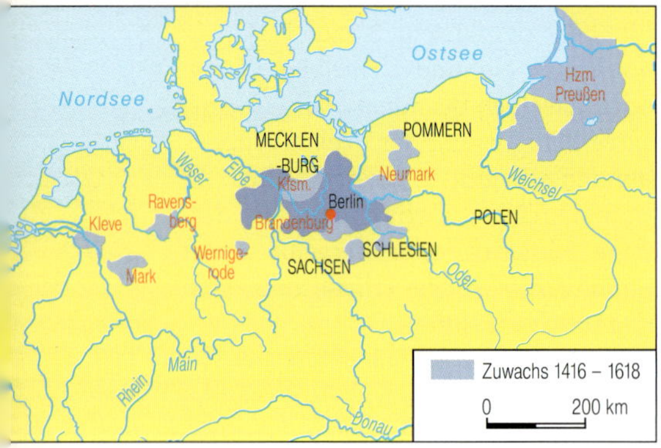

1 Brandenburg-Preußen vor dem Dreißigjährigen Krieg.

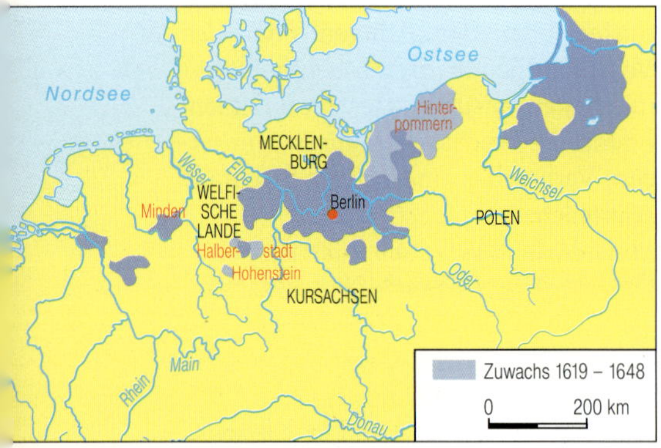

2 Brandenburg-Preußen nach dem Dreißigjährigen Krieg.

Preußen wird Militärstaat

Friedrich Wilhelm I., der seit 1713 regierte, lebte bescheidener, schuf aber ein großes stehendes Heer. Dieses setzte er dafür ein, den zerstreut liegenden Herrschaftsbereich zu sichern. Einige Zahlen zeigen, welchen Wert der **Soldatenkönig** auf dieses Heer legte: 1644 hatte Preußen 4000 Soldaten, 30 Jahre später 30000 Mann und 1740 waren es rund 80000 Soldaten. Die preußischen Offiziere holte er meist aus den einheimischen Adelsfamilien. Kriegsdienst wurde Standespflicht des Adels, der Dienst in fremden Armeen mit Strafe bedroht.

4 Mann aus der „Riesengarde".
Gemälde von Johann Ch. Merk, um 1714. Friedrich Wilhelm I. vergrößerte schon im ersten Jahr seiner Regierung die Armee um ein Viertel. Seine Vorliebe galt dabei den groß gewachsenen Männern. Für die Anwerbung der „Langen Kerls" gab der ansonsten sparsame König viel Geld aus.
Zum Bild: Dargestellt ist der Grenadier James Kirkland. Er kam aus Irland und maß etwa 2,10 m.

Die Stände verlieren ihre Rechte
Schon der „Große Kurfürst" hatte den allmählichen Rückzug des Adels aus der Politik erkauft, indem er in den 1660er-Jahren den adligen Gutsbesitzern (*Junkern*) weitgehende Steuerfreiheit zusicherte. Außerdem ließ er zu, die **Leibeigenschaft** auf bisher freie Bauern auszudehnen.
In den Provinzen schränkte der Soldatenkönig die Rechte der Stände ein. Sie verloren ihr Steuerbewilligungsrecht und die Kontrolle über die Landesfinanzen.

Immer mehr Beamte
Um seine absolutistische Politik durchzusetzen, vergrößerte Friedrich Wilhelm I. die Zahl seiner Beamten. 1722 richtete er ein **Generaldirektorium** ein. Diese „Superbehörde" verwaltete den Staat zentral. Der König war Vorsitzender der Behörde. Er nahm aber nie an Sitzungen teil, sondern ließ sich nur informieren und gab seinen Ministern dann Anweisungen. Die Verwaltung der Provinzen und der großen Güter des Herrscherhauses (*Domänen*) wurde verbessert. Dadurch verdoppelten sich während der Regierungszeit des Soldatenkönigs die Staatseinkünfte. Etwa zwei Drittel wurden für das Militär ausgegeben.

Typisch preußisch
Von seinen Untergebenen verlangte der Soldatenkönig Sparsamkeit, Pflichtbewusstsein und Gehorsam. Diese Tugenden galten später als typisch für Generationen preußischer Beamter und Militärs, allerdings mit dem Beigeschmack von Kleinlichkeit, militärischem Auftreten und fehlender Lebensfreude. Der König verlangte auch von seiner Familie nahezu militärische Disziplin. Besonders gegenüber seinem ältesten Sohn, dem 1712 geborenen Thronfolger *Friedrich*, erwies er sich als strenger Vater.

5 Das „Tabakskollegium".
Gemälde nach einem Kupferstich von 1720. Regelmäßig lud Friedrich Wilhelm I. seine Vertrauten zu dieser Männerrunde bei Bier und Pfeife auf Schloss Königs Wusterhausen südöstlich von Berlin ein.
Zum Bild: Am vorderen Tischende sitzt der König, rechts neben ihm der Kronprinz Friedrich, der an den Zusammenkünften teilnehmen musste, obwohl ihm der Qualm Übelkeit bereitete.
Nebenbei: Der König arbeitete täglich bis zu sechs Stunden am Schreibtisch. Dabei soll er zur Schonung der Uniform Ärmelschoner und Schürze getragen haben.

Ausbau der Staatswirtschaft
Die Wirtschaft wurde im Sinne des Merkantilismus vom Staat gelenkt. Besonders unterstützte die Regierung die Gewerbezweige, die für die Armee wichtig waren: Pulvermühlen, Säbelfabriken und Tuchmanufakturen. Wie in Frankreich wurde die Ausfuhr wichtiger Rohstoffe verboten und die Einfuhr von Fertigwaren mit hohen Zöllen belegt.
Der König ließ seine Domänen von Bürgerlichen verwalten. Sie nutzten moderne Abbaumethoden und konnten die Erträge fast verdoppeln; so wurden die Domänen zum Vorbild.

Einwanderungsland Preußen
Um die Staatseinkünfte zu steigern, musste die Zahl der Gewerbe und der Erwerbstätigen vergrößert werden. Mit befristeten Steuer- und Abgabenvergünstigungen sowie anderen „Starthilfen" warb Preußen im 17. und 18. Jh. um Einwanderer.
Die religiöse Toleranz des Herrscherhauses war ein Anreiz für Fremde. Die Hohenzollern waren seit 1613 calvinistisch, hatten aber nicht darauf bestanden, dass die überwiegend lutherische Bevölkerung ebenfalls das Glaubensbekenntnis änderte. Neben niederländischen Kolonisten und Handwerkern kamen Ende des 17. und Anfang des 18. Jh. vermehrt Glaubensflüchtlinge: etwa 20 000 Hugenotten aus Frankreich und rund 15 000 Protestanten, die das Erzbistum Salzburg sowie das katholische Böhmen verlassen mussten. Auch Juden durften sich in Preußen niederlassen. Vor allem kapitalkräftige Unternehmer, tüchtige Handwerker und Bauern mit ihren Familien waren willkommen.

Mehr über die Entwicklung Berlins und Brandenburgs findest du auf den Seiten 282-287.

M 1 Der Kronprinz Friedrich mit etwa 11 Jahren.
Ausschnitt aus einem zeitgenössischen Gemälde.

M 2 Am preußischen Hof

Wilhelmine von Bayreuth, die Tochter des Soldatenkönigs, schreibt um die Mitte des 18. Jh. über die Verhältnisse während ihrer Kindheit am Hof:

Wir führten das traurigste Leben von der Welt. Früh, so wie es sieben schlug, weckte uns die Übung von dem Regimente des Königs auf, sie fand vor unseren Fenstern, die zu ebenem Boden waren, statt. Das ging unaufhörlich: Piff, Puff, und den ganzen Morgen hörte das Schießen nicht auf. Um zehn Uhr gingen wir zu meiner Mutter und begaben uns mit ihr in die Zimmer neben denen des Königs, wo wir den ganzen Morgen verseufzen mussten. Endlich kam die Tafelstunde. Das Essen bestand aus sechs kleinen, übel zubereiteten Schüsseln, die für vierundzwanzig Personen hinreichen mussten, sodass die meisten vom Geruche satt werden mussten. Am ganzen Tisch sprach man von nichts als von Sparsamkeit und Soldaten.

Johannes Armbruster (Hrsg.), Eine preußische Königstochter. Denkwürdigkeiten der Markgräfin von Bayreuth, Schwester Friedrichs des Großen, Ebenhausen 1910, S. 63 f.

M 3 Über die Erziehung des Kronprinzen

Als Erwachsener erzählte König Friedrich II. von Preußen einem Vertrauten seine Kindheitserlebnisse.

Ich war ein Kind und lernte ein wenig Latein; ich deklinierte mit meinem Lehrer […], als plötzlich mein Vater ins Zimmer trat. „Was machst du da?" – „Papa, ich dekliniere […]", sagte ich in kindlichem Tone, der ihn hätte rühren müssen. „O du Schurke, Latein für meinen Sohn! Geh mir aus den Augen!" Und er verabreichte meinem Lehrer eine Tracht Prügel und Fußtritte und beförderte ihn auf diese grausame Weise ins Nebenzimmer. Erschreckt durch diese Schläge und durch das wütende Aussehen meines Vaters verbarg ich mich, starr vor Furcht, unter dem Tische, wo ich in Sicherheit zu sein glaubte. Ich sehe meinen Vater nach vollbrachter Hinausbeförderung auf mich zukommen – ich zittere noch mehr; er packt mich bei den Haaren, zieht mich unter dem Tische hervor, schleppt mich so bis in die Mitte des Zimmers und versetzt mir endlich einige Ohrfeigen.

Ingrid Mittenzwei, Friedrich II. von Preußen, Berlin 1979, S. 16 f.

M 4 Hinrichtung Kattes vor dem Fenster des Kronprinzen.
Kolorierter Kupferstich, um 1740.
Als Friedrich die seelischen und körperlichen Misshandlungen seines Vaters nicht mehr ertragen wollte, plante er im Sommer 1730 mit seinem 26-jährigen Freund, Leutnant Hans Hermann von Katte, die Flucht ins Ausland. Das Unternehmen scheiterte. Der Vater brachte seinen Sohn und dessen Vertrauten vor ein Kriegsgericht. Während die Richter die Strafe für den Kronprinzen dem Vater überließen, verurteilten sie nach dem Willen des Königs seinen Freund zum Tode. Der König zwang seinen Sohn, der auf den Thron hatte verzichten wollen, um das Leben des Freundes zu retten, der Hinrichtung zuzusehen. Später versöhnte sich Friedrich mit seinem Vater.

LERNTIPP

Führt ein Gespräch zwischen dem Soldatenkönig, seinem Sohn Friedrich und dessen Schwester Wilhelmine zum Thema „Muss Fürstenerziehung so hart sein?". Verwendet dabei Informationen aus M 2, M 3 und M 4.

Preußen und Österreich messen ihre Macht

1 Die Trümmer der ehemaligen Kreuzkirche in Dresden.
Ölgemälde (80 x 110 cm) von Bernardo Bellotto, 1765.
Bei der Beschießung Dresdens durch die Preußen 1760 wurde die Kreuzkirche zerstört. Der Turm stürzte am 22. Juni 1765 infolge der Kriegsschäden nach schweren Regenfällen ein.

Friedrich II. und Maria Theresia

Der preußische König *Friedrich II.* herrschte seit 1740 über rund 2,4 Millionen Menschen. Im Oktober desselben Jahres übernahm *Maria Theresia* die Regierung in Österreich und den dazugehörenden Gebieten mit mehr als sechs Millionen Einwohnern.

Der 28-jährige preußische König war ein von der französischen Aufklärung beeinflusster philosophierender, dichtender und musizierender **Intellektueller** (*Verstandesmensch*), dem die Religion fast gleichgültig war.

Die 23-jährige österreichische Herrscherin war dagegen eine fromme und von der Aufklärung kaum beeinflusste Frau. Sie hatte die Regierung unvorbereitet nach dem frühen Tod ihres Vaters, Kaiser *Karls VI.*, übernommen. In einem grundlegenden Gesetz, der **Pragmatischen Sanktion**, hatte dieser 1713 die weibliche Erbfolge und die Unteilbarkeit der habsburgischen Erbländer im Reich durchsetzen können. Dennoch stellten fast alle europäischen Fürsten, die mit dem Haus Habsburg verwandt waren (Bayern, Sachsen, Frankreich und Spanien), die weibliche Erbfolge nach dem Tod Kaiser Karls VI. wieder infrage.

Preußen will Schlesien

Der König von Preußen nutzte als erster die „Gunst der Stunde". Nur zwei Monate nach dem Regierungsantritt der Habsburgerin marschierte Friedrich II. mit seinen Truppen in Schlesien ein. Er wollte Bayern und Sachsen zuvorkommen, die ebenfalls Erbansprüche stellten. Friedrich II. bot Maria Theresia an, sie im Erbfolgestreit zu unterstützen, wenn sie ihm Schlesien überließe. Außerdem wolle er bei der anstehenden Kaiserwahl seine Stimme ihrem Mann *Franz Stephan* geben. Als die Regentin ablehnte, verbündete sich der preußische König mit ihren Gegnern. Maria Theresia konnte ihre Herrschaft in dem bis 1748 anhaltenden **Österreichischen Erbfolgekrieg** durchsetzen. Sie musste aber Schlesien mit einer Million Einwohnern an Preußen abtreten.

Mit dem Einmarsch in Schlesien begann 1740 der preußisch-österreichische Gegensatz. Diese Feindschaft – man spricht auch vom preußisch-österreichischen **Dualismus** – sollte die weitere deutsche und europäische Geschichte beeinflussen.

Der Siebenjährige Krieg beginnt

1756 versuchte Maria Theresia, Schlesien zurückzubekommen. Sie nutzte den Konflikt zwischen Frankreich und England um die Vorherrschaft in Nordamerika und Indien, um eine „Umkehr der Bündnisse" zu erreichen. Es gelang, den franzöischen König, Bayern und Sachsen für ein Bündnis gegen Preußen zu gewinnen. Ihm schlossen sich Russland und Schweden an, nachdem preußische Truppen in Sachsen einmarschiert waren. Friedrich II. hatte mit dem Angriff den Verbündeten zuvorkommen wollen. Preußen, das in diesem Krieg nur von England mit Geld unterstützt wurde, schien nach schweren Niederlagen auf dem Schlachtfeld auf Dauer gegen das Bündnis keine Chance zu haben.

2 **„Die Situation Polens im Jahre 1773."**
Kupferstich (29 x 19 cm) von Johann E. Nilson, Augsburg 1773.
Katharina II. von Russland, der russische Diplomat Nikita Panin, Kaiser Joseph II. und Friedrich II. von Preußen halten die Karte Polens fest. An den Posaunen des Engels hängen Fahnen mit den Inschriften: „Die Rechte des ungarischen und böhmischen Königs in Polen", „Die Rechte des Russischen Kaisers in Polen" und „Die Rechte des preußischen Königs in Polen."
Deute die Haltung der Personen.

Das Blatt wendet sich

Erst der Tod der Zarin *Elisabeth* 1762 brachte die Wende. Ihr Nachfolger, *Peter III.*, war ein Verehrer Friedrichs II. Er schloss einen Sonderfrieden mit Preußen. Die russischen Truppen marschierten zurück, bald auch die schwedischen. Die französische Armee zog ab, nachdem im November 1762 der Kolonialkrieg mit England beendet worden war. Maria Theresia stellte notgedrungen ebenfalls den Kampf ein.
Im **Frieden von Hubertusburg** (1763) verzichtete sie endgültig auf Schlesien. Friedrich II. versprach Maria Theresia seine Stimme für die Kaiserwahl ihres Sohnes.
Preußen hatte sich neben Österreich, England, Frankreich und Russland als europäische Großmacht durchgesetzt.

Polen wird geteilt

1764 war *Stanislaus II. Poniatowski* mit russischer und preußischer Unterstützung König von Polen geworden. Als er versuchte, den Staat durch Reformen zu stärken, wurden seine Gönner misstrauisch. 1772 einigten sich Russland, Preußen und Österreich auf eine Abtrennung von Gebieten aus dem polnischen Herrschaftsbereich. Die drei Herrscher nahmen sich ohne Rücksicht auf die Bevölkerung jeweils einen Teil, um eine einseitige Vergrößerung der jeweils anderen Staaten zu verhindern. Polen verlor ein Drittel seines Staatsgebietes und etwa zwei Millionen Einwohner.
1791 bekam das verkleinerte Land die erste geschriebene Verfassung Europas. Sie sah eine von einem Parlament abhängige Erbmonarchie vor. Da es in Polen Widerstand gegen diese Verfassung gab, marschierten russische und preußische Truppen erneut in das Land ein. Sie erzwangen Anfang 1793 die zweite Teilung des Landes.
In dem kaum überlebensfähigen Rest Polens brachen im März 1794 Aufstände gegen die Teilung aus. Russische Truppen schlugen die Erhebung nieder. Anfang 1795 vereinbarten dann Russland und Österreich eine weitere Aufteilung Polens. Mit dieser dritten Teilung löschten die Großmächte Polen von der Landkarte.

3 **Die Teilungen Polens.**

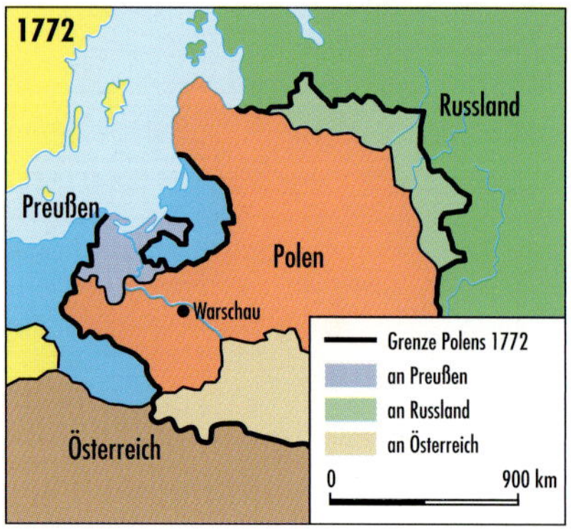

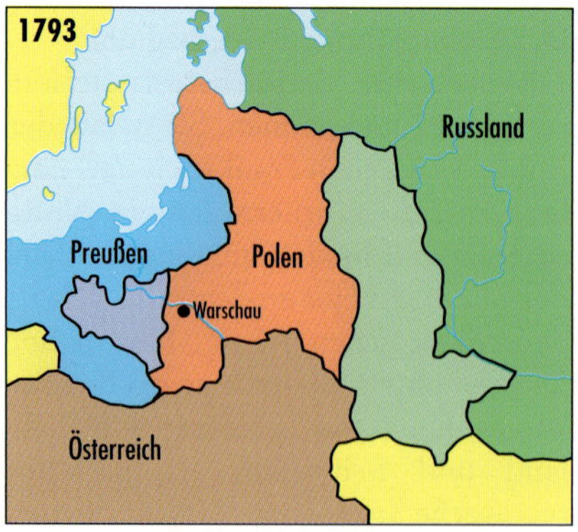

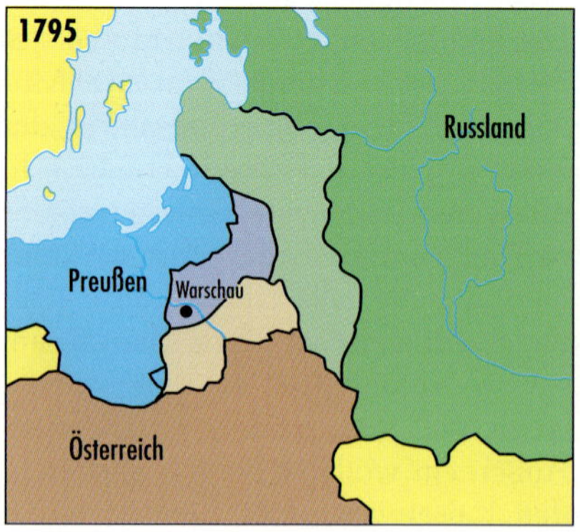

M 1 Das „Blutbad" bei Lowositz *Der in preußischen Diensten stehende Söldner Ulrich Bräker beschreibt die Schlacht bei Lowositz vom 1. Oktober 1756:*

Um sechs Uhr ging schon das Donnern der Artillerie* [...] so gewaltig an, dass die Kanonenkugeln bis zu unserm Regiment durchschnurrten. Bisher hatt' ich immer noch Hoffnung, vor einer Schlacht zu entwischen; jetzt sah ich keine Ausflucht mehr [...]. Wir rückten inzwischen immer vorwärts. Da fiel mir vollends aller Mut in die Hosen; in den Bauch der Erde hätt' ich mich verkriechen mögen, und eine ähnliche Angst, ja Todesblässe las man bald auf allen Gesichtern [...]. Potz Himmel!, wie sausten da die Eisenbrocken über unsern Köpfen weg – fuhren bald vor, bald hinter uns in die Erde, dass Stein und Rasen hoch in die Luft sprang – bald mitten ein und spickten uns die Leute aus den Gliedern weg, als wenn's Strohhälme wären [...]. Nun setzte ein unbeschreibliches Blutbad ein, ehe man die Panduren** [...] vertreiben konnte. Unsre Vordertruppen litten stark [...]. Da mussten wir über Hügel von Toten und Verwundeten hinstolpern.

Ulrich Bräker, Der arme Mann im Tockenburg, hrsg. von Werner Günther, Stuttgart 1965, S. 129 ff. (vereinfacht)

* **Artillerie**: *mit Geschützen ausgerüstete Truppengattung*

** **Panduren**: *aus Ungarn und Kroatien stammende Soldaten der österreichischen Truppen*

M 4 Bettelnde Soldatenfrau. *Radierung (7,5 x 7,5 cm) von Daniel Chodowiecki, 1764.*

M 2 Friedrichs „Ehrenpflicht"

In einer kritischen Phase des Schlesischen Krieges sagt Friedrich II. zu einem seiner Minister:

Falls [...] der Kriegsverlauf sich gegen mich wendet, würde ich es vorziehen, mit Ehre unterzugehen, als ein ganzes Leben lang ohne Ehre und Ansehen dazustehen. Ich habe es mir zur Ehrenpflicht gemacht, mehr als irgendein anderer zur Vergrößerung meines Hauses beizutragen [...] das sind persönliche Verpflichtungen, die ich auf mich genommen habe, und ich bin entschlossen, sie auf Kosten meines Glücks und meines Lebens zu halten.

Politische Korrespondenz Friedrichs des Großen, hrsg. von Reinhold Koser, Bd. 4, Berlin 1880, S. 134 (übersetzt von Jürgen Mirow)

M 3 Worum ging es?

1759, noch vor Ende des Siebenjährigen Krieges, schreibt ein dänischer Politiker:

Dieser Krieg ist entbrannt nicht um ein mittelmäßiges oder vorübergehendes Interesse, nicht um ein paar Waffenplätze oder kleine Provinzen mehr oder weniger, sondern um Sein oder Nichtsein der neuen Monarchie, die der König von Preußen mit einer Kunst- und einer Schlagfertigkeit in die Höhe gebracht hat, welche die eine Hälfte Europas überrascht und die andere getäuscht haben; der Krieg ist entstanden, um zu entscheiden, ob [...] das Reich zwei Häupter haben und der Norden Deutschlands einen Fürsten behalten soll, der aus seinen Staaten ein Lager und aus seinem Volk ein Heer gemacht hat, und der, sofern man ihm Muße lässt, seine Staatsgründung abzurunden und zu befestigen, als Schiedsrichter der großen europäischen Angelegenheiten dastehen und für das Gleichgewicht zwischen den Mächten den Ausschlag geben würde.

Gustav Mendelssohn Bartholdy (Hrsg.), Der König. Friedrich der Große in seinen Briefen und Erlassen, sowie in zeitgenössischen Briefen, Berichten und Anekdoten, Ebenhausen 1912, S. 292

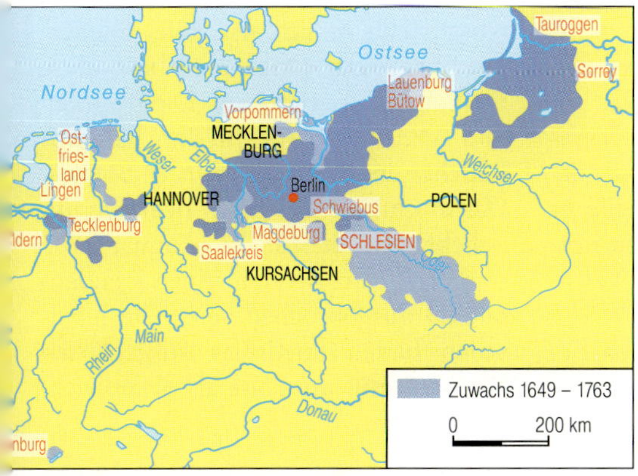

M 6 Das Königreich Preußen nach dem Siebenjährigen Krieg.

M 5 Soll denn gar kein Frieden werden ...?

Ein zeitgenössisches Volkslied – wahrscheinlich aus Sachsen – fragt:

Soll denn gar kein Frieden werden,
Nimmt der Krieg denn noch kein End?
Unsre Länder sind verheeret,
Städt' und Dörfer abgebrennt,
Jammer überall und Not,
Und dazu auch mehr kein Brot.
Friedrich, o du großer König,
Stecke doch dein Schwert nun ein,
Denn wir haben nur noch wenig,
Was dir könnte dienlich sein.
Alles wüste, alles leer –
Länger geht das so nicht mehr.

Wolfgang Steinitz, Deutsche Volkslieder demokratischen Charakters aus sechs Jahrhunderten, Frankfurt a. M. 1979, S. 422

1. *Vergleiche den Bericht Bräkers (M 1) mit dem Volkslied (M 5).*
2. *Wie rechtfertigt Friedrich II. Kriege und Eroberungen (M 2)? Nimm dazu Stellung.*
3. *Erkläre das Urteil des dänischen Politikers mit eigenen Worten (M 3).*

1 „Der König überall".
Ölgemälde (105 x 182 cm) von Robert Warthmüller, 1886. Friedrich II. besichtigt den Kartoffelanbau.
Die Sorge Friedrichs II. um das öffentliche Wohl wurde später in der vom preußischen Königshaus geförderten Historienmalerei zu einem beliebten Thema. Welches Interesse konnten die Nachfolger Friedrichs II. an dieser Darstellung haben?

Der aufgeklärte Absolutismus in Preußen

Bewahrer und Neuerer

Friedrich II. machte Preußen zur europäischen Großmacht, indem er den Militärstaat ausbaute. Die ständische Gesellschaftsordnung ließ er bestehen, ebenso die besondere Stellung des Adels. Bürger erhielten keine Führungsposten in Verwaltung und Militär. Außerdem konnten sie keine adligen Güter erwerben.

Trotzdem versuchte Friedrich II., Preußen im Sinne der Aufklärung in einen „vernünftig" aufgebauten Staat zu verwandeln.

Der junge Preußenkönig förderte von Anfang an die Wissenschaften und die Kultur. Er schrieb sich mit den Geistesgrößen seiner Zeit wie dem französischen Schriftsteller Voltaire. Er veranlasste die Neugründung der von seinem Vater vernachlässigten Akademie der Wissenschaften. Als Freund der Musik – Friedrich spielte selbst Querflöte – ließ er in Berlin eine bedeutende Oper bauen.

Die für Preußen bereits typische religiöse Toleranz setzte er fort. Auf die Frage, ob katholische Schulen bestehen bleiben sollten, antwortete er: *Die Religionen müssen alle toleriert werden, denn hier muss ein jeder nach seiner Fasson* selig werden.*

Diese Einstellung erleichterte es Preußen, die vorwiegend katholische Bevölkerung Schlesiens einzugliedern und Einwanderer anzulocken: Zwischen 1740 und 1786 kamen etwa 300 000 Siedler vor allem aus dem Südwesten des Reiches nach Preußen.

* **Fasson**: *bestimmte Art und Weise*

Der Reformer

Friedrich II. verbesserte die Verwaltung und hielt an der merkantilistischen Wirtschaftspolitik seiner Vorgänger fest. Dies erleichterte es, die hohen Kriegskosten zu bezahlen und das Land nach dem Siebenjährigen Krieg wieder aufzubauen. Die Not zwang Friedrich II., den **Landesausbau** und die Landwirtschaft zu fördern. Sümpfe wurden trockengelegt, Straßen und Kanäle gebaut. Es gab Fortschritte in der Viehzucht; es wurden mehr Kartoffeln angebaut. Als aufgeklärter Fürst wollte er die Schule verbessern. Aber das notwendige Geld stellte er nicht zur Verfügung.

Höhepunkt seiner aufklärerischen Bemühungen war die **Justizreform**: Prozesse wurden vereinfacht. Alle Untertanen sollten vor dem Gesetz gleich sein. Juristen erhielten den Auftrag, ein einheitliches Gesetzbuch auszuarbeiten. Das *Allgemeine Preußische Landrecht* wurde 1794 eingeführt, es blieb bis 1900 gültig.

Zu seinen Maßnahmen gehörte auch die **Abschaffung der Folter** in normalen Strafprozessen. Dagegen blieben die menschenunwürdigen Militärstrafen wie das Spießrutenlaufen erhalten.

War Friedrich II. ein aufgeklärter Herrscher?

Friedrich II., der wegen seiner Bedeutung für Preußen den Beinamen *„der Große"* erhielt, regierte 46 Jahre. In dieser Zeit wurde das preußische Staatsgebiet kriegerisch und friedlich von rund 119 000 auf 195 000 km² vergrößert. Die Einwohnerzahl wuchs von 2,4 auf 5,4 Millionen.

Zur Rechtfertigung seines Herrscheramtes berief Friedrich II. sich nicht mehr auf das Gottesgnadentum. Selbstbewusst stellte er sich als „erster Diener" des Staates dar. Doch seine besondere Stellung gab er nicht auf. Die Beamten und Minister waren für ihn lediglich Rädchen im Getriebe „seines" Staates. Das machte ihn bei vielen Beamten unbeliebt. Als er am 17. August 1786 starb, soll ganz Berlin in einen Freudentaumel ausgebrochen sein. Die Menschen hatten Friedrichs aufgeklärten Absolutismus am Ende als despotisch* empfunden.

* **Despot**: *selbstherrlicher Mensch, Tyrann*

M 1 Friedrich der Große nach dem Siebenjährigen Krieg.
Ölgemälde (126 x 94,3 cm) von Johann Heinrich Christoph Franke, nach 1763. Das Bild entstand im Auftrag von Friedrich dem Großen, es wurde in zahlreichen Varianten und Kopien verbreitet und hat die volkstümliche Vorstellung vom „Alten Fritz" mitbestimmt.

M 2 Grundsätze des Königs

Für seinen Nachfolger schrieb Friedrich II. 1752 ein „Politisches Testament". Dieses Werk, das zu seinen Lebzeiten unveröffentlicht blieb, enthält unter anderem folgende Regierungsgrundsätze und Überlegungen:

Ich habe mich entschlossen, niemals in den Lauf des gerichtlichen Verfahrens einzugreifen: In den Gerichtshöfen sollen die Gesetze sprechen und der Herrscher schweigen. Aber dieses Stillschweigen hat mich zugleich nicht daran gehindert, die Augen offen zu halten, um das Verhalten der Richter zu überwachen […].
Ein Gegenstand der Politik des Königs dieses Staates ist die Erhaltung seines Adels. Denn welcher Wandel auch eintreten mag, er wird vielleicht einen reicheren, aber niemals einen tapfereren noch treueren Adel bekommen. Damit der Adel sich in seinem Besitz behauptet, muss verhindert werden, dass die Bürgerlichen adlige Güter erwerben, und veranlasst werden, dass sie ihre Kapitalien im Handel anlegen, so dass, wenn ein Adliger seine Güter verkaufen muss, nur Adlige sie kaufen […].
Geht man allen Religionen auf den Grund, so beruhen sie auf einem mehr oder minder widersinnigen System von Fabeln. Es ist unmöglich, dass ein Mensch von gesundem Verstand, der diese Dinge kritisch untersucht, nicht ihre Verkehrtheit erkennt. Aber diese Vorurteile, diese Irrtümer und diese Wundergeschichten sind für die Menschen gemacht, und man muss auf die große Masse so weit Rücksicht nehmen, dass man ihre religiösen Gefühle nicht verletzt, gleich, welchem Glauben sie angehören […].
Der Herrscher ist nicht zu seinem hohen Rang erhoben, man hat ihm nicht die höchste Macht anvertraut, damit er in Verweichlichung dahinlebe, sich vom Mark des Volkes mäste und glücklich sei, während alles darbt. Der Herrscher ist der erste Diener des Staates. Er wird gut besoldet, damit er die Würde seiner Stellung aufrechterhalte. Man fordert aber von ihm, dass er werktätig für das Wohl des Staates arbeite und wenigstens die Hauptgeschäfte mit Sorgfalt leite.

Friedrich der Große, Die politischen Testamente, übers. von Friedrich von Oppeln-Bronikowski, Berlin 1922, S. 4 f., 35 und 42

M 3 Gleichheit vor dem Gesetz

1777 weist Friedrich II. seinen Justizminister an:

Es missfällt Mir sehr, da Ich vernehme, dass mit denen armen Leuten, die in Prozess-Sachen in Berlin zu tun haben, so hart umgegangen wird […]. So muss Ich Euch […] hierdurch zu erkennen geben, dass in Meinen Augen ein armer Bauer ebenso viel gilt wie der vornehmste Graf und der reichste Edelmann, und ist das Recht sowohl für vornehme als geringe Leute.

Rudolf Stadelmann, Preußens Könige in ihrer Thätigkeit für die Landescultur, Bd. 2, Leipzig 1882, S. 487

M 4 Friedrichs Charakter

Ein österreichischer Gesandter berichtet 1763 über Friedrich II.:

Sein Charakter ist Misstrauen und Verstellung. Er ist beständig auf der Hut und achtet auf das Geringste, was seine Nachbarn tun; somit wird er sicherlich keine Gelegenheit verabsäumen, um aus ihren etwaigen Fehlern Nutzen zu ziehen. Er ist großmütig und bestechend in Worten, höflich und huldvoll gegen die, welche er nötig hat, aber hart und unerbittlich, wenn sein Interesse im Spiel ist [...].
Unbegreiflich erscheint die allgemeine Unzufriedenheit, die in allen seinen Ländern zutage tritt. Adel und Offiziere drücken sich zwar schonend aus, aber das Volk und die Soldaten schimpfen auf die Regierung so frei und offen, wie man es in London kaum dulden würde, und doch ist jedermann für die Person des Königs begeistert. Persönlich gehasst wird er nach meiner Meinung nur von einem Teil seiner Familie, und selbst da weiß man sich so gut zu verstellen, dass öffentlich nichts davon zu merken ist.

Gustav B. Volz (Hrsg.), Friedrich der Große im Spiegel seiner Zeit, Bd. 2, Berlin 1902, S. 208 f.

1. *Arbeite aus M 2 und M 3 heraus, was dafür spricht, dass die Ideen der Aufklärung Friedrichs Regierungsweise beeinflusst haben. Welches Denken und Handeln passt nicht zur Aufklärung?*
2. *Erkläre, weshalb die Menschen einerseits auf die Regierung schimpften, sich aber andererseits für den König begeisterten (M 4).*

Was war wichtig?

Daten

1661-1714	*Ludwig XIV. herrscht in Frankreich absolutistisch.*
1688	*Das englische Parlament legt die „Bill of Rights" fest; England wird konstitutionelle Monarchie.*
1740-86	*Friedrich II. (der Große) von Preußen regiert als aufgeklärter Herrscher.*
1754-80	*Maria Theresia herrscht in Österreich.*
1772-95	*Österreich, Russland und Preußen teilen Polen unter sich auf.*

Begriffe

Absolutismus (lat. *absolutus*: uneingeschränkt): Herrschaftsform, in der Fürsten ihre Stellung von Gott ableiteten („Gottesgnadentum") und „losgelöst" von den Gesetzen und den Ständen regierten. Die absolutistisch regierenden Fürsten fühlten sich nur Gott und ihrem Gewissen verantwortlich. Zu den wichtigsten Machtmitteln der absolutistischen Herrscher gehörte das → *stehende Heer.*

Aufgeklärter Absolutismus: unter dem Einfluss der → *Aufklärung* entstandene Herrschaftsform, in der sich Fürsten wie Friedrich II. von Preußen als „Diener" ihres Staates sahen, jedoch absolutistisch (→ *Absolutismus*) regierten.

Aufklärung: Epoche der Wissenschafts- und Geistesgeschichte, die sich im 17. und 18. Jh. entfaltete. Die Aufklärer verließen sich bei ihrer Suche nach der Wahrheit auf Vernunft, Experimente und Erfahrungen. Sie setzten sich für eine bessere Ausbildung der Menschen ein.

Gewaltenteilung: eine im 18. Jh. entwickelte Lehre, die sich gegen die absolutistische Regierungsweise richtete. Demnach sind die Hauptaufgaben eines Staates von drei getrennten Einrichtungen zu erfüllen, die sich gegenseitig kontrollieren: Das Parlament (*Legislative*) beschließt Gesetze, die Regierung (*Exekutive*) führt sie aus, und die Gerichte (*Judikative*) sprechen Recht.

Gleichgewicht der Mächte (engl. *balance of powers*): außenpolitisches Ziel der europäischen Großmächte seit dem Westfälischen Frieden von 1648. Damit sollte verhindert werden, dass Staaten wie Frankreich die Vorherrschaft (Hegemonie) auf dem europäischen Kontinent übernehmen.

Konstitutionelle Monarchie: Regierungsform, in der die absolute Macht des Monarchen (→ *Absolutismus*, → *Monarchie*) durch eine Verfassung (Konstitution) gesetzlich begrenzt wird.

Merkantilismus (lat. *mercari*: Handel treiben): von den Fürsten gelenkte Wirtschaftsform zur Zeit des → *Absolutismus.* Sie stärkte die einheimischen Gewerbe und erhöhte die Steuereinnahmen.

Parlament: ursprünglich eine von einem Herrscher einberufene Versammlung angesehener Männer seines Reiches (→ *Adel*). Seit 1295 wurde in England der Große Rat des Königs durch gewählte Vertreter des Landadels und der Städte ergänzt. Diese Versammlungen waren die Keimzelle des englischen Parlaments. Es teilte sich seit dem 14. Jh. in eine Vertretung des Hochadels (*House of Lords*) und eine Vertretung des niederen Adels und der Städte (*House of Commons*) auf.

Stehendes Heer: eine ständig einsatzfähige, gut ausgebildete Armee. Seit dem Dreißigjährigen Krieg (1618-48) führten die absolutistisch regierenden Herrscher „stehende Heere" ein (→ *Absolutismus*); sie ergänzten oder ersetzten damit die bis dahin üblichen Söldnerheere.

Verfassung: grundlegendes Gesetzeswerk (*Konstitution*), das die politischen Rechte und Aufgaben der Fürsten, Regierungen und Bürger festlegt.

Volkssouveränität (frz. *souveraineté*: oberste politische und militärische Macht im Staat): der am Ende des 18. Jh. entwickelte Grundsatz, wonach das Volk Inhaber aller Staatsgewalt sei. Grundlage für Herrschaft sind Wahlen und Abstimmungen. Die Volkssouveränität bildet eine Grundvoraussetzung für jede demokratische Ordnung.

Grundfertigkeiten

Du hast in diesem Kapitel etwas über die Funktion und Wirkungsweise von Herrscherbildern im Absolutismus erfahren. Darüber hinaus haben wir dir weitere Anregungen für Erkundungen und den vertieften Umgang mit Bildern, Karten und Quellentexten gegeben.

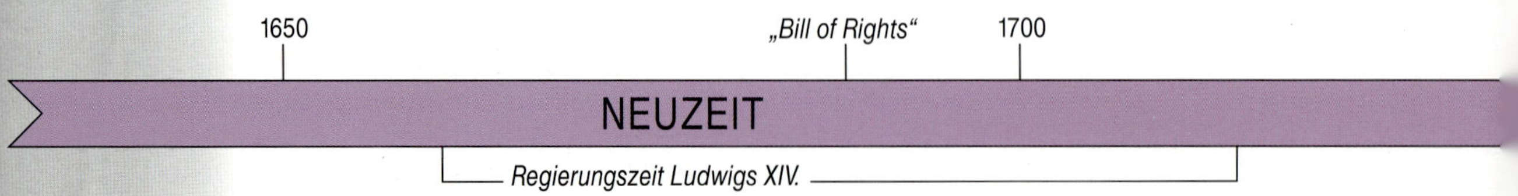

Zusammenfassung

König *Ludwig XIV.* regierte Frankreich absolutistisch. Tüchtige Beamte und eine starke Armee stützten seine Herrschaft. Klerus, Adel und Bürgertum waren machtlos. Symbol der Herrschaft Ludwigs XIV. war das barocke Prunkschloss Versailles.
Die merkantilistische Wirtschaftspolitik förderte Handel und Gewerbe, brachte dem französischen Staat dringend benötigte Einnahmen und trug zum wirtschaftlichen Aufstieg des Bürgertums bei.
Außenpolitisch wollte Ludwig XIV. die französische Vorherrschaft auf dem Kontinent erringen. Besonders wegen Englands Widerstand musste Frankreich jedoch das „Gleichgewicht der Mächte" hinnehmen.
Seit dem späten 16. Jh. begannen immer mehr Gelehrte, sich von dem aus der Bibel abgeleiteten Weltbild zu lösen. Sie beriefen sich auf Erfahrung und vernunftgeleitete Beobachtung. Weder Gewohnheit noch Bevormundung sollten das Denken behindern.
Absolutistische Bestrebungen der englischen Könige aus dem Hause *Stuart* scheiterten am Widerstand des Parlaments. *Oliver Cromwell* riss die Macht an sich. Der König wurde hingerichtet. Aus der Monarchie wurde zeitweise eine Republik. Bald nach Cromwells Tod wurde England wieder eine Monarchie. Als König *Jakob II.* versuchte, den Einfluss der Katholiken auf Kosten der Protestanten zu stärken, rief das Parlament *Wilhelm von Oranien* mit seiner Frau *Maria* auf den Thron. Zuvor mussten sie die „Bill of Rights" anerkennen, in der die Rechte des Parlaments festgelegt waren (*Glorreiche Revolution*).
Die Hohenzollern weiteten ihr Herrschaftsgebiet schrittweise aus. Aus dem Kurfürstentum Brandenburg wurde das Königreich Preußen. König *Friedrich Wilhelm I.* regierte absolutistisch und machte Preußen zu einer bedeutenden Militärmacht. Sein Sohn *Friedrich II.* führte Kriege gegen Österreich und eroberte Schlesien. Am Ende des Siebenjährigen Krieges gehörte Preußen zu den europäischen Großmächten.
Österreich, Russland und Preußen teilten in drei Schritten den polnischen Staat unter sich auf, der damit von der Landkarte verschwand.
Während der Epoche der Aufklärung wurden in England und Frankreich auch neue Staatslehren entwickelt. Sie richteten sich mehr oder weniger deutlich gegen die absolutistische Herrschaft und forderten die Festlegung, Kontrolle und Teilung der Staatsgewalt (*Gewaltenteilung*).
Unter dem Einfluss der Aufklärung änderte sich die Herrschaft der Monarchien in einigen europäischen Ländern: Friedrich II. sah sich beispielsweise als „erster Diener" seines Staates. Er reformierte in Preußen Justiz und Verwaltung, förderte den Landesausbau und war in religiösen Fragen tolerant.

1 Schloss Sanssouci in Potsdam.
Foto von Rainer Gaertner.
Die „Organisation für Erziehung, Wissenschaft und Kultur" der „Vereinten Nationen" (UNESCO) hat 1972 in Stockholm eine vereinbarung (Konvention) zum Schutz des Kultur- und Naturerbes der Welt beschlossen; sie trat 1975 in Kraft. Das Schloss Sanssouci (franz. sans souci: ohne Sorge) wurde 1990 zum „Weltkulturerbe" erklärt und in die von der UNESCO geführte Liste aufgenommem. Friedrich der Große ließ die Sommerresidenz zum Teil nach eigenen Entwürfen durch Georg Wenzeslaus von Knobelsdorff erbauen (1745-1747). Hier fand er auch seine letzte Ruhestätte. (www.spsg.de)

Spurensuche
Thema für ein interessantes Referat:
- *Bedeutende barocke Bauwerke in Deutschland*

Internet- und Lektüretipps:
- *www.burgen-und-schloesser.net/*
- *http://de.wikipedia.org/wiki/Barock*
- *Rolf Toman (Hrsg.), Die Kunst des Barock, Köln 1997*

Übertrage die Zeitleiste und füge ein: die Sterbejahre von Ludwig XIV., Friedrich dem Großen, Immanuel Kant und Oliver Cromwell, wann der preußische „Soldatenkönig" regierte, England Republik wurde und der Siebenjährige Krieg stattfand.

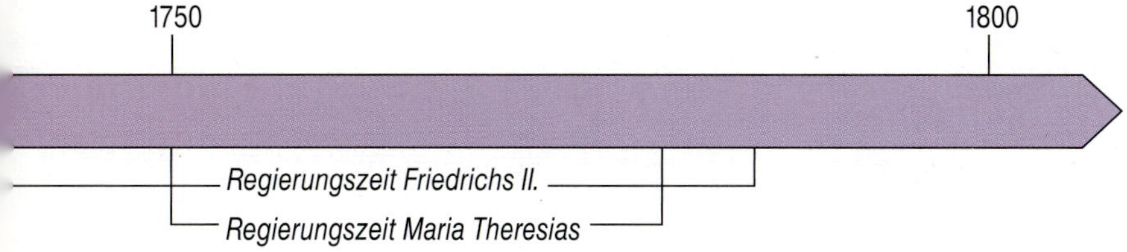

Aus einem kleinen Funken, der in Amerika angezündet wurde, ist eine Flamme emporgestiegen, die sich nicht mehr austilgen lässt. Ohne zu verzehren […] windet sie ihren Fortschritt von Nation zu Nation und besiegt durch stille Wirkung. Der Mensch findet sich verändert und weiß kaum wie. Er erwirbt eine Kenntnis seiner Rechte, indem er richtig auf seinen Vorteil achtet, und entdeckt endlich, dass die Macht und Stärke des Despotismus bloß in der Furcht besteht, ihm zu widerstehen, und dass, „um frei zu sein, es genug ist, dass er es sein will".*

Thomas Paine, Die Rechte des Menschen, 1791

***Despotismus**: *Gewaltherrschaft*

Ein Denkmal fällt.
Nachträglich kolorierter Holzstich, 19. Jh. Nach der Bekanntgabe der amerikanischen Unabhängigkeitserklärung stürzten am Abend des 9. Juli 1776 in New York Menschen das Standbild des englischen Königs Georg III.

Das Zeitalter der Revolutionen

Die USA: eine Nation erschafft sich selbst

Streit mit dem Mutterland

Seit dem 17. Jh. errichteten englische Auswanderer in Nordamerika feste Niederlassungen, die sich zu Kolonien entwickelten. Auch wenn die englische Verwaltung, Rechtsprechung, Wirtschaft und Kultur das Leben in diesen Kolonien prägte, so waren sie dennoch weitestgehend unabhängig. Lediglich in Kriegszeiten erwarteten die Kolonisten den Schutz des Mutterlandes.

Als das englische Parlament im Jahr 1774 den amerikanischen Kolonien hohe Steuern und Zölle auferlegte, um die hohen Staatsschulden zu bezahlen, kam es zu einem folgenreichen Konflikt. Da die Kolonisten keine Vertreter ins englische Parlament wählen durften, weigerten sie sich, die Steuern und Zölle zu zahlen: Keine Besteuerung ohne Vertretung im Parlament (*No taxation without representation*) lautete ihr Kampfruf. Der Konflikt verschärfte sich, als sich 1770 aus einem Streit zwischen englischen Soldaten und Bürgern der Stadt Boston eine Straßenschlacht entwickelte, bei der fünf Kolonisten starben. Höhepunkt der Auseinandersetzung wurde drei Jahre später die als *Boston Tea-Party* bezeichnete Versenkung einer großen englischen Teeladung durch die Kolonisten im Hafen von Boston.

1 **„The Bloody Massacre …" Kupferstich von Paul Revere, 1770.**

Kampf um die Unabhängigkeit

Als England die Kolonien mit Gewalt zur Zahlung der Steuern und Zölle zwingen wollte, kam es im Jahr 1775 zum Krieg. Die Kolonisten stellten eine *Miliz** auf, ernannten den kriegserfahrenen Tabakplantagenbesitzer *George Washington* zum Oberbefehlshaber und bemühten sich bei den europäischen Mächten um Verbündete. Sie fanden u.a. die Unterstützung Frankreichs. Während der Konflikte gaben sich die ersten Kolonien eigene Verfassungen. Dabei berücksichtigten die Kolonisten die Staatslehre der europäischen Aufklärer. Zum Maßstab für die Entwicklung wurde die *Virginia Bill of Rights*. Sie legte die Gewaltenteilung, die regelmäßige Wahl von Abgeordneten und die Einberufung von *Geschworenengerichten*** sowie eine Liste von Grundrechten wie Presse- und Religonsfreiheit fest.

* **Miliz**: *Streitkräfte, deren Angehörige erst im Kriegsfall einberufen werden und keine gründliche militärische Ausbildung haben.*

** **Geschworene**: *Eine Gruppe von nicht berufsmäßigen Richtern, die unabhängig vom staatlich bestellten Richter über die Schuld eines Angeklagten entscheiden dürfen.*

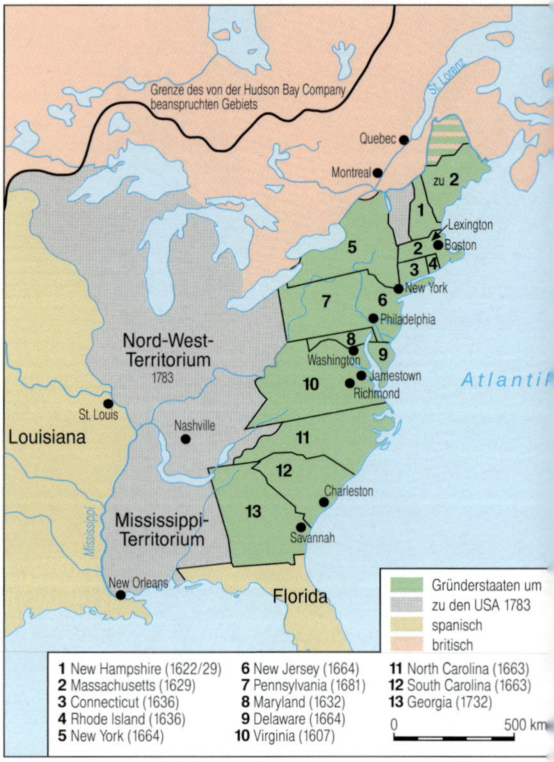

2 **Die Gründerstaaten und die koloniale Besitzverteilung in Nordamerika um 1783.**

Die Unabhängigkeit

Die Trennung vom Mutterland vollzogen die Abgeordneten der Kolonien am 4. Juli 1776 durch die Unabhängigkeitserklärung (*Declaration of Independence*). Der Tag ihrer Unterzeichnung wurde zur Geburtsstunde der Vereinigten Staaten von Amerika.

Die folgenden Jahre waren allerdings von wechselndem Kriegsglück geprägt. Erst 1783 gab das letzte englische Heer nach mehreren Niederlagen auf. Für England war dies der erste verlorene Krieg seit der Mitte des 15. Jh. Im **Frieden von Versailles** erkannte es die Unabhängigkeit der 13 Kolonien an und trat das Gebiet zwischen Appalachen und Mississippi ab.

Ein loser oder fester Bund?

Nach dem Krieg herrschten zunächst wieder die Einzelinteressen der Staaten vor. Sie übertrugen daher weder dem 1777 entstandenen losen Staatenbund (*Union*), noch dem vor dem Unabhängigkeitskrieg entstandenen *Kontinentalkongress* irgendwelche Vollmachten. Bald wurde aber deutlich, dass vor allem die Abzahlung der gemeinsamen Schulden, die Frage nach einer einheitlichen Währung und die Sicherheits- und Außenpolitik eine gemeinsame Politik der Union erforderten.

Auf dem Kontinentalkongress wurden zwei Modelle für die künftige Gestalt der Vereinigten Staaten diskutiert:

- Das erste sah einen losen **Staatenbund** mit einer schwachen Regierung vor, der wenige Möglichkeiten eingeräumt werden sollte, in die inneren Verhältnisse der Einzelstaaten einzugreifen.
- Das andere Modell ging von einem festen **Bundesstaat** mit einer starken Regierung aus, der auch die Machtmittel zur Durchsetzung der Bundesbeschlüsse in allen Staaten besitzen sollte, notfalls mit Gewalt.

Gerade der englischen Bevormundung entronnen, wollten sich viele nicht schon wieder der Macht einer Zentralregierung aussetzen.

Die amerikanische Lösung

Die großen wirtschaftlichen und gesellschaftlichen Unterschiede zwischen den Kolonien machten die Lösung nicht einfacher. Denn die Interessen der Plantagenbesitzer in den Südstaaten unterschieden sich von denen der Kaufleute, Schiffsreeder, Anwälte, Handwerker und Bauern im Norden.

Schließlich bildete sich eine Mehrheit für das Modell einer starken Bundesregierung. Die Politiker achteten darauf, dass in der Verfassung gegenseitige Kontrollen und gleichgewichtige Zuständigkeiten zwischen den Staatsgewalten (engl. *checks and balances*) enthalten waren.

Im September 1787 unterschrieben die Vertreter der Einzelstaaten in Philadelphia die künftige Bundesverfassung. Die Bestimmungen gaben dem Präsidenten eine starke Stellung und dem Bund die Zuständigkeit für Verteidigung, Außenpolitik, Währung und Post. Für Kultur, Verkehr, Polizei und Rechtsprechung waren die Einzelstaaten zuständig.

3 Die Unabhängigkeitserklärung wird am 4. Juli 1776 unterschrieben.
Historiengemälde (54 x 79 cm) von John Trumbull, 1786–97.
Thomas Jefferson überreicht dem Präsidenten des Kontinentalkongresses die Unabhängigkeitserklärung. Rechts von Jefferson steht der Schriftsteller, Naturwissenschaftler und Politiker Benjamin Franklin. Im Hintergrund die Mitglieder des Kongresses.

4 Die Flaggen von 1776, 1787/88 und heute.
Erläutere die Veränderungen.

Die Bundesverfassung

1788 hatten die meisten Einzelstaaten die Bundesverfassung angenommen. Unter Washington, der im Januar 1789 zum ersten Präsidenten gewählt worden war, beschloss der Kongress im Herbst 1789, die Menschenrechte nach dem Vorbild von Virginia in die Bundesverfassung aufzunehmen. Die Verfassung schloss eine neue Entwicklung ab: Menschen unterschiedlicher Herkunft hatten erfolgreich gegen den Herrschaftsanspruch eines Königs gekämpft und sich selbst eine Verfassung gegeben. Eine Nation war entstanden, in der alle Macht vom Volk ausgehen sollte: eine demokratische **Republik***.

* **Republik** *(lat. res publica: öffentliche Angelegenheit, Gemeinwesen): Allgemein eine Staatsform, die keine Königsherrschaft ist, und ein aus Wahlen hervorgegangenes Parlament die Regierung ernennt und Gesetze beschließt.*

M 1 Die „Virginia Bill of Rights“

Die „Grundrechte“ vom 12. Juni 1776 wurden Teil der Verfassung von Virginia.

Abschnitt 1. Alle Menschen sind von Natur aus in gleicher Weise frei und unabhängig und besitzen bestimmte angeborene Rechte, welche sie ihrer Nachkommenschaft durch keinen Vertrag rauben oder entziehen können, wenn sie eine staatliche Verbindung eingehen, und zwar den Genuss des Lebens und der Freiheit, die Mittel zum Erwerb und Besitz von Eigentum und das Erstreben und Erlangen von Glück und Sicherheit.

Abschnitt 2. Alle Macht ruht im Volke und leitet sich folglich von ihm her; die Beamten sind nur seine Bevollmächtigten und Diener und ihm jederzeit verantwortlich […].

Abschnitt 5. Die gesetzgebende und die vollziehende Gewalt des Staates sollen von der richterlichen getrennt und unterschieden sein […].

Abschnitt 6. Die Wahlen der Abgeordneten, die als Volksvertreter in der Versammlung dienen, sollen frei sein […].

Abschnitt 12. Die Freiheit der Presse ist eines der starken Bollwerke der Freiheit […].

Abschnitt 15. Eine freie Regierung und die Segnungen der Freiheit können einem Volke nur erhalten werden durch strenges Festhalten an der Gerechtigkeit, Mäßigung, Enthaltsamkeit, Sparsamkeit und Tugend […].

Abschnitt 16. […] alle Menschen sind gleicherweise zur freien Religionsausübung berechtigt, entsprechend der Stimme ihres Gewissens.

Günther Franz (Hrsg.), Staatsverfassungen, München ³1975, S. 7 ff.

Internettipp → *Die vollständige Fassung der „Virginia Bill of Rights“ siehe unter http://plato.kfunigraz.ac.at/dp/NEUZEIT/DOCS_E/VIRGBOR.HTM; den kompletten Text der Unabhängigkeitserklärung findest du unter www.verfassungen.de*

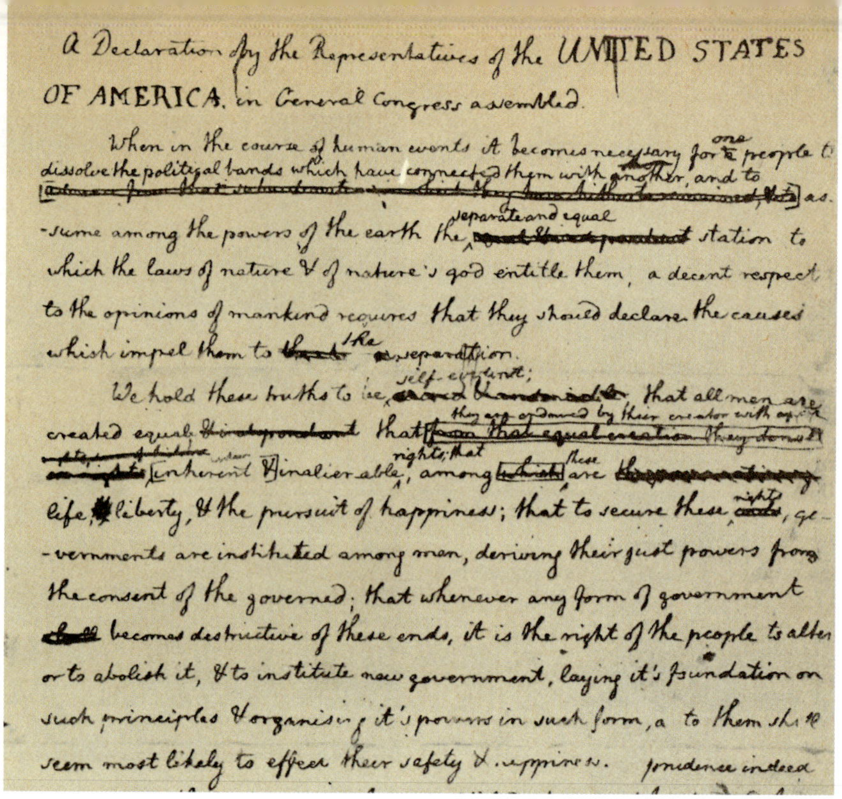

A Declaration by the Representatives of the UNITED STATES OF AMERICA, in General Congress assembled.

When in the course of human events it becomes necessary for one people to dissolve the political bands which have connected them with another, and to assume among the powers of the earth the separate and equal station to which the laws of nature & of nature's god entitle them, a decent respect to the opinions of mankind requires that they should declare the causes which impel them to the separation.

We hold these truths to be self-evident; that all men are created equal; that they are endowed by their creator with certain inherent & inalienable rights; that among these are life, liberty, & the pursuit of happiness; that to secure these rights, governments are instituted among men, deriving their just powers from the consent of the governed; that whenever any form of government becomes destructive of these ends, it is the right of the people to alter or to abolish it, & to institute new government, laying it's foundation on such principles & organising it's powers in such form, as to them shall seem most likely to effect their safety & happiness. prudence indeed

M 3 Die Unabhängigkeitserklärung der Vereinigten Staaten von Amerika.
Handschriftlicher Entwurf von Thomas Jefferson, mit Korrekturen von Benjamin Franklin und John Adams, Juni 1776 (Ausschnitt).

M 2 Die „Declaration of Independence“

Am 4. Juli 1776 erklären die Abgeordneten des Zweiten Kontinentalkongresses einstimmig:

Folgende Wahrheiten halten wir für selbstverständlich: dass alle Menschen gleich geschaffen sind; dass sie von ihrem Schöpfer mit gewissen unveräußerlichen Rechten ausgestattet sind; dass dazu Leben, Freiheit und das Streben nach Glück gehören; dass zur Sicherung dieser Rechte Regierungen unter den Menschen eingesetzt werden, die ihre rechtmäßige Macht aus der Zustimmung der Regierten herleiten; dass, wann immer irgendeine Regierungsform sich als diesen Zielen abträglich erweist, es Recht des Volkes ist, sie zu ändern oder abzuschaffen und eine neue Regierung einzusetzen und diese auf solchen Grundsätzen aufzubauen und ihre Gewalten in der Form zu organisieren, wie es ihm zur Gewährleistung seiner Sicherheit und seines Glückes geboten zu sein scheint […].

Daher tun wir, die […] Vertreter der Vereinigten Staaten von Amerika […] kund […], dass diese Vereinigten Kolonien freie und unabhängige Staaten sind und es von Rechts wegen bleiben sollen; dass sie von jeglicher Treuepflicht gegen die englische Krone entbunden sind; und dass jegliche politische Verbindung zwischen ihnen und dem Staate Großbritannien vollständig gelöst ist und bleiben soll; und dass sie als freie und unabhängige Staaten das Recht haben, Krieg zu führen, Frieden zu schließen, Bündnisse einzugehen, Handel zu treiben und alle anderen Handlungen vorzunehmen und Staatsgeschäfte abzuwickeln, zu denen unabhängige Staaten rechtens befugt sind.

Willi Paul Adams und Angela Meurer Adams (Hrsg.), Die Amerikanische Revolution in Augenzeugenberichten, München 1976, S. 262 f. und S. 266

1. *Welche Ideen der Aufklärung (siehe hier Seite 166 f.) findest du in M 1 und M 2?*
2. *An wen und gegen wen richtet sich die Unabhängigkeitserklärung (M 2)? Stelle die Kennzeichen eines freien und unabhängigen Staates zusammen.*

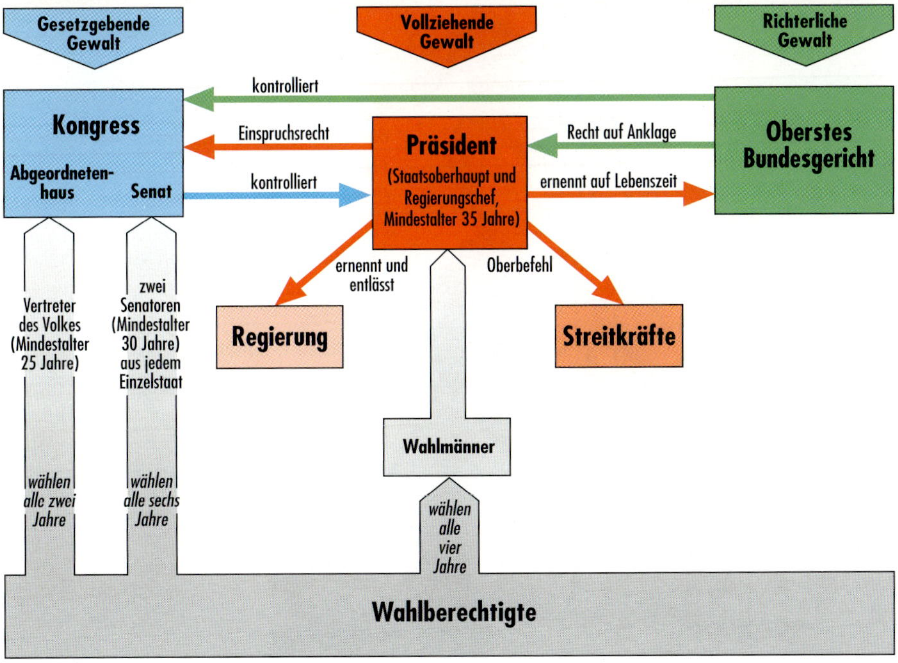

M 4 Die amerikanische Bundesverfassung von 1787/88.

Die Bundesverfassung legte kein bundeseinheitliches Wahlrecht fest. In den Einzelstaaten bestanden unterschiedliche Regelungen, gewöhnlich durften nur freie männliche Bürger wählen, die über Land- oder Hausbesitz verfügten oder Steuern zahlten (1787 etwa 10 Prozent der Bürger). Die Bundesverfassung enthielt auch keine Angaben über das Wahlalter. 1830 wurde Besitzlosen das Wahlrecht zugestanden. 1870 trat ein Verfassungszusatz in Kraft, der festlegte, dass keinem amerikanischen Bürger mehr das Wahlrecht in einem Einzelstaat „auf Grund von Rasse, Farbe und vormaliger Unfreiheit" verwehrt werden darf. Ein weiterer Verfassungszusatz sicherte ab 1920 den Frauen auf Bundesebene das Wahlrecht.

Zur Arbeit mit den Schaubildern siehe den Lerntipp vorne im Buch und die Informationen auf Seite 191.

M 5 Vergesst die Frauen nicht!

Abigail Adams, die Frau von John Adams, der 1788 erster Vizepräsident der Vereinigten Staaten wird, schreibt am 31. März 1776 ihrem Mann:

Und, nebenbei, in dem neuen Gesetzbuch, dass Ihr – meiner Meinung nach – notwendig machen müsst, solltet Ihr – wie ich wünsche – an die Frauen denken und sie großzügiger und günstiger behandeln, als Eure Vorfahren es taten. Gebt keine solche unbegrenzte Macht mehr in die Hände der Ehemänner. Erinnert Euch, dass alle Männer Tyrannen wären, wenn sie könnten. Wenn den Frauen keine besondere Sorge und Berücksichtigung zuteil wird, sind wir entschlossen, einen Aufruhr zu schüren. Wir werden uns nicht durch irgendwelche Gesetze gebunden fühlen, bei denen wir kein Stimm- oder Vertretungsrecht haben. […]

John Adams antwortet am 14. April 1776:

Was Dein außerordentliches Gesetzbuch betrifft, da kann ich nur lachen. Man hat uns erzählt, dass unser Kampf [gegen England] die Bande der Obrigkeit überall gelockert habe, dass Kinder und Lehrlinge ungehorsam würden, dass Schulen und Universitäten aufgewühlt würden, dass Indianer ihre Wächter missachteten und Neger unverschämt gegen ihre Herren würden. Aber Dein Brief war der erste Hinweis, dass noch ein anderer Klüngel – zahlreicher und mächtiger als alle anderen – zur Unzufriedenheit herangezüchtet wird. […]
Verlass Dich drauf, wir wissen etwas besseres, als unsere männlichen Einrichtungen außer Kraft zu setzen. […] Wir haben nur den Namen von Herren, und ehe wir diesen aufgeben (was uns völlig dem Despotismus des Unterrockes untertänig machte!) würden hoffentlich General Washington und alle unsere tapferen Helden kämpfen …

Abigail Adams erwidert am 7. Mai 1776:

Ich kann nicht sagen, dass Ihr – meiner Meinung nach – sehr großzügig gegen die Frauen seid. Denn, während Ihr Frieden und Wohlwollen für die Männer verkündet und alle Völker freilasst, beharrt Ihr darauf, eine absolute Gewalt über die Frauen festzuhalten. Aber Ihr müsst daran denken, dass willkürliche Macht wie alle anderen sehr harten Dinge sehr leicht dem Zerbrechen ausgesetzt ist. Und trotz all Eurer weisen Gesetze und Grundsätze haben wir es in unserer Macht, nicht nur uns selbst zu befreien, sondern unsere Herren zu unterdrücken. Ohne Gewaltanwendung können wir beides, Eure natürliche und gesetzliche Autorität zu unseren Füßen niederwerfen […].

Bodo von Borries, „Im Paradies der Frauen"? – Weibliches Leben in den dreizehn Kolonien und den frühen USA, in: Annette Kuhn / Jörn Rüsen (Hrsg.), Frauen in der Geschichte II, Düsseldorf 1982, S. 129 f.

1. *Nenne die Gründe, weshalb die Staatsmacht in drei unabhängige Gewalten geteilt wurde (M 4). Siehe dazu nochmals Seite 166 f.*
2. *Die Verfassung hat das Wahlrecht an Steuerleistungen bzw. Einkommen gebunden. Erörtere Sinn und Problematik dieses Wahlrechts.*
3. *Welche Rechte fordert Abigail Adams für die Frauen und wie möchte sie diese durchsetzen (M 5)? Wie reagiert ihr Ehemann auf diese Forderungen?*
4. *Macht aus dem Briefwechsel ein Rollenspiel.*

Frankreich vor der großen Revolution

2 „Man muss hoffen, dass dieses Spiel bald vorbei ist."
Figurengruppe aus einer Radierung (19 x 14 cm) eines unbekannten Künstlers von 1789.
Das Bild fand als Flugblatt weite Verbreitung. Auf dem Taschentuch der unteren Figur sind vermerkt: „Salz- und Tabaksteuern, Grundsteuer, Zehnt, Frondienst, Militärdienst", auf dem Säbel steht „gerötet von Blut", auf dem Stock „mit Tränen getränkt". Beschreibe die drei Figuren des Bildes und ordne sie den Ständen zu. Welche Missstände werden angeprangert?
Zusatz: Vögel und Kaninchen verweisen auf die Folgen, die das alleinige Jagdrecht des Adels hatte.

Wie sah die alte Ordnung aus?
Frankreich war um 1789 der bevölkerungsreichste europäische Staat. Von den etwa 28 Millionen Einwohnern lebten über 21,5 Millionen auf dem Land. In der Hauptstadt Paris, der größten Stadt auf dem Kontinent, wohnten etwa 600 000 Menschen.
Die französische Gesellschaft gliederte sich noch wie im Mittelalter in drei Stände. Die beiden ersten, Klerus* und Adel, machten nicht ganz zwei Prozent der Bevölkerung aus. Sie besaßen aber über 30 Prozent des Grund und Bodens. Als Grundherren erhielten sie von ihren abhängigen Bauern verschiedene Abgaben und Dienste. Der Adel beanspruchte noch immer die höchsten Ämter in Staat und Kirche. Er allein besaß Jagd- und Fischereirechte. Wie der Klerus war der Adel weitgehend von Steuerleistungen befreit.

1 „Der große Missstand."
Figurengruppe aus einer Radierung (10,5 x 8,5 cm) eines unbekannten Künstlers von 1789.

Der ungleiche Dritte Stand
Der Dritte Stand (Bürger und Bauern) stellte 98 Prozent der Bevölkerung. Reichtum und Bildung waren ungleich verteilt. Den zahlenmäßig größten Teil der Stadtbewohner bildeten Kleinhändler und Handwerker, Gesellen, Arbeiter und Hausangestellte. Zum gehobenen, aber nicht unbedingt wohlhabenden Bürgertum wurden Richter, Rechtsanwälte, Notare und Ärzte gerechnet.
Zur kleinen Spitze des Dritten Standes gehörten die reichen Manufaktur- und Bergwerksbesitzer, Großkaufleute und Bankiers. Ihr Vermögen hatten sie vor allem in Landbesitz angelegt. Um 1789 gehörte einem Prozent des Dritten Standes etwa ein Drittel des landwirtschaftlich genutzten Bodens.
Die meisten Bauern hatten nur kleine Höfe. Zur ländlichen Bevölkerung zählten auch Gesinde und Tagelöhner. Nach Missernten verloren sie zuerst ihre Stellen. Danach zogen sie bettelnd übers Land und in die großen Städte.

Klerus: *Angehörige der Kirche (Bischöfe, Priester usw.)*

Verwischte Grenzen
Die Standesgrenze zwischen dem Adel und dem wohlhabenden Bürgertum war im Laufe der Zeit durchlässiger geworden. Einerseits hatten zahlreiche Bürgerliche den Adelstitel erworben, in der Regel bei Übernahme eines Amtes. Andererseits musste der Adel zusehen, wie das Bürgertum wirtschaftlich aufstieg. Er hatte seit Anfang des 17. Jh. auf eine direkte Betätigung im Handel, Gewerbe oder Bankgeschäft verzichten müssen, um seine Standesvorteile wie die Steuerfreiheit behalten zu können. Die Vermögensunterschiede waren im Adel ebenso groß wie im Bürgertum.
Mitglieder aller drei Stände lehnten die absolutistische Ordnung ab, in der es kein politisches Mitspracherecht gab. Die einen, weil sie den alten Einfluss der Stände auf die Regierung wiederherstellen wollten; die anderen, weil sie vom Gedankengut der Aufklärung beeinflusst waren.

1. *Um welche Art der Darstellung handelt es sich bei Abb. 1 und 2? Informiere dich anhand der Lerntipps vorne im Buch.*
2. *Vergleiche die beiden Abbildungen auf dieser Seite. In welcher politischen Aussage stimmen sie überein? Welche zusätzliche Forderung lässt sich aus Abb. 1 ableiten?*

LERNTIPP

3 „Le Defecit."
Kolorierter Kupferstich aus England, November 1788.
Hinweise zur Beschriftung: Auf den Truhen steht „leer". Der König zum Finanzminister Jacques Necker (Mitte): „Monsieur N., es ist nichts mehr vorhanden." Antwort: „Ich habe aber doch etwas drinnen gelassen." Aufschrift auf dem Türrahmen: „falsche Flüchtende". Auf der Hose des Adligen steht: „Bittschrift an den König." Er sagt: „Ich habe sie [die Geldsummen] bekommen." Der Geistliche neben ihm ergänzt: „Ich habe den Rest."
Erläutere das dargestellte Problem.

Leere Staatskasse

Zwar litt die Monarchie schon lange unter Geldmangel, aber unter *Ludwig XVI.*, der seit 1774 regierte, kam es zur Zerrüttung der Staatsfinanzen. Schuld daran waren die vielen Kriege und die Verschwendungssucht am Versailler Hof. Trotz günstiger Entwicklung der Wirtschaft konnte der König die leere Staatskasse nicht füllen.

Forderungen von allen Seiten

Wiederholt versuchte der König, die Wirtschaft zu beleben und Reformen einzuleiten. Er forderte unter anderem vom Adel und den hohen Würdenträgern (*Notabeln*), sie sollten Steuern zahlen. Aber seine Vorschläge stießen bei den beiden ersten Ständen auf Widerstand. Sie verlangten die Einberufung der **Generalstände** (frz. *États généraux*). Seit dem Mittelalter wurden die Vertreter der drei Stände in Krisenzeiten vom König einberufen. Doch die absolutistisch regierenden Monarchen hatten seit 175 Jahren auf die Versammlung verzichtet, in der Adel und Klerus die Mehrheit der Stimmen besaßen.

Die Forderungen der Bürger lauteten: Beseitigt die Steuervorteile von Adel und Klerus, schafft die Ämterkäuflichkeit ab, beendet den Zunftzwang und lasst uns mitbestimmen!

Gleichzeitig kritisierten die Anhänger der Aufklärung, die es in allen drei Ständen gab, das Gottesgnadentum und die Ständeordnung. Die politische Entwicklung in den Vereinigten Staaten galt als vorbildlich.

Die Unzufriedenheit nimmt zu

Die Bevölkerung wurde noch unzufriedener, als in den Jahren 1787 und 1788 Missernten und Viehseuchen die Lebenshaltungskosten steigen ließen. Viele Menschen wurden arbeitslos. Zugleich verdoppelten sich die Brotpreise. Handwerker und Arbeiter protestierten und forderten billigeres Brot. Als die öffentlichen Hilfen nicht mehr ausreichten, plünderten hungernde Menschen im Frühjahr 1789 in Paris und anderen Städten Lebensmittelgeschäfte und Bäckereien.

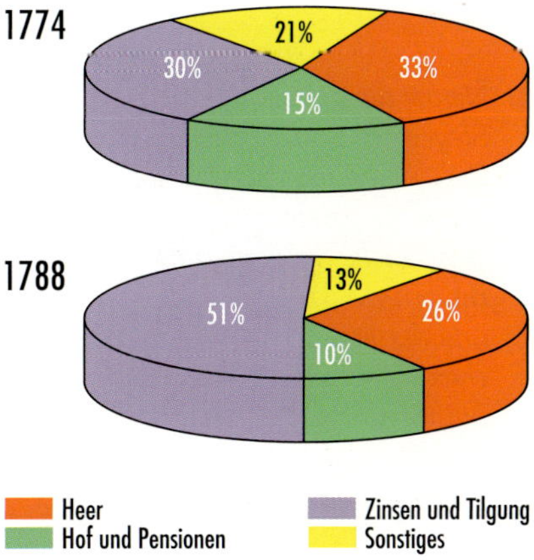

4 Die Entwicklung der Staatsausgaben.
Zinsen: *Gebühren für Kredite;* **Tilgung**: *Ausgaben für die Rückzahlung von Krediten;* **Pensionen**: *Bezüge für Beamte*

Der König sucht Hilfe

1789 wusste der Finanzminister keinen Ausweg mehr aus der Krise. Er riet dem König, nun doch die Generalstände einzuberufen. Die Vertreter der drei Stände sollten den König beraten und neue Steuern bewilligen, um einen Staatsbankrott* zu vermeiden.

Alle Männer über 25 Jahre durften, getrennt nach Ständen, Abgeordnete wählen. Jeder Stand sollte wie früher je 300 Vertreter stellen. Gegen das Übergewicht der beiden ersten Stände wehrte sich der Dritte Stand. Daraufhin ordnete der König an, dass die Bürger und Bauern 600 Vertreter entsenden sollten.

Vor den Wahlen wurden viele Reformschriften veröffentlicht und Vorschläge zur Verbesserung der Verhältnisse gemacht. Denn mit der Wahl der Abgeordneten waren die Wähler aufgefordert worden, dem König ihre Wünsche und Beschwerden mitzuteilen.

Bankrott: *Zahlungsunfähigkeit*

1. *Woran scheiterten die Reformversuche des Königs?*
2. *Welche Bedeutung hatte die Einberufung der Ständevertretung?*

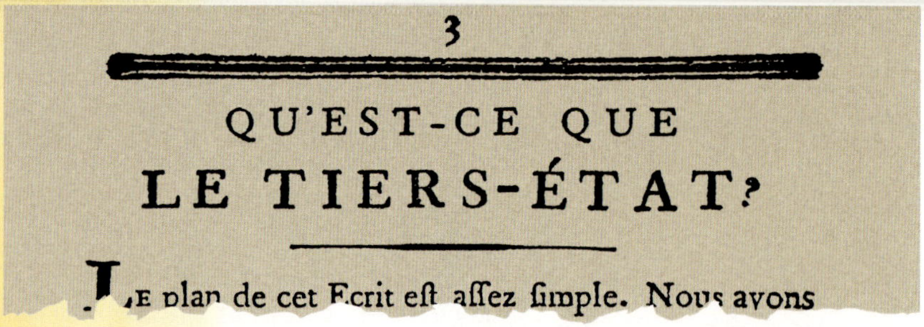
3

QU'EST-CE QUE LE TIERS-ÉTAT?

LE plan de cet Ecrit eſt aſſez ſimple. Nous avons

M 1 Überschrift des ersten Kapitels der Schrift „Was ist der Dritte Stand?".

M 2 Was ist der Dritte Stand?

Die wirkungsvollste „Kampfschrift" für die Interessen des Dritten Standes stammt von dem Geistlichen Emmanuel Joseph Sieyes. Sie wurde Ende 1788 verfasst und erreichte in kurzer Zeit eine Auflage von über 30 000 Exemplaren.

Wir haben uns drei Fragen vorzulegen:
1. Was ist der Dritte Stand? ALLES.
2. Was ist er bis jetzt in der politischen Ordnung gewesen? NICHTS.
3. Was verlangt er? ETWAS ZU SEIN.

[…]

Also, was ist der Dritte Stand? Alles, aber ein gefesseltes und unterdrücktes Alles. Was wäre er ohne den privilegierten Stand? Alles, aber ein freies und blühendes Alles. Nichts kann ohne ihn gehen; alles ginge unendlich besser ohne die anderen. […]

Was ist eine Nation? Eine Körperschaft von Gesellschaftern, die unter einem gemeinschaftlichen Gesetz leben und durch dieselbe gesetzgebende Versammlung repräsentiert werden usw. […]

Der Dritte Stand umfasst also alles, was zur Nation gehört; und alles, was nicht der Dritte Stand ist, kann sich nicht als Bestandteil der Nation ansehen […].

Man kann die wirklichen Forderungen des Dritten Standes nur nach den Beschwerden beurteilen, welche die großen Stadtgemeinden des Königreichs an die Regierung gerichtet haben.

Eberhard Schmitt und Rolf Reichardt (Hrsg.), E. J. Sieyes, Politische Schriften 1788-1790, München ²1981, S. 119, 122, 124 und 131

M 3 Forderungen vom Lande

Im Zusammenhang mit den Wahlen zu den Generalständen von 1789 wurden den Vertretern nahezu 60 000 Beschwerdehefte (Cahiers de Doléances) mitgegeben. In dem Brief einer Gemeinde steht:

Die Einwohner dieser Gemeinde fordern:
1. dass alle Steuern von den drei Ständen ohne irgendwelche Ausnahmen gezahlt werden, von jedem Stand gemäß seinen Kräften;
2. das gleiche Gesetz und Recht im ganzen Königreich;
3. die völlige Aufhebung der Sondersteuern und der Salzsteuer […];
4. die völlige Beseitigung jeglicher Art von Zehnten in Naturalien […];
8. dass die Eigentumsrechte heilig und unverletzlich sind […];
10. dass alle Frondienste, welcher Art sie auch sein mögen, beseitigt werden.

Irmgard Hartig und Paul Hartig, Die Französische Revolution, Stuttgart 1988, S. 34

M 4 Forderungen aus einer Stadt

Aus einem Beschwerdebrief:

Nachdem wir uns auf Einberufung durch die Beamten der Stadt versammelt haben, um unser Beschwerdeheft anzulegen, flehen wir Euer Majestät an, dieses entgegenzunehmen, und bitten Euer Majestät, in Dero väterlichen Sorge um die Linderung des Loses des Volkes in Stadt und Land fortzufahren, und haben beschlossen:
1. Dass die Person des Königs als heilig angesehen werde […].
2. Zu verlangen, dass eine auf Grundgesetzen beruhende Verfassung geschaffen werde […].
7. Dass die Steuern ohne Unterschied von den Bürgern aller Stände erhoben werden […].
11. Dass Angehörige des Dritten Standes, die Anstand, Talent und Tugenden gezeigt haben, Zugang zu den militärischen und zivilen Stellungen erlangen, deren sie sich würdig erwiesen haben […].
22. Dass es im ganzen Königreich gleiche Maße und Gewichte geben soll.

Ulrich Friedrich Müller (Hrsg.), Die Französische Revolution 1789-1799. Ein Lesebuch, München 1988, S. 32 ff. (leicht bearbeitet)

M 5 Frauen fordern

Frauen des Dritten Standes fordern in den Beschwerdeschriften von 1789 vom König:

Wir bitten um Ausbildung und Beruf, nicht, um uns die Befugnisse der Männer anzueignen, sondern, um höher von ihnen geachtet zu werden, und damit wir imstande sind, vor dem Elend geschützt zu leben. […]

Wir bitten Sie inständig […], kostenlose Schulen einzurichten, wo wir unsere Sprache von Grund auf erlernen können, die Religion und die geistigen und sittlichen Werte; eins wie das andere soll uns in seinem ganzen Umfang dargeboten werden. […]

Wir glauben, dass es den Frauen, den Witwen und Töchtern, die Ländereien oder anderes Vermögen besitzen, billigerweise gestattet sein muss, dem Thron ihre Beschwerden zu Füßen zu legen, und dass es ebenso nur gerecht ist, ihre Stimmen zu zählen, da sie doch, wie die Männer, dazu verpflichtet sind, die königlichen Abgaben zu zahlen […].

Geschichte auch für Mädchen, hrsg. von der Parlamentarischen Staatssekretärin für die Gleichstellung von Frau und Mann beim Ministerpräsidenten des Landes Nordrhein-Westfalen, Düsseldorf 1989, S. 20f.

1. *Nenne die politischen Ziele, die Sieyes mit seiner Schrift verfolgt (M 2). Erkläre, was er unter „Nation" versteht.*
2. *Untersuche die Forderungen der Bauern (M 3), der Stadtbürger (M 4) und der Frauen (M 5). Welche sind eher Reformen der bestehenden Staats- und Gesellschaftsordnung, welche zielen auf eine grundlegende Veränderung der Verhältnisse?*

1 Die Erstürmung der Bastille in Paris am 14. Juli 1789.
Stich nach einem Gemälde von Charles Thévenin, um 1793.
In die Bastille waren im 18. Jh. zahlreiche Menschen auf Befehl des Königs und ohne Gerichtsverfahren eingeliefert worden. 1789 diente sie als Gefängnis und Pulverlager. Sie galt als Gefahr für die Bevölkerung und war Symbol der Unfreiheit. Deshalb wurde sie gestürmt. Bei der Einnahme der Bastille starben etwa 100 Menschen. Sieben Häftlinge konnten befreit werden. Auf dem Bild wird die Verhaftung des Kommandanten der Bastille, Marquis de Launay gezeigt. Er hatte das Staatsgefängnis unter der Bedingung geöffnet, dass die Besatzung abziehen dürfe. Doch er wurde festgenommen und ermordet.
Die im Bild gezeigte blau-weiß-rote **Trikolore** *(lat. tricolor: dreifarbig) ist eine Kombination aus den Farben der Stadt Paris (blau und rot) und der französischen Monarchie (weiß). Nationalfahne wurde sie erst 1794.*

Von der absoluten zur konstitutionellen Monarchie

Die Revolution der Abgeordneten
Am 5. Mai 1789 traten die Generalstände in Versailles feierlich zusammen. Der König wünschte, dass die Stände wie 175 Jahre zuvor getrennt beraten und abstimmen sollten. Der Dritte Stand befürchtete, dass die beiden anderen Stände ihm allein die zu erwartenden Steuererhebungen aufbürden würden. Daher forderten die Vertreter des Dritten Standes und fortschrittlich denkende Mitglieder der anderen beiden Stände gemeinsame Sitzungen und Abstimmungen „nach Köpfen“. Der König ließ nach Protesten verärgert den Tagungsraum des Dritten Standes schließen. Daraufhin zogen die Befürworter einer Reform in das nahegelegene „Ballhaus“, einer Art Sporthalle, und erklärten sich am 20. Juni 1789 zur **Nationalversammlung**. Sie verstanden sich nicht mehr als Abgeordnete einzelner Stände, sondern als Vertreter der **Nation** (lat. *natio:* Herkunft, Abstammung). Ihr wollten sie eine Verfassung geben, die die Rechte des Königs, der Regierung und der Abgeordneten festschreiben sollte. Mit dieser Aktion begann die Revolution.
Der König wehrte sich gegen die gemeinsame Sitzung der Stände. Aber bald gab er nach und ordnete sie sogar an. Am 9. Juli 1789 vereinte sich die Mehrzahl aller Ständevertreter und erklärte sich zur **Verfassunggebenden Nationalversammlung**.

Die Ereignisse in Paris
Als der König Truppen um Paris zusammenziehen ließ und eine rückschrittlich gesinnte Regierung berief, befürchtete die Bevölkerung, dass die Nationalversammlung wieder aufgelöst werden sollte. Rasch steigende Brotpreise verstärkten die Unzufriedenheit. Die Pariser Bevölkerung forderte billiges Brot und bewaffnete sich. Schließlich erstürmten am 14. Juli 1789 Handwerker, Händler, Gastwirte und Tagelöhner das alte königliche Gefängnis: die **Bastille**.
Verunsichert lehnte es der König ab, seine Truppen gegen die Bevölkerung einzusetzen. Daraufhin übernahm das wohlhabende Bürgertum die Stadtverwaltung und richtete eine Bürgerwehr, die **Nationalgarde**, ein. Sie sollte für Ruhe und Ordnung sorgen. Die bürgerliche Selbstverwaltung von Paris hatte begonnen. Dem Beispiel folgten weitere Städte.

Internettipp → *Weitere Informationen über die Ereignisse findest du unter http://www.revolution.historicum.net/index.html*

2 Die Rückkehr der Pariser Marktfrauen aus Versailles am 6. Oktober 1789.
Radierung (18,5 x 34,5 cm) von 1789.
Die Zeichnung gibt Auskunft über den Anlass des Zuges sowie über dessen Verlauf. Beschreibe und erläutere!

Die Revolution der Bauern

Die Bauern waren von den gescheiterten Reformbemühungen der Krone und der Entwicklung in der Nationalversammlung enttäuscht. Sie weigerten sich, Steuern zu zahlen. Gerüchte über eine bevorstehende Verschwörung des Adels erzeugten eine *Große Furcht* (franz. *Grande Peur*), die sich gewaltsam Luft machte: An vielen Orten des Landes erstürmten Frauen und Männer Schlösser, Herrensitze, Klöster und Rathäuser. Sie vernichteten die Urkunden, in denen ihre Abgaben und Dienstleistungen festgelegt waren.

Die Augustbeschlüsse

In einer dramatischen Sitzung vom 4. auf den 5. August 1789 beschloss die Nationalversammlung:

- die Leibeigenschaft wird beendet;
- die Bauern können sich von den Abgaben an den Grundherrn loskaufen;
- der Grundherr darf nicht mehr über die Bauern richten;
- die Adligen verlieren ihr ausschließliches Jagdrecht.

Die Abgeordneten wollten in ganz Frankreich gleiche Steuern und gleiche Rechte für alle Bürger. Jeder sollte uneingeschränkt über sein Eigentum (vor allem an Grund und Boden) entscheiden können.
Doch zunächst änderte sich durch die Beschlüsse kaum etwas, denn nur die reichen Bauern konnten sich loskaufen und so ihre Grundherren entschädigen. Erst im Sommer 1793 wurden alle Rechte der Grundherren (die Feudalrechte) entschädigungslos abgeschafft.

Die Erklärung der Menschenrechte

Drei Wochen nach der Aufhebung der alten Vorrechte und Feudallasten verkündete die Nationalversammlung am 29. August 1789 die Menschen- und Bürgerrechte. Die Abgeordneten ließen sich dabei von der *Virginia Bill of Rights* von 1776 beeinflussen. Sie hatte erstmals Menschenrechte zum Teil einer Verfassung gemacht und am Beginn der Unabhängigkeitsbestrebungen der britischen Kolonisten von Großbritannien gestanden, die von der französischen Krone mit militärischen Mitteln unterstützt worden war. Wie in den nach dem Unabhängigkeitskampf 1787 entstandenen Vereinigten Staaten von Amerika sollte es auch in Frankreich nur noch gleichberechtigte Bürger geben.
Die französische Menschen- und Bürgerrechtserklärung enthielt wie die im September von den amerikanischen Abgeordneten angenommene *Bill of Rights* kein Wort zur Gleichberechtigung der Geschlechter und den Menschenrechten der Sklaven.

Gibt der König nach?

Zu den wichtigsten Zielen der Revolution wurden später **Freiheit** (franz. *liberté*), **Gleichheit** (franz. *egalité*) und **Brüderlichkeit** (franz. *fraternité*) erklärt. Sie prägten die Arbeit der Verfassunggebenden Versammlung. Die Verfassung sollte die „Augustbeschlüsse" und die „Erklärung der Menschen- und Bürgerrechte" ebenso enthalten wie Bestimmungen über die Macht des Königs, die Gewaltenteilung und die Rechte der Bürger.
Aber der König weigerte sich, die Beschlüsse der Verfassunggebenden Versammlung anzuerkennen. In dieser Lage zogen etwa 6000 Pariser Marktfrauen am 5. Oktober 1789 zum Versailler Schloss, um den König auf die Teuerung und die schlechte Versorgung der Stadt mit Brot aufmerksam zu machen. Ihnen war die Nationalgarde und eine große Menschenmenge gefolgt. Nach blutigen Auseinandersetzungen zwischen dem Demonstrationszug, der Nationalgarde und der Leibgarde des Königs zog der König mit seiner Familie – mehr gezwungen als freiwillig – in sein Stadtschloss *(Louvre)* nach Paris um. Gleichzeitig erkannte Ludwig XVI. nun die von den Abgeordneten erarbeiteten Verfassungsartikel einschließlich der „Augustbeschlüsse" an.

Internettipp → *Den Text der Virginia Bill of Rights von 1776 siehe unter http://plato.kfunigraz.ac.at/dp/NEUZEIT/DOCS_E/VIRGBOR.HTM*

Stelle in einer mehrspaltigen Tabelle die Ereignisse gegenüber, die von den Bürgern, den Bauern, den Abgeordneten und dem König ausgehen und suche nach Zusammenhängen.

Eine neue politische Kultur
Frauen und Männer sowie Abgeordnete der Nationalversammlung gründeten politische **Klubs** und **Volksgesellschaften**. Der *Jakobinerklub*, benannt nach seinem Versammlungsort, dem ehemaligen Kloster *Saint-Jacques* der Dominikaner in Paris, wurde die einflussreichste Gesellschaft. 1791 hatte dieser Klub, in dem sich bald nur die Kritiker der Monarchie zusammenfanden, bereits über 400 Tochtergesellschaften in ganz Frankreich.
Sprachrohre der Klubs waren die Zeitungen. Ihre Zahl, ihre Erscheinungsweise und Auflagen stiegen mit der Revolution stark an. Darüber hinaus wurde die öffentliche Meinung durch unzählige Reden, Plakate, Zeichnungen, Lieder und Volksfeste beeinflusst. Kaum ein Schriftsteller, Dichter oder Künstler beteiligte sich nicht daran.
Ein weiteres Zeichen der neuen politischen Kultur wurden Revolutionsfeiern. Eine der ersten war das Verbrüderungsfest vom 14. Juli 1790 in Paris, auf dem Ludwig XVI. feierlich einen Eid auf die Nation ablegte.*

Abschluss mit Hindernissen
Nach den Ereignissen des Oktobers 1789 war der König praktisch machtlos. Vor der Verabschiedung der Verfassung versuchte er im Juli 1791, mit seiner Familie ins Ausland zu fliehen. Aber vor der Grenze wurde er erkannt und wie ein Gefangener von der aufgebrachten Bevölkerung in die Hauptstadt zurückgebracht.
Während ein großer Teil der Abgeordneten die inzwischen fertiggestellte Verfassung trotz des Fluchtversuchs verabschieden wollte, forderten andere Redner auf einer Kundgebung in Paris die Abschaffung der Monarchie und stattdessen eine Republik. Mit Gewalt ging die Nationalgarde gegen die Demonstranten vor und vergrößerte damit die Zahl der Königsgegner.
Am 13. September 1791 beschloss die Nationalversammlung die Verfassung.

Einen Tag später leistete der König seinen Eid auf sie. Frankreich war damit eine **konstitutionelle Monarchie**. Aber damit war die Revolution noch nicht vorbei.

Die Nationalversammlung arbeitet weiter
Die Abgeordneten beschlossen weitreichende Maßnahmen. Schon im Juli 1790 waren die Adelstitel abgeschafft worden. Nach dem Abschluss der Verfassung wurde Frankreich in 83 etwa gleich große Verwaltungsbezirke (*Départements*) eingeteilt. Die Binnenzölle fielen. Ein einheitlicher Wirtschaftsraum entstand. Man schaffte die Zünfte ab und führte die Berufs- und Gewerbefreiheit ein. Außerdem erhielt die jüdische Bevölkerung alle bürgerlichen und politischen Rechte.
Eine folgenreiche Maßnahme war die Enteignung des Kirchenvermögens und seine Übertragung an den Staat. Der Verkauf der Kirchengüter sollte die Staatsfinanzen in Ordnung bringen. Eingeleitet wurde zugleich die Trennung von Kirche und Staat. Der Staat übernahm von nun an die sozialen Aufgaben der Kirche (Schulen, Krankenhäuser) und die Bezahlung der Geistlichen. Zahlreiche Orden wurden aufgelöst. Der Papst und Anhänger der Kirche lehnten diese Eingriffe scharf ab. Viele Priester, Mönche und Nonnen sowie Adlige flohen ins Ausland. Zugleich wuchs die Zahl derer, die im Lande gegen die revolutionären Veränderungen aufbegehrten.

3 Ein Freiheitsbaum wird gepflanzt.
Malerei von Pierre Étienne und Jacques Philippe Lesueur, um 1790.
Im Verlauf der Revolution entstand der Brauch, Freiheitsbäume zu setzen. Man knüpfte damit an die Tradition des Maibaumes an und verwendete dafür in der Regel Pappeln.
Ihr rascher und gerader Wuchs sollte die revolutionären Fortschritte darstellen.

4 Patriotischer Frauenklub.
Malerei von Pierre Étienne und Jacques Philippe Lesueur, nach 1791.

Siehe dazu auch M 2, Seite 192.

M 1 Menschen- und Bürgerrechte

Am 26. August 1789 wird die Erklärung der Menschen- und Bürgerrechte veröffentlicht. Sie wird der Verfassung von 1791 (siehe M 1, Seite 191) vorangestellt. In der Erklärung heißt es:

Da die Vertreter des französischen Volkes, als Nationalversammlung eingesetzt, erwogen haben, dass die Unkenntnis, das Vergessen oder die Verachtung der Menschenrechte die einzigen Ursachen des öffentlichen Unglücks und der Verderbtheit der Regierung sind, haben sie beschlossen, die natürlichen und unveräußerlichen und heiligen Rechte der Menschen in einer feierlichen Erklärung darzulegen [...].

Artikel 1

Die Menschen sind und bleiben von Geburt frei und gleich an Rechten [...].

Artikel 2

Das Ziel jeder politischen Vereinigung ist die Erhaltung der natürlichen und unveräußerlichen Menschenrechte. Diese Rechte sind Freiheit, Eigentum, Sicherheit und Widerstand gegen Unterdrückung [...].

Artikel 6

Das Gesetz ist der Ausdruck des allgemeinen Willens. Alle Bürger haben das Recht, persönlich oder durch ihre Vertreter an seiner Formung mitzuwirken. Es soll für alle gleich sein [...].

Artikel 11

Die freie Mitteilung der Gedanken und Meinung ist eines der kostbarsten Menschenrechte. Jeder Bürger kann also frei schreiben, reden, drucken unter Vorbehalt der Verantwortlichkeit für den Missbrauch dieser Freiheit in den durch Gesetze bestimmten Fällen.

Ute Gerhard, Menschenrechte – Frauenrechte 1789, in: Viktoria Schmidt-Linsenhoff (Hrsg.), Sklavin oder Bürgerin? Französische Revolution und neue Weiblichkeit, Frankfurt a. M. 1989, S. 70 ff.

M 3 Erklärung der Menschen- und Bürgerrechte.
Ölgemälde (67 x 56 cm) von 1789/90. Die beiden Frauengestalten symbolisieren „Frankreich“ (links) und das „Gesetz“. Dazwischen steht das „Auge der Vernunft“, das auf den Text der Menschenrechte sieht. Die beiden Schrifttafeln erinnern an die Darstellung der mosaischen Gesetzestafeln mit den Zehn Geboten. Die rote Mütze ist eine Anspielung auf die Kopfbedeckung der freigelassenen römischen Sklaven. Die Pike steht für die Wehrhaftigkeit des Volkes und das Rutenbündel ist ein Symbol der Römischen Republik.

M 2 Bürgerrechte auch für Frauen

In Anlehnung an die Erklärung vom August 1789 verfasst die Schriftstellerin Olympe de Gouges 1791 die „Erklärung der Rechte der Frau und Bürgerin“.

Wir, die Mütter, Töchter, Schwestern, Vertreterinnen der Nation, verlangen, in die Nationalversammlung aufgenommen zu werden [...].

Artikel 1

Die Frau ist frei geboren und bleibt dem Manne gleich in allen Rechten [...].

Artikel 2

Ziel und Zweck jedes politischen Zusammenschlusses ist der Schutz der natürlichen und unveräußerlichen Rechte sowohl der Frau als auch des Mannes. Diese Rechte sind: Freiheit, Sicherheit, das Recht auf Eigentum und besonders das Recht auf Widerstand gegen Unterdrückung [...].

Artikel 6

Das Gesetz sollte Ausdruck des allgemeinen Willens sein. Alle Bürgerinnen und Bürger sollen persönlich oder durch ihre Vertreter an seiner Gestaltung mitwirken. Es muss für alle das Gleiche sein [...].

Artikel 11

Die freie Gedanken- und Meinungsäußerung ist eines der kostbarsten Rechte der Frau, denn diese Freiheit garantiert die Vaterschaft der Väter an den Kindern. Jede Bürgerin kann folglich in aller Freiheit sagen: „Ich bin die Mutter eines Kindes, das du gezeugt hast“, ohne dass ein barbarisches Vorurteil sie zwingt, die Wahrheit zu verschleiern. [...]

Ute Gerhard, Menschenrechte – Frauenrechte 1789, a.a.O.

Internettipp → *Die vollständige Erklärung der Menschenrechte siehe unter www.verfassungen.de/f/ferklaerung89.htm*

1. *Stelle die Unterschiede zwischen den Artikeln der Erklärungen (M 1 und M 2) fest.*
2. *Begründe, weshalb Olympe de Gouges ihre Erklärung verfasst hat (M 2).*
3. *Die Bildelemente auf dem Gemälde (M 3) interpretieren die Erklärung. Erläutere die Aussagen.*

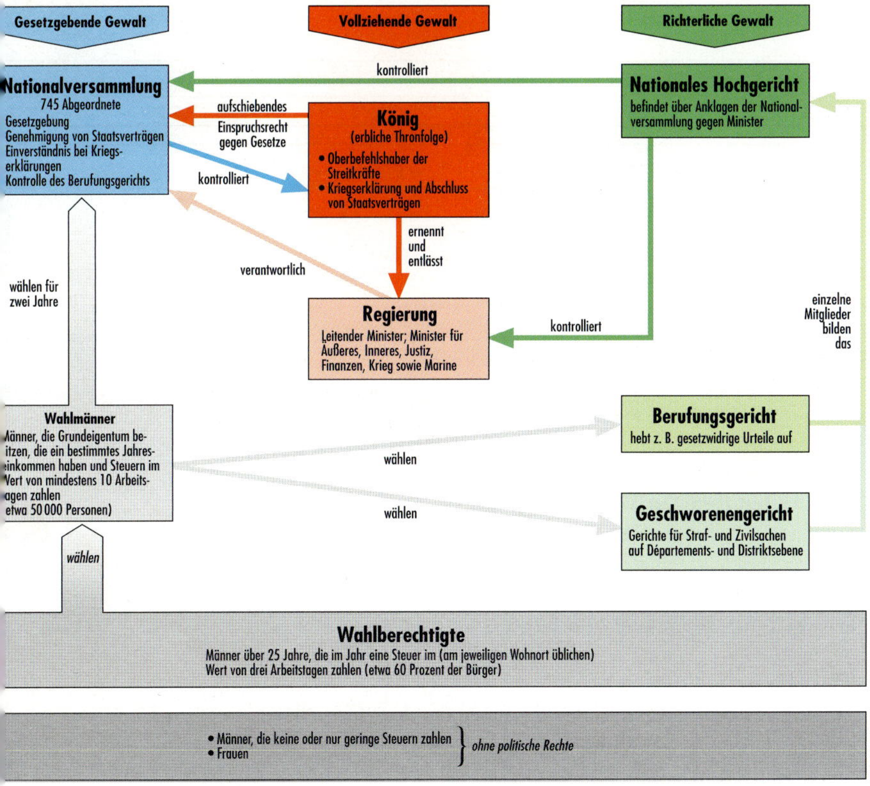

M 1 Die Verfassung von 1791.
Das Frauenwahlrecht wurde in Frankreich 1946 eingeführt.

M 2 Aus der Verfassung von 1791

Von den öffentlichen Gewalten

Artikel 1

Die Souveränität* ist einzig, unteilbar, unveräußerlich und unverjährbar. Sie steht der Nation zu. Kein Teil des Volkes und keine einzelne Person kann sich ihre Ausübung aneignen […].

Artikel 3

Die gesetzgebende Gewalt ist einer Nationalversammlung übertragen, die aus den vom Volk frei und auf Zeit gewählten Abgeordneten besteht und welche diese Gewalt mit Billigung des Königs so ausübt, wie nachstehend bestimmt wird.

Artikel 4

Die Regierung ist monarchisch. Die ausführende Gewalt ist dem König übertragen, um […] durch die Minister und andere verantwortliche Beamte […] ausgeübt zu werden […].

Artikel 5

Die richterliche Gewalt ist den durch das Volk auf Zeit gewählten Richtern zu übertragen […].

Vom Königtum und dem König

Artikel 1

Das Königtum ist unteilbar und dem regierenden Hause im Mannesstamm nach dem Rechte der Erstgeburt erblich übertragen unter dauerndem Ausschluss der Frauen und ihrer Nachkommenschaft. […]

Artikel 2

Die Person des Königs ist unverletzlich und heilig. Sein einziger Titel ist König der Franzosen.

Artikel 3

Es gibt in Frankreich keine höhere Autorität als die des Gesetzes. Der König regiert nur durch dieses. Und nur im Namen des Gesetzes kann er Gehorsam verlangen.

Dietmar Willoweit und Ulrike Seif (Hrsg.), Europäische Verfassungsgeschichte, München 2003, S. 299 f. u. 310

***Souveränität**: oberste Gewalt im Staat*

LERNTIPP

Wir werten ein Verfassungsschema aus

Ein Verfassungsschema stellt den Aufbau und die Arbeitsweise eines Staates sowie die Rechte der Bürger grafisch dar. Um es lesen zu können, musst du zunächst entscheiden, an welcher Stelle du am besten mit der Beschreibung beginnst.

Wichtig sind die Beziehungen zwischen den Bestandteilen eines Schaubildes. Beachte die verwendeten Zeichen. Oft ist die Form des Schaubildes wichtig für die Deutung. Prüfe, welche Begriffe du erklären solltest.

Mögliche Arbeitsfragen:

1. Welche Ämter und Einrichtungen werden erwähnt? Wer hat wie Zugang zu ihnen, wer nicht?
2. Welche Teile der Bevölkerung werden genannt, welche nicht?
3. Wer arbeitet mit wem zusammen? Wobei?
4. Wer hat welche Aufgaben, Rechte oder Pflichten?
5. Wer hat wieviel Macht? Ist jemand von der Macht ausgeschlossen?

Schreibe die Antworten jeweils auf, ordne sie auf einem Stichwortzettel und präge sie dir ein. Trage die Ergebnisse möglichst frei vor.

1. *Das Schaubild (M 1) zeigt die Verfassung einer konstitutionellen Monarchie.*
   – Nenne die Unterschiede zur absoluten Monarchie.
   – Wer hatte die größere Macht: die gesetzgebende oder die vollziehende Gewalt? Begründe!
2. *Prüfe, ob das Schema (M 1) die Artikel 1 bis 5 der Verfassung (M 2) angemessen darstellt.*

PROJEKT

Die gesungene Revolution

Am 14. Juli 1790 sollte in Paris mit einem großen Volksfest an den Sturm auf die Bastille ein Jahr zuvor erinnert werden. Die Stadtverwaltung zögerte jedoch die Vorbereitungen hinaus. Also nahmen die Bürger die Sache selbst in die Hand. Dabei entstand das Lied *Ça ira (Es wird gehen)*, die erste Hymne der Franzosen.
Zwischen 1789 und 1794 entstanden in Frankreich rund 3000 Lieder, darunter die „Marseillaise“, die heutige Nationalhymne. Die Lieder bezogen sich auf aktuelle Ereignisse. Sie verbreiteten revolutionäre und gegenrevolutionäre Ideen. Die Menschen sangen sie in den Klubs, auf der Straße und auf Festen. Ihre Melodien waren eingängig und ihre Texte merkten sich auch die Menschen, die weder lesen noch schreiben konnten – das waren damals mindestens 2/3 der Bevölkerung. Und was noch wichtiger war: Die gemeinsam gesungenen Lieder förderten die Solidarität (Brüderlichkeit) und machten Mut.

CD-ROM-Tipp → *Historische Lieder, Seelze: Friedrich Verlag (Velber) 1996*

M 1 Ça ira.
Noten (Ausschnitt).

M 2 14. Juli 1790: Das Verbrüderungsfest auf dem Marsfeld in Paris.
Zeitgenössischer Kupferstich (36 x 46 cm) von Isodore Stanislas Helman nach Charles Monnet. Das Marsfeld, ein Truppenübungsplatz, befand sich dort, wo heute der Eiffelturm steht. 300 000 Menschen fanden hier Platz. Sie leisteten am 14. Juli 1790 feierlich den Eid auf die Grundsätze der entstehenden Verfassung.

M 3 Ça ira
Der Text stammt von einem Pariser Straßensänger, die Melodie wurde 1790 von einem bekannten „Schlager“ übernommen.

Ah! ça ira, ça ira, ça ira!
Le peuple en ce jour sans cesse répète:
Ah! ça ira, ça ira, ça ira,
Malgré les mutins tout réussira.

(Ah, es wird gehen, es wird gehen, es wird gehen! / Wiederholt das Volk an diesem Tag ununterbrochen: / Ah, es wird gehen, es wird gehen, es wird gehen, / Trotz der Meuterer wird alles gelingen.)

Die Melodie ist so einprägsam, dass immer wieder neue Textfassungen zu besonderen Anlässen entstehen. Eine andere Fassung lautet:

Ah, das geht ran, das geht ran, das geht ran, /
Die Aristokraten an die Lateme; /
Ah, das geht ran, das geht ran, das geht ran, /
Die Aristokraten, hängt sie dran! /
Und wenn sie alle hängen, marsch, /
Haut man ihn'n die
Schippe vorn Arsch. /
Ah! das geht ran, das
geht ran, das geht ran
…

Gerd Semmer (Hrsg.), Ça ira. 50 Chansons, Chants, Couplets und Vaudevilles aus der Französischen Revolution 1789-1795, Berlin 2. Auflage 1962, S. 60 und 57

1. *Vergleiche die beiden Textfassungen (M 3). Wann und warum könnte die zweite Fassung entstanden sein?*
2. *Wie stellst du dir das Lied gesungen vor: getragen – schnell – melodiös – rhythmisch? Höre dir das Lied an, und vergleiche die Tonaufnahme mit deinen Vermutungen.*
3. *Stell dir vor, dieses Lied wurde zum Abschluss des Festes (M 2) von allen gesungen. Wie mag es gewirkt haben?*
4. *Informiert euch über die „Marseillaise“ (Entstehung, Text, Melodie und Verbreitung).*

Die Revolution schreitet voran

Ohne Kniebundhosen, aber mächtig

Mit der Verfassung von 1791 war die Revolution aber noch nicht beendet. Zwar wurde eine **Gesetzgebende Nationalversammlung** gewählt, in der die gemäßigten Kräfte die Mehrheit hatten. Doch dieses Parlament geriet immer mehr unter den Druck der städtischen Volksbewegung der **Sansculotten**. Ihnen ging die Revolution nicht weit genug. Sie traten ein für ein **allgemeines Wahlrecht**, lehnten das Einspruchsrecht (*Veto*) des Königs ab, und vor allem: Sie forderten billigere Lebensmittel und bessere Lebensverhältnisse für die einfachen Leute. Gleichzeitig wandte sich die Stimmung des Volkes immer mehr gegen den König. Er wurde verdächtigt, die Monarchen Europas gegen Frankreich aufzuhetzen und deren Krieg gegen das revolutionäre Frankreich zu unterstützen. Um einem Einmarsch preußischer und österreichischer Truppen zuvorzukommen, erklärte Frankreich Österreich den Krieg. Doch die schlecht ausgerüsteten Truppen waren dem Ansturm der Gegner nicht gewachsen, die die französischen Grenzen bald überschritten.

Die städtische Volksbewegung nutzte die königsfeindliche Stimmung zu einer **Zweiten Revolution**. Wütende Volksmassen stürmten am 10. August 1792 das Stadtschloss. Der König wurde gefangengenommen und für vorübergehend abgesetzt erklärt.

Blutiger September

Zwischen dem 2. und 5. September 1792 drangen Teile der städtischen Volksbewegung in die Gefängnisse ein und töteten viele Gefangene, da sie befürchteten, dass die anrückenden feindlichen Truppen sich mit den Gefangenen zu einer Gegenrevolution verbünden könnten. Etwa 1 500 Menschen sollen den Gewalttätern zum Opfer gefallen sein.

Frankreich wird Republik

In dieser gewalttätigen Zeit fanden die Wahlen zum neuen Parlament, dem **Nationalkonvent**, statt. Nur sechs Prozent der Wahlberechtigten nahmen daran teil. Die Mehrheit der Abgeordneten beschloss als erstes, die Monarchie abzuschaffen und die **Republik** einzuführen (22. September 1792). Die Republikaner waren von der Volkssouveränität überzeugt. Alle staatliche Gewalt sollte beim Volke liegen.

Im Winter 1792/93 machte der Nationalkonvent dem König den Prozess wegen „Verschwörung gegen die Freiheit der Nation". Am 21. Januar 1793 wurde Ludwig XVI. hingerichtet.

Bürgerkrieg und Eroberungen

Die Hinrichtung des Königs und erste Siege der französischen Truppen bewirkten, dass sich auch England, Holland und Spanien dem Bündnis Österreichs und Preußens anschlossen (*Erster Koalitionskrieg*).

Als der Nationalkonvent daraufhin die Aushebung von 300 000 Soldaten anordnete, brachen 1793 in einigen Gebieten Frankreichs Aufstände gegen diese Maßnahme aus. Von nun an bestimmten Bürgerkrieg und Eroberungskrieg den Revolutionsalltag.

1 Sansculotten.
Zeichnungen nach zeitgenössischen Vorlagen. Gegen die Kniehosen und Seidenstrümpfe des Adels und des Großbürgertums setzten die **Sansculotten** *(franz. sans culottes: ohne Kniehosen) die langen Hosen. Zeichen ihrer Stärke waren die selbst gemachten Piken und Säbel. Ausdruck ihrer Solidarität war das brüderliche Du.*
Handwerker, Krämer, Schankwirte, Tagelöhner, Marktfrauen und Wäscherinnen zählten zu den Sansculotten. Zu ihren Führern gehörten Rechtsanwälte und Journalisten. Sie traten für niedrige Lebensmittelpreise und ein allgemeines Wahlrecht ein, kämpften gegen die Kirche und gegen die „Reichen". Ihr Ideal war eine Gesellschaft kleiner selbstständiger Händler und Gewerbetreibender.

Immer mehr Schwierigkeiten

Die Republik konnte die wirtschaftlichen Probleme nicht lösen: Die Preise für Lebensmittel stiegen weiter, da die Bauern für das von der Regierung ausgegebene neue Papiergeld (*Assignate*) kein Korn verkaufen wollten. Im Winter kam es in vielen Städten erneut zu Brotaufständen und Plünderungen. Häufig führten Frauen diese Erhebungen an. Sie forderten Maßnahmen gegen die Geldentwertung (*Inflation*) und feste Preise für Lebensmittel.

Die städtische Volksbewegung verhalf den radikalen Abgeordneten zur Führung im Nationalkonvent. Zu ihren redegewandten Wortführern gehörten die Rechtsanwälte *Georges Jacques Danton* und *Maximilien de Robespierre.*

In der 1793 verkündeten neuen Verfassung, die auf Gewaltenteilung verzichtete und in der alle Macht bei den Abgeordneten lag, wurden erstmals soziale Grundrechte wie Recht auf Arbeit, öffentliche Unterstützung und Unterricht für alle garantiert. Künftig sollten alle Gesetze durch Volksabstimmungen (*Plebiszite*) beschlossen werden. Die Verfassung trat wegen des Krieges aber nie in Kraft.

Ein neues Zeitalter?

Mit der Republik sollte ein neues Zeitalter beginnen. Im Oktober 1793 beschloss der Nationalkonvent einen republikanischen Kalender. Der erste Tag der Republik, der 22. September 1792, wurde rückwirkend zum Beginn der neuen Zeitrechnung (*Jahr I*) gemacht.

Mit dem Revolutionskalender, der bis Ende 1805 galt, wurde eine Zehntagewoche eingeführt. Die Monate bekamen neue Namen, die sich nach dem Ablauf der Natur richteten, und die Tage erhielten anstelle der Heiligennamen die Bezeichnungen von Pflanzen und Tieren.

Gegen die Christen richteten sich noch andere Aktionen. Zahlreiche Kirchen wurden geschlossen oder zu „Tempeln der Vernunft" erklärt, in denen man nun die Göttin der Freiheit verehrte.

2 Maximilien de Robespierre.
Gemälde eines unbekannten Künstlers, um 1790 (Ausschnitt).
Der 1758 geborene Robespierre kam aus Arras. Er war Abgeordneter der Generalstände, der Nationalversammlung und des Nationalkonvents, außerdem war er führendes Mitglied des Jakobinerklubs. Seit 1793 war er Präsident des Wohlfahrtsausschusses und damit mitverantwortlich für die sogenannte Schreckensherrschaft; 1794 wurde er selbst Opfer des Terrors.

3 Georges Jacques Danton.
Gemälde eines unbekannten Künstlers.
Der 1759 geborene Danton hatte während der Revolution mehrere Ämter inne. Als Justizminister schritt er nicht gegen die Septembermorde ein; 1793 wurde er wegen seines Eintretens für eine weniger radikale Politik hingerichtet.

Terror als Mittel der Politik?

Scharfe Auseinandersetzungen zwischen radikalen und gemäßigten Anhängern der Revolution im Südwesten des Landes (*Gironde*), ein brutaler Krieg zwischen Regierungstruppen und Anhängern der Monarchie im Westen (*Vendée*) und die äußere Bedrohung (*siehe Abb. 5, Seite 195*) sowie Teuerung und Hunger ließen Frankreich nicht zur Ruhe kommen. Am 5. September 1793 verlangten die Sansculotten in Paris: *Gesetzgeber! Setzt den Terror auf die Tagesordnung!* Dies richtete sich gegen Wucherer und Spekulanten, die an der Lebensmittelknappheit und dem Krieg verdienten. In ihrer Not übergaben die Abgeordneten des Nationalkonvents die Macht im Staat einem **Wohlfahrts-** und einem **Sicherheitsausschuss**. Der erste war für Kriegsführung, Polizei, Verwaltung und Wirtschaft verantwortlich, der zweite für die Überwachung der Bürger. Mit ihnen begann eine etwa einjährige **Schreckensherrschaft** (*Terreur*). Alle politischen Gesellschaften außer den Jakobinerklubs wurden verboten. Adlige, Bürger, Bauern, Priester, Offiziere, Reiche und Arme, „die sich durch ihr Verhalten, ihre Beziehungen oder ihre in Wort und Schrift geäußerten Ansichten" scheinbar oder tatsächlich gegen die Revolution stellten, kamen vor ein Revolutionsgericht.

Die Maßnahmen richteten sich auch gegen Frauen. In der gelenkten Presse wurden politisch aktive Frauen als „unweiblich", „blutrünstig" und „anmaßend" verspottet. Wer sich dagegen wehrte, kam ins Gefängnis oder wurde hingerichtet.

Die Zahl der verhafteten Menschen während der Schreckensherrschaft lag zwischen 300 000 und 500 000. Von ihnen wurden 35 000 bis 40 000 geköpft.

Die Terrorurteile machten vor den Revolutionären nicht halt. Als Danton es wagte, das immer radikalere Vorgehen der Ausschüsse zu kritisieren, wurde auch er hingerichtet.

Die Wehrpflicht kommt

Der Wohlfahrts- und der Sicherheitsausschuss versuchten durch Festlegung der Lebensmittelpreise und Löhne, staatliche Rüstungsbetriebe, Bildung und Zensur, die städtische Volksbewegung in den Griff zu bekommen. Zu den Maßnahmen gehörte der Ausbau eines schlagkräftigen Heeres. Am 23. August 1793 verkündete der Konvent die **allgemeine Wehrpflicht** (franz. *Levée en masse*). Alle unverheirateten Franzosen zwischen 18 und 25 Jahren wurden einberufen. Im Frühjahr 1794 standen etwa 900 000 Mann unter Waffen. Den Kern der neuen Armee bildeten die Sansculotten.

Frankreich verfügte über mehr Soldaten als alle Gegner. Das Gefühl, die Errungenschaften der Revolution und das Vaterland zu verteidigen, sowie rasche Beförderungen erhöhten den Kampfgeist des ersten Volksheeres der Neuzeit. Mit wachsendem Erfolg zogen die französischen Truppen gegen die verbündeten Feinde.

Rückkehr zur „alten“ Ordnung?

Nach dem Sieg der französischen Truppen über die gegnerischen Heere fand die Mehrheit des Nationalkonvents den Mut, sich gegen die Fortsetzung der Schreckensherrschaft auszusprechen. Am 27. Juli 1794 wurde Robespierre gestürzt. In den folgenden Tagen wurden er und 105 weitere Jakobiner ohne Gerichtsverfahren hingerichtet. Anschließend wurden die Revolutionsgerichte aufgelöst, die Preise und Löhne freigegeben und alle Jakobinerklubs geschlossen.

1795 erhielt Frankreich die dritte Verfassung. Das von einem Mindesteinkommen abhängige Wahlrecht wurde wieder eingeführt. Fünf Direktoren übernahmen die Staatsgewalt. Bankiers und Großkaufleute sowie viele, die durch Spekulationen und Kriegsgewinne zu Geld gekommen waren, zeigten wieder ihren Reichtum.

Doch die sozialen und wirtschaftlichen Probleme ließen das Land nicht zur Ruhe kommen. Da das Direktorium zwischen Königstreuen und radikalen Anhängern der Republik stand, suchte es Unterstützung bei der Armee. Das Militär wurde zur wichtigsten Stütze der Regierung. Es half dem Direktorium, die Angriffe der innenpolitischen Feinde zu unterdrücken.

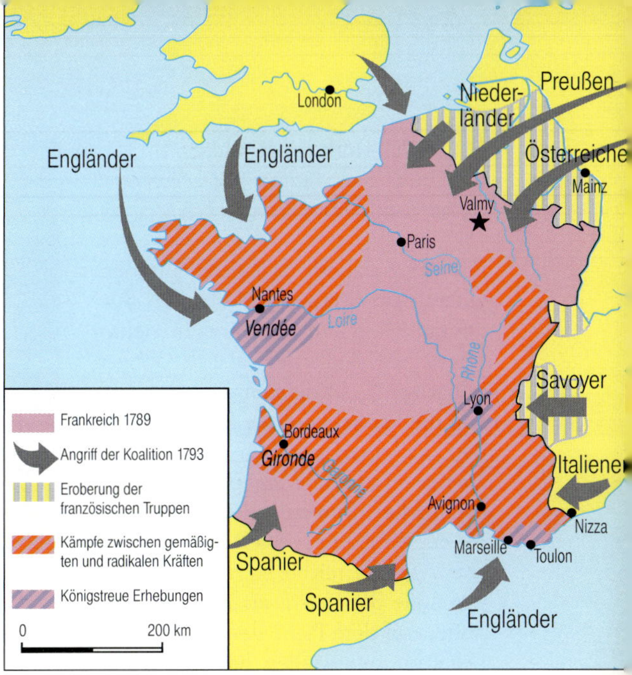

5 Die belagerte Republik im Sommer 1793.
Auseinandersetzungen zwischen den Regierungstruppen und ausländischen Heeren oder gegenrevolutionären Gruppen.

Die Bedeutung der Revolution

Die revolutionären Maßnahmen wie die Verkündung der Menschen- und Bürgerrechte, die Vereinheitlichung der Verwaltung, die Einführung der allgemeinen Wehrpflicht sowie die Revolutionsfeste schufen ein neues Zusammengehörigkeitsgefühl. Die Franzosen verstanden sich erst seit der Revolution als eine Nation.

Internettipp → *Siehe das auf Seite 183 genannte Portal.*

4 Die Wiederkehr der „alten“ Zustände.
Stich, nach 1794.

1. *Stelle die Ursachen für die Radikalisierung der Revolution in einem Schaubild dar.*
2. *Lege eine Zeitleiste an und trage darauf die wichtigsten Ereignisse von 1789 bis 1795 ein.*
3. *Erläutere den Titel von Abb. 4. Vergleiche mit Abb. 1 und 2 auf Seite 184 und überlege, ob der Titel treffend ist.*

M 1 „Ich sterbe unschuldig …"

Der Geistliche, der Ludwig XVI. zum Schafott begleitet hatte, schreibt in seinen Erinnerungen:

Die Fahrt dauerte fast zwei Stunden. Überall am Straßenrand standen Bürger mit Piken und Gewehren in mehreren Reihen. Außerdem war der Wagen selbst von […] Soldaten umgeben […]. Um die Vorsicht auf die Spitze zu treiben, ließ man vor den Pferden eine Menge Trommler marschieren, die eventuelle Sympathiekundgebungen für den König übertönen sollten. […]

Der Wagen erreichte so in vollkommener Stille die *Place Louis XV.* und hielt mitten auf dem Platz, den man um das Schafott* freigehalten hatte. Ringsum standen Kanonen; und dahinter sah man, so weit das Auge reichte, eine bewaffnete Menschenmenge. […]

Die Stufen, die zum Schafott führten, waren äußerst steil. Der König musste sich auf meinen Arm stützen, und wegen der Mühe, die ihm das Steigen zu bereiten schien, fürchtete ich einen Augenblick, sein Mut würde schwinden. Aber wie erstaunt war ich, als ich oben auf der letzten Stufe sah, dass er sich gewissermaßen meinen Händen entzog, festen Schritts über das ganze Schafott ging, mit einem einzigen Blick fünfzehn oder zwanzig Trommler, die ihm gegenüberstanden, zum Schweigen brachte und mit so lauter Stimme, dass man es bis zum Pont-Tournant hören konnte, die für immer denkwürdigen Worte deutlich aussprach: „Ich sterbe unschuldig an den Verbrechen, die man mir vorwirft. Ich vergebe den Urhebern meines Todes und bitte Gott, das Blut, das sie vergießen werden, möge niemals über Frankreich kommen."

Christ E. Paschold und Albert Gier, Die Französische Revolution. Ein Lesebuch mit zeitgenössischen Berichten und Dokumenten, Stuttgart 1989, S. 260 u. 262

* **Schafott**: *Holzgerüst, auf dem Hinrichtungen stattfanden*

M 3 Ludwig XVI. auf dem Schafott.

Zeitgenössischer kolorierter Kupferstich. Heute heißt der Platz, auf dem Ludwig XVI. am 21. Januar 1793 hingerichtet wurde, „Place de la Concorde" („Platz der Eintracht"). Am 16. Oktober 1793, erlitt Marie Antoinette, die Frau Ludwigs XVI. und Tochter der Kaiserin Maria Theresia aus dem Hause Habsburg, das gleiche Schicksal wie der König.

M 2 „Es lebe die Republik!"

Georg Wilhelm Böhmer, der vor der Revolution am evangelischen Gymnasium in Worms gelehrt hat, berichtet am 21. Januar 1793 aus Paris nach Mainz:

Heute ist sie entschieden, jene große Wahrheit, welche die Vorurteile so vieler Jahrhunderte erstickt hatten; heute hat man endlich sich überzeugt, dass ein König nur ein Mensch und dass niemand über die Gesetze ist. Völker in Europa! Völker des Erdbodens! Betrachtet die Thronen, sehet, dass sie nichts weiter als Staub sind. Frankreich hat ein großes Beispiel den Völkern, eine wichtige Lehre den Fürsten gegeben. Möge Ludwigs Haupt der große Weltmagnet werden, der früher oder später die Häupter aller großen und kleinen, geist- und weltlichen Tyrannen nach sich zieht. […]

Um 5 Uhr heute Morgen wurden alle Sektionen dieser Stadt zusammenberufen. Zwischen 7 und 8 Uhr war die ganze bewaffnete Macht unter dem Gewehr, und alle Bataillone begaben sich jedes auf seinen Posten. […]

Er [Ludwig XVI.] stieg sodann allein aufs Blutgerüst, die Kommissarien und selbst sein Beichtvater blieben zu den Füßen desselben. […] Mit herzhafter Miene und emporgehobenem Haupt näherte er sich dem Werkzeug seines Todes, sah umher von der Rechten zur Linken und sagte mit starker Stimme: „Franken! Ich sterbe unschuldig; ich verzeihe meinen Feinden, ich wünsche, dass mein Tod dem Volke nützlich sei." […] Wenige Augenblicke darauf fiel das Haupt desjenigen, um dessentwillen schon Tausende derer fielen, die er stolz seine Untertanen nannte. Damals war es 10 Uhr 24 Minuten. Die Exekution dauerte nur einige Sekunden. Noch immer herrschte die größte Stille, aber in dem Augenblick, wo einer von den drei Scharfrichtern Ludwigs Kopf nahm und ihn den Zuschauern zeigte, erscholl ein allgemeines Geschrei: „Es lebe die Nation! Es lebe die Republik!", und alle Hüte wurden auf Bajonetten und Piken in die Höhe gehoben.

Walter Markov, Revolution im Zeugenstand. Frankreich 1789-1799, Band 2: Gesprochenes und Geschriebenes, Leipzig 1986, S. 348–350

1. *Arbeite die unterschiedlichen Bewertungen der Hinrichtung heraus (M 1 und M 2).*
2. *Erörtert, ob auf dem Kupferstich (M 3) das Ereignis bewertet wird.*

Napoleon und das Ende der Revolution

1 „Napoleon überschreitet den großen St.-Bernhard-Pass."
Ölgemälde (292 x 263 cm) von Jacques-Louis David, 1799.
Eingemeißelt in den Fels zu Füßen Napoleons stehen – nicht gut lesbar, weil verwittert – die Namen „Hannibal", „Karolus Magnus" (Karl der Große) und „Bonaparte".
Deute die Aussagen des Bildes. Beachte dabei die Namen.

Die Revolution weitet sich aus

Im April 1792 hatte die französische Revolutionsregierung Österreich den Krieg erklärt und ihren „Kreuzzug für die Freiheit der Welt"* begonnen. Die Revolutionstruppen schlugen die preußisch-österreichische Invasionsarmee** zurück und zogen über Speyer, Worms und Mainz nach Norden, um die österreichischen Niederlande (Belgien) anzugreifen. Dies war der Anfang eines bis 1814/15 dauernden Krieges zwischen Frankreich und zahlreichen Staaten Europas, der nur 1801 und 1803 unterbrochen wurde und in dem Millionen Menschen ihr Leben verloren.
Die Franzosen waren in den Krieg gezogen, um ihre revolutionären Errungenschaften zu verteidigen und andere Länder von deren absolutistischen Herrschern zu befreien. Zugleich wollten sie ihre „natürlichen Grenzen" im Rhein- und Alpengebiet „sichern".
Bis 1795 konnten die Revolutionstruppen Belgien, Holland und einige linksrheinische Gebiete „befreien". Die Bevölkerung wurde bald der französischen Herrschaft unterworfen und ausgebeutet. Aus Befreiern waren Besatzer geworden.
Das Direktorium setzte die Kriege fort, um von den innenpolitischen Problemen abzulenken. Dabei konnten sich die Regierenden auf den jungen General Napoleon Bonaparte verlassen.

Ein Korse macht Karriere

Napoleon Bonaparte wurde am 15. August 1769 auf der Insel Korsika geboren. Er war das zweite von acht Kindern eines Juristen aus dem niederen Adel. Napoleon wurde Offizier. Im Verlauf der Revolution schloss er sich den Kräften um Robespierre an und wurde nach dessen Sturz für kurze Zeit verhaftet.
Napoleons Aufstieg begann, nachdem er im Oktober 1795 mit seinen Soldaten einen Aufstand von Anhängern der Monarchie gegen die Regierung niedergeschlagen hatte. Ein Jahr später erhielt er den Oberbefehl über die Armee für den Feldzug gegen Österreich. Nach dem siegreichen Italienfeldzug und dem Frieden von **Campo Formio** (1797) übertrug die Regierung ihm den Ägyptenfeldzug.
Durch die Eroberung Ägyptens sollte dem englischen Handel der Weg nach Indien abgeschnitten werden. Ägypten konnte Napoleon zwar erobern, doch die französischen Schiffe wurden von der englischen Flotte versenkt. Damit war sein Heer von Frankreich abgeschnitten. Napoleons Karriere schien beendet zu sein.

**Das Zitat stammt aus einer Rede des Journalisten Jacques-Pierre Brissot, der zu den führenden Girondisten zählte.*
****Invasion**: *Einfall*

Internettipp → *Zu Napoleon siehe www.napoleon.historicum.net/themen/biographien/napoleon.html*

2 Erstausgabe des „Code Civil" von 1804.
Dieses Gesetzbuch legte auch die überlieferte rechtliche und gesellschaftliche Stellung der Frau fest. So bestimmte beispielsweise ein Artikel: „Der Mann ist seiner Frau Schutz, die Frau ihrem Mann Gehorsam schuldig." In einem anderen Artikel heißt es: „Die Ehefrau [...] kann weder schenken, veräußern, ihr Vermögen zur Hypothek stellen noch erwerben, es sei unentgeltlich oder gegen Vergeltung, sofern nicht ihr Ehemann bei dem Akt selbst mitwirkt oder seine Einwilligung schriftlich gegeben hat."

Per Staatsstreich an die Macht

Während des Ägyptenfeldzuges änderte sich aber die militärische Lage in Europa. England bildete mit Russland, Österreich, Portugal, Neapel und der Türkei ein neues Bündnis. Oberitalien konnte zurückerobert werden. Die Franzosen mussten ihre rechtsrheinischen Eroberungen aufgeben. In Paris brachen daraufhin erneut Machtkämpfe aus. Das Direktorium befürchtete im Sommer 1799 einen Machtverlust im Parlament. In dieser Lage wurde Napoleon, der inzwischen Ägypten ohne seine Armee verlassen hatte, von führenden Politikern zum „Retter in der Not" berufen.

Mit Gewalt kam Napoleon am 9./10. November 1799 an die Macht. Die ihm treuen Truppen sicherten den Staatsstreich*. In der Bevölkerung regte sich nach zehn Revolutionsjahren kein Widerstand gegen den Machtwechsel mehr. Die Mehrheit sehnte sich nach Ruhe und Ordnung.

Napoleon setzte an die Stelle der fünf Direktoren drei Konsuln**. Sich selbst ließ er zum Ersten Konsul ausrufen und seine Stellung vom Volk bestätigen. Von über drei Millionen Stimmen wurden nur 1562 gegen ihn abgegeben. Allerdings beteiligten sich vier Millionen Bürger nicht an der Abstimmung.

Napoleon erließ Ende 1799 eine neue Verfasssung, die ihm alle Macht im Staate gab. Damit schuf er die erste **Diktatur** der Neuzeit.

Maßnahmen zur inneren Befriedung

Was der Absolutismus seit Ludwig XIV. und die Revolutionsregierungen vorbereitet hatten, vollendete nun Napoleon. Von Paris aus wurde das Land durch staatlich besoldete, von Napoleon ernannte Berufsbeamte zentral verwaltet. Eine lückenlose Befehlskette half Napoleon, seine Pläne schnell durchzusetzen. Sie führte von der Regierung über die obersten Verwaltungsbeamten der ursprünglich 83 Départements bis zu den Bürgermeistern der Gemeinden.

Als Erster Konsul bemühte sich Napoleon um einen Ausgleich zwischen den von der Revolution aufgerissenen Fronten: Er forderte den Adel zur Rückkehr auf, verkündete Religionsfreiheit und sicherte der katholischen Kirche Wiedergutmachung zu.

Verordnete Reformen***

Napoleon formte rasch eine neue Führungsschicht. Zu ihr zählten Angehörige des alten Adels ebenso wie Aufsteiger aus dem Bürgertum. Nicht mehr Geburt und ständische Privilegien entschieden über die Zugehörigkeit, sondern Leistung, Funktion – und die Gunst Napoleons. Ein neues Bildungswesen schuf die Grundlagen für eine Karriere in Staat und Gesellschaft.

Um die katastrophale wirtschaftliche Lage zu verbessern, wurde eine neue, im ganzen Land gültige Währung geschaffen: der *Franc*. Die Bauern behielten ihre Erwerbungen aus dem ehemaligen adligen und kirchlichen Besitz. Finanziers, Fabrikanten und Kaufleute profitierten von der freien Wirtschaft und zogen großen Nutzen aus den eroberten Ländern.

Ein neues Gesetzbuch

Das 1804 veröffentlichte bürgerliche Gesetzbuch, der *Code Civil* (auch *Code Napoléon* genannt), bildete die rechtliche Grundlage der bürgerlichen Gesellschaftsordnung. Es garantierte einige Errungenschaften der Revolution wie Gleichheit vor dem Gesetz, Freiheit des Einzelnen und des Eigentums sowie Trennung von Staat und Kirche durch die Einführung der Zivilehe. Er bestätigte auch die politische und rechtliche Gleichstellung der Juden. Der „Code Civil" beeinflusste die Rechtsentwicklung in ganz Europa.

Die politischen Freiheitsrechte setzte Napoleon jedoch außer Kraft. Ein wertloses Wahlrecht, Presselenkung, eingeschränkte Versammlungsfreiheit, Bespitzelung und politische Morde zeigten das andere Gesicht seiner Herrschaft.

Frankreich wird wieder Monarchie

Die Reformen entsprachen den Wünschen des reichen Bürgertums. Napoleons Beliebtheit wuchs durch den wirtschaftlichen Aufschwung, der mit seiner Regierungszeit begann. 1804 entstand das Kaisertum Napoleons. Er sah sich in der Nachfolge *Karls des Großen* und krönte sich am 2. Dezember selbst zum Kaiser der Franzosen. Seine neue Stellung sowie die neue Erbmonarchie ließ Napoleon durch einen Volksentscheid von der Bevölkerung bestätigen. Er war damit alleiniger Herr in Frankreich.

* **Staatsstreich**: *Umsturz der Verfassungsordnung eines Staates durch eine kleine Gruppe führender Politiker; im Gegensatz zur Revolution ist er ein Umsturz „von oben".*

** **Konsuln**: *im alten Rom die jährlich gewählten Leiter der Staatsgeschäfte*

*** **Reformen**: *ursprünglich die Wiederherstellung oder Rückkehr zu früheren (besseren) Zuständen; seit dem 18. Jh. wird darunter die gewaltlose Umgestaltung und Verbesserung von Verhältnissen im Rahmen der bestehenden Ordnung verstanden; Gegenteil von Revolution.*

M 1 Der Eid des Kaisers

Der Senat beschließt am 18. Mai 1804 den Eid des Kaisers:

Ich schwöre, die Unversehrtheit der Republik zu behaupten, die [...] Freiheit des Gottesdienstes zu achten und achten zu lassen, die Gleichheit der Rechte, die politische und bürgerliche Freiheit, die Unwiderruflichkeit des Verkaufs der Nationalgüter zu achten und achten zu lassen, keine Abgaben zu erheben und keine Auflage zu errichten als in Gemäßheit des Gesetzes, [...] und nur zum Vorteil, zum Glück und zum Ruhm des französischen Volkes zu regieren.

Gottfried Guggenbühl, Quellen zur Geschichte der Neuesten Zeit, erw. und neu bearb. von Hans C. Huber, Zürich [5]1978, S. 46

1. *Vergleicht Napoleons Eid mit seinen Reformen und diskutiert, ob er sein Versprechen gehalten hat (M 1).*
2. *Erkläre, weshalb Napoleon vom Papst gesalbt und gesegnet werden wollte. Warum krönte er sich aber selbst?*
3. *Das Gemälde (M 2) entspricht nicht in allen Details den Tatsachen. Beschreibe seinen Aufbau, untersuche, welche Position die einzelnen Personen im Bild haben, und überlege, welche Wirkung der Maler Jacques-Louis David erzielen wollte.*

LERNTIPP

M 2 Die Salbung Kaiser Napoleons I. und die Krönung der Kaiserin Joséphine in der Kathedrale Notre Dame zu Paris am 2. Dezember 1804.

Ölgemälde (610 x 930 cm) von Jacques-Louis David, 1805/07 (Ausschnitt).

Napoleon hatte den Papst gebeten, an der Krönungsfeier teilzunehmen. Er sollte ihn und seine Frau Joséphine salben und segnen. Der Papst (rechts) kam dem Wunsch nach. Unter seinen Augen krönte Napoleon zuerst sich selbst und dann seine Frau.

Hinter Joséphine hebt ein Bischof ein Kreuz empor, links von ihm sind in dunklen Uniformen einige Marschälle zu erkennen. Sie halten die Unterlagen für die Herrschaftszeichen der Kaiserin.

Dahinter thront Napoleons Mutter Lätitia, die an der Zeremonie gar nicht teilgenommen hatte. Oberhalb des Papstes und seiner Kardinäle steht eine Gruppe von Gesandten aus Österreich, Italien, Spanien, der Türkei und den Vereinigten Staaten.

Frankreich beherrscht den Kontinent

1 **„Tiddy-Doll, der große französische Pfefferkuchenbäcker…"**

Radierung (25,3 x 27,5 cm) des englischen Zeichners James Gillray von 1806.
Der Pfefferkuchenbäcker Tiddy-Doll (gestorben 1752) war als volksnahes Londoner Original berühmt.
Napoleon holt aus dem Ofen die frisch gebackenen Könige von Bayern und Württemberg und die Großherzöge von Baden und Hessen. Im Hintergrund knetet der französische Außenminister den Teig für weitere Standeserhebungen. Rechts auf der Kommode warten ungebackene „Teigvizekönige" auf den nächsten Schub. Die von Napoleon unterworfenen Staaten sind mit dem Besen ins Aschenloch gekehrt. Im Korb vorne links stehen Napoleons Geschwister bereit, die er in den eroberten Ländern zu Königen machte.
Wie beurteilt der Zeichner die Außenpolitik Napoleons? Woran erkennst du das?

Wie sichert Napoleon seine Macht?
Napoleon war sich bewusst, dass seine aus der Revolution geborene Herrschaft eine Herausforderung der alten europäischen Mächte war. Sicher konnte er sich nur fühlen, wenn er diese in seine Abhängigkeit zwang. Den 1799 begonnenen Krieg, zu dem England die Herrscher von Russland, Österreich, Portugal, Neapel und der Türkei überredet hatte (**Zweiter Koalitionskrieg**), konnte Frankreich erfolgreich beenden. Im **Frieden von Lunéville** (1801) sicherte es sich die Eroberungen der Revolutionskriege.
Bereits 1795 hatten Preußen und Österreich insgeheim die Abtretung des linken Rheinufers anerkannt. Gebietsverluste weltlicher Fürsten des Reiches sollten mit Territorien rechts des Rheins ausgeglichen werden.

Der Anfang …
Die Grundzüge des Entschädigungsplans regelten Frankreich und das mittlerweile mit ihm verbündete Russland als Vormächte Europas unter sich. Ein Ausschuss (*Deputation*) des zuständigen Reichstags in Regensburg arbeitete einen **Reichsdeputationshauptschluss** aus, dem Kaiser *Franz II.* 1803 zustimmen musste.
Mittel der Neuordnung waren die **Säkularisation** und die **Mediatisierung**.

- Die Säkularisation (von lat. *saecularis*: weltlich) bedeutete die Übernahme der Herrschaft in kirchlichen Gebieten durch weltliche Fürsten. Vier Erzbistümer, 18 Bistümer und etwa 300 reichsunmittelbare Abteien und Klöster wurden aufgelöst.
- Die Mediatisierung nahm den meisten Reichsstädten und den vielen kleinen weltlichen Herrschern wie z.B. Reichsrittern ihre Reichsunmittelbarkeit. Sie mussten sich nun einem anderen Territorialherrn unterwerfen. Von knapp 300 selbstständigen Reichsständen blieben noch 41 Flächen- und Stadtstaaten übrig.

Preußen und die süddeutschen Mittelstaaten waren die großen Gewinner: Preußen erhielt das Fünffache seiner linksrheinischen Verluste und auch Bayern, Württemberg und Baden zogen großen Nutzen aus dieser „Flurbereinigung". Im deutschen Südwesten entstanden so mit Bayern, Baden und Württemberg drei mittelgroße Flächenstaaten. Sie waren einerseits stark genug, um neben Preußen und Österreich ein dritter Machtfaktor im Reich zu sein, andererseits zu schwach, um ohne ihren „Schutzherrn" Napoleon auszukommen.

… vom Ende des Alten Reiches
Im **Dritten Koalitionskrieg** (1805) kämpften die süddeutschen Mittelstaaten auf französischer Seite gegen England, Österreich, Russland und Schweden.
Der Sieg über die vereinigten Österreicher und Russen in der **Dreikaiserschlacht von Austerlitz** (Ort in Südmähren, heute Tschechische Republik) im Dezember 1805 sicherte Napoleon die Vorherrschaft auf dem Kontinent. Die Mittelstaaten stärkte er durch erneuten Gebietsgewinn und Standeserhöhungen: Mit Beginn des Jahres 1806 wurden Bayern und Württemberg Königreiche, Baden und Hessen Großherzogtümer. Mit zwölf weiteren Fürstentümern sagten sich diese im Juli 1806 endgültig vom Reich los und gründeten den **Rheinbund**. Kaiser Franz II., der seit 1792 regiert hatte, legte unter französischem Druck die Kaiserkrone nieder. Das bedeutete das Ende des Heiligen Römischen Reiches Deutscher Nation.

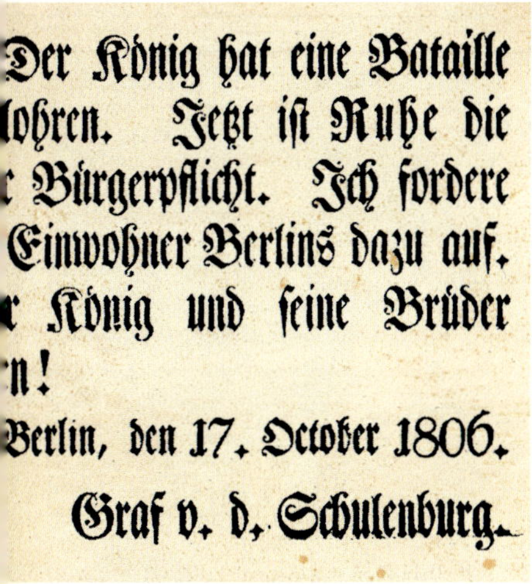
Der König hat eine Bataille
lohren. Jetzt ist Ruhe die
r Bürgerpflicht. Ich fordere
Einwohner Berlins dazu auf.
r König und seine Brüder
n!
Berlin, den 17. October 1806.
Graf v. d. Schulenburg.

Bataille: *Kampf, Schlacht*

2 Maueranschlag in Berlin.
Der Berliner Stadtkommandant Graf von der Schulenburg ließ diesen Maueranschlag (15 x 18 cm) nach der Niederlage von Jena und Auerstedt anschlagen.

Sieg über Preußen
Preußen ging, um seine Position gegenüber Frankreich zu sichern, ein Bündnis mit Russland und Sachsen ein und forderte von Napoleon, die Soldaten rechts des Rheins abzuziehen und den Rheinbund aufzulösen. Im daraufhin folgenden Krieg erlitt er eine völlige Niederlage (1806/07). Im **Frieden von Tilsit** (1807) musste er große Gebietsverluste hinnehmen.

Wirtschaftskrieg gegen England
Seine militärische Vorherrschaft auf dem Festland nutzte Napoleon zum Wirtschaftskrieg gegen die noch immer unbesiegte Seemacht England. Die Ende 1806 verkündete **Kontinentalsperre** verbot den Handel mit der Insel. Daraufhin kam es in England zu einer Wirtschaftskrise. Auf dem Kontinent traf die Blockade hauptsächlich die Küstenländer und Branchen wie die Landwirtschaft, die für den Export produzierten. Die neuen Gewerbe (vor allem die Produktion von Textilien) zogen ihren Nutzen vom Wegfall der überlegenen englischen Konkurrenz.

Ziele der Besatzungspolitik
Der 1806 gegründete Rheinbund umfasste mit Ausnahme Preußens und Österreichs bald fast alle deutschen Staaten. Napoleon verfolgte mit ihm mehrere Ziele: Er wollte die Errungenschaften der Revolution „exportieren" und allmählich überall französische Verhältnisse einführen. Ziel war ein einheitliches Europa unter Frankreichs Vorherrschaft (*Hegemonie*).

Die Praxis
Die Umsetzung der Besatzungsziele verlief unterschiedlich. Das linksrheinische Gebiet organisierte Napoleon nach französischem Vorbild, sollte es doch für immer bei Frankreich verbleiben. Innerhalb des Rheinbunds war das neu geschaffene Königreich Westfalen als Vorbild gedacht. Es erhielt Ende 1807 die erste geschriebene Verfassung auf deutschem Boden, die bürgerliche Rechtsordnung des *Code Civil* sowie ein zentralistisches Verwaltungs- und Finanzsystem.
Grundsätze der Revolution wurden allerdings fallen gelassen, wenn sie mit machtpolitischen Zielsetzungen nicht vereinbar waren. So begünstigte Napoleon weiterhin den einheimischen Adel, den er zur Sicherung seiner Herrschaft benötigte. Die Ausbeutung des Landes sowie Bauernunruhen nahm er in Kauf.

3 Französische Soldaten durchsuchen am Stadttor von Leipzig Gepäck nach englischen Waren.
Stich von Christian G. Geißler, um 1812.

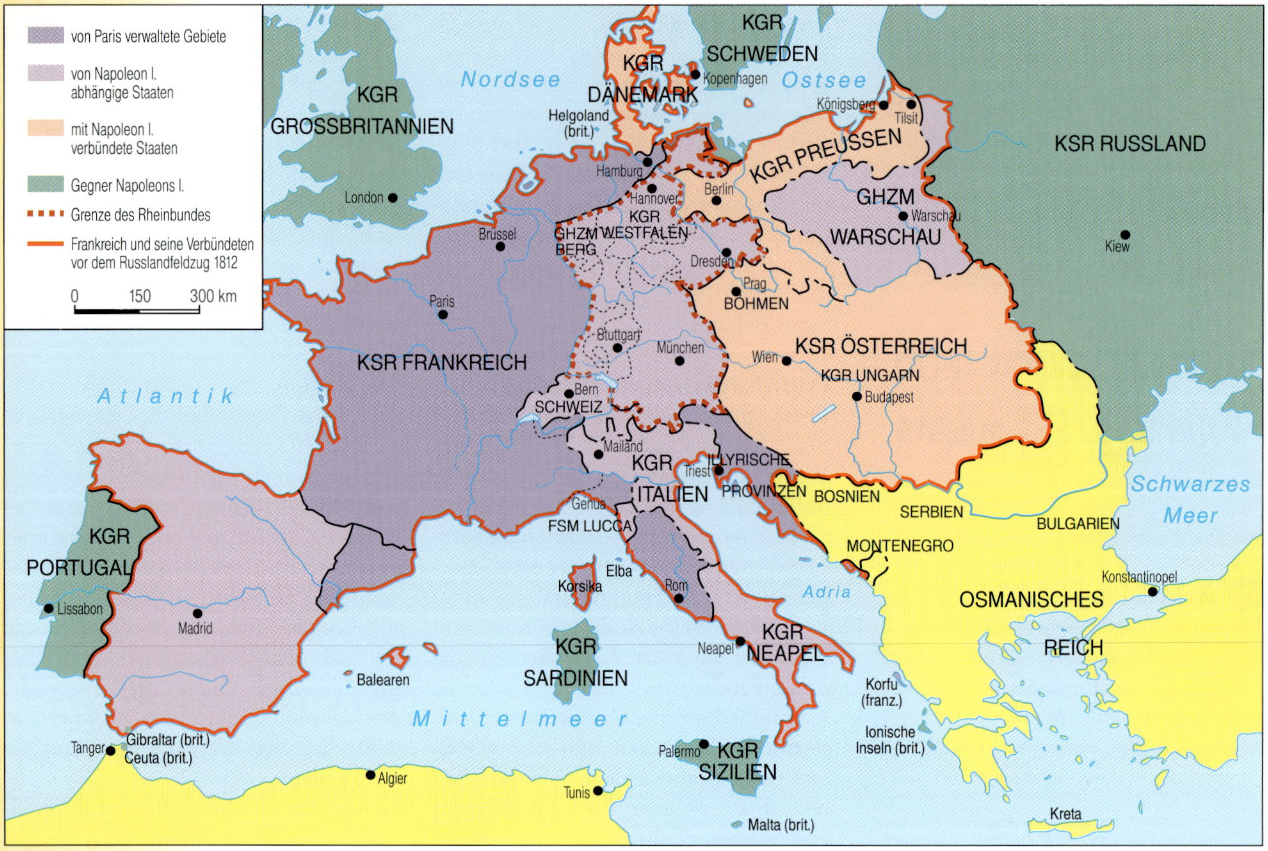

M 1 Das Französische Kaiserreich 1812.

M 2 Aus der Verfassung des Königreichs Westfalen

Die von Napoleon erlassene Konstitution (Verfassung) des Königreichs Westfalen vom 7. Dezember 1807 wurde auch in Zeitungen veröffentlicht. Hier Auszüge aus dem Text, der am 23. Dezember 1807 in den „Braunschweiger Anzeigen" stand:

Erster Titel. 1. Artikel. Das Königreich Westfalen ist aus folgenden Staaten zusammengesetzt, nämlich:
aus den Braunschweig-Wolfenbüttelschen Staaten,
aus dem auf dem linken Ufer der Elbe gelegenen Teile der Altmark,
aus dem auf dem linken Elbufer gelegenen Teile der Provinz Magdeburg,
aus dem Gebiete von Halle,
aus dem Hildesheimischen und der Stadt Goslar,
aus dem Lande Halberstadt,
aus dem Hohensteinischen,
aus dem Gebiete von Quedlinburg,
aus der Grafschaft Mansfeld,
aus dem Eichsfelde, nebst Treffurt, Mühlhausen, Nordhausen,
aus der Grafschaft Stollberg-Wernigerode,
aus den Staaten von Hessen-Cassel, nebst Rinteln und Schaumburg […],
aus dem Gebiete von Corvey, Göttingen […],
aus dem Bistume Osnabrück,
aus dem Bistume Paderborn, Minden und Ravensberg […].

Vierter Titel. 1. Artikel. Das Königreich Westfalen soll durch Konstitutionen regiert werden, welche die Gleichheit aller Untertanen vor dem Gesetze und die freie Ausübung des Gottesdienstes der verschiedenen Religionsgesellschaften festsetzen […].
13. Artikel. Alle Leibeigenschaft […] ist aufgehoben […].
14. Artikel. Der Adel soll in seinen verschiedenen Graden […] fortbestehen, ohne dass solcher jedoch ein ausschließendes Recht zu irgendeinem Amte, Dienste oder einer Würde, noch Befreiung von irgendeiner öffentlichen Last verleihen könne […].
16. Artikel. Es soll ein und dasselbe Steuer-System für alle Teile des Königreichs sein.

Reinhard Oberschelp (Hrsg.), Niedersächsische Texte 1756-1820, Hildesheim 1983, S. 49-52 (vereinfacht und gekürzt)

Internettipp → *Über Napoleons Modellstaat findest du Informationen unter www.koenigreich-westphalen.de*

1. *Ermittelt mit einem Atlas, welche heutigen Bundesländer dem „Königreich Westfalen" angehörten (M 2).*
2. *Die Verfassung von 1807 bestimmte einige Reformen. Welche Absicht stand dahinter? Welche Veränderung findest du tiefgreifend?*

Reformen in Preußen

Die Voraussetzungen

Anders als die Rheinbundstaaten hatte Preußen fast die Hälfte seines Staatsgebiets und seiner Bewohner verloren und musste hohe Abgaben an Napoleon zahlen. Um wieder in den Kreis der Großmächte aufzurücken und gegen Frankreich kämpfen zu können, mussten alle Kräfte des Staates neu belebt werden. Die preußische Regierung begann mit dem Ausbau einer leistungsfähigen Verwaltung. Doch die Reformer *Freiherr vom und zum Stein* und *Karl August Hardenberg* wollten mehr: Nur wenn jeder Einzelne sich entfalten könne, werde das Gemeinwohl gefördert und damit der Staat gestärkt.

Was bringt die „Bauernbefreiung"?

Eingeleitet wurden die preußischen Reformen durch das **Oktoberedikt** von 1807. Mit ihm wurden die Bauern befreit. Die meisten hatten bis dahin in Erbuntertänigkeit gelebt, einer Art Leibeigenschaft, in der sie ihrem Gutsherrn rechtlich und wirtschaftlich unterstanden. Die früher erbuntertänigen Bauern mussten den Grundherrn nicht mehr um Zustimmung bitten, wenn sie heiraten wollten. Er durfte auch nicht mehr über sie richten. Die Bauern konnten Grund und Boden erwerben oder in die Stadt ziehen. Dienste und Abgaben entfielen aber erst, wenn sie die Gutsherren dafür entschädigt hatten. Dazu fehlte ihnen aber in der Regel das Geld.

Mit der Aufhebung der Erbuntertänigkeit war das soziale Netz auf dem Land zerrissen, denn die Gutsherren hatten ihren Bauern bis dahin bei Krankheit und Not geholfen. Vor allem den kleinen Bauern fiel nun das Überleben schwerer. Die Zahl der Armen auf dem Land stieg. Viele Bauern verließen ihre Heimat und zogen als ungelernte Arbeiter in die entstehenden Industriegebiete.

Das *Oktoberedikt* ermöglichte dem Bürgertum, adligen Grundbesitz zu erwerben, und erlaubte allen Ständen freie Berufswahl.

Weitere Reformen

Mit der Gewerbesteuer wurde 1811 die **Gewerbefreiheit** eingeführt. Die Zünfte wurden abgeschafft und alle Beschränkungen für eine freie Betätigung in Handwerk und Gewerbe entfielen. Damals wurde der Grundstein für die wirtschaftliche Vorreiterrolle Preußens unter den deutschen Staaten gelegt.

Um aus Untertanen selbstverantwortlich handelnde Bürger zu machen, schufen die Reformer 1808 eine **Städteordnung**: Die Bürger wählten Stadtverordnetenversammlungen, die wie heute die Stadt- und Gemeinderäte die Politik in den Kommunen weitgehend selbst bestimmten.

Eine von *Wilhelm von Humboldt* beeinflusste **Bildungsreform** sollte die Voraussetzungen dafür schaffen, dass die Bürger mehr Eigenverantwortung in Wirtschaft, Wissenschaft und Gesellschaft übernehmen könnten. Die Lehrer wurden besser ausgebildet, Volksschulen und Gymnasien ausgebaut und das Abitur eingeführt. 1810 entstand in Berlin eine bedeutende Universität.

Dem politischen Wiederaufstieg hatte die **Heeresreform** zu dienen. Sie wurde von *Gerhard von Scharnhorst* vorangetrieben. Die aus Söldnern bestehende alte Armee wurde aufgelöst und die allgemeine Wehrpflicht eingeführt. Die Militärstrafen des Auspeitschens und Spießrutenlaufens wurden abgeschafft, ebenso das Adelsmonopol für Offiziersstellen. Wer Offizier werden wollte, musste seine Eignung im Frieden durch Prüfungen und im Krieg durch besondere Tapferkeit nachweisen.

Im **Emanzipations-Edikt** von 1812 wurden den Juden die bürgerlichen Rechte gewährt. Höhere Ämter in Justiz, Verwaltung und Militär blieben ihnen aber noch verwehrt.

Höhepunkt der preußischen Reformen sollte die Berufung einer **Landesrepräsentation** (*Volksvertretung*) auf der Grundlage einer Verfassung darstellen. Doch dazu kam es trotz königlicher Versprechen nicht. Der Adel wehrte sich mit der Krone gegen den drohenden Verlust seiner Vorrechte.

1 Die erste Tagung der Berliner Stadtverordnetenversammlung am 6. Juli 1809 in der Nikolaikirche.
Aquarell (46,5 x 33,6 cm) von Friedrich August Calau, 1809.

Internettipp → *Mehr Informationen zur preußischen Geschichte siehe www.preussen-chronik.de*

M 1 „Also eine Revolution im guten Sinn …"

Im Auftrag des preußischen Königs verfasst Karl August von Hardenberg im September 1807 in Riga eine Denkschrift; darin heißt es:

Die Französische Revolution, wovon die gegenwärtigen Kriege die Fortsetzung sind, gab den Franzosen unter Blutvergießen und Stürmen einen ganz neuen Schwung. Alle schlafenden Kräfte wurden geweckt, das Elende und Schwache, veraltete Vorurteile und Gebrechen wurden – freilich zugleich mit manchem Guten – zerstört […].

Der Wahn, dass man der Revolution am sichersten durch Festhalten am Alten und durch strenge Verfolgung der durch sie geltend gemachten Grundsätze entgegenstreben könne, hat besonders dazu beigetragen, die Revolution zu befördern […].

Also eine Revolution im guten Sinn, gerade hinführend zu dem großen Zwecke der Veredelung der Menschheit, durch Weisheit der Regierung und nicht durch gewaltsame Anregung von innen oder außen, – das ist unser Ziel, unser leitendes Prinzip. Demokratische Grundsätze in einer monarchischen Regierung, dieses scheint mir die angemessene Form für den gegenwärtigen Zeitgeist. Die reine Demokratie müssen wir noch dem Jahre 2440 überlassen, wenn sie überhaupt für den Menschen gemacht ist.

Georg Winter (Hrsg.), Die Reorganisation des Preußischen Staates unter Stein und Hardenberg, Bd. 1.1, Leipzig 1931, S. 305 f. (vereinfacht)

M 4 Fürst Karl August von Hardenberg.
Gemälde von Johann Heinrich Tischbein, um 1810.
Hardenberg wurde 1750 geboren und kam aus hannoverschem Adel. Er war preußischer Außenminister von 1804 bis 1806 und Staatskanzler von 1810 bis 1822; 1814 wurde er für seine Verdienste in den Fürstenstand erhoben.

1. *Bestimme Hardenbergs Einstellung zur Französischen Revolution (M 1). Welches Ziel formuliert er? Wie will er es erreichen?*
2. *Nenne das Hauptziel, das mit dem Oktoberedikt erreicht werden sollte (M 2).*
3. *Stadtbürger, Bauern, Adlige waren von der Bauernbefreiung unterschiedlich betroffen. Schreibt aus ihrer Sicht jeweils eine begründete Beurteilung des Edikts (M 2).*

M 2 „Mit dem Martini-Tage …"

Am 9. Oktober 1807 wird das „Edikt über den erleichterten Besitz und den freien Gebrauch des Grundeigentums […]" erlassen; darin heißt es:

Wir* haben […] erwogen, dass es […] den Grundsätzen einer wohlgeordneten Staatswirtschaft gemäß sei, alles zu entfernen, was den Einzelnen bisher hinderte, den Wohlstand zu erlangen, den er nach dem Maß seiner Kräfte zu erreichen fähig war […].

§2 Jeder Edelmann ist, ohne allen Nachteil seines Standes, befugt, bürgerliche Gewerbe zu treiben; und jeder Bürger oder Bauer ist berechtigt, aus dem Bauern- in den Bürger- und aus dem Bürger- in den Bauernstand zu treten […].

§12 Mit dem Martini-Tage Eintausend Achthundert und Zehn (1810) hört alle Gutsuntertänigkeit in Unsern sämtlichen Staaten auf. Nach dem Martini-Tage 1810 gibt es nur freie Leute […].

Zur Durchführung der Bauernbefreiung wird am 11. September 1811 gesetzlich festgelegt:

Allen jetzigen Inhabern jener erblichen Bauernhöfe und Besitzungen […] wird das Eigentum ihrer Höfe übertragen, unter der Verpflichtung, die Gutsherren dafür […] zu entschädigen.

***Wir**: *Friedrich Wilhelm, König von Preußen*

Werner Conze (Hrsg.), Die preußische Reform unter Stein und Hardenberg, Stuttgart 1973, S. 20 und 24

M 3 Reichsfreiherr vom und zum Stein.
Gemälde von Johann Christoph Rincklake, 1804.
Heinrich Friedrich Carl Reichsfreiherr vom und zum Stein wurde 1757 in Nassau an der Lahn geboren und stammte aus einem Rittergeschlecht. Seit 1780 war er im preußischen Staatsdienst. Ab 1804 bemühte er sich um eine Reform der Regierungsarbeit. Zunächst scheiterte er am König, der ihn als „trotzigen" Staatsdiener im Frühjahr 1807 entließ. Auf Wunsch Napoleons wurde Stein im September 1807 in Preußen zum Leitenden Minister ernannt. Dreizehn Monate später wurde er auf Betreiben Napoleons wieder entlassen, weil er sich kritisch über ihn geäußert hatte. Stein ging nach Russland, wo er bis 1815 politischer Berater des Zaren war. Nach 15 Jahren Ruhestand starb Stein 1831 in Cappenberg (Westfalen).

„Der 3. Mai 1808: Die Erschießung der spanischen Aufständischen."
Ölgemälde (266 x 345 cm) von Francisco de Goya, 1814.
Am 2. Mai 1808 hatte sich die Bevölkerung von Madrid gegen die französischen Soldaten erhoben. Einen Tag danach wurden auf Befehl eines französischen Generals 800 spanische Freiheitskämpfer zur Vergeltung hingerichtet.

Gegen fremde Herrschaft

Die Besatzer stoßen auf Widerstand

Die Kontinentalsperre gegen England konnte Napoleon nur schwer durchsetzen. Während er die Zustimmung Russlands erreichte, indem er Gebiete versprach, ging er gegen die widerstrebenden Staaten mit Gewalt vor: Französische Truppen rückten 1807/08 in Spanien und Portugal ein. Im Jahre 1810 besetzten sie Holland und die norddeutschen Küstenländer bis zur Linie Minden-Lauenburg-Lübeck.

Unter dem Druck der französischen Besatzer besannen sich die Völker auf ihre Nation: auf ihre Herkunft, Sprache und Kultur. Überall wuchs der Wunsch, die fremde Herrschaft abzuschütteln.

Der nationale Freiheitsdrang flammte zunächst in Südeuropa auf. Als Napoleon 1808 seinen Bruder *Joseph Bonaparte* zum König von Spanien einsetzte, erhob sich das spanische Volk. Unterstützt von England und Portugal führten die spanischen Freiheitskämpfer einen erbitterten Kleinkrieg (*Guerillakrieg*) gegen die Besatzungsmacht.

1809 scheiterte der österreichische Versuch, die Fremdherrschaft abzuschütteln. Im *Frieden von Schönbrunn* musste Österreich rund ein Fünftel seines Territoriums an Frankreich abtreten.

Auch der **Tiroler Volksaufstand** von 1809 unter dem Freiheitskämpfer *Andreas Hofer* misslang. Er wurde verhaftet und auf Befehl Napoleons 1810 erschossen. Weitere Aufstände einiger Soldatengruppen in Preußen, Westfalen und anderen Gebieten blieben ebenfalls erfolglos.

Der Feldzug gegen Russland

Der Versuch Napoleons, sich Russland gefügig zu machen, war der Anfang vom Ende der französischen Vormachtstellung auf dem europäischen Kontinent. Der Anlass zum Krieg war der russische Bruch der Wirtschaftsblockade.

Im Juni 1812 rückte Napoleon mit rund 500 000 Soldaten in Russland ein. Zu seiner „Grande Armée" gehörten 250 000 Franzosen, 180 000 Deutsche aus den Rheinbundstaaten, 70 000 Polen, ferner Italiener, Schweizer, Spanier, Portugiesen und Dänen.

Angesichts der napoleonischen Armee wichen die russischen Generäle zunächst jeder größeren Schlacht aus. Damit brachten sie Napoleon dazu, mit dem Hauptheer weiter vorzurücken. Anfang September 1812 zogen die bereits geschwächten Truppen in Moskau ein. Die Einwohner flohen und setzten die Stadt in Brand.

Der Maler Goya war fast taub und blind, als er das Bild (Abb. 1) malte. Er hat mit dieser Arbeit seine Einstellung gegenüber der napoleonischen Herrschaft ausgedrückt. Beschreibe sie! Welche künstlerischen Mittel hat er genutzt?

2 „Stufenleiter der Größe und des Sturzes Napoleons." *Radierung (19,5 x 33,4 cm) eines unbekannten Künstlers, 1814.*
Die Bildunterschriften auf den Stufen (von links nach rechts): Corsischer Knabe, Militair Schüler, Glücksritter zu Paris, General, Erster Consul, Kaiser der Franzosen, Abzug aus Spanien, Rückreise von Moskau, Abschied von Deutschland, Ende.
Unten: Napoleon sieht durch ein Fernglas. Ihm gegenüber Chronos, das Sinnbild der Zeit. Er hat Napoleon aus einer Karte Elba ausgeschnitten: „Ach, wie klein ist mein Glück." Erläutere, wie der Zeichner Napoleons Lebenslauf bewertet.

Rückzug der „Grande Armée"
Fünf Wochen wartete Napoleon in den Ruinen Moskaus vergeblich auf eine Antwort des Zaren auf sein Waffenstillstandsangebot. Ergebnislos zogen die französischen Heere Mitte Oktober ab. Hatten bereits Gefechte, Gefangennahmen, Krankheiten, Fahnenflucht und mangelnde Verpflegung hohe Verluste verursacht, so vergrößerte sich das Leid durch den einsetzenden russischen Winter. Die eisige Kälte brachte den erschöpften, halbverhungerten und schlechtgekleideten Soldaten zu Tausenden den Tod. Am Ende des Russlandfeldzuges waren etwa 270 000 Männer tot, rund 200 000 wurden gefangen.

Der preußische Befreiungskampf
Mit der Niederlage der „Großen Armee" in Russland hatte Napoleon den Ruf der Unbesiegbarkeit verloren. Die Kräfteverhältnisse begannen sich zu ändern. Ohne das Einverständnis König *Friedrich Wilhelms III.*, der sich durch einen Vertrag mit Napoleon gebunden fühlte, gab der preußische General *David Ludwig Yorck von Wartenburg* Ende 1812 den russischen Truppen den Weg nach Ostpreußen frei. Anfang Februar 1813 wandte sich der preußische König mit einem Aufruf an die Jugend, freiwillige „Jäger-Einheiten" zu bilden. Damit übernahm er zögernd die Führung der Befreiungsbewegung.

Nachdem Preußen mit Russland ein Bündnis gegen Frankreich vereinbart hatte, erklärten beide Staaten am 16. März 1813 Napoleon den Krieg. Der König von Preußen bat sein Volk um Hilfe. Als Gegenleistung versprach er eine „allein durch die deutschen Fürsten und Völker" geschaffene Verfassung.

Napoleons Ende
Frankreich konnte – verstärkt durch neue Truppen der Rheinbundstaaten – die ersten Feldzüge gegen die preußisch-russische Armee gewinnen. Beide Bündnisse versuchten, das unabhängige Österreich auf ihre Seite zu ziehen. Dessen Außenminister *Klemens von Metternich* entschied sich für einen Pakt mit Preußen und Russland. Als Kriegsziele vereinbarten Preußen, Österreich und Russland

- die Wiederherstellung des Zustandes von 1805 für die beiden deutschen Großmächte,
- die Unabhängigkeit der deutschen Staaten östlich des Rheins und
- die Auflösung des Rheinbunds.

Dem Bündnis schlossen sich Schweden und England an. Schweden sollte dafür Norwegen erhalten und der englische König wieder über Hannover herrschen.*

**Der welfische Kurfürst Georg Ludwig war 1714 als Georg I. König von England geworden, seitdem regierte der englische König mithilfe eines königlichen Statthalters auch über Hannover. Diese Personalunion endete 1837, als Ernst August König von Hannover wurde.*

Völkerschlacht
Entschieden wurden die Befreiungskriege in der **Völkerschlacht bei Leipzig** (16. bis 19. Oktober 1813). Die Verbündeten siegten in dem bis dahin größten Kampf der Weltgeschichte. Von den weit über 500 000 Soldaten auf beiden Seiten fielen in vier Tagen etwa 90 000.
Nur zehn Tage vor der Schlacht hatte Bayern sein Bündnis gewechselt. Noch während der Kämpfe liefen die sächsischen und württembergischen Truppen auf die Seite der Verbündeten über. Diesen Staaten war nach einem Sieg über Napoleon die Anerkennung der 1806 erreichten Stellung zugesichert worden. Damit war der Rheinbund zerbrochen.
Die verbündeten Armeen verfolgten den französischen Kaiser und besetzten Paris am 31. März 1814. Napoleon musste abdanken. Er wurde auf die Insel Elba verbannt. Der Bruder des hingerichteten Ludwig XVI., *Ludwig XVIII.*, wurde neuer König.

Internettipp → *Informationen zur Völkerschlacht siehe unter www.voelkerschlacht-bei-leipzig.de*

M 1 „An mein Volk“

Am 20. März 1813 wird der Aufruf des preußischen Königs erstmals in einer Zeitung veröffentlicht; darin heißt es:

Brandenburger, Preußen, Schlesier, Pommern, Litauer! Ihr wisst, was ihr seit sieben Jahren erduldet habt, ihr wisst, was euer trauriges Los ist, wenn wir den beginnenden Kampf nicht ehrenvoll enden [...]. Bleibet eingedenk der Güter, die [...] unsere Vorfahren blutig erkämpften: Gewissensfreiheit, Ehre, Unabhängigkeit, Handel, Kunstfleiß und Wissenschaft. Gedenkt des großen Beispiels unserer mächtigen Verbündeten, der Russen, gedenkt der Spanier und Portugiesen, selbst kleine Völker sind für gleiche Güter gegen mächtigere Feinde in den Kampf gezogen und haben den Sieg errungen [...]. Große Opfer werden von allen Ständen gefordert werden, denn unser Beginnen ist groß, und nicht gering die Zahl und die Mittel unserer Feinde. Ihr werdet jene lieber bringen für das Vaterland, für euren angeborenen König, als für einen fremden Herrscher [...].

Aber welche Opfer auch von Einzelnen gefordert werden mögen, sie wiegen die heiligen Güter nicht auf, für die wir sie hingeben, für die wir streiten und siegen müssen, wenn wir nicht aufhören wollen, Preußen und Deutsche zu sein. Es ist der letzte entscheidende Kampf, den wir bestehen, für unsere Existenz, unsere Unabhängigkeit, unsern Wohlstand.

Hans-Bernd Spies (Hrsg.), Die Erhebung gegen Napoleon 1806-1814/15. Quellen zum politischen Denken der Deutschen im 19. und 20. Jahrhundert, Darmstadt 1981, S. 255 (vereinfacht)

M 2 „Auf Vorposten.“

Ölgemälde (47 x 37,5 cm) von Georg Friedrich Kersting, 1815.

Der preußische Offizier Adolf Freiherr von Lützow stellte 1813 außerhalb Preußens eine Truppe aus Freiwilligen für den Kampf gegen die französische Armee auf. Unsere Nationalfarben gehen auf die Farben der Uniform dieser Lützower Jäger und ihres Banners zurück. Eine rote Borte schloss den Kragen ihrer schwarzen Uniformröcke ab und die Messingknöpfe und Schulterstücke glänzten golden. Das Banner bestand aus schwarzer und roter Seide und trug die golden eingestickte Inschrift „Mit Gott fürs Vaterland!“

Der Maler des Bildes kämpfte selbst im Lützow'schen Korps.

An den Baum gelehnt hockt der Dichter Theodor Körner, der im Kampf fiel.

Übrigens: An die Spitze der Freiheitsbewegung stellte sich die bürgerliche Jugend, doch in den Einheiten waren alle Schichten vertreten: Schüler und Studenten (ca. 7 Prozent), Handwerker (ca. 41 Prozent) und Arbeiter (ca. 15 Prozent).

M 3 „Was ist des Deutschen Vaterland?“

Das bekannteste politische Gedicht dieser Zeit schrieb der Historiker, Schriftsteller und spätere Hochschullehrer Ernst Moritz Arndt im März 1813 in Königsberg, damals Privatsekretär des Freiherrn vom und zum Stein. Hier die letzten vier der zehn Strophen:

Was ist des Deutschen Vaterland?
So nenne mir das große Land!
So weit die deutsche Zunge klingt,
Und Gott im Himmel Lieder singt,
Das soll es sein!
Das, wackrer Deutscher, nenne dein!

Das ist des Deutschen Vaterland,
Wo Eide schwört der Druck der Hand,
Wo Treue hell vom Auge blitzt
Und Liebe warm im Herzen sitzt –
Das soll es sein!
Das, wackrer Deutscher, nenne dein!

Das ist des Deutschen Vaterland,
Wo Zorn vertilgt den welschen Tand,
Wo jeder Franzmann heißet Feind,
Wo jeder Deutsche heißet Freund –
Das soll es sein!
Das ganze Deutschland soll es sein!

Das ganze Deutschland soll es sein!
O Gott vom Himmel sieh darein
Und gib uns rechten deutschen Mut,
Dass wir es lieben treu und gut.
Das soll es sein!
Das ganze Deutschland soll es sein!

Hans-Bernd Spies (Hrsg.), Die Erhebung gegen Napoleon 1806-1814/15, a.a.O., S. 256 f.

1. *Vergleiche die Aussage des Berliner Stadtkommandanten von 1806 (Abb. 2, Seite 201) mit M 1. Was hat sich geändert?*
2. *Nenne die Werte und Ziele, für die das preußische Volk in den Krieg gegen die napoleonischen Truppen ziehen soll (M 1).*
3. *Schreibe heraus, was dir an Arndts Gedicht (M 3) merkwürdig, übertrieben oder abwegig erscheint.*

Was war wichtig?

Daten

1776	*13 nordamerikanische Kolonien erklären ihre Unabhängigkeit von England.*
1789	*Mit dem Sturm auf die Bastille (14. Juli) beginnt die Französische Revolution; die Feudallasten werden ablösbar (4. August) und die Menschenrechte verkündet (26. August).*
1791	*Frankreich wird konstitutionelle Monarchie.*
1792	*Die Monarchie wird abgeschafft; Frankreich wird Republik.*
1793	*Ludwig XVI. wird hingerichtet.*
1794	*Robespierre und seine Anhänger werden gestürzt (27. Juli); Ende der Schreckensherrschaft.*
1799	*Nach einem Staatsstreich erklärt Napoleon die Revolution für beendet.*
1806	*Napoleon gründet den Rheinbund; das Heilige Römische Reich Deutscher Nation wird aufgelöst.*
1813	*Nach der Völkerschlacht bei Leipzig verliert Napoleon die Macht.*

Begriffe

Menschen- und Bürgerrechte: im engeren Sinne die unantastbaren und unveränderlichen Freiheiten und Rechte aller Menschen, die ihnen von Natur aus, d.h. mit ihrer Geburt – unabhängig von Stellung in Staat, Gesellschaft, Beruf und Religion – zustehen (*Naturrecht*). Dazu zählen u.a. das Recht auf Leben, die Unverletzlichkeit der Person, Freiheit und Eigentum. In vielen → *Verfassungen* werden aus ihnen weitere Menschen- und Bürgerrechte abgeleitet, die den Einzelnen vor staatlichen Übergriffen schützen sollen: Gleichheit vor dem Gesetz, Meinungs- und Glaubensfreiheit, Versammlungsfreiheit, Brief- und Postgeheimnis und Schutz vor willkürlicher Verhaftung. Am Anfang der Entwicklung der Menschen- und Bürgerrechte stehen die „Magna Charta" (1215), die „Bill of Rights" (1689), die „Virginia Bill of Rights" (1776) und die französische Menschenrechtserklärung vom 26. August 1789, die der Verfassung von 1791 vorangestellt wurde.

Nation: (lat. *natio:* Herkunft, Abstammung): Völker, deren Angehörige eine gemeinsame Kultur (Sprache, Religion, Literatur, Kunst) und Geschichte haben. Seit der Unabhängigkeitserklärung der USA (1776) und der Französischen Revolution (1789) bezeichnet der Begriff Nation auch ein Volk, das in Freiheit und nach eigenem Recht in einem Nationalstaat leben will.

Revolution: Der Begriff stammt aus der Astronomie und bezeichnet die „Umdrehung" eines Himmelskörpers um einen anderen; in der Politik wird damit ein gewaltsamer und rascher, von vielen Menschen herbeigeführter Umsturz der bestehenden Herrschafts- und Gesellschaftsordnung bezeichnet.

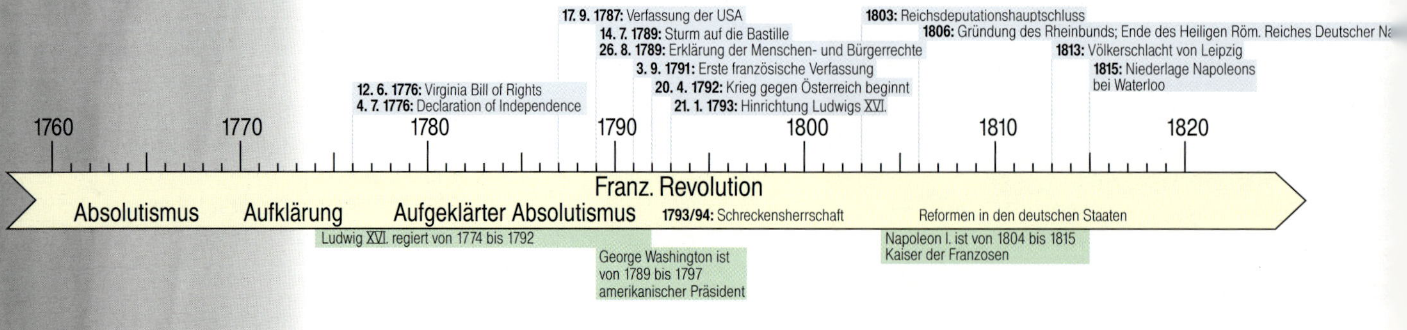

Zusammenfassung

Während der Epoche der Aufklärung wurden in England und Frankreich auch neue Staatslehren entwickelt. Sie richteten sich mehr oder weniger deutlich gegen die absolutistische Herrschaft und forderten die Festlegung, Kontrolle und Teilung der Staatsgewalt (*Gewaltenteilung*).
Seit dem 18. Jh. wanderten immer mehr Europäer, darunter viele Engländer, aus politischen, wirtschaftlichen und religiösen Gründen nach Amerika aus. Es entstanden Kolonien, die sich weitgehend selbst verwalteten. Englische Soldaten schützten die Siedler gegen die Indianer und verteidigten sie im Krieg gegen Frankreich.
Zum Konflikt zwischen England und den Kolonisten kam es über die Frage, ob das englische Parlament berechtigt sei, Steuern zu erheben, ohne dass die Siedler Abgeordnete stellen konnten. 1776 erklärten sich 13 nordamerikanische Kolonien unabhängig. Es folgten ein Unabhängigkeitskrieg gegen das „Mutterland" und die Gründung der USA.
In Frankreich führten zerrüttete Staatsfinanzen, mangelnde politische Mitbestimmungsrechte der Stände sowie soziale und wirtschaftliche Probleme 1789 zur Revolution. In ihrem Verlauf wurden die *Menschen- und Bürgerrechte* verkündet und die ständische Gesellschaftsordnung aufgelöst. 1791 leistete der König seinen Eid auf die Verfassung; aus einer absolutistischen war eine konstitutionelle Monarchie geworden. Nach dem Fluchtversuch des Königs wurde im September 1792 eine Republik errichtet. Sie stand zunächst unter dem Einfluss des Großbürgertums, dann unter dem der städtischen Volksbewegung, der Sansculotten. Die Regierenden versuchten, die Volksbewegung mit sozialen Reformen und Zwangsmaßnahmen zu kontrollieren. Gleichzeitig mobilisierten sie die Truppen für den Kampf gegen Österreich und Preußen. In dieser Phase der Revolution entstand die Schreckensherrschaft: Zehntausende wurden aus politischen Gründen hingerichtet.

Die Ereignisse der Französischen Revolution fanden auch im Ausland Beachtung. Mit dem Krieg Frankreichs gegen Österreich und Preußen wurde die Revolution auch in die deutschen Staaten hineingetragen.
1799 übernahm Napoleon durch einen Staatsstreich die Macht in Frankreich. Er befriedete das Land, verordnete Reformen und erließ ein wegweisendes Gesetzbuch, den „Code Civil".
Die Eroberungs- und Bündnispolitik Napoleons führte 1806 zur Gründung des Rheinbundes und zur Auflösung des Heiligen Römischen Reiches Deutscher Nation.
Durch die Säkularisation wurden die geistlichen Kurfürstentümer, viele Bistümer und Abteien des Reichs aufgelöst und ihre Gebiete den Territorien der weltlichen Landesherren zugeschlagen. Außerdem unterwarfen die Fürsten zahlreiche bis dahin reichsunmittelbare Stände und die meisten Reichsstädte ihrer Landesherrschaft (Mediatisierung).
Um nach seiner vernichtenden Niederlage gegen Napoleon wieder in den Kreis der Großmächte aufzurücken, wurden in Preußen tiefgreifende Reformen in Wirtschaft, Verwaltung, Militär und Bildungswesen eingeleitet. Napoleon nötigte seine Verbündeten 1812 zu einem gemeinsamen Angriff auf Russland. Doch die „Große Armee" scheiterte und musste einen verlustreichen Rückzug antreten. Ein Jahr später wurden die napoleonischen Truppen in der Völkerschlacht bei Leipzig besiegt. Der Rheinbund löste sich auf, und die gegen Napoleon verbündeten Truppen marschierten in Paris ein. Daraufhin wurde Napoleon abgesetzt und auf die Insel Elba verbannt.

1 Feuerwerk zum Unabhängigkeitstag in Washington.
Foto von Kevin Dietsch vom 4. Juli 2005.

Nationen feiern
Mit patriotischen Paraden, Konzerten, Feuerwerken und Picknicks begehen heute fast alle Länder ihren Nationalfeiertag. Meist weist er auf die Gründung, die Unabhängigkeit oder die Befreiung eines Staates von Fremd- oder Gewaltherrschaft hin.
Die Amerikaner feiern am 4. Juli den Geburtstag der USA. 1776 unterschrieben Vertreter der Kolonien die Unabhängigkeitserklärung, die erstmals von den Vereinigten Staaten von Amerika sprach.

2 Militärparade in Paris.
Foto von Sipa Chamussy vom 14. Juli 2003.

Spurensuche
Thema für ein interessantes Referat:
- *Der Nationalfeiertag der Franzosen – Anlass und Entstehung*

Internet- und Lektüretipp*:
- *http://de.wikipedia.org/wiki/Nationalfeiertag*
- *Winfried Schulze, Der 14. Juli 1789. Biographie eines Tages, Stuttgart ²1989*

* *Hinweise dazu, wie Literaturangaben richtig verfasst werden, findest du bei den Lerntipps hinten im Buch.*

Zwischen Restauration und Revolution

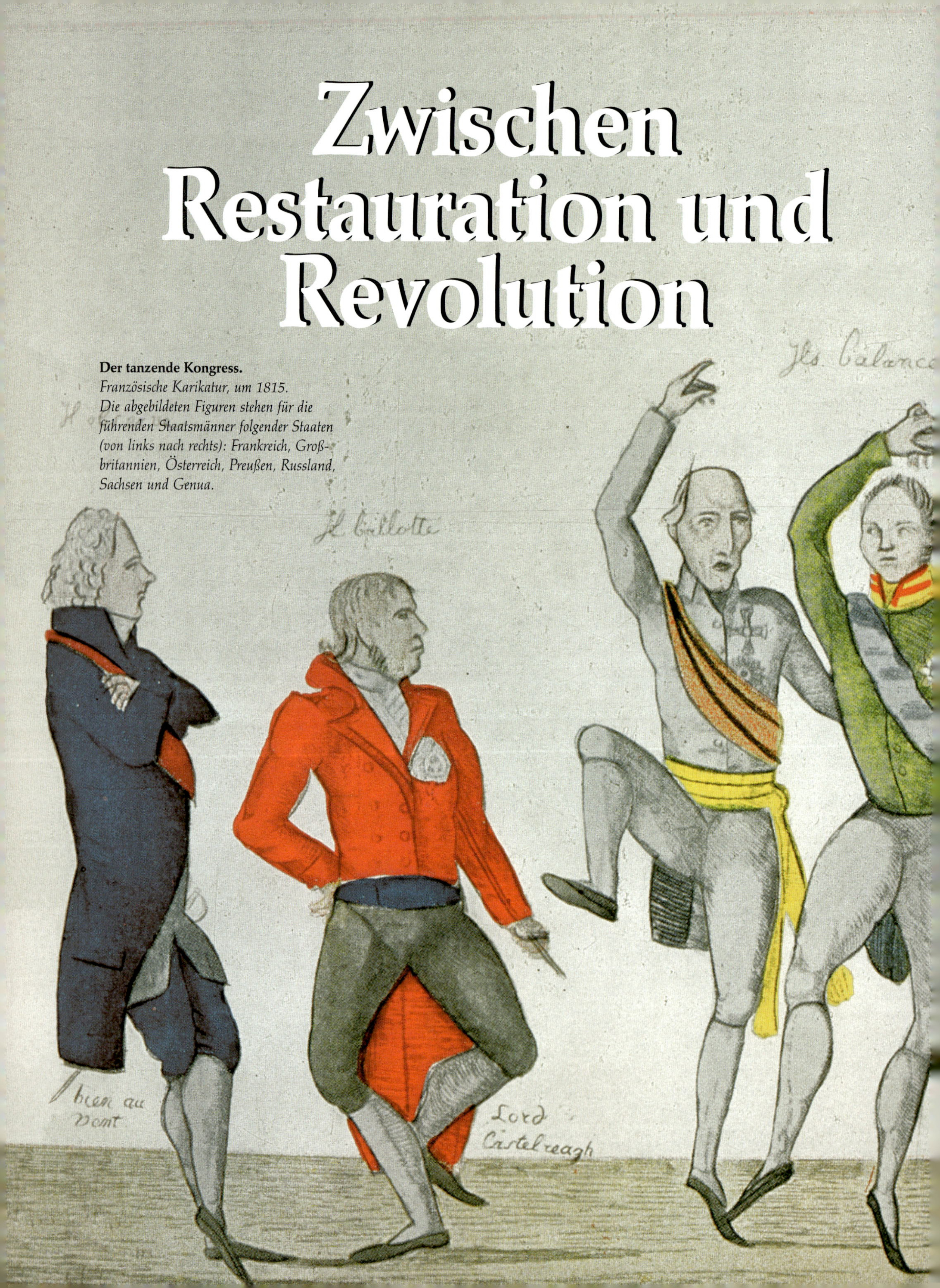

Der tanzende Kongress.
Französische Karikatur, um 1815. Die abgebildeten Figuren stehen für die führenden Staatsmänner folgender Staaten (von links nach rechts): Frankreich, Großbritannien, Österreich, Preußen, Russland, Sachsen und Genua.

Der Kaiser von Russland liebt für alle, der König von Preußen denkt für alle, der König von Dänemark spricht für alle, der König von Bayern trinkt für alle, der König von Württemberg frisst für alle und der Kaiser von Österreich zahlt für alle.

Ausspruch, der um 1815 in Wien umlief

Vielfache Hoffnungen und Erwartungen hatte die Ankündigung dieser großen europäischen Zusammenkunft erweckt, die nach den langen Kriegsjahren Frieden und Ordnung für lange Zeit verbürgen sollte […]. Da erschien es vielen ernsthaften wie harmlosen Zeitgenossen so, als ob im Strudel leichtfertiger gesellschaftlicher Zerstreuungen die Wiener Gesandten ihre große Aufgabe vernachlässigt und vergessen und nur nach Launen und persönlichen Vorteilen ein enttäuschendes Endergebnis zustande gebracht hätten. Dieses Urteil aber, das in den landläufigen Anschauungen über den Kongress bis heute immer wieder auftaucht, geht am Wesen seiner Arbeit und seines Werkes vorbei. Nicht aus dem Treiben der unzähligen Müßiggänger, Hofschranzen und Geschäftemacher […], sondern aus der Tätigkeit der wenigen Minister der Großmächte, ihrer Souveräne und ihrer Mitarbeiter ging die neue Ordnung Europas hervor.

Karl Griewank, Der Wiener Kongress und die europäische Restauration 1814/15, 1954

1 Die endgültige Niederlage Napoleons: die Schlacht von Waterloo.
Zeitgenössische Lithografie.
In der Schlacht von Waterloo vom 18. Juni 1815 kämpften 140 000 Soldaten. Die Franzosen hatten rund 24 000 Tote und Verwundete, die Verbündeten etwa 23 000 zu beklagen.
Das Bild zeigt die Begegnung zwischen dem preußischen Feldmarschall Gebhard L. Blücher und dem verbündeten englischen Feldmarschall Arthur Wellesley, Herzog von Wellington, am Abend der Schlacht.

Nach Napoleon

Staatsmänner in Wien

Ab November 1814 versammelten sich zeitweise 15 gekrönte Häupter, etwa 200 Fürsten und über 120 Diplomaten* auf dem **Wiener Kongress**. Ziel der Verhandlungen war eine europäische Friedensordnung. Erstmals in der Geschichte verhandelten die leitenden Staatsmänner persönlich am Konferenzort. Die Entscheidungen trafen aber die fünf Großmächte Großbritannien, Russland, Österreich, Preußen und Frankreich. Neu war, dass die Vereinbarungen vorab in Ausschüssen erarbeitet wurden. Erst im Juni 1815 fand die Schlusssitzung statt.

* **Diplomat**: *Jemand, der im Auftrag der Regierung die Interessen seines Landes im Ausland vertritt.*

Napoleons letzter Versuch

Im Frühjahr 1815 stockten die Wiener Verhandlungen. Napoleon war von seinem Verbannungsort Elba nach Paris gezogen, hatte zahlreiche Soldaten um sich geschart und noch einmal die Herrschaft über Frankreich übernommen. Er stieß auf den Widerstand der europäischen Großmächte. In der **Schlacht bei Waterloo** (15 km südlich von Brüssel) wurde das französische Heer im Juni 1815 von englischen und preußischen Truppen geschlagen. Die Briten verbannten Napoleon auf die Atlantikinsel St. Helena, wo er 1821 starb.

Die Großen bestimmen das Spiel

Den vier großen Siegermächten ging es auf dem Wiener Kongress darum, das von Napoleon zerstörte Gleichgewicht der Großmächte auf dem Kontinent wiederherzustellen. Die Vormachtstellung eines Staates in Europa wollten sie ein für allemal verhindern. Das von Napoleon befreite Frankreich sollte als Großmacht erhalten bleiben und wurde deshalb als Partner anerkannt. Die verbündeten Staaten Preußen, Österreich und Russland gingen davon aus, jederzeit einem neuen französischen Machtstreben gemeinsam entgegentreten zu können.

Ein wichtiger Gegenstand der Verhandlungen war die Zukunft Sachsens und Polens. Russland wollte als „Lohn“ für die Befreiung Europas ganz Polen. Preußen forderte als Entschädigung für die großen Kriegslasten Sachsen, dessen König bis zum Schluss am Bündnis mit Napoleon festgehalten hatte. Doch gegen diese Gebietsveränderungen wandten sich Österreich, Großbritannien und Frankreich. Sie wollten einen so großen Machtzuwachs Preußens und Russlands nicht zulassen.

2 „Die Wiederkehr des allgemeinen Weltfriedens."
Einblattdruck (25 x 31 cm), der um 1815 bei Friedrich Campe in Nürnberg verlegt wurde. Die hier nicht abgedruckte Bildunterschrift lautet: „Nach zwanzigjährigem Blutvergießen kann sich nun die Menschheit der Früchte des Ackerbaus, des Handels, der Künste und Wissenschaften freuen und einer glücklichen Zukunft entgegensehen."
Thema der gleichnishaften Darstellung (Allegorie) ist der Zweite Pariser Frieden zwischen der Heiligen Allianz (siehe Seite 215) und Frankreich am 26. September 1815 in Paris. Eine auf den Wolken schwebende Figur mit Posaune und Palmzweig verkündet den Frieden. Im Vordergrund stehen neben der Frauengestalt, die Frankreich darstellt, der russische Zar Alexander I., Kaiser Franz I. von Österreich und Friedrich Wilhelm III. von Preußen. Die Frauengestalt will dem Zaren einen Lorbeerkranz überreichen, dieser deutet jedoch auf den preußischen König hin, der erkennen lässt, dass er den Kranz entgegennehmen will. In der linken Hand hält die Figur einen weiteren Kranz. Die Bilder im Hintergrund deuten das Ereignis. Erkläre sie!

Zurück zu den alten Zuständen?

Das Recht der Völker, über sich selbst zu bestimmen, lehnten die Herrschenden ab. Eine rechtmäßige Staatsgewalt konnte ihrer Ansicht nach in Europa nicht wie in den USA vom Volk ausgehen, sondern allein von den alten Herrscherhäusern (*Dynastien*). Die Fürsten beriefen sich auf ihr Gottesgnadentum und nannten dies den Grundsatz der **Legitimität** (*Rechtmäßigkeit*). Sie rechtfertigten so die Rückkehr der Bourbonen auf den französischen Thron und die Einsetzung der nach 1792 vertriebenen oder entmachteten Dynastien in Spanien, Portugal und mehreren italienischen und deutschen Staaten.

Eifrigster Anwalt der Restauration, der Wiederherstellung der politischen Zustände, wie sie vor der Französischen Revolution bestanden hatten, war der aus dem Rheinland stammende österreichische Verhandlungsführer *Fürst Klemens von Metternich.*

Anspruch und Wirklichkeit

Allerdings dachte man in Wien nicht daran, den nach 1803 untergegangenen geistlichen Reichsfürstentümern oder Reichsstädten die alten Rechte zurückzugeben. Den Staaten, die ihre Gebiete durch Säkularisation und Mediatisierung vergrößert oder abgerundet hatten, drohten also keine Gebietsverluste. Auch die Rangerhöhungen einiger Fürsten wurden als legitim anerkannt. Bayern, Sachsen und Württemberg blieben Königreiche, Baden und Hessen-Darmstadt Großherzogtümer und Hessen-Kassel Kurfürstentum. Hinzu kam die Rangerhöhung Hannovers: Aus dem Kurfürstentum entstand das Königreich.

Diese Ordnung schloss eine Wiedererrichtung des Heiligen Römischen Reiches Deutscher Nation aus.

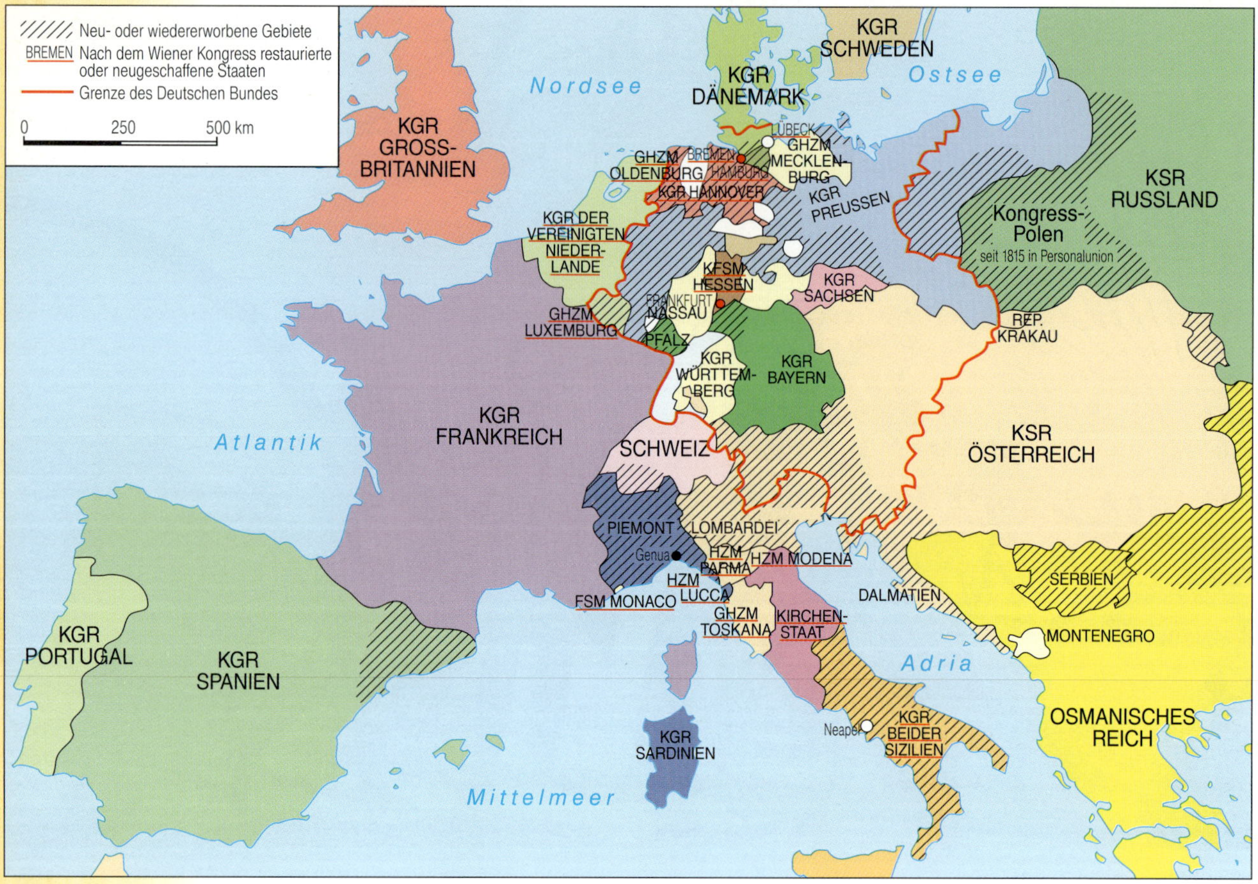

M 1 Europa um 1815.
Auf dem Wiener Kongress wurden u.a. folgende Gebietsveränderungen beschlossen: Preußen verzichtete zugunsten Russlands auf einen großen Teil des im 18. Jh. erworbenen polnischen Gebietes und der russische Zar wurde König des größten Teils des ehemaligen Herzogtums Warschau („Kongress-Polen"). Zu Preußen kamen die Nordhälfte Sachsens, Westfalen und das Rheinland bis zur Saar. Österreich bekam einerseits Territorien in Oberitalien (Lombardei, Venetien) und auf dem Balkan (z.B. Dalmatien) zugesprochen, verzichtete dafür aber u.a. auf die habsburgischen Niederlande, das spätere Belgien. Genua wurde mit dem Königreich Sardinien vereint. Der wiedererrichteten Schweiz garantierten die fünf Großmächte ihre Neutralität. Das 1815 beschlossene Gleichgewicht blieb – trotz folgender Kriege und der Gründung des Deutschen Reiches im Jahre 1871 – in seinen Grundzügen bis 1914 bestehen.

M 2 Metternichs Sorgen
Der Historiker Golo Mann schreibt 1958 über die Politik des führenden österreichischen Staatsmannes Metternich:

Wenn einer behaupten konnte, sich um das Große, Ganze zu sorgen, so war es Herr von Metternich. Der Staat, dem er diente und von dessen Bestand sein eigenes glanzvolles Leben abhing, war in das Große, Ganze untrennbar verwoben: ein Stück von Deutschland, von Italien, von Polen, von Südosteuropa. Es war ein Gebilde, das gefährlich zitterte, sobald etwas im Großen, Ganzen sich bewegte. Folglich war Metternich ein Feind jeder Bewegung, jedes plötzlichen, merklichen „Fortschrittes". Er hielt nichts von den „neuen Ideen", dem Nationalstaat, der Volkssouveränität, der konstitutionellen Monarchie. Der österreichische Kaiserstaat konnte nicht bestehen, wenn sie triumphierten.

Golo Mann, Deutsche Geschichte des 19. und 20. Jahrhunderts, Frankfurt a. M. [6]2001, S. 115 f.

1. *Man sagt, durch den Wiener Kongress sei Preußen „nach Deutschland hineingewachsen", Österreich aber „aus Deutschland herausgewachsen". Zeige mit der Karte M 1, was damit gemeint ist.*
2. *Nenne die Motive, die Golo Mann Metternich unterstellt (M 2). Gegen welche Gefahren richtete sich dessen Politik?*

Ein neuer Staatenbund

Der Nachfolger
Am 8. Juni 1815 trat an die Stelle des 1806 untergegangenen Heiligen Römischen Reiches Deutscher Nation eine neue politische Organisation: der **Deutsche Bund**. Er sollte vor allem „der Erhaltung der [...] Sicherheit Deutschlands und der Unabhängigkeit und Unverletzlichkeit der einzelnen deutschen Staaten" dienen.
Ihm gehörten neben den deutschen Fürsten der britische König mit Hannover, der dänische König mit Holstein und Lauenburg und der niederländische König mit Luxemburg und Limburg an. Umgekehrt reichten die Gebiete Preußens und Österreichs weit über die Grenzen des Deutschen Bundes hinaus.
Sowohl die Großmächte England und Frankreich als auch die Mittelstaaten wie Bayern und Württemberg hatten sich auf dem Wiener Kongress für diese Lösung eingesetzt. Sie wollten, dass die Mitte Europas zersplittert blieb, um jede Machtballung auf dem Kontinent zu verhindern und um ihre Anfang des Jahrhunderts gewonnene Macht nicht wieder einschränken zu müssen.

Wer hat im Bund das Sagen?
Der Deutsche Bund war kein **Bundesstaat** wie die USA, sondern ein lockerer **Staatenbund**. Er hatte weder ein gemeinsames Staatsoberhaupt noch eine gemeinsame Regierung und Armee. Als einzige gesamtdeutsche Einrichtung wurde der Bundestag eingerichtet: ein ständig tagender Gesandtenkongress in Frankfurt am Main. Eine einheitliche Politik des Bundes, dem anfangs 35 „souveräne Fürsten" und vier „freie Städte" angehörten, war schwer durchzusetzen. Man hatte darauf geachtet, dass weder Preußen noch Österreich die übrigen Staaten in der Bundesversammlung überstimmen konnten. Allerdings sollten Mehrheitsbeschlüsse über Bundesgesetze für alle bindend sein.

Die Mitglieder behielten ihre Souveränität. Sie durften ihre Währungen, ihre Gesetze und ihre Rechtsprechung selbst bestimmen, konnten Zölle erheben und eigene Armeen unterhalten. Die Einzelstaaten durften sogar mit fremden Staaten Bündnisse eingehen und Krieg führen, wenn diese sich nicht gegen Bundespartner richteten.

Die Heilige Allianz
Zur Absicherung der auf dem Wiener Kongress errichteten Ordnung schlossen die Herrscher Russlands, Preußens und Österreichs im September 1815 die **Heilige Allianz**. Sie verpflichteten sich, überall da einzugreifen, wo die monarchische Staatsordnung gefährdet schien (*Grundsatz der Solidarität*). Dem Bündnis traten bald fast alle Herrscherhäuser auf dem europäischen Kontinent bei.

1 **„Der Treueschwur."**
Malerei (44 x 35 cm) von Heinrich Olivier, 1815.
Die drei Personen auf dem Gemälde stellen die Monarchen von Preußen, Österreich und Russland dar. Beschreibe Kleidung und Kennzeichen der Gestalten und den Hintergrund. Auf welche Zeit wird hier zurückgegriffen?
Was soll damit ausgedrückt werden?

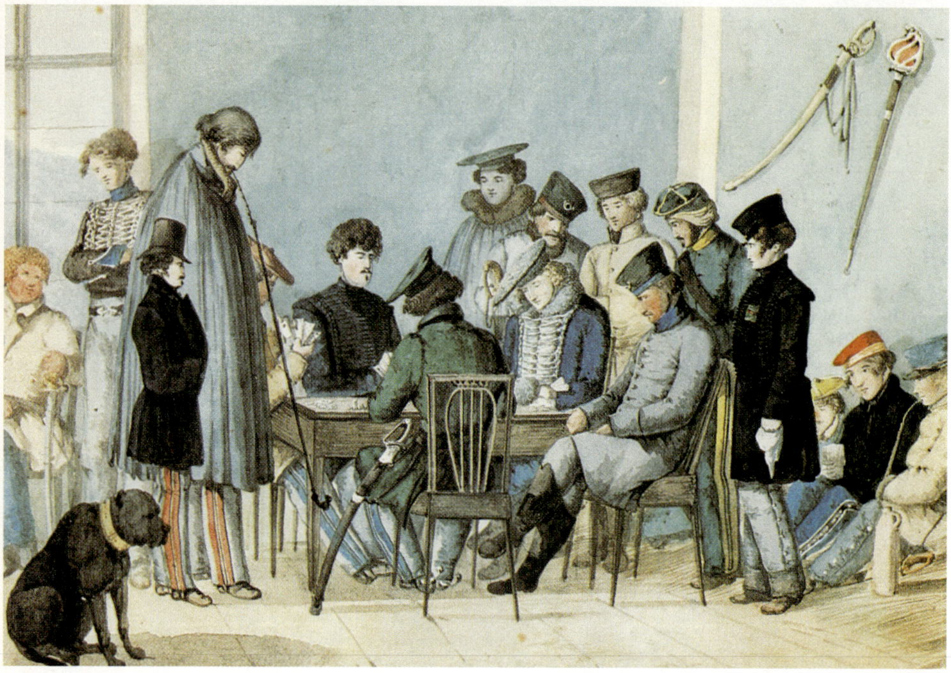

2 Studentenversammlung im Wirtshaus zu Neuenheim bei Heidelberg.
Aquarell (15,6 x 32,2 cm) von Carl Philipp Fohr, um 1814 (Ausschnitt).
Die Studenten tragen noch Uniformen und Schnürröcke aus den Befreiungskriegen.
Warum standen wohl vor allem junge Menschen an der Spitze der nationalen und liberalen Bewegung?

Nationale Ziele

Große Teile des deutschen Bürgertums waren über die Vereinbarungen von Wien enttäuscht. Nach dem gemeinsamen Kampf gegen die französische Fremdherrschaft hatte man sich ein „einiges deutsches Vaterland" gewünscht, in dem es *eine* Verfassung und *eine* Volksvertretung für alle Deutschen geben sollte. An die Spitze der „vaterländisch-freiheitlichen" Bewegung stellten sich viele junge Menschen. Sie schlossen sich in national gesinnten **Burschenschaften** zusammen. Im Oktober 1817 wurde das Wartburgfest der erste Höhepunkt der burschenschaftlichen Bewegung.

Das Bekenntnis zur eigenen Nation war von Anfang an zwiespältig: Manche Vertreter des Nationalgedankens stellten das eigene Volk über andere Völker und förderten so den **Nationalismus**. Andere waren überzeugt, dass alle Völker einen Anspruch auf Selbstbestimmung haben. Die Anhänger dieser Richtung traten für ein Europa der Nationen ein. Sie unterstützten nach 1820 die griechischen Freiheitskämpfer gegen die türkische Fremdherrschaft und 1830 den Kampf der Polen um ihre Unabhängigkeit vom Russischen Reich.

Staatsbürger statt Untertanen

Neben dem Nationalismus war die zweite wichtige Anschauung der Zeit der Liberalismus. Dessen Wurzeln lagen in der Aufklärung und der Französischen Revolution. Die Liberalen wollten keine Untertanen mehr sein, sondern freie Staatsbürger. Selbstbewusst forderten sie von den Fürsten Verfassungen. Diese sollten

- die Macht der Herrscher begrenzen,
- den Bürgern Grundrechte wie Presse- und Versammlungsfreiheit, Sicherheit des individuellen Eigentums und Rechtsgleichheit garantieren und
- eine Mitwirkung an der Gesetzgebung sowie
- die Kontrolle der Regierung ermöglichen.

Die Liberalen empörte, dass trotz eines Beschlusses des Deutschen Bundes von 1815 die Führungsmächte Österreich und Preußen nichts unternahmen, um konstitutionelle Monarchien zu werden. Bis 1829 hatten erst 15 Staaten Verfassungen erhalten, darunter Sachsen-Weimar-Eisenach (1816) und Bayern (1818), Baden (1818), Württemberg (1819), Hannover (1819) und Hessen-Darmstadt (1820).

Was fordern die Republikaner?

Doch die Verfassungen enttäuschten. Überall waren die politischen Mitgestaltungsrechte der Bürger begrenzt. Darauf wiesen besonders die Anhänger der Republik hin. Die zunächst kleine Gruppe von Republikanern, auch Demokraten genannt, forderte die Beseitigung jeder Fürstengewalt und ein allgemeines (Männer-)Wahlrecht. Regierungsgewalt sollte nur durch Wahl und für eine bestimmte Zeit übertragen werden.

Liberale und Republikaner setzten auf Reformen. Doch angesichts der unerfüllten politischen Forderungen sowie neuer sozialer Herausforderungen, die durch Bevölkerungswachstum, Missernten und Arbeitslosigkeit in vielen Regionen entstanden waren, wurden einige Republikaner radikaler. Sie waren bereit, auch eine gewaltsame Änderung der politischen Verhältnisse zu unterstützen.

M 1 Verbrennungsszene.
Kolorierter Stahlstich (9 x 12 cm) von 1817 (Ausschnitt).
Am 18. und 19. Oktober 1817 gedachten etwa 500 Studenten aus allen Gegenden des Deutschen Bundes des Endes der französischen Fremdherrschaft durch die Völkerschlacht von Leipzig (16./19. Oktober 1813) und des Beginns der Reformation (31. Oktober 1517) mit einem Fest auf der Wartburg bei Eisenach (Thüringen).
Am Ende der Veranstaltung verbrannten einige radikale Teilnehmer auf dem Wartenberg etwa 25 bis 30 angeblich deutschfeindliche Schriften sowie einen Zopf, einen Teil einer preußischen Uniform und einen österreichischen Korporalstock - Symbole der Adelsherrschaft und des stehenden Heeres.
Erkläre, warum die Studenten auch des Beginns der Reformation gedachten.

M 2 „Wer kann die Folgen berechnen …?“
Der französische Außenminister Talleyrand beobachtet die wachsende nationale Bewegung der Deutschen genau und macht sich darüber Gedanken; am 17. Oktober 1814 schreibt er an seinen König:

Die Anhänger einer deutschen Nation trachten, eine Ordnung umzustürzen, die ihren Stolz empört, und alle Regierungen dieses Landes durch eine einzige zu ersetzen […]. Mit ihnen im Bunde sind die Männer der Universitäten, die von ihren Theorien erfüllte Jugend, und die, welche der Kleinstaaterei Deutschlands die Leiden zuschreiben, die sich durch so viele Kriege, deren beständiger Schauplatz es ist, über das Land ergossen haben. Die Einheit des deutschen Vaterlandes ist ihr Geschrei, ihr Glaube, ihre bis zum Fanatismus* erhitzte Religion […]. Wer kann die Folgen berechnen, wenn eine Masse wie die deutsche, zu einem einzigen Ganzen gemischt, aggressiv würde? Wer kann sagen, wo eine solche Bewegung haltmachen würde?

Hagen Schulze, Staat und Nation in der europäischen Geschichte, München 1994, S. 211 f. (vereinfacht)

* **Fanatismus**: *unnachgiebiges Eintreten für eine Sache*

M 3 „Ein Deutschland soll sein …“
Nach dem Wartburgfest legen einige Burschenschaften ihre politische Position fest. Zu den „Grundsätzen und Beschlüssen“, die zunächst nur handschriftlich verbreitet wurden und erst ab 1823 gedruckt vorlagen, gehören:

Ein Deutschland ist, und ein Deutschland soll sein und bleiben. Je mehr die Deutschen durch verschiedene Staaten getrennt sind, desto heiliger ist die Pflicht für jeden frommen und edlen deutschen Mann und Jüngling, dahin zu streben, dass die Einheit nicht verloren gehe und das Vaterland nicht verschwinde […].
Die Lehre von der Spaltung Deutschlands in das katholische und in das protestantische Deutschland ist irrig, falsch, unglückselig […]. Alle Deutschen sind Brüder und sollen Freunde sein […].
Wenn ein deutscher Staat von einer fremden Macht angegriffen wird, so wird Deutschland angegriffen, denn jeder Staat ist ein Teil Deutschlands. […]
Von dem Lande oder Ländchen, in welchem wir geboren sind, wollen wir niemals das Wort Vaterland gebrauchen. Deutschland ist unser Vaterland; das Land, wo wir geboren sind, ist unsere Heimat. Auch wollen wir […] alles Fremde in Sprache, Kleidung, Sitten und Bräuchen vermeiden. – Keine ehrbare Frau wollen wir Madame, kein ehrbares Mädchen Mamsell nennen; jene soll die Frau bleiben und diese soll Fräulein oder Jungfrau heißen […].

Hermann Haupt (Hrsg.), Quellen und Darstellungen zur Geschichte der Burschenschaft und der deutschen Einheitsbewegung, Band IV, Heidelberg 1913, S. 117 ff.

1. *Der französische Außenminister sieht die Forderung nach der deutschen Einheit kritisch (M 2). Überlege, was er befürchten konnte.*
2. *Formuliere die „Grundsätze und Beschlüsse“ der Burschenschaften (M 3) in Anweisungen um (Jeder Deutsche muss … Niemand darf …).*
3. *Untersuche, wie die „Grundsätze und Beschlüsse“ begründet werden, und überlege, ob sie auf Zustimmung im Volk stoßen konnten.*

1 Carl Ludwig Sand ermordet Karl August von Kotzebue.
Kolorierter Einblattdruck (19 x 26 cm) von 1820. Der aus Wunsiedel in Franken stammende Carl Ludwig Sand ermordete am 23. März 1819 in Mannheim Karl August von Kotzebue. Er wurde dafür zum Tode verurteilt und am 20. Mai 1820 hingerichtet.

Zwischen Rückzug und Protest

Die politischen Konflikte nehmen zu
Argwöhnisch beobachteten die Regierungen die Anhänger der Einheits- und Freiheitsbewegung. Vor allem Metternich lehnte als Kanzler eines Vielvölkerstaates den Nationalstaatsgedanken ab. Er fürchtete, die Einheit Österreichs werde gefährdet, wenn dessen Völker in Nationalstaaten leben wollten. Auch in den Forderungen der Liberalen sahen die Fürsten eine Gefahr für die bestehende Ordnung.
1819 fand Metternich die Gelegenheit, die Regierungen der deutschen Staaten zu einem gemeinsamen Vorgehen gegen die nationale und liberale Bewegung zu gewinnen. Der 23-jährige Theologiestudent *Carl Ludwig Sand*, der dem radikalen Flügel der Jenaer Burschenschaft nahestand, hatte den Schriftsteller *Karl August von Kotzebue* ermordet. Dieser hatte in seinen Schriften die nationalen Ideale der Burschenschafter verspottet.
Das Attentat wurde zum Vorwand für die Verfolgung der Liberalen und Demokraten im ganzen Deutschen Bund genommen. Der Bundestag bestätigte 1820 folgende drei Bundesgesetze: die **Karlsbader Beschlüsse**. Bücher und Zeitungen durften nicht mehr ohne vorherige staatliche Überprüfung (*Zensur*) gedruckt werden (*Bundes-Pressegesetz*), die Freiheit der Lehre und die Versammlungsfreiheit wurden eingeschränkt und die Burschenschaften verboten (*Bundes-Universitätsgesetz*). Dazu richtete man in Mainz eine zentrale Behörde ein, die alle „revolutionären Umtriebe" aufdecken sollte (*Bundes-Untersuchungsgesetz*).
Die Wortführer der nationalen und liberalen Bewegung wurden als **Demagogen** (*Volksaufwiegler*) verfolgt. Sie erhielten Berufsverbote, Haftstrafen oder wurden aus dem Land gewiesen. Erstmals wanderten Deutsche aus politischen Gründen aus. Andere wagten ihre Kritik an den Verhältnissen nur noch unter Freunden vorzutragen.

Eine neue Kultur?
Enttäuschung und Angst förderten den Rückzug ins Private. Das Bürgertum interessierte sich weniger für Politik als früher. Es entwickelte sich eine stark religiöse, heimatverbundene und häuslich-private Kultur. Für sie wurde später der Begriff **Biedermeier** geprägt. Überall besann man sich auf die Vergangenheit. Immer mehr Bürger strebten nach Bildung. Ausdruck der bürgerlichen Kultur waren Bücher, Hausmusik und Theater. Reiche Bürger stifteten damals die ersten Denkmäler für Gutenberg, Dürer und Luther, um damit an frühere Leistungen von Bürgern zu erinnern.

Ein Vereinsleben erwacht
Gleichzeitig wurden Gesangs-, Turn-, Schützen- und Wohltätigkeitsvereine sowie wissenschaftliche, kulturelle und wirtschaftliche Vereinigungen gegründet. In ihnen regelte man die Wahl der Vorstände mehr oder weniger demokratisch. Die Mitglieder übernahmen die Verantwortung für die Umsetzung gemeinsamer Interessen. Damit wurde in den Vereinen indirekt ein Verhalten geübt, das sich später auch auf den politischen Bereich ausweitete.

2 „Der arme Poet."
Ölgemälde (36 x 45 cm) von Carl Spitzweg von 1839.

Die Julirevolution

Auch Frankreich erlebte nach 1815 eine Zeit des politischen Rückschritts, der Reaktion. Schlechte Ernten und wirtschaftliche Probleme vergrößerten die Not der Unterschichten. Die Unzufriedenheit mit der Regierung wuchs. Als 1830 der französische König die Pressefreiheit aufhob und das Wahlrecht zur Nationalversammlung weiter einschränkte, kam es im Juli zu einer Revolution. Während deren Anhänger eine Republik einführen wollten, bemühten sich die Liberalen erfolgreich, eine konstitutionelle Monarchie zu errichten. König Karl X. dankte zugunsten seines Enkels ab und ging ins Exil nach England.

Noch mehr Revolutionen?

Die Julirevolution wirkte weit über Frankreich hinaus. Im selben Jahr standen die Polen gegen die russische Herrschaft auf. Die Engländer stellten 1830/31 die Weichen für eine Parlamentsreform und Belgien wurde im Oktober 1830 ein unabhängiger Staat mit einer liberalen Verfassung.
Auch in den deutschen Staaten erhoben sich die Bürger gegen noch absolutistisch regierende Fürsten. Zugleich nahm die Opposition in den Parlamenten zu. In Kurhessen, Sachsen, Braunschweig sowie Hannover konnten neue oder verbesserte Verfassungen durchgesetzt werden. Nur in Preußen und Österreich änderte sich nichts an dem verfassungslosen Zustand. Beide Mächte unterdrückten die inneren Unruhen militärisch.

Das Hambacher Fest

Höhepunkt der gesamtdeutschen Oppositionsbewegung wurde das Hambacher Fest von 1832. Aus fast allen Staaten des Deutschen Bundes versammelten sich etwa 30000 Männer und Frauen „jedes Standes" an der Hambacher Schlossruine bei Neustadt an der Haardt in der zu Bayern gehörenden Pfalz. Mit Gästen aus Frankreich und Polen demonstrierten sie für Pressefreiheit, Volkssouveränität, einen gesamtdeutschen Nationalstaat und gegen soziale Missstände.

3 „Die Freiheit führt das Volk."
Ölgemälde (259 x 325 cm) von Eugène Delacroix, 1830 (Ausschnitt).

Professoren protestieren

Trotz der nach 1832 verschärften Zensur- und Überwachungsmaßnahmen konnte die nationale und liberale Bewegung von den Regierenden nicht mehr unterdrückt werden. Dies wurde 1837 im Königreich Hannover deutlich. König *Ernst August II.* verweigerte nach seinem Amtsantritt im Juni 1837 den Eid auf die Verfassung von 1833. Kurz darauf erklärte er sie für ungültig. Sie entsprach nicht seinen absolutistischen Herrschaftsvorstellungen.
Dagegen protestierten sieben Professoren der Göttinger Universität, darunter die beiden Sprachforscher *Wilhelm und Jacob Grimm*. Sie erklärten öffentlich, dass sie sich nach wie vor an ihren Eid auf die Verfassung von 1833 gebunden fühlten. Der König entließ die Gelehrten. Drei von ihnen mussten innerhalb von drei Tagen das Land verlassen. In allen deutschen Staaten löste diese Maßnahme Empörung bei der Bevölkerung aus. Überall wurden die Entlassenen als Helden gefeiert.

4 Die Göttinger Sieben.
Lithografie von Carl Rohde, um 1837.
Oben, von links nach rechts: Die Sprach- und Literaturwissenschaftler Jacob und Wilhelm Grimm, der Staatsrechtler Wilhelm Eduard Albrecht, der Historiker Christoph Dahlmann, der Literaturhistoriker Georg Gottfried Gervinus, der Physiker Wilhelm Weber und der Theologe und Orientalist Georg Heinrich August Ewald.
Nebenbei: Gervinus lehrte nach 1844 in Heidelberg und Ewald ab 1838 in Tübingen.

5 August Heinrich Hoffmann von Fallersleben.
Stich von Christian Hoffmeister nach einer Zeichnung von Ernst Fröhlich, um 1850. Hoffmann hatte das Lied am 27. August 1841 dem Hamburger Verleger Julius Campe verkauft. Wenige Tage später erschien das Lied als Vierblattdruck, begleitet von den Noten der „Kaiser-Hymne" von Joseph Haydn. Übrigens: Turner sangen das Lied zum ersten Mal am 5. Oktober 1841 in Hamburg.

Französische Ansprüche

Die nationale Bewegung erhielt weiteren Zulauf, als 1840 französische Politiker und Zeitungen die Verlegung der Grenze Frankreichs an den Rhein forderten. Deutsche Zeitungen protestierten. Zahlreiche Schriftsteller beschworen die Freiheit der deutschen Rheingrenze in Gedichten. Eine Wiederherstellung der Grenzen wie zur Zeit Napoleons wurde zurückgewiesen. Selbst zahlreiche Fürsten, die bis dahin alle gesamtdeutschen Bestrebungen abgelehnt hatten, unterstützten in dieser Situation die nationale Bewegung. Immer mehr Menschen fühlten sich nicht mehr nur als Preußen, Hannoveraner, Sachsen oder Bayern, sondern vor allem als Deutsche.

Eine Hymne für die Deutschen

Ende August 1841 brachte *August Heinrich Hoffmann* das *Lied der Deutschen* während eines Besuchs auf der damals britischen Nordseeinsel Helgoland zu Papier. Doch Anerkennung blieb Hoffmann zunächst verwehrt. 1842 verlor er seine Professur an der Universität Breslau, Staaten und Städte wiesen ihn als Aufrührer aus – allein sein Heimatort, nach dem er sich „von Fallersleben" nannte (heute ein Stadtteil von Wolfsburg), gleich dreimal. Der Grund: In seinen 1840 erstmals veröffentlichten *Unpolitischen Liedern* hatte Hoffmann die Zustände im Deutschen Bund spöttisch kritisiert.

Das Lied der Deutschen

Deutschland, Deutschland über alles,
Über alles in der Welt,
Wenn es stets zu Schutz und Trutze
Brüderlich zusammenhält.
Von der Maas bis an die Memel,
Von der Etsch bis an den Belt –
Deutschland, Deutschland über alles,
Über alles in der Welt!

Deutsche Frauen, deutsche Treue,
Deutscher Wein und deutscher Sang
Sollen in der Welt behalten
Ihren alten schönen Klang,
Uns zu edler Tat begeistern
Unser ganzes Leben lang.
Deutsche Frauen, deutsche Treue,
Deutscher Wein und deutscher Sang!

Einigkeit und Recht und Freiheit
Für das deutsche Vaterland!
Danach lasst uns alle streben
Brüderlich mit Herz und Hand!
Einigkeit und Recht und Freiheit
Sind des Glückes Unterpfand –
Blüh im Glanze dieses Glückes,
Blühe deutsches Vaterland!

1. *Prüft den Vorwurf, der Text des „Liedes der Deutschen" sei teilweise aggressiv und nationalistisch.*
2. *In der Bundesrepublik wird seit 1952 die dritte Strophe des „Liedes der Deutschen" bei offiziellen Anlässen als Nationalhymne gesungen. Seit dem 3. Oktober 1990 gilt sie auch für das wiedervereinigte Deutschland. Nennt mögliche Gründe für die Beschränkung auf die dritte Strophe.*
3. *Projektanregung: Sucht die Texte der französischen, britischen und amerikanischen Nationalhymnen. Informiert euch über deren Entstehung. Arbeitet Gemeinsamkeiten und Unterschiede der Texte heraus.*

1 Gegen die Presse

Das „Bundes-Pressgesetz" vom 20. September 1819 bestimmt:

§ 1. So lange als der gegenwärtige Beschluss in Kraft bleiben wird, dürfen Schriften, die in der Form täglicher Blätter oder heftweise erscheinen, desgleichen solche, die nicht über 20 Bogen* im Druck stark sind, in keinem deutschen Bundesstaate ohne Vorwissen und vorgängige Genehmigung der Landesbehörden zum Druck befördert werden.

Aus den Wiener Beschlüssen vom 12. Juni 1834:

Art. 29. Von den Nachteilen einer übermäßigen Anzahl politischer Tagblätter überzeugt, werden die Regierungen auf eine allmählich herbeizuführende Verminderung solcher Blätter [...] Bedacht nehmen.

Art. 30. Kraft der ihnen zustehenden oberpolizeilichen Aufsicht werden die Regierungen die Herausgabe neuer politischer Tageblätter ohne die vorgängige Erwirkung einer diesfälligen Konzession** nicht gestatten.

Ernst Rudolf Huber (Hrsg.), Dokumente zur deutschen Verfassungsgeschichte, Band 1, Stuttgart ³1978, S. 102 und S. 143

* **Bogen**: *16 Seiten*
** **Konzession**: *Zulassung*

2 „Der Denker-Club. Auch eine neue deutsche Gesellschaft."

Anonyme Radierung (24,5 x 38,0 cm), um 1820. An der Wand die Gesetze des Klubs; sie bestimmen u. a.: „Schweigen ist das erste Gesetz dieser gelehrten Gesellschaft." „Auf dass kein Mitglied in Versuchung geraten möge, seiner Zunge freien Lauf zu lassen, so werden beim Eintritt Maulkörbe ausgeteilt."

3 Bedenkliche Gedankenstriche.

Bis 1834 konnten Drucker und Verleger Texte mit solchen „Gedankenstrichen" kennzeichnen, wenn der Zensor ein Wort oder einen Satz eines Textes gestrichen hatte. Der Dichter Heinrich Heine kritisierte die Zensur auf seine Weise. Er ließ das XII. Kapitel seiner 1827 in Hamburg veröffentlichten „Reisebilder" wie abgebildet drucken.
Über Heinrich Heine erfährst du auf Seite 224 mehr.

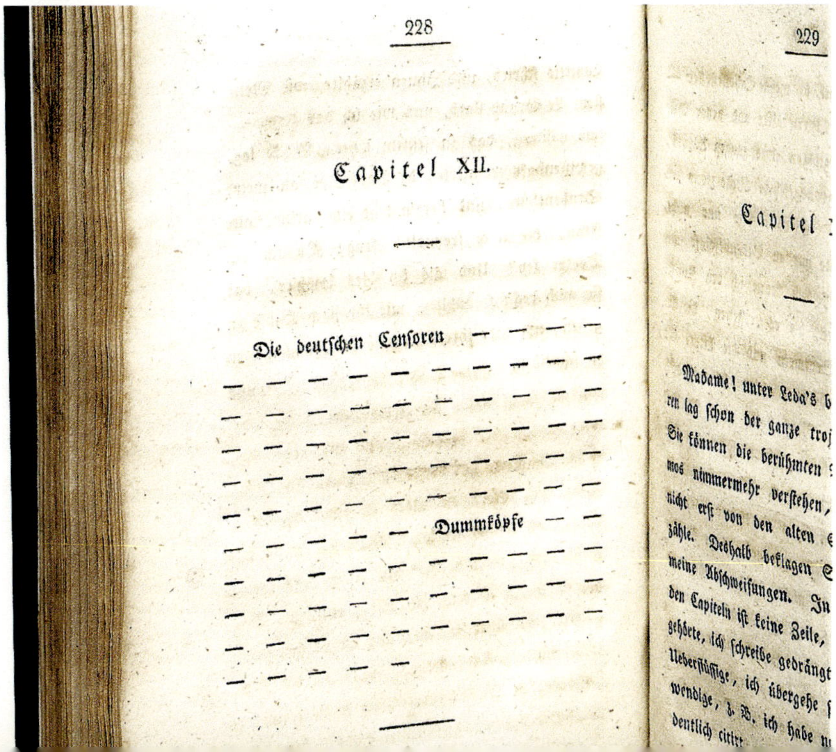
228

Capitel XII.

Die deutschen Censoren — — — —
— — — — — — — — — — —
— — — — — — — — — — —
— — — — — — — — — — —
— — — — — — — — — — —
— — — — — — — — — — —
— — — — — Dummköpfe — —
— — — — — — — — — — —
— — — — — — — — — — —
— — — — — — — — — — —
— — — — — — — — — — —
— — — —

229

Capitel

Madame! unter Leda's
ren lag schon der ganze troj
Sie können die berühmten
mos nimmermehr verstehen,
nicht erst von den alten
zähle. Deshalb beklagen
meine Abschweifungen. In
den Capiteln ist keine Zeile,
gehörte, ich schreibe gedrängt
Ueberflüssige, ich übergehe
wendige, z. B. ich habe
deutlich citirt

1. *Überlege, warum die Obrigkeit bei umfangreicheren Büchern auf eine Druckgenehmigung verzichtete (M 1).*
2. *Neben den Eingriffen in die Texte behinderten die Behörden die Presse mit weiteren Bestimmungen (M 1). Erläutere!*
3. *Stellt die Karikatur (M 2) nach: Acht Schüler und Schülerinnen setzen sich schweigend um einen Tisch. Hinter ihnen stehen acht andere, die das laut sagen, was die anderen nur denken dürfen.*

M 4 Zug auf das Hambacher Schloss am 27. Mai 1832.
Kolorierte Federlithografie (22,0 x 26,7 cm) von 1832.
In den Staaten des Deutschen Bundes fanden 1832 rund 30 ähnliche Veranstaltungen statt.

M 5 Vaterland – Volkshoheit – Völkerbund

Der Journalist Philipp Jacob Siebenpfeiffer, ein zwangspensionierter bayerischer Verwaltungsbeamter, sagt auf dem Hambacher Fest:

Wir widmen unser Leben der Wissenschaft und der Kunst, wir messen Sterne, prüfen Mond und Sonne [...], aber [...] die Erforschung dessen, was dem Vaterland nottut, ist Hochverrat, selbst der leise Wunsch, nur erst wieder ein Vaterland, eine freimenschliche Heimat zu erstreben, ist Verbrechen [...]. Und es wird kommen der Tag, [...] wo der Deutsche vom Alpengebirg und der Nordsee, vom Rhein, der Donau und der Elbe den Bruder im Bruder umarmt, wo die Zollstöcke und die Schlagbäume, wo alle Hoheitszeichen der Trennung und Hemmung und Bedrückung verschwinden [...]. Wir selbst wollen, wir selbst müssen vollenden das Werk, und, ich ahne, bald, bald muss es geschehen, soll die deutsche, soll die europäische Freiheit nicht erdrosselt werden von den Mörderhänden der Aristokraten [...].
Es lebe das freie, das einige Deutschland!
Hoch leben die Polen, der Deutschen Verbündete!
Hoch leben die Franken*, der Deutschen Brüder, die unsere Nationalität und Selbstständigkeit achten!
Hoch lebe jedes Volk, das seine Ketten bricht und mit uns den Bund der Freiheit schwört!
Vaterland – Volkshoheit – Völkerbund hoch!

Johann Georg August Wirth, Das Nationalfest der Deutschen zu Hambach, Neustadt a./H. 1832, Nachdruck der Original-Ausgabe, Neustadt a. d. W. 1981, S. 34, 38 und 40 f.

* **Franken**: *Gemeint sind hier die Franzosen.*

M 6 „Ohne Galgen und Rad ..."

Die bayerische Regierung schickt nach dem Fest Truppen in die Pfalz. Etwa 8 500 Soldaten sollen für „Ruhe und Ordnung" sorgen. Der in bayerischen Diensten stehende Feldmarschall Fürst Karl von Wrede ordnet am 28. Juni 1832 an:

Die Gemeindebehörden [...] haben insbesondere das Tragen von dreifarbigen Kokarden, das Aushängen oder Aufstellen von dreifarbigen Fahnen und jeder Zeichen der Parteiungen sogleich abzustellen [...].
Gegen ungesetzliche Vereine und Verbindungen, für was immer für einen Zweck, sowie gegen diejenigen, welche hierzu ihre Wohnungen einräumen, soll auf Betreiben der Staatsbehörde die Bestrafung [...] veranlasst werden.

Mit welchen Mitteln Wrede bereit war, gegen „Unruhestifter" vorzugehen, schreibt er 1833 in einem Brief an Metternich:

Ich bin ja doch wohl kein harter grausamer Mann, aber ich wiederhole, lieber Fürst, ohne Galgen und Rad wird man der Umtriebe in Deutschland nicht Meister. Allein ich versichere, es werden keine drei aufgehänget oder erschossen, und es ist Ruhe.

Erster Text: Wilhelm Herzberg, Das Hambacher Fest. Geschichte der revolutionären Bestrebungen in Rheinbayern aus dem Jahr 1832, Ludwigshafen 1908, S. 154 f.
Zweiter Text: Hellmut G. Haasis, Volksfest, Sozialer Protest und Verschwörung. 150 Jahre Hambacher Fest, Heidelberg 1981, S. 168

Internettipps → *Zu Philipp Jacob Siebenpfeiffer siehe http://www.siebenpfeiffer-stiftung.de/index.html; weitere Informationen zum „Hambacher Fest" findest du unter www.hambacher-schloss.de/html/Die_Ausstellung*

1. *Betrachte die deutsche Fahne auf M 4. Nenne den Unterschied zu heute.*
2. *Nenne Siebenpfeiffers politische Forderungen (M 5).*
3. *Gestalte einen Aufruf zur Beteiligung am Hambacher Fest als Plakat.*
4. *Entwirf ein Antwortschreiben Metternichs auf Wredes Brief und Anordnung (M 6).*

Dichter und Politik

M 1 Georg Büchner.
Bleistiftzeichnung von 1833/34.
Büchner wurde 1813 als Sohn eines Arztes geboren.
Er besuchte das Darmstädter Gymnasium und begann 1831 in Straßburg ein Medizinstudium. Zwei Jahre später ging er an die Universität Gießen. In Gießen und Darmstadt gründete Büchner zwei Abteilungen einer „Gesellschaft der Menschenrechte“. Die Idee dazu hatte er aus Straßburg mitgebracht.

Spätestens seit der Julirevolution von 1830 zeigten sich in allen Bereichen der Kunst, Wissenschaft und Literatur neue Strömungen. Vor allem junge Dichter und Denker meldeten sich mit neuen philosophischen und religiösen Gedanken zu Wort. Die Autoren des *Jungen Deutschland,* so die Bezeichnung für diese Schriftsteller, lehnten jede Literatur ab, die nicht der Politik diente. Schriftsteller wie *Ludwig Börne, Georg Büchner* (siehe M 1 und M 2), *Ferdinand Freiligrath, Heinrich Heine* (siehe Seite 224) und *Georg Herwegh* wandten sich besonders den Fragen der Gegenwart zu und klagten bestehende Missstände in Tageszeitungen, Zeitschriften und auf Flugblättern an. 1835 wurden die Schriften des *Jungen Deutschland* im Deutschen Bund verboten. Um überleben zu können, gingen viele Schriftsteller des *Vormärz** in die Schweiz, nach Frankreich oder England.

* **Vormärz**: *Bezeichnung für die Zeit vor der Märzrevolution von 1848.*
Über die Revolution von 1848 erfährst du auf den Seiten 225 ff. mehr.

Internettipp → *Zu Georg Büchner siehe auch www.buechnergesellschaft.de*

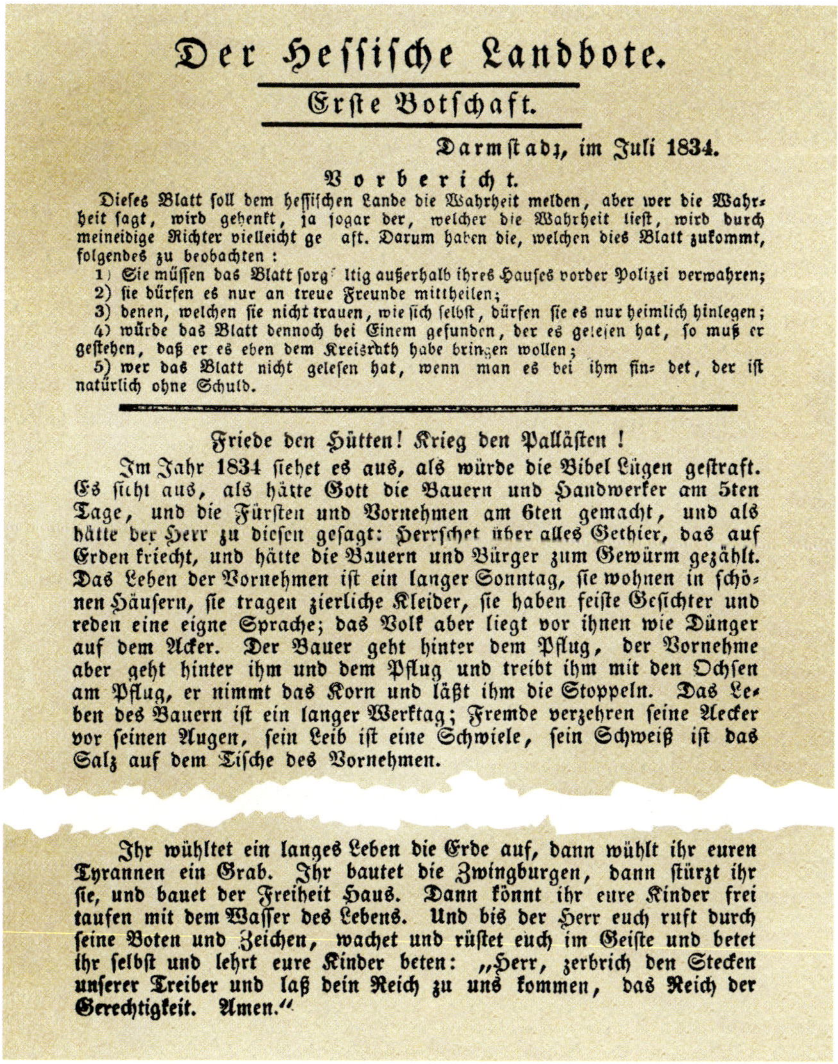

Der Hessische Landbote.

Erste Botschaft.

Darmstadt, im Juli 1834.

Vorbericht.

Dieses Blatt soll dem hessischen Lande die Wahrheit melden, aber wer die Wahrheit sagt, wird gehenkt, ja sogar der, welcher die Wahrheit liest, wird durch meineidige Richter vielleicht ge aft. Darum haben die, welchen dies Blatt zukommt, folgendes zu beobachten:

1) Sie müssen das Blatt sorg ltig außerhalb ihres Hauses vorder Polizei verwahren;
2) sie dürfen es nur an treue Freunde mittheilen;
3) denen, welchen sie nicht trauen, wie sich selbst, dürfen sie es nur heimlich hinlegen;
4) würde das Blatt dennoch bei Einem gefunden, der es gelesen hat, so muß er gestehen, daß er es eben dem Kreisrath habe bringen wollen;
5) wer das Blatt nicht gelesen hat, wenn man es bei ihm fin- det, der ist natürlich ohne Schuld.

Friede den Hütten! Krieg den Pallästen!

Im Jahr 1834 siehet es aus, als würde die Bibel Lügen gestraft. Es sieht aus, als hätte Gott die Bauern und Handwerker am 5ten Tage, und die Fürsten und Vornehmen am 6ten gemacht, und als hätte der Herr zu diesen gesagt: Herrschet über alles Gethier, das auf Erden kriecht, und hätte die Bauern und Bürger zum Gewürm gezählt. Das Leben der Vornehmen ist ein langer Sonntag, sie wohnen in schönen Häusern, sie tragen zierliche Kleider, sie haben feiste Gesichter und reden eine eigne Sprache; das Volk aber liegt vor ihnen wie Dünger auf dem Acker. Der Bauer geht hinter dem Pflug, der Vornehme aber geht hinter ihm und dem Pflug und treibt ihm mit den Ochsen am Pflug, er nimmt das Korn und läßt ihm die Stoppeln. Das Leben des Bauern ist ein langer Werktag; Fremde verzehren seine Aecker vor seinen Augen, sein Leib ist eine Schwiele, sein Schweiß ist das Salz auf dem Tische des Vornehmen.

Ihr wühltet ein langes Leben die Erde auf, dann wühlt ihr euren Tyrannen ein Grab. Ihr bautet die Zwingburgen, dann stürzt ihr sie, und bauet der Freiheit Haus. Dann könnt ihr eure Kinder frei taufen mit dem Wasser des Lebens. Und bis der Herr euch ruft durch seine Boten und Zeichen, wachet und rüstet euch im Geiste und betet ihr selbst und lehrt eure Kinder beten: „Herr, zerbrich den Stecken unserer Treiber und laß dein Reich zu uns kommen, das Reich der Gerechtigkeit. Amen.“

M 2 „Der Hessische Landbote.“
Nachdruck von der Originalausgabe der achtseitigen Schrift (Ausschnitte von der ersten und letzten Seite).
Die Schrift wurde 1834 in Offenbach in einer Auflage von etwa 1 000 Exemplaren gedruckt. Sie war eine „Gemeinschaftsarbeit“ von Büchner und Friedrich Ludwig Weidig, einem demokratisch gesinnten Pädagogen (von 1826 bis 1834 Rektor in Butzbach) und Pfarrer.
Das Motto der Schrift „Friede den Hütten! Krieg den Palästen!“ ist eine Übernahme der Parole, mit der die französischen Revolutionsheere 1792 in die deutschen Staaten einmarschierten.
„Der Hessische Landbote“ war ohne die Nennung der Verfasser erschienen. Durch Verrat erfuhr die Obrigkeit die Namen der Autoren. Weidig wurde verhaftet und nahm sich 1837 im Darmstädter Untersuchungsgefängnis das Leben. Büchner konnte noch im März 1835 nach Frankreich fliehen. Später siedelte er in die Schweiz um. Im Exil beendete Büchner nicht nur sein Medizinstudium, er arbeitete dazu als Übersetzer und verfasste historische und sozialkritische Dramen wie „Dantons Tod“ und „Woyzeck“. 1837 starb er im Alter von 24 Jahren in Zürich.

M 3 Heinrich Heine.

Bleistiftzeichnung von Henri Lehmann, 1841.

Heinrich Heine (eigentlich: Harry H.) wurde 1797 in Düsseldorf als Sohn eines jüdischen Textilkaufmanns geboren. Bereits während seiner Lehrzeit in einer Bank veröffentlichte er 1817 erste Gedichte. 1820 begann Heine in Göttingen ein Studium und wurde dort Mitglied der Burschenschaft. Er studierte danach in Berlin, wo er viele bekannte Geistesgrößen kennenlernte. Bevor Heine 1825 das Studium der Rechtswissenschaft als Doktor in Göttingen abschloss, ließ er sich protestantisch taufen. Er fand nach dem Studium keine feste Anstellung und reiste viel. Seine zeitkritischen und spöttischen Veröffentlichungen machten ihn zu einem Schriftsteller des „Jungen Deutschland". Als 1835 deren Schriften vollständig verboten wurden, ging Heine nach Frankreich. Dort setzte er sein umfangreiches literarisches Schaffen fort. Dabei fand er immer wieder Möglichkeiten, die deutsche Zensur zu überlisten. 1856 starb Heine in Paris.

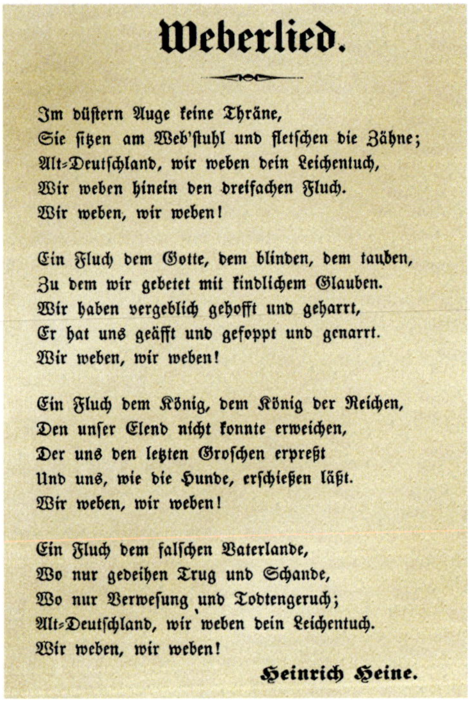

Weberlied.

Im düstern Auge keine Thräne,
Sie sitzen am Web'stuhl und fletschen die Zähne;
Alt-Deutschland, wir weben dein Leichentuch,
Wir weben hinein den dreifachen Fluch.
Wir weben, wir weben!

Ein Fluch dem Gotte, dem blinden, dem tauben,
Zu dem wir gebetet mit kindlichem Glauben.
Wir haben vergeblich gehofft und geharrt,
Er hat uns geäfft und gefoppt und genarrt.
Wir weben, wir weben!

Ein Fluch dem König, dem König der Reichen,
Den unser Elend nicht konnte erweichen,
Der uns den letzten Groschen erpreßt
Und uns, wie die Hunde, erschießen läßt.
Wir weben, wir weben!

Ein Fluch dem falschen Vaterlande,
Wo nur gedeihen Trug und Schande,
Wo nur Verwesung und Todtengeruch;
Alt-Deutschland, wir weben dein Leichentuch.
Wir weben, wir weben!

Heinrich Heine.

M 4 Das „Weberlied".

Flugschrift von 1844.

In Schlesien hatte 1844 ein Bündel von Problemen (Missernten, Umstellung vom Heimgewerbe zur Fabrikproduktion, billige Einfuhr von Textilien aus England und Arbeitslosigkeit) unter den Webern zu einer großen Not geführt. Aus einem friedlichen Protest der Weber gegen die unzureichende Bezahlung ihrer Heimarbeit durch die Verleger entwickelte sich ein gewalttätiger Aufstand. Tausende beteiligten sich daran. Preußische Truppen schlugen die Aufständischen nieder. Unter den elf Toten und zahlreichen Verletzten waren auch Frauen und Kinder.

Heine griff das Thema auf und verfasste das „Weberlied". Es wurde erstmals am 10. Juli 1844 im „Vorwärts", einer in Paris erscheinenden deutschen Zeitung, gedruckt und danach auch als Flugblatt verbreitet.

Übrigens: Noch in den 1890er-Jahren mussten Zeitungsmacher, die Heines „Weberlied" abdruckten, mit einer sechsmonatigen Gefängnisstrafe rechnen.

M 5 „Das Elend in Schlesien."

Holzstich (11 x 10 cm) aus den „Fliegenden Blättern", VI. Band, Nr. 138, München: Braun & Schneider, undatiert [Anfang 1848], S. 142.

Lektüretipp → *Christian Liedtke, Heinrich Heine. In Selbstzeugnissen und Bilddokumenten dargestellt, Reinbek [5]2004*

Internettipp → *Zu Heinrich Heine siehe auch www.heinrich-heine-gesellschaft.de*

1. *Angenommen, du bist einer der wenigen hessischen Bürger, die den „Hessischen Landboten" (M 2, Seite 223) lesen konnten. Berichte deinem Nachbarn von dieser Schrift. Erläutere die besondere Sprache und zeige, wogegen die Verfasser protestieren und was sie erreichen wollen.*
2. *Arbeite die in M 2 (Seite 223), M 4 und M 5 genannten Missstände heraus. Nenne Gemeinsamkeiten.*
3. *Liste auf, was die Zensurbehörde an Heines Weberlied (M 4) kritisieren und womit sie das Verbot begründen konnte.*
4. *Informiert euch über die Stücke Büchners. Vielleicht könnt ihr eines seiner Dramen im Theater oder auf Video sehen.*
5. *Ende des 19. Jh. macht der Dichter Gerhart Hauptmann den Weberaufstand zum Thema seines Dramas „Die Weber". Vielleicht könnt ihr Auszüge daraus in den Geschichtsunterricht einbringen.*

Revolutionen im Frühjahr 1848

1 **„Die universale demokratische und soziale Republik."**
Farblithografie (43,5 x 53 cm) von Frédéric Sorrieu, um 1848.
Ein Festzug bewegt sich von rechts nach links an einer Freiheitsstatue mit Fackel und Menschenrechtstafel vorbei. Im Vordergrund liegen zerbrochene Herrschaftszeichen. Der Himmel wird von Engel- und Märtyrergestalten bevölkert, die sich auf den Erlöser (Messias) im Zentrum des oberen Bildes zubewegen.
Bestimme die Herkunft der Teilnehmer. Welchen Bevölkerungsschichten gehören sie an, woher kommen sie? Das Bild gilt als eine frühe sinnbildliche Darstellung der internationalen Solidarität. Was spricht für diese Deutung?

Proteste
Nach 1815 wollten viele Menschen in ganz Europa in einheitlich regierten Nationalstaaten leben. Die Bürger forderten dazu freiheitliche Verfassungen. Sie sollten ihnen mehr Mitbestimmungsrechte im Staat eröffnen und Presse- und Versammlungsfreiheit sichern. Darüber hinaus protestierten Handwerker, Arbeiter und Dienstboten in den rasch angewachsenen Städten und die Kleinbauern und Heimarbeiter auf dem Lande immer häufiger gegen Arbeitslosigkeit und Hungersnöte. Nach den Missernten der Jahre 1845/46 kam es im Frühsommer 1847 in allen deutschen Staaten zu Unruhen und Aufständen.

Es geht los!
Als im Februar 1848 in Frankreich der König abgesetzt und die Republik ausgerufen worden war, erfasste eine Revolutionswelle fast ganz Europa. In den meisten deutschen Staaten erhoben sich die Unterschichten auf dem Lande und in den Städten. Diese *soziale* Revolution wurde von einer *politischen* überlagert: Das Bürgertum forderte *Einheit und Freiheit*. Überall fanden Demonstrationen und Versammlungen statt, aus denen oft politische Vereine hervorgingen. Flugblätter und Zeitungsartikel heizten die Stimmung an. Männer und Frauen trafen sich und verfassten Bittschriften, um die Regierenden unter Druck zu setzen.

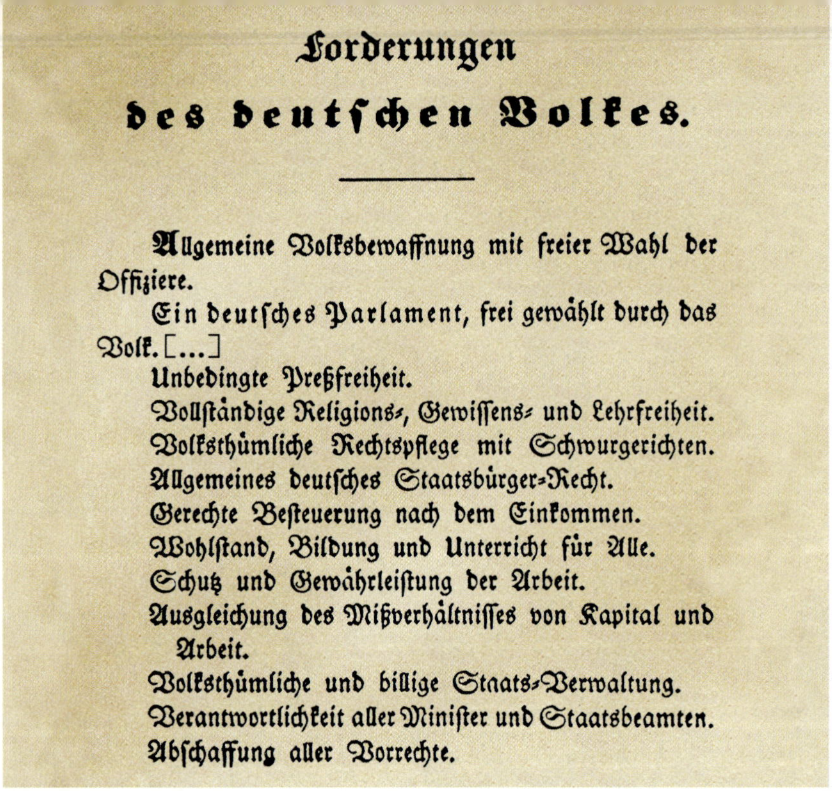

Forderungen des deutschen Volkes.

Allgemeine Volksbewaffnung mit freier Wahl der Offiziere.

Ein deutsches Parlament, frei gewählt durch das Volk. [...]

Unbedingte Preßfreiheit.

Vollständige Religions-, Gewissens- und Lehrfreiheit.

Volksthümliche Rechtspflege mit Schwurgerichten.

Allgemeines deutsches Staatsbürger-Recht.

Gerechte Besteuerung nach dem Einkommen.

Wohlstand, Bildung und Unterricht für Alle.

Schutz und Gewährleistung der Arbeit.

Ausgleichung des Mißverhältnisses von Kapital und Arbeit.

Volksthümliche und billige Staats-Verwaltung.

Verantwortlichkeit aller Minister und Staatsbeamten.

Abschaffung aller Vorrechte.

2 Märzforderungen.
Süddeutsches Flugblatt vom März 1848.

Halt „vor den Thronen"

Verunsichert von der Volksbewegung gaben die meisten Fürsten der Mittel- und Kleinstaaten den Märzforderungen rasch nach. Sie gewährten die geforderten Freiheitsrechte, setzten neue Minister ein, die liberale Reformen durchführen sollten, und versprachen Wahlen. In Wien entließ Kaiser *Franz Joseph I.* den im Volk verhassten Staatskanzler Metternich erst nach heftigen Straßenkämpfen. In Berlin erklärte der preußische König *Friedrich Wilhelm IV.* nach blutigen Straßenkämpfen vom 18. März öffentlich: „Preußen geht fortan in Deutschland auf."

Beide Herrscher versprachen, Verfassungen einzuführen und von der absolutistischen zur konstitutionellen Regierung überzugehen.

Mit ihrem Entgegenkommen nahmen die Fürsten der Revolution den Wind aus den Segeln und schwächten die Opposition. Das liberale Bürgertum fürchtete weitere Gewalt und zu weitgehende Forderungen der Unterschichten. Deshalb war es zur Zusammenarbeit mit den alten Mächten bereit. Es machte „vor den Thronen" halt und beließ den Regenten die Macht über das Heer, die Verwaltung und die Polizei.

Mit revolutionärem Schwung gegen die alten Gewalten, aber ohne Wählerauftrag, trat Ende März ein **Vorparlament** in Frankfurt am Main zusammen. Die meisten der 574 Abgeordneten waren ehemalige oder gegenwärtige Mitglieder der Landtage. *Friedrich Hecker* und *Gustav Struve* aus Baden forderten, das Vorparlament solle die Macht übernehmen. Doch die überwiegende Mehrheit war dagegen. Sie beschloss, eine vom Volk zu wählende **Nationalversammlung** solle über Deutschlands Zukunft entscheiden.

Damit gaben sich Hecker und Struve nicht zufrieden. Im April 1848 riefen sie in Baden eine Republik aus. Doch Soldaten schlugen den Aufstand nieder.

3 Aufstände in Europa im Jahre 1848.

4 Gerade geschmiedete Sense.
Waffe mit Fahne der aufständischen Republikaner. Übrigens: Die Farben schwarz-rot-gold hatte die Bundesversammlung bereits am 9. März 1848 als Symbol der deutschen Einheit anerkannt und zu den neuen Farben des Deutschen Bundes erklärt. Erinnerst du dich an die Herkunft der Farben?

M 1 „Kampf zwischen Bürger u. Soldaten in […] Berlin, am 18. und 19. März 1848."
Lithografie (32,6 x 37,8 cm) aus der von Gustav Kühn in Neuruppin 1848 verlegten Bilderzeitung zum Thema „Das merkwürdige Jahr 1848".*

* **Bilderzeitungen** *sind Vorläufer der Illustrierten und richteten sich vor allem an das einfache Volk.*

M 2 Ein Augenzeuge aus Berlin

In Berlin verkündet der König am 17./18. März 1848 die Aufhebung der Zensur sowie die Einberufung des Vereinigten Landtages. Am 18. März versammelt sich daraufhin eine große Menschenmenge auf dem Schlossplatz, um dem Monarchen dafür zu danken. Was danach passiert, teilt der 26-jährige Rudolf Virchow, der in Berlin als Arzt und Universitätsdozent arbeitet, seinem Vater am 19. März in folgendem Brief mit:

Alles sammelte sich vor dem Schloss, jubelte und rief, der König erschien und man schrie ihm Hurras zu. Die Bürger hatten nur noch einen Wunsch, dass das Militär zurückgezogen würde. Das war dem König zu viel. Er sagte dem General Möllendorf, er möchte ihm Ruhe verschaffen; der Prinz von Preußen gab den Befehl zum Angriff, und plötzlich wurde das nichtsahnende Volk von den Dragonern* mit Säbelhieben auseinandergetrieben […].
Von diesem Moment an begann die Revolution. Alles schrie Verrat und Rache. In wenigen Stunden war ganz Berlin unter Barrikaden, und wer Waffen bekommen konnte, rüstete sich […]. Gegen 4 Uhr standen in Berlin etwa 25 000 Mann Militär unter den Waffen** […]. Die Zahl der kämpfenden Bürger lässt sich nicht angeben. Der Kampf begann, ich weiß gar nicht mehr genau wann, es mag gegen 5 Uhr gewesen sein. Zum ersten Mal seit der Französischen Revolution des vorherigen Jahrhunderts, zum ersten Mal seit dem Beginn der deutschen Geschichte ist es vorgekommen, dass ein Landesfürst auf seine Untertanen mit Kanonen hat schießen lassen; das Kleingewehrfeuer genügte nicht – nein, Kartätschen*** und Granaten ließ er in das Volk schleudern […].
Die Zahl der Verwundeten und Getöteten lässt sich in diesem Augenblicke noch nicht übersehen […]. Privateigentum ist nirgends auch nur im Geringsten beschädigt worden […]. Grausamkeiten vonseiten des Volkes sind nicht bekannt, während von den Soldaten die brutalsten Dinge gemacht worden sind.

Rolf Weber (Hrsg.), Revolutionsbriefe 1848/49, Leipzig 1973, S. 70 u. 72 f. (vereinfacht)

* **Dragoner**: *berittene Soldaten*
** *Andere Quellen nennen 12 500 Soldaten.*
*** **Kartätsche**: *mit Bleikugeln gefülltes Geschoss*

M 3 In Berlin im März 1848 getötete Barrikadenkämpfer

Angaben in Prozent

Bürgertum	3,0 %
darunter Wirtschafts- und Bildungsbürgertum, Literaten, Studenten	
Mittelschichten	5,3 %
darunter wohlhabende Handwerksmeister, kleine Kaufleute, mittlere und untere Beamte	
Unterschichten	86,4 %
darunter verarmte Handwerksmeister, Gesellen, Arbeiter	
Übrige	5,3 %
darunter Ehefrauen, Kinder	
Absolute Zahl der Märzgefallenen	277

Nach: Rüdiger Hachtmann, Berlin 1848. Eine Politik- und Gesellschaftsgeschichte der Revolution, Bonn 1997, S. 179

Internettipp → *Zur Märzrevolution in Berlin siehe www.zlb.de/projekte/1848*

1. *Beschreibe das auf M 1 abgebildete Geschehen. Wer zählte zu den Aufständischen? Beachte die Kleidung. Vergleiche die Darstellung mit M 3.*
2. *Bestimme Virchows Einstellung zu den Aufständischen (M 2).*
3. *Bis heute ist nicht geklärt, ob die ersten Schüsse absichtlich abgefeuert wurden. Welche Möglichkeiten hatte Virchow, sich zu informieren? An welchen Stellen seines Berichts (M 2) müsste ein Forscher nach weiteren Quellen suchen, um die Aussagen zu überprüfen?*

LERNTIPP

Suchen im Internet

Gezielt suchen

1848 versammelten sich an vielen Orten Bürgerinnen und Bürger, um öffentlich Forderungen an die Fürsten zu stellen. Oft sind diese Aufrufe als Flugschriften erschienen. Es wäre spannend zu wissen, ob in Berlin ähnliche Aufrufe veröffentlicht worden sind.

Das Internet kann dir bei der Suche helfen. Grenze mit der Suchmaschine *www.google.de* das Thema zunächst wie folgt ein: *Revolution+Berlin+Flugschriften* oder *„Flugschriften im Netz“*. Dabei wirst du die abgedruckte Startseite (M 1) finden. Sie zeigt dir, welche Informationsmöglichkeiten dir offenstehen.

Die Flugblätter, Aufrufe und Plakate sind nach Städten geordnet, sodass du sofort erfahren kannst, ob aus Berlin, Potsdam oder Frankfurt an der Oder Quellen vorhanden sind.*

File Not Found – und dann?

Bei der Suche nach einer Webseite kommt es vor, dass sie nicht mehr besteht. Dann erscheint die Fehlermeldung *File Not Found*. Jetzt hilft nur der Rückgriff auf Webarchive, die Seiten anzeigen, die es unter der ursprünglichen Adresse nicht mehr gibt:

www.google.com
(Die Suchmaschine Google hat auch eine Archiv-Funktion.)

www.archive.org
(Das Archiv will möglichst viele Webseiten seit 1996 in ihrem Wandel dokumentieren.)

Um eines der beiden Webarchive zu nutzen, gehst du so vor:

* *Weitere Informationen zum Internet siehe hinten im Buch.*

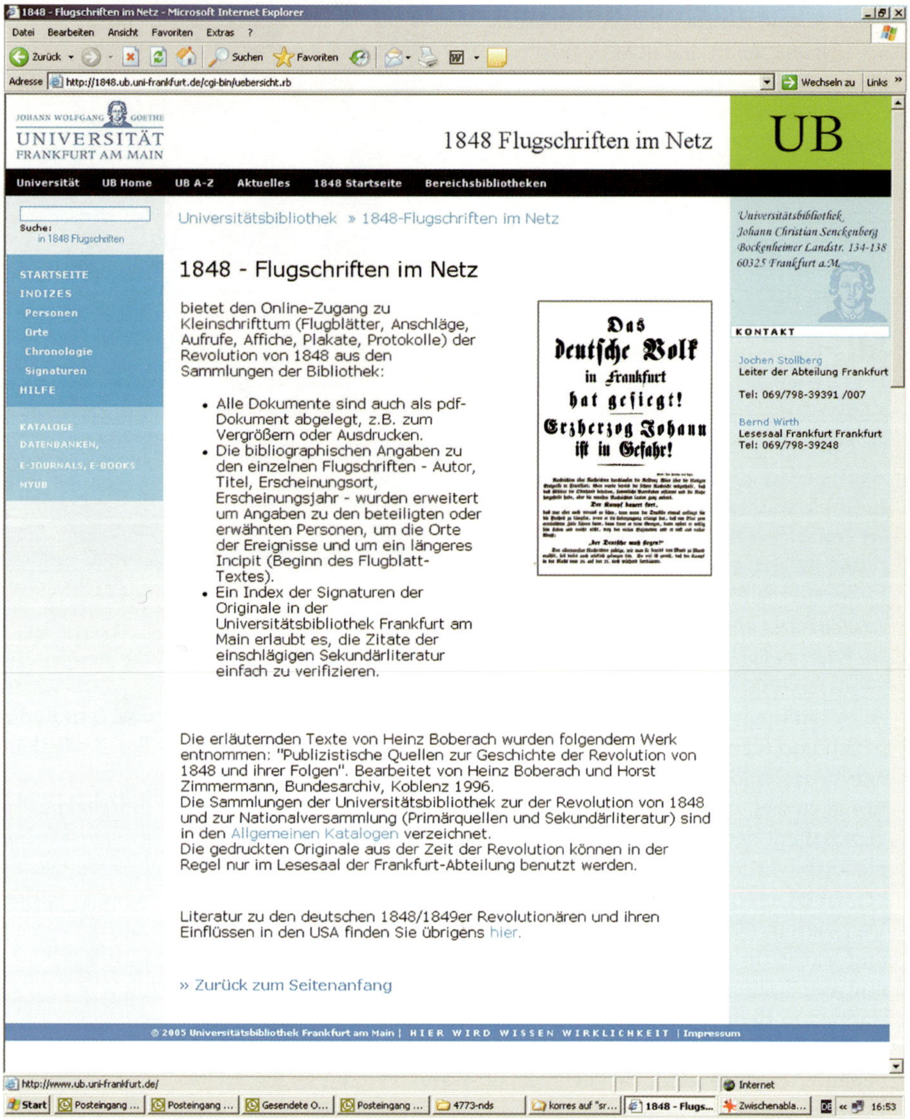

M 1 Startseite des Projekts „1848 Flugschriften im Netz“.
Die Anschrift lautet: http://1848.ub.uni-frankfurt.de/cgi-bin/uebersicht.rb

1. Betätige im Browser die Schaltfläche *Zurück*, um zu jener Seite zu gelangen, auf der der nicht mehr funktionierende Link angezeigt wird.
2. Klicke mit der rechten Maustaste auf diesen Link. Du erhältst ein Kontextmenü.
3. Wähle in dem Kontextmenü *Verknüpfungsadresse kopieren* (Netscape) oder *Verknüpfung kopieren* (Internet Explorer).
4. Rufe nun *Google* oder das *Internet Archiv* auf. Du findest dort ein Texteingabefeld.

Bei Google klickst du mit der Maus in das Texteingabefeld und betätigst dann *Strg + V*. Starte die Google-Suche. Du erhältst eine Seite, auf der du mit dem Link *Google Archiv-Version* die gesuchte Seite aus dem Archiv aufrufen kannst. Beim *Internet Archive* klickst du + mit der Maus in das Texteingabefeld, löschst den Eintrag http:// und betätigst *Strg + V*. Starte nun die Archiv-Suche mit *Take me Back*. Du erhältst eine Tabelle, in der alle gespeicherten Versionen dieser Seite als Hyperlink aufgelistet sind.

Die Nationalversammlung

Große Erwartungen
Während in Baden Bundestruppen den Aufstand der Republikaner niederwarfen, fanden in den deutschen Staaten die Wahlen zur Nationalversammlung statt. Gewählt wurde nach dem gleichen Stimmrecht für alle „selbstständigen" erwachsenen Männer. Etwa 80 Prozent der Männer über 20 Jahre waren wahlberechtigt. Die Wahlbeteiligung lag zwischen 40 Prozent in Sachsen und 80 Prozent in Württemberg.
Salutschüsse und Glockengeläut begrüßten die gewählten Vertreter des deutschen Volkes, als sie am 18. Mai 1848 in die **Frankfurter Paulskirche** einzogen. Das Volk erwartete von der Nationalversammlung

- die rasche Ausarbeitung einer Verfassung, die sowohl die künftigen Grenzen als auch die Staatsform des neuen Nationalstaates festlegen sollte, und
- die Lösung der sozialen und wirtschaftlichen Probleme.

Parteien entstehen
Im Wahlkampf hatten Einzelpersonen kandidiert, meist „Männer von Bildung und Besitz", sogenannte „Honoratioren". In die Nationalversammlung waren daher viele Beamte, Rechtsanwälte, Richter und Staatsanwälte sowie Professoren und Lehrer, auch Kaufleute und Unternehmer, aber kaum Bauern und keine Arbeiter gewählt worden.
Abgeordnete mit ähnlichen politischen Zielen trafen sich bald regelmäßig in Frankfurter Gasthöfen, um ihre Arbeit im Parlament und den Parlamentsausschüssen vorzubereiten. Aus diesen Zusammenschlüssen entstanden **Fraktionen** (lat. *fractio*: Bruch), deren Mitglieder in umstrittenen Fragen in der Nationalversammlung geschlossen abstimmten. Diese Gruppierungen des Parlaments suchten Unterstützung in den inzwischen gegründeten politischen Vereinen. Sie schrieben Programme, gründeten Zeitungen und bildeten nationale Vereine mit Niederlassungen in vielen Städten.

1 „Verfassunggebende deutsche Nationalversammlung in der Paulskirche zu Frankfurt a. M."
Farblithografie (29 x 40,5 cm) von C. A. Lill, 1848.
Da kein Saal der Stadt groß genug war, um die Abgeordneten aufzunehmen, wurde eine Kirche zum Tagungsort gewählt. Die Galerie fasste bis zu 2 000 Personen. Über dem Sitz des Präsidenten befindet sich ein Transparent mit der Germania von Philipp Veit. Es verdeckt die Orgel und misst 4,82 x 3,20 m (siehe die Vergrößerung links im Bild).*

* **Germania**: *Frauengestalt, die als Sinnbild Deutschlands gilt*

Die politischen Vereine von 1848 waren die Vorläufer der konservativen, liberalen, katholischen und sozialistischen Parteien.

Der Aufstand in Frankfurt a. M. am 18. September 1848.
Ausschnitt aus einer zeitgenössischen Bilderzeitung.
Nach dem Waffenstillstand von Malmö schallte in Frankfurt der Ruf „Verrat" durch die Straßen. Bei dem anschließenden Volksaufstand wurden auch zwei Abgeordnete ermordet. Über Frankfurt wurde der Belagerungszustand verhängt und das Kriegsrecht verkündet. Preußische und österreichische Truppen stellten die Ruhe wieder her.

Die Reichsregierung und die Macht

Die Abgeordneten der Nationalversammlung schufen per Reichsgesetz eine vorläufige (*provisorische*) Regierung für ganz Deutschland. Sie bestand aus einem Ministerpräsidenten und Reichsministern für das Äußere, das Innere, die Finanzen, für Justiz, Handel und Krieg. Als provisorisches Staatoberhaupt (**Reichsverweser**) wählte das Parlament Erzherzog *Johann von Österreich.* Nach der Fertigstellung der Verfassung sollten Regierung und Staatsoberhaupt neu bestimmt werden.
Doch diese Übergangsregierung besaß weder eine gutfunktionierende Verwaltung, noch ausreichende Steuereinnahmen. Außerdem weigerten sich die meisten Fürsten, ihre Truppen unter den Befehl des Reichskriegsministers zu stellen.

Schleswig und die Folgen

Die dänische Regierung wollte im März 1848 das Herzogtum Schleswig in das Königreich eingliedern. Wie im Herzogtum Holstein und im Königreich Dänemark regierte dort der dänische König in Personalunion. Deutsche Ständevertreter aus Schleswig und Holstein bildeten für die Herzogtümer eine Provisorische Regierung und forderten den Anschluss Schleswigs an den Deutschen Bund. Im Auftrag des Bundestages, später der provisorischen Zentralregierung und der Nationalversammlung in Frankfurt, kämpften deutsche Truppen unter Führung Preußens siegreich gegen Dänemark. Als die europäischen Großmächte Russland, England und Frankreich protestierten, schloss Preußen mit Dänemark unter Vermittlung Schwedens den **Waffenstillstand von Malmö**. Er sah den vorübergehenden Abzug aller verfeindeten Truppen aus Schleswig-Holstein vor. Als die Nationalversammlung, die den Vertrag zunächst abgelehnt hatte, der Übereinkunft doch noch am 16. September zustimmte, kam es in Frankfurt und in vielen anderen Städten zu Tumulten und Protesten. Preußische und österreichische Truppen stellten die Ruhe wieder her.

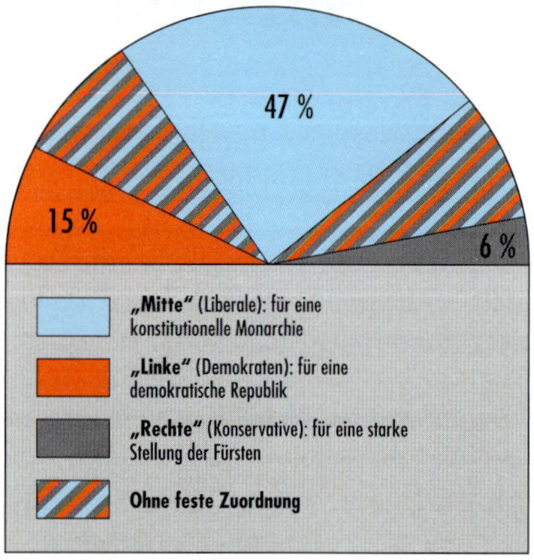

Politische Richtungen (Fraktionen) in der Deutschen Nationalversammlung.
Stand: Oktober 1848.
Die politische Richtung entsprach der Sitzordnung der Gruppen (vom Präsidenten aus gesehen).

4 Welche Gebiete soll die Nation umfassen?
1848/49 wurden in der Frankfurter Nationalversammlung folgende Vorstellungen diskutiert: „kleindeutsche Lösung" (links), „großdeutsche Lösung" (Mitte) und „großösterreichische Lösung" (rechts).

Die Grundrechte werden verkündet

Noch vor der Verabschiedung der Reichsverfassung wurden im Dezember 1848 die **Grundrechte** verkündet. Sie schrieben die Gleichheit aller vor dem Gesetz, die Glaubens- und Gewissenssowie die Presse- und Versammlungsfreiheit fest. Die Grundrechte gelten als die damals fortschrittlichsten in Europa und gehören zu den wichtigsten Zeugnissen demokratischer Tradition in Deutschland.

Probleme mit den Grenzen

Hauptziel der Abgeordneten war es, einen deutschen Nationalstaat zu gründen. Die Mehrheit in der Paulskirche war anfangs für eine **großdeutsche Lösung**. Österreich sollte mit allen zum Deutschen Bund gehörenden Gebieten ins Reich aufgenommen werden, also mit Böhmen und Mähren sowie Trient und Triest, nicht aber den anderen Teilen des Vielvölkerstaates. Damit wäre zwar die im Habsburger Reich lebende deutschsprachige Bevölkerung – etwa ein Viertel der 30 Millionen Einwohner – weitgehend in den künftigen Nationalstaat aufgenommen worden, aber zugleich das Kaiserreich Österreich rechtlich zerfallen.

Die inzwischen wieder erstarkte Regierung in Wien forderte im November 1848 eine **großösterreichische Lösung**: den Zusammenschluss der deutschen Einzelstaaten mit dem gesamten Vielvölkerstaat. Das hätte für die Frankfurter Abgeordneten bedeutet, die Idee des Nationalstaates aufzugeben.

Vor diesem Hintergrund stimmte eine Mehrheit in der Paulskirche der **kleindeutschen Lösung** zu. Für viele Abgeordnete war dies wegen der Trennung von den Deutschen in Österreich nur eine Notlösung.

Die Reichsverfassung von 1849

Die Abgeordneten hatten sich dafür ausgesprochen, in dem neuen Nationalstaat die bestehenden Länder zu erhalten. Die Vorstellung der äußersten Linken von einem Einheitsstaat mit einer Machtzentrale konnte sich nicht durchsetzen. Das neue Deutsche Reich sollte aber auch kein lockerer Staatenbund sein, sondern ein Bundesstaat mit einer zentralen Regierungsgewalt und einer deutschen „Reichsbürgerschaft".

Unter den Möglichkeiten für das Staatsoberhaupt (Präsident, Wahl- oder Erbkaisertum) entschieden sich die Abgeordneten für ein **Erbkaisertum**.

Ein „Kaiser der Deutschen" sollte an der Spitze der Exekutive stehen und die Minister ernennen. Als Gegengewicht zur kaiserlichen Gewalt sah man einen Reichstag vor. Er sollte nach dem Vorbild des amerikanischen Kongresses aus einer Vertretung der Einzelstaaten (*Staatenhaus*) und der gesamtdeutschen Volksvertretung (*Volkshaus*) bestehen. Beide Einrichtungen sollten Gesetze und den Staatshaushalt beschließen.

Darüber hinaus verkündete die Reichsverfassung staatsbürgerliche Rechte für Juden. Sie hob den Adel als Stand auf und befreite die Bauern von allen grundherrlichen Abhängigkeiten. Das von den „Linken" geforderte Recht auf Arbeit fehlte in der Verfassung. Die Mehrheit der Abgeordneten ging davon aus, dass eine freie wirtschaftliche Entwicklung die soziale Not beseitigen würde.

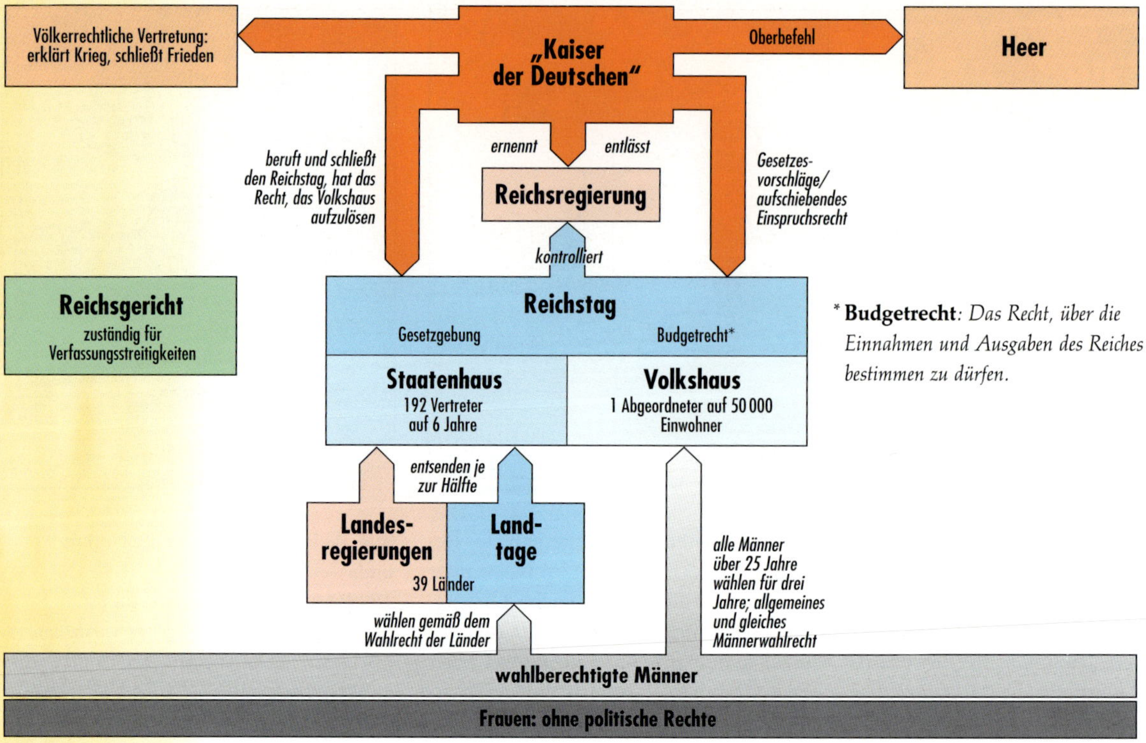

* **Budgetrecht**: *Das Recht, über die Einnahmen und Ausgaben des Reiches bestimmen zu dürfen.*

M 1 Die Reichsverfassung der Paulskirche von 1849.

M 2 Aus den Grundrechten von 1848

Am 27. Dezember 1848 waren in der Frankfurter Nationalversammlung die Grundrechte in Kraft gesetzt worden. Sie wurden Teil der am 28. März 1849 verabschiedeten Reichsverfassung. Die Verfassung wurde durch Bundesbeschluss vom 23. August 1851 wieder aufgehoben.

§ 130 Dem deutschen Volke sollen die nachstehenden Grundrechte gewährleistet sein. Sie sollen den Verfassungen der deutschen Einzelstaaten zur Norm dienen, und keine Verfassung oder Gesetzgebung eines deutschen Einzelstaates soll dieselben je aufheben oder beschränken können. [...]

§ 133 Jeder Deutsche hat das Recht, an jedem Orte des Reichsgebietes seinen Aufenthalt und Wohnsitz zu nehmen [...]. [...]

§ 137 Vor dem Gesetze gilt kein Unterschied der Stände. Der Adel als Stand ist aufgehoben. Alle Standesvorrechte sind abgeschafft. Die Deutschen sind vor dem Gesetze gleich. [...] Die öffentlichen Ämter sind für alle Befähigten gleich zugänglich. [...]

§ 138 Die Freiheit der Person ist unverletzlich. [...]

§ 139 Die Todesstrafe [...] sowie die Strafen des Prangers, der Brandmarkung und der körperlichen Züchtigung, sind abgeschafft.

§ 140 Die Wohnung ist unverletzlich. [...]

§ 142 Das Briefgeheimnis ist gewährleistet. [...]

§ 143 Jeder Deutsche hat das Recht, durch Wort, Schrift, Druck und bildliche Darstellung seine Meinung frei zu äußern. Die Pressefreiheit darf unter keinen Umständen und in keiner Weise durch vorbeugende Maßregeln, namentlich Zensur [...] aufgehoben werden.

§ 144 Jeder Deutsche hat volle Glaubens- und Gewissensfreiheit. [...]

§ 146 Durch das religiöse Bekenntnis wird der Genuss der bürgerlichen und staatsbürgerlichen Rechte weder bedingt noch beschränkt. [...]

§ 152 Die Wissenschaft und ihre Lehre ist frei. [...]

§ 161 Die Deutschen haben das Recht, sich friedlich und ohne Waffen zu versammeln; einer besonderen Erlaubnis dazu bedarf es nicht. [...]

§ 164 Das Eigentum ist unverletzlich.

Udo Sautter, Deutsche Geschichte seit 1815: Daten, Fakten, Dokumente, Bd. II: Verfassungen, Tübingen und Basel 2004, S. 68-72

Internettipp → *Den vollständigen Verfassungstext findest du unter www.verfassungen.de*

1. *Bestimme die Aufgaben von Kaiser, Reichstag und Volk (M 1).*
2. *Vergleiche die Stellung des Monarchen in M 1 mit der in der französischen Verfassung von 1791 (Seite 191, M 1).*
3. *Vergleiche die in M 2 aufgeführten Artikel mit den Artikeln 2, 3, 4, 5, 8, 11, 13 und 14 unseres Grundgsetzes von 1949. Ziehe eine Schlussfolgerung.*
4. *Inwiefern war § 146 für die jüdische Bevölkerung wichtig (M 2)?*

Bitteres Ende

Die alten Mächte marschieren

In der Donaumonarchie hatten die fortschrittsfeindlichen Mächte ihren Einfluss im Herbst 1848 zurückgewonnen. Die nationalen Erhebungen in den italienischen Staaten und Böhmen waren niedergeschlagen. Ende Oktober 1848 ging das Militär in Wien gegen einen Aufstand von Bürgern, Studenten und Arbeitern vor. Diese hatten den Abmarsch von Truppen verhindern wollen, die den Freiheitskampf der Ungarn niederwerfen sollten. Zum Entsetzen vieler Liberaler und Republikaner wurden nach dem Volksaufstand der zur gemäßigten Linken zählende Abgeordnete der Frankfurter Nationalversammlung *Robert Blum* und weitere 22 Männer von kaiserlichen Soldaten erschossen.

In Berlin ließ *Friedrich Wilhelm IV.* am 9. November 1848 die Preußische Nationalversammlung nach Brandenburg verlegen und einen Tag später Truppen einmarschieren. Am 5. Dezember löste der König die Preußische Nationalversammlung auf und **oktroyierte** den Preußen eine Verfassung, d. h. er erließ sie eigenmächtig ohne Zustimmung einer Volksvertretung.

Die Verfassung erfüllte liberale Forderungen wie die Religionsfreiheit und die Gleichheit vor dem Gesetz, beließ aber dem Monarchen eine starke Stellung.

Der König will die Kaiserkrone nicht

Die Nationalversammlung in Frankfurt hatte inzwischen den preußischen König zum Kaiser gewählt. Friedrich Wilhelm IV. lehnte im April 1849 die Krone jedoch ab: Er wollte sie nicht aus den Händen einer gewählten Volksvertretung erhalten. Der preußische Herrscher fürchtete ferner, England, Frankreich, Russland und Österreich könnten einen mächtigen kleindeutschen Nationalstaat unter preußischer Führung in der Mitte Europas gewaltsam verhindern.

Sein Verzicht auf die Kaiserkrone leitete auch das Ende der Reichsverfassung ein. Zwar hatten 29 von 39 Regierungen das Werk inzwischen angenommen, doch die einflussreichen Herrscher von Preußen, Bayern, Hannover und Sachsen lehnten sie ab.

1 Standrechtliche Erschießung Robert Blums am 9. November 1848 auf der Brigittenau bei Wien.
Ölgemälde (21 x 34,5 cm) von Carl Constantin Heinrich Steffeck, 1848/1849.
Blum hatte sich in Wien an den Kämpfen gegen die kaiserlichen Truppen beteiligt und war in einem abgekürzten Verfahren, das während des Ausnahmezustandes galt, von einem Sondergericht zum Tode verurteilt worden.

Das Volk wehrt sich

Im April 1849 flammte die Revolution nochmals auf. Abgeordnete, Bürgerwehren sowie Männer und Frauen aus dem Volk kämpften für die Reichsverfassung. In Württemberg trug das dazu bei, dass der König die bereits abgelehnte Reichsverfassung doch noch anerkannte (24. April). Die **Reichsverfassungskampagne** erfasste Baden, die Pfalz, Hessen, Preußen (Rheinland), Sachsen und drohte auf Bayern überzugreifen.

Zur selben Zeit erklärten Preußen und Österreich die Paulskirchenversammlung für unrechtmäßig. Ein vor allem aus Abgeordneten der Linken übriggebliebenes **Rumpfparlament** wurde im Juni 1849 in Stuttgart von Soldaten der württembergischen Regierung auseinander gejagt.

2 „Die Kaiserdeputation im Rittersaale des königlichen Schlosses in Berlin am 3. April."
Holzstich (Ausschnitt) aus der wöchentlich in Leipzig erscheinenden „Illustrirten Zeitung" vom 28. April 1849. Das Bild wurde später auch als Lithografie vertrieben.
Am 3. April empfing der preußische König 33 bevollmächtigte Abgeordnete (Deputierte) der Frankfurter Nationalversammlung. Gezeigt wird der Augenblick, in dem Eduard Simson, der Präsident der Nationalversammlung, vor Friedrich Wilhelm IV. tritt, um ihm mitzuteilen, dass das Parlament ihn „zum Oberhaupte des Reiches erkoren hat".

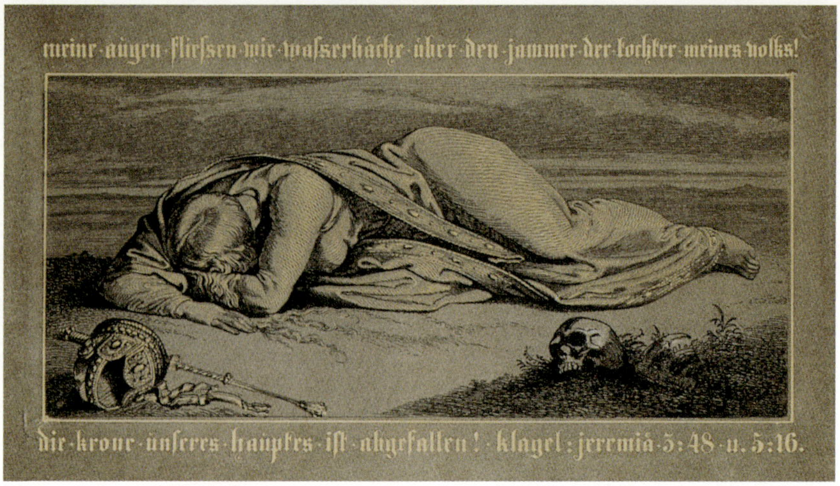

3 „Germania 1850."
Radierung (35 x 49,1 cm) von Julius Hübner, 1850. Das Zitat (ober- und unterhalb des Bildes) stammt aus den Klageliedern des Jeremia, die im Alten Testament stehen. Das Blatt drückt die ganze Enttäuschung der Liberalen aus. Begründe! Siehe dir dazu nochmals auf Seite 229 die Abb. 1 an.

Bitter, aber nicht hoffnungslos

Der Traum von Nationalstaaten auf der Grundlage freier Verfassungen war 1849 nicht nur in Deutschland gescheitert, sondern auch in Italien und Ungarn. Die österreichische Armee unterdrückte die italienischen Freiheitskämpfer und schlug mit Unterstützung russischer und kroatischer Truppen im August 1849 auch den ungarischen Freiheitskampf nieder.
Die deutschen Fürsten stellten den Obrigkeitsstaat wieder her. In den meisten Einzelstaaten nahmen sie die Verfassungsreformen von 1848 zurück, schränkten die Presse- und Versammlungsfreiheit wieder ein und lösten die Landesparlamente auf.
Trotzdem: Nach 1848 gab es außer Österreich keinen deutschen Staat mehr, in dem ohne eine geschriebene Verfassung regiert wurde. Überall beschränkten Parlamente oder Ständevertretungen die Macht der Fürsten. Auch einige soziale Reformen wie die Ablösung grundherrlicher Rechte blieben bestehen.
In Preußen machte das vom König erlassene **Drei-Klassen-Wahlrecht** ab 1850 die Höhe der Steuerleistung zum Maßstab der Wahlberechtigung. Die Folge war, dass die wenigen Großsteuerzahler der ersten Steuerklasse ebenso viele Abgeordnete wählen konnten wie die Masse der Bevölkerung. Doch selbst dies war im Vergleich zu früher fortschrittlich. Es blieb bis 1918 in Preußen gültig.

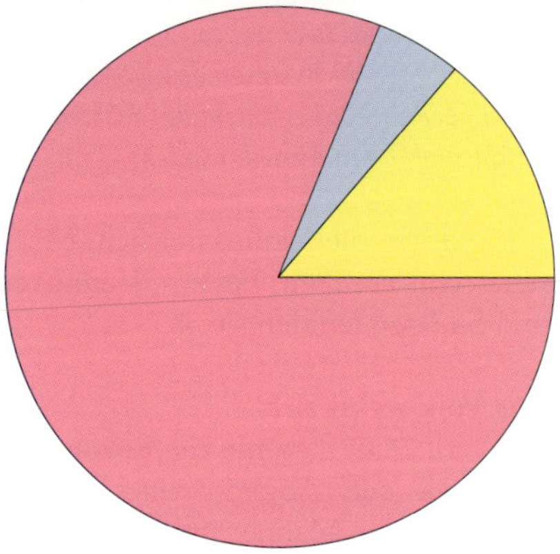

4 Das Drei-Klassen-Wahlrecht in Preußen.
Die Wähler werden nach ihrem Steueraufkommen in drei Klassen eingeteilt. Jede Steuerklasse wählt über Wahlmänner die gleiche Zahl von Abgeordneten. Die Grafik zeigt die Verteilung der Wähler auf die drei Steuerklassen.

Flucht und Auswanderung

Nach dem Sieg der Gegenrevolution verließen tausende Deutsche ihre Heimat. Allein aus dem kleinen Baden emigrierten* 80 000 Menschen. Vor allem Studenten, Professoren, Journalisten und andere Intellektuelle, die sich für einen demokratischen Nationalstaat eingesetzt hatten und bei der Volkserhebung beteiligt waren, packten ihr Bündel und flohen in die Schweiz oder wanderten nach Nordamerika aus.

Noch einmal: klein oder groß?

Der preußische König hatte zwar die Kaiserkrone abgelehnt, doch das hinderte ihn nicht, mit einigen Fürsten über ein kleindeutsches Reich zu verhandeln. Seinen Plänen stimmten zahlreiche Regenten zu. Bayern, Sachsen und Württemberg wehrten sich gegen eine preußisch geführte Union. Sie forderten 1850 in München einen großdeutschen Zusammenschluss mit der ganzen Donaumonarchie.
Auch in Wien wurde ein von Österreich geführtes großdeutsches Reich angestrebt. Die Auseinandersetzungen zwischen Österreich und Preußen spitzten sich zu. Ein bewaffneter Konflikt schien bevorzustehen. Der preußische König gab nach, als Russland drohte, aufseiten Österreichs einzugreifen. Im **Vertrag von Olmütz** (1850) nahm er von den Unions-Plänen Abschied. Stattdessen vereinbarten die Fürsten als Kompromiss, den Deutschen Bund wiederzubeleben.

Internettipp → *Die „Forschungsstelle Deutsche Auswanderer in den USA" der Carl-von-Ossietzky-Universität Oldenburg bietet u. a. Informationen über Revolutionsflüchtlinge; siehe www.uni-oldenburg.de/nausa/revol.htm*

* **emigrieren**: *aus politischen, wirtschaftlichen oder religiösen Gründen auswandern*

M 1 „Es ist nicht wünschenswert ...“

Am 1. September 1848 teilt ein Diplomat dem preußischen König aus England mit:

Es ist [...] nicht wünschenswert, dass Deutschland ein einheitlicher Staat werde. Die ultrademokratischen* Elemente würden sich dadurch im Herzen Europas festsetzen und zugleich der englische Handel und die englische Industrie bedroht werden.

Hagen Schulze, Staat und Nation in der europäischen Geschichte, München 1994, S. 224

* **ultrademokratisch**: *strengdemokratisch; gemeint sind die Anhänger der Republik*

M 2 „Ich sage es Ihnen rund heraus...“

Dem preußischen Gesandten in London, Freiherr von Bunsen, schreibt Friedrich Wilhelm IV. schon im Dezember 1848:

Ich will weder der Fürsten Zustimmung zu *der* Wahl noch *die* Krone. [...] Die Krone, die ein Hohenzoller nehmen dürfte, *wenn* die Umstände es möglich machen *könnten*, ist keine, die eine, wenn auch mit fürstlicher Zustimmung eingesetzte, aber in die revolutionäre Saat geschossene Versammlung *macht*, ... sondern eine, die den Stempel Gottes trägt [...]. Die Krone, die die Ottonen, die Hohenstaufen, die Habsburger getragen, kann natürlich ein Hohenzoller tragen; sie ehrt ihn überschwänglich mit tausendjährigem Glanze. *Die* aber, die Sie – leider – meinen, verunehrt überschwänglich mit ihrem Ludergeruch der Revolution von 1848, der albernsten, dümmsten, schlechtesten, wenn auch gottlob nicht der bösesten dieses Jahrhunderts. Einen solchen [...] Reif, aus Dreck und Letten* gebacken, soll ein legitimer König von Gottes Gnaden und nun gar der König von Preußen sich geben lassen [...]? Ich sage es Ihnen rund heraus: Soll die tausendjährige Krone deutscher Nation, die 42 Jahre geruht hat, wieder einmal vergeben werden, so bin *ich* es und meinesgleichen, die sie vergeben werden; und wehe dem, der sich anmaßt, was ihm nicht zukommt.

Walter Grab (Hrsg.), Die Revolution von 1848/49. Eine Dokumentation, Stuttgart 1998, S. 175

* **Letten**: *ein anderes Wort für Lehm*

M 3 „Ich würde ...“

Friedrich Wilhelm IV. antwortet am 3. April 1849 auf das Angebot der Kaiserdeputation (siehe Abb. 2, Seite 233):

In dem Beschluss der deutschen Nationalversammlung, welchen Sie, Meine Herren, Mir überbringen, erkenne ich die Stimme der Vertreter des deutschen Volkes. Dieser Ruf gibt Mir ein Anrecht, dessen Wert Ich zu schätzen weiß [...].

Aber, Meine Herren, Ich würde Ihr Vertrauen nicht rechtfertigen, Ich würde dem Sinne des deutschen Volkes nicht entsprechen, Ich würde Deutschlands Einheit nicht aufrichten, wollte Ich [...] ohne das freie Einverständnis der gekrönten Häupter, der Fürsten und freien Städte Deutschlands, eine Entschließung fassen, welche für sie und für die von ihnen regierten deutschen Stämme die entschiedensten Folgen haben muss.

Ernst Rudolf Huber (Hrsg.), Dokumente zur deutschen Verfassungsgeschichte, Bd. 1, Stuttgart ³1978, S. 405 f.

M 4 „Ihr habt mir nichts zu bieten“

Gleich nach der Ablehnung der Kaiserkrone schreibt der preußische König Wilhelm IV. am 9. April 1849 seiner Schwester:

Du hast die Abfertigung der Frankfurter Mensch-Esel-Hund-Schweine-und-Katzen-Deputation* gelesen. Sie heißt auf grob deutsch: Messieurs**! Ihr habt mir ganz und gar nicht das Recht, das Allermindeste zu bieten. Bitten, so viel Ihr wollt, geben – Nein – denn dazu müsstet Ihr im Besitz von irgend etwas zu Gebendem sein, und das ist nicht der Fall.

Walter Bußmann, Zwischen Preußen und Deutschland. Friedrich Wilhelm IV. Eine Biographie, Berlin 1990, S. 289

* **Deputation**: *Abordnung*
** **Messieurs**: *Meine Herren*

M 5 „Wat heulst'n kleener Hampelmann?“

Lithografie (29,3 x 22,8 cm) von Ferdinand Schröder, April 1849 (beschnitten).
Die Borussia, Sinnbild der Preußen, fragt Heinrich von Gagern, der zum Reichsministerpräsidenten bestimmt worden war: „Wat heulst'n kleener Hampelmann?“ – „Ick habe Ihr'n Kleenen 'ne Krone geschnitzt, nu will er se nich!“ Rechts spielt der „Kleene“ mit dem Berliner Bären.

1. *Arbeite aus M 1 bis M 4 heraus, aus welchen Gründen Friedrich Wilhelm IV. die Kaiserkrone ablehnte.*
2. *Beurteile die Aufrichtigkeit des preußischen Königs (M 1 bis M 4).*
3. *Wer ist mit dem „Kleenen“ in M 5 gemeint? In M 5 sind noch weitere Symbole enthalten. Welche fallen dir auf?*
4. *Bestimme die politische Haltung des Zeichners (M 5). Beachte dabei, wen die Zeichnung „karikiert“.*

Was war wichtig?

Daten

1814-15	*Auf dem Wiener Kongress wird Europa neu geordnet und der Deutsche Bund geschaffen.*
1815	*Russland, Preußen und Österreich gründen eine Heilige Allianz zur Sicherung der Monarchie.*
1819	*Karlsbader Beschlüsse: Einführung der Vorzensur, Verbot der Burschenschaften und Einführung einer zentralen Überwachung der Universitäten.*
1832	*Auf dem Hambacher Fest werden nationale und liberale Forderungen gestellt.*
1848-49	*Nach der Märzrevolution wird 1848 eine deutsche Nationalversammlung gewählt; der Versuch, einen deutschen Nationalstaat zu gründen, scheitert.*

Begriffe

Biedermeier: Bezeichnung für eine Richtung von Kunst, Literatur und Mode der Zeit zwischen 1815 und 1848. Als Kennzeichen dieser Epoche gelten schlichte bürgerliche Häuslichkeit, Beschaulichkeit und unpolitisches Verhalten. Zur gleichen Zeit setzte sich aber bereits eine Minderheit für soziale, politische und nationale Veränderungen ein. Diese Forderungen bestimmten die Revolution von 1848/49.

Liberalismus (lat. *liberalis*: freiheitlich, eines freien Menschen würdig): Staats-, Gesellschafts- und Wirtschaftslehre, die sich von der freien Entfaltung des Einzelnen einen Fortschritt in Kultur, Recht, Wirtschaft und Gesellschaft erhoffte. Liberale forderten die Gründung einer Nation sowie *Verfassungen, Menschen- und Bürgerrechte* und eine freie Wirtschaftsordnung.

Nationalismus: weltanschauliches Bekenntnis zur eigenen *Nation* bzw. dem Staat, dem man angehört. Diese Weltanschauung enthielt von Anfang an zwei Tendenzen: Auf der einen Seite stand die Überzeugung, dass alle Völker einen Anspruch auf nationale Selbstbestimmung haben, auf der anderen die besondere Hochschätzung des eigenen Volkes. Die Abwertung anderer Nationen trug seit der Mitte des 19. Jh. zu einem übersteigerten Nationalbewusstsein bei.

Parteien: Vereinigung von Personen, die in Volksvertretungen politische Ziele durchsetzen wollen. Die Anfänge der deutschen Parteien gehen auf die Wahlvereinigungen und politischen Klubs von 1848/49 zurück. Kennzeichen einer Partei sind: Organisation, Parteiprogramm (in dem die Ziele formuliert sind) und der Wille, die Verhältnisse im Staat politisch mitzugestalten.

Reaktion: fortschrittsfeindliche, die liberalen und nationalen Ideen (→ *Liberalismus*, → *Nationalismus*) des Bürgertums verachtende Politik der Fürsten vor und nach 1848/49.

Restauration: Wiederherstellung der politischen, rechtlichen und sozialen Zustände einer früheren Epoche nach einer *Revolution* bzw. nach revolutionären Veränderungen. Zwischen 1815 und 1848 blieben Verfassungsversprechungen uneingelöst, wurden die Presse- und Versammlungsfreiheit eingeschränkt sowie politisch Andersdenkende verfolgt, um nationale, liberale und soziale Forderungen zu unterdrücken. Ziel war es, neue Revolutionen zu verhindern.

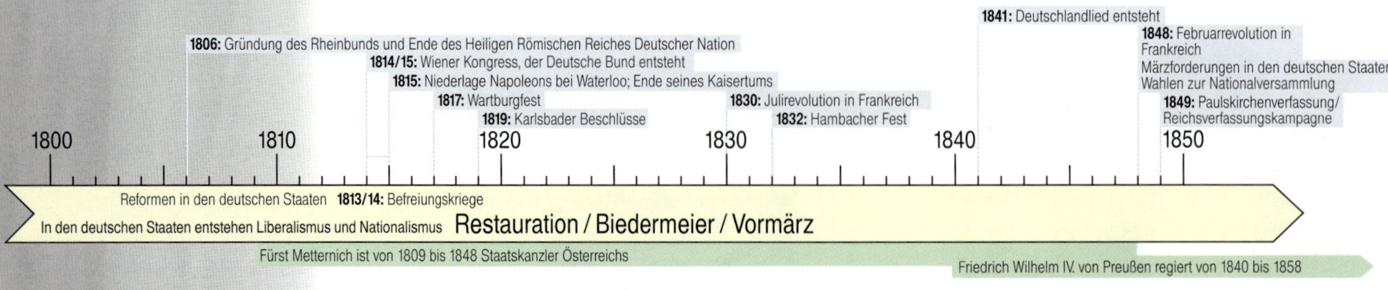

Zusammenfassung

Der Wiener Kongress stellte auf dem Kontinent das Gleichgewicht der fünf Großmächte Großbritannien, Russland, Frankreich, Österreich und Preußen wieder her.
Die Nachfolge des 1806 untergegangenen Heiligen Römischen Reiches Deutscher Nation trat 1815 der Deutsche Bund an. Dieser lockere Staatenbund enttäuschte alle, die einen deutschen Nationalstaat mit einer starken Zentralgewalt wollten.
Um die auf dem Wiener Kongress erneuerte monarchische Staatsordnung abzusichern, schlossen sich Preußen, Russland und Österreich zur Heiligen Allianz zusammen.
Die Regierungen des Deutschen Bundes unterdrückten die nationalen und liberalen Bewegungen. Es wurden die Burschenschaften verboten, die Versammlungsfreiheit eingeschränkt und die Zensur eingeführt.
Nach der Julirevolution von 1830 in Frankreich kam es in mehreren Ländern Europas und in einigen deutschen Staaten zu revolutionären Aufständen. Höhepunkt der gesamtdeutschen Oppositionsbewegung war das Hambacher Fest 1832.
Die Revolutionen des Jahres 1848 gingen von Frankreich aus. Soziale, nationale und liberale Forderungen waren die Ursachen für Aufstände gegen die Herrschenden in vielen europäischen Staaten. Fast überall wurden Regierungen umgebildet und Reformen eingeleitet.
Als erstes gesamtdeutsches Parlament wurde die Nationalversammlung gewählt. Die Abgeordneten erarbeiteten in Frankfurt einen bis heute vorbildlichen Katalog von Grundrechten und eine wegweisende Reichsverfassung. Doch Nationalstaat und Reichsverfassung scheiterten am Widerstand der alten Gewalten.
Nach 1849 kehrte zwar der alte Obrigkeitsstaat wieder zurück, doch seine Grundlagen hatten sich stark verändert. Die Revolution hatte Fortschritte in den Verfassungen einiger Länder gebracht, Reformen eingeleitet und langfristig das nationale Bewusstsein der Deutschen gestärkt.

1 Titelblatt der Veröffentlichung „Zeit-Punkte", Nr. 1/98.

2 Titelblatt der Wochzeitschrift „Der Spiegel", Nr. 7 vom 9. 2. 98.
Die Medien erinnerten 1998 an die Revolution von 1848. Abb. 1 und 2 deuten unterschiedliche Perspektiven der Erinnerung an. Nimm dazu Stellung.

Spurensuche
Themen für interessante Referate:
- *Das Revolutionsjahr 1848/49 in Berlin*
- *Unser Abgeordneter in der Frankfurter Nationalversammlung*

Internettipps:
- *siehe Seite 227 f.*

Lektüretipps:
- *Christoph Hamann, Die Revolution von 1848 in Berlin. Stadterkundungen, Berlin 1997*
- *Wilfried Löhken, Die Revolution 1848. Berlinerinnen und Berliner auf den Barrikaden, Berlin 1991*
- *Klaus Kordon, 1848. Die Geschichte von Jette und Frieder, Weinheim 2001*
  (Ein Jugendbuch über die Hungerrevolte von 1847 und die Revolution von 1848 aus der Sicht der kleinen Leute Berlins.)

Archivstudien:
Informationen zu den Themen kannst du im Landesarchiv finden. Zur Arbeit im Archiv siehe den Lerntipp hinten im Buch.

Industrielle Revolution und Soziale Frage

Es ist in der Tat keine Kleinigkeit, elf Stunden des Tages mit 120 Mann in einem von öligem, schmierigem Dunste, von Kohlen- und Eisenstaube geschwängerten heißen Raume auszuhalten. Nicht eigentlich die meist schweren Handgriffe und Arbeitsleistungen, sondern dieses Zusammenleben, Zusammenatmen, Zusammenschwitzen vieler Menschen, diese dadurch entstehende ermüdende Druckluft, das nie verstummende nervenabstumpfende gewaltige quietschende, dröhnende, ratschende Geräusch und das unausgesetzte elfstündige Stehen in ewigem Einerlei, oft an ein und derselben Stelle – dies alles zusammen macht unsre Fabrikarbeit zu einer alle Kräfte anspannenden, aufreibenden Tätigkeit, die wenn auch nicht über, so doch gleichwertig neben jede anstrengende geistige Arbeit gestellt werden darf.

Paul Göhre, Drei Monate Fabrikarbeiter und Handwerksbursche, 1891

Ich fand ganze Familien in derselben Fabrik, den Vater als Maschinenmeister, Portier oder Hausknecht, Söhne und Töchter, Neffen, Nichten und Tanten als Fabrikarbeiter. […]

Es wurde […] an jedem Dienstag ausgezahlt, immer aber nur für die vollendet Arbeit, d. h. für den Ballen gewebten Stoffes, der meist eine Länge von 3, 9 oder 12 Metern hat. Fehlte auch nur 1/4 Meter am fertigen Ballen, so musste die Arbeiterin bis zum nächsten Zahltag warten. Hierüber herrschte Erbitterung, zeitweise sogar offene Rebellion; dann gingen die Kecksten zum Aufseher, und wenn dieses nichts fruchtete zum Direktor, dem sie schimpfend und schreiend ihre Sache vortrugen. Gewöhnlich wurde ihnen dann mit Kündigung gedroht, sie gingen murrend zur Arbeit zurück – und alles blieb beim Alten! An einen Streik dachten sie gar nicht; so oft ich auch den Wütendsten zu streiken vorschlug, es war nichts mit ihnen zu machen. Sie knirschten mit ihrem Joch, aber sie hatten nicht den Mut, offen vorzugehen.

Minna Wettstein-Adelt, 3 1/2 Monate Fabrik-Arbeiterin, 1893

Schienenwalzwerk der Friedrich-Alfred-Hütte in Rheinhausen.
Farbdruck nach einem Ölgemälde (108 x 157 cm) von Otto Bollhagen, 1911/12.

1 Die Arbeit der Handspinnerinnen.
Illustration aus einem Jugendbuch von 1991. Das mechanische Spinnen beruht darauf, dass die in der Schur- oder Baumwolle, im Flachs oder Hanf ungeordnet vorliegenden Fasern zunächst parallelisiert und auseinandergezogen, dann miteinander verdrillt und so verfestigt werden.
Das handbetriebene Spinnrad kam im 13. Jh. aus Asien nach Europa. Seit Beginn des 16. Jh. gab es Tretspinnräder.
Wer könnte der Mann in der Mitte sein?

Die Industrielle Revolution beginnt in England

Tiefgreifende Veränderungen

Jahrhundertelang hatten sich die Lebens- und Arbeitsbedingungen der Menschen nur sehr langsam verändert. Doch seit dem Ende des 18. Jh. wandelten sich Gesellschaft, Wirtschaft und Technik in Europa und Nordamerika tiefgreifend und – gemessen am früheren Wandel – schnell, also *revolutionär*. Für diese Industrielle Revolution haben Historiker mehrere Gründe gefunden:

- Seit der Neuzeit hatten europäische Forscher und Entdecker die Natur untersucht; sie wollten sich die Erde „untertan" machen.
- Europäische Händler und Unternehmer strebten nach Besitz und Gewinn.
- Besonders in Großbritannien und den Niederlanden fanden die Unternehmer günstige Voraussetzungen: Rechtssicherheit und politische Mitsprache.

Warum zuerst in Großbritannien?

Das „Vereinigte Königreich Großbritannien" war während des 17. Jh. zur führenden Seemacht geworden und umfasste um 1800 England, Wales, Schottland und Irland. Durch die *Glorious Revolution* 1688 war es eine *konstitutionelle Monarchie* geworden; die reichen Bürger konnten politisch mitbestimmen.

Die Mittel- und Oberschicht der britischen Gesellschaft bestand aus Adligen und Bürgern. Der Adel durfte hier – anders als auf dem Kontinent – auch als Bankier, Händler und Unternehmer tätig sein.
Innerhalb Großbritanniens wurden die Waren nicht mehr durch Binnenzölle verteuert. Zusätzliche Gewinne brachten die Kolonien in Übersee. Besonders einträglich war der Sklavenhandel. Der wachsende Reichtum brachte einerseits mehr Kaufkraft, andererseits konnten damit neue Unternehmungen bezahlt werden.
Gleichzeitig stieg die Bevölkerungszahl schneller als früher. Eine negative Folge war: Immer weniger Menschen fanden in der Landwirtschaft ihr Auskommen. Sie konnten aber in handwerklichen Betrieben oder Manufakturen arbeiten, da es in England – anders als auf dem Kontinent – keine Zunftgesetze mehr gab. Wer einen Betrieb gründen, ausweiten oder modernisieren wollte, durfte dies ungehindert tun, wenn er genügend Geld dafür hatte.

Jede Menge Heimarbeit

In Großbritannien war die Textilproduktion im ländlichen Heimgewerbe weitverbreitet. Aufgrund der ständig wachsenden Nachfrage forderten die Händler und Verleger immer mehr Tuche. **Verleger** waren Kaufleute, die Rohstoffe oder halbfertige Waren einkauften und zur Weiterverarbeitung gegen geringen Lohn an Heimarbeiterfamilien ausgaben. Sie legten dabei die **Arbeitsteilung**, die Reihenfolge der Arbeitsgänge fest. Für die Textilproduktion bedeutete dies, dass mehrere Familien dazu beitrugen, dass aus Rohwolle zunächst Garne und dann Tuche wurden. Den Verkauf der Produkte übernahmen die Verleger.

2 An einer „Spinning Jenny".
Stich aus dem 19. Jh.
Die erste „Jenny" von 1764 ersetzte acht Spinnräder, spätere Modelle wie dieses konnten 60 und mehr Fäden zur gleichen Zeit verarbeiten. James Hargreaves (um 1720-78) nannte die erste funktionstüchtige Spinnmaschine der Welt nach seiner kleinen Tochter Jenny. Als die Leistungsfähigkeit seiner Spinnmaschine den Handspinnern bekannt wurde, fürchteten sie um ihre Existenz. Eine aufgebrachte Gruppe stürmte sein Haus, schlug die „Spinning Jenny" kurz und klein und drohte dem Erfinder, mit ihm das Gleiche zu tun, wenn er eine neue Maschine bauen würde.

Die Hand wird ersetzt

Für die Verleger war die Tuchherstellung um die Mitte des 18. Jh. ein gutes Geschäft. Doch sie konnten die gestiegene Nachfrage nicht befriedigen, da unter den bestehenden Bedingungen nicht noch mehr produziert werden konnte. Daher suchten Tuchhändler und Verleger nach einer technischen Möglichkeit, um die Garnmenge zu steigern.

Ein Preisausschreiben der *Society of Arts*, einer Art Akademie des Handwerks, nannte 1761 die Wünsche der Kaufleute: Gesucht wurde eine Maschine, die „sechs Fäden aus Wolle, Flachs, Hanf oder Baumwolle auf einmal spinnen und nur eine Person brauchen würde, um mit ihr zu arbeiten und sie zu bedienen".

Auf der Grundlage bekannter Techniken entwickelten bis Ende der 1760er-Jahre der Perückenmacher *Richard Arkwright* und der Handweber *James Hargreaves* zwei Lösungen, die die Anforderungen des Preisausschreibens erfüllten. Aber erst die 1779 entstandene Spinnmaschine des Heimwebers *Samuel Crompton* brachte den Durchbruch zur Massenfertigung von Garnen. Alle drei Maschinen konnten erstmals die Arbeit der menschlichen Hand ersetzen und die Arbeitsleistung vervielfachen.

Künftig wurde Handarbeit nur benötigt, um die Maschinen zu steuern und zu versorgen. Doch die Entwicklung und Benutzung der neuen Spinnmaschinen, die zunächst nur Baumwolle verarbeiten konnten, begann erst. Es waren weitere Verbesserungen erforderlich, damit aus Wolle maschinell Garn und Tücher hergestellt werden konnten.

Von der Werkstatt zur Fabrik

Die neuen Spinnmaschinen konnten den Engpass der Garnherstellung schnell beheben. Hargreaves *Jenny* kam vor allem im Heimgewerbe zum Einsatz. Heimarbeiter schafften sich diese nicht allzu teuren Maschinen entweder selbst an oder Verleger stellten sie ihnen gegen Gebühr zur Verfügung.

Die Arkwright'sche *Waterframe* war nicht mehr für die Heimarbeit geeignet, da sie mit Wasserkraft angetrieben wurde. Auch die Maschine von Crompton nutzte die Wasser- oder Windkraft. Damit war verwirklicht, was zum Kennzeichen der Industrie werden sollte: die Verbindung von Arbeits- und Kraftmaschinen. An die Stelle der verstreut liegenden häuslichen Arbeit trat allmählich und zunächst nur in wenigen Regionen die zentralisierte Arbeit in **Fabriken**. In diesen Produktionsstätten arbeiteten oft Hunderte von Frauen, Kindern und Männern auf engem Raum. Aus Heimarbeitern waren Fabrikarbeiter geworden.

3 Baumwollspinnerei.
Stich nach einer Zeichnung (12 x 19 cm) von Thomas Allom, um 1834.
Die Spindelwagen der zwei gegenübergestellten doppelten Spinnmaschinen liefen auf Schienen und bewegten sich im Laufe eines Arbeitstages rund 5 000-mal hin und her. Ein Spinnmeister steuert den Bewegungsablauf. Rechts im Vordergrund muss eine Frau die gerissenen Fäden zusammenknüpfen, vorne rechts unter den Fäden fegt eine Person (ein Kind?) während des Betriebes der Maschinen Baumwollreste vom Boden weg.

Maschinen und Energie

Um immer mehr Spinnmaschinen herstellen zu können, wurden Werkzeugmaschinen wie Dreh- und Bohrmaschinen erfunden und gebaut. Bestehende Apparate wurden verbessert und neue Maschinen produziert. Eine davon war der 1785 von *Edmund Cartwright* erfundene mechanische Webstuhl. Er wurde ständig weiterentwickelt.

Der Maschinenbau war vor allem für eine bessere Energieversorgung wichtig, da für die immer zahlreicheren Maschinen neue Antriebsmöglichkeiten gesucht wurden. Denn der Einsatz von Pferden war aufwändig. Wind- und Wasserkraft waren nicht jederzeit und überall verfügbar. Außerdem reichte die Leistung der bestehenden Wasserräder bald nicht mehr aus, um die vielen Riemen, Zahnräder, Hebel und Spindeln in den großen Fabriken jederzeit – also auch bei Niedrigwasser – anzutreiben. Parallel zur ständigen Verbesserung des Wasserradantriebes suchte man vor allem für die Maschinenspinnereien nach neuen Antriebskräften.

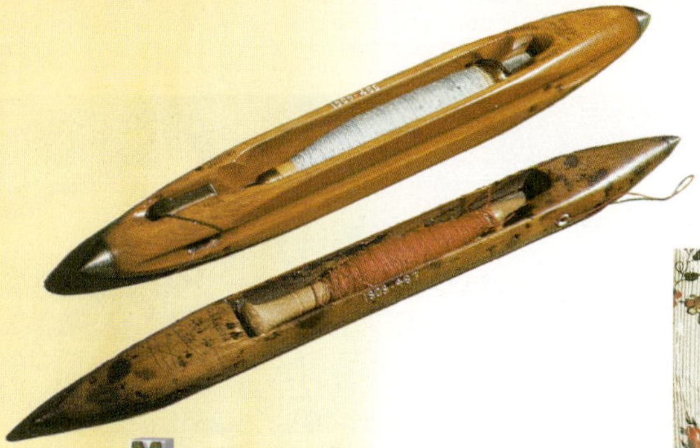

M 1 Weberschiffchen.
Das „fliegende Weberschiffchen" (engl. fly shuttle) wurde um 1733 von dem Engländer John Kay erfunden. Es enthält die Garnspule mit dem Fadenvorrat. Das „Schiffchen" wurde nun nicht mehr unmittelbar mit der einen Hand durch die Kette geworfen und mit der anderen Hand aufgefangen, sondern auf mechanischem Weg mit einer „Peitsche".

M 2 Bedruckter Baumwollstoff.

M 3 Besuch in einer Spinnerei
Johanna Schopenhauer bereist zwischen 1803 und 1805 Großbritannien. Sie schreibt über den Besuch einer Fabrik in Manchester:

Wir besuchten eine der größten Baumwollspinnereien [...]. Uns schwindelte in diesen großen Sälen bei dem Anblicke des mechanischen Lebens ohne Ende. In jedem derselben sahen wir einige Weiber beschäftigt, die nur selten reißenden Fäden der unaufhörlich sich drehenden Spindeln wieder anzuknüpfen; Kinder wickelten und haspelten das gesponnene Garn [...].
Alles wird hier auf die leichteste Weise durch Maschinen bewirkt, deren jede uns ein Wunder der Industrie erschien. So sahen wir zum Zusammendrehen und Einpacken der fertigen Stücke Garn ganz eigene Vorrichtungen. Eine andere, einer Schnellwaage ähnliche Maschine zeigte vermittelst eines Zeigers die Nummer und zugleich den Grad der Feinheit der daran gehängten Garnspule. Alles in der Fabrik, auch das Geringste, geschieht mit bewunderungswerter Genauigkeit und Zierlichkeit, dabei mit Blitzesschnelle. Am Ende schien es uns, als wären alle diese Räder das eigentlich Lebendige und die darum beschäftigten Menschen die Maschinen.

Johanna Schopenhauer, Reise durch England und Schottland, Stuttgart 1965, S. 52 f.

M 4 Textilbetrieb in Bedworth (Mittelengland), um 1800.
Rekonstruktionszeichnung.

1. *Reiseberichte wie der von Johanna Schopenhauer (M 3) können uns wichtige Informationen über die Vergangenheit liefern. Welche Voraussetzungen muss der Berichtende erfüllen, damit seine Beschreibungen für uns interessant sind?*
2. *Wie beurteilt Frau Schopenhauer die technische Entwicklung (M 3)?*
3. *Bestimme die Maschinen, die im unteren Stockwerk (M 4) stehen. Womit werden sie angetrieben?*

Kohle, Dampf und Eisen

Die revolutionierende Lösung
Die Dampfmaschine löste das Energieproblem. Der in Schottland geborene *James Watt* war Feinmechaniker. Als Angestellter der Universität Glasgow konstruierte er aus Vorläufermodellen, die bereits im Bergbau zum Abpumpen von Grundwasser benutzt wurden, zwischen 1765 und 1782 eine neue Antriebsmaschine. Sie war den bisherigen weit überlegen. Um 1800 gab es in Großbritannien schon 2 200 Dampfmaschinen, davon etwa ein Viertel Watt'schen Typs. Sie wurden zum Antrieb von Pumpen, Spinn- und Webmaschinen eingesetzt.
Die Dampfmaschine war ein weiterer wichtiger Schritt auf dem Weg der Industrialisierung. Immer mehr Verleger, Kaufleute und Händler waren bereit, **Kapital** (Geld für Gebäude, Maschinen und Rohstoffe) auszugeben, um Produkte maschinell herstellen zu lassen. Und da die Kapitalanlagen (Investitionen) Gewinne abwarfen, stieg die Zahl der Fabriken ständig.

Kohle als Energiequelle
Immer mehr Dampfmaschinen und der wachsende Bedarf an Eisen ließen den Kohleverbrauch gewaltig steigen. Im Unterschied zu den meisten europäischen Ländern wurde in Großbritannien schon seit dem 16. Jh. Kohle in großen Mengen gefördert. Die Energie aus Steinkohle erwies sich bald als einfacher zu gewinnen und billiger als die aus Holz, Wind-, Wasser- oder gar menschlicher Arbeitskraft.

Internettipp → *Informationen über die Dampfmaschine siehe unter http://www.deutsches-museum.de/ausstell/meister/dampf.htm*

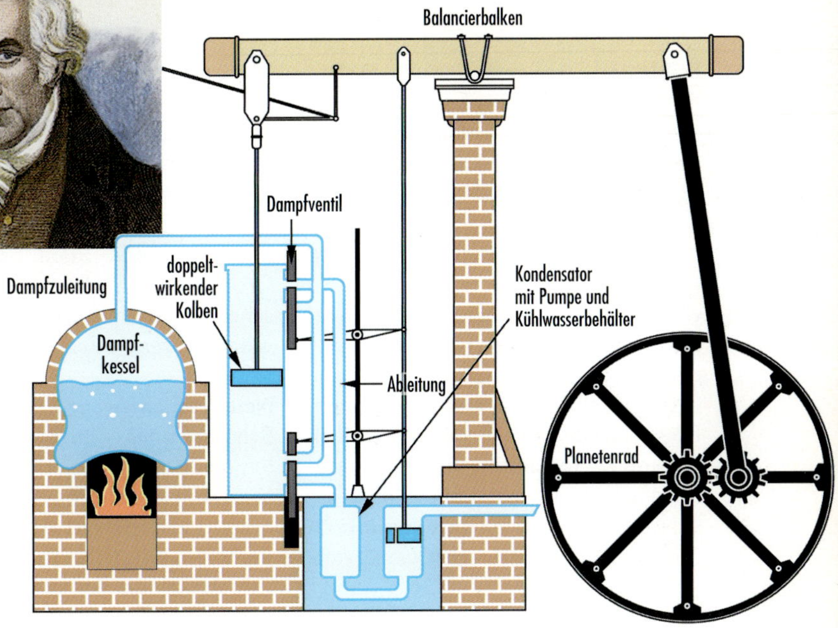

1 Die doppeltwirkende Dampfmaschine von James Watt (1782).
Rekonstruktionszeichnung.
Der Dampf wird – durch Ventile gesteuert – abwechselnd oberhalb und unterhalb des Kolbens in den Zylinder geleitet. Der sich ausdehnende Dampf kann dementsprechend den Kolben in beide Richtungen – daher doppelt – bewegen.
Die Konstruktionszeichnung zeigt außerdem, wie die Auf- und Abbewegung des Balancierbalkens mithilfe eines Gestänges und von Zahnrädern auf ein großes Schwungrad übertragen wird.
Von diesem aus können – hier nicht eingezeichnet – über sogenannte Transmissionsriemen aus Leder Maschinen wie Webstühle oder Pumpen angetrieben werden.

2 Modell der Watt'schen Dampfmaschine mit Pumpe.

Kohle und Eisen verändern die Welt

Es war aufwändig, aus Erz Roheisen zu erzeugen und dann schmiedbar zu machen. Bis weit in die zweite Hälfte des 18. Jh. wurde Holzkohle verwendet, danach Steinkohle.

Eine wichtige Hürde auf diesem Weg war 1735 genommen worden. Damals wurde in England erstmals Koks eingesetzt, um Eisenerz zu verhütten. Koks entsteht, indem man der Steinkohle Gas entzieht, ohne Luft zuzuführen. Dieser Brennstoff liefert wesentlich höhere Temperaturen als Holz- oder Steinkohle. Mit ihm konnte das Fassungsvermögen der Hochöfen erhöht und damit mehr Eisen produziert werden.

Ein weiterer wichtiger Fortschritt in der Eisenindustrie war eine neue Methode, brüchiges Roheisen in Schmiedeeisen umzuwandeln. 1784 gelang es dem Engländer *Henry Cort,* Stahl herzustellen, indem er dem Eisen in einem zweiten Schmelzvorgang den Kohlenstoff entzog. Dieses Verfahren war bis in die 1880er-Jahre die wichtigste Methode, Schmiedeeisen zu produzieren. Es trug dazu bei, Eisen als Baustoff wirtschaftlich und technisch attraktiv zu machen. Im Maschinen-, Schiffs- und Kanonenbau ebenso wie in der Architektur wurden Eisen und Stahl unentbehrlich. Großbritannien, das über reiche Eisenerzvorkommen verfügte, stieg zum größten Eisenproduzenten der Welt auf.

Neue Verkehrswege

Schon seit der Mitte des 18. Jh. genügten den Briten die Verkehrswege nicht mehr, um Rohstoffe und andere Güter rasch und preiswert dorthin zu transportieren, wo sie benötigt wurden. Privatunternehmer ließen daher auf eigene Kosten Straßen und Kanäle bauen. Da gebührenpflichtige Kanäle hohe Gewinne abwarfen, setzte seit den 1760er-Jahren ein „Kanalfieber" ein. Bald durchzog ein dichtes Kanalnetz Großbritannien. Um 1830 hatte es eine Länge von etwa 4000 km.

Der Siegeszug der Eisenbahn

Anfang des 19. Jh. trat ein neues Transportmittel seinen Siegeszug an: die Dampfeisenbahn. Sie war von *George Stephenson* und seinem Sohn zwar nicht erfunden, aber so entwickelt worden, dass sie erstmals überall fahren konnte. Die Stephensons hatten dazu Schienen hergestellt, die einer dauerhaften Belastung durch schwere Züge standhielten. Denn die ersten Lokomotiven waren an den zerbrechlichen Schienen aus Gusseisen und der fehlenden Kraft gescheitert, selbst leichte Steigungen ohne Hilfe überwinden zu können. Sie benötigten dafür stehende Dampfmaschinen mit Seilzügen oder Pferde.

Auf der Strecke zwischen Liverpool und Manchester brachte ab 1830 die Dampfeisenbahn erstmals Gewinn. Im ersten Betriebsjahr transportierte sie fast eine halbe Million Menschen und über 50 000 Tonnen Güter.

Die Eisenbahn erwies sich den Kutschen und Lastfuhrwerken als weit überlegen. Die Transporte wurden billiger. Rasch entstand ein weitverzweigtes Streckennetz.

3 Lokomotive „Rocket" mit Tender von 1829.

Diese von George und Robert Stephenson zwischen 1814 und 1829 entwickelte Dampfeisenbahn gilt als „Urahn" aller Lokomotiven. Sie wurde in der 1823 von George Stephenson in Newcastle gegründeten ersten Lokomotivfabrik der Welt gebaut. Die „Rocket" erreichte eine Geschwindigkeit von 46,5 km/h. Die erste Eisenbahnstrecke mit öffentlichem Personenverkehr wurde 1825 zwischen Stockton und Darlington (39 km) eröffnet.

Von welchen Wörtern leitet sich der Begriff „Lokomotive" ab? Sieh in einem Herkunftswörterbuch nach. Überlege, warum die Stephensons ihre Lokomotive „Rocket" genannt haben.

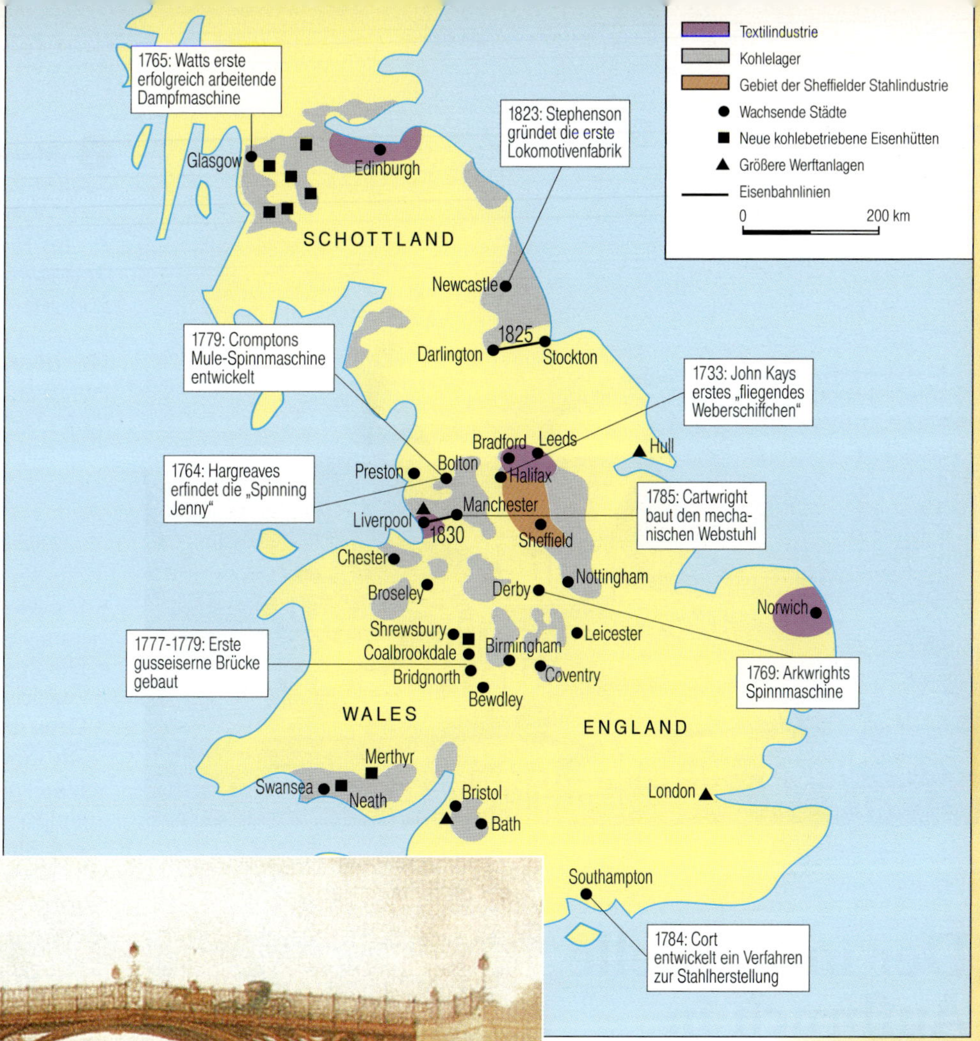

M 1 Die Industrie in England, Wales und Schottland 1770-1830.
Beschreibe die Standorte der wachsenden Städte.

M 2 Bevölkerung in England

1751	5,8 Mio.
1801	8,7 Mio.
1851	16,7 Mio.

Nach: Toni Pierenkemper, Umstrittene Revolutionen. Die Industrialisierung im 19. Jahrhundert, Frankfurt a. M. 1996, S. 15

CD-ROM-Tipp → *Zeitalter der Industrialisierung. Berlin: Cornelsen*

M 3 Iron Bridge.
Ölgemälde (86,3 x 101,6 cm) von William Williams, 1780.
Zwischen 1777 und 1779 wurde diese Brücke in Coalbrookdale mit einer Spannbreite von 30 m gebaut.

Internettipp → *Informationen über die erste Eisenbrücke der Welt bietet das Ironbridge-Gorge-Museum unter www.ironbridge.org.uk*

M 4 Kohle und Eisen in Großbritannien

Kohleförderung	*Angaben in Mio. t.*	*Eisenproduktion*	
1770	6,2	1806	0,25
1836	30,0	1835	1,0
1850	50,0	1847	2,0
1870	112,2	1870	5,9

Wilhelm Treue/Karl-Heinz Manegold, Quellen zur Geschichte der industriellen Revolution, Göttingen [2]1979, S. 98

1. *Gestalte aus den Daten von M 2 und M 4 Kurvendiagramme.* LERNTIPP
2. *Erkläre den Zusammenhang von Kohle- und Eisenproduktion. Berücksichtige dabei M 4.*
3. *Wann stiegen die Kohleförderung und die Eisenproduktion am schnellsten (M 4)? Beachte M 2.*
4. *Nenne Auswirkungen der Industrialisierung auf die Lebensbedingungen der Menschen.*
5. *Stellt für euren Klassenraum ein Poster zusammen, auf dem verschiedene Einsatzgebiete von Dampfmaschinen abgebildet sind.* LERNTIPP

1 „Medarhammer am Klodnitzkanal."
Kolorierte Lithografie (18,4 x 24,8 cm) von Ernst Wilhelm Knippel, um 1850.
An dem Fluss Klodnitz in Oberschlesien (heute polnisches Gebiet) wurde seit dem 16. Jh. Eisen erzeugt und bearbeitet.
Kläre, was ein „Hammerwerk" ist.
Was fällt dir an den Betriebsgebäuden auf?
Worauf lassen Wasserrad und Schornsteinrauch schließen?

Der industrielle Aufbruch in den deutschen Staaten

Die Technik kommt

In den deutschen Staaten setzte die Industrielle Revolution im Vergleich mit Großbritannien erst verspätet ein. Rund 80 Prozent der deutschen Bevölkerung lebten um 1800 noch von der Land- und Forstwirtschaft. Vier Fünftel des Textilgewerbes wurden in ländlicher Heimarbeit betrieben. Aber es gab im Rheinland, in Westfalen, Schlesien, Sachsen und Baden schon erste Industrieregionen. Dort setzten sich die in Großbritannien entwickelten technischen Neuerungen rasch durch.

- 1758 nahm die St.-Antony-Hütte in Sterkrade (Oberhausen) den Betrieb auf; sie war die erste Eisenhütte des Ruhrgebiets.
- 1783/84 wurde eine mit Wasserkraft betriebene Baumwollspinnerei in Ratingen bei Düsseldorf errichtet; sie war die erste Fabrik auf dem europäischen Festland.
- 1785 arbeitete die erste Dampfmaschine im Mansfelder Bergrevier (heute Sachsen-Anhalt).
- 1789 entstand der erste Kokshochofen in Gleiwitz (Oberschlesien).
- 1809 wurde in St. Blasien die erste mechanische Baumwollspinnerei Südwestdeutschlands gegründet.

Gründe für den Rückstand

Die deutsche Industrie blieb hinter der britischen zurück. Das hatte mehrere Gründe:

- Es gab keinen großen Binnenmarkt: Die vielen Staaten hatten unterschied-liche Maße und Währungen und an den Grenzen mussten Zölle bezahlt werden.
- Die Verkehrswege waren schlecht und schränkten den Handel ein.
- Die Menschen auf dem Lande waren arm; sie konnten wenig kaufen.
- Die Zunftgesetze und die staatliche Aufsicht verhinderten, dass neue Gewerbebetriebe gegründet oder alte modernisiert werden konnten. Dies änderte sich in Preußen und einigen anderen deutschen Staaten erst allmählich nach den Agrar- und Gewerbereformen zu Beginn des 19. Jh.
- Wegen der technischen Rückständigkeit gab es noch keine Massenproduktion mit modernen Maschinen in Fabriken.
- Die deutschen Staaten besaßen keine konkurrenzfähige Handelsflotte und keine Kolonien, damit fehlte es an Rohstoff- und Absatzmärkten.

Preußen geht voran

Anfang des 19. Jh. begannen einige deutsche Regierungen, nach den politischen Reformen auch die wirtschaftlichen Bedingungen zu verbessern. Preußen ging voran: Das Staatsstraßennetz wurde von 3261 km (1816) auf 18 550 km (1852) erweitert und nach 1816 der Hafen in Ruhrort bei Duisburg ausgebaut. Die Regierung betrieb Industriespionage in England und förderte den Maschinenbau. Britische Ausfuhrverbote wurden gebrochen und Techniker angeworben, um das Know-how zu übernehmen. 1816 gab die preußische Regierung dann auch den Anstoß für die Gründung eines *Vereins zur Beförderung des Gewerbefleißes* und begann ein technisches Ausbildungswesen auf- und auszubauen. Dem preußischen Vorbild folgten andere deutsche Staaten.

M 1 Aller Anfang ist schwer

Der Mechaniker Franz Dinnendahl baut mit 26 Jahren seine erste Dampfmaschine. Sie soll das Grundwasser aus einem Bergwerk pumpen. Dinnendahl schafft damit eine Voraussetzung dafür, dass sich das Land an Rhein und Ruhr zum größten europäischen Industriegebiet entwickelt. In seiner „Selbstbiografie" schreibt Dinnendahl, der 1826 stirbt:

Ich bin also von Hause aus der Sohn eines Müllers. Auf meine Erziehung und Bildung konnten meine Eltern durchaus nichts weiter verwenden, als dass sie mich in einer elenden Dorfschule notdürftig lesen und das Alphabet schreiben lehren ließen. Wegen ihrer Dürftigkeit musste ich mir schon in meinem 12. Jahre durch Schweinehüten mein Brot verdienen. Indessen hatte ich von Kindheit an eine unwiderstehliche Neigung zur Mechanik [...].
In meinem 16. Jahre ungefähr ließ ich mich als Bergmann einschreiben und arbeitete nun, anfänglich als Schlepper, nachher als Hauer [...].
Allein der Himmel wollte es, dass ein Oheim* von mir den Vorschlag tat, die bergmännische Arbeit ganz daran zu geben und mich dagegen den Zimmermann- und Schreinerarbeiten zu widmen [...]. Dieser Vorschlag gefiel mir [...], und 14 Tage nachher war ich schon bei einem sogenannten Bauernschreiner, der zugleich Zimmermann war.

1801 erhält Dinnendahl den Auftrag zum Bau einer Dampfmaschine; über seine Arbeit schreibt er:

Schreiner- und Zimmermannsarbeiten verstand ich selbst, aber nun musste ich auch Schmiedearbeiten machen, ohne sie jemals gelernt zu haben.** Indessen schmiedete ich fast die ganz Maschine mit eigener Hand, selbst den Kessel, sodass ich 1 – $1\frac{1}{2}$ Jahr fast nicht anders als Schmiedearbeiten verfertigte.

Hedwig Behrens, Mechanikus Franz Dinnendahl. Erbauer der ersten Dampfmaschinen an der Ruhr. Leben und Wirken aus zeitgenössischen Quellen, Köln 1970, S. 29 und 36

* **Oheim**: *Onkel*
** *Der Grund: Es gab keinen Schmied in seiner Gegend.*

M 2 Die Harkort'sche Fabrik auf Burg Wetter an der Ruhr.

Ölgemälde (43,5 x 57,5 cm) von Alfred Rethel, 1834.
Die auf das 13. Jh. zurückgehende Burg Wetter befand sich seit 1819 im Besitz von Friedrich Harkort und Heinrich Kamp, die dort die Mechanische Werkstätte Harkort & Co. einrichteten. Im oberen Teil, dem ehemaligen Burghof, befand sich links das Eisenhüttenwerk. Das weiße Gebäude war vermutlich der Sitz der Verwaltung. Unten rechts war das Walzwerk, aus dessen Dächern Schornsteine ragen.
Das Bild spiegelt sinnbildlich den revolutionären Umbruch. Erkläre!

M 3 Staatliche Impulse

1822 gründet Peter Beuth, ein hoher preußischer Beamter des Finanzministeriums, in Berlin den „Verein zur Beförderung des Gewerbefleißes in Preußen" nach dem Vorbild der englischen „Society of Arts". Auf der Eröffnungsveranstaltung sagt er:

Der Gewerbefleiß, welchen zu befördern wir beabsichtigen, ist die Grundlage des Reichtums einer Nation [...].
Wer in einem Lebensverhältnisse, welches es sei, stillsteht, der steht nur scheinbar still, die Wahrheit ist, er geht zurück; es gibt nur Vorschreiten und Rückschreiten im Leben. – Diese Wahrheit ist nirgends sichtbarer als beim Betriebe der Gewerbe. – Der Gewerbetreibende lebt im Wettstreit mit seinen nächsten Gewerbsgenossen, mit den Gewerbsgenossen desselben Landes, mit denen der übrigen Welt; alle suchen [...] ihm den Rang abzugewinnen.

1827 wird der Firma Harkort in Wetter an der Ruhr mitgeteilt:

Das Ministerium des Innern hat die neue amerikanische Scheer-Maschine von Swift nebst Schleifbank für Sie hier nachbauen und sorgfältig verpackt [...] abgehen lassen.
Diese Maschine wird Ihnen als eine Auszeichnung bewilligt, jedoch unter der Bedingung, solchen Fabrikanten des Inlandes, welche sich bei Ihnen melden, und dergeichen Maschinen bei sich einzuführen wünschen, davon Kenntnis nehmen zu lassen und sie ihnen zu einem angemessenen Preise zu bauen.

Erster Text: Wilhelm Treue/Karl-Heinz Manegold, Quellen zur Geschichte der industriellen Revolution, a.a.O., S. 110.
Zweiter Text: Preußen. Zur Sozialgeschichte eines Staates. Eine Darstellung in Quellen. Bearbeitet von Peter Brandt, Reinbek 1981, S. 226

1. *Franz Dinnendahl hatte viele Schwierigkeiten zu überwinden. Zähle sie auf (M 1).*
2. *Beschreibe, wie der preußische Staat versuchte, den „Gewerbefleiß" zu fördern. Erläutere die Ziele der Maßnahmen (M 3).*

Der Deutsche Zollverein

1 „Gränzverlegenheit."
Holzstich (9,8 x 18,2 cm) aus den „Fliegenden Blättern", IX. Band, Nr. 198, München: Braun & Schneider, undatiert [1849?], Seite 45.
Suche das Fürstentum Schaumburg-Lippe in einem Geschichtsatlas. Wofür dient es dem Zeichner als Beispiel?

Das Ende der „Gränzverlegenheiten"
Österreich und Preußen hatten sich 1814/15 auf die Zuständigkeit des Deutschen Bundes in Handels- und Zollfragen geeinigt. Trotzdem entstand kein einheitlicher Wirtschaftsraum. Den Mitgliedern des Bundes blieb überlassen, ihre eigene Wirtschafts-, Finanz-, Währungs- und Verkehrspolitik zu machen.
1818 stellte Preußen zunächst seine innerstaatliche Zoll- und Wirtschaftseinheit her, um die beiden getrennten Landeshälften miteinander zu verbinden. Zugleich entstand in Berlin die Idee einer deutschen Zollunion ohne Österreich. Nach mehreren Etappen schlossen sich 1833 Preußen, Bayern, Sachsen, Württemberg, Kurhessen, Hessen-Darmstadt, die sächsisch-thüringischen Herzogtümer und einige kleine Fürstentümer zum **Deutschen Zollverein** zusammen. Zwischen den Mitgliedsstaaten wurden Zollgrenzen abgeschafft. Der Ertrag der gemeinsamen Außenzölle wurde nach der Einwohnerzahl auf die Mitgliedsstaaten des Zollvereins verteilt.

Immer mehr
Von 1834 an lebten 26 Millionen Deutsche in einem Binnenmarkt. Dieser große Wirtschaftsraum beschleunigte das Wachstum von Handel, Gewerbe und Industrie, sodass die Steuereinnahmen aller beteiligten Staaten trotz der Zollausfälle stiegen. Dies ermunterte immer mehr Regierungen, dem Zollverein beizutreten. 1842 gehörten ihm 28 von 38 Staaten des Deutschen Bundes an.
Als 1852 Österreich eine umfassendere Zollunion herbeiführen wollte und dazu alle deutschen Staaten einlud, lehnte Preußen ab. Die norddeutschen Staaten Hannover und Oldenburg schlossen sich daraufhin 1854 dem Zollverein an. In den nächsten Jahren folgten weitere Staaten, zuletzt die Hansestädte Hamburg und Bremen (1888).

Welche Vorteile bietet ein großer Binnenmarkt
– für die Industrie und den Handel,
– für die Bevölkerung eines Landes?

M 1 Friedrich List.
Pastell nach einer Lithografie von Josef Kriehuber, um 1845.
Friedrich List wurde 1789 in Reutlingen geboren. 1822 verurteilte man den Wirtschaftswissenschaftler, Politiker und Journalisten in Württemberg wegen Aufreizung gegen die Staatseinrichtungen zu Festungshaft. 1825 wurde er gegen das Versprechen freigelassen, unverzüglich auszuwandern. List ging in die USA. Fünf Jahre später kehrte er zurück und begann, sich für die Einheit Deutschlands, für den Deutschen Zollverein und den Bau von Eisenbahnen einzusetzen. Sein rastloses Leben beendete er 1846 selbst.

M 2 Der trostlose Zustand

Als Bevollmächtigter des „Allgemeinen Deutschen Handels- und Gewerbevereins" legt Friedrich List der Bundesversammlung 1819 eine Bittschrift vor:

Achtunddreißig Zoll- und Mautlinien* in Deutschland lähmen den Verkehr im Innern und bringen ungefähr dieselbe Wirkung hervor, wie wenn jedes Glied des menschlichen Körpers unterbunden wird, damit das Blut ja nicht in ein anderes überfließe. Um von Hamburg nach Österreich, von Berlin in die Schweiz zu handeln, hat man zehn Staaten zu durchschneiden, zehn Zoll- und Mautordnungen zu studieren, zehn Mal Durchgangszoll zu bezahlen. Wer aber das Unglück hat, auf einer Grenze zu wohnen, wo drei oder vier Staaten zusammenstoßen, der verlebt sein ganzes Leben mitten unter feindlich gesinnten Zöllnern und Mautnern, der hat kein Vaterland [...].
Die alleruntertänigst Unterzeichneten [...] wagen es demnach, einer hohen Bundesversammlung die alleruntertänigste Bitte vorzutragen:
1. dass die Zölle und Mauten im Innern Deutschlands aufgehoben, dagegen aber
2. ein auf dem Grundsatz der Retorsion** beruhendes Zollsystem gegen fremde Nationen aufgestellt werden möchte, bis auch sie den Grundsatz der europäischen Handelsfreiheit anerkennen.

Manfred Görtemaker, Deutschland im 19. Jahrhundert. Entwicklungslinien, Bonn [4]1994, S. 142

* **Maut**: *Gebühr für Straßen- und Brückenbenutzung*
** **Retorsion**: *ein fremder Zoll soll durch einen eigenen Zoll aufgehoben bzw. abgewehrt werden*

M 3 Der Zollverein aus der Sicht Österreichs

Noch bevor der Deutsche Zollverein in Kraft trat, schreibt der österreichische Kanzler Fürst Klemens von Metternich im Juni 1833 seinem Kaiser:

Die Grundidee [des Zollvereins] [...] besteht in vollkommener gegenseitiger Freiheit des Handels zwischen den Vereinsstaaten, einem übereinstimmenden Zollsystem nach gleichen Tarifsätzen; endlich in Gemeinschaftlichkeit der Schutzmaßregeln für die einheimische Produktion der im Vereine begriffenen Länder gegen die Konkurrenz der dem Vereine fremden Gebiete. Alles dieses aber unter preußischem Schutze und preußischer Präponderanz*.

Manfred Görtemaker, Deutschland im 19. Jahrhundert, a.a.O., S. 147

* **Präponderanz**: *Übergewicht*

M 4 Der Deutsche Zollverein.

1. *Beschreibe die Verdienste Lists um die Einigung Deutschlands (M 1 und M 2).*
2. *Metternich fürchtete den Zollverein (M 3). Warum?*

Die Eisenbahn stellt Weichen

1 Tradition und Fortschritt im Verkehr.
Gemälde (356 x 251 cm) von Paul Meyerheim, 1873/76 (Ausschnitt).
Das Bild ließ der Berliner Unternehmer August Borsig für seine Villa anfertigen.
Es zeigt die in den Borsig-Werken hergestellte Lokomotive und Eisenbahnbrücke über den Rhein bei Ehrenbreitstein (heute ein Stadtteil von Koblenz). Erkläre den von uns gewählten Bildtitel.

2 Das deutsche Eisenbahnnetz bis 1866.

Das Netz wächst schnell

Erst nach der Gründung des Deutschen Zollvereins und dem Beginn des Eisenbahnbaus begann in den deutschen Staaten um 1840 die Industrialisierung in großem Umfang. Das Startzeichen gab 1835 die erste deutsche Eisenbahnstrecke zwischen Nürnberg und Fürth (6,5 km). Da sie sich rasch als lohnend erwies, setzte ein stürmischer Eisenbahnbau ein. Zunächst wurden die Handelsstädte mit den alten Gewerberegionen verbunden. Von 1838 bis 1860 wuchs so das deutsche Streckennetz von 240 auf rund 12 000 km. Nur das britische und belgische Eisenbahnnetz waren dichter als das deutsche.

Die Regierungen in den deutschen Staaten hatten ein unterschiedliches Interesse an den Eisenbahnen. Von Anfang an bestanden Staats- und Privatbahnen nebeneinander. Eine gemeinsame Planung fand erst nach der Gründung des Deutschen Reiches 1871 statt.

Deutschland als Drehscheibe

Auch wenn die Regierungen durch Genehmigungen oder Übernahme der Finanzierung die Rahmenbedingungen schufen, so waren es besonders in der Anfangsphase Unternehmer und Bankiers, die den Eisenbahnbau vorantrieben. Sie warben für die Vorteile und zerstreuten Bedenken gegen das neue Transportmittel.

Die Eisenbahn erschloss neue Absatzgebiete für deutsche Waren und glich Standortnachteile marktferner Orte aus. Sie machte Deutschland langfristig zur Drehscheibe des europäischen Warenverkehrs und verhalf der Eisenindustrie, dem Bergbau und der Maschinenindustrie zum Durchbruch.

M 1 Vor- und Nachteile der Eisenbahn

1825 schreibt der rheinische Unternehmer Friedrich Harkort in einer Zeitung:

Durch die rasche und billige Fortschaffung der Güter wird der Wohlstand eines Landes bedeutend vermehrt, welches Kanäle, schiffbare Ströme und gute Landstraßen hinlänglich beweisen [...]. Größere Vorteile als die bisherigen Mittel scheinen Eisenbahnen zu bieten [...]. Alle Zechen an der Ruhr erhielten durch eine Eisenbahn den unschätzbaren Vorteil eines raschen, regelmäßigen Absatzes unter großen Frachtersparungen. Innerhalb zehn Stunden könnten 1000 Zentner von Duisburg nach Arnheim geschafft werden; die Lastkähne liegen allein acht Tage in Ladung [...]. Die Eisenbahnen werden manche Revolutionen in der Handelswelt hervorbringen. Man verbinde Elberfeld, Köln und Duisburg mit Bremen oder Emden, und Hollands Zölle sind nicht mehr!

Der württembergische Staatsrechtler und Politiker Robert von Mohl meint in den 1840er-Jahren:

Es entstehen neue Verhältnisse aller Art, deren allseitige Entwicklung noch völlig unabsehbar ist [...]. Die arbeitende Klasse vermag ihre Dienste in weit größeren Kreisen anzubieten [...]. Die Versetzung großer Truppenmassen an bedrohte Punkte ist in wenigen Stunden möglich [...]. Die Märkte der großen Städte können aus großer Entfernung mit allen Lebensmitteln, namentlich auch mit Vieh, im besten Zustande versehen, leicht verderbliche Erzeugnisse an früher ganz unzugängliche Absatzorte befördert, mangelnde Waren in kürzester Zeit erlangt, somit die Zinsen großer Vorräte erspart werden. Es werden Kulturen und Gewerbe [...] auch an entfernten Plätzen bei billigen Arbeitslöhnen, Rohstoffen und bewegenden Kräften ausführbar.

1842 wird in der Ständeversammlung des Königreichs Hannover über den Bau von Eisenbahnen diskutiert. Im „Hannoverschen Magazin" heißt es dazu:

Eine recht baldige, rasche Ausführung unserer Bahnen ist aber höchst dringend nöthig, wollen wir nicht ganz von dem Auslande umgangen werden und uns zu spät aller der Quellen der Nationalwohlfahrt beraubt sehen, die jetzt noch segensreich für uns fließen. Weg daher bei unseren Eisenbahnen mit allen Prinzipienfragen, mit allem Gewinne, allen Privat- und persönlichen Interessen, das Gesammtwohl des Landes erfordert es, daß der Staat dieselben baue!

Die ersten beiden Texte stammen aus: Wilhelm Treue und Karl Heinz Manegold, Quellen zur Geschichte der Industriellen Revolution, a.a.O., S. 69, 84 u. 86 ff. (zum Teil vereinfacht), der letzte Text aus Reinhard Oberschelp (Hrsg.), Niedersächsische Texte 1820-1866, Hildesheim 1985, S. 272 f.

M 2 Eröffnung der ersten deutschen Eisenbahnstrecke von Nürnberg nach Fürth am 7. Dezember 1835.

Gemälde von 1935 nach einer zeitgenössischen Lithografie (Ausschnitt). Die Lokomotive stammte aus der englischen Fabrik Stephenson und wurde von einem Briten gefahren, die Schienen kamen aus einem deutschen Eisenwerk in Neuwied, die Wagen waren von fränkischen Handwerkern hergestellt, und finanziert hatten das Unternehmen mehrere Geldgeber.

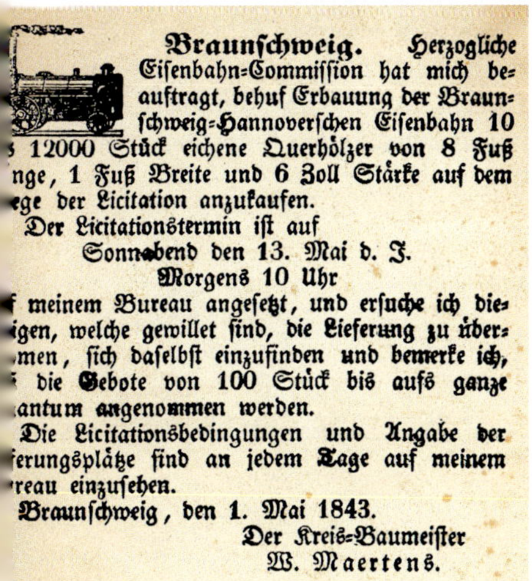

Braunschweig. Herzogliche Eisenbahn-Commission hat mich beauftragt, behuf Erbauung der Braunschweig-Hannoverschen Eisenbahn 10
s 12000 Stück eichene Querhölzer von 8 Fuß
nge, 1 Fuß Breite und 6 Zoll Stärke auf dem
ege der Licitation anzukaufen.
Der Licitationstermin ist auf
Sonnabend den 13. Mai d. J.
Morgens 10 Uhr
f meinem Bureau angesetzt, und ersuche ich die-
igen, welche gewillet sind, die Lieferung zu über-
men, sich daselbst einzufinden und bemerke ich,
die Gebote von 100 Stück bis aufs ganze
antum angenommen werden.
Die Licitationsbedingungen und Angabe der
ferungsplätze sind an jedem Tage auf meinem
reau einzusehen.
Braunschweig, den 1. Mai 1843.
Der Kreis-Baumeister
W. Maertens.

M 3 Werbung in den „Hannoverschen Anzeigen" vom 10. Mai 1843.

Licitation: *Versteigerung*

M 4 Fahrzeiten

km	Strecke	*Reisedauer in Stunden* Schnellpost (1841)	Eisenbahn (1851)
290	Berlin-Hamburg	31 1/2	8
320	Berlin-Hannover	32	6
	Berlin-Dresden	17	5 1/2
215	Berlin-Leipzig	17 1/4	7
85	Halle-Magdeburg	6	2 1/2
35	Halle-Leipzig	2 1/2	1
175	Frankfurt-Kassel	20 (1845)	7 (1845)
75	Augsburg-München	6 1/2 (1845)	2 1/2 (1845)
26	Düsseldorf-Elberfeld	3 1/2 (1845)	1 1/8 (1845)

Nach: Klaus Hermann, Die Personenbeförderung bei Post und Eisenbahn ..., in: Scripta Mercatura, 2/1977, S. 10 (ergänzt).

Internettipp → *www.dbmuseum.de*

1. *In M 1 werden a) politische, b) wirtschaftliche und c) soziale Argumente für den Ausbau der Eisenbahn genannt. Liste sie in einer dreiteiligen Tabelle auf.*
2. *Bestimme die wirtschaftliche Bedeutung von M 3 und M 4.*
3. *Ermittle, wann Berlin und Potsdam den Anschluss an das Eisenbahnnetz erhielten. Berichte über die Vorgeschichte und die Folgen.*

Großbetriebe setzen sich durch

1 Bergleute im Stollen.
Foto, um 1890.
Die Gefahren im Bergbau waren groß. Die Bergleute sichern ihren Arbeitsplatz durch eine Holzzimmerung.

Zechen und Hütten

Der wachsende Bedarf an Lokomotiven, Eisenbahnwagen und Schienen regte den deutschen Maschinenbau und den Bau von Eisen- und Walzwerken an. Die Nachfrage nach Steinkohle und Erzen stieg. Im Ruhrgebiet, am Deister, einem Höhenzug bei Hannover, im Saarland, in Oberschlesien sowie in der Oberpfalz wurden immer mehr Kohle- und Erzvorkommen erschlossen.

Im Jahr 1870 produzierte die deutsche Eisenindustrie bereits mehr Roheisen als die französische und übernahm nach Großbritannien den zweiten Platz in Europa. Der Aufstieg war verbunden mit Unternehmern wie *Friedrich* und *Alfred Krupp* in Essen, *August Borsig* in Berlin, *Karl Anton Henschel* in Kassel, *Georg Egestorff* in Linden bei Hannover und *Emil Kessler* in Karlsruhe und Esslingen. Diese Unternehmer bauten Großbetriebe auf.

2 Förderkorb und Kohlenwagen („Hund"), gebaut um 1870.
Drei Entwicklungen wurden für den Bergbau wichtig:
1. Dampfmaschinen entwässerten Gruben; später trieben sie auch die Förderkörbe an.
2. Nach 1830 gelang es, tiefe Schächte durch die mächtigen Sand- und Mergelböden zu den kohlehaltigen Schichten zu treiben.
3. Der Staat, dem die Schürfrechte für alle Bodenschätze gehörten, vergab sie nach 1830 in großem Umfang an Unternehmer. Immer größere Zechen traten an die Stelle der vielen kleinen Zechen, die die Kohle zum Teil noch im Tagebau gefördert hatten. Einige von den großen Berkwerken beschäftigten schon in den 1870er-Jahren bis zu 5000 Arbeiter.

Große Firmen vereinigten bald alle Stufen der Produktion: von der Erz- und Kohlezeche über Kokereien und Verhüttung, Stahl- und Walzwerke bis hin zum Großmaschinenbau.

Wer finanziert die Industrie?

Zu Beginn des 19. Jh. wurde das Kapital zur Gründung oder zum Ausbau gewerblicher Unternehmen in den deutschen Staaten noch weitgehend aus Erbschaften, Ersparnissen und durch Eigenfinanzierungen durch Einbehaltung von Gewinnen aufgebracht.

Einen umfangreichen Geld- und Kredithandel oder Banken im heutigen Sinne gab es noch nicht. Geldgeschäfte wurden von Kaufleuten und vor allem von Privatbankiers abgewickelt (z.B. durch die *Rothschilds* in Frankfurt a. Main). Da der Bau von Eisenbahnen, Zechen und Maschinenfabriken riskant war und mehr Kapital benötigte, als einzelne Unternehmer und Bankiers aufbringen wollten oder konnten, wurden *Aktiengesellschaften* gegründet. Aktionäre finanzierten sie durch den Kauf von Anteilsscheinen (*Aktien*) und waren von nun an am Gewinn und Verlust des Unternehmens beteiligt. Auch ausländische Kapitalgeber konnten so Eigentum an deutschen Firmen erwerben.

Seit Mitte des 19. Jh. wurden viele Banken auf Aktienbasis gegründet. Zu den größten und wichtigsten Kreditgebern der Wirtschaft gehörten vor 1914 die *Darmstädter Bank für Handel und Industrie* (1853), die *Commerz- und Discontobank*, Hamburg (1870), die *Deutsche Bank*, Berlin (1870), und die *Dresdner Bank* (1872). Diese Aktienbanken förderten das industrielle Wachstum und übten einen Einfluss auf die wirtschaftlichen Entscheidungen in den Industrieunternehmen aus.

M 1 August Borsig und seine Fabrik

1804	August Borsig in Breslau geboren
1819	Lehre als Zimmermann
1823	Ingenieursausbildung in Berlin ohne Abschluss
1827	Meister in der „Neuen Berliner Eisengießerei"
1837	Gründung der eigenen Firma mit 50 Arbeitern
1838	Bau der ersten Dampfmaschine
1841	Bau der ersten Lokomotive in Preußen
1846	Kauf einer Eisengießerei und Maschinenfabrik in Moabit; 1200 Arbeiter
1847/49	Walzwerkbau in Moabit
1849	Villenbau in Moabit
1850	3500 Arbeiter
1854	Tod Borsigs, Sohn Albert übernimmt die Firma
1856/63	Eigenes Berg- und Hütten werk in Oberschlesien, 1868 auch Walzwerk
1870	Borsig größter Lokomotivenproduzent in Europa

M 2 „Die Eisengießerei und Maschinenbauanstalt von A. Borsig im Jahre 1847."
Ölgemälde (110 x 161 cm) von Carl Eduard Biermann im Auftrag des Firmenchefs, 1847. Im Zentrum der Uhr- und Wasserturm sowie die Gießereianlage. Die Kesselschmiede befindet sich links, rechts ist die Montagehalle zu sehen.
Biermann malte die Fabrik so, als würde sie der Unternehmer vom Garten seiner Villa aus betrachten, die damals aber nicht an dieser Stelle stand. Überlege, warum er wohl diese Perspektive gewählt hat.

M 3 Bereiche des industriellen Wachstums in Deutschland

Jahr	*Eisenbahnnetz (km)*	*Roheisenproduktion (Tonnen)*	*Steinkohleproduktion (Tonnen)*	*Dampfmaschinen (Zahl)*	*(PS)*
1840	469	173 000	3 200 000		
1850	856	212 000	5 200 000	1 415	26 354
1860	11 088	545 000	12 300 000	10 113	185 000
1870	19 000	1 400 000	26 400 000		

Nach: Richard Tilly, Kapital, Staat und sozialer Protest in der deutschen Industrialisierung, Gesammelte Aufsätze, Göttingen 1980, S. 30 (gekürzt; die Angaben wurden ab- bzw. aufgerundet und beziehen sich in der Regel auf Deutschland in den Grenzen von 1871)

Internettipp → *Informationen über die Firma Borsig findest du unter www.borsig.de*

M 4 Lokomotivenproduktion einiger deutscher Firmen

Firma	*Standort*	*Jahr der Fertigstellung der 1.*	*100.*	*500.*	*1 000.*
Borsig	Berlin	1841	1846	1854	1858
Maffei	Hirschau*	1841	1852	1863	1874
Kessler	Karlsruhe	1842	1847	1868	1880
Egestorff	Linden**	1846	1856	1870	1873
Henschel	Kassel	1848	1865	1873	1879

Nach: Hubert Kiesewetter, Industrielle Revolution in Deutschland, Stuttgart 2004, S. 206 (gekürzt)

** Hirschau bei München ** Linden bei Hannover*

LERNTIPP

1. *Führe Besucher durch die Borsig-Fabrik. Beschreibe dabei die dargestellten Arbeiten (M 2). Baue in deinen Vortrag die Firmengeschichte ein (M 1 und Internettipp).*
2. *Versuche zu erklären, warum Borsig so erfolgreich war (M 1, M 2 und M 4).*
3. *Erkläre den Zusammenhang von Eisenbahnnetz, Roheisen- und Steinkohlenproduktion und Dampfmaschinen (M 3).*
4. *Erläutere die Entwicklung der Lokomotivenproduktion (M 4).*

M 5 Das Stammhaus der Firma Krupp in Essen.
Foto aus einem Gedenkblatt von 1873.

M 6 Gussstahlfabrik und Wohnhaus der Familie Krupp in Essen.
Foto von 1861.
Im Hintergrund ein Gebäude, in dem der Schmiedehammer „Fritz" stand (siehe M 9).

M 7 Die Gussstahlfabrik Friedrich Krupp in Essen aus der Vogelschau.
Farbdruck nach einem Aquarell von J. Scheiner, 1879/80.
Friedrich Krupp, der aus einer angesehenen Essener Bürgerfamilie stammte, gründete 1811 mit zwei Teilhabern eine Gussstahlfabrik. Angesichts der napoleonischen Besatzung, der Kontinentalsperre und der Befreiungskriege wäre das Unternehmen fast gescheitert. Seit der zweiten Hälfte der 1830er-Jahre wuchs der Betrieb ständig. Inzwischen hatte Friedrich Krupps ältester Sohn Alfred die Firma übernommen und der Deutsche Zollverein bessere Rahmenbedingungen geschaffen. Krupp verdiente viel am Eisenbahnbau. Das Unternehmen stellte Schienen, Achsen, Walzen und vor allem nahtlose Eisenbahnreifen her. Bald kam die Herstellung von Kanonen, Geschützrohren und anderen Rüstungsgütern hinzu.

M 8 Der Dampfhammer „Fritz".
Holzstich von Emil Linner aus der Leipziger „Illustrirten Zeitung", 1890.
Der riesige Schmiedehammer wurde 1861 gebaut und war bis 1911 in Betrieb. Mit seinen 1000 Zentnern Hammergewicht war er lange der größte Dampfhammer der Welt.

M 9 Transport von Radreifen.
Foto von 1899.
Wofür wurden sie benötigt?

M 10 Krupp und Essen

Jahr	Belegschaft der Firma	Einwohner der Stadt
1830	8	5 457
1840	60	6 325
1850	241	8 734
1860	1 785	18 435
1870	7 172	43 528
1915	69 447	ca. 360 000

Nach: Klaus Tenfelde (Hrsg.), Bilder von Krupp. Fotografie und Geschichte im Industriezeitalter, München 1994, S. 123 (gekürzt)

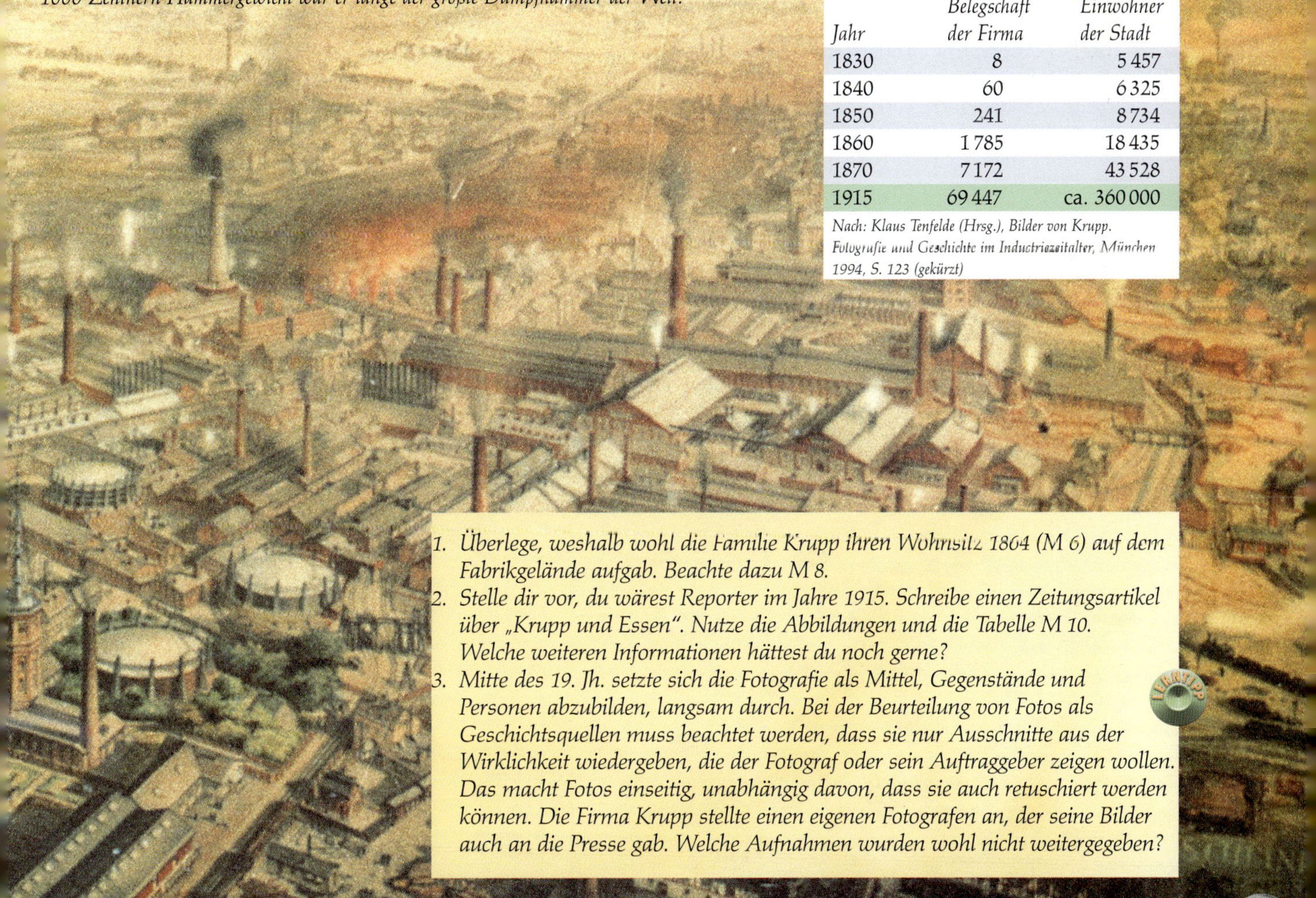

1. Überlege, weshalb wohl die Familie Krupp ihren Wohnsitz 1864 (M 6) auf dem Fabrikgelände aufgab. Beachte dazu M 8.
2. Stelle dir vor, du wärest Reporter im Jahre 1915. Schreibe einen Zeitungsartikel über „Krupp und Essen". Nutze die Abbildungen und die Tabelle M 10. Welche weiteren Informationen hättest du noch gerne?
3. Mitte des 19. Jh. setzte sich die Fotografie als Mittel, Gegenstände und Personen abzubilden, langsam durch. Bei der Beurteilung von Fotos als Geschichtsquellen muss beachtet werden, dass sie nur Ausschnitte aus der Wirklichkeit wiedergeben, die der Fotograf oder sein Auftraggeber zeigen wollen. Das macht Fotos einseitig, unabhängig davon, dass sie auch retuschiert werden können. Die Firma Krupp stellte einen eigenen Fotografen an, der seine Bilder auch an die Presse gab. Welche Aufnahmen wurden wohl nicht weitergegeben?

Die zweite Welle

Gründerzeit und -krise

1871 wurde nach einem Sieg über Frankreich das Deutsche Reich gegründet. Damit änderten sich die Bedingungen für die deutsche Wirtschaft. Der bereits seit Mitte des Jahrhunderts anhaltende Aufschwung wurde durch hohe französische Kriegsentschädigungen und zurückgezahlte Kriegsanleihen zusätzlich beschleunigt und löste eine Welle von Unternehmensgründungen aus.

Während dieser sogenannten Gründerzeit wuchsen die Industriebetriebe zum Teil sprunghaft, nahm die Zahl der Banken schnell zu, machte der Handel große Umsätze und florierte das Baugewerbe. Zwischen 1873 und 1879 stockte dann das Wirtschaftswachstum. Der technische und wirtschaftliche Fortschritt schien festgefahren. Es gab Banken- und Firmenzusammenbrüche sowie Absatz- und Zahlungsschwierigkeiten. Die Arbeitslosigkeit stieg während der sogenannten **Gründerkrise** in manchen Industrieregionen zeitweilig bis auf 25 Prozent.

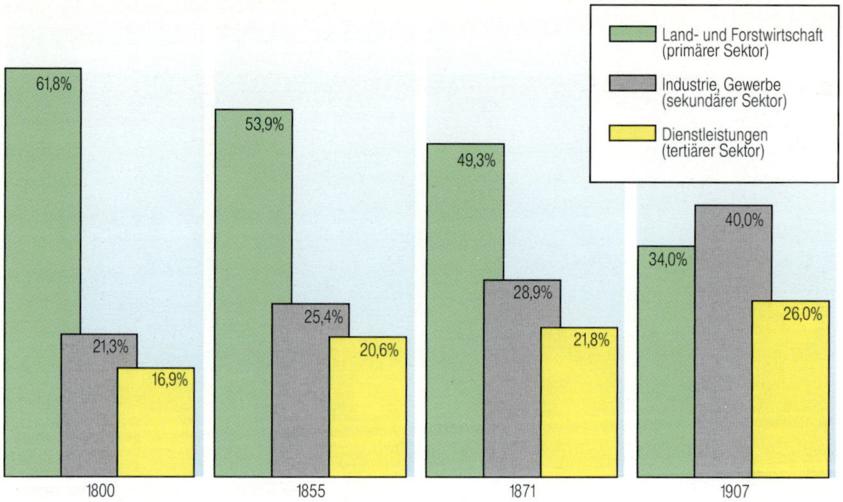

1 Erwerbstätige in Deutschland.

Zum Vergleich: In Großbritannien arbeiteten im Jahre 1801 rund 30% aller Beschäftigten im sekundären Sektor, 1901 waren es 49,1%.

Nach: Toni Pierenkemper, Umstrittene Revolutionen, Die Industrialisierung im 19. Jahrhundert, Frankfurt a. M. 1996, S. 95

Neue Industrien

Die Industrialisierung des Deutschen Reiches ging trotzdem weiter. Am Ende des Jahrhunderts verdiente die Mehrheit der Erwerbstätigen ihren Lebensunterhalt nicht mehr auf dem Lande.

Die deutsche Schwerindustrie behauptete sich gegenüber der internationalen Konkurrenz durch technische Verbesserungen und niedrige Löhne. Zwischen 1873 und 1913 betrug die Wachstumsrate des Metallgewerbes 210 Prozent. An die Seite der Schwerindustrie traten in den 1890er-Jahren zwei neue Industriezweige: die Chemie und die Elektrotechnik.

Wissenschaft und Industrie

Beruhten die ersten Schritte der deutschen Industrialisierung auf einer eingeführten oder erfolgreich nachgemachten Technik, so gründete der Aufstieg der Chemie- und Elektroindustrie vor allem auf dem gezielten Einsatz wissenschaftlicher Forschung.

Um den Vorsprung Großbritanniens einzuholen, waren seit den 1820er-Jahren technische Hochschulen entstanden: in Karlsruhe 1825, München 1827, Stuttgart-Hohenheim 1829, Hannover 1831, Aachen 1870 und Braunschweig 1877. Sie konkurrierten untereinander und suchten die Zusammenarbeit mit der Industrie. Das trug dazu bei, dass die Forschungsergebnisse der Chemiker und Physiker rasch industriell genutzt werden konnten. In der forschungsintensiven Chemieindustrie gelang es den deutschen Unternehmen, bald eine führende Position auf dem Weltmarkt zu erreichen.

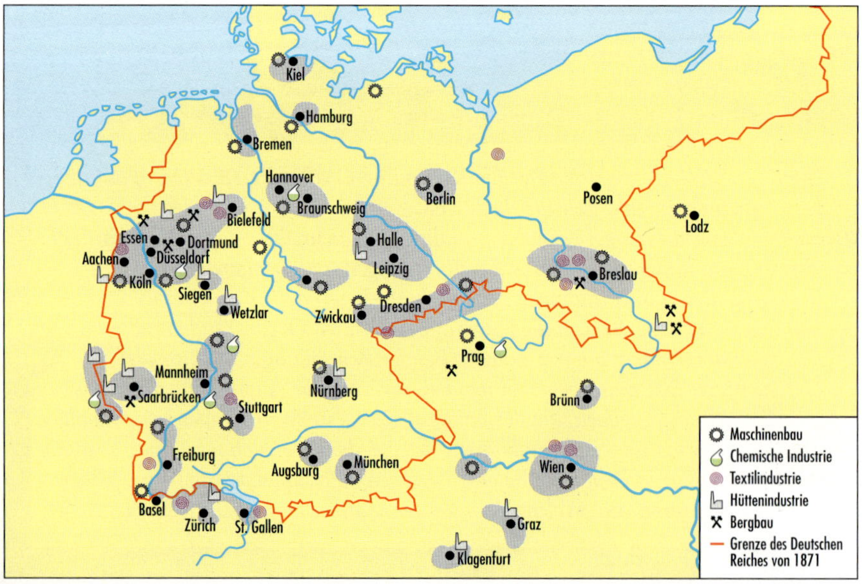

2 Die industrielle Entwicklung in Deutschland 1850-1910.

Aufschwung der Chemie

Ihre Bedeutung erlangte die Chemie im Deutschen Reich durch *Justus von Liebig*. Er hatte während einer Studienreise nach Paris 1822/23 die Methoden chemischer Forschung kennengelernt. 1824 richtete der erst 21-Jährige ein großes Labor in Gießen ein. Es wurde international berühmt.

Liebig erfand zahlreiche Analysegeräte (z.B. den *Liebig'schen Kühler*). Er entdeckte auch, dass Pflanzen dem Boden chemische Stoffe entziehen. Diese Erkenntnis veranlasste ihn, Kunstdünger zu entwickeln.

Einen bedeutenden Schub erhielt die chemische Industrie durch künstliche Farbstoffe. Im Deutschen Reich war der Anreiz sie herzustellen groß, da es im Unterschied zu Großbritannien keine Kolonien besaß, aus denen es natürliche Farbstoffe billig hätte beziehen können. Rohmaterial für die künstlichen Farbstoffe wurde der beim Verkoken von Steinkohle entstehende Teer.

Die chemische Industrie nahm einen gewaltigen Aufschwung. Beispiele dafür sind die 1863 bei Höchst gegründete Anilinfarbenfabrik *Meister Lucius & Brüning* (die spätere *Hoechst AG*), die im selben Jahr in Barmen (heute Wuppertal-Barmen) entstandene Farbenfabrik *Friedrich Bayer & Co* und die 1864 in Mannheim gegründete *Badische Anilin- und Sodafabrik* (BASF). Neben den synthetischen Farben wurden später auch Arzneimittel und Kunststoffe industriell gefertigt.

3 Justus Liebigs Labor am Chemischen Institut der Universität Gießen.
Holzstich nach einer Zeichnung von Wilhelm Trautschold, 1842.

4 Titelseite einer Preisliste von 1886.
Informiert euch über Anilin- und Alizarin-Farben.

Elektrizität setzt sich durch

Der 1816 in Lenthe (heute zu Gehrden bei Hannover gehörend) geborene *Werner Siemens*, der „Vater der deutschen Elektroindustrie", hatte bereits in den 1840er-Jahren elektrische Energie für Telegrafenanlagen* eingesetzt und an der Entwicklung von Stromkabeln gearbeitet. 1866/67 erfand er eine Dynamomaschine. Sie bildete eine Grundlage für den Bau von Generatoren, die mechanische Energie in elektrische umwandeln konnten. Als es gelang, elektrische Energie ohne große Verluste mit Leitungen zu „transportieren" und durch Transformatoren die Stromspannungen zu verändern, war der Weg für die moderne Elektrotechnik frei. Elektrische Energie konnte nun in fast beliebiger Menge erzeugt, verteilt und genutzt werden: Sie ließ sich in Licht, Wärme oder Schall umwandeln. Einen weiteren Fortschritt brachte der Elektromotor, der Strom in mechanische Arbeit umsetzen konnte. Die Elektrizität löste allmählich auch das Gas bei der Straßenbeleuchtung ab. Bald fuhren auch Straßen- oder Untergrundbahnen mit Strom.

Weil Stromanschlüsse teuer waren und die meisten Wohnungen Gasversorgung hatten, setzte sich trotz eines großen Werbeaufwands die Elektrifizierung der Haushalte nur allmählich durch. Elektrisches Licht wurde für viele erst in den 1920er-Jahren eine Selbstverständlichkeit. Allein wenige wohlhabende Haushalte konnten sich die inzwischen entwickelten tragbaren Staubsauger, automatischen Bügeleisen, Trommel-Waschmaschinen, Kühlschränke oder Kaffeemaschinen leisten.

*Mehr über die Telegrafen erfährst du auf der nächsten Seite.

5 Wandtelefon aus Holz.
Gerät der Firma Janssen & Fugner, Hannover, 1905. Durch das Drehen der Handkurbel wurde im Postamt eine Meldeklappe betätigt. Gleich darauf meldete sich eine Telefonistin, das „Fräulein vom Amt", und stellte die Verbindung mit dem gewünschten Teilnehmer her.

Vom Telegraf zum Telefon
Nachrichten brauchten am Ende des 18. Jh. – sieht man einmal von den Feuer- und Rauchzeichen, den Trommelsignalen beim Militär und den Signalflaggen auf See ab – noch genauso lange, um ihren Empfänger zu erreichen, wie vor 2000 Jahren. Sie konnten nicht schneller sein als die Menschen, die sie übermittelten.
Um 1800 änderte sich das. Den ersten weitreichenden Schritt zur Beschleunigung des Informationsflusses bildete der optische Telegraf des Franzosen *Claude Chappe*. Er wurde auf Hügeln, Kirchtürmen und Masten montiert und gab Nachrichten mit einem Winkalphabet von Station zu Station weiter.

Während bis zur Mitte des 19. Jh. über Frankreich ein dichtes Netz optischer Telegrafenlinien mit dem Zentrum Paris verbunden war, gab es in den deutschen Staaten nur wenige Linien. Der zweite Schritt kam aus den USA. Aus Vorläufern konstruierte der Maler *Samuel Morse* zwischen 1833 und 1838 den ersten brauchbaren elektromagnetischen Schreibtelegrafen. Mit einem von Morse entwickelten Telegrafenalphabet konnten nun Nachrichten schnell verbreitet werden.
Die ersten elektrischen Telegrafen auf deutschem Boden wurden parallel zu den Eisenbahnlinien eingerichtet. Mit ihnen ließen sich Zugbewegungen überwachen.
Die Telegrafie setzte sich international durch, als es gelang, Stromkabel über weite Strecken zu verlegen. Eine große Leistung war das Transatlantikkabel zwischen Irland und Neufundland 1865/66. Zehn Jahre später umspannten bereits 400 000 km Telegrafenkabel den Globus.

Noch bedeutender als die Telegrafie wurde das Telefon. Es übertrug Schallwellen elektrisch. Informationen konnten damit über weite Strecken mündlich übertragen werden. Das Prinzip des Telefonhörers mit Mikrofon und Ohrmuschel hatte der hessische Lehrer *Johann Philipp Reis* aus Gelnhausen um 1860 erfunden. Die Amerikaner *Alexander Graham Bell* und *Thomas A. Edison* entwickelten es weiter. Ende des 19. Jh. begann in Deutschland die Massenproduktion von Telefonen. Sie wurden fast nur von Handel und Industrie benutzt. Privatanschlüsse waren sehr selten.

Das Automobilzeitalter kann beginnen
Auf andere Weise revolutionär wirkte die Erfindung des Verbrennungsmotors durch *Nikolaus August Otto* 1876. Sein Viertaktmotor war viel kleiner als eine Dampfmaschine und verbrauchte weniger Brennstoff. Er war also wirtschaftlicher und schuf eine Voraussetzung für den Automobilbau. Unabhängig voneinander bauten *Carl Friedrich Benz* in Mannheim und das Ingenieur-Unternehmer-Gespann *Gottlieb Wilhelm Daimler* und *Wilhelm Maybach* aus Cannstatt bei Stuttgart 1882 die ersten von Benzin-Motoren getriebenen Automobile. 1897 erfand *Rudolf Diesel* einen mit Schweröl laufenden Motor. Das Automobilzeitalter konnte beginnen.

6 Daimler-Motorkutsche.
Foto von 1886.
Auf dem Rücksitz Gottlieb Daimler, am Steuer sein Sohn. 1886 hatte Carl Friedrich Benz in Mannheim für seinen dreirädrigen Motorwagen ein Patent erhalten, d.h. ihm war von Amts wegen das Recht zur alleinigen Benutzung und gewerblichen Verwertung seiner Erfindung zugesichert worden.

M 1 Elektrische Tischbeleuchtung, um 1895.
Die ersten Glühlampen bestanden aus einem luftleer gepumpten Glaskolben, in dem ein Glühfaden aus verkohlten Bambusfasern durch Strom zum Glühen gebracht wurde. Anfang des 20. Jh. kamen Glühlampen mit Metallfäden auf den Markt. Bis heute haben Glühlampen einen Schraubsockel mit dem sogenannten Edison-Gewinde.

Exkursionstipp → *Im Deutschen Technikmuseum in Berlin kannst du dich zum Beispiel über die Eisenbahngeschichte und die Entwicklung des Automobils informieren.*

M 2 Die „elektrische Revolution"

1849	Die erste elektrische Beleuchtung mit Bogenlampen: die Pariser Oper.
1854	Der nach New York ausgewanderte Uhrmacher *Heinrich Goebel* aus Springe bei Hannover baut die erste brauchbare Glühlampe; seine Erfindung geriet in Vergessenheit, da die Stromversorgung noch unzureichend entwickelt war.
1860	Der Belgier *Zénobe-Theophile* entwickelt eine Maschine zur Stromgewinnung.
1867	*Werner Siemens* erfindet den Dynamo.
1878/79	Unabhängig voneinander bauen der Amerikaner *Thomas A. Edison* und der Brite *Joseph W. Swan* elektrische Glühbirnen; Edisons Erfindung setzt sich durch, da er für den Verkauf seiner Glühlampen sorgt. 1882 nimmt er das erste öffentliche Elektrizitätswerk in New York in Betrieb.
1879	Auf der Berliner Gewerbeausstellung fährt die erste Elektrolokomotive.
1881	Siemens & Halske erreichen in Berlin mit einer elektrischen Versuchsbahn eine Geschwindigkeit von 30 km/h.
1882	Die erste Glühlampenfabrik in Berlin.
1883	Das erste elektrische Haushaltsgerät: das Bügeleisen.
1883	Der Transformator ermöglicht es, Strom über weite Strecken zu transportieren.
1884	In Berlin wird das erste deutsche Kraftwerk gebaut; in zahlreichen deutschen Großstädten entstehen „Lichtzentralen".
1888	*Galileo Ferraris* entwickelt den Drehstrommotor.

M 3 Elektrolokomotive der Firma Siemens & Halske.
Vorführung der ersten, ursprünglich als Kohlebahn gedachten Elektrolokomotive auf der Berliner Gewerbeausstellung von 1879. Die Elektrifizierung der Eisenbahn begann aber erst in den 1890er-Jahren im städtischen Nahverkehrsbereich.

M 4 Erste elektrische Straßenbeleuchtung in Berlin.
Gemälde (87 x 71 cm) von Carl Saltzmann, 1884.

Internettipps → *Interessante Homepages bieten das Deutsche Technikmuseum in Berlin (www.dtmb.de) und das Deutsche Museum in München (www.deutsches-museum.de).*

1. *Mit der Elektrizität änderte sich die industrielle Produktion. Welche Energiequellen und welche Kraftmaschinen verloren an Bedeutung?*
2. *Die Elektrifizierung beeinflusste auch die Arbeit im Privathaushalt (M 2). Stelle zusammen, welche Geräte bei euch zuhause mit elektrischer Energie betrieben werden. Überlegt, was geschehen würde, wenn der Strom einmal längere Zeit ausfiele.*
3. *An deinem Fahrrad befindet sich ein Dynamo. Erkläre, wie er funktioniert.*

Fortschritte in der Landwirtschaft

Veränderungen auf dem Lande
Der wichtigste Wirtschaftsbereich in den deutschen Ländern war noch lange die Land- und Forstwirtschaft. Von ihr lebten um 1800 etwa 80 % der Bevölkerung und um 1900 immer noch 25 %.
Parallel zur Industrie vollzogen sich auch in der Landwirtschaft revolutionäre Umbrüche:
- Zwischen 1800 und 1850 verdoppelte sich fast die Ackerfläche in den deutschen Staaten von 13 auf 25 Mio. ha durch Nutzung von Brachen, durch Bodenverbesserungen, Trockenlegung von Mooren und Waldrodungen.
- Die Erträge konnten gesteigert werden. Kartoffeln und Futterpflanzen nahmen nun die ersten Plätze der Produktion ein, gefolgt von Brot- und Futtergetreide. Neu hinzugekommen war der Großanbau von Zuckerrüben.

Wissenschaftler helfen Bauern
Die Steigerung der Erträge ging auf den wachsenden Einfluss der Agrarwissenschaften zurück. Einer ihrer führenden Vertreter war *Albrecht Thaer* aus Celle. Neben seiner Arztpraxis richtete er dort einen landwirtschaftlichen Versuchsbetrieb ein. 1802 gründete er in Celle eine landwirtschaftliche Lehranstalt. Vier Jahre später schuf er auf dem Gut Möglin im Oderbruch eine landwirtschaftliche Akademie, wo er seine Versuchs- und Lehrtätigkeit fortsetzte. Von 1810 bis 1819 war er Professor an der Universität Berlin.
In vielen Veröffentlichungen trat Thaer für eine wissenschaftlich betriebene Landwirtschaft ein. Sie sollte alle Wissensquellen nutzen: die Naturwissenschaften, besonders die Chemie, die Pflanzenkunde, die Tierkunde und -medizin, die Mathematik für Buchführung und Kalkulation, die Technik für die Produktion und Verarbeitung, die Rechtskunde und die Volkswirtschaftslehre.

Kunstdünger und Maschinen
Der zunehmende Einsatz mineralischer Dünger wie Kali und Ammoniak ließ die Erträge stark wachsen. Seit 1890 stieg der Kunstdüngerverbrauch ständig. Er brachte der Landwirtschaft bis zu 100 Prozent höhere Ernten.

1 Dreschmaschine.
Plakat von 1910 (Nachdruck Museumsdorf Hösseringen; Landwirtschaftsmuseum Lüneburger Heide).
Die Werbung zeigt den modernsten Stand der Dreschtechnik. Links eine fahrbare Motorlokomobile, in der Mitte die Dreschmaschine und rechts die Strohpresse. Auf dem Bild fehlt das Ergebnis der Arbeit der Presse: die Strohballen.
In einem Bericht von 1865 heißt es: „Die Dreschmaschine erhielt in großem Umfang zuerst Aufnahme im Fürstentum Osnabrück, angeregt durch die Kehlmann'sche Fabrik in Badbergen."
1882 gab es im Deutschen Reich 344 000 Dreschmaschinen, 1907 waren es 1,44 Millionen. Die meisten Maschinen kamen aus den USA.

Auch Maschinen veränderten die Landwirtschaft. Dabei verlief die Entwicklung in den süddeutschen Kleinbetrieben langsamer als auf den großen Gütern West-, Ost- und Mitteldeutschlands, denn Dampfpflüge und dampfbetriebene Dreschmaschinen setzten große Anbauflächen, viel Kapital und technische Kenntnisse voraus.

Internettipp → *Informationen über Albrecht Thaer findest du unter www.albrecht-thaer-gesellschaft.de*

M 1 Landesausbau in Preußen

(in Prozent der landwirtschaftlich genutzten Gesamtfläche)

	1802	1861
Äcker	35,3	51,4
Wiesen	8,0	9,6
Wald	22,0	24,6
Ödland/Weiden	32,9	12,8
Wasser	1,8	1,6

Nach: Hans-Ulrich Wehler, Deutsche Gesellschaftsgeschichte, Bd. 1, München 1987, S. 422 f. (gekürzt)

M 2 Hektarerträge in den deutschen Staaten

	Weizen		Roggen		Hafer		Kartoffeln	
	dz	%	dz	%	dz	%	dz	%
um 1800	10,3	100	9,0	100	6,8	100	80	100
1858-62	13,0	126	11,2	124	10,9	160	–	–
1893-97	16,9	164	13,9	154	14,5	213	117	146
1908-12	20,7	201	17,8	198	19,0	279	133,4	167

Günther Franz, Deutsche Agrargeschichte von den Anfängen bis zur Gegenwart, Stuttgart o. J., S. 36

M 3 Chemie und Landwirtschaft

In seinen „Naturwissenschaftlichen Briefen über die moderne Landwirtschaft" fasst Justus von Liebig 1859 seine Erkenntnisse knapp zusammen:

Die Wissenschaft [...] hat den Boden, die Luft, die Tier- und Menschenexkremente, jede Wurzel, die Blätter, Halme, die Samen, Früchte und Knollen, das Blut und Fleisch der Tiere, kurz alles untersucht, was die Organismen an verbrennlichen und unverbrennlichen Bestandteilen enthalten und was bei ihrer Erzeugung in Betracht kommen kann; sie hat die Ergebnisse ihrer Analysen den Landwirten vorgelegt und gezeigt, dass die Pflanzen, der Dünger und der Boden gewisse Bestandteile gemein haben. Aus dem konstanten* Vorkommen dieser Bestandteile in den Pflanzen hat sie geschlossen, dass sie zur Bildung der Pflanze und ihrer Teile notwendig seien, woraus sich von selbst ergibt, dass sie auch notwendig für einen Boden sind, auf welchem sich die Pflanzen entwickeln sollen, und auch notwendig im Dünger, wenn er zu ihrer Erzeugung beitragen solle.

Günther Franz, Deutsche Agrargeschichte, a.a.O., S. 35

* **konstant**: *gleichbleibend*

M 5 Wachstum.

Postkarte von 1912.
Die Karte wurde vor den Reichstagswahlen vom „Bund der Landwirte" herausgegeben, in dem vor allem Gutsbesitzer und reiche Bauern vertreten waren. Worauf wird hingewiesen? Was wollte der Verband damit erreichen?

M 4 Neue Landwirtschaftsmaschinen

1862 schreibt der Statistiker Georg von Viebahn:

Während Männer vom Fach noch vor wenigen Jahrzehnten einen ernstlichen Streit darüber führen konnten, ob der Gebrauch der Maschine in der deutschen Landwirtschaft eine Zukunft habe, hat derselbe in den letzten Jahren bedeutende [...] Fortschritte gemacht, und gegenwärtig sind die mannigfachsten landwirtschaftlichen Maschinen in den meisten Ländern* in Anwendung [...].
Allerdings beschränkt sich die Einführung landwirtschaftlicher Maschinen, schon der nicht unbeträchtlichen Kosten wegen, zurzeit noch auf die größeren Güter; allein in einzelnen Fällen hat man den empfehlenswerten Ausweg getroffen, dass eine ganze Gemeinde oder wenigstens mehrere Wirte sich zur gemeinschaftlichen Anschaffung einzelner Maschinen vereinigt haben [...].
Die am meisten üblichen Arbeitsmaschinen sind zunächst die Dreschmaschinen [...]. Durch den Gebrauch besserer Pflüge kann ein Drittel der Zugkraft entbehrt, durch die Sämaschine ein Drittel des Samens, durch die Dreschmaschine ein Drittel der Dreschkosten erspart, durch zweckmäßige Futterschneider die Wirksamkeit des Futters bedeutend erhöht werden.

Jürgen Sandweg u. Michael Stürmer, Industrialisierung und Soziale Frage in Deutschland im 19. Jh., München 1979, S. 46

* *Länder des Deutschen Bundes*

1. *Zwischen 1882 und 1918 wurden im ehemaligen Großherzogtum Oldenburg die unkultivierten Flächen (z. B. Moore) von 2200 km² auf 1300 km² verringert. Vergleiche die Entwicklung mit der in Preußen (M 1).*
2. *Erstelle eine Grafik, die zeigt, wie sich die Hektarerträge in Deutschland änderten (M 2). Erläutere sie mit den Informationen aus M 1 und M 3.*
3. *Erkläre das von Liebig entwickelte Prinzip (M 3).*
4. *Hafer diente vor allem als Viehfutter. Überlege, was die Zunahme des Haferanbaus (M 2) über die Ernährung der Bevölkerung aussagt.*
5. *Liste die Vor- und Nachteile der neuen Maschinen auf (M 4).*

1 Verlegung der Röhren für die erste Gastanstalt Berlins.
Karikatur von Theodor Hosemann, um 1826. 1825 wurde ein englisches Unternehmen beauftragt, vor dem „Hallischen Tor" eine Gasanstalt zu errichten. Sie sollte Gas für die Beleuchtung aller Straßen und Plätze innerhalb der Stadtmauern liefern. 1826 begannen die Arbeiten. „Unter den Linden" brannte bald an Stelle einer Öllampe eine Gaslaterne. Auf dem Bild unterhalten sich zwei Rohrleger, denen der Sinn ihrer Arbeit nicht so recht klar ist. Der Alte fragt: „Wenn ick nur wüsste, wie sie det Öl durch die Kanonen da ruffer kriegen." Sein Kollege, der es auch nicht weiß, erwidert überlegen: „Schafskopp, det ist ja eben der Witz!"

Bevölkerungswachstum und sozialer Wandel

Immer mehr Menschen

Im 19 Jh. veränderte ein starkes Bevölkerungswachstum das Zusammenleben der Menschen. Es war nicht nur von Region zu Region unterschiedlich, sondern auch innerhalb der Schichten der Gesellschaft. Die deutsche Bevölkerung stieg (in den Grenzen des deutschen Reiches von 1871) von 25 (1816) auf 65 Millionen (1919).

Die Ursachen sind vielfältig. Einen wichtigen Einfluss auf die Entwicklung hatte die abnehmende Sterblichkeit in den Unterschichten. Das lag vor allem an einer besseren Ernährung, die die Menschen widerstandsfähiger gegenüber Krankheiten machte. Dazu kamen neue Erkenntnisse in der Medizin und Fortschritte in der Hygiene, die sich nach den 1880er-Jahren bemerkbar machten, z.B. durch den Ausbau der Kanalisationssysteme und eine bessere Trinkwasserversorgung.

Es stiegen vor allem die Überlebenschancen der Säuglinge und Kleinkinder, von denen bis dahin die Hälfte gestorben war. Immer mehr Menschen kamen dadurch ins heiratsfähige Alter, was wiederum die Zahl der Geburten erhöhte.

Die wachsende durchschnittliche Lebenserwartung spiegelt die Entwicklung: Um die Mitte des 19. Jh. lag sie in den deutschen Staaten bei etwa 30 Jahren, um 1871 bei 37 und 1901 bei 47 Jahren.

Aufbruch in die Fremde

Als es in den 1840er- und 50er-Jahren in ganz Europa zu Hungerepidemien kam, stieg die Überseeauswanderung sprunghaft an. Neben dem Hunger war die Enttäuschung über das Scheitern der Revolution von 1848/49 für viele ein Motiv, die Heimat zu verlassen.

Zwischen 1830 und 1913 wanderten mehr als sechs Millionen Deutsche aus. Die meisten zogen in die USA, einige suchten in Ungarn, Siebenbürgen und Russland eine neue Heimat.

In den 1890er-Jahren trat eine Wende ein. Das Deutsche Reich wurde zeitweise von einem Auswanderungs- zu einem Einwanderungsland. Unternehmer warben Arbeiter aus den weniger industrialisierten Gebieten Ost- und Mitteleuropas ab. Hatte die Statistik 1871 erst 207 000 im Reich lebende Ausländer erfasst, so waren es 1910 rund 1,3 Millionen. Diese Menschen aus Polen, Russland, Slowenien und anderen Ländern arbeiteten sowohl in der Landwirtschaft als auch in der Industrie.

Vom Land in die Stadt

Die Suche der Menschen nach Erwerbsmöglichkeiten bestimmte auch die innerdeutschen Wanderungsbewegungen. Anfangs zogen nur Männer aus den besitzlosen Schichten in fremde Gebiete, um Arbeit auf Zeit zu finden. Darüber hinaus wanderten in der ersten Hälfte des 19. Jh. viele Menschen aus den westdeutschen in die ostdeutschen Gebiete, um auf den großen Gutshöfen ihr Auskommen zu suchen.

Mit der Industrialisierung begann eine Land-Stadt-Wanderung. Zugleich zogen zwischen 1860 und 1914 etwa 16 Millionen Menschen aus den ostdeutschen Gebieten in den industrialisierten Westen. Diese Wanderung gilt als die größte Massenbewegung in der deutschen Geschichte.

Informiere dich über die gegenwärtige durchschnittliche Lebenserwartung bei Frauen und Männern in Deutschland.

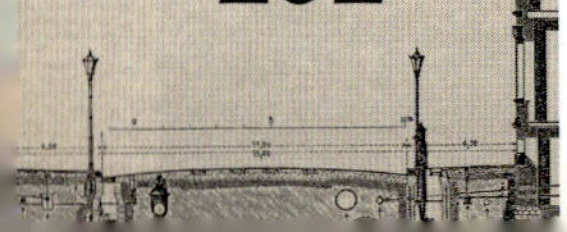

Immer mehr Städte

Ausgangspunkte für die Verstädterung waren alte Standorte der Textilproduktion, des Bergbaus und der Schwerindustrie. In diesen Regionen entstanden die ersten großen Industriestädte, die weit über die alten Stadtgrenzen hinauswuchsen. Der Ausbau des Eisenbahnnetzes, neue Kanäle und Häfen förderten den Prozess. An Städte mit überörtlichen Verwaltungsfunktionen gliederten sich nun industrielle Teilstädte an, z. B. Deutz bei Köln oder Fürth bei Nürnberg. Dazu entstanden Ballungsräume um Berlin, Hamburg, Köln, Frankfurt a. Main, Hannover, Leipzig und Nürnberg.

Lebten um 1871 erst etwa 30 Prozent der Deutschen in Städten mit mehr als 2 000 Einwohnern, so stieg der Anteil in den folgenden 40 Jahren auf 60 Prozent an. Nur noch Großbritannien übertraf den deutschen Grad der Verstädterung.

Die Gesellschaft wandelt sich

Die alte ständische Ordnung verlor im Verlauf des 19. Jh. ihre Gültigkeit. Statt der Geburt entschieden Vermögen (vor allem schnell einsetzbares Kapital), Einkommen, Leistung und Bildung über das gesellschaftliche Ansehen des Einzelnen. Auch in der Industriegesellschaft blieb die Stellung der Menschen von ihrer Herkunft (Adel, Bürgertum, Bauern), vom Geschlecht, der Konfession und vom Wohnort (Stadt oder Land) abhängig. Doch es gab nun fließende Übergänge: Ein erfolgreicher Kaufmann konnte zum Großunternehmer werden und vom Landesherrn geadelt werden; ebenso konnte ein Unternehmer bei wirtschaftlichem Versagen in Armut und Elend absteigen.

2 Querschnitt durch den Untergrund einer „idealen" Großstadtstraße.
Zeichnung, um 1900.
1, **3** *und* **17** *Telegrafenkabel*, **2** *Fernsprechkabel*, **4**, **10**, **14** *und* **15** *Gasrohre und -vorrichtungen*, **5** *und* **13** *Lichtkabel*, **6** *Kanalisationsrohr*, **7** *Gully*, **8**, **9** *und* **12** *Wasserrohre*, **11** *gemauerter Kanal*, **16** *Rohrpostleitung*.

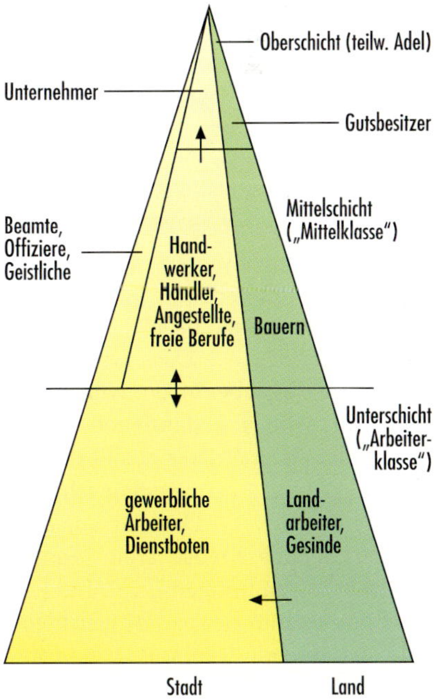

3 Soziale Schichtung im Deutschen Reich.

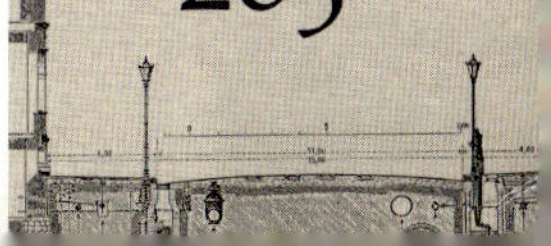

M 1 Abschied der Auswanderer.
Das Gemälde (112 x 190 cm) von Antonie Volkmar aus dem Jahr 1860 befindet sich im Deutschen Historischen Museum in Berlin.

M 2 Alte Verdienste zählen nicht

Der Westfale Hermann Kriege gehört zu den führenden Köpfen der Burschenschaftsbewegung während des Vormärz. Seit 1845 hält er sich als Journalist in New York auf. Mit 28 Jahren kehrt Kriege 1848 nach Deutschland zurück, um an der Spitze der demokratischen Bewegung zu kämpfen. Bereits Ende 1848 geht er wieder in die USA zurück. Ein Jahr später wendet sich der Schriftsteller Arnold Ruge, der der äußersten Linken in der Frankfurter Nationalversammlung angehört hatte, an Kriege, um sich über die Lebensbedingungen in den USA zu informieren. Der antwortet ihm am 30. Juli 1849 aus New York:

Dass Du Europa satt hast […], finde ich sehr begreiflich […]. Dass Du die Zeit der Niederlage benützen willst, eine neue Wirksamkeit in der neuen Welt zu begründen, ist jedenfalls das Beste, was Du tun kannst. Auch verstehe ich Dich vollkommen, wenn Du jetzt vor allen Dingen danach strebst, Deine Familie in Sicherheit zu bringen […]. Aber […], die Sprache zum Beispiel ist gleich eine sehr bedeutende Klippe […]. So muss auch der große Mann von Europa hier in Amerika wieder ganz klein anfangen, und nur wenn wirklich noch etwas in ihm steckt, kommt er wieder in die Höhe. Das amerikanische Volk […] gibt nichts für alte Namen und Scharteken*, nur die volle frische Kraft gilt ihm etwas.**

Rolf Weber (Hrsg.), Land ohne Nachtigall. Deutsche Emigranten in Amerika 1777-1886, Berlin 1981, S. 141 f.

* **Scharteken**: *wertlose Bücher*

** *Ruge ging nicht in die Vereinigten Staaten, sondern lebte ab 1850 in Großbritannien; Kriege starb 1850 verarmt in New York.*

M 3 Warum suchen Menschen eine neue Heimat?

Am 10. April 1852 berichtet der Trierer Landrat an seine vorgesetzte Behörde:

Abgesehen von der allgemeinen […] Wanderungslust lassen sich als äußere Grundursachen für die Auswanderungen folgende hervorheben:

1. Die rückgängigen Vermögensverhältnisse der auswandernden Personen […].
2. Eine 2. Ursache für die Auswanderung ist in den günstigen Nachrichten zu suchen, welche von den Verwandten und Bekannten in Amerika […] hierher gelangen […].
3. […] Namentlich sind es die Gesetze zum Schutze der Forsten, der Wald- und Feldprodukte, welche dem weniger ordentlichen Landmanne über die Maßen beengend erscheinen und ihn bestimmen, dorthin zu gehen, wo Holz, Streu und Gras nach seiner Ansicht von jedem in Besitz genommen werden kann […].
4. Die Abgaben, welche für Staat, Kirche, Schule und Gemeinde zu zahlen sind […].
5. Endlich mag auch mancher unruhige Kopf mit geordneten und gesicherten Zuständen im Staat nicht ganz zufrieden sein und in der Erkenntnis, dass seine Revolutionsideen hier keinen Anklang mehr finden, sich eine andere Heimat suchen.

Wolfgang J. Helbich, „Alle Menschen sind dort gleich …" Die deutsche Amerika-Auswanderung im 19. und 20. Jahrhundert, Düsseldorf 1988, S. 85 f.

M 4 Deutsche Auswanderer

1820-1829	50 000
1830-1839	210 000
1840-1849	480 000
1850-1859	1 161 000
1861-1870	782 000
1871-1880	626 000
1881-1890	1 343 000
1891-1900	529 000
1901-1910	280 000
1911-1913	69 000

Nach: Hagen Schulze, Kleine deutsche Geschichte, München 1996, S. 112

Internettipp → *Deutsches Auswandererhaus Bremerhaven (www.dah-bremerhaven.de/german/hauptseite.html)*

1. *Schreibe die Gründe für eine Auswanderung heraus, die du in M 2 und M 3 finden kannst. Welche Gründe sprachen dagegen?*
2. *Bestimme und erkläre einen Höhepunkt der Auswanderungswellen (M 4).*
3. *Finde heraus, ob auch aus Berlin und Brandenburg zwischen 1820 und 1890 Menschen ausgewandert sind. Nutze dazu auch den Internettipp auf Seite 234.*

M 1 Bevölkerung im Deutschen Reich 1780-1900

Jahr	*in Mio.*	*Menschen pro km²*
1780	21,0	38
1800	23,0	43
1820	26,1	47
1850	35,3	64
1875	42,5	77
1900	56,0	102

Nach: Friedrich-Wilhelm Henning, Handbuch der Wirtschafts- und Sozialgeschichte Deutschlands, Bd. 2, Paderborn 1996, S. 772

M 2 Städte wachsen

Einwohnerzahl in Tausend	*1800*	*1875*	*1910*
Berlin	172	967	2 071
Breslau	60	239	512
Dortmund	4	58	214
Dresden	60	197	548
Duisburg	4	37	229
Frankfurt a. M.	48	103	415
Hamburg	130	324	931
Hannover	18	107	302
Kiel	7	37	211
Leipzig	30	127	590
München	40	193	596
Nürnberg	30	91	333
Stuttgart	18	107	286

Nach: Wilhelm Treue/Karl-Heinz Manegold, Quellen zur Geschichte der industriellen Revolution, Göttingen ²1979, S. 142 f. und Hubert Kiesewetter, Industrielle Revolution in Deutschland 1815-1914, Frankfurt a. M. 1989, S. 135

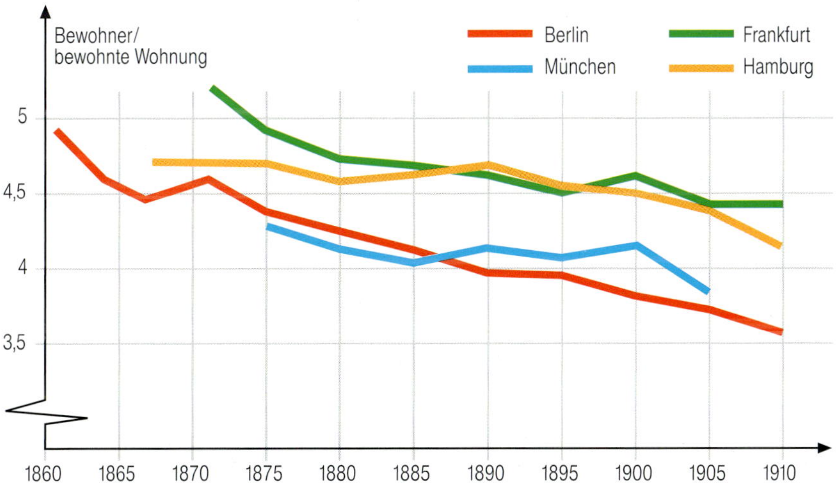

M 3 Wieviele pro Wohnung?

Nach: Hans J. Teuteberg und Clemens Wischermann, Wohnalltag in Deutschland 1850-1914, Münster 1985, S. 132

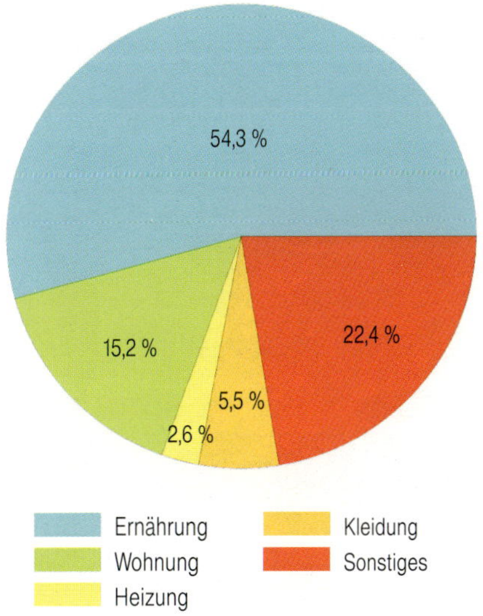

M 4 Ausgaben einer Berliner Facharbeiterfamilie um 1889.

Das Einkommen der Facharbeiterfamilie (Ehepaar und zwei Kinder) betrug 1700 Mark im Jahr. Sie wohnte zur Miete in einem Zimmer mit Küche.

Nach: Hans J. Teuteberg und Clemens Wischermann, Wohnalltag in Deutschland 1850-1914, a.a.O., S. 150.

LERNTIPP

Statistiken und Diagramme

Wenn es um Bevölkerungs- und Wirtschaftsdaten oder Wahlen geht, brauchen wir Zahlen, um Verhältnisse verstehen und Veränderungen erkennen zu können. Werden sie systematisch gesammelt, sprechen wir von einer Statistik. Um statistische Daten anschaulich zu machen, fassen wir sie in Tabellen oder Diagrammen zusammen.*

Wie du eine Tabelle bearbeitest, kannst du an M 2 üben: Worüber informiert sie (Thema/Inhalt, Zeit, Raum, Messgrößen)? Vergleiche die Zahlen in den drei Spalten für jeweils eine Stadt. Welche Veränderungen siehst du? Suche nach Gründen. Dafür brauchst du weitere Informationen, siehe hier M 1 und die Darstellung auf Seite 262 f.

Auch Zahlen muss man kritisch betrachten: Woher kommen sie? Gibt es offensichtliche Lücken in den Datenreihen oder Einwände gegen die Auswahl der bezifferten Inhalte (z. B. Bevölkerungsdaten, deren Grundlage unterschiedliche Grenzen sind)?

* *Weitere Informationen zum Thema findest du vorne im Buch.*

1. *Setze die Tabelle M 1 in ein Diagramm um.*
2. *Welche Städte wachsen am schnellsten (M 2)? Nenne Gründe dafür.*
3. *Informiere dich über die Bevölkerungsentwicklung in deinem Wohnort oder in der nächsten Stadt im 19. Jahrhundert. Lege aus den gefundenen Daten eine Tabelle und ein Diagramm an.*
4. *Fasse die Aussage von M 3 und M 4 in Worte.*
5. *Welche Informationen fehlen, um M 4 historisch deuten zu können?*

1 Arbeiter in der Berliner Kleinmotorenfabrik der „Allgemeinen Elektricitäts-Gesellschaft“ (AEG).
Foto, um 1900.

Arbeiten und Leben

In den Fabriken

Die Industrialisierung veränderte das Alltagsleben gründlich. Konnten früher die privaten Bedürfnisse den Arbeitsrhythmus im Haus oder auf dem Hof mitbestimmen, so regierte jetzt die Uhr den Ablauf in der Fabrik. Die Maschine gab das Tempo an. Vorgesetzte kontrollierten das Verhalten am Arbeitsplatz und Unternehmer versuchten, Arbeiter und Arbeiterinnen mit Fabrikordnungen zu Pünktlichkeit und Disziplin zu erziehen.

Rund um die Uhr

Lange Arbeitszeiten waren nichts Neues. Neu waren aber Tag- und Nachtschichten. Die durchschnittliche Arbeitszeit betrug in den 1870er-Jahren zwischen 60 und 72 Wochenstunden. Sie sank Anfang des 20. Jh. in den großen Fabriken auf 50 bis 60 Wochenstunden und war damit meist niedriger als im Handwerk, im Heimgewerbe oder in der Landwirtschaft.

Die Unterschichten

Gewinnstreben und Wettbewerb, aber auch das Überangebot an Arbeitskräften hielten den Lohn der Fabrikarbeiter niedrig. Kinder und Frauen mussten mitarbeiten, weil das Einkommen des Familienvaters für Ernährung, Miete und Kleidung nicht reichte. Das galt aber auch für die Landwirtschaft und das Heimgewerbe. Ungewohnt an der Fabrikarbeit war, dass Kinder und Frauen nicht mehr unter der Aufsicht des „Hausvaters“ arbeiteten, sondern unter fremden Menschen. Dies traf auch auf die zahlreichen Dienstmädchen zu.*

Vor allem in der Textilindustrie wurden Frauen und Kinder gerne eingestellt, weil ihre Löhne bei gleicher Arbeit weit unter denen der Männer lagen. Außerdem waren sie beim Verknoten abgerissener Fäden geschickter. Auch in den Glashütten und in anderen Fabriken wurden Kinder beschäftigt, teilweise schon ab dem sechsten Lebensjahr.

Seit den 1840er-Jahren nahm die Kinderarbeit langsam ab. Dies lag zum einen am technischen Fortschritt, andererseits hatte die öffentliche Kritik zu gesetzlichen Einschränkungen der Kinderarbeit geführt.

* *Über Dienstmädchen erfährst du auf Seite 271 f. mehr.*

2 In der Leibniz-Bäckerei.
Foto von 1912.
Die Bahlsen Keksfabrik in Hannover führte als erster Betrieb in Europa Fließförderbänder zur Verpackung von Waren ein.

Frauen zwischen Familie und Beruf

Die Frauen des Bürgertums sollten sich – nach den Vorstellungen der Männer – in der Ehe um Küche, Kinderstube und Kirche kümmern. Bei der Hausarbeit wurden sie von Dienstmädchen, Köchin oder Kinderfrau unterstützt.
Die Ehefrauen der Handwerker und Händler verfügten oft auch über Dienstmädchen, doch sie mussten neben den Haushalts- und Erziehungsaufgaben auch noch in der Werkstatt oder im Geschäft mitarbeiten.
Verheiratete Frauen aus den Unterschichten hatten es besonders schwer. Neben den Geldsorgen und schlechten Wohnverhältnissen stand die ständige Suche nach Zuerwerb. Arbeiterfrauen verdienten als Putz-, Wasch- oder Nähhilfen hinzu oder übernahmen schlecht bezahlte Heimarbeiten, um bei ihren Kindern bleiben zu können. Die Folgen der ständigen Mehrfachbelastungen: Sie waren häufig krank, alterten rasch und starben früh.

„Schafft die Frauenarbeit ab …"

Viele Arbeiterfamilien wollten leben wie das Bürgertum, in denen die Hausfrau nicht erwerbstätig sein musste. „Schafft die Frauenarbeit ab und ermöglicht es den Frauen, ihren Haushalt selbst zu führen; ermöglicht es dem männlichen Arbeiter, so viel zu verdienen, als er zur Ernährung von Weib und Kind bedarf", forderte 1877 ein Sozialdemokrat.

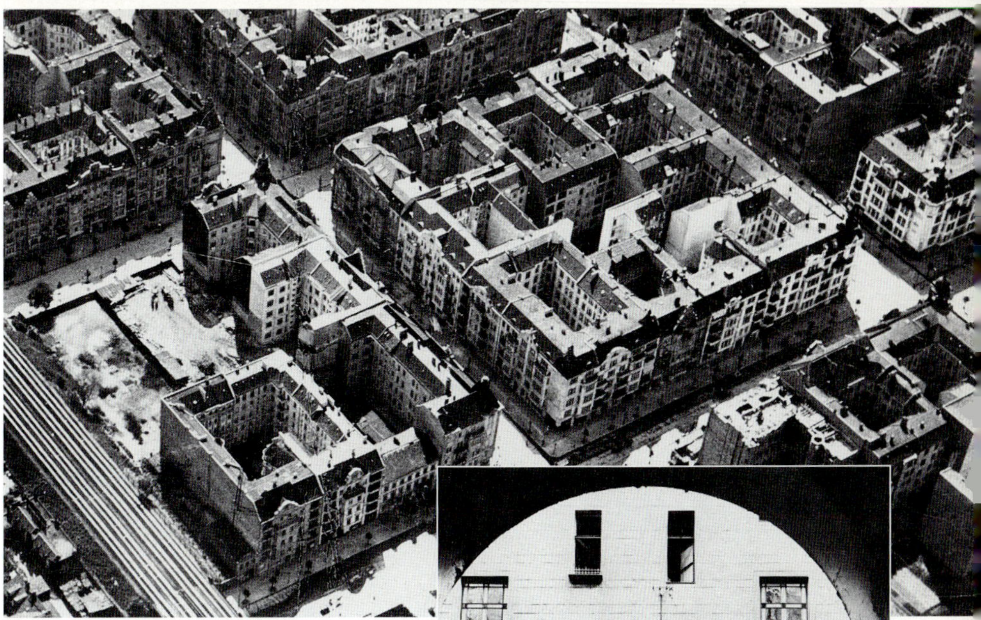

3 **Berliner „Mietskasernen".**
Diese Häuser mit zahlreichen Hinterhöfen wurden um 1900 erbaut.

Wohnungselend

In den schnell wachsenden Industriestädten fehlten billige Wohnungen. Viele Menschen hausten in menschenunwürdigen Verhältnissen: Behelfsbauten, feuchten Kellerwohnungen oder „Mietskasernen" mit dunklen Hinterhöfen und schlechten sanitären Verhältnissen. Mehrere Familien teilten sich eine Toilette und einen Wasserhahn auf dem Flur.
Spekulanten nutzten die Wohnungsnot aus und verlangten hohe Mieten. In Berlin wohnten noch um 1910 etwa 600 000 Menschen in Wohnungen, in denen jedes Zimmer mit fünf und mehr Personen belegt war.
Dazu kam das **Schlafgängerwesen**: Junge Arbeiter und Arbeiterinnen, die sich keine eigene Wohnung leisten konnten, mieteten sich eine Schlafstelle im Wohnraum einer Familie. Sie schliefen dann auf den Lagerstätten der Personen, die gerade nicht anwesend waren, oder mussten sich damit begnügen, mit den Kindern der Vermieter in einem Bett zu übernachten.
Diese Wohnverhältnisse zerstörten häufig das Familienleben. Die Männer zogen das Wirtshaus den ungemütlichen Wohnungen vor. Übermäßiger Alkoholgenuss vergrößerte die Not in den Familien. Und die Ausweglosigkeit ließ nicht selten rohe Gewalt gegen Frauen und Kinder entstehen. Nicht selten suchten Jugendliche aus den Unterschichten in der Kriminalität oder in der Prostitution einen Ausweg aus diesem hoffnungslosen Leben. Manche endeten im Erziehungsheim, im Arbeitshaus oder im Gefängnis.

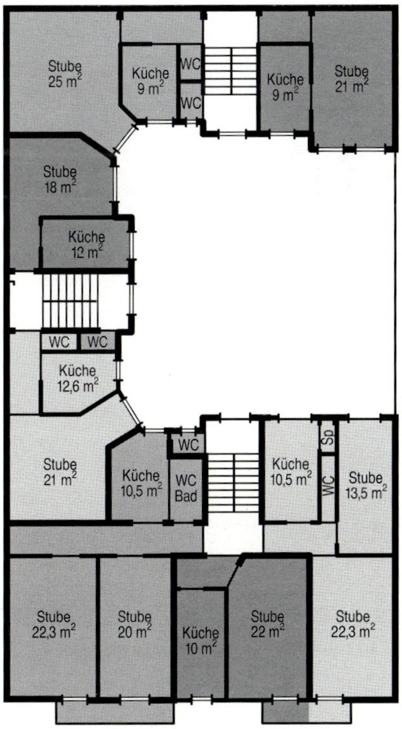

4 **Grundriss einer „Mietskaserne".**
Erkläre den Begriff. Beschreibe die Anlage der Häuser und ziehe Rückschlüsse auf die Wohnverhältnisse (Abb. 3 und 4). Nenne Gründe für ihren Bau.

Internettipp → *Zur Verstädterung siehe www.dhm.de/lemo/html/kaiserreich/alltagsleben/urbanisierung/*

1 Fabrikordnung

Die Arbeitsordnung der Firma Friedrich Krupp (Essen) von 1841:

In letzter Zeit immer mehr eingerissene Unordnungen, besonders häufiges Zuspätkommen, erfordern die strenge Handhabung des hier Folgenden:
1. Fünf Minuten nach 6 Uhr oder nach dem Glockenschlage, womit die Arbeit beginnt, wird aufgeschrieben, wer fehlt, wer später kommt, muss sich melden, weil sonst von ihm keine Notiz genommen wird.

2. Wer mehr als 5 Minuten zu spät kommt, steht sich nicht besser, als wer eine ganze Stunde zu spät kommt, und wird um $\frac{1}{4}$ Taglohn bestraft, kommt dies aber binnen 14 Tagen zweimal vor, so kostet es das zweite Mal $\frac{1}{2}$ Taglohn.
3. Ein Zuspätkommen von mehr als einer Stunde, z.B. 1 $\frac{1}{2}$ oder 2 Stunden wird angesehen, als ob es $\frac{1}{4}$ Tag wäre, und erhält $\frac{1}{2}$ Taglohn Abzug, und wenn dies binnen 14 Tagen zweimal geschieht, ein ganzes Taglohn.
4. Für $\frac{1}{2}$ Tag Ausbleiben wird ein ganzer Tag abgezogen und für 1 Tag: 2 Tage [...]
7. Eine begründete Entschuldigung entbindet von jeder der vorn erwähnten Strafen, jedoch muss diese Entschuldigung am ersten halben Tage, nachdem mit der Arbeit wieder angefangen ist, in geziemender Weise vorgebracht werden.

Jürgen Kuczynski, Die Geschichte der Lage der Arbeiter unter dem Kapitalismus, Teil I, Bd. 2, Berlin 1962, S. 196 ff.

M 3 Verwaltungsgebäude der Gussstahlfabrik Krupp in Essen.
Foto von 1861 (Ausschnitt).

4 Arbeitsdisziplin

Der Unternehmer Krupp schreibt 1876:

Der Wert der Zeit ist bisher noch nie verstanden worden, und der Wert des Fleißes. Die Arbeiter kommen nicht regelmäßig an die Arbeit und legen dieselbe nieder vor der Zeit, um sich zu waschen, Pfeife anzuzünden und unter ähnlichen Vorwänden. Ich habe es oft vorgerechnet, wieviel verloren geht, wenn jeder Arbeiter 5 Minuten weniger schafft. Die Meister [...] laufen wie die großen Herren in der Werkstatt und um dieselbe herum und schwatzen und politisieren und glauben sich dazu berechtigt.

Jürgen Kocka, Arbeitsverhältnisse und Arbeiterexistenzen, a.a.O., S. 483

M 5 Kontrolluhr für Arbeiter.
Foto um 1900.

2 Wie lange arbeiten?

Tägliche Arbeitszeit in Handwerk und Industrie im 19. Jh.

1800-1820	10-13 Stunden
1820-1840	11-15 Stunden
1840-1860	12-16 Stunden
1860-1870	12-14 Stunden
1870-1890	11-13 Stunden
1890-1910	10-11 Stunden
1910-1914	10 Stunden

Nach: Jürgen Kocka, Arbeitsverhältnisse und Arbeiterexistenzen, Bonn 1990, S. 486

1. *Bestimme den Zweck der Fabrikordnung (M 1).*
2. *Erkläre den Zusammenhang von Arbeitszeit und Wandel der Fabrikarbeit (M 2).*
3. *Nenne die Aufgaben des Gebäudes (M 3).*
4. *Arbeite aus M 4 heraus, wie sich die Arbeiter der Arbeitsdisziplin entzogen. Überlege, warum sie es taten.*
5. *Führt ein Streitgespräch zwischen einem Fabrikherrn und einem Arbeiter über das Für und Wider von Kontrolluhren und den Zwang zur Pünktlichkeit.*

M 6 Kinderarbeit im 19. Jahrhundert

Anfang des 19. Jh. klagt ein Lehrer über den Umfang der Kinderarbeit und die ungenügende Erfüllung der Schulpflicht. Er fordert Maßnahmen der Regierung. Der zuständige Beamte im preußischen Unterrichtsministerium schreibt darauf 1827:

Dass die Kinder überhaupt in Fabriken beschäftigt werden, ist an sich nicht zu missbilligen, und ein allgemeines unbedingtes Verbot dieser Arbeiten würde eine ebenso nachteilige Maßregel für die Fabrikherren als für die Eltern und die Kinder selbst sein, von denen die ersteren dieser wohlfeileren* Arbeiter, die anderen des Arbeitslohnes ihrer Kinder nicht entbehren können, die letzteren aber früh an Tätigkeit und Ausdauer sich gewöhnen lernen.

Zwölf Jahre später, im März 1839, erscheint in Preußen die erste amtliche Verordnung; sie legt die Höchstarbeitszeit von zehn Stunden am Tag für Jugendliche unter 16 Jahren fest und untersagt

die Annahme von Kindern unter 9 Jahren in Bergwerken, Fabriken, Pech- und Hüttenwerken zu einer regelmäßigen Beschäftigung.

1840 legt Bayern in einem Gesetz die tägliche Arbeitszeit für Kinder vom 9. bis zum 12. Lebensjahr auf maximal zehn Stunden am Tag fest und verbietet die Einstellung von Kindern in Fabriken vor dem vollendeten 9. Lebensjahr. Preußen führt 1853 ähnliche Bestimmungen ein. In Sachsen wird die Kinderarbeit erst 1861 eingeschränkt; Württemberg und Baden haben bis 1878 keine gesetzliche Regelung.
1891 verbietet im Reich das Arbeitsschutzgesetz die Beschäftigung von Kindern unter 13 Jahren in Fabriken und legt fest, dass über 13 Jahre alte Kinder nur dann in Fabriken beschäftigt werden dürfen, wenn sie nicht mehr schulpflichtig sind.
Den größten Anteil an den außerhalb der Fabriken gewerblich beschäftigten Kindern hat auch noch um 1900 die Hausindustrie. Diese Betriebe fallen nicht unter die Bestimmungen der Gewerbeordnung. In einer amtlichen Stellungnahme aus dem Jahre 1898 heißt es dazu:

Es ergibt sich hieraus, dass die Kinderarbeit in den Fabriken, für welche die Gewerbeordnung einschränkende Bestimmungen enthält, wesentlich an Bedeutung verloren, im Handwerk, der Hausindustrie und bei sonstiger gewerblicher Beschäftigung aber einen erheblichen Umfang angenommen hat. Eine mäßige Beschäftigung von Kindern mit gewerblicher Arbeit hat insoweit Berechtigung, als sie geeignet ist, die Kinder an körperliche Tätigkeit zu gewöhnen, den Sinn für Fleiß und Sparsamkeit zu wecken und sie […] vor Müßigang und anderen Abwegen zu bewahren […]. Überall da aber, wo die Arbeit zu lange währt, wo sie zu unpassenden Zeiten und in ungeeigneten Räumen stattfindet, gibt die Kinderarbeit zu erheblichen Bedenken Veranlassung.

Erst 1903 wird das für Fabriken geltende Verbot der Kinderarbeit auf alle Handwerksbetriebe, das Handels- und Verkehrsgewerbe und auf die Schankwirtschaften ausgedehnt.

Zusammengestellt nach: Wilfried Feldenkirchen, Kinderarbeit im 19. Jahrhundert, in: Zeitschrift für Unternehmensgeschichte, 26 Jg. (1981), S. 1-41

* **wohlfeil**: *hier billig*

M 7 In einer Baumwollspinnerei.
Stich von 1839.

M 8 Kinder in Fabriken

Anteil der Kinder an der Gesamtzahl der Beschäftigten in preußischen Industriezweigen (Angaben in %):

	1849	1852
Textilindustrie	11,4	9,1
Eisenwerke	1,2	0,5
Nähnadel- und Stecknadelfabriken	72,5	59,8
Glashütten	15,2	14,6
Tabakindustrie	14,2	11,9

Zusammengestellt nach: Wilfried Feldenkirchen, Kinderarbeit im 19. Jahrhundert, a.a.O, S. 21

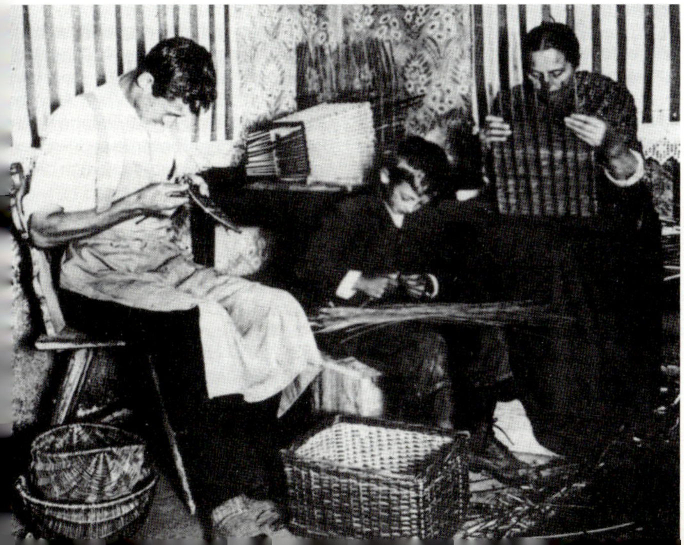

M 9 Heimarbeit.
Foto, vor 1914.
Was wird hier in Heimarbeit produziert? Gibt es heute noch Heimarbeit?

1. *Überlege, welche Arbeiten Kinder vor der Industrialisierung leisten mussten.*
2. *Erarbeite aus M 6 und M 7, welche Arbeiten Kinder in Fabriken verrichteten.*
3. *Nenne Gründe für die Kinderarbeit und erkläre, warum sie gesetzlich beschränkt wurde (M 6).*
4. *Erörtert die Aufforderung, keine Produkte zu kaufen, die durch Kinderarbeit hergestellt wurden.*

M 10 Arbeiterwohnung in Berlin.
Foto von 1908.
Die Schlaf- und Wohnstube für Eltern und Kind war 7 qm groß.
Um 1900 wurden in Berlin rund 2 000 Haushaltungen gezählt, die aus einem einzigen Raum bestanden. In diesen Wohnungen lebten Eltern, Kinder und „Schlafgänger" – bis zu zehn Personen. Die meisten Familienmitglieder besaßen kein eigenes Bett.

M 11 Morgen einer Arbeiterin

Der Tagesablauf einer Arbeiterin beginnt um 1900 etwa so:

Je nach der Entfernung der Wohnung von der Fabrik, nach dem Beginn der Fabrikarbeit und je nach dem Arbeitsbeginn des Mannes steht die Frau um 3 1/2, 4, 4 1/2 oder 5 Uhr auf [...]. Dann wird das Frühstück für Mann, Frau und Kinder zubereitet und genossen, das abends vorher schon vorbereitete und angekochte Essen aufs Feuer gebracht und – wenn Mann und Frau oder eines von ihnen mittags nicht heimkehren kann – für diese in Blechtöpfe gefüllt, für die Kinder zum Wärmen hergerichtet. Die Kinder werden dann angekleidet, wenn sie größer sind, schulfertig gemacht, wenn kleiner und der Aufsicht und Wartung bedürftig, genährt und zur Hütfrau getragen; wo eine Krippe vorhanden ist oder eine Bewahrschule, werden die Kleinen und Kleinsten diesen viel billigeren Anstalten anvertraut. Von da geht es zur Fabrik. Entfernungen von 2 – 3 km gelten als nahe, es gibt aber zahlreiche Arbeiterinnen, welche täglich 10 – 12 km auf ihren Fabrikwegen zu Fuße zurücklegen müssen.

Ingeborg Weber-Kellermann, Frauenleben im 19. Jahrhundert, München 1983, S. 165

M 12 Belastungen einer Hausfrau

Über die Hausarbeit der Ehefrau eines mittleren preußischen Beamten heißt es in einer Untersuchung über die 1860er-Jahre:

Wenn mit einer Hilfskraft eine Fünfzimmerwohnung mit 5, zuletzt 7 Betten instand zu halten war, wobei jeder Tropfen Wasser zum Trinken, Kochen, Reinigen treppauf und treppab getragen werden musste, auch alle Wäsche einschließlich der Kleinkinderwäsche im Hause gewaschen wurde, obwohl zuletzt unter Heranziehung einer Waschfrau, wenn die gesamte Bekleidung der Kinder, ausgenommen Stiefel und Hüte, im Hause genäht und gestrickt wurde, wenn bei alledem mehrere Kinder ständig zu beaufsichtigen waren und in drei Jahren zwei Entbindungen ohne jedwede außergewöhnliche Hilfe im Haushalt überstanden werden mussten, so war das Leben der Hausfrau reich an Arbeit und Mühe.

Ute Frevert, Frauen-Geschichte. Zwischen bürgerlicher Verbesserung und Neuer Weiblichkeit, Frankfurt a. M. 1986, S. 107

M 13 Wohnzimmer einfacher Bürger.
Foto, um 1900.

1. *Setze die Beschreibung des Tagesablaufs der Arbeiterin fort (M 11). Du kannst davon ausgehen, dass der Arbeitstag für sie nie vor 21.00 und oft erst nach 23.00 Uhr endete. Beurteile mögliche Auswirkungen der Arbeits- und Lebensverhältnisse auf die Beziehung der Ehepartner und die Erziehung der Kinder.*
2. *Vergleiche die Belastungen der Arbeiterin mit denen der Hausfrau (M 11 und M 12).*
3. *Vergleiche M 10 mit M 13.*

PROJEKT

Dienstmädchen

M 3 Im Dienst.
Foto, um 1912.

M 1 „Niedere Dienste"

Der Historiker Thomas Nipperdey schreibt über das Dienstpersonal:

Schließlich gehört zu der bürgerlichen Familie etwas, was eigentlich gerade außerhalb ihrer steht [...]: das Dienstpersonal oder klassisch: das „Dienstmädchen". Das ist in gewisser Weise nicht neu [...], aber in der neuen bürgerlichen Kernfamilie, die nicht mehr Produktions- und Repräsentationsgemeinschaft ist, sondern Konsum- und Ausbildungsgemeinschaft, ist das doch neu: das Mädchen anstelle der Magd, die Hausangestellte anstelle des Gesindes [...]. Haushaltsführung und Lebensstil und auch Kindererziehung einer breiten bis tief in die mittleren Bürgergruppen reichenden Schicht ist von dieser Tatsache bestimmt. 1871 hatten in Berlin immerhin 17,3 % der Haushalte Dienstpersonal, in Hamburg 21,6 %, in Bremen 24 %, 1882 jeder vierte Lehrerhaushalt (also einschließlich der Masse der wenig verdienenden Volksschullehrer), und in der Jahrhundertmitte hat der besser verdienende Handwerker wie Krämer Dienstmädchen [...].
Bei der bürgerlichen Familie waren die „niederen Dienste" delegiert, die Kinder wuchsen in einer Atmosphäre des Bedientwerdens und des Anordnens und Befehlens auf.

Thomas Nipperdey, Deutsche Geschichte 1800-1866, München 1983, S. 123

M 2 „Mädchen vom Lande"

Der Wirtschaftswissenschaftler Oscar Stillich untersucht um 1900 die Lage der Berliner Dienstmädchen:

Die Dienstboten bilden bei uns einen Berufsstand von 1,3 Millionen Menschen; von diesen entfällt ca. der 20. Teil auf Berlin. Als die größte Stadt in Deutschland hat sie absolut, wenn auch nicht relativ, die größte Dienstbotenhaltung [...]. Wir sahen, dass die große Masse der Dienstboten, nämlich 96 %, aus ledigen Mädchen besteht. Sie treten in jugendlichem Alter, teilweise noch als Kinder, in den Dienst ein und sind mit ca. 30 Jahren verbraucht. [...] Was die Herkunft der Mädchen anbelangt, so ergab sich, dass jährlich über 40 000 Mädchen nach Berlin kommen [...]. Die Ansprüche dieser aus kulturell wenig entwickelten Gebieten kommenden Mädchen sind gering [...]. Das Mädchen vom Lande ist heute der Typus des Berliner Dienstmädchens [...].
Von den Dienstmädchen [...] arbeitet etwa die Hälfte länger als 16 Stunden, nämlich 51,5 %, die andere kleinere Hälfte arbeitet 12-16 Stunden und nur etwa 2 % weniger als 12 Stunden.
Am ungünstigsten unter allen Dienenden stehen die Mädchen für alles da. Bei ihnen beträgt der Anteil derjenigen, die länger als 16 Stunden täglich in die Tretmühle häuslicher Verrichtungen eingespannt werden 58,5 %.

Oscar Stillich, Die Lage der weiblichen Dienstboten in Berlin, Berlin/Bern 1902, S. 113 ff.

M 4 „Früh aufstehen ..."

Aus dem Arbeitsplan eines Dienstmädchens:

Sie muss um 6 Uhr früh aufstehen [...], muss Feuer machen, Heißwasser besorgen, Ess- und Herrenzimmer reinigen, erstes Frühstück kochen, die Kinder anziehen helfen und in die Schule besorgen, Schuhe und Kleider reinigen, Kinder- und Schlafzimmer säubern und in Ordnung bringen, einholen – das ist noch eine Erholung, denn im Grünkramladen, beim Schlächter und beim Kolonialwarenhändler wird meist ein wenig geschwatzt –, Gemüse und Obst putzen, Mittag bereiten, Fleisch und Speisen braten, servieren – und nach dem Essen sofort abwaschen. Nur in ganz wenigen Familien darf das Mädchen sich beim Essen ein wenig ausruhen. Gewöhnlich muss sie sofort Kaffee kochen, dann die Küche aufwischen und ordnen und nachher sofort Strümpfe stopfen, kleine Stücke waschen und plätten, einkochen oder mit den Kindern spazieren fahren [...]. Nach der Ausfahrt heißt es Abendbrot besorgen, decken, abräumen und abwaschen [...]. Und dann nur alle 14 Tage „freien Sonntag", d. h. einen Nachmittag lang von 4 bis 10 Uhr darf sie ausgehen, darf sie Schritte machen, die nicht von anderen befohlen sind.

Hans Ostwald, Kultur- und Sittengeschichte Berlins, Berlin 1910, S. 313 f. (gestrafft)

PROJEKT

M 5 „Er wollte mir ein Vater sein …"
Anna Mosegaard, die 1895 Dienstmädchen wurde, erinnert sich:

Und da sehe ich mich wieder als vierzehnjähriges verwaistes Kind auf dem Bahnhof stehen, ein Bündelchen in der Hand, das meine ganze Habe barg […]. Für 16 Taler Lohn im Jahr war ich von der Stadtbehörde meines Heimatortes an den Meistbietenden als Dienstmagd vermietet worden. Mein Dienstherr, ein stattlicher Mann in den fünfziger Jahren, reichte mir bei meiner Ankunft wohlwollend die Hand: „Na, da bist du ja! Wenn du recht fleißig und ehrlich bist, will ich dir nicht nur ein freundlicher Dienstherr, sondern ein guter Vater sein." So hatte seit Jahren niemand zu mir gesprochen. Ich hätte dem Mann die Hände küssen mögen. Er, der hochangesehene Herr, wollte mir ein Vater sein! […] Ja, das war, als ich 14 Jahre alt war. Als ich noch nicht volle 16 Lenze zählte, stand mein Dienstherr lüstern vor meiner Kammertür. Er, der mir hatte ein Vater sein wollen!

Friedrich G. Kürbisch / Richard Klucsarits (Hrsg.), Arbeiterinnen kämpfen um ihr Recht, Wuppertal [2]1981, S. 97

M 6 Hängeboden.
Foto, um 1880.

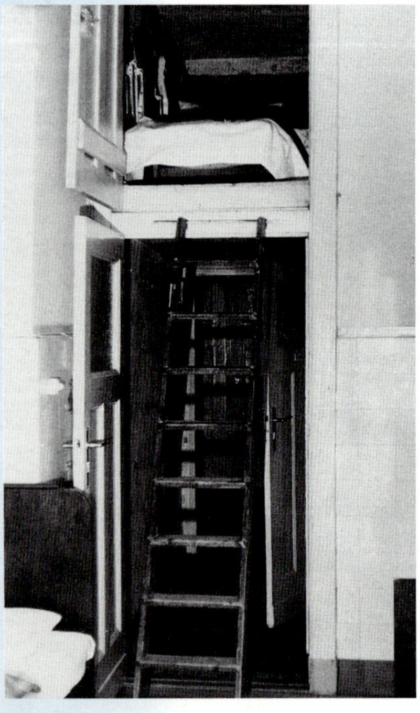

M 7 „Allein in der Küche"
Anneliese Neef, die die Lebens- und Arbeitsbedingungen von Dienstboten untersucht hat, schreibt:

Ebenso wurde an der Nahrung der Dienstmädchen gespart. Sie bekamen Reste, verdünnte Suppe, Brot und Aufstrich knapp zugeteilt. Der Speiseschrank wurde misstrauisch vor ihnen verriegelt. Kochbücher der „besseren bürgerlichen Küche" führten gesonderte Rubriken mit billigen „Speisen für den Dienstboten". Lebensmittelgeschäfte preisen extra preiswerten „Dienstbotenkaffee" an – einen minderwertigen Schund aus Bruch und Abfällen […]. So berichtete Stillich*: „Das Mädchen speist allein in der Küche. Sie nimmt ihre Mahlzeiten stumm ein. Für sie existiert kein gedeckter Tisch, mitunter nicht einmal ein Stuhl zum Sitzen. In der Enquete** haben nur zwei Herrschaften besonders hervorgehoben, dass sie mit ihren Mädchen zusammen essen."

Anneliese Neef, Mühsal ein Leben lang. Zur Situation der Arbeiterfrauen um 1900, Berlin 1988, S. 48 f.

* **Stillich**: *siehe M 2, Seite 271*
** **Enquete**: *Untersuchung*

M 8 „Wie in einen Backofen"
Theodor Fontane lässt in seinem 1898 erstmals veröffentlichten Roman „Der Stechlin" ein Dienstmädchen Folgendes berichten:

Immer sind sie [die Hängeböden] in der Küche, mitunter dicht am Herd oder auch gerade gegenüber. Und nun steigt man auf eine Leiter und wenn man müde ist, kann man auch runterfallen. Aber meistens geht es. Und nun macht man die Tür auf und schiebt sich in das Loch hinein, ganz so wie in einen Backofen. Das is, was sie 'ne Schlafgelegenheit nennen. Und ich kann Ihnen bloß sagen: Auf einem Heuboden is es besser, auch wenn Mäuse da sind. Und am schlimmsten is es im Sommer. Draußen sind dreißig Grad und auf dem Herd war den ganzen Tag Feuer; da is es dann, als ob man auf den Rost gelegt würde. So war es, als ich nach Berlin kam. Aber ich glaube, sie dürfen jetzt so was nich mehr bauen. Polizeiverbot.

Theodor Fontane, Der Stechlin, München 1969, S. 152

M 9 Türschilder.
Foto aus Berlin, um 1900.

1. *Arbeite heraus, wer aus welchen Gründen Dienstmädchen wurde (M 2 und M 5).*
2. *Stelle dir vor, du hättest eine Stellung als Dienstmädchen übernommen. Schreibe deinen Eltern, wie dein Alltag aussieht. Nutze dazu M 1, M 2, M 4 bis M 9.*
3. *Dienstmädchen schlossen sich zusammen und versuchten, gemeinsam die Arbeitsbedingungen zu verbessern. Stelle einige Verbesserungsvorschläge zusammen.*
4. *Diskutiert die Behauptung, dass durch die Dienstmädchen die Unterschichten langfristig eine bürgerliche Lebensweise übernahmen.*
5. *Erstellt ein Poster über Dienstmädchen. Berücksichtigt die Lebensverhältnisse, die Wohn- und Arbeitsbedingungen, die Beziehung zu ihrer Herrschaft und wie sie sich selbst sahen.*

Wer löst die Soziale Frage?

Das soziale Elend

Schon Ende des 18. Jh. waren die Grundherren, Zünfte und Gemeinden nicht mehr in der Lage, den Unterschichten in Krisenzeiten zu helfen. Bevölkerungswachstum, Reformen auf dem Lande (*Bauernbefreiung*) und Gewerbefreiheit, die mit einer Krise des alten Handwerks einherging, rissen dann im ersten Drittel des 19. Jh. immer mehr Menschen aus ihren überkommenen Ordnungen und ließen Massenarmut entstehen. Zeitgenossen bezeichneten dieses soziale Elend als **Pauperismus** (lat. *pauper*: arm). Auch die fortschreitende Industrialisierung konnte zunächst nicht genügend Erwerbsmöglichkeiten bereitstellen. Im Gegenteil: Die veränderten Lebens- und Arbeitsbedingungen verschärften den Pauperismus zur Sozialen Frage. Sowohl der Staat, die Gemeinden, die Kirchen, das Besitz- und Bildungsbürgertum als auch die Handwerker und die Arbeiter selbst suchten nach Lösungen.

Der Staat fühlt sich herausgefordert

Für den Staat war die Soziale Frage zunächst vor allem eine politische und rechtliche Herausforderung. Denn mit der Not war die Eigentumskriminalität gestiegen und neue Formen des Protests entstanden. Gelegentlich zerstörten Heimarbeiter Maschinen, weil sie diese für ihre Not verantwortlich machten. Dies hatte erstmals der Aufstand der schlesischen Weber von 1844 gezeigt. Dort gab es ein Bündel von Problemen: Umstellung vom Heimgewerbe zur industriellen Produktion, billige Textileinfuhren aus Großbritannien, Arbeitskräfteüberschuss und Missernten. Das führte dazu, dass Frauen und Männer sich bei einzelnen Verlegern über die schlechte Bezahlung ihrer Heimarbeit empörten. Aus dem friedlichen Protest war ein gewalttätiger Aufstand geworden, an dem sich Tausende von Webern mit ihren Familien beteiligten.

1 **Barackenkolonie in Berlin vor dem Kottbusser Tor auf der Schlächterwiese.**
Holzstich von 1873.
Die „Klein-Amerika" genannte Siedlung entstand ohne Genehmigung. 1873 wurde sie von der Polizei geräumt, was zu Protesten führte.

Gewalt und Gesetz

Die preußische Regierung befürchtete, dass der Aufruhr in eine politische Revolution umschlagen könne. Sie reagierte: Soldaten zogen gegen die Aufständischen. Elf Weber fanden dabei den Tod. Unter den Verletzten befanden sich auch Frauen und Kinder. Über 100 Männer wurden verhaftet, einige erhielten hohe Freiheitsstrafen.

Die Regierungen antworteten auf die sozialen Probleme nicht nur mit Gewalt. Unter dem Druck der bürgerlichen Öffentlichkeit begannen sie in den Einzelstaaten bereits in den 1830er- Jahren, besonders auffallende Missstände durch Gesetze zu verändern. Außerdem setzten sich Staatsbeamte und Bürgermeister in Krisenzeiten für Arbeitsbeschaffungsmaßnahmen für die Unterschichten ein, z.B. für Schienen- und Straßenbau.

Höhepunkt der staatlichen Versuche, die Soziale Frage zu lösen, bildete 50 Jahre später im Deutschen Reich die gesetzliche Einführung der Kranken-, Unfall- sowie Invaliditäts- und Altersversicherung nach dem Vorbild bereits bestehender betrieblicher und gewerkschaftlicher Unterstützungskassen. Weitere Eingriffe des Staates in die Arbeitsbedingungen wie zum Beispiel die Festlegung der Arbeitszeit per Gesetz unterblieben aber vor 1918.

2 „Knabenarbeitssaal im Rauhen Hause."
Holzstich aus der Leipziger „Illustrirten Zeitung", Nr. 175 vom 7. November 1846. Das Arbeitshaus wurde 1835 erbaut. 1846 zählte das „Rauhe Haus" zu Horn bei Hamburg 62 männliche und 28 weibliche „Kinderzöglinge". Woher der Name „Rauhes Haus" stammt, ist unbekannt.

Die Kirchen helfen
Für die Kirchen war die Soziale Frage ein religiöses und sittliches Problem. Nur wenige hohe Kirchenvertreter setzten sich anfangs mit den menschenunwürdigen Auswirkungen der industriellen Produktion auseinander. Die Ursachen für die Armut sahen sie vor allem in der Abkehr der Arbeiter und Unternehmer vom christlichen Glauben.

Die Innere Mission
In den protestantischen Kirchen beschränkten sich die Lösungsversuche der Sozialen Frage auf einzelne Aktivitäten engagierter Christen. So gründete der Pastor *Johann Hinrich Wichern* 1833 das *Rauhe Haus* in Hamburg. Hier wurden Waisenkinder erzogen und ausgebildet. 1848 gab er den Anstoß zur Gründung der *Inneren Mission*. Sie verband Nächstenliebe mit christlicher Verkündigung. Die Innere Mission war Grundlage für das *Diakonische Werk*, das verschiedene Wohlfahrtseinrichtungen der Jugend- und Altenfürsorge sowie der Krankenpflege umfasste.

Die Kolping-Familie
Die katholische Kirche fand in *Adolf Kolping*, einem Schuhmachergesellen, der 1845 Priester geworden war, einen besonders engagierten Mann. Er war der Begründer der Gesellenvereine. Mit ihnen wollte er den wandernden Handwerksgesellen eine Ersatzfamilie bieten, in der sie Zuwendung erfahren, aber auch Möglichkeiten der Freizeitgestaltung und Weiterbildung finden sollten. Der erste Kolping-Verein entstand 1846 in Elberfeld, 1879 gab es bereits rund 420 Vereine mit etwa 70 000 Mitgliedern.

Der Papst kümmert sich
Von großer Bedeutung für die katholische Sozialbewegung wurde *Wilhelm Emmanuel Freiherr von Ketteler*, ab 1850 Bischof von Mainz. Er verurteilte den unchristlichen Wirtschaftsliberalismus ebenso wie den religionsfeindlichen Sozialismus*. Ihn hielt Ketteler für „eine der verderblichsten Verirrungen des menschlichen Geistes". Ketteler befürwortete **Genossenschaften** (*Gemeinschaftsunternehmen der Arbeitnehmer*), billigte den **Streik** als Mittel des Arbeitskampfes und förderte die Gründung katholischer Arbeitervereine.

Ein Teil seiner Ideen fand sich in der 1891 von Papst *Leo XIII.* veröffentlichten *Enzyklika Rerum novarum* (dt. *Geist der Erneuerung*) wieder. In diesem Rundschreiben an alle Katholiken wies der Papst auf die grundsätzliche Pflicht des Staates und der Unternehmer hin, die Lage der Schwächeren zu verbessern. Zugleich bejahte das päpstliche Rundschreiben das Recht auf Eigentum.

Was tun die Unternehmer?
Auch einzelne Fabrikanten bemühten sich, die sozialen Probleme ihrer Arbeiter zu lindern. Zu ihnen gehörte *Alfred Krupp* in Essen. Sie waren – wie früher die Handwerksmeister – meist patriarchalisch eingestellt, d. h. sie verstanden sich als Vormund ihrer Arbeiter. Ihre sozialen Maßnahmen umfassten sowohl betriebliche Unterstützungskassen für Krankheit, Invalidität, Hinterbliebenenvorsorge wie auch den Bau von Werkswohnungen.
Die sozialen Bemühungen der Unternehmer entstanden nicht nur aus christlicher Nächstenliebe. Dahinter stand der Wunsch, sich einen festen und qualifizierten Arbeiterstamm zu sichern und die Produktionsleistung zu verbessern.
Ein „Außenseiter" seiner Zeit war der Physiker und Unternehmer *Ernst Abbe*, der 1889 Inhaber der *Zeiss-Werke* in Jena wurde. Er übertrug die Firma und Teile seines Vermögens in die Carl-Zeiss-Stiftung, die die Arbeiter und Angestellten am Gewinn beteiligte und bezahlten Urlaub sicherte.

* *Lies dazu Seite 276.*

M 1 Pauperismus und die Folgen

Der erste Politiker, der auf das Los der Arbeiter aufmerksam macht und von den Regierenden soziale Maßnahmen fordert, ist Franz Josef Ritter von Buß. Im April 1837 sagt der Professor der Rechts- und Staatswissenschaft im badischen Landtag:

Die durch den gewerblichen Aufschwung, durch die Tendenz unserer Staaten zur Übervölkerung und den Mangel an anderweitiger Unterkunft anschwellende Anzahl der Fabrikarbeiter führt wegen ihrer ökonomischen Unsicherheit zu einer wahren Massenarmut, dem sogenannten Pauperismus […]. Eine Ersparung ist dem Arbeiter selbst bei günstigen Verhältnissen nur in geringem Maße möglich; jede längere Unterbrechung der Arbeit zwingt ihn, die öffentliche Hilfe anzusprechen […]. Die ganze Lage des Fabrikarbeiters ist bei großem Angebote der Arbeit eine stete Quelle seiner Armut: Treten noch Gewerbestockungen hinzu, so wüten sie verheerend in den Reihen der Arbeiter […]. Die Tendenz des Umsturzes, wahrlich in unseren Tagen nur zu sehr verbreitet, findet in den Fabrikheloten* die nahen Verbündeten, einmal weil ihre eigene unbehagliche Stellung in jeder gesellschaftlichen Veränderung ihnen eine Abhilfe vorspiegelt, ferner weil sie in dem die Fabrikherren schützenden Staat den eigenen Feind erkennen.

Ernst Schraepler (Hrsg.), Quellen zur Geschichte der sozialen Frage in Deutschland. Band 1: 1800-1870, Göttingen [3]1964, S. 66 f. und 69

* **Fabrikheloten**: *Fabriksklaven*

M 2 Forderungen Kettelers

Im Sommer 1869 hält Bischof Ketteler auf der Liebfrauenheide bei Offenbach eine Rede, die seither als das „Grundgesetz" der christlichen Arbeiterbewegung gilt; in ihr fordert er:

Die erste Forderung des Arbeiterstandes ist eine dem wahren Werte der Arbeit entsprechende Erhöhung des Arbeiterlohnes. Diese Forderung ist […] höchst billig*; auch die Religion fordert, dass die menschliche Arbeit nicht wie eine Ware behandelt und lediglich durch An- und Abgebot abgeschätzt werde […]. Nicht der Kampf zwischen dem Arbeitgeber und dem Arbeiter muss das Ziel sein, sondern ein rechtmäßiger Friede zwischen beiden. Die Gottlosigkeit des Kapitals, das den Arbeiter als Arbeitskraft und Maschine ausnützt, muss gebrochen werden […]. Aber auch die Gottlosigkeit der Arbeiter muss vermieden werden. Die zweite Forderung des Arbeiterstandes ist die Verkürzung der Arbeitszeit […]. Die dritte Forderung des Arbeiterstandes ist die Gewährung von Ruhetagen […]. Eine vierte Forderung des Arbeiterstandes ist das Verbot der Arbeit der Kinder in den Fabriken für die Zeit, in welcher sie noch schulpflichtig sind.

Geschichte der christlich-demokratischen und christlich-sozialen Bewegungen in Deutschland. Im Auftrag der Konrad-Adenauer-Stiftung hrsg. von Günther Rüther, Bonn 1984, Teil II, S. 206

* **billig**: *hier im Sinne von „angemessen"*

M 3 Arbeiterfamilie vor ihrem Wohnhaus in der Krupp-Siedlung Alfredshof in Essen.

Foto, um 1890.

Um die Jahrhundertwende lebten rund 27 000 Menschen in Häusern, die Krupp für seine Beschäftigten hatte errichten lassen. Die Häuser standen meist auf größeren Grundstücken, die den Bewohnern auch die Möglichkeit der Gartenbestellung boten.

M 4 „Wohlfahrtseinrichtungen"

In einer Fabrik, die ihre „Wohlfahrtseinrichtungen" pflegt, erklärt 1882 ein rheinischer Unternehmer …

[…] sei zunächst der Arbeiterwechsel ein geringerer, die Maschinen ständen weniger still, der Arbeiter sei vertrauter mit seiner Arbeit, seiner Maschine, das Ineinandergreifen der Arbeiten werde weniger gestört […]. Ferner sei die Produktionsleistung eine erhöhte […]. Was die Mühen und Kosten anlange, so seien dieselben minimal gegenüber dem, was bei guten Einrichtungen geleistet werde.

Gerhard A. Ritter und Klaus Tenfelde, Arbeiter im Deutschen Kaiserreich 1871 bis 1914, Bonn 1992, S. 414

1. *Franz Josef Ritter von Buß nennt Probleme der Arbeiter. Wo sieht er die Ursachen? Welche Folgen erwartet er für den Staat (M 1)?*
2. *Führt ein Streitgespräch zwischen einem Vertreter der Forderungen Kettelers (M 2) und einem Unternehmer (M 4).*
3. *Erläutere die Vorteile, die „Wohlfahrtseinrichtungen" einem Unternehmer bringen (M 4).*

LERNTIPP

1 „Der Streik."
Ölgemälde (181 x 275 cm) von Robert Koehler, vor 1886, Deutsches Historisches Museum in Berlin.
Der Künstler malte das Bild in München; öffentlich ausgestellt wurde es erstmals 1886 in New York.
Im Streik sahen viele Arbeiter die letzte Möglichkeit, ihre Forderungen gegenüber den Unternehmern durchzusetzen.
Welche Einstellungen zum Arbeitskampf zeigen die Männer und Frauen auf diesem Bild?

Arbeiter helfen sich selbst

Interessen gemeinsam vertreten
Von Anfang an versuchten die Arbeiter, ihre Lebens- und Arbeitsbedingungen zu verbessern. Dazu schlossen sie sich oft unter der Führung von Bürgern in Arbeiterbildungs- und Unterstützungsvereinen zusammen. In ihnen organisierten sich vor allem die Fabrikarbeiter, die zuvor handwerklich tätig gewesen waren. Verarmte Tagelöhner und Hilfsarbeiter gehörten kaum dazu.
Am Beginn der politischen Arbeiterbewegung standen kleine Gesellen- und Handwerkervereinigungen, die angesichts der Vereins- und Versammlungsverbote in den deutschen Ländern nach 1830 in der Schweiz, in Frankreich, Belgien und Großbritannien aktiv waren. Erst mit der demokratischen Bewegung von 1848 entstand die *Allgemeine Deutsche Arbeiterverbrüderung*. Sie wollte ein allgemeines, gleiches Wahlrecht und eine Verbesserung der Arbeitsbedingungen durch direkte Verhandlungsmöglichkeiten mit den Unternehmern. Unter der Führung des Schriftsetzers *Stephan Born* schlossen sich bis 1850 rund 170 Ortsgruppen mit etwa 18 000 Mitgliedern zusammen. 1854 wurde die Arbeiterverbrüderung verboten.
Erst in den 1860er-Jahren erhielt die Arbeiterbewegung neue Kraft. Liberale, Demokraten und Kirchenvertreter förderten die Gründung von Arbeitervereinen. Nach britischem Vorbild entstanden einzelne Berufsverbände, z. B. der Drucker, der Zigarrenarbeiter, der Metall-, Holz- und Bergarbeiter. Diese wollten gerechte Löhne, den Zehnstundentag und Versicherungsschutz bei Krankheit, Unfall und Arbeitslosigkeit durchsetzen. Daraus entwickelten sich die **Gewerkschaften**. Sie lehnten sich an politische Gruppen an und bildeten Ende der 1860er-Jahre zunächst nur kurzlebige überregionale Verbände. Dazu gehörten der von *Max Hirsch* und *Franz Duncker* gegründete liberale *Gewerkverein*, die christlich-sozialen Vereine, die in den 1894 gegründeten christlichen Gewerkschaften aufgingen, und die sozialistischen Gewerkschaften, die sich nach der Sozialistenverfolgung zu *freien*, also politisch unabhängigen Gewerkschaften zusammenschlossen.

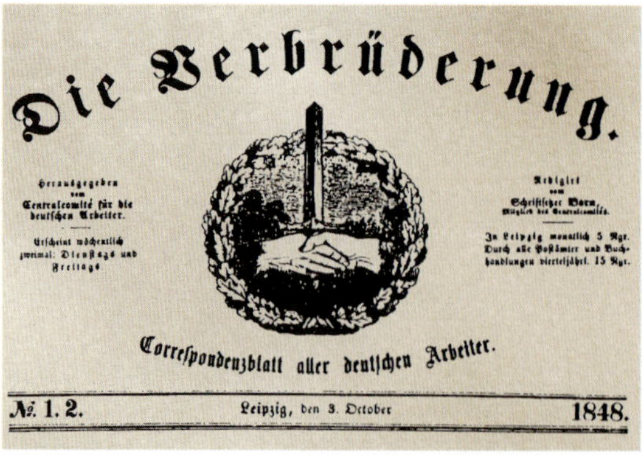
Die Verbrüderung.
Herausgegeben vom Centralcomité für die deutschen Arbeiter.
Erscheint wöchentlich zweimal: Dienstags und Freitags
Redigirt vom Schriftsetzer Born, Mitglied des Centralcomités.
In Leipzig monatlich 5 Ngr. Durch alle Postämter und Buchhandlungen vierteljährl. 15 Ngr.
Correspondenzblatt aller deutschen Arbeiter.
№ 1. 2. Leipzig, den 3. October 1848.

2 „Die Verbrüderung".
Titelkopf der von Stephan Born herausgegebenen Zeitung der „Allgemeinen Deutschen Arbeiterverbrüderung" von 1848.
Erkläre das Symbol der ineinandergelegten Hände.

„Proletarier aller Länder, …"

Unter dem Eindruck der scheinbar ausweglos schlechten Lebens- und Arbeitsverhältnisse der Arbeiterschaft und der untätigen Regierungen veröffentlichten *Karl Marx* und sein Freund *Friedrich Engels* Anfang 1848 das *Kommunistische Manifest*. In ihm beschrieben sie die „Geschichte aller bisherigen Gesellschaften" als eine fortschreitende „Geschichte von Klassenkämpfen". Ihrer Meinung nach gab es stets Ausbeuter und Ausgebeutete. Und immer habe sich die Klasse der Ausgebeuteten gegen die Klasse der Ausbeuter aufgelehnt.

Einen solchen „Klassenkampf" zwischen der **Bourgeoisie**, den Eigentümern von Fabriken und Kapital, und dem **Proletariat**, der besitzlosen Masse der Arbeiter, sahen Marx und Engels in vollem Gang. Ihrer Überzeugung nach musste er zu einer Revolution führen. Beide waren überzeugt, dass nach dem geschichtlich vorbestimmten Sieg des Proletariats in Form des Kommunismus ein gesellschaftlicher Zustand eintrete, in dem es keine Ausbeutung mehr gebe und Frieden und Gerechtigkeit herrschten. Um den Triumph der Proletarier über die Bourgeoisie zu beschleunigen und im richtigen Moment die Macht übernehmen zu können, sollte sich die Arbeiterschaft international organisieren.

16 Jahre nach der Veröffentlichung des Manifestes schlossen sich 1864 in London Vertreter der Arbeiterbewegung aus 13 europäischen Staaten und Nordamerika zur *Internationalen Arbeiter-Assoziation* (IAA) zusammen. Ihr Ziel war „die Vernichtung aller Klassenherrschaft" und die „Emanzipation* der Arbeiterklasse durch die Arbeiterklasse selbst".

Karl Marx

Karl Marx wurde 1818 in Trier geboren. Seine jüdischen Eltern traten 1824 zum Protestantismus über. Er studierte in Bonn und Berlin Rechtswissenschaften, Philosophie und Geschichte. 1842/43 arbeitete er als Redakteur bei der liberalen *Rheinischen Zeitung* in Köln. Als diese wegen ihrer demokratischen und kirchenkritischen Artikel verboten wurde, zog er mit seiner Ehefrau *Jenny* Ende 1843 nach Paris. Von dort ausgewiesen, ließ er sich 1845 in Brüssel nieder. 1848 kam er zurück nach Köln, leitete dort die *Neue Rheinische Zeitung* und nahm an der Revolution teil. Nach deren Scheitern musste er erneut ins Exil. Er zog nach London. Dort verfasste er zahlreiche Schriften, in denen er den Kapitalismus untersuchte, um damit der Arbeiterbewegung eine wissenschaftliche Grundlage ihres Kampfes um Emanzipation zu geben. Im Alter von 65 Jahren starb Karl Marx.

* **Emanzipation**: *In der römischen Antike die Entlassung eines Sohnes aus der väterlichen Gewalt sowie die Freilassung eines Sklaven; heute die Gleichstellung der Frau mit dem Mann.*

Manifest

der

Kommunistischen Partei.

Veröffentlicht im Februar 1848.

Proletarier aller Länder vereinigt Euch!

London.

Gedruckt in der Office der „Bildungs-Gesellschaft für Arbeiter" von J. E. Burghard.

46, Liverpool Street, Bishopsgate.

3 Titelblatt der Erstausgabe. *Im Februar 1848 erschien das „Manifest" ohne Angabe der Verfasser erstmals in London in einer kleinen Auflage, weitere Auflagen folgten. Die hier gezeigte „März-Ausgabe" hatte einen Umfang von 23 Seiten. Die Broschüre sollte den Mitgliedern des „Bundes der Kommunisten" eine Orientierungshilfe sein und als Werbeschrift dienen.*

Friedrich Engels

Friedrich Engels wurde 1820 in Barmen (heute ein Stadtteil von Wuppertal) geboren. Er war Sohn einer reichen Industriellenfamilie und machte zunächst eine kaufmännische Lehre. Bald lernte er Marx kennen und mit 22 Jahren schrieb er seine ersten Artikel für die „Rheinische Zeitung". Nach einem zweijährigen Englandaufenthalt legte er 1845 mit seinem Buch über *Die Lage der arbeitenden Klasse in England* eine Anklage gegen den Industriekapitalismus vor. Im selben Jahr zog er nach Brüssel, wo Marx wohnte. Von nun an setzten sich beide für die Arbeiterbewegung ein. Während der Revolution von 1848/49 arbeitete Engels als Redakteur der „Neuen Rheinischen Zeitung". 1849 kämpfte er in seiner Heimatstadt Barmen und in Baden. Nach der Niederwerfung des Aufstandes floh er über die Schweiz und Italien nach England. Nach dem Tode von Marx wurde Engels der Herausgeber und Interpret der Marx'schen Schriften. Dadurch beeinflusste er maßgeblich die sozialistische Arbeiterbewegung. 1895 starb Engels in London.

4 Karl Marx und Friedrich Engels. *Gemälde von Hans Mocznay nach zeitgenössischen Porträts, 1953.*

5 Fahne der Sozialdemokraten.
Diese um 1870 entstandene Fahne (160 x 177 cm) gilt heute als Traditionsfahne der deutschen Sozialdemokratie.
Erkläre das eingestickte Datum.
Auf welche Tradition greift das Motto zurück? Vergleiche mit Abb. 2, S. 276.

Die SPD entsteht

Nicht Marx, sondern der Philosoph und Journalist *Ferdinand Lassalle* sorgte dafür, dass die sozialistische Arbeiterbewegung in den 1860er-Jahren eine überregionale Bedeutung bekam und zu einer Partei wurde. Neben dem Grundsatz der Solidargemeinschaft (*Brüderlichkeit*) betonte die sozialistische Bewegung Freiheit und Gleichheit. Um die Lage der Arbeiter zu verbessern, sollten politische Rechte erkämpft, eine gerechtere Eigentums- und Gesellschaftsordnung durchgesetzt und allen Menschen soziale Sicherheit gewährt werden.

Lassalle wollte zunächst die politische Gleichberechtigung der Arbeiter durch das allgemeine Wahlrecht sichern. Dann sollten staatlich unterstützte Genossenschaften die Industriewirtschaft zugunsten der Arbeiter verändern. Um dies zu verwirklichen, gründete Lassalle am 23. Mai 1863 in Leipzig den *Allgemeinen Deutschen Arbeiterverein* (ADAV). Bei seinem Tod im August 1864 hatte der ADAV erst etwa 4600 Mitglieder.

Die meisten politisch organisierten Arbeiter blieben zunächst den Liberalen und Demokraten verbunden. Sie hatten sich 1863 im *Vereinstag Deutscher Arbeitervereine* (VDAV) zusammengeschlossen. Zum „Vereinstag" gehörten 1865 rund 100 Vereine mit 20000 Mitgliedern.

Unter Führung des Drechslers *August Bebel* sprach sich 1868 die Mehrheit des VDAV für das von Marx mitverfasste Programm der *Ersten Internationalen* aus. Als eine Minderheit die Organisation verließ, gründete 1869 Bebel mit dem Journalisten *Wilhelm Liebknecht* in Eisenach die *Sozialdemokratische Arbeiterpartei* (SDAP).

Die beiden Arbeiterparteien (ADAV und SDAP) schlossen sich im Mai 1875 in Gotha zur *Sozialistischen Arbeiterpartei Deutschlands* (SAPD) zusammen, die seit 1890 *Sozialdemokratische Partei Deutschlands* (SPD) heißt. Die Teilnehmer des Vereinigungsparteitages von 1875 nahmen ein von Liebknecht verfasstes Programm an. Marx kritisierte es als zu wenig klassenbewusst und kämpferisch.

Die Verfolgung durch den Staat zwischen 1878 und 1890 stärkte in der SPD das Bewusstsein von der Ungerechtigkeit der bestehenden Klassengesellschaft. Dadurch erhielt der radikale, marxistisch orientierte Flügel Auftrieb. Der Staat und die Anhänger der SPD standen sich in den 1890er-Jahren unversöhnlich gegenüber.

6 Die deutsche Arbeiterbewegung.

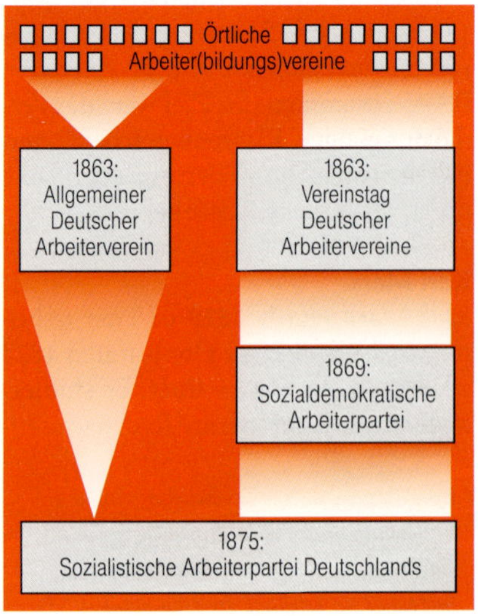

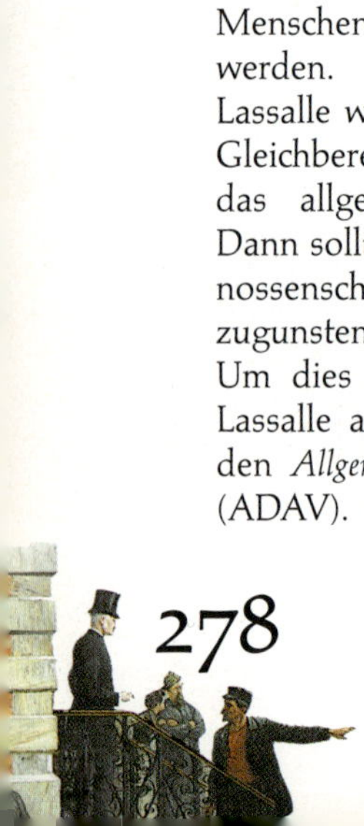

M 1 „Ein Gespenst geht um …"

Aus dem „Manifest der Kommunistischen Partei" von 1848. Es wird erst in den 1870er-Jahren durch die Sozialdemokraten einer größeren Leserschaft zugänglich gemacht.

Ein Gespenst geht um in Europa – das Gespenst des Kommunismus […]. Unsere Epoche, die Epoche der Bourgeoisie, zeichnet sich […] dadurch aus, dass sie die Klassengegensätze vereinfacht hat. Die ganze Gesellschaft spaltet sich mehr und mehr in zwei große feindliche Lager, in zwei große, einander direkt gegenüberstehende Klassen: Bourgeoisie und Proletariat […]. Die Arbeiter beginnen damit, Koalitionen gegen die Bourgeoisie zu bilden; sie treten zusammen zur Behauptung ihres Arbeitslohnes. Sie stiften selbst dauernde Assoziationen*, um sich für die gelegentlichen Empörungen zu verproviantieren […]. [Der] erste Schritt in der Arbeiterrevolution [ist] die Erhebung des Proletariats zur herrschenden Klasse, die Erkämpfung der Demokratie […]. Das Proletariat wird seine politische Herrschaft dazu benutzen, der Bourgeoisie nach und nach alles Kapital zu entreißen […]. Es kann dies natürlich nur geschehen vermittels despotischer** Eingriffe in das Eigentumsrecht und in die bürgerlichen Produktionsverhältnisse […]. Mögen die herrschenden Klassen vor einer kommunistischen Revolution zittern. Die Proletarier haben nichts zu verlieren als ihre Ketten. Sie haben eine Welt zu gewinnen. Proletarier aller Länder, vereinigt euch!

Karl Marx, Die Frühschriften, hrsg. von S. Landshut, Stuttgart 1971, S. 525 ff.

* **Assoziationen**: *Vereinigungen*
****despotisch**: *rücksichtslos*

M 2 Karl Marx.

Briefmarken von 1968.
In der Bundesrepublik Deutschland und in der von 1949 bis 1990 bestehenden Deutschen Demokratischen Republik wurde 1968 an Karl Marx erinnert. Nenne Gründe.

M 3 „Organisieren Sie sich …"

1863 fordert Ferdinand Lassalle:

Organisieren Sie sich als ein Allgemeiner Deutscher Arbeiterverein zu dem Zweck einer gesetzlichen und friedlichen, aber unermüdlichen, unablässigen Agitation* für die Einführung des allgemeinen und direkten Wahlrechts in allen deutschen Ländern. Von dem Augenblicke an, wo dieser Verein auch nur 100 000 deutsche Arbeiter umfasst, wird er bereits eine Macht sein, mit welcher jeder rechnen muss. Pflanzen Sie diesen Ruf fort in jede Werkstatt, in jedes Dorf, in jede Hütte.

Programme der deutschen Sozialdemokratie. Mit einem Vorwort von Willy Brandt, hrsg. von der Friedrich-Ebert-Stiftung, Bonn 1978, S. 35

***Agitation**: *Werbung für ein politisches Ziel*

M 4 Das „Eisenacher Programm"

Das in Eisenach 1869 verabschiedete Programm der „Sozialdemokratischen Arbeiterpartei" enthält unter anderem folgende Grundsätze:

1. Die heutigen politischen und sozialen Zustände sind im höchsten Grade ungerecht und daher mit der größten Energie zu bekämpfen […].
4. Die politische Freiheit ist die unentbehrlichste Vorbedingung zur ökonomischen Befreiung der arbeitenden Klassen. Die Soziale Frage ist mithin untrennbar von der politischen, ihre Lösung durch diese bedingt und nur möglich im demokratischen Staat.

Programme der deutschen Sozialdemokratie, a.a.O., S. 46

M 5 Untergangsvisionen

Auf dem Erfurter Parteitag der Sozialdemokratischen Partei (14. bis 20. Oktober 1891) sagt August Bebel:

Was aber im Zeitalter der Repetiergewehre und der Maximgeschütze in einer Revolution, die höchstens ein paar Hunderttausend Köpfe machten, geschehen würde, das habe ich schon neulich in Dresden ausgesprochen: Wir würden wie die Spatzen jämmerlich zusammengeschossen. (*Zustimmung.*) Wer heute noch angesichts der kolossalen Fortschritte nicht nur auf militärischem, sondern auch auf politischem und insbesondere auf ökonomischem Gebiet glaubt, wir Sozialdemokraten möchten mit […] Barrikadenbau zum Ziel kommen, der irrt sich gewaltig, der verkennt total die Natur der Zustände, in denen wir uns befinden. (*Sehr richtig!*) Genau so, wie die Grundstellung, die wir dem Staat und der Gesellschaft gegenüber einnehmen, eine total verschiedene ist von derjenigen aller früheren Klassen und Parteien, so sind wir auch in der Erringung des letzten Ziels auf ganz neue Wege und neue Mittel angewiesen, das ist meine felsenfeste Überzeugung. Ich glaube, wir haben die größte Ursache, mit dem Gang der Dinge zufrieden zu sein […]. Die bürgerliche Gesellschaft arbeitet so kräftig auf ihren eigenen Untergang los, dass wir nur den Moment abzuwarten brauchen, in dem wir die ihren Händen entfallende Gewalt aufzunehmen haben. (*Zustimmung.*)

Nach: Ilse Fischer und Werner Krause, August Bebel 1840–1913. Ein Großer der deutschen Arbeiterbewegung [Ausstellungskatalog], Köln 1988, S. 213 f.

1. *Marx beschreibt, wie das Proletariat stufenweise die Macht erringen wird (M 1). Zeichne diese Stufen auf und nenne das Ziel.*
2. *Erkläre, wie Lassalle die Macht der Arbeiter stärken will (M 3).*
3. *Nenne Gründe, weshalb das Bürgertum und die Regierungen in der organisierten Arbeiterbewegung eine Gefahr sahen (M 1, M 3 und M 4).*
4. *Erläutere, was Bebel zur Revolution sagt und was er mit „ganz neue Wege und neue Mittel" meint (M 5).*

Was war wichtig?

Daten

1782	*James Watt baut die erste doppeltwirkende Dampfmaschine.*
1834	*Mit dem Deutschen Zollverein entsteht ein großer Binnenmarkt.*
1835	*Die erste deutsche Eisenbahn fährt zwischen Nürnberg und Fürth.*
1848	*Karl Marx und Friedrich Engels veröffentlichen das „Kommunistische Manifest".*
1863	*Die Arbeiterbewegung organisiert sich; der Allgemeine Deutsche Arbeiterverein entsteht.*

Begriffe

Arbeiterbewegung: Zusammenschluss von Arbeitern, um die Benachteiligungen auf sozialem, wirtschaftlichem und politischem Gebiet zu beseitigen. Den Anfang der deutschen Arbeiterbewegung bildeten kleine Gesellen- und Handwerkervereine. Die *Allgemeine Deutsche Arbeiterverbrüderung* von 1848 forderte ein allgemeines, gleiches Wahlrecht und einen größeren Beitrag der Regierungen zur Lösung der → *Sozialen Frage.* Wichtige Aufgaben in der Arbeiterbewegung übernahmen die Gewerkschaften und der 1863 gegründete *Allgemeine Deutsche Arbeiterverein*, die Keimzelle der *Sozialdemokratischen Partei Deutschlands* (SPD).

Gründerzeit: wirtschaftliche Blütezeit der Jahre 1871–73 im neugegründeten Deutschen Reich. Sie wurde durch eine 1873 einsetzende Weltwirtschaftskrise unterbrochen.

Industrielle Revolution: die durch Handel, technische Erfindungen und den Einsatz von Maschinen (*Dampfmaschine*) seit dem Ende des 18. Jh. bewirkte tiefgreifende Veränderung der Arbeits- und Lebenswelt. Sie führte zu einer enormen Steigerung der Produktion von Waren in Fabriken. Aus einer Agrargesellschaft, in der die Mehrheit der Menschen von der Landwirtschaft lebte, wurde allmählich eine Industriegesellschaft, in der die alten Zünfte keine Bedeutung mehr hatten. Eine Herausforderung der Industriegesellschaft stellte die → *Soziale Frage* dar.

Kapitalismus: Wirtschaftsform, die gekennzeichnet ist durch das Privateigentum der Unternehmer an den Produktionsmitteln (Fabriken und Maschinen) und das Streben nach möglichst hohen Gewinnen.

Klassengesellschaft: nach *Karl Marx* Kennzeichen der Industriegesellschaft, in der sich die Klasse (lat. *classis*: Gruppe) der Kapitalisten, die Geld, Marktkenntnisse und Produktionsmittel besitzen, und die Klasse der besitzlosen Arbeiter (*Proletarier*) gegenüberstehen (*Zweiklassengesellschaft*).

Kommunismus (lat. *communis*: allgemein, allen gemeinsam): Der Begriff steht sowohl für die politische Weltanschauung als auch für eine Wirtschafts- und Gesellschaftsordnung, die von einem gemeinsamen Eigentum an den Produktionsmitteln ausgeht; Gegenteil von → *Kapitalismus.*

Soziale Frage: Bevölkerungswachstum, Massenarmut, Massenarbeitslosigkeit und Wohnungsnot kennzeichneten vor allem die Anfangsphase der → *Industriellen Revolution.* Staat, Kirche, Unternehmer und die → *Arbeiterbewegung* suchten nach Lösungen für die sozialen Probleme.

Sozialismus (lat. *socius*: Genosse): eine Wirtschafts- und Gesellschaftsordnung, die den staatlichen bzw. gemeinsamen Besitz der vorher privaten Unternehmen anstrebt, um so eine gerechtere Verteilung der Güter an alle Mitglieder der Gemeinschaft zu erreichen. Der Sozialismus zielt gegen die liberale Wirtschafts- und Gesellschaftsordnung.

Zusammenfassung

Die von Großbritannien ausgehende Industrielle Revolution veränderte die Arbeits- und Lebensbedingungen der Menschen tiefgreifend. Maschinen und Fabrikarbeit wurden zu den Kennzeichen des neuen Zeitalters. Mit der Dampfmaschine erhielten viele technische Apparate eine neue Antriebskraft. Aus der Dampfmaschine wurde die Lokomotive entwickelt. Die Eisenbahn wurde schnell zum wichtigsten Transportmittel für Waren und Personen.

In den deutschen Staaten begann der industrielle Aufbruch um 1840. Er beschränkte sich zunächst auf wenige Regionen.

Mit dem Deutschen Zollverein wurde ein großer einheitlicher Wirtschaftsraum eröffnet. Zum „Motor" der deutschen Industrialisierung entwickelte sich der Eisenbahnbau. Zugleich organisierten sich Handel und Industrie zunehmend in Aktiengesellschaften, um den steigenden Kapitalbedarf decken zu können.

Anfang der 1870er-Jahre blühte die deutsche Wirtschaft auf. Doch schon 1873 beendeten Absatzprobleme und Firmenpleiten den Aufschwung für längere Zeit (*Große Depression*).

Die Industrialisierung in Deutschland ging jedoch weiter. Neben die Eisen- und Stahlproduktion traten Chemie und Elektrotechnik. Der wirtschaftliche und technische Fortschritt belastete allerdings die Umwelt in erheblichem Maße. Technische Entwicklungen auf der Grundlage wissenschaftlicher Forschungen veränderten den Alltag der Menschen im Haushalt sowie in der Kommunikation und machten sie mobiler.

Auch in der Landwirtschaft konnten die Erträge durch den Einsatz von Kunstdünger und Maschinen gesteigert werden. Fortschritte in der Hygiene und Medizin ließen die Lebenserwartung steigen und die Bevölkerung stark anwachsen.

Dennoch wanderten im 19. Jh. aus wirtschaftlichen, sozialen und politischen Gründen rund sechs Millionen Deutsche aus. Auf der Suche nach Arbeit und Brot zogen weitere Millionen Menschen quer durch Deutschland in die Industrieregionen.

Die Arbeit in Fabriken, feste Arbeitszeiten und Schichtarbeit änderten den Lebensrhythmus der Menschen grundlegend. In der Regel war das Einkommen der Arbeiter so niedrig, dass Frauen und sogar Kinder mitarbeiten mussten.

Friedliche Proteste und gewalttätige Aufstände gegen das Elend der Unterschichten machten auf den *Pauperismus* und die *Soziale Frage* aufmerksam. Zunächst versuchten die Kirchen und einige Unternehmer, die negativen Folgen der Industrialisierung zu mildern. Die Regierenden halfen erst, als sie erkannt hatten, dass ohne sozialen Frieden die Staatsordnung gefährdet war.

Die Arbeiter selbst organisierten sich in Vereinigungen, um für ihre Interessen in Betrieb und im Staat zu streiten. Ihre Hauptwaffe war der Streik.

Karl Marx und Friedrich Engels bezeichneten in ihrem „Kommunistischen Manifest" den Gegensatz zwischen Unternehmern (Kapitalisten) und Arbeitern (Proletariern) als unüberbrückbar. Sie glaubten, dass dieser nur durch eine Revolution überwunden werden könne.

Internet- und Exkursionstipp:

Interessante Industrie- und Technikmuseen in Brandenburg findest du unter www.technikmuseen.de

1 Deutsches Technikmuseum in Berlin.
Foto von Clemens Kirchner, 2001.
Das Museum liegt auf dem Gelände des ehemaligen Anhalter Güterbahnhofs und des Bahnbetriebswerkes. Es ist eines der bedeutendsten Technikmuseen der Welt mit großen Abteilungen zum Schienen- und Straßenverkehr sowie zur Luft- und Schifffahrt.

Spurensuche

Themen für interessante Referate:
- *Die Industrialisierung in Berlin*
- *Kinderarbeit - einst und jetzt*

Lektüre- und Internettipps:

Zum ersten Thema findest du Informationen im oben angegebenen Museum (www.dtmb.de).
- *Jochen Boberg (Hrsg.), Exerzierfeld der Moderne: Industriekultur in Berlin im 19. Jahrhundert, München 1984*
- *Helmut Lindner und Jörg Schmalfuß, 150 Jahre Borsig Berlin-Tegel, Berlin 1987*

Zum zweiten Thema siehe:
- *Arno Herzig und Barbara Küppers, Kinderarbeit einst und jetzt, Bramsche 2002*
- *www.forum-Kinderarbeit.de*
- *www.kindernothilfe.de/schwerpunkte/kinderarbeit/index.html*

Berlin: von der Gründung bis zur Industrialisierung

Zuerst kamen Bauern, Handwerker und Kaufleute
Die Ursprünge des heutigen Berlins liegen in der mittelalterlichen Ostsiedlung.* Im 12. Jh. regierten die Markgrafen von Brandenburg aus der Familie der *Askanier* über das Gebiet, das ursprünglich Slawen bewohnten. Sie hatten Bauern, Handwerker und Kaufleute in ihr Land gerufen. Die Siedler kamen vom Niederrhein, aus Flandern und Westfalen, aus dem Harz und dem Thüringer Wald.
Die beiden ersten Siedlungen Berlin und Cölln entstanden dort, wo sich zwei Handelswege kreuzten. Sie führten von Magdeburg nach Polen und von Sachsen zur Ostsee. Cölln lag auf der Spreeinsel, deren Spitze heute „Museumsinsel“ heißt, Berlin am gegenüberliegenden Ufer.** Die Gründung der beiden Siedlungen rechts und links der Spree war nicht ungewöhnlich, mussten die Kaufleute doch ihre Waren an dem Flussübergang umladen.
Wann die Orte Stadtrechte erhielten, ist nicht genau bekannt. In schriftlichen Quellen werden Cölln und Berlin erstmals 1237 und 1244 genannt. Als Stadt wird Berlin zum ersten Mal 1251 erwähnt, Cölln 1261.

Gemeinsame Politik
Seit ihrer Gründung arbeiteten beide Städte zusammen. 1307 schlossen sie eine „Union“ für eine gemeinsame Bündnis- und Sicherheitspolitik. Ihre Selbstständigkeit gaben sie damit nicht auf. Die Städte erhielten eine gemeinsame Stadtmauer und auf der Langen Brücke ein neues, drittes Rathaus. Damals bestimmten die Patrizier die Politik, denn die Zusammensetzung der Stadträte konnten weder die meisten Bürger noch der Landesherr beeinflussen. Die Rechte des Landesherrn nahm für beide Städte ein in Berlin wohnender Schultheiß wahr.
Die Doppelstadt Berlin-Cölln konnte vom Landesherrn wichtige Vorrechte (Privilegien) erwerben. Das Niederlagsrecht verpflichtete durchreisende Kaufleute, ihre Waren in den Städten einige Tage zum Kauf anzubieten. Außerdem erhielten beide Städte Steuer- und Zollvorteile, sie durften Münzen prägen, Urteile fällen und Bündnisse schließen. Berlin-Cölln entwickelte sich zum Mittelpunkt der Mark. Seit 1359 gehörte die Doppelstadt der Hanse an.

**Lies dazu nochmals Seite 72.*

*** Der Name Berlin ist slawischen Ursprungs und bezeichnet ein feuchtes, sumpfiges Gelände. Er wurde schon im 13. Jh. mit einem Bären in Verbindung gebracht. Der Name Cölln lässt auf Siedler aus dem Rheinland schließen, die ein neues Köln gründen wollten.*

1 Siegel der Stadt Berlin von 1338.
Über dem schreitenden Bären fliegt an einem Halsband der brandenburgische Adler. Damit wird angedeutet, dass Berlin trotz weitgehender Selbstständigkeit dem Herrn der Mark Brandenburg „verbunden“ ist. Die Umschrift lautet: S[IGILLUM] SECRETUM CIVITATIS BERLIN: Geheimsiegel der Stadt Berlin.

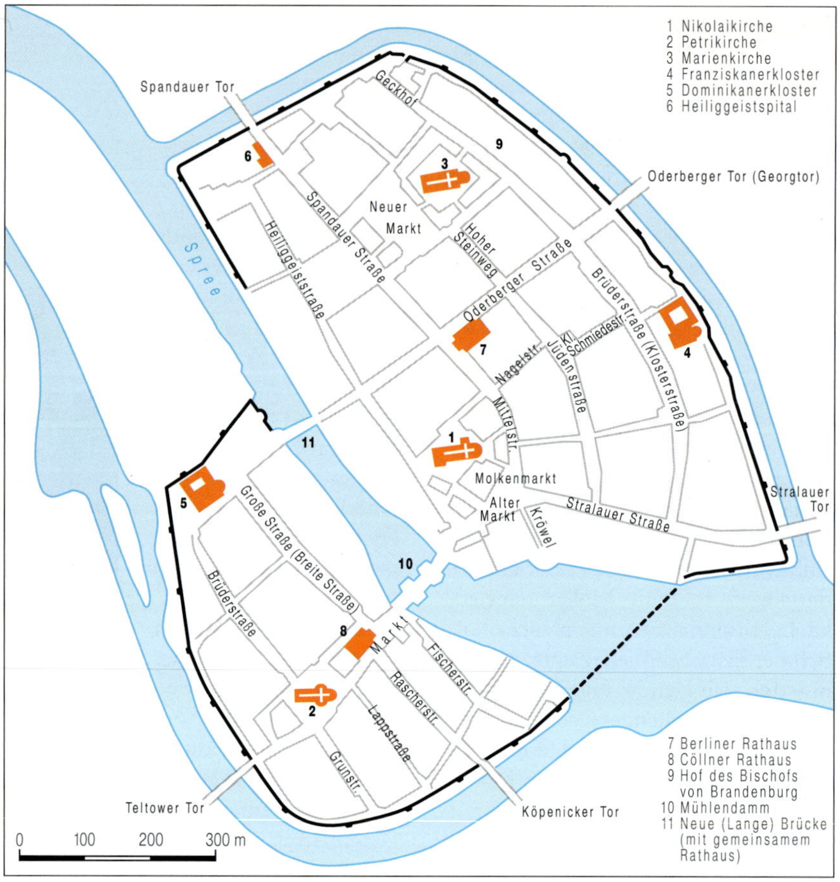

2 Berlin und Cölln um 1400.
Um 1400 gab es in Berlin ca. 750 Häuser mit etwa 6000 Bewohnern, in Cölln lebten etwa 2000 Menschen in rund 320 Häusern. Suche in einem neuen Stadtplan das hier gezeigte Gebiet.

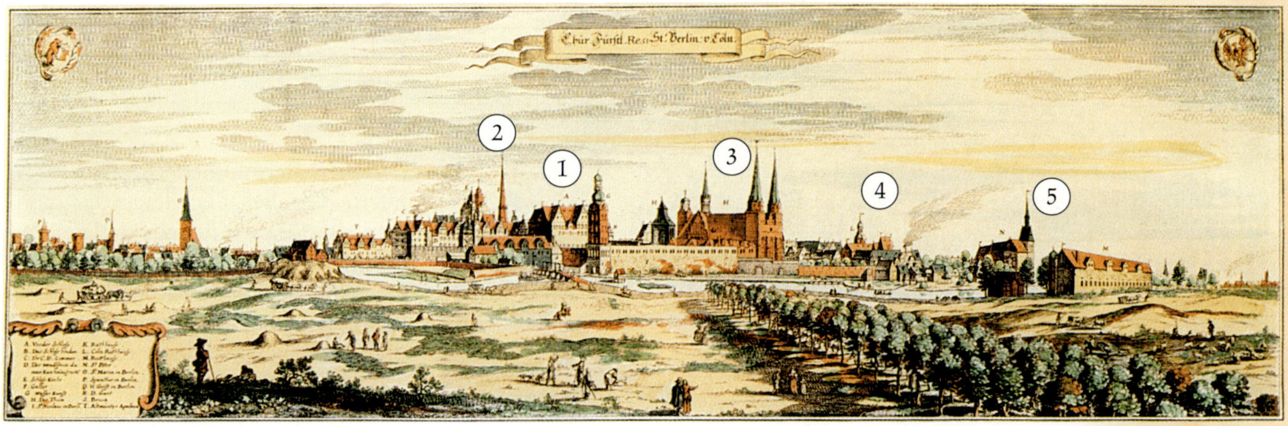

Ärger mit dem Landesherrn

Anfang des 15. Jahrhunderts bedrohten Raubritter die Bürger in Berlin-Cölln, Ruhe und Wohlstand kehrten erst wieder ein, als die Hohenzollern eine starke Landesherrschaft errichteten. 1417 hatte *Friedrich von Hohenstaufen* vom König den Titel eines Markgrafen und Kurfürsten erhalten.

Den Hohenzollern war die Doppelstadt zu mächtig. Sie nutzten einen Konflikt zwischen Rat und Bürgerschaft, um die „Union" aufzuheben. Der Kurfürst nahm ihnen das Bündnisrecht und andere Privilegien. In das Rathaus zog der kurfürstliche Richter ein. Ein Jahr später wurde der Grundstein für das kurfürstliche Schloss in Cölln gelegt. Gegen die kurfürstlichen Einschränkungen protestierten die Bürger. Ihr „Unwille" blieb erfolglos, da die Hilfe der Hanse ausblieb. 1448 siegte die Territorialgewalt der Kurfürsten über das Unabhängigkeitsstreben der beiden Städte.

Eine neue Konfession

Seit 1486 wohnte der Landesherr im Schloss. Seine Anwesenheit prägte beide Städte. Der Adel und Beamte kamen, sie verlangten nach Luxusgütern – und tüchtige Handwerker lieferten sie. Berlin und Cölln wuchsen, doch ihre Selbstständigkeit nahm immer mehr ab. Ihre Stadtverordneten durften letztlich nur noch ausführen, was der Landesherr verlangte.

Während der Reformation gehörten die Sympathien der Berliner und Cöllner Luther und seinen Ideen, doch der Landesherr stand zunächst auf der Seite des Kaisers. Erst der ab 1536 regierende Kurfürst *Joachim II.* leitete die Wende ein: Am 2. November 1539 durften Rat und Bürger von Berlin und Cölln in der Nikolaikirche erstmals öffentlich das Abendmahl in neuer Form feiern. 1540 wurde eine neue Kirchenordnung erlassen und damit die Reformation eingeführt. Die Klöster wurden aufgelöst und der Kirchenbesitz eingezogen. Der Landesherr verwendete die Einnahmen unter anderem dazu, das Schloss im Renaissancestil umzugestalten* und um einen Knüppeldamm durch das sumpfige Gebiet zum Jagdschloss Grunewald legen zu lassen: den „Kurfürstendamm".

Konflikte, Pest und Krieg

Um 1600 lebten in Berlin und Cölln etwa 12 000 Menschen. Viele blieben arm und starben früh. Konflikte blieben nicht aus. 1571 misshandelten die Bürger die Juden. Sie machten sie verantwortlich für die teure Hofhaltung des Kurfürsten. Zwei Jahre später wurden die Juden – wie schon 1510 – aus der Mark Brandenburg vertrieben.

Soziale und religiöse Spannungen bildeten den Hintergrund des „Berliner Tumults" von 1615. Die Bürger begehrten gegen ihren Landesherrn auf, als dieser 1613 vom Luthertum zum Calvinismus übertrat. Der Aufstand wurde zwar niedergeschlagen, aber alle Untertanen durften Lutheraner bleiben.

Der Dreißigjährige Krieg verschonte Berlin zunächst. Berlin und Cölln wurden 1627 zum ersten Mal gezwungen, Proviant zu liefern und Kontributionen zu zahlen. Als Anfang 1631 *Gustav Adolf* mit seinem Heer vor den Toren Berlins stand, schloss der Kurfürst ein Bündnis mit dem protestantischen Schwedenkönig. Erneut mussten die Berliner und Cöllner Abgaben leisten. Zur wirtschaftlichen Erpressung kam die Pest. An ihr starben mehr als 4 500 Berliner. Der Kurfürst, der nach Königsberg in Ostpreußen gezogen war, schwankte zwischen den Parteien und konnte nicht verhindern, dass die Truppen beider Seiten noch mehrfach in Berlin und Cölln einmarschierten. Ruhigere Zeiten brachen erst nach 1643 an. Bis dahin war jedes dritte Haus in Berlin zerstört, in Cölln jedes zweite. Die Bevölkerungszahl war auf etwa 7 500 gesunken.

3 „Churfürstliche Residenzstadt Berlin und Cölln".
Kupferstich von Caspar Merian aus der „Topographie der Mark Brandenburg", 1652. Der Blick von Nordwesten, etwa vom heutigen Bahnhof Friedrichstraße, zeigt in der Mitte das Schloss (1), links davon den Turm der Nikolaikirche (2), rechts der Dom (3), das Cöllnische Rathaus (4) und die Petrikirche (5). Finde heraus, welche Gebäude sich bis heute erhalten haben.

* *Siehe Abb. 7, Seite 85*

4 **Das 1739 erbaute Brandenburger Tor.** *Radierung (8,6 x 15,2 cm) von Daniel Chodowiecki, 1764.*

Wiederaufbau
Kurfürst *Friedrich Wilhelm*, der seit 1640 regierte, ließ sich viel einfallen, um das Land wieder aufzubauen. Schon 1641 hatte er die Akzise eingeführt, eine Verbrauchssteuer auf Lebensmittel. Gleichzeitig nahm er den Städten das Recht, Steuern einzuziehen. Die Polizeigewalt über Berlin und Cölln übergab der Kurfürst einem Militärgouverneur.
Zwischen 1658 und 1683 wurden Berlin und Cölln von einem Festungsring umgeben. Bereits seit 1657 waren hier knapp 2000 Mann des stehenden Heeres stationiert. Nicht zur Freude der Bewohner, denn die Soldaten wurden in Bürgerhäuser einquartiert.*
Großen wirtschaftlichen Nutzen zog Berlin-Cölln aus dem 1662 begonnen Bau des Friedrich-Wilhelm-Kanals zwischen Spree und Oder. Er machte die Doppelstadt zum Knotenpunkt des Fernhandels.
Auch die Kultur förderte der Kurfürst. Seine rasch wachsende Bibliothek und seine Kunstsammlungen bildeten die Grundlage für die Berliner Museen.
Über allen diesen Aufbauleistungen des „Großen Kurfürsten", wie Friedrich Wilhelm bald genannt wurde, stand die von ihm praktizierte religiöse Toleranz. Sie unterschied ihn von vielen europäischen Fürsten: 1671 durften zur „Beförderung des Handels und Wandels" 50 jüdische Familien aus Wien einreisen, und ab 1685 bot er rund 6000 verfolgten französischen Hugenotte (Calvinisten) eine neue Heimat.** Die gebildeten und tüchtigen Einwanderer trugen viel zum wirtschaftlichen und kulturellen Aufstieg von Berlin-Cölln und Preußen bei.

Berlin und Cölln werden vereint
Als Friedrich Wilhelm 1688 starb, hatte Berlin fast 20000 Einwohner. Sein Sohn, König *Friedrich I.*, regierte absolutistisch, ließ das Stadtschloss im Barockstil ausbauen und gab weitere Schlösser in Auftrag, darunter Schloss Charlottenburg. Außerdem gründete er Manufakturen für Luxusgüter wie Porzellan, Wandteppiche und Silbergefäße. 1710 wurden Berlin und Cölln mit einigen Vorstädten zur königlich-preußischen Residenzstadt Berlin mit etwa 57000 Einwohnern vereint. Es entstand eine zentrale städtische Verwaltung. Gleichzeitig sicherte sich der König das Recht, die Ratsherren auswählen zu dürfen.

Auf dem Weg zur Militärstadt
Der Sohn des ersten preußischen Königs, *Friedrich Wilhelm I.*, übernahm 1713 das Regiment. Er baute Brandenburg-Preußen zu einer europäischen Militärmacht aus.***
Berlins Wirtschaft produzierte nun weniger für den Adel und mehr für die Soldaten. Viele Bewohner zogen weg, damit ihre Kinder nicht Soldaten werden mussten. Der Bevölkerungsschwund endete bald: Nach 1732 wanderten weitere lutherische und reformierte Glaubensflüchtlinge aus Böhmen ein. 1733 wurden die Berliner von der Militärpflicht befreit.
Der „Soldatenkönig" ließ nach 1734 die barocken Festungsanlagen abreißen und eine neue Stadtmauer mit zunächst 14, später 18 Stadttoren bauen. Dort wurden alle ein- und ausgehenden Bürger kontrolliert und Waren mit Akzise belegt. Während seiner Regierung entstand 1726 die *Charité* (franz. von lat. *caritas*: Barmherzigkeit), ein Krankhaus, das auch als Lehranstalt für angehende Ärzte diente.

Unter Friedrich dem Großen
Der Sohn des „Soldatenkönigs", *Friedrich II.*, veränderte Berlin durch bedeutende Bauten wie das Opernhaus, die katholische St. Hedwigs-Kathedrale und die Königliche Bibliothek. Darüber hinaus organisierte der aufgeklärte Herrscher die 1700 gegründete Akademie der Wissenschaften 1744 neu.
Im Siebenjährigen Krieg wurde Berlin belagert und besetzt, die Wirtschaft lag am Boden. Um die Not zu überwinden, förderte Friedrich der Große nach 1763 die Errichtung weiterer Manufakturen und lockerte die Zunftregeln. Als er 1786 starb, war Berlin Hauptstadt einer europäischen Großmacht mit über 147000 Einwohnern, davon etwa 40000 Militärpersonen.

Symbol der Stadt
Friedrich Wilhelm II., der auf Friedrich den Großen folgte, kämpfte von 1792 bis 1795 erfolglos gegen die Französische Revolution und gab viel Geld für Architektur aus. Das von ihm in Auftrag gegebene *Brandenburger Tor* wurde nach 1788 an die Stelle eines älteren Stadttores als Friedenstor im klassizistischen Stil errichtet und ist heute das Symbol der Stadt.

**Die ersten Kasernen wurden erst nach 1740 gebaut.*

***Lies dazu Seite 169.*

****Siehe Seite 171 f.*

Demütigung
Sein Sohn *Friedrich Wilhelm III.*, der ab 1797 regierte, fand Schulden vor und vernachlässigte die Armee. Der so geschwächte Staat musste hinnehmen, dass seine Truppen von Napoleon geschlagen wurden. Der König hatte Berlin längst verlassen, als die Franzosen am 27. Oktober 1806 durch das Brandenburger Tor einzogen; sie besetzten die Stadt über zwei Jahre lang. Neben anderen Kunstschätzen ließ Napoleon die *Quadriga* – einen von vier Pferden gezogenen Wagen mit der römischen Siegesgöttin Viktoria als Friedensbringerin – vom Brandenburger Tor nehmen und nach Paris bringen.

Notwendige Reformen
Vorraussetzung für die Befreiung von der Fremdherrschaft waren grundlegende Reformen.* Die preußischen Städte erhielten ihre Selbstständigkeit zurück. Sie durften sich wieder selbst verwalten und Stadtverordnete wählen. Wahlberechtigt waren in Berlin aber weniger als zehn Prozent der Haushaltsvorstände. Die Wahl des Oberbürgermeisters musste der König bestätigen.
1810 konnte *Wilhelm von Humboldt* mit der Gründung der Berliner Universität seine Idee von der Freiheit und Einheit von Forschung und Lehre verwirklichen. Hervorragende Gelehrte wie der Philosoph *Georg Wilhelm Friedrich Hegel* verschafften ihr schnell einen guten Ruf in ganz Europa.
Nachdem Napoleon in Russland gescheitert war, beendeten die Freiheitskriege die französische Fremdherrschaft. 1814 kehrte die Quadriga nach Berlin zurück.

Unterdrückung
Der militärische Erfolg stoppte den preußischen Reformeifer. Die Restauration machte sich auch in Berlin bemerkbar. Nach der französischen Julirevolution von 1830 kam es auch in Berlin zu Aufständen, und 1847 trugen die hohen Kartoffelpreise zu Hungerunruhen in der Stadt bei. Inzwischen herrschte *Friedrich Wilhelm IV.* Er regierte wie seine Vorgänger mit Zensur und Unterdrückung. Nach den Ereignissen vom 18. März 1848 ging er kurz auf die politischen Forderungen ein.** Angesichts von 200 Barrikaden zog er die Soldaten aus der Stadt, gewährte Presse- und Versammlungsfreiheit, besetzte Ämter neu und geleitete am 22. März mit einer schwarz-rot-goldenen Armbinde den Trauerzug der Berliner zum Friedrichhain, auf dem die zivilen Opfer der Straßenkämpfe beigesetzt wurden.
Aber die Revolution machte vor den Thronen halt – auch in Berlin. Das Militär und das Bürgertum blieben den Fürsten treu. Friedrich Wilhelm IV. setzte Soldaten ein, um für „Ruhe und Ordnung" zu sorgen. 1850 machte er Preußen zwar zur konstitutionellen Monarchie, doch mit einer neuen Städteordnung schränkte er die Selbstständigkeit der Städte weiter ein. Die größte Macht in der Stadt bekam der Polizeipräsident. Er durfte dem Magistrat Anweisungen geben.

*Lies dazu Seite 203.

5 **Das neue Brandenburger Tor.**
Lithografie (11,6 x 16,4) nach einer Zeichnung von Friedrich August Calau, um 1820.

Eine Wirtschaftsmetropole entsteht
Ab 1818 lief der Handel in Preußen ohne Zoll, was die Warenproduktion förderte. Ab Oktober 1838 verband die Eisenbahn Berlin mit Potsdam. Der Zug fuhr vom Potsdamer Bahnhof (südlich des heutigen Potsdamer Platzes) ab und brauchte für die 26 Kilometer lange Strecke über Steglitz und Zehlendorf bei 35 Stundenkilometern rund 40 Minuten.
Zur starken Textilindustrie kam der Maschinenbau hinzu. Die 1837 von *August Borsig* gegründete Lokomotivenfabrik zählte bald zur größten Europas.*** 1847 legten *Werner Siemens* und *Johann Georg Halske* mit der „Telegraphenbauanstalt" den Grundstein für die Elektroindustrie, deren zweites Standbein 1883 die *Deutsche Edison Gesellschaft für angewandte Elektricität* (ab 1887 AEG: *Allgemeine Elektricitäts-Gesellschaft*) wurde. Die Anfänge der chemischen Industrie gehen auf die 1864 von *Ernst Schering* gegründete Fabrik zurück. Zu den Industrien kamen Handel und Banken. Sie machten Berlin gegen Ende des 19. Jahrhunderts zu einer Wirtschaftsmetropole von europäischem Rang.

**Siehe Seite 226.

Leben in der Metropole
Die Bevölkerung Berlins war zwischen 1809 und 1861 von 145 000 auf etwa 550 000 gewachsen. Viele Menschen fanden Arbeit, doch ihre lage waren lang, die meisten verdienten wenig, gefährdeten ihre Gesundheit und lebten in engen und feuchten Wohnungen.
Ab 1823 wurden Straßen planmäßig gepflastert. Erst in den 1850er-Jahren entstanden Wasch- und Badeanlagen sowie Wasserleitungen und ein Wasserwerk. Die Kanalisation ging ab 1876 schrittweise in Betrieb. Die erste Pferdestraßenbahn fuhr 1865, 1882 folgte die erste Stadtbahn und 1902 die erste U-Bahn.

***Lies dazu Seite 253.

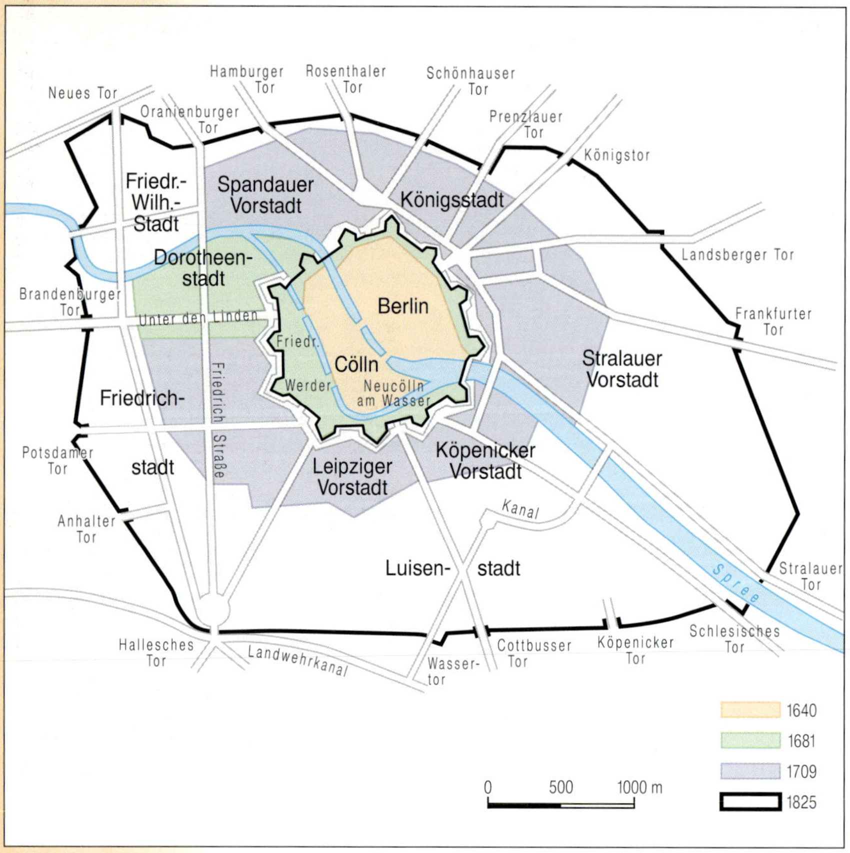

M 1 Stadtentwicklung Berlins bis zum Beginn des 19. Jahrhunderts.
Bis 1640 umfasste die Doppelstadt die Berliner Altstadt rechts der Spree und die Cöllnische Spreeinsel, eine Fläche von 83 Hektar. Das Stadtgebiet wuchs über 217 Hektar (1681) und 626 Hektar (1709) auf 1400 Hektar (1825).
Aus: Thomas Ludewig, Berlin. Geschichte einer deutschen Metropole, München 1986, S. 246

M 2 Zivilbevölkerung und Militär in Berlin

	Zivilbev.	*Militär*
1720	53 355	11 645
1750	89 523	23 766
1780	109 694	30 931
1800	146 911	13 414
1820	185 829	12 974
1840	315 380	13 312
1871	806 397	19 944

Rüdiger Hachtmann, „Ein Magnet, der die Armut anzieht". Bevölkerungsexplosion und soziale Polarisierung in Berlin 1830-1860, in: Ralf Pröve und Bernd Kölling (Hrsg.), Leben und Arbeiten auf märkischem Sand, Bielefeld 1999, S. 178

M 3 Bevölkerungswachstum europäischer Hauptstädte

	1800	*1880*
Berlin	172 000	1 122 000
London	1 117 000	4 770 000
St. Petersburg	220 000	877 000
Prag	75 000	162 000
Paris	547 000	2 269 000
Rom	153 000	300 000
Wien	247 000	726 000

Nach: Rüdiger Hachtmann, „Ein Magnet, der die Armut anzieht", a.a.O., S. 179

M 4 „Ziemlich grob und ungesalzen"
Der schlesische Gymnasiallehrer Friedrich Lulä berichtet 1667:

Berlin hat ein besonderes Rathaus, welches aber kein sonderliches Wesen ist. Die St.-Nikolai-Kirche ist die Hauptkirche. Nach ihr kommt die Marien-, die Heilige Geist- und die Klosterkirche. Die Bürgerschaft Berlins bekennet sich zum Luthertum, und sind die meisten mit ihren Predigern ziemlich grob und ungesalzen. Die mehrsten Häuser sind von Stein erbauet […].
Aus Berlin gehet man auf zweien Orten nach Kölln, der eine Weg führet über den Mühlendamm, der andere über die Lange Brücke, von welcher aus man auf den Platz vor dem Schloss gelangt. Diese Brücke ist ein überaus zierlich Bauwerk nach holländischem Modell und trägt zu beiden Seiten an den Bahnen die Wappen der brandenburgischen Provinzen. Auf dem großen Platz, der Brücke gegenüber, steht die Domkirche, und rechts präsentiert sich die kurfürstliche Residenz.
Um die Stadt herum habe ich wenig von schönen Gärten gesehen, da der Sandboden eine Anpflanzung nicht wohl zulässt. An Lebensmitteln, sonderlich an Fischen und Krebsen, ist zwar hier viel Überfluss; allein die Vielheit der Offiziere, der Bedienten, der Schleckermäuler und Soldaten, vornehmlich aber der große Hofstaat macht das Leben sehr teuer. […] Die Manufakturen, so man hier fertigt, werden auch am Orte wieder konsumieret. Der Hof aber lässt sich die Waren meist aus Holland und Hamburg bringen.

Zit. nach: Eckart D. Stratenschulte, Kleine Geschichte Berlins, München [4]2004, S. 23 (vereinfacht)

LERNTIPP

1. *In M 1 und M 2 findest du Angaben über das Wachstum der Stadt, in der Darstellung Angaben über die Entwicklung der Einwohnerzahl. Lege eine Tabelle oder Grafik an.*
2. *Finde Erklärungen für die Namen der meisten Stadttore (M 1).*
3. *Errechne den prozentualen Anteil des Militärs an der Gesamtbevölkerung (M 2).*
4. *Bestimme die Hauptstadt mit dem stärksten Bevölkerungszuwachs (M 3).*
5. *Lulä nennt Probleme der Residenzstadt (M 4). Erläutere sie.*

M 5 Wandel der Sozialstruktur der Berliner Bevölkerung

Angaben nach der Statistik der Erwerbstätigen (in %)

	1801	*1840*	*1861*
Bürgertum			
(Wirtschaftsbürgertum, Bildungsbürger, höhere Beamte, reiche Pensionäre etc.)	3,62	5,06	8,42
Mittelschichten			
(wohlhabende Handwerksmeister, mittlere und untere Beamte, kleine Kaufleute und Gastwirte)	12,95	14,01	9,97
Unterschichten			
– verarmte selbstständige Handwerksmeister, Hausierer usw.	8,88	10,38	8,20
– qualifizierte Fabrikarbeiter, Handwerksgesellen, Handlungsdiener usw.	35,06	37,56	42,05
– unqualifizierte Arbeitskräfte	27,90	25,55	27,73
– Erwerbslose etc.	11,59	18,54	3,63

Rüdiger Hachtmann, „Ein Magnet, der die Armut anzieht", a.a.O., S. 181 (vereinfacht)

M 6 Wo und wie die Armen leben

Die Schriftstellerin Bettine von Arnim lebt seit 1807 in Berlin. Die Missstände in den Mietskasernen der Berliner Arbeiterviertel veranlassen sie zu der Schrift „Dies Buch gehört dem König". In dem Friedrich Wilhelm IV. gewidmeten und 1843 veröffentlichten Werk schreibt sie:

Vor dem Hamburger Tore, im sogenannten Vogtland, hat sich eine förmliche Armen-Kolonie gebildet. Man lauert sonst jeder unschuldigen Verbindung auf. Das aber scheint gleichgültig zu sein, dass die Ärmsten in Eine große Gesellschaft zusammengedrängt werden, sich immer mehr abgrenzen gegen die übrige Bevölkerung und zu einem furchtbaren Gegengewichte anwachsen. Am leichtesten übersieht man einen Teil der Armengesellschaft in den sogenannten „Familienhäusern". Sie sind in viele kleine Stuben abgeteilt, von welchen jede einer Familie zum Erwerb, zum Schlafen und Küche dient. In 400 Gemächern wohnen 2500 Menschen. Ich besuchte daselbst viele Familien und verschaffte mir Einsicht in ihre Lebensumstände.

In der Kellerstube Nr. 3 traf ich einen Holzhacker mit einem kranken Bein. Als ich eintrat, nahm die Frau schnell die Erdäpfelhäute vom Tische, und eine sechzehnjährige Tochter zog sich verlegen in einen Winkel des Zimmers zurück, da mir ihr Vater zu erzählen anfing. Dieser wurde arbeitsunfähig beim Bau der neuen Bauschule. Sein Gesuch um Unterstützung blieb lange Zeit unberücksichtigt. Erst als er ökonomisch völlig ruiniert war, wurden ihm monatlich 15 Silbergroschen zuteil. Er musste sich ins Familienhaus zurückziehen, weil er die Miete für eine Wohnung in der Stadt nicht mehr bestreiten konnte. Jetzt erhält er von der Armendirektion 2 Taler monatlich. In Zeiten, wo es die unheilbare Krankheit des Beines gestattet, verdient er 1 Taler monatlich; die Frau verdient das Doppelte, die Tochter erübrigt 1 1/2 Tlr. Die Gesamteinnahme beträgt also 6 1/2 Tlr. im Monat. Dagegen kostet die Wohnung 2 Tlr.; eine „Mahlzeit Kartoffeln" 1 Sgr. 9 Pf.; auf zwei tägliche Mahlzeiten berechnet, beträgt die Ausgabe für das Hauptnahrungsmittel 3 1/2 Tlr. im Monat. Es bleibt also noch 1 Tlr. übrig zum Ankaufe des Holzes und alles dessen, was eine Familie neben rohen Kartoffeln zum Unterhalte bedarf.

Bettine von Arnim, Politische Schriften, hrsg. von Wolfgang Bunzel, Ulrike Landfester, Walter Schmitz und Sibylle von Steinsdorff, Frankfurt am Main 1995, S. 331f.

M 7 Am Eingang einer Berliner Suppenküche.
Holzstich von I.G. Füllhaus, um 1860.

1. *Beschreibt aus der Sicht eines reichen Kaufmanns, eines wohlhabenden Handwerksmeisters, eines Fabrikarbeiters und eines Erwerbslosen die Entwicklung zwischen 1801 und 1861 (M 5).*
2. *Formuliert aus dem Bericht von Bettine von Armin soziale und politische Forderungen (M 6).*

1 Kreuzung römischer Wasserleitungen (Aquädukte) in der Via Latina, südöstlich von Rom.
Rekonstruktionszeichnung von Zeno Diemer, um 1914.
Zwischen dem 3. Jh. v. Chr. und dem 3. Jh. n. Chr. errichteten die Römer elf große Fernwasserleitungen mit einer Gesamtlänge von etwa 500 km (rund 430 km unterirdisch, 60 km auf Brücken, der Rest an der Erdoberfläche).

Umgang mit der Natur: von der Antike bis zur Industrialisierung

Die Umwelt wird zerstört

Das Gesicht der Landschaft wurde durch die landwirtschaftliche Nutzung, den Berg- sowie den Straßen- und Städtebau verändert. Außerdem verwüsteten Kriege ganze Landstriche, denn die Vernichtung von Ernten gehörte zu den Mitteln der Kriegsführung.

Von größerer Bedeutung für die Veränderung der Umwelt war die Ausnutzung der Rohstoffe, vor allem von Holz. Es wurde nicht nur zum Bauen der Häuser, Brücken und Schiffe benötigt. Riesige Mengen wurden zum Heizen der öffentlichen Bäder und privaten Häuser sowie bei der Metallverarbeitung verbraucht.

Um ihren Holzbedarf zu decken, entwaldeten die Griechen und Römer das Landesinnere sowie die Küstenregionen des Mittelmeerraumes. Auch die Flusstäler wurden gerodet. Bei starken Regenfällen und Überschwemmungen riss nun das Wasser das Erdreich mit sich. Der Schlamm lagerte sich an den Mündungen der Flüsse ab. Einige Häfen verlandeten und wurden vom Meer abgeschnitten. Milet in Kleinasien, Ravenna und Ostia in Italien sind Beispiele dafür.

Der Abbau von Metallen und Gesteinen schlug tiefe Wunden in die natürliche Landschaft. In Spanien förderten die Römer z.B. Silbererze aus über 200 m tiefen Stollen. Was die Römer noch nicht wussten: An manchen Orten enthielten die Abraumhalden Schwermetalle (z.B. Blei), die das Wasser und die Pflanzen und damit die Menschen belasteten.

Wasser für Rom

„Die Wassermengen, die in die Stadt geführt werden, sind so groß, dass ganze Flüsse durch die Stadt und die unterirdischen Kanäle strömen, dass nahezu jedes Haus Wasserbehälter und Wasserleitungen hat und reichlich sprudelnde Brunnen besitzt."

Als der griechische Geograf *Strabon* dies im 1. Jh. n. Chr. schrieb, verfügte Rom über sieben große Fernwasserleitungen, später waren es elf. Täglich flossen mindestens 500 000 m^3 Trinkwasser in die Stadt.

Die Bevölkerung musste das Wasser aus öffentlichen Brunnen holen. Im 4. Jh. n. Chr. gab es in Rom davon 1350; ein Brunnen je Hektar Stadtfläche. Nur der Kaiserpalast und die Häuser reicher Bürger hatten Direktanschlüsse. Das überfließende Brunnenwasser sowie das verbrauchte Wasser der öffentlichen Badeanstalten, Toilettenanlagen und gewerblicher Einrichtungen wurde in ein unterirdisches Kanalsystem geleitet, dessen Herzstück die Cloaca maxima* war, eine gewaltige Abwasseranlage im Zentrum der Stadt, die noch auf etruskische Vorarbeiten zurückging. Von dort gelangten die Abwässer in den Tiber. Die Wasserversorgung und das Abwassersystem in Rom – sowie in anderen Städten – waren große technische Leistungen. Die meisten europäischen Großstädte erhielten erst vor 100 Jahren ein vergleichbar leistungsfähiges Abwassernetz.

* **Cloaca maxima** *(lat. cloaca: Reinigungsanlage, cloaca maxima also „die Reinigungsanlage mit den größten Ausmaßen"): Mit der Anlage des Entwässerungskanals im Zentrum Roms wurde im 7. Jh. begonnen.*

Die Umwelt im Mittelalter

Im frühen Mittelalter war Europa nördlich der Mittelmeerländer noch von Wäldern bedeckt. Küstenstreifen galten als kaum bewohnbar, in der Nähe der Flüsse widersetzten sich weite Sumpfgebiete menschlicher Bebauung. Kleine Siedlungen in Waldrodungen bildeten die Ausnahme. Der Wald selbst war wesentlicher Bestandteil der Lebensgrundlage, da dieser bis zu einem gewissen Grade die Ernährung von Haustieren wie Schweinen, Ziegen oder Schafen gewährleisten konnte.

Die Natur wird zurückgedrängt

Für die um 600 etwa zwölf Millionen zählende Bevölkerung Europas waren die Anbauflächen und Rohstoffvorkommen ausreichend. Um 1300 hingegen wohnten rund 50 Millionen Menschen auf dem Kontinent. Dieses Bevölkerungswachstum brachte einschneidende Veränderungen mit sich. Die Ernährung der Menschen konnte nur durch eine intensiv betriebene Landwirtschaft ermöglicht werden. Zwei Neuerungen waren hier maßgeblich: zum einen der schwere Pflug, zum anderen die Dreifelderwirtschaft, die sich seit dem 8. Jh. langsam verbreitete. Doch zunächst brauchte die Bewirtschaftung vor allem eines: Platz, und der war fast nur auf Kosten des Waldes zu haben. So stellt sich die mittelalterliche Geschichte Europas vor allem als Kampf gegen die undurchdringlichen Wälder dar.
Zu den ersten, die im 6. Jh. in unbewohnte Gegenden aufbrachen, zählten Mönche. Sie verbreiteten nicht nur den Glauben, sondern rodeten mithilfe von Hörigen Wälder, legten Sümpfe trocken, bauten Deiche, legten Felder an und verbreiteten technisches Wissen. Die Klöster entwickelten sich zu Musterbetrieben, in denen neue Anbaumethoden und moderne handwerkliche Techniken angewandt wurden.

Neue Herausforderungen

Das mittelalterliche Europa blieb trotz Bevölkerungswachstum eine Agrargesellschaft. Klöster und Dörfer waren mit Ausnahme weniger Güter wirtschaftlich unabhängig. Der Fernhandel war lange Zeit nur für Luxusgüter wie Seide, Bernstein oder Gewürze wichtig. Das änderte sich auch mit den zahlreichen Städtegründungen im 12. und 13. Jh. nicht grundlegend. Insgesamt wohnte nur ein kleiner Anteil der europäischen Bevölkerung in den Städten. Doch die Errichtung der Städte sowie das Zusammenleben auf engstem Raum brachte neue Umweltprobleme mit sich. Schmutz, Lärm und Gestank beeinträchtigten das Zusammenleben in den Städten. Die Menschen griffen aber nur dort regelnd ein, wo die Verschmutzung als allzu störend empfunden wurde.*

Das kristenhafte 14. Jahrhundert

Bereits seit Mitte des 12. Jahrhunderts kam es in einigen Regionen zu Problemen der Holzversorung, z.B. für die Eisenwerke und den Bau der Kathedralen. Im 14. Jahrhundert waren nicht nur viele Wälder verschwunden, sondern auch die Böden in zahlreichen Gebieten ausgelaugt. Eine Steigerung der Erträge war nicht mehr möglich. Als sich dann noch das Klima in Europa verschlechterte und kühleres und feuchteres Wetter zu geringeren Ernteerträgen beitrugen, waren vermehrte Hungersnöte die Folge. Somit traf die Pest von 1348/49 auf eine bereits geschwächte Bevölkerung und wirkte sich daher besonders verheerend aus.**

Der Natur unterworfen?

Die mittelalterlichen Menschen waren den natürlichen Elementen vergleichsweise schutzlos ausgeliefert. Der Winter war für alle hart, und wenn es einen verregneten Sommer und eine schlechte Ernte gab, verhungerten Städter ebenso wie Bauern. Die Chroniken sind voll von Hungersnöten, Epidemien oder auch Überschwemmungen, gegen die die Uferbewohner von Flüssen oft kaum geschützt waren.
In der tatsächlichen Ausgeliefertheit des Menschen an seine Umwelt muss man einen wesentlichen Grund für die tiefe Religiosität sehen, die diese Epoche durchzieht. Die Quellen zeigen, dass die Menschen zwar – wie zu allen Zeiten – einen sachlichen Umgang mit der Natur hatten, ihre Gefahren kannten und ihre Vorzüge zu nutzen wussten. Man hatte aber keinen im engeren Sinne wissenschaftlichen Zugang zu ihr. Die Welt war in erster Linie „Schöpfung", sie wurde also durch die Brille der Religion betrachtet. Der mittelalterliche Mensch sah sich als Teil dieser Schöpfung und gab seine „Zuständigkeit" an höhere Mächte ab.

Der Mensch als Herr der Natur

Erst seit der Renaissance entwickelten die Menschen eine neue Einstellung gegenüber der Natur. Sie betrachteten sich nicht länger als Opfer, sondern als Herren der Natur. Sie hatte allein dem Menschen zu dienen. Das neue Unternehmertum (Frühkapitalismus), rationellere Produktionsmethoden und technische Erfindungen trugen z.B. im Bergbau zu einer noch intensiveren Ausnutzung der Natur bei. Die neuen Umweltbelastungen wurden durch die zahlreichen Kriege des 17. und 18. Jahrhunderts noch verstärkt.

2 Wald wird gerodet.
Buchmalerei aus dem Kloster Citeaux, um 1115.
Ordne die arbeitenden Personen bestinmten Ständen zu.

** Siehe Seite 36.*
*** Lies dazu nochmals Seite 78.*

3 Nachtansicht der Anselm-Hütte in Witkowitz. *Kolorierte Lithographie (28,5 x 44,5 cm) von Ernst Wilhelm Knippel, um 1850. Das Stahlwerk wurde 1847 in Witkowitz bei Mährisch-Ostrau (heute tschechisches Gebiet) errichtet. Gemälde mit qualmenden Schloten waren aus damaliger Sicht keine Anklage gegen die Umweltverschmutzung. Was sollten sie stattdessen zeigen?*

Die Industrialisierung belastet

Maschinen und Fabriken, das immer dichter werdende Verkehrsnetz, die Regulierungen von Flussläufen, die Vergrößerung der landwirtschaftlich genutzten Gebiete, der übermäßige Einsatz von Kunstdünger sowie die Verstädterung* veränderten die Lebensbedingungen der Menschen sowie die Tier- und Pflanzenwelt vollständig.

Von Anfang an gab es in den Industriegegenden Klagen von Anwohnern über die Belästigung durch Dämpfe, Gerüche, Rauch, Ruß, Wärme, Geräusche und giftige Abwässer. Die Menschen beschwerten sich über Beeinträchtigungen, Schädigungen und Gefährdungen, die von den Dampfmaschinen, der Verbrennung von Kohle, Bearbeitung von Stahl, Verhüttung von Erzen, der Herstellung von Chemikalien sowie der häufigen Verwendung von Kunstdüngern ausgingen. Aber ein ökologisches** Bewusstsein, wie wir es heute kennen, gab es noch nicht.

**Zur Verstädterung lies die Seite 262 f.*

Hilflose Reaktionen

Behörden, Unternehmer und Einwohner reagierten unsicher auf die Umweltprobleme. Es war den Verantwortlichen oft unklar, ob größere Gefährdungen bestanden. Für viele waren Rauch und Gestank notwendige „Culturübel". Zugleich wussten die Menschen oft gar nicht, welche Maßnahmen ergriffen werden sollten.

Für die Fabrikanten war die Verminderung der Umweltbelastungen vor allem eine Kostenfrage. So verlagerten beispielsweise Unternehmen aus Belgien Fabriken ins Ruhrgebiet, weil die Auflagen der Behörden hier geringer waren. Die Stahl- und Eisenindustrie verzichtete auf teure rußärmere Kohle, weil sie darin einen wirtschaftlichen Nachteil gegenüber der Konkurrenz sah.

Die Gewerbeordnungen erwiesen sich – wie dies ein amtlicher Bericht aus Oberhausen von 1912 im Zusammenhang mit der „Rauch- und Rußplage" zusammenfasste – als ungeeignet, „irgendwelchen Einfluss" auszuüben. Auch der Versuch, durch höhere Schornsteine die Abgase zu mindern, blieb unbefriedigend: Die Schadstoffe wurden dadurch nur über ein größeres Gebiet verteilt. Die „Dunstglocken" über den Industrieregionen verringerten die Sonneneinstrahlung. Im Frühjahr und Herbst kam es immer öfters zu „Nebelkatastrophen" (Smog***). Viele Menschen litten unter Atem- und Herzbeschwerden. Auch Todesopfer waren zu beklagen.

Wie weit die Umweltbelastungen zu gesundheitlichen Beeinträchtigungen führten und die Pflanzen- und Tierwelt schädigten, war schwierig nachzuweisen. Solange keine anerkannten Messmethoden und Untersuchungen vorlagen, konnten keine eindeutigen Schadensursachen angegeben und Grenzwerte festgelegt werden.

****Ökologie**: *Wissenschaft von den Beziehungen zwischen den Lebewesen (Menschen und Tiere) und ihrer Umwelt.*

*****Smog**: *Der Begriff setzt sich zusammen aus den englischen Wörtern „smoke" und „fog".*

M 1 Der Tiber – eine trübe und dreckige Brühe

Der Lehrer und Forscher Karl-Wilhelm Weeber schreibt 1993:

Der Tiber dürfte angesichts der hohen Konzentration von Abfällen und Schmutzwasser […] im Stadtgebiet Roms schon damals eine trübe, dreckige Brühe gewesen sein […]. Unangenehm – und unhygienisch – wurde es, wenn der Tiber Hochwasser führte. Dann überschwemmten die Fluten des Stro-mes nicht nur die niedriger gelegenen Stadtgebiete, sondern es bestand auch große Rückstaugefahr: Vieles von dem, was zuvor in die Kanalisation gelangt war, wurde dann auf die Straßen zurückgeschwemmt; keine schöne Vorstellung, wenn man sich klarmacht, dass außer Toilettenrückständen auch Tierhäute, Aas und ähnlich eklige Abfälle wieder auftauchten.

Karl-Wilhelm Weeber, Smog über Attika. Umweltverhalten im Altertum, Zürich-München 1993, S. 126 (vereinfacht)

M 2 Umweltschutz im alten Rom

Im 2./3. Jh. n. Chr. gab es bereits verschiedene Maßnahmen, um die Umweltprobleme in den Griff zu bekommen. Der Rechtsgelehrte Günter Heine erläutert in einem Beitrag von 1986:

Nach dem römischen Recht hatte der Eigentümer eines Grundstückes das Eindringen von Wasser, Rauch usw. vom Nachbargrundstück nur dann zu dulden, wenn es das gewöhnliche Maß nicht überschritt. Der Staat versuchte bereits zu dieser Zeit, mit Verordnungen die Wasser- und Luftverschmutzung in den Griff zu bekommen: So gab es in Rom schon im Jahre 235 eine Verordnung, nach der die Betriebe der Gerber, Ölpresser und Wäscher (mit Harnstoffen) nur jenseits des Tibers liegen durften, dort also, wo keine Wohnsiedlungen standen. Ähnlich durften die Schmelzöfen der Glasfabriken wegen ihrer luftverunreinigenden Abgase nur in einem begrenzten Stadtgebiet angesiedelt werden. Ferner sahen bereits frühe Bauordnungen der Städte Zuzugsbeschränkungen für besonders laute Handwerksbetriebe vor.

Günter Heine, Ökologie und Recht in historischer Sicht, in: Hermann Lübbe u. Elisabeth Ströker (Hrsg.), Ökologische Probleme im kulturellen Wandel, München 1986, S. 119 f. (der Text wurde stark vereinfacht)

M 4 Querschnitt durch eine römische Straße.

Rekonstruktionszeichnung von Peter Conolly, um 1980.
In der großen Rinne sammeln sich die Abwässer; die Bleirohre führen Frischwasser.

M 3 Kritische Gedanken

Der römische Philosph Seneca schreibt im 1. Jh. n. Chr. an seinen Freund Lucilius:

Euch sage ich: „Wie lange, und es wird keinen See geben, über den nicht die Giebel eurer Landhäuser ragen? Keinen Fluss, dessen Ufer nicht eure Bauten säumen? Wo immer warmer Quellen Adern sprudeln, dort werden neue Herbergen eurer Genusssucht entstehen. Wo immer sich zu einer Bucht die Küste krümmt, werdet ihr sofort Fundamente eines Baus legen und, nicht zufrieden mit einem Boden, wenn ihr ihn nicht mit eigener Hand geschaffen habt, das Meer nach drinnen leiten. Alle Orte mögen von euren Dächern leuchten, hier auf Bergen errichtet zum weiten Ausblick über Länder und Meer, dort aus der Ebene zur Höhe von Bergen aufgeführt – obwohl ihr viel baut, obwohl riesig, dennoch seid ihr jeder ein Körper, und zwar ein kümmerlicher. Was nützen euch viele Gemächer? In einem einzigen ruht ihr. Nicht ist euer Besitz, wo ihr euch nicht befindet".

Seneca, Philosophische Schriften (Briefe an Lucilius), lat.-dt., übers, eingel. und mit Anm. versehen von Manfred Rosenbach, Bd. IV, Darmstadt: Wissenschaftliche Buchgesellschaft ²1987, S. 821 ff.

1. *Stellt zusammen, in welchen Bereichen die Römer Umweltbewusstsein bewiesen (M 1 bis M 4).*
2. *Erörtert, ob der Text von Seneca auch auf heutige Verhältnisse übertragen werden kann (M 3).*
3. *Informiert euch über Maßnahmen, die heute zur Reinhaltung der Gewässer getroffen werden.*

M 5 „Kampf" gegen den Urwald.
Abbildung aus der Handschrift des Petrus de Ebulo, 1191/96 (Ausschnitt).

M 6 Stadtgründung im Sumpf

Der Bischof Hermann von Cammin überträgt im Jahr 1266 zwei Männern, die Siedler anwerben sollen, Landbesitz zur Gründung der Stadt Köslin in Mecklenburg.

Diesen Ort nun habe ich mit allem Zubehör Werner, genannt der Paderborner, und Gottfried übergeben, und zwar mit der Auflage, dass sie dort neue Bewohner ansiedeln, die das dazugehörige Land voller Sumpf und Gras, das außer für Gras und Heu zu nichts nütze ist, austrocknen, aufpflügen und durch Besäen ertragreich machen, und dass sie dann einen jährlichen Zins an bestimmten Tagen zunutzen des Erzbischofs von dieser Siedlung zahlen. [...] Die Siedler aber sollen in allen ihren Streitsachen und Abmachungen das Magdeburger Recht haben und von niemanden zum sogenannten Burgwerk oder zu sonstiger Dienstleistung gezwungen werden, nur sollen sie sich und ihre Äcker gegen Überschwemmungen und Hochwasser durch Deiche und Gräben schützen.

Zitiert nach: Urkunden und erzählende Quellen zur deutschen Ostsiedlung im Mittelalter, hrsg. v. Herbert Helbig und Lorenz Weinrich, I. Teil: Mittel- und Norddeutschland. Ostseeküste, Darmstadt: Wissenschaftliche Buchgesellschaft 1984, S. 361

M 7 Niemandem soll erlaubt sein

Kaiser Friedrich II. verkündet 1231 für das Königreich Sizilien folgendes Gesetz:

Wir nehmen Uns vor, die Reinheit der Luft, welche dem göttlichen Urteil vorbehalten bleibt, mit sorgsamem Eifer und nach besten Kräften zu erhalten, und verordnen, dass es fortan niemandem erlaubt sein soll, in die irgendeiner Stadt bzw. Burg benachbarten Gewässer mindestens eine Meile im Umkreis Flachs oder Hanf zum Reifen zu legen, auf dass dadurch nicht - wie Wir mit Sicherheit in Erfahrung gebracht haben – der Zustand der Luft verdorben werde. Wer solches tut, soll den besagten Flachs und Hanf zugunsten des Hofes einbüßen.
Wir gebieten ferner, dass die Begräbnisstätten von Toten, welche nicht in Urnen beigesetzt sind, einen halben Klafter* tief liegen sollen.
Handelt jemand zuwider, soll er Unserem Hof einen Augustalen** hinterlegen. Auch ordnen Wir an, dass faulendes Aas, welches Gestank verursacht, von den Eigentümern der Felle eine Viertelmeile außerhalb des bewohnten Landes abgelegt oder ins Meer bzw. in einen Fluss geworfen werden muss.
Falls indessen jemand dieser Vorschrift zuwiderhandelt, soll er Unserem Hof für Hunde und andere Tiere, welche größer sind als Hunde, einen Augustalen zahlen, für kleinere einen halben Augustalen. [...]
Wer auch immer ein tödliches oder schädliches Gift, welches zur Heilmittelherstellung nicht tauglich oder erforderlich ist, besitzt oder vertreibt, soll gehängt werden.

Hermann Conrad, Thea von der Lieck-Buyken und Wolfgang Wagner (Hrsg.), Die Konstitutionen Friedrichs II. von Hohenstaufen für sein Königreich Sizilien, Wien 1973, S. 309

***Klafter**: *alte Längeneinheit; ein halber Klafter entspricht etwa 1,00 bis 1,50 m*
****Augustalen**: *von Friedrich II. in Sizilien nach dem Vorbild der römischen Kaiser (Augusti) geprägte Goldmünze*

M 8 Vor- und Nachteile des Bergbaus

Der Chemnitzer Stadtarzt und Bürgermeister Georg Agricola (1494-1555) hat ein bedeutendes Werk über den Bergbau verfasst; er meint:

Durch das Schürfen nach Erz werden die Felder verwüstet [...]. Wälder werden umgehauen; denn man bedarf zahlloser Hölzer für die Gebäude und das Gezeug sowie, um die Erze zu schmelzen. Durch das Niederlegen der Wälder aber werden die Vögel und andere Tiere ausgerottet [...].
Die Erze werden gewaschen; durch dieses Waschen aber werden, weil es die Bäche und Flüsse vergiftet, die Fische entweder aus ihnen vertrieben oder getötet. [...]
Wenn die Metalle nicht wären, so würden die Menschen das abscheulichste und elendste Leben unter wilden Tieren führen; sie würden zu den Eicheln und dem Waldobst zurückkehren, würden Kräuter und Wurzeln herausziehen und essen, würden mit den Nägeln Höhlen graben, in denen sie nachts lägen, würden tagsüber in den Wäldern und Feldern nach der Sitte der wilden Tiere umherschweifen. [...]
Da die Bergleute meistenteils in Bergen graben, die gar keine Früchte tragen, sowie in Tälern, die von Finsternis umgeben sind, so verwüsten sie Felder entweder gar nicht oder nur in geringem Maße. Wo sie endlich Wälder umhauen, da säen sie nach Ausrodung der Wurzeln von Sträuchern und Bäumen Getriede, und diese neuen Äcker bringen in kurzer Zeit so fette Früchte, dass die Bewohner den Schaden bald wieder gutmachen.

Georg Agricola, Zwölf Bücher vom Berg- und Hüttenwesen. Übers. und bearb. von Carl Schiffner, hrsg. v. d. Georg-Agricola-Gesellschaft, München: dtv ²1980, S. 2 ff. (vereinfacht)

1. *Nenne die Eingriffe in die Natur, die mit der Stadtgründung verbunden sind (M 6).*
2. *Prüfe, ob Friedrichs Gesetze einen wirklichen Beitrag zum Umweltschutz darstellten (M 7).*
3. *Erörtert die Argumente für und gegen den Bergbau (M 8).*

M 9 Beschwerde

1828 beschweren sich Bürger einer preußischen Stadt beim Polizeipräsidenten über eine Fabrik.

Der Gestank und Qualm ist sehr häufig so stark, dass er nicht allein die Straßen und unsere Gärten erfüllt und uns aus den letzteren verscheucht, wenn wir Erholung in freier Luft suchen, sondern uns auch in unsere Wohnungen verfolgt. Selbst bei der sorgfältigsten Verschließung der Türen und Fenster dringt er dann in unsere Wohn- und Schlaf-Räume, verursacht besonders des Nachts beschwerliches Atemholen, Trockenheit im Schlunde mit zusammenschnürendem brennendem Schmerz, Kopfweh, Herzklopfen, Andrang des Blutes nach dem Kopf. Die dadurch verursachte Schlaflosigkeit und manches andere Ungemach müssen bei ständiger Wiederkehr der Belastungen, selbst bei der stärksten Natur, unausbleiblich zu einer Verkürzung des Lebens hinwirken.

Franz-Josef Brüggemeier/Michael Toyka-Seid (Hrsg.), Industrie-Natur. Lesebuch zur Geschichte der Umwelt im 19. Jahrhundert, Frankfurt a. M. 1995, S. 65 (vereinfacht)

M 10 Umweltschutz durch Gewerbeordnung?

Folgende Bestimmungen der „Allgemeinen Gewerbeordnung für Preußen" von 1845 bieten der Verwaltung die rechtlichen Möglichkeiten, erste Umweltschutzmaßnahmen durchzusetzen:

§ 26. Eine besondere polizeiliche Genehmigung ist nur erforderlich […] zur Errichtung gewerblicher Anlagen, welche durch die örtliche Lage oder die Beschaffenheit der Betriebsstätte für die Besitzer oder Bewohner der benachbarten Grundstücke oder für das Publikum überhaupt erhebliche Nachteile, Gefahren oder Belästigungen herbeiführen können […].

§ 27. Zu den gewerblichen Anlagen, welche einer besonderen polizeilichen Genehmigung bedürfen, sollen für jetzt gerechnet werden: Schießpulverfabriken, Anlagen zur Feuerwerkerei und zur Bereitstellung von Zündstoffen aller Art, Gasbereitungsanstalten, Zuckersiedereien, Hammerwerke, chemische Fabriken aller Art, Schnellbleichen, Schlachthäuser und Gerbereien; es gehören dahin ferner: alle Betriebe mit Dampfmaschinen oder Dampfkesseln und Dampfentwickler, durch Wasser oder Wind bewegte Triebwerke (Mühlen usw.) jeder Art, sowie Branntweinbrennereien und Bierbrauereien.

Ilja Mieck, „Aerem corrumpere non licet". Luftverunreinigung und Immissionsschutz in Preußen bis zur Gewerbeordnung 1869, in: Technikgeschichte, Bd. 34 (1967), S. 70 (es wurden hier nicht alle in § 27 genannten Gewerbe aufgeführt)

M 11 Was ist wichtiger?

Der Chemiker Konrad Jurisch (1846-1917), Dozent an der Technischen Hochschule Berlin-Charlottenburg, veröffentlicht 1890 folgendes Gutachten über „Die Verunreinigung der Gewässer":

Es hat sich herausgestellt, dass für ganz Deutschland der wirtschaftliche Wert der Industrien, welche Abwässer liefern, ca. 1000mal größer ist, als der Wert der Binnenfischerei in Seen und Flüssen, also sicher mehr als tausendmal größer als der Wert der Flussfischerei. […]
Haben sich an einem kleinen Flusse, wie z.B. Wupper, Emscher, Bode und anderen, so viele Fabriken angesiedelt, dass die Fischzucht in denselben gestört wird, so muss man dieselbe preisgeben. Die Flüsse dienen dann als die wohltätigen, natürlichen Ableiter der Industriewässer nach dem Meere. […]
Die Fischerei hat auf ein Flussgebiet, an dem gewerbliche und industrielle Anlagen errichtet worden sind oder werden, keinen Anspruch auf alleinige Berechtigung, und wenn die besten Einrichtungen für Reinigung der Abwässer getroffen, und diese vom Staat durch seine technischen Beamten gutgeheißen worden sind, so hat die Fischerei kein weiteres Vorrecht zu beanspruchen.
In solchen Fällen muss das geringfügige Interesse der Fischzucht dem überwältigenden Interesse der Industrie weichen.
[…] Dieser Grundsatz entspricht nicht nur den Anforderungen des Nationalwohlstandes, sondern auch den wirtschaftlichen Interessen der örtlichen Bevölkerung. […] Es liegt daher im wohlverstandenen Interesse eines jeden armen Landstriches, das Aufblühen der Industrie zu fördern, selbst auf Kosten der Fischerei.

Zitiert nach: Franz-Josef Brüggemeier und Michael Toyka-Seid (Hrsg.), Industrie-Natur, a.a.O., S. 145 f.

M 12 „Kein Platz für Nixen."
Karikatur aus der „Berliner Zeitung" vom 24. November 1913.
Die Zeichnung ist eine Reaktion auf die geplante Errichtung einer Fabrik an der Löcknitz bei Berlin. Erläutere sie.

1. *Ob die Beschwerde (M 9) Erfolg hatte, ist nicht bekannt. Schreibe eine Antwort des Polizeipräsidenten.*
2. *Gegen welche Umweltschäden oder -belästigungen schützte die Gewerbeordnung (M 10)?*
3. *Nehmt Stellung zu den Argumenten des Chemikers (M 11). Diskutiert, ob wirtschaftliche Argumente Umweltfragen entscheiden sollten.*

Wo steht was?

*Auf den mit * gekennzueichneten Seiten findest du Erklärungen wichtiger Begriffe.*

Wer steht wo?

Lesetipps

Für den gesamten Geschichtsunterricht in den Jahrgangsstufen 7 und 8

Martin Kronenberg (Hrsg.), Geschichte und Abenteuer Heft 2: Vom Reich der Franken bis zum Bauernkrieg; Heft 3: Vom 30-jährigen Krieg bis zum Deutschen Kaiserreich. Bamberg: Buchner 1994/95
Sammlung von Jugendbuchauszügen.

Jacques LeGoff, Die Geschichte Europas. Weinheim: Beltz 2000
Ein Historiker erzählt jungen Lesern die Geschichte Europas.

Manfred Mai (Hrsg.), Lesebuch zur deutschen Geschichte. Weinheim: Beltz 2003
Sammlung von Jugendbuchauszügen.

Manfred Mai, Weltgeschichte. München: Hanser 2002
Ein anschaulich erzählter Überblick unserer Geschichte von den Anfängen bis zur Gegenwart.

Manfred Mai (Hrsg.), Lesebuch zur Weltgeschichte. München: Hanser 2005
Sammlung von Quellentexten.

Wiebke von Thadden, Eine Tochter ist kein Sohn. Weinheim: Beltz 2000
Die Autorin erzählt ihrer Enkelin, was es in verschiedenen Zeiten und Kulturen bedeutete, als Mädchen aufzuwachsen.

Zur mittelalterlichen Geschichte

Georges Duby, Die Ritter. München: dtv 2001
Der Historiker Duby erzählt die Lebensgeschichte eines französischen Ritters, der um 1200 lebte. Er beschreibt den ritterlichen Alltag und stellt Minnedienst, Turniere und Kriege dar.

Doris Meißner-Johannknecht, Vogelfrei. Hamburg: Oetinger 2003
Abenteuerroman aus dem Mittelalter.

Harald Parigger, Im Schatten des schwarzen Todes. München: dtv 2001
Der junge David will während der Pest eine alte medizinische Abhandlung seiner jüdischen Vorfahren nach Mainz bringen.

Gustav Schalk, Klaus Störtebeker. Wien: Ueberreuter 2001
Der Kampf der Hanse gegen den Seeräuber Klaus Störtebeker.

Wiebke von Thadden, Brun, Geisel des Königs im Reiche der Franken. München: dtv 1993
Ein junger sächsischer Adliger muss seine Heimat verlassen und im Reich der Franken leben.

Wiebke von Thadden, Judith, die junge Priorin. München und Zürich: Artemis 1990
Der Roman vermittelt ein anschauliches Bild vom Leben in einem Kloster in der Mitte des 13. Jh.

Kurt Wasserfall, Minona. Kevelaer: Anrich 1993
Roman über das Leben junger Frauen im Mittelalter.

Arnulf Zitelmann, Unterwegs nach Bigorra. Abenteuerroman aus dem frühen Mittelalter. Weinheim: Beltz 2001
Die 16-jährige Itta beschließt, ihren Mann zu verlassen und nach Südfrankreich zu ziehen. Sie wird Zeugin der Schlacht von Tours und Poitiers im Jahre 732 und lernt Juden und Araber kennen.

Arnulf Zitelmann, Vor den Toren von Byzanz.
Weinheim: Beltz 2001
Abenteuerroman aus dem Mittelalter.

Neues Denken – neue Welt

Ingeborg Bayer, Hernando Cortéz. Würzburg: Arena
Erzählung über die Eroberung Mexikos durch den spanischen Feldherrn Cortéz.

Günther Bentele: Wolfsjahre, Gütersloh: Bertelsmann 1999
Ein 13-Jähriger sucht seinen Bruder und erlebt die Folgen des 30-jährigen Krieges.

Peter Gissy. 1492 – Das geheime Manuskript. München: cbj 2004
Roman, der die Entdeckungsreise mit einem Mordfall verknüpft.

Albrecht Gralle, Der Gürtel des Leonardo. Zürich: Bajazzo 2001
Roman, der über den Maler und Erfinder Leonardo da Vinci und über das Leben der Menschen in der Renaissance informiert.

Andrea Hensgen, Dich habe ich in die Mitte der Welt gestellt. München: Bertelsmann 1996
Schüler setzen sich in einer Projektwoche mit der Renaissance auseinander und lernen dabei viel über sich selbst.

Ilse Kleberger, Pietro und die goldene Stadt. München: Klopp 1997
Ein Bauernjunge kommt als Färberlehrling nach Florenz; eines Tages lernt er einen berühmten Maler kennen.

Pierre Marc, Kolumbus entdeckt Amerika. Zürich: Bohem Press 1992
Illustriertes Jugendsachbuch mit Zeittafeln zum Leben und den Reisen des Entdeckers.

Rosemarie Marschner: Nacht der Engel, München: dtv 2000
Hier wird die Geschichte der Francesca del Bene und ihrem Mann Marco, die im Florenz des ausgehenden 15. Jahrhunderts leben, erzählt.

Carlo Ross, Kreuz und Davidstern. München: Bertelsmann 2001
Roman über die Judenverfolgung im 15. Jahrhundert.

Rainer M. Schröder, Das Geheimnis des Kartenmachers, Würzburg: Arena 2006
Hat es vor Kolumbus schon Karten gegeben, die das Land jenseits des Atlantiks aufzeigen? Der um 1490 in Augsburg spielende Roman geht dieser Frage nach.

Simone van der Vlugt, Nina und das Amulett aus den Flammen.
München: Bertelsmann 2001
Die 13-jährige Nina flieht aus Würzburg vor den Hexenjägern

Kampf um den Glauben

Leif Esper Andersen, Hexenfieber. München: dtv 2000
Das Schicksal einer Frau, die in einer dänischen Kleinstadt in Verdacht gerät, eine Hexe zu sein.

Ingeborg Bayer, Jacobäas Traum. Würzburg: Arena 2004
Historischer Roman aus der Frühzeit der Reformation.

Nichts als die Freiheit! Der deutsche Bauernkrieg. München: dtv 2004
Sachbuch über Vorgeschichte, Verlauf und Folgen des Bauernkrieges.

Inge Ott, Verrat.
Stuttgart: Freies Geistesleben 2002
Ein Junge wird hineingezogen in die Wirren des 30-jährigen Krieges und beobachtet die hinterlistigen Verwicklungen um Wallenstein.

Harald Parigger, Die Hexe von Zeil.
München: dtv 2002
Schicksal eines Mädchens zur Zeit der großen Hexenverfolgungen.

Nina Rauprich, Wenzel oder Der Weg in die Freiheit. Gütersloh: Bertelsmann 2001
Der junge Wenzel hört von Toleranz, Menschenwürde, Gleichheit und Freiheit, doch das Alltagsleben ist geprägt von Engstirnigkeit, Aberglauben und Ungerechtigkeiten.

Dietlof Reiche, Der Bleisiegelfälscher.
Weinheim: Beltz 1992
Roman über die Sorgen und Nöte der Nördlinger Handwerker im Jahre 1613.

Tilman Röhrig, In dreihundert Jahren vielleicht. Würzburg: Arena ^{9}1999
Das Elend des 30-jährigen Krieges wird in diesem Roman verdeutlicht.

Rainer M. Schröder: Das Geheimnis der weißen Mönche. Würzburg: Arena 2002
Ein 17-Jähriger lernt Inquisition und Hexenverbrennung kennen.

Arnulf Zitelmann, „Ich will donnern über sie!" Weinheim: Beltz 1999
Die Lebensgeschichte des Reformators und Bauernkriegsrebellen Thomas Müntzer.

Arnulf Zitelmann, „Widerrufen kann ich nicht." Weinheim: Beltz 1999
Die Lebensgeschichte des Reformators Martin Luther.

Absolutismus und Aufklärung

Petra Oelker, „Nichts als eine Komödiantin". Weinheim: Beltz 1993
Lebensgeschichte der Friederike Caroline Neuber, die im 18. Jh. zur Wegbereiterin des modernen Theaters wird.

Jean-Michel Payet und Sylvie Chaperon, Das Zeitalter der Aufklärung.
Stuttgart: Union 1992
Wissenschaftler stoßen mit ihren Forschungen die Grenzen des Unbekannten immer weiter zurück.

Irene Ruttmann, König für einen Tag.
Kevelaer: Anrich 1998
Die 14-jährige Friederike schließt sich um die Mitte des 18. Jh. einer Schar reisender Komödianten an und zieht mit ihnen durch Deutschland.

Das Zeitalter der Revolutionen

Dörte Damm, Daphne Wildermuth.
Die Tochter des Jakobiners. Wien: Ueberreuter 2003
Die 14-jährige Daphne erlebt die Mainzer Republik und lernt das Leben der Wanderschauspieler kennen.

Ernst-Christian Demisch, Benjamin Franklin. Buchdrucker, Erfinder, Staatsmann. Stuttgart: Freies Geistesleben 1995
Lebensgeschichte des Mannes, der an der Ausarbeitung der amerikanischen Verfassung beteiligt war.

Lottemi Doormann, „Ein Feuer brennt in mir". Weinheim: Beltz 1993
Lebensbeschreibung der Olympe de Gouge, die 1791 die „Erklärung der Rechte der Frau und Bürgerin" verfasste.

Wilhelm Hünermann, Die Herrgottschanze. Innsbruck: Tyrolia ^{26}1994
Erzählung aus den Schreckensjahren der Französischen Revolution.

Inge Ott, Freiheit! Sechs Freunde in den Wirren der Französischen Revolution.
Stuttgart: Freies Geistesleben 1996
Sechs junge Leute brechen im Sommer 1789 aus ihrem heimatlichen Dorf auf, um sich an den revolutionären Ereignissen zu beteiligen.

Simone van der Vlugt, Sandrine – Eine Liebe in den Zeiten der Revolution. München: Bertelsmann 2002
Roman über die Flucht einer jungen Adligen vor den Jakobinern.

Cili Wethekam, Tignasse – Kind der Revolution. München: dtv ^{8}1989
Ein Pariser Gassenjunge wird Zeuge der revolutionären Ereignisse.

Zwischen Restauration und Revolution

Elke Hermannsdörfer, Lina Kasunke.
München: dtv 1989
Lina arbeitet als Dienstmädchen in Berlin, sie verliebt sich in einen Studenten, wird Zeugin der Unruhen von 1847 und der Revolution von 1848.

Klaus Kordon, 1848. Die Geschichte von Jette und Frieder.
Weinheim: Beltz 2001
Ein Roman über die Hungerrevolte von 1847 und die Revolution von 1848 aus der Sicht der kleinen Leute Berlins.

Dietlof Reiche, Der verlorene Frühling.
Weinheim: Beltz 2002
Roman über die Revolution von 1848.

Karla Schneider, Die abenteuerliche Geschichte der Filomena Findeisen.
Weinheim: Beltz 1996
Schilderung des Jahres 1813 in Sachsen aus der Sicht der 13-jährigen Filomena.

Industrielle Revolution und Soziale Frage

Otmar Franz Lang, Hungerweg.
München: dtv 1993
Erzählung über das Schicksal Tiroler Kinder im 19. Jh., die auf dem Markt in Ravensburg als billige Arbeitskräfte verkauft wurden.

Livi Michael, Die flüsternde Straße.
Hamburg: Carlsen 2005
Geschichte, die in England auf dem Höhepunkt der Industriellen Revolution spielt.

Simone van der Vlugt, Emma – Die Zeit des schwarzen Schnees.
München: Bertelsmann 2004
Ein Roman über den Alltag einer Arbeiterfamilie und deren Überlebenskampf um die Mitte des 19. Jahrhunderts.

Ursula Wölfel, Jacob, Leinewebersohn, geb. 1821. München: dtv 1989
Jacob muss schon mit 10 Jahren in einer Wollspinnerei arbeiten; nach drei Monaten läuft er weg.

Abkürzungen

a. a. O.	am angegebenen Ort
ADAV	Allgemeiner Deutscher Arbeiterverein
BdL	Bund der Landwirte
BM (Bm.)	Bistum
EBM (Ebm.)	Erzbistum
ERZHM (Erzhm.)	Erzherzogtum
Ew.	Euer
FBM (Fbm.)	Fürstbistum
GFT (Gft.)	Grafschaft
GHZM (Ghzm.)	Großherzogtum
HZM (Hzm.)	Herzogtum
IAA	Internationale Arbeiter-Assoziation
KGR (Kgr.)	Königreich
KRFSM (Krfsm.)	Kurfürstentum
KSR (Ksr.)	Kaiserreich
KST (Kst.)	Kaisertum
LGFT (Lgft.)	Landgrafschaft
MGF (Mgf.)	Markgrafschaft
REP (Rep.)	Republik
SDAP	Sozialdemokratische Arbeiterpartei Deutschlands
VDAV	Vereinstag Deutscher Arbeitervereine

Bildnachweis

Ägyptisches Museum, Kairo - S. 288; Akademie der Wissenschaften und Literatur, Mainz – S. 35; Amis Bibliothèque Municipale, Dijon – S. 289; Archiv der sozialen Demokratie der Friedrich-Ebert-Stiftung, Bonn – S. 278; Archiv für Kunst und Geschichte, Berlin – S. 4, 67, 80, 86, 87, 89, 92, 122, 129, 141, 172, 174, 178/179, 204, 217, 220, 221, 243, 246, 277, 292; Archiv Gerstenberg, Wietze – S. 259; Artothek, Weilheim – S. 78, 85; Bahlsen-Museum, Hannover – S. 266; Baugeschichtliches Archiv, Zürich – S. 29; Bayer-Archiv, Leverkusen – S. 257; Bayerische Staatsgemäldesammlungen – Neue Pinakothek, München – S. 218; Berlin-Museum, Berlin (Inv.-Nr. GDR 65/7,1) – S. 284; Berliner Zeitung vom 24. November 1913 – S. 292; Biblioteca Reale, Turin – S. 84; Biblioteca Apostolica Vaticana, Rom – S. 55; Bibliothèque Nationale, Paris – S. 24, 69, 153, 198, 199; G. Binding, Darmstadt – S. 44, 45; Bodleian Library, Oxford – S. 15; Bridgeman-Giraudon, Berlin – S. 7, 146, 164, 184; British Library, London – S. 67, 155; British Museum, London – S. 160; Cabinet des Medailles - Bibliothèque Nationale, Paris – S. 153: Cesa, Cölbe – S. 44; Peter Conolly, London – S. 297; DaimlerChrysler AG, Unternehmensgeschichte/Konzernarchiv, Stuttgart – S. 258; Demag, Duisburg – S. 247; Der Spiegel, Hamburg – S. 237; Deutsches Bergbau-Museum, Bochum – S. 252; Deutsches Historisches Museum, Berlin – S. 21 (2), 111, 127, 133, 137, 166, 168, 206, 233, 252, 262, 264, 276; Deutsches Museum, München – S. 243, 244; Deutsches Schifffahrts-Museum, Bremerhaven – S. 40; Deutsches Technikmuseum/Historisches Archiv, Berlin – S. 7, 253, 281; DIZ - Süddeutscher Verlag, Bilderdienst, München – S. 272; Dpa Picture-Alliance, Frankfurt – S. 98, 143, 209 (3); Elektrotechnisches Museum der Hastra, Hannover – S. 258, 259; Harald Focke, Bassum – S. 251; Fremdenverkehrsamt, Köln – S. 44; George-Museum, London – S. 245; Germanisches Nationalmuseum, Nürnberg – S. 111, 112/113, 120, 213, 234; Gewerbefachschule, Lichtenfels – S. 269; Graphische Sammlung, München – S. 167; Funny Hartmann – S. 3, 8/9; Lothar Harwege, Lüneburg – S. 30; Heinrich-Heine-Institut, Düsseldorf – S. 221, 224; Herder Verlag, Freiburg – S. 75; Herzog-Anton-Ulrich-Museum, Braunschweig – S. 103; Herzog-August-Bibliothek, Wolfenbüttel – S. 61; Hessische Landes- und Hochschulbibliothek, Darmstadt – S. 64; Hessische Landesbibliothek, Fulda – S. 58; Hessisches Landesmuseum, Darmstadt – S. 216; Historisches Archiv Krupp, Essen – S. 5, 238/239, 254 (3), 255 (2), 268, 275; Historisches Museum der Pfalz, Speyer – S. 222; Historisches Museum, Frankfurt – S. 7, 229, 230; Historisches Museum, Bamberg – S. 110; Historisches Museum, Neu-Ruppin – S. 227; Historisches Museum, Ratingen – S. 249; Illustrirte Zeitung, Leipzig – S. 233; Interfoto, München – S. 150; L. Kähler, Hamburg – S. 271; Kirche St. Nikolaus und St. Ullrich, Nürnberg-Mögeldorf – S. 125; Aleppo Khaldoun, Fausa – S. 68; Klosterkirche St. Marien zu Lehnin/Constantin Beyer, Regensburg 2002 – S. 24; KNA-Bild, Bonn – S. 25; Königliche Bibliothek, Kopenhagen – S. 26; Kulturgeschichtliches Archiv Hausmann, München – S. 20; Kulturgeschichtliches Museum, Osnabrück – S. 130; Kunsthalle, Hamburg – S. 192; Kunsthistorisches Museum, Wien – S. 7, 37, 53, 126; Kunstmuseum im Ehrenhof, Düsseldorf – S. 138; Kunstmuseum, Winterthur – S. 128; Landwirtschaftsmuseum Lüneburger Heide e.V., Suderberg-Hösseringen – S. 260; Herbert Langer. Hortus Bellicus. Der 30jährige Krieg. Eine Kulturgeschichte. Leipzig 1978, Nr. 172 – S. 105; Library of Congress, Washington D.C. – S. 182; Thomas Ludewig, Berlin. Geschichte einer deutschen Metropole, Bertelsmann Verlag, München 1986, S. 12, S. 246 – S. 282, 286; Hans Ludwig, Berlin von gestern, Verlag das Neue Berlin, Berlin (1957), S. 91 – S. 287; Märkisches Museum, Berlin – S. 47, 85 (Christel Lehmann), 285; Francois Martin, Genf – S. 131; Menschen - Zeiten - Räume. Archäologie in Deutschland, Stuttgart 2002, S. 354, Abb. 10 – S. 22; Metropolitan Museum of Art, New York – S. 52; Mikado - Lübeck – S. 31; Musée Carnavalet, Paris – S. 153, 184, 187, 189 (2), 190, 193, 194 (2), 196; Musée National de Versailles et des Trianons, Château de Versailles, Versailles – S. 150, 151, 152, 154, 197; Musée National du Louvre, Paris – S. 84, 157, 219; Musée Nationaux, Paris – S. 4, 144/145; Musée of Art et d'Histoire, Genf – S. 128; Museo del Ort, Santale de Bogota – S. 98; Museo del Prado, Madrid – S. 205; Museo di Fisca di Steria Nationale, Florenz – S. 90; Museo Nacional del Prado, Madrid – S. 124; Museum der Grafschaft Mark, Burg Altena – S. 21; Museum der Stadt Regensburg, Regensburg – S. 109; Museum of Art Gallery, Birmingham – S. 159; Museum of Art, Toledo – S. 116; National Gallery of Scotland, Edinburgh – S. 161; Nationalgalerie, Berlin – S. 207; Neue Filmproduktion NFP GmbH, Rolf von der Heyd, Halle – S. 131; Palazzo Medici, Florenz – S. 3, 76/77; Palazzo Pitti, Florenz – S. 90; Palazzo Pubblico, Siena - Einband; Pfinzgau-Museum, Karlsruhe-Durlach – S. 226; Preußischer Kulturbesitz, Berlin – S. 4, 97, 132, 149, 170, 200, 203, 210/211, 225, 250, 257, 259, 266, 270, 272, 273, 283; Ratsschulbibliothek, Zwickau – S. 123; Real Biblioteca de Escorial, Madrid – S. 71; Rheinisches Landesmuseum, Außenstelle Ratingen – S. 242; Wolfgang Ribbe (Hrsg.), Geschichte Berlins. Von der Frühgeschichte bis zur Industrialisierung, Berliner Wissenschafts-Verlag, Berlin 3. Aufl. 2002, S. 165 – S. 282; Rosengarten-Museum, Konstanz – S. 4, 106/107, 108; Royal Collection Enterprises, Berkshire – S. 159; Sächsische Landesbildstelle Dresden - Deutsche Photothek, Dresden – S. 171; Scala, Antella – S. 81, 82; Schiller-Nationalmuseum, Marbach – S. 163; Science-Museum, London – S. 242; Gerd Semmer (Hrsg.), Ca ira 50 Chansons, Chants, Couplets und Vaudevilles aus der Französischen Revolution 1789-1795, Berlin 2. Auflage 1962, S. 60 – S. 192; Siemens - Konzernarchiv, München – S. 268; Staatliche Kunstsammlung, Dessau – S. 215; Staatliche Schlösser und Gärten, Potsdam-Sanssouci – S. 170, 177; Staatsbibliothek, Bamberg – S. 19; Staatsgalerie, Stuttgart – S. 115; Stadtarchiv, Hamburg – S. 39; Stadtarchiv, Osnabrück – S. 141; Stadtarchiv, Volkach – S. 16; Stadtbibliothek, Nürnberg – S . 37; Stadtbibliothek, Schaffhausen – S. 56; Stadtgeschichtliches Archiv, Leipzig – S. 201; Städtisches Reismuseum, Mannheim – S. 218; Stadtmuseum, Freiburg – S. 45 (2); Stadtverwaltung, Trier – S. 30; Karl Stehle, München – S. 261; Topkapi Soray Museum, Istanbul – S. 91; Touristeninformation, Brandenburg an der Havel – S. 31; Ullstein-Bild, Berlin – S. 60, 96, 267 (2); Universitäts- und Landesbibliothek, Jena – S. 3, 48/49; Universitätsbibliothek, Heidelberg – S. 11, 18, 20, 43, 72; Universitätsbibliothek, Würzburg – S. 163; Verkehrsmuseum, Nürnberg – S. 251; Verwaltung der Staatlichen Schlösser und Gärten, Schloß Charlottenburg, Berlin – S. 175; Württembergisches Landesmuseum, Stuttgart – S. 15, 26; www.1848.ub.uni-frankfurt.de/cgi-bin/uebersicht/rb – S. 228; Yale University Art Gallery, New Haven – S. 181; Zeit-Punkte, Nr. 1/98 – S. 237; Zentralbibliothek, Zürich – S. 65, 133.

Fachliteratur finden

Wenn du ein Thema gründlich erarbeiten willst oder ein Referat halten sollst, benötigst du Fachliteratur. In der Schul- oder Stadtbücherei sind Bücher alphabetisch in einem Verfasser- und in einem Sachkatalog aufgelistet. Auf einer Karteikarte oder auf einem Bildschirm erhältst du Angaben über Verfasser, Erscheinungsort und -jahr sowie die Signatur: eine Folge von Zahlen und Buchstaben, mit denen das Werk in der Bibliothek eingetragen ist.
Findest du zu deinem Thema mehr Bücher, als du auswerten kannst, musst du einige auswählen. Prüfe anhand des Inhaltsverzeichnisses, ob das Buch für dich ergiebig sein könnte.

Jugendbücher untersuchen

In historischen Romanen wird „Geschichte erzählt". Figuren und Handlungen sind in der Regel frei erfunden. Trotzdem bringen sie uns Epochen und Ereignisse näher, weil wir uns in die beschriebene Zeit und in die Gedanken und Gefühle der zentralen Gestalten hineinversetzen können. Der Erkenntniswert des Romans hat Grenzen, denn nicht immer ist deutlich, ob die Handlung auf historisch nachprüfbaren Fakten aufbaut oder alles nur erfunden wurde. Entscheidend ist, ob die Erzählung historisch nachvollziehbar bleibt.

Auf den Seiten 301-302 findest du eine nach den Großkapiteln des Buches geordnete Liste von historischen Jugendbüchern.

Fit fürs Net

Recherchieren will gelernt sein
Das Schulbuch kann zu einzelnen Themen immer nur ganz wenige beispielhafte Bild- und Textquellen abdrucken. Die Arbeit mit dem Internet kann Lücken schließen helfen.
Die Fülle von Informationen, die das Internet bietet, ist aber zugleich sein Problem. Wenn du keine speziellen Adressen hast, bist du auf Suchmaschinen wie *www.google.de* angewiesen. Es kommt darauf an, mit wenigen gut ausgewählten Stichwörtern das Thema, über das du Informationen haben möchtest, eng einzukreisen, um nicht eine unübersehbar große Menge an Treffern zu bekommen, mit denen du wenig anfangen kannst. Wenn du beispielsweise etwas über die Industrialisierung Berlins und Brandenburgs erfahren möchtest, solltest du beide Begriffe in die Suchmaschine eingeben und mit (+) bzw. (and) verbinden; interessiert dich eine bestimmte Firma, solltest du den Namen hinzufügen (Beispiel: *Industrialisierung+Berlin+Borsig*).

Mit Web-Sites kritisch umgehen
Gelangst du auf eine Homepage, solltest du dir folgende Fragen stellen, um die Zuverlässigkeit der Web-Site zu testen:

1. Welche Informationen kann ich von ihr erwarten?
2. Wer sind die Autoren, wer hat die Seite ins Netz gestellt? Kann ich mich an die Verfasser wenden, wenn ich Fragen habe (*E-Mail-Adresse*)?
3. Wie aktuell sind die Informationen (letztes *update*)?
4. Sind die Informationen schnell oder umständlich zu finden?
5. Ist nachgewiesen, woher die Materialien stammen?
6. Gibt es Verknüpfungen (*Links*) zu anderen Web-Sites, die sich mit dem Thema beschäftigen, so dass ich nicht erst wieder zurück zur Eingabe in die Suchmaschine gehen muss?

Internet-Seiten als Arbeitsgrundlage nachweisen
So, wie du Bücher und Aufsätze angeben musst, die du für ein Referat verwendet hast, gehören auch die benutzten Web-Sites in die Literaturangaben. Der Leser soll wissen, woher deine Informationen stammen, damit er sie nachprüfen kann. Dies sieht dann z.B. so aus: *www.zlb.de/projekte/1848/*
Diese Adressen sind übrigens ganz leicht anzugeben, weil sie immer am Ende einer ausgedruckten Seite erscheinen. Das gleiche Verfahren ist bei Zitaten aus Quellen oder beim Herunterladen (*Download*) von Grafiken und Bildern anzuwenden.

Ein Beispiel für die Arbeit im Internet findest du auf Seite 228.

Internettipps stehen an vielen Stellen des Buches. Beachte, dass sich die Angaben im World Wide Web häufig ändern!

LERNTIPPS

Geschichte im Film

Filme sind historische Quellen. Worüber sie Auskunft geben, hängt von der Fragestellung des Betrachters ab. Alle Filmgattungen (Spiel-, Dokumentar-, Historien- und Unterrichtsfilme, aber auch Mischformen aus Spiel- und Dokumentarfilmen) bieten zum einen Einblicke in die dargestelle Zeit und zum anderen Hinweise aus der Zeit, in der sie produziert wurden. Gleichzeitig drücken sie auch die Vorstellungen der Filmemacher aus.

Zum Umgang mit Filmen siehe z. B. das Projekt „Legenden um Luther" auf Seite 119.

Experten befragen

Um ein Thema zu erweitern oder zu vertiefen, könnt ihr einen Experten befragen, also jemanden, der sich in seinem Wissensgebiet besonders gut auskennt. Für das Fach Geschichte sind das Mitarbeiter von Museen und Universitäten oder Archivare. Auch Angehörige bestimmter Berufe oder Orden sind Fachleute in ihrem Bereich.
Bevor ihr einen von ihnen zu euch in die Klasse einladet, müsst ihr Fragen sammeln, aufschreiben und bündeln.
Einer von euch übernimmt die Gesprächsleitung, ein anderer könnte wesentliche Aussagen protokollieren. So entsteht eine Zusammenfassung zu einem Thema, die es bisher vielleicht noch nicht gab.

Forschen im Archiv

Vor allem für lokal- und regionalgeschichtliche Themen findest du Material im Archiv. Das ist ein Ort, an dem alte Akten, Zeitungen, Flugblätter, Protokolle, Briefe, Tagebücher, Fotos und andere Unterlagen von Behörden, Firmen, Vereinen und Privatleuten aufbewahrt werden.
Voraussetzung für die beispielhafte, vertiefende Arbeit im Archiv sind Grundkenntnisse des Themas. Wenn du weißt, welche Aspekte du bearbeiten willst, solltest du dazu Fragen formulieren. Dann ermittelst du, welches Archiv darüber Material besitzt. Kläre per Telefon mit den Mitarbeitern des Archivs dein Anliegen und vereinbare einen Besuchstermin. Beachte die Verhaltens- und Benutzungsregeln im Archiv. Zögere nicht, die Experten um Rat zu fragen. Viele Archivare freuen sich, wenn Schüler an ihren „Schätzen" Interesse zeigen, und helfen gern über Klippen hinweg – auch beim Entziffern alter Handschriften.
Hast du das Erhoffte gefunden, mache dir umfassende Notizen – immer mit genauer Quellenangabe. Wahrscheinlich darfst du die Akten gar nicht oder nicht selbst kopieren. Auch eine Ausleihe ist nicht üblich.
Nach der Rückkehr aus dem Archiv muss das gesammelte Material gesichtet, geordnet und zu einer gegliederten, gut verständlichen Darstellung verarbeitet werden.

Erkundungen planen

Museen sammeln und stellen aus, was Menschen früherer Zeiten hinterlassen haben. Sie zeigen, wie sie gelebt und gearbeitet haben, sie machen Alltag und Politik anschaulich. Ein Museumsbesuch oder die Erkundung eines altes Gebäudes oder Platzes macht Geschichte nacherlebbar.
Sinnvoll ist es, eine Erkundung in der Klasse vorzubereiten. Sucht ein Museum aus, das zu eurem Unterrichtsthema etwas Interessantes zu bieten hat und günstig zu erreichen ist. Informiert euch vorab im Internet oder in einem Kunstführer.
Grenzt das Thema ein, das ihr erkunden wollt. Notiert Fragen, die im Unterricht offen geblieben sind. Gruppen könnten jeweils einen Schwerpunktbereich vorbereiten. Prüft, ob ihr einen Experten braucht.
Manche Museen halten Arbeitsblätter bereit. Vielleicht könnt ihr selbst aktiv werden (Mitmachangebote).
Wertet die Erkundung in der Klasse aus. Hat sie sich gelohnt? Begründet euer Urteil.

Anregungen dazu findet ihr auf den Seiten 38.

Protokollieren

Wozu?
Protokolle fassen die Ergebnisse von Gesprächen, Treffen oder Unterrichtsstunden sachlich, knapp und geordnet zusammen, um darauf aufbauend weiter arbeiten zu können.
Protokolle verkürzen Wiederholungen, helfen bei der Vorbereitung von Prüfungen und ermöglichen es denen, die gefehlt haben, schnell den Anschluss zu finden.

Wie wird's gemacht?
Als Protokollant vermerkst du Datum, Thema und die behandelten Einzelfragen. Schreibe in Stichwörtern nur Wesentliches auf. Achte auf Zusammenhänge. Thema und Argumente sind meist wichtiger als Einzelheiten und Beispiele.
Möglichst bald solltest du deine Mitschrift ordnen und einen zusammenfassenden Text in berichtender Sprache schreiben. Achte darauf, kurz, themenbezogen, logisch und schwerpunktmäßig zu formulieren.